KB058730

Tony Robbins

MONEY

추천사

"토니에게는 위대한 재능이 있다. 우리에게 영감을 불어넣어주는 재능이다."

— 빌 클린턴, 전 미국 대통령

"토니 로빈스는 마음의 열쇠를 만드는 장인이다. 그는 우리가 더 큰 가능성에 마음을 열도록 이끈다. 그는 인간 본성에 대한 자신만의 독특한 통찰을 발휘해 위대한 투자자들이 누리던 전략을 단순화하고 재무적 자유를 갈망하는 사람 누구나 사용할 수 있는 명쾌한 7단계 시스템을 창안했다."

— 폴 튜더 존스, 튜더인베스트먼트 창립자

"토니는 수백만 명의 삶에 영향을 미쳤고 나도 거기에 속한다. 이 책은 세계 최고의 투자자들이 전해주는 혜안과 전략으로 가득하다. 이 책은 우리의 삶을 송두리째 바꿀 귀중한 가치를 전해준다. 기회를 놓치지 말길 바란다."

— 카일 바스, 헤이맨캐피털매니지먼트 창립자

"토니 로빈스는 세계 최고 투자자들의 전략을 일반인들도 실천하기 쉬운 교훈으로 증류시켰다. 노련한 전문가도 이 책에서 큰 도움을 얻을 것이다."

— 레이 달리오, 세계 최대 헤지펀드 브리지워터어소시에이츠 창립자 겸 공동최고투자담당자

"이 책은 투자자에게 값으로 매기기 힘든 도움을 줄 것이다. 원래 내 사무실에서 40분만 하기로 했던 인터뷰는 어느덧 4시간이나 이어졌다. 내 오랜 투자 인생을 철저히 돌아보게 만드는 굉장히 흥분되는 인터뷰였다. 이 책에 등장하는 다른 대가들도 내 생각에 동의할 것이다. 이 책은 투자자가 머니게임에서 이기는 방법을 터득하고 재무적 자유라는 원대한 목표에 다가갈 수 있도록 도와준다."

— 존 C. 보글, 세계 1위의 뮤추얼펀드 회사 뱅가드그룹과 뱅가드인덱스펀드 창립자

"이 책은 여타의 책과는 다르다. 당신의 삶을 풍요롭게 해줄 지혜와 철학으로 가득 채워져 있다. 무수한 책들이 소문만 요란하고 먹을 속은 없었지만 이 책은 다르다. 당신의 인생을 바꿀 것이다."

— 데이비드 배블, 와튼스쿨 재무학 교수

"이 책을 읽다 보면 당신은 어느 샌가 금융과 재무지식으로 무장하고 더욱 성공적으로 미래를 준비하고 있을 것이다." — **메리 캘러핸 어도스, 운용자산 2.5조 달러의 J.P.모건에셋매니지먼트 CEO**

"수익을 내는 정보로 꽉 채워진 금광."

— **스티브 포브스, 〈포브스〉 발행인 겸 CEO**

"토니는 소개가 필요 없는 사람이다. 그는 모든 투자자가 더 나은 삶을 누리도록 돕는 일에 최선을 다한다. 어떤 투자자건 이 책에서 재미와 지식 둘 다 얻을 수 있다."

— **칼 아이컨, 행동주의 투자자의 대명사**

"지난 몇 년 동안 나는 토니의 재무관리 세미나에서 여러 번 강연을 하고 강연료를 받았다. 하지만 곰곰이 생각하면 돈을 받아야 할 사람은 내가 아니라 토니이다. 그는 금융 리더들이 말하는 복잡한 지식을 평범한 사람 누구나 적용하도록 손쉽고 간단한 단계로 만들어 우리에게 제시했기 때문이다."

— **마크 파버, 배런스 라운드테이블(Barron's Roundtable) 우승자이자 〈글룸, 붐, 앤 둠〉 리포트 발행인**

"토니를 만났던 사람치고 그의 말에 귀를 기울이지 않거나 행동할 마음을 먹지 않은 사람은 없다. 이 책은 당신과 가족을 위한 경제적 자유를 만드는 전략을 알려준다."

— **T. 분 피컨스, BP캐피털과 TBP의 창립자이자 회장 겸 CEO**

"슈퍼리치의 혜안을 평범한 투자자에게 전해주려는 토니의 열정은 모두에게 큰 영감을 불러일으킨다. 이 책은 당신의 인생을 진정으로 바꿀 것이다."

— **데이비드 포트럭, 찰스슈워브의 전 CEO이자 베스트셀러 《이기기 위한 준비》 저자**

"자신과 가족을 위한 재무적 자유를 누리고 싶다면, 이 책이 답이다. 이 책을 집어든 순간 당신의 인생이 바뀐다." — **파누시 토라비, 《벌이가 늘어난 여자의 10계명》 저자**

"거의 20년 전 나는 뒷자리에서 토니의 파이낸셜 데스티니(Financial Destiny) 강연을 듣는 수강생이었다. 나에게는 100만 여성들이 더 똑똑해지고 부자가 되도록 가르치고 역량을 강화해주고 싶다는 꿈이 있었다. 토니 덕분에 나는 1년 후 그의 세미나 연단에 설 기회를 얻었고,《똑똑한 여자의 똑소리 나는 자산관리법》을 썼으며, 전 세계 100만 여성들을 만날 수 있는 프로그램을 만들 수 있었다. 내 인생의 터닝포인트를 마련해준 토니의 이 신작을 나는 한 페이지도 빼놓지 않고 다 읽고 다른 사람에게 말해줄 것이다."

— **데이비드 바크, 〈뉴욕타임스〉 베스트셀러 작가이자 피니시리치닷컴 창립자**

"우리 회사는 〈포브스〉가 선정한 세계 최고 혁신 기업에 4년 연속해서 이름을 올렸다. 현재 우리 회사의 연매출은 50억 달러가 넘는다. 토니의 조언이 없었다면 세일즈포스는 존재하지도 못했을 것이다."

— **마크 베니오프, 세일즈포스닷컴 창립자이자 회장 겸 CEO**

"토니는 슈퍼맨의 힘을 가졌다. 그는 변화의 촉매제이다. 나는 자신 있게 말할 수 있다. 중요한 것은 동기부여가 아니다. 이미 존재하는 것을 최대한 활용할 수 있어야 한다는 것이 더 중요하다"

— **오프라 윈프리, 세계적인 방송인**

"토니 로빈스의 코칭은 코트 안팎 모두에서 내 삶에 커다란 차이를 만들어냈다. 그는 내 안에 깃든 진정한 잠재력을 발견하도록 도와주었고, 그 덕분에 내 게임과 삶의 수준은 새로운 차원에 도달했다!"

— **세레나 윌리엄스, 18번의 테니스 그랜드슬램 챔피언, 올림픽 금메달리스트**

"나는 내 성공이 가족의 희생을 불러올지도 모른다는 염려에 휩싸여 있었다. 토니는 그런 내 걱정을 없애고 내가 수백만 사람들을 도와줄 수 있다는 사실을 말해주었다. 전에는 결코 느끼지 못했던 격렬하고 짜릿한 감정이 밀려왔다."

— **멜리사 에서리지, 그래미상을 두 차례 수상한 싱어송라이터**

"당신이 누구이건 얼마나 성공했건 얼마나 행복하건 토니의 말을 귀담아들어야 한다."

— **휴 잭맨, 영화배우**

"지금의 상태와 결과를 바꾸고 싶다면 이 책을 읽어야 한다. 해결책이 여기 있다."

— **어셔, 뮤지션**

"토니와 함께 일을 시작한 순간, 나도 나를 막을 수가 없었다. 그 순간부터 내 마음에는 내가 무엇을 원하고 그것을 어떻게 성취해야 하는지에 대한 의심이 모두 사라졌다. 목표가 명확했기 때문에 그것을 실현하기 위해 노력할 수 있었다. 나는 월드챔피언이 되었다."

— 데릭 허프, 댄서 겸 안무가, ABC의 〈댄싱 위드 더 스타즈〉 다섯 차례 우승자

"어떤 도전이건 맞서 싸울 수 있도록 전략적으로 사람들을 이끄는 토니의 능력은 비교를 불허한다."

— 스티브 윈, 윈리조트 창립자이자 CEO

"토니를 만난 후 나는 더는 겁먹지 않기로 결심했다. 그것은 내 인생의 모든 것이 결정적으로 바뀌는 경험이었다. 그가 나에게 준 놀라운 선물에 감사의 마음을 표한다."

— 마리아 메노노스, 배우이자 기자, TV 진행자

"이 남자는 모두가 원하는 무언가를 가지고 있다. 그의 2미터 거구는 경이로움으로 똘똘 뭉쳐 있다."

— 다이앤 소여, 〈ABC 월드뉴스〉 〈굿모닝아메리카〉 전 앵커

"베니스 비치에서 티셔츠를 파는 애송이였던 나에게 토니가 준 진정한 선물은 위험을 받아들이고 행동에 돌입하고 진정어린 무언가가 되라는 것이었다. 나는 25년 동안 그 전략을 충실히 지키며 살아왔다. 나는 또 다시, 언제라도 돌아올 것이다."

— 마크 버넷, 에미상을 다섯 번 수상한 TV 프로듀서

"토니 로빈스는 인생을 바꿀 첫발을 내딛도록 이끌어준다. 우리 인생에는 더 개선하고 싶은 부분이 있기 마련이다. 그 부분을 개선하면 삶 전체가 진정으로 훨씬 좋아진다."

— 저스틴 턱, 슈퍼볼 챔피언

"토니 로빈스는 성공의 리듬을 잘 안다. 그는 끝없이 영감을 불어넣어주는 사람이며, 그가 제시한 방법은 내 삶의 질을 향상시켰다. 나는 최고하고만 작업을 한다. 토니는 최고이다."

— 퀸시 존스, 그래미상을 수상한 뮤지션 겸 프로듀서

"토니 로빈스는 우리로 하여금 삶을 돌아보고 해야 할 소명에 대한 청사진을 작성하고 무엇이 우리를 가로막고 언제 전진해야 하는지 깨닫도록 놀라운 도구를 제시해준다."

— 도나 캐런, DKNY 창립자

Money Master The Game

MONEY IS GAME. MASTER THE GAME!

부의 거인들이 밝히는 7단계 비밀

조성숙 옮김 | 정철진 감수

CONTENTS

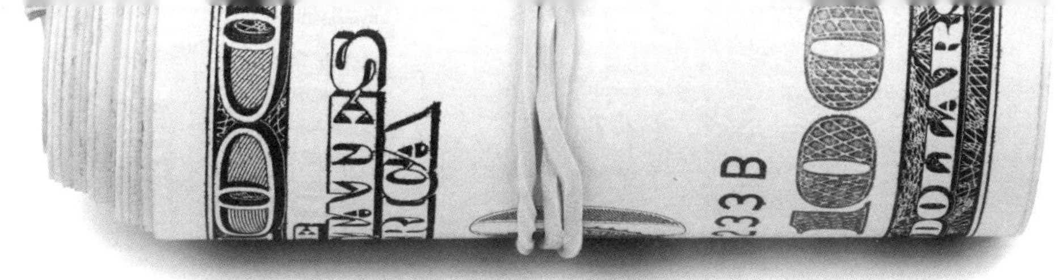

| 제3부 |

게임의 승리 가능성을 높여라

| 제4부 |

평생을 좌우할 가장 중요한 투자 결정을 내려라

| 제5부 |

번영만 존재하는 평생소득 계획을 설계하라

| 제6부 |

0.001퍼센트처럼 투자하라

| 제7부 |

실행하고 즐기고 나누라

감수자의 글

돈이라는 게임을 마스터하는 법

정철진 경제컬럼니스트

상당한 인연이다. 지난 2002년 토니 로빈스-국내에선 앤서니 로빈스로 먼저 알려져 있다-의 초대형 베스트셀러《네 안에 잠든 거인을 깨워라》가 국내 출간됐을 때 난 신문사에서 출판기자로 활동하고 있었다. 그리고 누구보다도 먼저 책을 읽었고 가장 빠르게 서평 기사를 썼다.

그리고 10년이 넘는 시간이 흘렀고, 난 또 다시 토니 로빈스의 최신작《Money》를 먼저 접할 기회를 얻게 됐다. '감수'의 역할이니, 번역자와 편집자 다음으로 한국의 일반 독자 중에서는 가장 먼저 책을 읽는 영광을 누리게 된 것이다.

이처럼 부족한 내가 감수를 맡게 된 데는 역시《네 안에 잠든 거인을 깨워라》와의 인연도 중요한 요인이 됐다. 게다가 특히, 원제

《Money: Master the Game》이 너무나 매력적이었다. 투자를 일종의 게임으로 본다는 시각, 그리고 최종 승리는 수백억 원을 버는 게 아니라 '재무적 자유(financial freedom)'을 완성하는 것이라는 주장에 단박에 빠져들 수밖에 없었던 것이다.

하지만 그럼에도 불구하고 처음엔 크게 두 가지 부분에 의혹(?)을 가질 수밖에 없었다. 첫째는 심리학 분야의 전문가인 그가 경제, 그것도 투자라는 영역으로 발을 넓힌 부분에 대한 의심이었고, 둘째는 상당수 번역서로 나온 투자서들이 갖는 국내 실정과 동떨어진 현실과의 괴리에 대한 걱정이었다.

하지만—독자 여러분도 곧 다음 책장부터 읽어보면 알겠지만—이런 의심과 걱정은 실은 이 책과는 전혀 무관하다 해도 과언이 아니다. 실은 내가 놓친 중요한 부분이 바로 이것이었는데, 토니 로빈스가 바로 억만장자라는 사실이었다! 즉, 그에겐 돈을 운영하고 관리하고 불리고, 세금을 걱정하고, 수수료를 아끼는 데 있어 웬만한 투자 전문가들의 뺨을 때리고 남을 만큼의 지식과 경험이 있을 수밖에 없다는 이야기다. 이런 그의 '실력'은 책 곳곳에 나타난다. 가장 큰 장점은 쉽다는 것. 경제·경영·투자서는 쉽게 쓰는 게 바로 저자의 실력이다. 어렵고 복잡한 이야기를 쉽게 풀 수 있다는 건 저자의 경륜을 말해주는 부분이기 때문이다.

내가 갖고 있던 두 번째 걱정 역시 쓸데없는 것이었다. 아니, 우리나라 현실과 동떨어지기는커녕 너무 접해 있어 놀랄 정도였다. 무엇보다 책에서 나오는 미국의 401(K)라는 게 바로 본격 성장기에 돌입하는 국내 퇴직기업연금제도와 궤를 같이 하기에 그렇다. 결국 우리도 미국의 퇴직연금이 가는 자리를 따라갈 수밖에 없고, 그것의 시행착오를 답습할 수밖에 없는데, 그런 측면에서 《Money》는 굉장한 존재 의의가 있다고 하겠다. 물론 한두 가지 미국에서만 판매되는 상품들이 나오기는 하는데 이는 감수자 주를 통해 표기해두었고, 국내에서 판매되거나 판매 예정인 경우에는 한국식 이름으로 따로 설명해두었다.

한편 감수자가 아닌 일반 독자로서 먼저 책을 읽은 선배 독자로서 팁을 하나 드리자면, 상당히 중요한 메시지들과 정보들이 책 중후반부에 몰려있어 중반까지 인내심이 필요하다는 점이다. 아마도 토니 로빈스 특유의 강의 형식을 책으로 옮기는 과정에서 나타나는 특징으로 투자서임에도 불구하고 전형적인 미괄식 구성을 보여 자칫 책을 읽다가 지칠 수도 있을 것 같다. 그래도 힘내시길. 오히려 '기초를 튼튼히 한다'는 생각으로 전반부를 도전하기를 바란다. 게다가 책 곳곳에 저자 특유의 자기계발적인 응원과 기를 살려주는 장치들이 녹아 들어 있다. '읽는 맛'이 있다는 보너스를 즐기면 좋겠다.

또 한 명의 투자서 작가로서, 그리고 투자업에 몸을 담고 있는 나로서 항상 던지는 화두가 있다. 그 다양한 질문 중 핵심은 바로 "과연 돈을 얼마만큼 모아야—'벌어야'가 아니다—하지?"이다. 책에는 '재무적 자유'라는 명쾌한 정답을 먼저 확정 짓고 긴 이야기를 시작한다. 재무적 자유! 난 한때 "돈의 주인으로 살자"라는 말을 자주 했는데 그것보다 훨씬 구체적이고, 훨씬 명확한 목표인 것 같다. 역시 아메리칸 스타일이다. 나 또한 땀나게 노력 중이다. 독자 여러분도 꼭 이뤄내시고 쟁취하시길 진심으로 기원한다.

소개의 글

그들만 아는 돈의 비밀이 드러난다

엘리엇 와이스블루스Elliot Weissbluth, 하이타워 창업자 겸 CEO

소송전문 변호사로 월스트리트의 금융기관에서 여러 해를 일하는 동안 거짓말쟁이, 사기꾼, 말만 거창하게 늘어놓는 사람들이 가끔씩 내 길을 가로막곤 했었다. 법조계도 금융계도 프로 사기꾼이 길러질 만한 나름의 토양이 존재하는 것이 사실이기에, 나는 선한 행위자와 나쁜 행위자를 가려내는 방법을 재빨리 터득해야 했다.

게다가 나는 천성적으로 회의적이다. 그렇기에 토니 로빈스가 내가 2007년에 창립한 회사 하이타워HighTower를 알아보고 이번 프로젝트를 위해 내게 도움을 청했을 때, 내 심정은 호기심과 경계심이 반반이었다. 개인 재무와 투자에 대해 새롭게 말할 만한 내용이 아직 남아 있을까? 그렇더라도 토니 로빈스가 그것을 말할 자격이 될까?

물론 나는 토니 로빈스가 미국 최고의 라이프 코치이자 비즈니스 전략가로서 명성이 높다는 사실을 알고 있었다. 또한 미국의 대통령들에서부터 억만장자 기업가에 이르기까지 무수히 많은 사람이 그의 도움을 받아 개인생활과 직업생활을 혁신했다는 사실도 모르지 않았다.

하지만 나는 토니를 직접 만나보기 전까지는 그가 진짜배기라고 생각하지 않았다. 이 남자는 자신이 지닌 브랜드에 대한 그 모든 거창한 설명에 조금도 모자라지 않는 남자였다. 그의 진정성은 한눈에도 드러났으며, 그의 열정은 전염성이 강했다. 토니는 금융산업의 죄악을 답습하기를 거부했다. 그는 금융서비스를 민주화하고, 과거 슈퍼리치 투자자들만이 접근하고 이용할 수 있었던 전략과 솔루션을 일반 대중에게 제시한다는 목표를 가지고 이번 프로젝트를 구상했다.

토니와 나는 만난 순간부터 뜻이 통했다. 우리 둘 다 일반 대중이 더 유익한 정보를 얻어 더 나은 재무 결정을 내리도록 그들의 역량을 강화해주고 싶다는 사명을 품고 있었기 때문이다. 그 사명이 우리 회사의 심장이며 나라는 사람을 이끄는 추진력이다. 2008년 금융위기로 금융시스템의 본질적인 이해 충돌과 부당함이 백일하에 드러났지만, 가정과 일반 개인에게 진정한 차이를 만들어줄 현실적이고 실용적인 해결방법을 제시하는 사람은 거의 없었다.

왜일까? 시스템 자체에 내재된 본질적인 이해 충돌 때문이다. 대형 금융기관들은 고객이 아니라 회사의 이익을 목표로 삼는다. 투자자들은 수수료를 치르는 대가로 양질의 객관적인 상담 서비스를 제공받는다고 생각한다. 그러나 실제로는 '적절한' 투자상품과 서비스 샘플을 손에 꼽을 정도로만 제공받고는 거기에 대해 높은 수수료를 치르는 것이 현실이다. 그러나 적절한 투자상품은 금융회사의 순이익 향상과는 근본적인 충돌 관계에 놓여 있다.

하이타워는 이런 문제의 해결책이고, 토니 로빈스도 그런 이유에서 나를 인터뷰했다. 우리는 투자 상담만을 제공하며, 상담사와 투자자의 니즈를 모두 충족시키는 선도적 기술과 상품, 솔루션의 플랫폼을 가지고 있다. 우리는 고객과 대형 은행 사이에 이해의 충돌을 유발하는 독성 상품들은 취급하지 않는다. 우리는 미국 최고의 투자상담사들과 함께한다. 간단히 말해 우리는 투명한 금융 상담을 위한 더 나은 사업모델을 구축했다.

토니는 가장 정직하고 현실에 맞는 금융 솔루션을 찾아내 대중에게 알리는 것을 사명으로 삼는다. 물론 '비밀로만' 전해지는 솔루션도 포함시킨다. 그는 사람들에게는 지식 이상의 것이 필요하다는 사실을 안다. 대중은 재무적으로 안전한 미래로 이끌어줄 명확한 약도가 필요하다.

이 책에 나온 안내 지침은 금융세계 최고의 두뇌들을 누구도 하지 못한 수준으로 두루 만나 만들어진 결과물이다. 그만한 위업을 이끌어낼 사람으로 나는 토니 말고는 다른 누구도 떠올릴 수 없다. 방대한 고객 네트워크와 전염성이 강한 헌신과 불굴의 열정을 가진 토니이기에 금융의 최고라고 일컬어지는 사람들을 설득해 그들의 지식과 경험을 들려줄 수 있었다.

나는 토니가 일반 대중을 위해 그들의 생각을 이해하고 단순화해 주리라고 믿는다. 그리고 평범한 사람들의 금융 역량을 강화해준다는 열정이 있기에 토니는 탁상공론이 아닌 현실에 맞는 인터뷰를 할 수 있었고, 보통의 사람이 재무 상황 개선에 사용할 수 있는 도구를 제시할 수 있었다.

토니는 나에게도 도전을 제시했다. 그는 부유한 투자자들을 위해 만든 솔루션을 일반 대중도 쉽게 접근하고 이용하도록 바꿔달라고 요청했다. 우리가 긴밀한 협력 하에 다양한 프로젝트를 진행하고 있으며 많은 사람에게 긍정적인 영향을 미칠 수 있게 된 것이 나는 무척이나 자랑스럽다.

토니는 개인투자자의 힘을 길러주고 동시에 심각한 타격을 받고 넘어졌거나 사회로부터 소외된 사람들을 돕는 일에 이 책을 이용한다. 미국인의 3분의 2가 노후의 불안한 재무 상태를 걱정하는 동안, 작년 한 해 200만 명의 사람들이 저소득층 식사 지원 제도인 푸드스탬프food stamp의 혜택을 받지 못했다. 그들 중 상당수는 다음 끼니조차도 걱정하는 상태이다.

토니는 그런 간극을 메우기 위해 팔을 걷어붙였다. 그는 집도 없이 떠돌고 굶주림에 시달렸던 자신의 경험을 숨김없이 말하며, 사회가 자주 잊어버리는 이 사람들의 삶을 개선하겠다고 공약했다. 토니는 2014년에만 5천만 명의 사람들에게 음식을 제공하겠다고 약속했으며, 2015년은 물론이고 그 후에도 목표치를 두 배로 높이고 매칭기부를 이용해 1억 끼니를 제공할 것이라고 약속했다.

또한 토니는 자신의 책을 발행한 사이먼앤슈스터와 제휴를 맺어 절망적인 상태이거나 역량 강화를 위한 새로운 길에 이제 막 들어선 사람들에게 그의 베스트셀러 《거인이 보낸 편지Notes From a Friend: A Quick and Simple Guide to Taking Change of Your Life》를 기부하기로 했다. 영혼과 몸 모두에 식사를 제공하는 것이 그의 목표이기 때문이다.

이번 프로젝트에 참여하게 된 것을 나는 무척 영광스럽고 감사하게 생각하며, 우리가 함께 일으킨 변화의 결과물을 빨리 보고 싶다. 여러분의 반응도 기대된다. 이제부터 당신은 토니라는 힘을 만나 진정으로 인생을 바꾸는 여행을 시작하게 될 것이다.

본문에는 부의 거인들이 가지고 있는 자산 규모가 자주 등장한다.

다음 자료를 통해 자산 규모가 어느 정도인지 가늠할 수 있다.

(1달러=1000원, 1엔=900원)

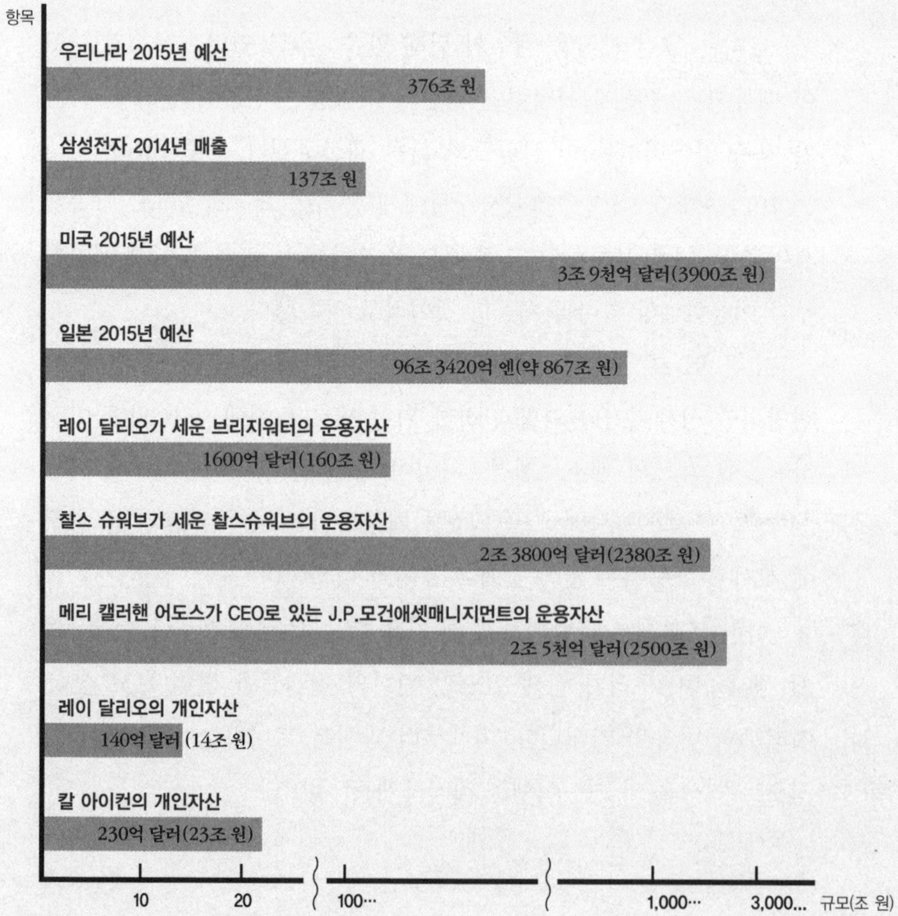

항목

우리나라 2015년 예산

376조 원

삼성전자 2014년 매출

137조 원

미국 2015년 예산

3조 9천억 달러(3900조 원)

일본 2015년 예산

96조 3420억 엔(약 867조 원)

레이 달리오가 세운 브리지워터의 운용자산

1600억 달러(160조 원)

찰스 슈워브가 세운 찰스슈워브의 운용자산

2조 3800억 달러(2380조 원)

메리 캘러핸 어도스가 CEO로 있는 J.P.모건애셋매니지먼트의 운용자산

2조 5천억 달러(2500조 원)

레이 달리오의 개인자산

140억 달러 (14조 원)

칼 아이컨의 개인자산

230억 달러(23조 원)

10 20 100··· 1,000··· 3,000··· 규모(조 원)

들어가는 글

경제적 자유를 넘어 인생의 자유를 향해

마크 베니오프Marc Benioff, 세일즈포스닷컴 창업자 겸 CEO

나는 25년 전에 카세트테이프로 토니를 처음 만났다. 늦은 밤 텔레비전에서 나오는 광고를 본 후 나는 단단히 결심하고 그의 30일 자기계발 프로그램 오디오북《거인의 힘Personal Power》을 샀다. 나는 1시간 거리의 오라클까지 출퇴근을 하는 동안, 샌프란시스코의 집과 레드우드쇼어스에 있는 사무실 사이를 오가면서 하루도 빠짐없이 테이프를 들었다.

토니의 모든 한 마디 한 마디에 감동한 나는 한번은 주말 내내 집에 틀어박혀 아무것도 하지 않으며 단 이틀 만에 30일 분량의 내용을 다 들었다. 토니가 굉장히 놀라운 사람이라는 사실을, 그의 아이디어가 내가 전에 알았던 것과는 질적으로 다르다는 사실을 나는 금세 알 수 있었다.

나는 내 스스로 스물다섯 살에 오라클 최연소 부사장이 되었으니 그 정도면 성공한 편이라고 생각했다. 연봉이 100만 달러가 넘었고 신형 페라리도 몰고 다녔다. 좋은 집, 멋진 차, 사교 생활까지 성공의 상징이라고 할 만한 것을 다 가지고 있었다. 그런데도 무언가 허전했지만 그게 무언지는 몰랐다. 토니는 나의 위치가 어디인지 깨닫도록 도와주었다. 그리고 내가 정말로 도달하고 싶은 곳이 어디인지, 내 삶이 어떠하기를 바라는지에 대한 더 깊은 의미를 탐구하도록 도와주었다.

얼마 후에 나는 토니의 주말 집중 세미나인 '네 안에 잠든 거인을 깨워라'에 참석했다. 그곳에서 나는 내 비전을 정의하고 완전히 새로운 수준의 과감한 행동을 결단했다. 그러면서 나는 토니의 글과 강연을 더 깊이 탐독했고, 내 모든 힘을 다 쏟아 세일즈포스닷컴을 세우고 키우기 위한 여행을 시작했다.

나는 토니의 통찰과 전략을 종합해 V2MOM이라는 놀라운 도구를 만들어냈다. 이것은 비전visions, 가치values, 방법methods, 장애obstacles, 측정measurements을 의미한다.

나는 일과 개인생활에서 내가 정말로 원하는 것에만 초점을 맞추기 위해 V2MOM을 이용했다. 이 프로그램은 토니의 5개 질문으로 정리할 수 있다.

1. 내가 정말로 원하는 것은 무엇인가?(비전)
2. 중요한 것은 무엇인가?(가치)
3. 어떻게 얻을 것인가?(방법)
4. 그것을 얻는 데 걸림돌은 무엇인가?(장애)
5. 내가 성공했는지 어떻게 알 수 있는가?(측정)

토니는 내가 묻는 질문의 질이 내 삶의 질이라고 말했다. 나는 이 기본 질문들을 던지고 답을 기록하면서 내 인생, 내 일, 내 미래의 모든 것을 모델링하기 시작했다. 그 후 놀라운 변화가 일어났다.

1999년 3월 8일 세일즈포스닷컴을 창업한 첫 날 우리는 V2MOM을 적었고, 지금 1만 5천 명 직원에게도 똑같은 것을 요구한다. 이 질문들은 정돈과 깨달음, 소통을 만들어내며, 이 모든 질문의 바탕에는 지난 20년 동안 토니에게서 얻은 교훈이 깔려 있다. 토니는 반복이야말로 능력의 어머니이며 완전히 몸에 익은 능력도 반복에서 얻어진다고 말한다. 그래서 우리는 우리만의 V2MOM을 계속 적고 향상한다.

그 결과의 하나로 〈포브스〉는 '세계에서 가장 혁신적인 회사' 명단에 4년 연속해서 세일즈포스닷컴을 올렸다. 그리고 〈포천〉은 2014년에 우리를 '세계에서 가장 존경받는' 소프트웨어 회사이자 '세계에서 가장 일하기 좋은 회사' 7위에 올렸다. 지금 우리의 연매출은 50억 달러이며 계속 성장하고 있다.

토니 로빈스와 그의 조언이 없다면 세일즈포스닷컴도 존재하지 못한다고 나는 진심으로 말할 수 있다.

당신이 지금부터 읽을 이 책은 재무적 자유에 이르는 7단계 성공 계단을 알려줄 것이고, 더불어 《거인의 힘》 오디오북이 내게 발휘했던 것과 똑같은 영향력을 당신에게도 미칠 것이다. 이 책은 토니의 지혜를 (그리고 세계 최고의 금융 대가 50명의 지혜를) 당신의 삶에 대입해주고, 당신의 삶의 질을 한 차원 높이는 데 필요한 도구를 제공해준다. 또한 이 책을 읽은 후에는 토니의 조언을 당신 삶에 맞는 법칙으로 바꿔서 성공을 이루고 자유를 실현하기 위한 자신만의 방법을 찾게 될 것이다.

처음에 토니가 이 책의 제목을 말했을 때 나는 다짜고짜 이렇게 말했다. "토니, 돈을 주제로 삼다니요! 특별한 삶의 질을 만드는 데 도움을 준다는 것을 주제로 삼아야지요!"

얼마 뒤에 나는 이 책의 주제는 돈이 아니라 원하는 삶을 살도록 도와주는 것이라는 사실을 알았다. 원하는 삶을 살기 위해서는 자신의 인생에서 돈의 역할을 어떻게 정하는지가 중요하다. 우리 인생에서 돈은 중요하다. 단, 돈이 우리의 주인이 되어서는 안 된다. 우리가 돈의 주인이 되어야 한다. 그래야만 우리는 자유롭게 자신이 원하는 삶을 누릴 수 있다.

나와 친분이 깊은 멘토이며, 전 미국국방부장관이자 합참의장이었던 콜린 파월Colin Powell 장군은 돈에 대해 이렇게 말했다. "자신이 사랑하고 잘할 수 있는 일을 찾아야 한다. 그것을 열심히 추구해야 한다. 그것이 인생에 만족감을 준다. 그것은 돈을 의미할 수도 있고 아닐 수도 있다. 그것은 여러 가지 칭호를 가질 수도 있고 아닐 수도 있다. 하지만 그것은 당신에게 만족감을 준다." 파월 장군과 토니 로빈스는 결국 같은 말을 하고 있다. 자신의 진짜 목적을 발견하고 매일 그 목적을 추구하는 구체적인 행동을 할 때 인생의 기쁨이 얻어진다는 것이다.

또한 파월 장군은 세상을 바꿀 소프트웨어 회사를 차린다는 비전을 열심히 추진하고 있는 내게 돈의 역할을 고민해야 한다고 충고했다. 그는 회사를 차린다는 것은 단순히 이익 추구를 넘어 좋은 일을 한다는 것을 의미해야 한다고 말했다. 다시 말해 일을 잘하면서 동시에 도움도 주어야 한다는 것이다. 사실 25년 전에도 토니의 열정적인 사회공헌은 내게 깊은 인상을 주었으며 내 사고에 큰 영향을 끼쳤다. 세일즈포스닷컴을 세우면서 나는 세 가지를 목표로 삼았다. (1) 오늘날 '클라우드 컴퓨팅'이라고 불리는 새로운 기업용 컴퓨팅모델을 마련한다. (2) 구독 기반 기업소프트웨어를 위한 새로운 사업모델을 만든다. (3) 기업의 성공과 사회 환원 능력을 면밀히 통합하는 새로운 자선활동모델을 마련한다.

15년이 흐른 지금, 우리는 소프트웨어 산업을 완전히 바꾸고 시가총액이 350억 달러가 넘는 회사로 성장했다. 하지만 그때나 지금이나 내가 내린 가장 훌륭한 결정은 세일즈포스재단을 통해 자본의 1퍼센트, 이익의 1퍼센트, 직원 시간의 1퍼센트를 자선활동에 사용한다는 것이다. 그 결과 우리는 전 세계 비영리재단에 6천만 달러가 넘는 돈을 기부했고, 2만 개 비영리단체가 우리의 소프트웨어를 무료로 사용하고 있으며, 직원들의 지역사회 봉사활동 시간은 다 합해 50만 시간이 넘는다.

이 모든 것은 내가 진정으로 무엇을 세우고 베풀고 싶은지, 그리고 무엇이 되고 싶은지 명확히 이해하도록 도와준 토니가 있었기에 가능한 일이었다. 내 인생에서 그런 결과보다 더 큰 행복과 만족감과 기쁨을 가져다준 것은 없었다.

그리고 바로 그 이유 때문에 나는 그의 비영리 사회운동인 스와이프아웃Swipeout에 동참한다. 이 운동은 사람들에게 매년 1억 끼니를 제공하고, 매일 300만 이상 가구에게 병균에 오염되지 않은 깨끗한 물을 제공하고, 노예상태로 살아가는 아동과 성인에게 자유를 찾아주는 활동을 펼치고 있다.

이 책은 내게 열어주었던 그 문을 당신에게도 열어주려 한다. 그의 코치를 하나하나 받으면서 당신 역시 인생을 바꾸고 원하는 모든 것을 얻게 해줄 길을 찾을 수 있을 것이다.

일러두기

- 이 책은 돈과 투자에 대해 저자가 정확하다고 판단하는 정보를 제공하기 위해 저술되었다. 하지만 저자도 출판사도 어떤 구체적인 포트폴리오나 개인의 특별한 요구에 대해 개별 조언을 하지 않을 것이며, 투자 조언이나 법률 및 회계와 관련된 다른 서비스를 제공하지는 않을 것임을 양지해주기 바란다. 투자, 법률, 회계와 관련된 전문 상담이 필요할 경우에는 따로 해당 분야의 전문가를 독자적으로 찾아봐야 할 것이다.
  이 책이 참조한 실적 데이터는 여러 해에 걸쳐 수집되었다. 과거의 결과가 미래의 실적을 보장하지 않는다. 또한 실적 데이터는 법규 및 규제와 더불어 시간 경과에 따라 달라지며, 이 책에 실린 정보의 지위도 변할 수 있다. 이 책은 단지 기본 원칙을 설명하고 보여주기 위해 역사적 데이터를 제공하고 있다는 것을 유념해야 한다. 또한 이 책은 특정 재무 결정의 기준이 되거나, 특정 투자상담사를 추천하거나, 특정 회사 증권의 매매를 추천하는 용도로는 사용하지 말아야 한다. 특정 증권의 매매 제안에는 오직 투자설명서만이 사용될 수 있으므로 투자를 하기 전에 투자설명서를 주의 깊게 읽어봐야 한다.
  여기에 실린 정보의 정확성과 완전성과 관련해서는 법적 보장의 책임이 없다. 따라서 저자와 출판사는 이 책에 나온 내용을 이용하고 응용함으로써 발생한 직접/간접적 결과에 따른 부채, 손실, 위험, 개인적 손해 등에 대해서는 어떤 법적 책임도 지지 않는다.
  이 책이 발행되는 시점에 저자는 스트롱홀드자산운용과 사업파트너십을 시작하는 것에 대해 논의 중이지만 현재 저자는 스트롱홀드의 오너가 아니며, 또한 추천을 해주는 대가로 보상을 받는 관계도 아니라는 사실을 밝힌다. 본문에 나오는 사람들의 이름과 구체적인 특징은 임의로 변경했다.

- 지은이가 단 주는 해당 단어, 문장 뒤에 '1, 2, 3…'로, 감수자가 단 주는 '●'로 나타내고 본문 하단에 내용을 밝혔다. 옮긴이가 단 주는 '–옮긴이'로 본문 속에서 구별하여 나타냈다.

MONEY IS GAME.
MASTER THE GAM

머니게임에 참가한 것을 환영합니다

| 제 1 부 |

CHAPTER 1

당신의 돈이고 당신의 인생이다 주도권을 되찾으라

돈은 충직한 하인이지만 못된 주인이기도 하다.

—프랜시스 베이컨 경

돈.

인간에게 이만큼 극적인 감정을 불러일으키는 힘을 가진 말은 얼마 되지 않는다.

많은 사람은 돈을 주제로 삼는 것도 거부한다! 종교와 섹스와 정치처럼 돈은 식사자리에서는 금기사항이고 직장에서는 때와 장소를 가려 말해야 한다. 점잖은 무리와 어울리는 자리에서 '부'는 괜찮은 주제일 수 있지만 '돈'은 너무 노골적이다. 너무 천박하고 낯 뜨거운 주제이다. 지나치게 개인적이고 자극적이다. 돈은 많이 가진 사람에게는 죄책감을, 없는 사람에게는 수치심을 느끼게 할 수 있다.

그렇다면 돈의 진짜 의미는 무엇인가?

어떤 사람에게 돈은 꼭 필요하고 중요한 것이지만 으뜸의 가치는 아니다. 타인의 서비스를 얻고 유복한 삶을 살기 위한 수단이자 힘의 원천일 뿐이다. 어떤 사람은 돈에 대한 갈망에 사로잡혀 자신과 주위 사람 모두를 파괴한다. 어떤 사람은 돈을 얻기 위해 훨씬 귀중한 무언가를, 건강과 시간과 가족과 자긍심과 심지어는 진정성마저도 기꺼이 포기한다.

핵심을 말하자면 돈은 결국 힘이다.

돈이 어떻게 창조의 힘이나 파괴의 힘을 발휘하는지 우리는 많이 목격했다. 돈은 꿈의 밑거름이 되기도 하고 전쟁을 촉발하기도 한다. 선물로 돈을 주기도 하지만, 무기로 휘두르기도 한다. 돈은 영혼과 창의성과 아이디어를 표현하는 수단이 되기도 하고, 반대로 좌절과 분노와 증오를 나타내는 수단이 될 수도 있다. 또는 정부와 개인에게 영향력을 발휘하는 수단도 될 수 있다. 누군가는 돈을 좇아 결혼을 하고 훗날 톡톡히 대가를 치른다.

하지만 우리 모두는 돈이 어느 정도는 허상이라는 사실을 잘 안다. 오늘날의 돈은 금이나 지폐가 아니라 은행 전산망에 기록된 0과 1이다. 돈은 무엇인가? 돈이란 우리가 투영하는 어떤 의미나 감정도 다 받아들일 수 있는 변신술사이거나 캔버스이다.

결국 우리가 좇는 것은 돈이 아니다. 그렇지 않은가? 우리가 정말로 좇는 것은 느낌이나 감정이다. 우리는 돈으로 다음과 같은 감정을 만들 수 있다고 '생각'한다.

역량이 강화되었다는 느낌
자유의 느낌
안전의 느낌
사랑하는 사람과 가난한 사람을 도울 수 있다는 느낌

선택권이 있다는 느낌
'제대로 사는 것' 같은 느낌

분명 돈은 우리 마음속의 꿈을 현실로 바꿔주는 수단 중 하나이다. 돈이 추상적 개념에 불과할지라도, 우리에게 돈이 없으면 위와 같은 느낌은 얻지 못한다. 한 가지는 확실하다. 우리가 돈을 이용하든가, 돈이 우리를 이용하든가 둘 중 하나이다. 당신은 돈의 주인이지만, 다른 면에서 보면 돈이 당신의 주인이다!

돈을 어떻게 다루는지를 보면 그 사람이 힘을 어떻게 다루는지가 드러난다. 돈은 고통인가 축복인가? 게임인가 짐인가?

이 책의 제목(원서 제목은 Money: Master the game이다)을 선택할 때 실제로 몇 사람은 돈이 '게임'이 될 수 있다는 생각에 화를 벌컥 냈다. 이런 진지한 주제의 책에 그렇게 경박한 말을 붙이다니! 그렇지만 정신 차리고 똑바로 보자. 뒤에서 보겠지만, 인생을 바꿀 가장 훌륭한 방법은 우리가 바라는 것을 이미 성취한 사람들을 찾아 그들을 행동의 모범으로 삼는 것이다. 스스로의 재무 상황을 통제하는 주인이 되고 싶은가? 금융의 대가를 찾아내 그 사람이 돈을 다루는 방식을 모방해야 한다. 그러면 힘을 얻을 수 있는 길을 알 수 있다.

지금 이 자리에서 말할 수 있다. 나는 세상에서 가장 부유한 사람들을 많이 인터뷰했고, 그들 대부분은 돈을 게임이라고 생각한다. 그렇지 않다면 수십억 달러의 재산을 벌고도 하루에 10~12시간이나 일할 이유가 또 어디 있겠는가? 그리고 기억하자. 모든 머니게임이 다 경박하지는 않다. 이 게임은 인생 태도를 반영한다. 어떤 사람은 옆에 앉아 다른 사람의 게임을 구경만 하고, 어떤 사람은 이기기 위해 직접 게임에 참가한다. 당신의 게임 방식은 어떠한가? 반드시 명심해야 한다. 당신과 당신의 가족을 위해서라도 이 게임은 져도 괜찮은 게임이 아니다.

이것만은 약속할 수 있다. 나와 함께 길을 걸으며 이 책에 기록한, 세계에서 가장 성공한 금융 참가자들이 풀어놓는 7단계 성공 계단 7 Simple Steps을 착실히 오른다면 당신과 당신의 가족은 게임에서 승리할 수 있다. 아주 크게 이길 수 있다! 그러나 이기려면 규칙을 알아야 하고, 이미 게임을 정복한 사람들이 들려주는 최고의 성공 전략을 배워야 한다.

희소식이 있다. 피해야 할 함정을 알고 지속적인 성공으로 나아가게 해주는 지름길을 배우기만 해도 (순식간에) 몇 년의 시간을 절약할 수 있다. 이 주제를 건드릴 수 없을 정도로 복잡한 일인 양 보이게 만드는 것이 금융산업의 생리이지만, 금융 용어라는 것들을 떼어 놓고 보면 원리는 비교적 단순하다. 이 책은 체스 말 신세에서 벗어나 머니 게임이라는 체스 게임에 직접 참가할 기회를 제공한다. 내부자의 통찰력을 얻었을 때• 얼마나 쉽게 당신의 금융 생활이 바뀌고 마땅히 누려야 할 자유를 즐길 수 있는지 알게 되면 깜짝 놀랄 것이다.

이제 본론으로 들어가자. 이미 이 게임을 정복한 상태라면 자신의 삶이 어떻게 달라질지 한번 상상해보자.

돈이 대수가 되지 않는다면 과연 어떻겠는가? 매일 아침 사무실에 출근할 걱정도, 청구서 요금을 낼 걱정도, 은퇴자금을 마련할 걱정도 할 필요가 없다면 어떤 기분일까? 내가 원하는 대로 살 수 있다면 어떤 느낌일까? 하고 싶은 사업을 시작할 기회가 생기고 부모님에게 집을 사드리고 아이들을 대학에 보내고 홀가분한 마음으로 세계 여

• 대중에게 알려지지 않은 투자업계 내부의 모순, 오해, 비밀(비리) 등을 미리 파악해야 한다는 뜻이다.

행을 떠나도 아무 문제 없다는 것이 무슨 의미일까? 매일 아침 기본적인 생계유지만이 아니라 목표와 꿈을 추구해도 될 정도로 돈이 넉넉히 있다는 사실을 아는 상태로 잠에서 깬다면 삶이 어떻게 달라질까?

솔직히 우리는 그래도 계속 일을 할 것이다. 그것이 우리의 천성이기 때문이다. 하지만 기쁨과 풍요로움이 가득한 상태에서 일을 한다는 점이 다르다. 일은 계속하지만 극심한 생존 경쟁은 더는 존재하지 않는다. 우리는 어쩔 수 없어서가 아니라 스스로 원하기 때문에 일을 하게 될 것이다.

그것이 재무적 자유이다.

하지만 혹시 몽상은 아닐까? 평범한 사람이, 그 누구도 아닌 바로 당신이 정말로 그 꿈을 실현할 수 있을까?

상위 1퍼센트처럼 살아가기를 원해서든 아니면 평생 살아갈 돈을 모아 마음의 평화를 얻기 위해서든, 필요한 돈을 모을 방법은 얼마든지 찾을 수 있다. 부에 이르는 비밀은 간단하다. 타인에게 그 누구보다도 더 많이 도움을 줄 방법을 찾으면 된다. 더 가치 있는 사람이 되면 된다. 더 많이 행동하고 더 많이 베풀고 더 큰 존재가 되고 더 많이 봉사하면 된다. 그러면 더 많이 벌 기회가 생긴다. 당신이 텍사스 주 오스틴 시에서 최고의 푸드 트럭을 운영하건, 회사에서 가장 높은 실적을 내는 판매사원이건, 인스타그램 창립자이건 다 마찬가지이다.

하지만 이 책은 가치 증대에 대해서만 말하지 않는다. 이 책은 당신이 지금의 위치를 벗어나 정말로 원하는 재무적 안전이나 독립이나 자유를 향해 옮겨가려면 어떻게 해야 하는지 말해준다. 이 책은 당신의 삶의 질을 향상시키기 위해 대다수가 키울 생각조차 하지 않았던 근본적인 기술 한 가지를 알려준다. 그 기술은 바로 '돈을 정복하는 기술'이다. 실제로 미국인 중 재무적 불안감에 시달린다고 말하는 사람은 77퍼센트(4분의 3)나 되지만 정작 지출이나 투자 계획을 세운다고 말한 사람은 40퍼센트에 불과하다. 미국에서 1945~1965년에 출생한 사람들을 가리키는 베이비붐 세대 3명 중 1명은 저축한 돈이 1000달러 미만이다! 여론 조사에 따르면 금융시스템을 믿는 사람은 4명 중 1명도 되지 않는다. 그럴 만도 하다! 주식을 보유해봤자 실적은 툭하면 최저를 기록한다. 젊은 세대일수록 더하다. 솔직히 말해 자유로 향하는 방법을 제대로 아는 사람은 거의 없다. 뒤에서 보겠지만 〈대부〉의 감독인 프랜시스 포드 코폴라, 권투선수인 마이크 타이슨, 배우 킴 베이싱어처럼 수억 달러를 번 사람들도 앞으로 우리가 배울 기본 원칙을 이용하지 않았다가 가진 돈을 다 잃었다. 가족을 위해 소득의 일정 부분을 모아놓을 수 있어야 한다. 하지만 그것보다 더 중요한 점은, 소득을 몇 배로 불릴 수 있어야 한다는 것이다. 잠든 동안에도 돈이 불어날 수 있게 해야 한다. 당신은 경제의 소비자라는 위치에서 주인이라는 위치로 옮겨가야 한다. 그러기 위해서는 투자자가 되어야 한다.

실제로 우리 대부분은 이미 투자자이다. 처음 주식 투자에 발을 들이민 순간은 사람마다 다를 수 있다. 할머니가 갓 태어난 당신을 위해 마음에 드는 주식 몇 주를 사서 안겨준 순간일 수도 있고, 회사가 권하는 은퇴연금• 계좌에 가입한 순간일 수도 있다. 혹은 킨들을 살 돈으로 아마존 주식을 사라는 친구의 권유에 처음으로 주식에 투자했을지도 모른다.

이것만으로 충분할까? 당신은 이미 답을 알고 있다. 절대 충분하지 않다! 지금은 우리 부모나 조부모 시절의 투자 세상이 아니라는

• 국내에선 '퇴직연금'으로 부른다.

사실은 굳이 말하지 않아도 알 것이다. 과거의 인생 계획은 단순했다. 대학에 가고 일자리를 얻고 엉덩이에 종기가 날 정도로 일하다가, 더 큰 회사의 더 좋은 일자리가 나오면 옮겨간다. 그 다음에는 가치를 더하고, 사다리를 오르고, 주식에 투자하고, 은퇴해 연금을 받을 수 있는 방법을 찾는 것이 핵심이었다. 연금? 평생 마르지 않는 소득에 대한 약속? 이제 연금은 과거의 유물이 되었다.

그런 세상은 끝났다. 당신도 알고 나도 안다. 이제 우리는 더 오래 더 적은 돈으로 살아가야 한다. 속속 쏟아지는 신기술을 보면 볼수록, 금융시스템은 우리로 하여금 돈을 불리게 도와주기보다는 우리와 돈의 사이를 점점 멀어지게 만들려는 속셈은 아닌지 의뭉스럽다.

내가 지금 이 글을 쓰는 순간 저축 금리는 0퍼센트 대를 맴돌고 있고, 시장은 바다 위를 떠도는 코르크처럼 오르락내리락 거린다. 그러는 동안 우리가 마주한 금융시스템을 보면 선택의 폭은 끝없을 정도로 넓고 복잡성은 가늠할 수 없을 정도로 깊다. 오늘날 시장에는 1만 개가 넘는 뮤추얼펀드, 1400개의 ETF(상장지수펀드), 수백 개의 글로벌 증권거래소가 존재한다. 하룻밤만 지나도 우리 앞에 알파벳 약어로 표시된 복잡한 투자 '상품들'이 새롭게 쏟아지고 있는 것만 같다. CDO(부채담보부증권), REIT(부동산투자신탁), MBS(모기지담보부증권), MLP(마스터합자조합), CDS(신용부도스와프), CETF…. WTF What the fuck?

HFT라고 들어봤는가? 이것은 고빈도매매high-frequency trading•의 약어로, 매일 증시를 요동치게 만드는 수천만 건의 매매 중 50~70퍼센

• 1초에 수천 번까지 매매를 하며 주식·파생상품 거래에서 차익을 남긴다. 예를 들어, 주식의 경우 가격이 오르면 짧은 순간 먼저 사고 팔 수 있어 무위험 수익을 챙긴다. 선물의 경우, 지수가 하락하면 '선물매도+선물(환)매수'를 반복해 차익을 남긴다.

트가 초고속 기계로 행해진다. 그것은 무엇을 뜻하는가? 평범한 투자자가 인터넷으로 매매 주문을 완료하기 위해 마우스를 클릭하는 데 걸리는 시간은 0.5초, 즉 500밀리세컨드이다. 그 짧은 시간 동안 슈퍼컴퓨터를 가진 금융계 거인들은 같은 주식 수천 주를 매매 1건마다 아주 작은 차익을 챙기며 수백 번도 더 사고팔 수 있다. HFT를 속속들이 폭로한 베스트셀러 《플래시 보이스Flash Boys: A Wall Street Revolt》의 저자 마이클 루이스Michael Lewis는 〈60분60 Minutes〉과의 인터뷰에서 이렇게 말했다. "글로벌 자본주의에서 가장 숭배 받는 시장인 미국 증시는… 증권거래소, 월스트리트 대형 은행들, 고빈도매매자들의 결합으로 조작된다… 당신이 마이크로소프트 주식을 사고 싶어 할 때 그들은 당신의 의도를 미리 알아채 한발 앞서 주식을 산 다음 더 높은 가격에 당신에게 그 주식을 되팔 수 있다!" 이 사람들이 얼마나 빠를까? 한 HFT 회사는 시카고와 뉴욕을 잇는 직통 광케이블을 매설하는 데 2억 5천만 달러를 썼다. 전송 시간을 1.4밀리세컨드(0.0014초) 단축하기 위해 말 그대로 산천을 바꾸고 땅을 헤집은 셈이다. 그러나 그것만으로는 충분히 빠르지 않다. 이미 100만 분의 1초 단위인 마이크로세컨드의 속도로 이뤄지는 매매도 있다. 얼마 안 가 HFT 기술이 더 발전하면 나노세컨드(10억 분의 1초)의 속도로 매매가 가능할 것이다. 이를 위해 그들은 해저에 케이블을 깔고 있으며, 심지어는 뉴욕과 런던의 거래소들을 연결하는 마이크로파 중계국으로 삼기 위해 태양광 드론을 띄우자는 말도 나오고 있다.

하늘에 떠서 빛의 속도로 매매를 체결하는 로봇과 경쟁을 해야 한다면 승산이 얼마나 되는가? 첨단기술과 고위험으로 무장한 선택의 미로를 헤치고 나아갈 길을 찾으려면 어느 쪽으로 몸을 돌려야 하는가?

전문가는 고향을 떠나 조언을 주는 평범한 인간이다.

—오스카 와일드

돈과 투자의 문제는 모두가 자기 의견을 주장한다는 데 있다. 저마다 조언을 하려 하고 저마다 답을 안다고 말한다. 그 말 중에 당신에게 도움이 될 말은 거의 없다. 돈에 관한 믿음이 종교나 정치와 얼마나 많이 비슷한지 알아차렸는가? 격렬하고 날이 선 대화로 번지기 십상이다. 특히 온라인에서는 어떤 전문지식이나 실력도 없는 사람들이 뒷받침할 실적 증거도 전혀 없으면서 자신의 이론을 내세우며 남들의 전략을 맹렬히 비난한다. 우울증 치료제 프로작**Prozac** 한 알이면 충만한 삶을 살 수 있다고 말하는 심리학자와 비슷하다. 아니면 건강하고 날씬해지기 위한 비법을 알려주겠다는 뚱보와도 비슷하다. 나는 그런 전문가들을 '말만 앞세우는 사람'과 '행동으로 옮기는 사람'이라는 두 부류로 구분한다. 나는 무엇을 어떻게 해야 할지 조언하면서 정작 내세울 투자 실적은 하나도 없는 '전문가'라는 사람들의 말을 듣는 데 신물이 난다.

혹여 또 한 명의 투자 구루에게서 근사한 약속을 들을 수 있다고 예상했다면 다른 곳으로 가기 바란다. 그런 약속은 가장 핫한 종목을 매수하라고 또는 저축을 인출해 난해한 뮤추얼펀드에 가입하라고 귀가 아프게 떠들어댈 금융 엔터테이너들이 해줄 것이다. 계속해서 12퍼센트 이상의 연간복합수익률을 올릴 수 있다고 장담하는 전문가라는 사람들을 한 번쯤은 봤을 것이다. 그들이 선심 쓰며 해주는 투자 조언은 대부분 현실성이 전혀 없으며, 심지어 그들은 자신들이 적극 추천한 종목에 투자도 하지 않는다. 개중에는 자신들의 말이 도움이 된다고 진심으로 믿기도 하겠지만, 아주 잘못된 방향으로 성실한 사람들도 있기 마련이다.

나는 거짓된 세계관을 억지로 신바람 난 듯이 설명하는 '긍정사고 주창자'가 아니다. 나는 지성의 힘을 믿는다. 우리는 사물을 있는 그대로 봐야 하지만 더 나쁘게 봐서도 안 된다. 비관적인 인생관은 아무 행동도 하지 않으려는 구차한 변명거리일 뿐이다. 내가 이 책을 쓰는 이유는 내 주장을 한바탕 쏟아내기 위해서가 아니다. 내 주된 관심사는 당신으로 하여금 문제의 본질을 깊이 파고들어 중요한 문제를 해결하고 인생을 한 단계 끌어올리도록 도와주는 것이다.

지난 38년 동안 나는 사람들의 삶의 질을 곧바로 바꿔 줄 전략과 도구를 찾는 데 온 힘을 쏟았다. 나는 남들이 실패했던 분야에서 측정 가능한 결과를 창출함으로써 그런 전략과 도구의 효과성을 입증했다. 지금까지 나는 내 책과 동영상과 오디오 프로그램과 400만 회 이상의 라이브 이벤트를 통해 100여 개 나라에서 5천만 명 이상의 사람들과 만났다.

성공은 단서를 남긴다는 사실을 나는 처음부터 잘 알고 있었다. 최고 수준의 성공을 이룬 사람들은 운이 좋아서가 아니다. 그들은 다른 사람들과 다른 무언가를 행동으로 옮긴다. 나는 학습과 성장과 성취에 대한 갈망이 전혀 시들지 않는 사람들에게 관심이 있다. 오해하지 말기 바란다. 나는 망상가가 아니다. 건강하고 날씬하면서 평생토록 그 상태를 유지하는 사람은 세상에 얼마 되지 않는다는 사실을 나는 모르지 않는다. 연인에 대한 애정과 열정을 수십 년 동안 변함없이 유지하는 사람도 거의 없고, 영원토록 감사와 기쁨 속에서 살아가는 사람도 거의 없다. 사업 기회를 극대화하는 사람도 아주 드물다. 물론, 거의 또는 완전히 빈털터리에서 시작해서 재무적으로 자유를 이룬 사람은 훨씬 적다.

하지만 적기는 해도 있기는 있다! 적지만 훌륭한 인간관계와 큰 기쁨과 대단한 부와 끝없는 감사의 마음을 가지고 사는 사람들이 있다. 나는 '행동하는' 소수의 사람과 '말만 앞세우는' 다수의 사람을 비교해서 연구했다. 장애물이 무엇인지 알고 싶다면 '잘못된' 사례는 얼마든 있다. 그러나 '잘된' 사례도 얼마든 있다! 나는 인간이 보이는 탁월함을 찾아 헤매는 사냥꾼이다. 나는 규칙을 깨부수고 무엇이 진정으로 가능한지 우리 모두에게 보여줄 수 있는 사람들을 찾는다. 나는 이 극소수의 비범한 사람들이 남들과 어떻게 다르게 행동하는지 배운 다음 그들을 모방한다. 나는 성공적인 방법이 무엇인지 알아낸다. 그런 다음 사람들이 앞으로 나아가도록 도와주기 위해 그 방법을 정리하고 단순화하고 체계화한다.

세계 금융시스템이 멜트다운 직전에 이르렀던 2008년 암흑기 이후, 나는 평범한 사람들이 자기 돈의 주도권을 쥘 수 있도록 도와줄 방법이 무엇인지, 그리고 그들의 이익에 반해서 움직이는 시스템과 맞서 싸울 수 있도록 도와줄 방법이 무엇인지 찾는 일에 몰두했다. 해결책이 시행된 지 몇 년이 지났고, 국회의사당의 소위 그 모든 개혁조치에도 전체적으로 나아진 것은 별로 없다. 답을 찾기 위해 나는 돈의 세계에서 가장 영향력이 크고 똑똑하다고 칭해지는 참가자들 50명을 인터뷰했다.

이 책에 나오는 것은 금융 엔터테이너들의 의견도, 내 생각도 아니다. 게임의 대가들이 직접 자기 생각을 말한다. 자수성가한 억만장자들, 노벨상 수상자들, 금융계의 거인들이 지혜를 전해준다. 몇 페이지 뒤에서 만나볼 머니게임의 대가들 중 몇몇을 먼저 소개하면 다음과 같다.

- **존 보글**John C. Bogle 64년 동안 주식시장의 역사를 함께 걸어온 여든 중순의 노익장이며 세계 최대 뮤추얼펀드 회사인 뱅가드그룹Vanguard Group의 창립자(동명인 아들과 구분하기 위해 '잭 보글'로 불리기도 한다. 이 책에서도 이후부터는 잭 보글로 나온다—옮긴이).
- **레이 달리오**Ray Dalio 운용자산이 1600억 달러를 넘는 세계 최대 헤지펀드의 창립자.
- **데이비드 스웬슨**David Swensen 역사상 가장 위대한 기관투자자 중 하나로 손꼽히는 인물로, 10억 달러 규모의 예일대학 기부금펀드는 그가 관리한 후 20년도 안되어 239억 달러로 성장했다.
- **카일 바스**Kyle Bass 서브프라임 위기에도 불구하고 그가 한 3천만 달러의 투자는 2년 만에 20억 달러로 불어났다.
- **칼 아이컨**Carl Icahn 그의 수익률은 워런 버핏Warren Buffet과 시장을 앞질렀다. 사실상 지난 1년, 5년, 10년을 통틀어도 그보다 높은 실적을 낸 사람은 없다.
- **메리 캘러핸 어도스**Mary Callahan Erdoes 많은 사람이 그녀를 가장 강력한 여성 금융인으로 손꼽는다. J.P.모건애셋매니지먼트J.P.Morgan Asset Management의 CEO인 그녀가 총괄하는 자산은 2조 5천억 달러가 넘는다.
- **찰스 슈워브**Charles Schwab 개인투자자에게 월스트리트의 문을 활짝 여는 혁명을 불러온 주역이며, 아이콘이 되다시피 한 그의 회사가 현재 운용하는 자산은 2조 3800억 달러에 달한다.

위에 나온 사람들은 물론이고 수십 년 동안 시장의 부침에도, 강세장과 약세장에도 상관없이 꾸준한 실적을 유지한 여러 슈퍼스타들이 당신과 한 방에 머무를 것이다. 우리는 그들이 투자 성공을 거둔 비결을 함께 파헤치고, 아주 적은 돈으로 그 비결을 직접 적용해보는 방법도 알아보기 위해 힘을 모을 것이다.

그리고 바로 이 부분에 이 책의 핵심이 있다. 나는 가장 성공적인 투자자들이 들려주는, 세월의 힘에도 녹슬지 않는 지혜를 토대로 이 책을 썼다. 지금 당신이 이 책을 읽고 있는 순간에도 경제가 어느 방향으로 움직일지 아무도 모른다. 인플레이션이 올 것인가, 디플레이션이 올 것인가? 강세장이 될 것인가, 약세장이 될 것인가? 어떤 시장 상황에도 살아남고 번성할 수 있는 방법을 알아내는 것이 중요하다. 그리고 '진짜' 전문가들이 그 비결을 알려준다. 또한 그들은 모든 폭풍우를 이겨내는 투자 배합이 무엇인지 보여주기 위해 자신들의 포트폴리오도 공개할 것이다. 또한 그들은 한 가지 질문에도 답을 해준다. '당신의 자녀에게 재무적 부는 물려줄 수 없지만 몇 가지 원칙만은 물려줄 수 있다면, 어떤 원칙을 물려주겠는가?' 어쩌면 이 유산이야말로 가장 위대한 유산일 수 있다. 그리고 그들의 자녀가 아니어도 우리는 그 유산을 함께 나눌 수 있다.

앞서는 비결은 출발하는 것이다.

—마크 트웨인

준비를 시작하자. 이제부터 우리는 재무적 안전과 독립과 자유로 향하기 위해 7단계 성공 계단을 오르는 여정을 시작해야 한다! 이 책은 이제 막 사회에 진출한 밀레니엄 세대(1980년 이후에 태어난 18~30대 중반까지의 세대—옮긴이)이든, 은퇴를 앞둔 베이비붐 세대이든, 우위를 계속 유지하고 싶은 똑똑한 투자자이든, 누구에게나 재무적 목표를 정하고 성취하기 위한 실용적인 청사진을 제공할 것이다. 더 나아가, 진정한 풍요를 얻지 못하게 방해하는 그 모든 행동에서 벗어나도록 도와줄 것이다. 우리는 내가 거의 수십 년 동안 연구하고 가르친 부의 심리를 탐구할 것이다. 우리는 사람들이 흔히 저지르는 돈과 관련된 실수를, 최상의 계획을 세워놓고도 그것을 따르지 못하는 이유가 무엇인지를 철저히 파헤칠 것이다. 원하는 목표를 달성하도록 여러분을 도와주기 위해 나는 세계 최고의 행동경제학자들을 찾아가 그들과 함께 현실에서 효과를 발휘하는 해결책을 마련했다. 남들이 각고의 노력과 훈련을 해야 유지할 수 있는 전략이지만, 아주 약간만 자신을 바꾸면 자동적으로 그 전략을 실행에 옮기게 될 것이다. 그리고 그 전략이야말로 안락한 노후와 빈곤한 노년을 가르는 결정적인 차이가 될 수 있다.

까놓고 말하자. 똑똑하고 자기 분야에서는 나름 잘 나가는 사람들이 돈이라는 주제를 제쳐두는 이유는, 너무 복잡한 것 같고 생각만 해

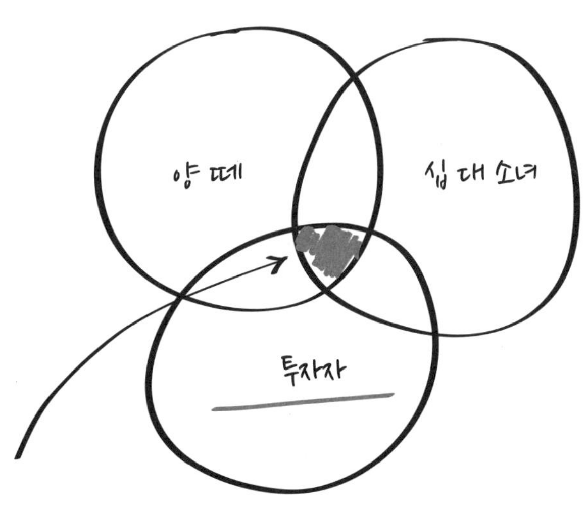

"남들도 다 하니까…"

도 머리가 지끈거리기 때문이다. 내가 이 원고를 검토해 보라고 처음 건네준 사람 중에는 '앤절라'라는 꽤 똑똑한 친구도 하나 있었다. 그녀는 여러 분야를 능숙하게 잘했지만 돈이라는 분야에서만큼은 아니었다. 그녀 본인도 자신의 재무 상태를 방치하고 있음을 잘 알았기에 그 점을 부끄러워했다. "보기만 해도 혼란스러운데다 잘할 자신도 없었어. 해보기도 전에 패배감부터 들더라. 그래서 내 성격은 그렇지 않은데도 그냥 포기했어." 하지만 그녀는 이 책에 나온 7단계 성공 계단을 밟음으로써 마침내 자신의 재무 상태를 쉽게 통제할 수 있게 되었다! "세상에, 내가 즐거움을 느끼지 못하는 몇 가지를 포기했더니 미래를 위한 저축이 가능해졌어." 그녀는 나에게 그렇게 말했다. 일단 저축을 할 마음을 먹었더니 그녀는 자동 투자계좌 개설도 가능해졌다. 그리고 2부 7장을 읽을 무렵에는 이미 그녀의 인생이 송두리째 바뀌어 있었다.

며칠 후 그녀가 내게 와 말했다. "난생 처음으로 따끈따끈한 새 차를 샀어."

내가 물었다. "어떻게 한 거야?"

그녀가 말했다. "내 고물차를 수리하고 휘발유를 넣는 데 들어가는 돈이 새 차 할부금보다도 더 많이 들어간다는 걸 깨달았거든!" 반짝반짝 진주빛으로 빛나는 신형 지프 랭글러를 세우면서 그녀가 어떤 표정이었는지 여러분에게도 꼭 보여주고 싶을 정도이다.

그렇기에 이 책은 단지 안락한 노후를 누릴 수 있는 비결만이 아니라, 여러분이 원하고 또한 마땅히 누려야 할 삶의 질을 얻는 방법에 대해서도 말하고 있음을 알아주기 바란다. 원하는 대로 인생을 살면서 미래의 삶의 질도 높일 수 있다! 돈이라는 세계를 정복한 순간 찾아오는 자율성과 내부의 강인함과 확실성에 대한 느낌은 다른 모든 영역으로 퍼져나간다. 여러분의 일에, 건강에, 감정에, 심지어는 인간 관계로도 뻗어나간다! 돈에 대한 자신감이 없는 사람은 무의식중에 다른 분야의 자신감도 위축된다. 하지만 자신의 재무 상태를 스스로 주도하는 순간, 다른 어려운 도전도 너끈히 받아들일 수 있는 자율성과 열정이 생겨난다.

재무적 자유를 향한 첫 걸음을 가로막는 장애물은 무엇인가? 내 친구 앤절라처럼, 능력 밖의 일이라는 생각이 우리를 방해하는 장애물이다. "이건 너무 복잡해." "이건 내 분야가 아니야." 우리는 그렇게 생각하라고 배웠다. 솔직히 말해, 시스템 자체가 혼란스러워 보이라고 만들어지기는 했다. 그래야 일반 사람들은 계속 음지에 머물면서 '전문가'에게 통제권을 넘겨주고 그 대가로 거액의 수수료를 줄 것이기 때문이다. 그런 일을 막으려면 어떻게 해야 하는지 앞으로 차근차근 배울 것이다. 무엇보다도, 재무적 자유로 나아가기 위한 투자가 절대로 혼란스럽지 않다는 사실을 알게 될 것이다.

성공한 사람들이 성공을 거둔 한 가지 이유는 남들이 모르는 지식을 알기 때문이다. 변호사나 의사가 우리에게 없는 지식과 기술을 가졌기 때문에 우리는 그들에게 돈을 지불한다. 게다가 이 전문가들이 사용하는 전문용어는 가끔씩 그들과 다른 나머지 사람들의 세계를 분리시키는 역할도 한다.

예를 들어 보자. 지난 해 22만 5천 명의 사람들이 '의인성사망 iatrogenic death'으로 사망했다고 의학계가 말하는 것을 들어봤을지도 모른다. 〈미국의학협회지 Journal of the American Medical Association〉에 따르면 이것은 미국에서 세 번째로 높은 사망 원인이다. '의인성사망.' 100달러를 지불해야 할 정도로 어렵게 보이는 말이 아닌가? 굉장히 중요한 병명처럼 들리는데 도대체 무슨 뜻인가? 희귀성 열대병인가? 유전자 돌연변이인가? 아니다. 의인성사망이란 실제로는 의사나 병원 또는 부적절하거나 불필요한 의료 처치 과정으로 인해 발생하는, 과실에 의한 사망을 의미한다.

그렇다면 왜 의료계는 알아듣기 쉬운 말로 말하지 않는 것인가? 문외한도 이해하기 쉬운 평이한 말을 사용해봤자 의료기관의 이익에 아무 도움도 되지 않기 때문이다.

금융 세계에도 그들만의 전문용어가 있다. 이 전문용어는 우리로 하여금 생각보다 훨씬 돈을 많이 지불하고 있다는 사실을 깨닫지 못하게 할 속셈으로 만들어진 것이다. 그럴싸하게 포장했지만 진실은 추가 수수료에 불과한 것들이다.

이 여행에서 나는 여러분의 여행가이드 겸 번역자를 자처할 것이다. 우리는 함께 암호를 풀고, 우리를 계속해서 금융계의 외부자로 머물게 만드는 복잡성을 파헤칠 것이다.

오늘날은 정보가 지나치게 넘쳐흐르는 탓에 심지어 어지간히 잘 아는 투자자들도 정보 과부하에 빠졌다는 느낌을 받을 수 있다. 우리에게 쏟아진 정보가 필요한 내용과는 전혀 상관도 없을 때는 더더욱 그런 느낌이 든다. 가슴에 가벼운 통증이 있어서 구글에 'heart'라는 단어를 검색창에 친다고 해보자. 무엇이 뜰까? 지금 당장 알고 싶은 심근경색과 아무 상관도 없는 결과들이 뜬다. 제일 위에 뜨는 것은 지난 20년 동안 히트곡 하나 내지 못한 'Heart'라는 그룹이다.

당신이 스스로의 개인 재무 검색엔진이 되어 스스로를 돕게 해주는 것이 내 계획이다. 우리는 현명한 검색엔진이 되어야 한다. 불필요한 정보와 백해무익의 금융정보를 다 걸러내고 단순하고 명확한 해결책만 받아들이는 그런 검색엔진이 되어야 한다.

그러면 깨닫기도 전에 내부자가 되어 있을 것이다. 우리는 수익률을 뒤쫓기만 하는 것이 왜 쓸데없는지, 장기적으로 시장을 이기는 사람이 왜 아무도 없는지,[1] 그리고 금융전문가들은 왜 당신에게 최상의 이익을 제공할 법적 책임이 없는지 살펴볼 것이다. 말도 안 되는 소리 같은가? 우리는 뮤추얼펀드가 자랑하는 수익률이 우리가 실제로 버는 수익률은 아니라는 사실을 살펴볼 것이다. 우리는 평생 모은 저축에 수백만 달러의 투자 수익을 추가할 수 있는 해법을 볼 것이다. 통계 연구에 따르면, 이 책의 2부에 나오는 원칙을 읽고 실행에 옮기기만 해도 15만~45만 달러의 저축이 가능하다! 우리는 이제 '수수료 찍어대는 공장'이 아니라 우리의 지갑에 돈을 챙겨 넣게 될 것이다. 또한 수익을 내면서도 원금 전액을 보장할 수 있는 입증된 방법을, 그 효과를 배가시켜 줄 절세 효과도 익힐 것이다. 마침내 여러분 같은 평범한 개인투자자들도 절세와 감세의 혜택을 누릴 수 있을 것이다.

이 책의 진정한 차이는 다른 데 있지 않다. 나는 최고의 부자들만 사용할 수 있고 평범한 사람은 감히 접근해 사용할 엄두조차 나지 않는 투자 전략을 늘어놓는 데 그치지 않는다. 나는 이 투자 전략을 누구나 쉽게 사용하고 접근할 수 있는 전략으로 탈바꿈시킬 방법을 찾아냈다! 극소수의 특권층만 특별한 기회에 접근해서야 되겠는가? 우리도 뛰어들 수 있는 공평한 경쟁의 장이 마련되어야 하지 않겠는가? 누구도 아닌 '당신의 돈'이다. 그러니 '주도권'도 당신이 쥐어야 한다.

순간의 통찰이 때로는 평생의 경험에 맞먹는 가치를 발휘한다.

—올리버 웬들 홈스 1세

1 물론 소수의 '유니콘들', 다시 말해 일반 대중은 접근조차 못하는 아주 소규모의 배타적인 '금융의 마법사' 집단은 예외이다. 이들에 대해서는 뒤에서 소개할 것이다.

본론으로 들어가기 전에 내가 이 책을 쓸 마음을 먹게 된 계기부터 말하고 싶다. 지난 몇 년 동안 나에 대한 보도를 하나라도 봤거나 내 전작들 중 하나라도 읽은 사람이라면, 측정 가능하고 커다란 변화를 창출했던 내 이력에 대해서도 알고 있을 것이다. 나는 사람들이 15~150킬로그램을 감량하도록 도와주었고, 막다른 골목에 있었던 인간관계에 새 국면을 마련해주었고, 사업주들을 도와 그들의 회사를 한 해에만 30~300퍼센트 성장하게 해주었다. 또한 나는 사람들이 커다란 비극을 극복하도록 도와주었다. 개중에는 아이를 잃은 부부도 있었고, 외상 후 스트레스 장애를 가진 아프가니스탄 참전 군인도 있었다. 나는 사람들이 인간관계에서, 감정에서, 건강에서, 일에서, 재무상태에서 진짜 돌파구를 찾도록 온 열정을 쏟는다.

거의 40년 동안 나는 이 지구상에서 가장 힘 있는 사람들을 비롯해 각계각층의 사람들을 코치하는 특권을 누렸다. 나는 미국의 대통령들과도 일해 봤고, 중소기업의 사장들과도 일해 봤다. 나는 스포츠 스타들을 코치해 그들의 실력을 한 단계 끌어올리도록 도와주었다. 초창기 시절에는 위대한 하키 선수 웨인 그레츠키Wayne Gretzky를 코칭했고, 최근에는 슈퍼스타 세레나 윌리엄스Serena Williams를 도와주었다. 잘생긴 레오나르도 디카프리오와 온정이 넘치는 휴 잭맨을 비롯해 연기상을 수상한 여러 배우들과도 함께 일해 본 영예를 누렸다. 최고 가수들의 라이브쇼와 공연으로도 확대해 에어로스미스Aerosmith, 그린데이Green Day, 어셔Usher, 핏불Pitbull, LL 쿨 JLL Cool J와도 함께 일했다. 카지노계 거물인 스티브 윈Steve Wynn, IT계의 마법사 마크 베니오프Mark Benioff와 같은 억만장자 비즈니스 리더들도 내 고객이었다. 실제로 마크는 1999년에 내가 주최했던 '네 안에 잠든 거인을 깨워라' 세미나에 한 번 참석한 후 오라클을 그만두고 자기 회사인 세일즈포스닷컴

Salesforce.com을 차렸다. 현재 이 회사의 매출 규모는 50억 달러에 달하며, 〈포브스〉는 지난 4년 연속 '세계 최고의 혁신 기업'에 세일즈포스닷컴을 선정했다.

확실히 짚고 넘어갈 점이 있다. 고객들이 나한테 오는 이유는 동기부여를 위해서가 아니다. 그들에게 동기는 이미 차고도 넘친다. 그들이 내게서 얻어가기를 원하는 것은 다음 단계로 올라가고 그 뒤에도 계속 게임의 꼭대기 자리를 유지하도록 도와줄 전략이다.

금융계의 경우, 나는 영광스럽게도 1993년부터 역사상 10대 금융 트레이더 가운데 하나로 꼽히는 폴 튜더 존스Paul Tudor Jones를 코치했다. 폴은 아직까지도 (퍼센트로 따졌을 때) 1거래일 폭락으로는 미국 증시 사상 최악의 폭락으로 기록된 1987년 10월 19일의 검은 월요일 사태를 예측했다. 전 세계 증시가 급전직하로 추락하고 마지막 한 푼까지 다 잃은 투자자가 수두룩했지만, 폴은 1987년에도 투자자의 돈을 두 배로 불렸다. 2008년에도 비슷한 상황이 벌어졌는데, 시장은 50퍼센트나 폭락했지만 그는 투자자들에게 거의 30퍼센트에 이르는 수익률을 안겨주었다. 폴이 나와 함께 일한 이유는 그가 결정을 내릴 때 뒤에서 작용하는 원칙이 무엇인지 파악하기 위해서다. 나는 이 원칙들을 그가 매일 그리고 중요한 고비가 닥쳤을 때 사용할 수 있는 시스템으로 정리한다. 나는 긍정 사고 코치가 아니다. 오히려 나는 '만약의 사태를 준비하자'는 코치이다. 나는 폴과 함께 일하면서 롤러코스터 같은 시장 상황 속에서 그의 매매 활동을 추적했다. 1990년대 말의 기술주 거품과 9·11때에도, 그리고 부동산 시장 성장과 서브프라임 시장 붕괴를 거쳐 2008년의 금융 멜트다운 때도 계속 그와 함께 했다. 뒤에 이어진 유럽의 채무 위기는 물론이고, 2013년 하루치로는 30년래 최대 비율로 금 가격이 폭락했을 때도 그의 매매 활동을 기록했다.

이처럼 다양한 금융 도전에도 불구하고 폴은 꼬박 28년 동안 단 한 해도 돈을 잃지 않았다. 나는 뒤의 21년 동안 폴과 함께 일했다. 이기는 방법을 찾는 능력에 있어서만큼은 정말로 그에게 견줄 수 있는 사람은 없다. 나는 영광스럽게도 그가 시장 변동성이 아무리 높아도 이와 상관없이 돈을 버는 모습을 옆에서 볼 수 있었다. 나는 그를 통해 진짜 투자 세계에 대해, 그리고 힘든 시기에 의사결정을 내리는 방법에 대해 많은 것을 배웠다. MBA 과정을 100번 수료한다 해도 배울 수 없는 내용들이었다.

그 시기 동안 폴과 함께 일한 경험을 넘어 그가 내 가장 소중한 친구 중 하나가 되었다는 사실도 내게는 믿을 수 없는 축복이었다. 내가 그를 좋아하고 존경하는 이유는 그가 엄청난 금융 실적을 냈을 뿐만 아니라 그가 가장 훌륭한 자선사업가 중 하나이기 때문이다. 지난 오랜 기간 동안 나는 폴이 로빈후드재단Robin Hood Foundation을 자유시장의 힘을 이용해 뉴욕의 빈곤을 완화한다는 단순한 아이디어에서 출발해 〈포천〉이 '세계에서 가장 혁신적이고 영향력이 큰 자선재단'이라고 칭하는 수준으로까지 성장시키는 것을 지켜보았다. 지금까지 로빈후드재단은 원조와 여러 프로그램을 통해 14억 5천만 달러가 넘는 기금을 배분했고 그 과정에서 수백만 명의 삶이 바뀌었다.

또한 나는 몇 번의 쓰라린 시행착오를 통해 교훈을 배웠다. 내가 이 책을 쓴 목적은 여러분만은 될 수 있는 한 그런 고통을 겪지 않도록 돕기 위해서이다. 나도 월스트리트에서 상흔을 입었다. 나는 서른아홉 살 때 회사 주식을 공개했고 몇 주 만에 내 순자산은 4억 달러 이상으로 치솟았다. 그리고 2000년 닷컴 붕괴와 함께 내 순자산도 같이 땅으로 곤두박질쳤다.

그러나 그때의 시장 '조정'은 최근 몇 년 동안 우리가 겪은 일에

비하면 아무것도 아니다. 2008~2009년의 멜트다운은 대공황 이후 최악의 경제 위기였다. 금융 세상이 완전히 끝을 향해 가고 있는 듯했다. 그때 어떤 심정이었는지 기억이 나는가? 다우존스산업평균지수 Dow Jones Industrial Average가 50퍼센트 폭락하면서 은퇴연금 계좌도 같이 추락했다. 부동산 시장이 바닥으로 추락했고 주택 가격은 심지어 40퍼센트나 떨어졌다. 수백만 명이 평생 열심히 일해 모은 재산을 날렸고 수백만 명 이상이 직장을 잃었다. 이 끔찍했던 몇 개월 동안, 그 어느 때보다도 다양한 사람들이 내게 조언과 도움을 구하기 위해 전화를 걸어왔다. 어떤 이는 이발사였고 어떤 이는 억만장자였다. 그들은 집을 잃기 직전이라고, 저축한 돈이 다 사라졌다고, 아이들을 대학에 보낼 수 없다고 하소연했다. 그 심정이 어떨지 모르지 않기에 나는 죽을 만큼 괴로웠다.

나는 열심히 일해 금전적으로 제법 성공을 거뒀지만 예전에도 그랬던 것은 아니다. 나는 캘리포니아 주의 흙먼지 풀풀 날리는 샌게이브리얼밸리에서 4명의 아버지를 겪으며 성장했다. 지금도 잊히지가 않는데, 꼬맹이였던 나는 전화를 받거나 초인종이 울려도 문을 열 생각을 하지 못했다. 어차피 밀린 요금을 받으러 온 사람일 게 뻔했고 우리 집은 낼 돈이 없었다. 십 대 시절에는 구제품 가게에서 25센트를 주고 산 옷을 입어야 한다는 사실이 그저 창피하기만 했다. 그리고 아이들은 '폼 나게' 차려입지 못한 또래한테는 꽤나 잔인해질 수 있다. 오늘날 구제품 쇼핑은 남의 눈을 의식하지 않는 행동의 상징이 되기도 한다. 알다가도 모를 세상이다! 마침내 내가 드디어 장만한 첫 차는 다 낡아빠진 1960년형 폭스바겐 버그로, 후진 기어도 없어서 언덕에 주차를 해야 했고 휘발유 넣을 돈은 언제나 부족했다. 다행히도, 나는 인생이 원래 그런 거라는 감상에 빠지지 않았다. 나는 내 환경을 극복할 방법을 찾아냈다. 그 고통을 나도 겪어 봤기 때문에 고통에 빠진 사람을 그냥 보고 있기가 힘들다. 미칠 정도로 괴롭다. 그리고 2008년이 불러온 경제적 고통에 시달리는 사람의 숫자는, 내가 평생 봐온 것보다도 훨씬 많았다.

증시 폭락의 여파로 휘청거리는 난리 속에서 모두들 시스템 정비가 이루어져야 한다는 데 입을 모았다. 나는 약속된 변화가 이행되기를 기다렸다. 하지만 몇 년이 흘렀는데도 여전히 그대로였다. 금융위기의 원인에 대해 알면 알수록 화가 치밀었다. 아카데미 다큐멘터리 부문 작품상을 수상한 영화 〈인사이드 잡Inside Job〉을 본 후 내 인생에 티핑포인트가 찾아왔다. 맷 데이먼이 내레이션을 맡은 이 영화는 우리의 돈을 가지고 아슬아슬한 도박판을 벌이며 경제를 파탄 직전까지 몰고 간 월스트리트 초단타매매자들의 실상을 폭로하고 있었다. 그들이 처벌을 받기나 했던가? 우리 납세자들은 그들에게 긴급 금융을 제공했고, 어떤 이유에선지 똑같은 배우들이 똑같은 배역으로 경제 회복의 중책을 맡았다. 그리고 영화가 끝났을 때 내 속은 좌절감으로 부글부글 끓어올랐지만, 나는 그 분노를 한 가지 질문으로 전환했다. "내가 무엇을 할 수 있을까?"

이 책이 그 답이었다.

책보다 충실한 친구는 없다.

—어니스트 헤밍웨이

쉬운 결정은 아니었다. 두툼한 책을 쓴 지 거의 20년이나 되었다. 작년에 나는 평균 나흘에 하루꼴로 비행기를 탔고 15개 이상 나라를 돌아다녔다. 나는 12개 회사와 1개의 비영리 기업을 운영한다. 내게는 삶이자 사랑인 네 아이들과 멋진 아내, 그리고 일이 있다. 다 이룬 인생이라는 말로도 부족하다.《네 안에 잠든 거인을 깨워라》와《거인의 힘 무한능력》이 모두 세계적인 베스트셀러가 되었다는 점은 무척이나 감사한 일이지만, 그 후로 지금까지 나는 글을 써야 할 필요 자체를 느끼지 않았다. 왜일까? 라이브 이벤트가 좋기 때문이다! 나는 한 번에 5천~1만 명과 소통을 나누고, 그들이 주말 50시간 내내 완전히 몰두하고 집중하면서 보여주는 몰입과 신속성과 유연성을 사랑한다. 3억 달러가 넘는 제작비를 쏟아 부은 3시간짜리 영화도 몸을 비틀며 보는 사람들이 많은 시대에 얼마나 멋진 일인가. 오프라가 나에게 자기는 2시간 이상 한 자리에 앉아있지 못한다고 말했던 기억이 난다. 그런데 12시간이 지나자 그녀는 의자에 올라서서 카메라를 향해 소리쳤다. "이건 내 인생의 가장 멋진 경험 중 하나예요!" 어셔는 내 책을 좋아하기는 하지만 주말 내내 버틸 자신은 없다고 말했다. 오프라처럼 어셔도 그토록 긴 시간 내내 즐거워한 적은 난생 처음이었다. 50시간 뒤에 어셔는 내게 이렇게 말했다. "평생 한 번 볼까 말까 한 멋진 콘서트에 온 것 같아요! 아주 열심히 받아 적었고, 당신 덕분에 배꼽이 빠져라 웃었어요."

내 라이브 이벤트는 이처럼 무수한 감성과 음악과 흥분과 깊은 통찰이 넘쳐흐르기 때문에 참석자들은 어느샌가 중대한 행동을 취하는 단계로 옮겨간다. 그들은 생각하고 느끼는 데만 머물지 않는다. 그들은 '변하고 바뀐다.' 게다가 내 강연 방식에는 보디랭귀지와 목소리가 아주 큰 역할을 한다. 솔직히 고백하자면, 가만히 앉아 한 단어 한 단어를 적을 때마다 마치 내 입에는 재갈이 물려있고 한 손은 등에 묶여 있는 것 같은 느낌이 든다. 젠장! 그러느니 차라리 TED 토크 한 번으로 1000만 명 이상의 관중과 만나는 편이 낫겠다.

무엇이 내 심정에 변화를 불러왔는가?

금융위기는 거대한 고통을 불러왔지만 동시에 우리 인생에서 가장 중요한 것을 재평가하는 계기로도 작용했다. 그리고 그런 것들은 돈과는 아무 상관이 없다. 이제는 기본으로, 과거에도 힘든 시기를 이겨낼 수 있도록 우리의 버팀목이 되어준 가치로 돌아가야 할 때가 되었다. 금융위기를 계기로 나는 집도 없이 차에서 잠을 자며 인생을 바꿀 길을 찾아다니던 시절을 떠올렸다. 나는 그 길을 어떻게 찾아냈는가? 책이었다! 책은 내가 일어서도록 도와주었다. 나는 언제나 탐욕스런 독서가였다. 젊은 시절 내 각오는 하루에 책 1권 읽기였다. 내가 보기에 리더는 독서가였다. 나는 속독 수업을 수강했다. 진짜 하루에 1권을 읽지는 않았지만 7년이 넘는 시간 동안 나는 나와 다른 사람들을 도와줄 답을 찾기 위해 700권 이상의 책을 읽었다. 심리학, 시간관리, 역사, 철학, 생리학 등 분야도 다양했다. 나는 나와 다른 사람들의 삶의 질을 즉시 바꿔줄 수 있는 그 무언가를 알아내고 싶었다.

그러나 어린 시절 읽었던 책이야말로 내게 가장 큰 감명을 안겼다. 그 책들은 내가 고통으로 가득한, 설레는 미래라고는 전혀 없는 세상에서 벗어나기 위한 탈출 티켓이었다. 책은 나를 무한한 가능성의 왕국으로 옮겨주었다. 자립에 대한 랠프 월도 에머슨Ralph Waldo Emerson의 에세이에 적힌 문구를 아직도 기억한다. "모든 인간은 교육을 받다보면 부러움은 무지이고 모방은 자살이며 좋건 싫건 자기 자신을 본인의 몫으로 인정해야 한다는 확신이 서는 순간이 있다." 철학자 제임스 앨런James Allen의 《위대한 생각의 힘As a Man Thinketh》에 적힌, 성서의 잠언을 떠올리게 하는 "어떤 생각을 하게 되면 그 사람의 마음도 그렇게 된다"는 말도 기억이 난다. 내 마음이 온통 두려움뿐인 전쟁터였던 시절에 나는 그 말을 만났다. 앨런은 내게 인생에서 만드는 모든 것은 생각에서 출발한다는 사실을 가르쳐주었다.

에이브러햄 링컨, 앤드류 카네기, 존 F. 케네디, 빅토르 프랑클Victor Frankl 등 위대한 리더들, 위대한 사상가들, 위대한 행동가들의 위인전을 게걸스럽게 읽었다. 알고 보니 위대한 사람들이 겪은 고통과 슬픔은 내가 겪은 것보다도 훨씬 컸다. 그들은 운이 좋지도 않았고 요행도 없었다. 그럼에도 그들 내부의 보이지 않는 무언가 특별한 힘은, 그들로 하여금 행동을 하지 않고 위대한 존재가 되지 않고 적게 주는 것에 안주하도록 내버려두지 않았다. 나는 지금까지의 삶이 내 인생은 아니라는 사실을, 내 과거가 내 미래는 아니라는 사실을 깨달았다.

내 마음을 사로잡은 또 다른 책은 1937년에 나온 미국의 고전인 나폴레온 힐Napoleon Hill의 《놓치고 싶지 않은 나의 꿈 나의 인생Think and Grow Rich》이었다. 20세기 초에 힐은 20년이라는 시간을 들여 앤드류 카네기, 헨리 포드, 시어도어 루스벨트, 토머스 에디슨 등 세계에서 가장 성공한 사람 500명을 인터뷰하고 그들을 움직이게 만드는 동력이 무엇인지 밝혀냈다. 그의 발견에 따르면, 이들 모두는 거침없이 목표에만 골몰하고 그 목표를 이루기 위한 타오르는 욕구와 신념과 끈기를 가지고 있었다는 공통점이 있었다. 평범한 사람도 성공의 걸림돌을 얼마든 극복할 수 있다는 힐의 메시지는 대공황과 힘겹게 싸워야 하는 사람들에게 큰 힘이 되었다. 《놓치고 싶지 않은 나의 꿈 나의 인생》은 역사상 최고의 베스트셀러 중 하나가 되었다.

나폴레온 힐의 책이 내게 영감을 불러일으켰다. 그의 저서처럼 이 책도 최고 중의 최고인 사람들에게서 조언을 구하는 형태를 지니고 있다. 워런 버핏과 리처드 브랜슨Richard Branson의 조언을 구하고, 동종업계 전문가들이 우리 시대의 에디슨이라고 부르는 레이 커즈와일Ray Kurzweil에게서도 조언을 구했다. 커즈와일은 디지털 피아노를 처음 발명했고, 텍스트를 음성언어로 변환하는 소프트웨어도 최초로 만들었으며, 아이폰의 시리Siri 뒤에 숨은 주역이기도 하다. 또한 시각장애인이 길을 걷고 도로 표지판을 읽고 메뉴에 오른 음식을 주문하는 것을 가능하게 해주는 기기도 개발했다. 현재 레이는 구글 엔지니어링 개발이사를 맡고 있다. 그러나 나는 성공의 심리학과 과학보다 더 많은 것을 말하는 책을 쓰고 싶었다. 나는 자신과 가족을 위해 더 나은 미래를 건설하기를 원하는 평범한 사람들에게 도움이 되는 현실적인 계획과 실용적인 도구를 담은 책을 쓰고 싶었다. 새로운 경제에 맞는 가이드북이자 지침서이자 사용자 매뉴얼이 될 책을 쓰고 싶었다.

책의 힘을 다시 떠올리면서 든 생각은 "누구나 사용할 수 있는 형태로 답을 제시해야 돼."였다. 그리고 현대 기술의 힘 덕분에 이 책은 여러분이 그 길을 더 쉽게 걷도록 도와줄 몇 가지 장점을 가지고 있다. 전자 자료를 올린 온라인 사이트에 들어가면 내가 인터뷰한 사람들 일부의 말을 직접 들을 수 있다. 또한 7단계 성공 계단을 하나하나 오를 수 있게 해주는 앱을 통해, 여러분은 아이디어를 배우는 데 그치지 않고 진정으로 원하는 재무적 자유에도 이를 수 있다.

내가 처음 이 모험을 시작했을 때 다들 나에게 미쳤다고 했다. 많은 전문가가, 심지어는 친구들도 복잡한 금융계를 보여주려는 노력 자체가 제정신이 아니라고 했다. 출판사마저도 다른 주제로 글을 쓰라고 애원했다.

하지만 길을 이끌어줄 최고의 안내자를 얻는다면 불가능할 것도 없었다. 내가 인터뷰한 사람들 대부분은 인터뷰를 하지 않거나, 혹여 하더라도 아주 드물게만 하는 사람들이었다. 그들은 스위스에서 열리는 다보스포럼이나 세계경제포럼, 또는 외교관계위원회에서 연설을 하지, 일반 대중을 상대로 직접 자신의 지식을 전수한 사람은 한 명도 없었다. 그들의 결정적인 혜안을 누구나 행동에 옮길 수 있는 방식으로 전하는 것이 이 책의 사명이 되었다.

나는 영광스럽게도 세계에서 영향력이 가장 큰 친구들 몇몇과 친분이 두터운 편이었다. 높은 자리에 있고, 나를 대신해 기꺼이 전화 몇 통 걸어줄 수 있는 친구들이었다. 얼마 안 가 문이 열렸고 나는 게임의 대가들을 만날 기회를 얻었다.

정글에 오신 것을 환영합니다.

—'웰컴 투 더 정글', 건스 앤 로지스

어디서부터 시작해야 할까? 일단은 대다수 사람들은 이름조차 들어보지 못했지만 투자계의 스티브 잡스라고 불리는 사람부터 시작하기로 했다. 연방준비회 의장이든, 투자은행 대표이든, 아니면 미국의 대통령이든, 세계 금융의 리더들 아무나 붙잡고 '레이 달리오'라는 사람을 아는지 물으면 다 그렇다고 말한다. 그들은 달리오의 주간 브리핑을 읽는다. 왜일까? 정부 관료들이 그에게 자문을 구하고 그가 그들의 돈을 투자하고 있기 때문이다. 연기금과 보험회사도 마찬가지이다. 대규모 헤지펀드가 가능한 자산운용 규모는 보통 150억 달러 정도이지만, 그가 세운 브리지워터어소시에이츠Bridgewater Associates는 1600억 달러의 자산을 운용하는 세계 최대의 헤지펀드이다. 한때는 50억 달러의 순자산과 1억 달러의 초기 투자자본이 있어야만 그의 헤지펀드의 문을 열고 들어설 수 있었다. 괜히 문을 열 시도는 안 해도 된다. 지금 그는 새로운 투자자를 받지 않고 있다.

레이 달리오의 출신 배경은 투자 세계와는 거리가 멀다. 그는 뉴욕의 퀸스 자치구에서 태어났고 아버지는 재즈 음악가, 어머니는 전업주부였다. 달리오는 근처 골프코스에서 캐디 일을 하다가 처음으로 주식 투자에 대한 조언을 듣게 되었다. 현재 그는 미국에서 31번째 부자이며 재산 규모는 약 140억 달러이다. 그 많은 재산을 모은 비결이 무엇일까? 나는 알아야 했다! 여기 한 남자가 있다. 그의 퓨어알파Pure Alpha 펀드는 〈배런스Barron's〉지에 따르면 20년 동안 단 세 번만 손실을 기록했으며, 2010년에는 주요 고객들에게 무려 40퍼센트의 수익률을 올려주었다. 1991년 펀드를 창설한 이후 그가 창출한 (수수료 차감 전) 연간복합수익률은 21퍼센트였다. 내가 "평범한 투자자도 이 미칠 듯 변동성이 심한 시장에서 여전히 돈을 벌 수 있을까요?"라는 질문을 꼭 던지고 싶은 사람을 한 명 꼽는다면, 바로 레이 달리오였다. 그래서 그가 "당연히 여전히 이길 수 있습니다."라고 대답했을 때 나는 정신을 바짝 차리고 들었다. 여러분도 그래야 하지 않겠는가?

레이를 만나기는 쉽지 않았다. 그러나 알고 보니 레이는 내가 누군지 알고 있었고 내 책의 팬이기도 했다. 나는 하루 오후 날을 잡아 그를 만날 수 있었다. 코네티컷 연안의 나무가 우거진 섬에 위치한 그의 집은 놀랍도록 수수했다. 그는 곧장 본론으로 들어가, 평범한 개인 투자자도 이길 수 있다고 말했다. 단, 자신들만의 게임을 펼치는 프로들을 이기려고 시도하지 않는 경우에 한해서라는 단서를 달았다.

"당신도 이길 수 있어요, 토니. 그걸 알아야 해요. 그렇긴 해도 시장을 이기려 해서는 이길 수 없어요. 시도조차 하지 말아야 해요. 직원이 150명이고 경험이 40년이나 되는 '나한테도' 험난한 게임이에요. 이건 지구상에서 최고의 포커 플레이어들과 치는 포커판이에요."

1949년생인 레이는 부드러운 뉴욕 억양으로 말하고, 말할 때는 지휘자처럼 손을 놀린다. 그는 시장 참가와 마찬가지로 포커는 제로섬 게임이라는 사실을, 승자가 있으면 반드시 패자도 존재한다는 사실을 일깨워주었다. "게임에 참가한 순간, 게임 상대는 앞에 있는 사람들만이 아닙니다. 이것은 세상 전체를 두고 벌이는 게임이고, 아주 작은 수의 사람들만이 돈을 땁니다. 이긴 사람들은 큰돈을 벌어요. 그들은 게임에 미숙한 사람들의 돈을 다 쓸어갈 수도 있어요." 그리고는 이렇게 말했다. "나라면 당신 같은 평범한 투자자들에게는 게임에 참가하지 말라고 말하겠어요."

내가 레이에게 물었다. "이 게임에서 직접 경쟁해봤자 소용이 없다는 말이라면, 그럼 '대신해서' 게임에 참가할 다른 사람을 물색하는 것을 진지하게 고민해봐야 한다는 말인가요? 더 높은 수익률을 거둘 수 있다고 장담하는 브로커들이나 뮤추얼펀드 매니저 같은 사람들에게 맡겨야 하는 건가요?"

"그들에게 맡기는 것을 의사에게 가는 것과 비슷하다고 생각하겠지만, 그들은 의사가 아닙니다." 레이는 그렇게 말했다. 우리는 의사가 모든 답을 알고 있기를 희망하면서 그들을 전적으로 믿어야 하고 그들의 지시를 두말없이 따라야 한다고 배웠다. 하지만 레이 달리오의 말을 빌리면, 일반적인 머니매니저들은 우리의 승리에 아무 도움이 되지 않는다. 그들 역시 큰 판에서 게임을 할 실력도 자원도 없기 때문이다. "혹여 그들에게 그런 능력이 있다면, 평범한 사람은 접근조차 하지 못할 겁니다."

"우리가 하는 일을 올림픽에 비유하면 이해가 쉽습니다. 올림픽은 경쟁이 더 치열합니다. 증권중개인을 찾아갈 수야 있죠. 그리고는 '저 사람이 똑똑한 중개인인가?'라는 질문만 던지면 된다고 생각합니다. 그 중개인은 똑똑할지도 모릅니다. 고객의 이익에 관심을 기울일 수도 있죠. 하지만 던져야 할 질문은 '그가 금메달을 몇 번이나 땄는가?' 입니다. 아주, 아주 신중해야 합니다. 조언을 해주려는 사람은 많죠.

다만 최고 선수에게서 금메달을 빼어올 정도로 실력이 출중해야 한다는 조건이 붙습니다."

그러면 답은 무엇인가?

"경쟁하려고 하지 말고 수동적으로 이기는 방법이 있다는 사실을 배워야 합니다. 계란을 한 바구니에 담지 않는 방법도 있습니다. 그것은 모든 부정적인 가능성에 대비해 스스로를 보호하기 위한 시스템입니다. 최고의 투자자들조차도 자신들이 아무리 똑똑하게 굴어도 잘못될 여지가 있다는 것을 잘 알기 때문입니다."

잠깐만! 레이 달리오가, 21퍼센트의 연간복합수익률을 번 사람이 틀릴 수도 있다고?

"물론이죠, 토니. 나도 틀릴 수 있습니다. 틀릴 여지는 누구에게나 있습니다. 그렇기에 우리는 그런 사태에서 우리를 보호해줄 시스템을 마련해야 합니다."

그를 인터뷰한 지 거의 3시간이 다 되었고 이제 가장 중요한 질문을 던질 차례였다. "레이, 그 시스템은 무엇입니까?" 그러자 레이가 내게 말했다. "토니, 내가 마지막으로 투자자를 모집했을 때 말입니다. 내 지식에 접근하려면 순자산이 50억 달러는 되어야 하고, 최소 1억 달러는 투자해야 한다는 조건이 있었어요. 시스템은 아주 복잡하고 변화무쌍합니다."

내가 애원했다. "부탁해요, 레이. 지금은 신규 투자자를 받지 않는다고 방금 말했잖아요. 당신은 사람들에게 무심하지 않잖아요. 아이들에게 물려줄 돈이 없고, 그저 원금 약간과 포트폴리오만 남겨줄 수 있다고 가정해 보세요. 호경기든 불경기든 상관없이 당신처럼 수익을 내는 것이 가능하고, 그러면서도 평범한 투자자들도 사용할 수 있는 시스템이 있다면 어떤 건지 알려주세요."

우리는 약간 줄다리기를 했다. 결국 어떻게 되었을까? 그는 내게 이상적인 포트폴리오의 표본을 체험시켜 주었다. 어떤 시장 상황에서든 하방 변동성을 최소화하고 수익률을 극대화하는 데 도움이 되는 투자 배합이었다.

포트폴리오란 무엇인가? 이 말이 낯설다면, 금융수익을 극대화하기 위해 다양한 투자상품들을 조합한 집합체라고 생각하면 된다. 레이가 보여준 간단한 시스템은 어디에, 어떤 비율로, 얼마의 금액을 투자해야 하는지 알려주었다. 그리고 과거를 되짚으면 금방 드러나듯이, 지난 30년 동안(1984~2013년) 그의 전략을 사용해 투자를 했다면 수익이 난 기간은 85퍼센트나 되었을 것이다! 그 30년 동안 손해가 난 해는 4년에 불과했고, 최대로 손실이 난 해라고 해봤자 3.95퍼센트에 불과했다(그리고 그 4년 동안의 평균 손실은 고작 1.9퍼센트였다). 그리고 그 4년 중에서 어떤 해의 투자 손실은 대다수 사람들은 본전치기라고 생각하는 수준인 0.03퍼센트였다. 2008년 시장은 (꼭대기에서 바닥까지) 51퍼센트나 추락했지만, 그의 투자 전략을 이용했다면 우리는 3.93퍼센트 떨어지는 데 그쳤을 것이다. 이 모든 실적이 레이가 우리에게 알려준 전략을 이용하기만 했다면 가능했을 것이다. 그가 여기서 알려준 투자 계획은 (수수료를 제해도) 연평균 거의 10퍼센트에 달하는 수익률을 내주었다. 이 투자 계획은 우리 혼자서도 어려움 없이 사용이 가능하다. 그리고 이것이야말로, 제6부에서 세계 가장 위대한 투자자들로부터 배울 여러 시스템들 중에서도 단연코 으뜸이다.

지금 당장 내용을 건너뛰어 포트폴리오를 살펴보고 싶은 마음이 들 수 있다. 그러나 이 투자 계획이 제대로 효과를 발휘하려면 7단계 성공 계단을 차분히 밟고 올라가야 한다는 사실을 유념하기 바란다. 투자할 돈을 어떻게 마련해야 할지, 자신의 목표가 무엇인지, 그리고 게임의 규칙이 무엇인지 알지 못한다면 세계 최고의 포트폴리오에 접근해도 아무 소용이 없다. 그러니 내 옆에서 차분히 순서를 지켜주기 바란다. 내 미친 행동에도 나름의 체계는 있다!

레이 달리오가 알려준 정보의 가치는 얼마인가? 다른 사람들은 50억 달러가 있어야 그 정보에 접근할 수 있지만, 당신은 이 책값만 있으면 된다. 결코 나쁜 투자수익률은 아니다!

그의 투자 시스템이 놀랍기는 했지만, 내 흥미를 가장 크게 끈 부분은 그가 세상을 바라보는 관점이다. 그는 세상을 정글로, 그리고 인생을 끊임없이 마음을 설레게 하는 전투로 본다.

"그게 내가 세상을 보는 방식이에요, 토니. 우리는 저마다 더 나은 삶의 질을 나타내는 무언가를 원해요. 하지만 그것을 얻으려면 도전거리가 가득한 정글을 통과해야 해요. 정글을 통과해야 원하는 삶에 도달하죠. 내가 정글의 한쪽을 여행하는 것과 비슷하죠. 그리고 그 정글을 통과하면 멋진 직장과 멋진 인생이 가능할 수도 있죠. 그러나 가는 곳마다 위험투성이이고, 모든 위험마다 목숨을 걸어야 할 수도 있어요. 한 곳에만 머물면서 안전한 삶을 살 건가요, 아니면 정글로 들어갈 건가요? 당신이라면 그 문제에 어떻게 접근할 건가요?"

레이는 정글로 들어간다. 양옆에는 아주 똑똑하고 믿을 만한 친구들이 함께 한다. 그는 언제나 '내가 모르는 것은 무엇인가?'라는 질문을 던진다. 그는 이렇게 설명했다. "아주 중요한 부분입니다. 잘 안다고 으스대지 않고 나한테도 약점이 있다는 사실을, 이것도 저것도 모르는 것투성이라는 사실을 인정한 것이 평생 아주 큰 도움이 되었죠. 배우는 것이 많아질수록 모르는 것이 더 늘어난다는 사실을 깨닫게 됩니다."

정말로 그렇다! 내가 그 산증인이었다. 나는 내가 무엇을 하려는

지 확실히 안다고 자부하면서 이 책을 쓰기 시작했다. 누가 뭐라 해도 나한테는 수십 년의 경험이 있었다. 하지만 4년 동안 세계 최고의 투자자들을 만나면서, 내가 모르는 것이 아주 많다는 사실을 알고는 쥐구멍에라도 숨고 싶었다. 그리고 답을 다 안다고 말만 앞세우는 사람들과 달리, 최고에 오른 사람들은 본질적으로 겸손했다. 그들 역시 레이 달리오처럼 자신들의 생각을 말하고는, 그 생각이 틀릴 수 있다고 인정한다.

부는 인생의 목표가 아니라 인생의 수단이다.

―헨리 워드 비처

여행이 계속될수록 내 사명도 진화해갔다. 정박지마다 나는 평범한 사람은 들어본 적도 없는, 슈퍼리치들이 사용하는 수단과 기회와 투자상품을 발견했다. 그리고 말이 안 될 수도 있지만, 최고의 투자자들이 사용하는 투자 기회와 상품 중 몇 가지는 위험이 거의 없거나, 아니면 소위 '비대칭 위험/보상asymmetric risk/reward'을 통해 위험이 제한된다. 비대칭 위험/보상이란 가치 상승 가능성은 아주 높지만 하락에 대한 노출은 아주 적다는 의미이다. 그리고 '스마트머니smart money(단기 차익을 노리는 기관이나 투자자에 의해 시황에 따라 빠르게 움직이는 자금―옮긴이)'가 추구하는 것이기도 하다.

이런 기회가 무엇인지 알아내 몇 가지를 이용할 수 있다는 생각만으로도 신이 났다. 지금의 내 인생을 말하자면, 나이도 들 만큼 들었고 운도 꽤 좋은 편이고 그런 기회를 선택해도 금전적으로 타격을 입지 않을 정도의 재산도 있다. 그러나 내 아들들과 딸은 아니고, 내 소중한 친구들도 아니고, 가장 중요하게는 당신 역시 아닐 수 있다(혹시나 이미 엄청난 현금을 보유하고 있다거나, 레이 달리오가 어디에 투자하는지 알고 싶은 마음에 이 책을 읽고 있는 사람이라면 이야기가 다르겠지만 말이다).

그렇기에 나는 수동적으로 투자 세계의 정보를 수집하는 입장에서 친구들과 독자의 이익을 열정적으로 대변하는 쪽으로 입장을 바꿨다. 나는 슈퍼리치가 무엇을 하는지 알려주는 데 그치지 않고, 모두에게 기회의 문을 활짝 열어주고 싶었다. 그래서 나는 슈퍼리치들만 고객으로 받는 회사를 찾아봤고, 경제 상황이나 나이에 상관없이 모든 투자자가 이용할 수 있는 새로운 기회를 만들기 위해 그 회사들을 열심히 설득했다. 그 회사들의 서비스에서 가장 좋은 부분을 추려보기도 하고, 어떤 경우에는 내가 직접 파트너로 참여해 누구나 선택할 수 있는 새로운 상품을 만드는 작업을 돕기도 했다. 그중에서도 내가 가장 자랑스럽게 생각하는 부분은, 부자가 아닌 사람들에게 '공짜로' 서비스를 개방하도록 상당수 회사들을 설득했다는 사실이다. 당신은 이제 스트롱홀드자산운용Stronghold Wealth Management과 하이타워High Tower 사이의 전략적 벤처 사업에 대해 알게 될 것이다. 하이타워는 슈퍼리치들에게 투명하고 이해 충돌의 여지가 없는 자문 서비스를 제공하는 미국 5위의 투자자문 기업이다. 이제 이 회사는 당신의 투자금액의 크기에 상관없이 훌륭한 투자계획을 짜는 방법에 대한 자문 서비스를 공짜로 제공해줄 것이다. 당신은 담당 중개인의 실력을 시험해보고 낮은 실력에 비해 수수료가 터무니없이 높지는 않은지 검토해줄 무료 온라인 플랫폼에 접근하는 방법도 배울 것이다. 나는 이 책이 개인재무관리personal finance의 세상을 일신시키는 단초가 되기를, 진정으로 공평한 경쟁이 최초로 마련되는 계기가 되기를 희망한다.

그들이 나를 도운 이유는 무엇인가? 무엇보다도 그것이 옳은 행동이기 때문이다. 사람들은 자기가 진짜로 무엇에 돈을 치르고 있는지 알아야 한다. 또한 그들은 모든 부자가 다 처음부터 부자였던 것은 아니라는 사실을 잘 안다. 앞에서 말한, 부에 이르는 비밀을 기억하는가? 타인에게 도움이 될 행동을 그 누구보다도 더 많이 하는 것이다. 그리고 하이타워가 당신을 위해 한 행동이 인생의 전환점을 맞이하는 데 큰 도움이 된다면, 당신은 아마도 그 도움을 평생 잊지 못할 것이다. 그들의 열렬한 팬이자 영원히 변치 않는 충성스런 고객이 될 것이다.

당신은 필요한 도움을 공짜로 받고 하이타워는 미래의 고객을 얻는다. 그것이 금융 시너지이다. 월스트리트에서는 보기 힘들고 생기기도 힘든 기회가 만들어진다.

친절한 말은 신념을 갖게 하고, 사유가 친절하면
심오함을 얻게 되고, 친절하게 베풀면 사랑이 생긴다.
—노자

'게임을 지배하게' 되었을 때 얻는 커다란 선물은 이길 수 있는 능력만이 아니다. 다른 사람들에게 커다란 차이를 만들어줄 수 있을 만큼 충분히 많은 능력을 가지는 것도 가능해진다. 지금 자신의 상황이 아무리 어려워도 더 힘든 사람은 얼마든지 있다. 누군가가 '부'라는 목표를 달성했다면, 부를 향한 여행을 이제 막 시작한 사람 또는 커다란 비극을 겪어 몸도 가누지 못한 채 길에 쓰러져 있는 사람을 도와주는 것은 그 사람의 특권인 동시에 의무이기도 하다. 우리 집에 먹을 것이 하나도 없던 시절에 받았던 단순하지만 친절한 행동은 우리 가족에게 큰 도움을 주었다. 그 친절이 내 인간관과 인생관을 바꿔놓았다. 그 친절이 오늘의 나를 만들었다.

그래서 나는 되돌려주기 위한 노력의 일환으로 수십 년 동안 앤서니로빈스재단Anthony Robbins Foundation을 통해 매해 200만 명 이상에게 음식을 제공해 왔고, 지난 몇 년 동안 아내와 함께 부자들의 기부 활동에 부응하기 위해 직접 뛰었다.

끼니 걱정을 하던 아이가 자라 400만 명의 사람들에게 보살핌 받고 있다는 느낌과 먹을 것을 직접 전해줄 수 있는 어른이 되었다는 사실이 나는 무척이나 자랑스럽다. 나는 지난 38년 동안 4200만 명에게 끼니를 제공했다는 사실에 자부심을 느낀다.

나는 당신이 이 책을 수단 삼아 (물리적으로나 감정적으로나) 충분한 부를 일구기를, 그래서 경제적 공헌만이 아니라 시간도 공헌하는 선한 힘이 되기를 바란다. 하지만 먼저 말할 것이 있다. 지금 가진 1달러 중 10센트도 기부하지 못하는 사람은 1000만 달러를 번다해도 100만 달러를 기부하지 못한다. 기부는 바로 지금 해야 한다! 나는 가진 것이 하나도 없었을 때도 그것을 실천했다. 나눔을 실천하면 지금 본인은 가진 것이 없다고 생각할지라도 그 순간 우리 뇌에는 충분히 많다는 가르침이 새겨지는 보상이 뒤따른다. 결핍을 뒤로 하고 풍요의 세계로 나아갈 수 있게 된다.

나는 당신도 이 여행을 시작하기를 바란다. 당신은 이 책을 읽음으로써 자신의 재무적 미래를 새롭게 창조함과 더불어 매일 굶주림과 싸우는 1700만 미국 가정도 돕게 된다는 사실을 알아야 한다.[2]

그것이 어떻게 가능한가? 나는 평생 해온 것보다 더 많은 나눔을 단 1년 동안 하기로 결심했다. 독자들의 이름을 걸고 맹세하는데, 나

2 http://feedingamerica.org

는 이 책이 출간되면 미국에서 굶주림과 싸우는 남녀노소에게 5천만 끼니의 식사를 제공할 것이다. 그 사람들이 누군지 알면 놀랄지도 모른다. 물론 참전의 후유증으로 몸과 마음에 상처를 입은 사람도 있고 심신 지체를 앓는 사람도 있다. 하지만 수백만 명은 당신이나 나와 똑같이 평범한 생활을 하다가 실직 때문에, 건강상의 문제로, 또는 가족을 잃은 슬픔 때문에 감당할 수 없는 수준의 빚더미에 올라앉게 된 사람들이다. 못 받게 된 고작 몇 달치 월급으로 대다수 사람들이 개인 파산에 이르고 있다. 함께 나가 도움의 손길을 내밀자.

지금 이 글을 쓰는 시점에서 하원은 저소득층 식사 지원 제도인 푸드스탬프food stamp 예산을 87억 달러 삭감했다. 나는 이 결정이 굶주림 퇴치 운동을 벌이는 자원봉사자들과 비영리조직에게 얼마나 파괴적인 영향을 미쳤는지 직접 목격했다. 그런 이유에서 나는 5천만 끼니 제공이라는 목표를 설정했으며, 굶주리는 사람들에게 1억 끼니의 식사를 제공할 기금을 마련하기 위해 내 영향력을 총동원할 생각이다. 함께 참여해 돕고 싶은 사람은 언제든 환영이다. 그러나 먼저 한 가지를 알아주기 바란다. 책으로 사서 읽든 아이패드에 다운 받아서 보든, 당신이 이 책을 산 덕에 50명분의 끼니가 마련되었다. 이 책을 다 읽고 나면 당신도 작은 기부를 실천하겠다는 마음이 생기기를 바란다. 이 책의 마지막 부분에 '세상을 바꾸는 푼돈' 사용법에 대한 정보를 설명해 두었다. 나눔을 베풀고 스스로도 뿌듯한 유산을 만들 수 있는 간단하고 신나는 방법은 얼마든지 있다.

휴, 한 챕터가 드디어 끝났다! 꽤 길기는 하지만 너무 길다고 생각하지는 않았으면 좋겠다. 지금 당장 당신의 인생에 무엇이 가능한지 내 설득이 제대로 먹혔는가? 지금의 자리에서 정말로 원하는 자리로 옮겨가면 어떤 느낌일지 상상할 수 있는가? 돈 관리가 더는 스트레스의 원천이 아니라 흥분과 자부심의 원천이 된다면 어떤 기분이겠는가? 한 가지는 약속한다. 인생에서 돈을 정복하면서 얻게 되는 느낌은 금전적 성공만이 아니라 훨씬 중요한 다른 일에서도 성공을 가져오는 새로운 모멘텀이 되어줄 것이다. 준비됐는가?

지금까지 읽은 당신에게 찬사의 말을 보낸다. 안타까운 사실이지만, 당신은 비소설 분야 구매자 중 상위 10퍼센트에 속한다. 통계에 따르면, 책을 사서 첫 챕터를 다 읽는 사람은 10퍼센트도 안 된다고 한다. 얼마나 바보짓인가? 나는 누구에게나 쉽게 참여할 수 있는 기회를 주기 위해, 게임을 지배하고 자신의 재무 세계를 영원히 지배할 실력을 갖추도록 도와주기 위해 이 책을 썼다. 이 책은 '문고판 투자 요약서'가 아니다. 나는 지금 당신에게 마지막 페이지까지 여행을 함께 하자는 초대장과 도전장을 내밀고 있는 것이다. 끝에 가서 수확할 열매는 두고두고 계속될 것임을 약속한다.

이제 페이지를 넘어가자. 제일 먼저 평생수입원income for life을 얻으려면, 억지로 일하지 않고도 지금의 삶을 (또는 원하는 생활방식을) 누리게 해줄 월급이 꼬박꼬박 나오려면 무엇이 필요한지 간략히 설명하겠다. 평생수입원을 얻는 순간, 일은 하고 싶기 때문에 하는 것이 된다. 약도를 잘 이해하고 돈 걱정에서 자유로워지는 7단계 성공 계단을 발견하자.

CHAPTER 2

재무적 자유에 이르는 7단계 성공 계단: 평생수입원을 창출하라

천 리의 여행도 한 걸음부터 시작한다.

—노자

고백할 것이 있다. 그런 경험을 해본 적이 있는가? 그러니까… 꼬맹이와 비디오 게임 대결을 했다가 톡톡히 망신만 당했던 경험이 있는가? 이기는 사람은 누구인가? 물론 언제나 꼬맹이이다! 왜 그런가? 아이가 더 똑똑하고 더 빠르고 더 세기 때문인가?

순서야 늘 같다. 조카를 보러 갔는데 아이가 말한다. "토니 삼촌, 나랑 게임 같이 해요!"

거절의 말이 순식간에 튀어 나온다. "아니, 삼촌은 이 게임 할 줄 몰라. 혼자 해."

꼬마가 말한다. "그냥 해요, 쉬워요! 어떻게 하는지 보여줄게요." 그런 다음, 화면에 악당이 등장하면 꼬마는 발사를 한다. 삼촌은 여전히 거부하고, 아이는 애원하기 시작한다. "해요, 해요. 응? 응? 응?" 조카를 아주 사랑하는 삼촌은 끝내 아이의 부탁을 들어준다. 아이는 먼저 하라고 선뜻 말한다. "삼촌 먼저 해요."

삼촌은 내심 결전을 치를 각오를 한다! 이 꼬마한테 한 수 보여줄 생각이다. 그 다음은 어떻게 될까? 빵! 빵! 빵! 삼촌은 3.4초 뒤에 죽는다. 머리 한 쪽에 총알구멍이 났다. 피시식.

이제 아이가 총을 쏠 차례다. 빵-빵-빵-빵-빵! 악당이 갑자기 하늘에서 뚝 떨어지고 이곳저곳을 초고속으로 날아다닌다. 아이는 악당의 움직임이야 빤하다는 듯 정확히 명중한다. 그리고 45분 뒤, 이제 삼촌의 두 번째 차례가 돌아온다.

삼촌은 의지를 불태우면서 훨씬 열심히 총을 쏜다. 이번에는 무려 5초나 버텼다. 그리고 꼬마는 이번에도 45분이나 했다. 삼촌은 게임 방법이야 익혔지만 그래도 뾰족한 수가 없다.

아이들이 비디오게임에서 항상 이기는 이유는 무엇인가? 아이들의 반사 신경이 더 좋기 때문에? 더 빨라서? 아니다! 전에도 게임을 많이 해봤기 때문이다.

그들은 부와 성공에 이르는 가장 위대한 비밀 가운데 하나를 이미 알고 있다. 그들은 앞길을 예측할 수 있다.

예측은 궁극적인 힘이라는 사실을 기억하라. 패자는 반응할 뿐이지만 리더는 예측한다. 그리고 뒤에 가서 당신은 최고 중의 최고, 레이 달리오와 폴 튜더 존스를 포함한 다른 걸출한 금융 리더 50명으로부터 예측하는 방법을 배울 것이다. 그들은 당신이 재무적 자유를 향한 길을 걷다가 다치는 일이 없도록 앞에 놓인 문제와 도전을 예상하게 도와준다. 레이 달리오의 말마따나, 앞에는 당신의 재무적 목숨을 걸어야 할 위험투성이 정글이 놓여 있다. 그렇기에 무사히 여행을 이끌어줄 믿음직한 안내자가 있어야 한다. 그들의 도움을 받아 우리는 도전을 예상하고, 불필요한 스트레스를 피하고, 원하는 재무적 목적지까지 이끌어줄 여행 계획을 설계할 것이다.

가장 먼저 우리는 진짜 목적을 분명히 이해해야 한다. 평생수입원을 만들어 다시는 억지로 일할 필요가 없는 인생을 누리는 것, 그것이 이 책이 전념하는 가장 중요한 결과이다. 진정한 재무적 자유가 목적이다! 희소식은, 그것은 누구나 달성할 수 있는 목표라는 사실이다. 시작할 때는 빚이 있더라도, 조금만 시간을 내 열심히 노력하고(거짓말이 아니다) 꾸준히 집중하고 올바른 전략을 사용한다면 몇 년 후에는 재무적 자유에, 심지어는 독립에 도달할 수 있다.

단계를 밟기 전에 옛날에는 재무적 안전을 확보하기가 왜 그토록 쉽게 보였었는지 이유를 살펴보자. 무엇이 달라졌는가? 우리는 무엇을 해야 하는가? 짧은 역사 수업부터 진행하겠다.

> 젊어서는 돈이 없어도 되지만 늙어서는 돈이 없으면 안 된다.
>
> —테네시 윌리엄스

요새는 재무 생활의 모든 것이 전보다 훨씬 어렵게만 보인다. 넉넉히 저축을 해 안락한 은퇴 생활을 누리기가 왜 그토록 힘든지 누구나 한번쯤은 생각해봤을 것이다. 우리 사회에서 은퇴는 신성불가침의 당연한 인생단계라고 여겨진다. 그러나 은퇴는 비교적 새로운 개념이라는 사실을 잊어서는 안 된다. 은퇴라는 개념은 불과 한두 세대 전부터(그러니까 우리의 부모 세대와 조부모 세대부터) 통용되기 시작했다. 그전까지 사람들은 일할 수 없을 때까지 일했다. 죽기 직전까지 일했다.

사회보장제도Social Security는 언제 만들어졌는가? 그것은 노인과 병자를 위한 사회안전망이 전무하던 대공황 시절인 프랭클린 델러노

루스벨트Franklin Delano Roosevelt 대통령 때 만들어졌다. 그때의 '노인' 개념도 지금과는 달랐다. 당시 미국인의 평균 수명은 62세였다. 바로 그거다! 게다가 사회보장제도에 따른 퇴직연금 수당을 받기 시작하는 나이는 65세였다. 따라서 모두가 퇴직연금 수당을 받게 되는 것은 아니었고, 받는다 해도 오랫동안은 아니었다. 실제로 루스벨트 본인도 (정말로 필요하지는 않았을 테지만) 퇴직연금을 받을 정도로 오래 살지는 못했다. 그는 예순두 살에 죽었다.

사회보장법이 위기 동안 수백만 미국인들의 고통을 덜어주기는 했지만, 애초에 이 법이 만들어진 목표는 퇴직연금 저축을 대체하기 위해서가 아니라 최소한의 기초 생활비를 보조하기 위해서였다. 게다가 지금 우리가 사는 세상에 맞게 시스템이 설계되지도 않았다.

이제 상황이 바뀌었다. 부부 한 쌍 중 배우자 한쪽이 92세까지 살 확률은 50퍼센트이고 97세까지 생존할 확률은 25퍼센트이다. 와우! 우리는 기대수명 100세 시대를 향해 기가 막히게 빠른 속도로 나아가고 있다.

기대수명이 늘어난 만큼 퇴직 후의 수명도 더 길어졌음은 당연하다. 50년 전, 퇴직 후의 생존 연수는 12년이었다. 오늘날 65세에 퇴직하는 사람의 기대수명은 85세 이상이다. 퇴직 후 생존이 20년이나 늘어났다. 이제는 그것이 평균이다. 더 오래, 심지어 퇴직 후 생존이 30년 이상인 사람도 많아질 것이다!

30년 동안 근무를 해서 30년 치 퇴직연금을 마련하는 것은 비현실적이다.
소득의 10퍼센트를 저축하면 같은 기간만큼
퇴직연금을 수령하리라고 기대해서는 안 된다.

—존 쇼븐, 스탠포드대학 경제학과 교수

당신의 기대수명은 몇 살일 것 같은가? 획기적인 의학기술을 보건대, 우리의 수명은 몇 년, 심지어는 몇 십 년 더 늘어날 수 있다. 줄기세포 기술, 장기의 3D 프린팅, 세포 재생 등 새로운 기술이 폭발적으로 등장하고 있다. 이 부분에 대해서는 7부 1장에서 자세히 볼 것이다. 그 축복을 맞을 준비가 되었는가? 대부분은 아니다.

최근에 금융회사 매스뮤추얼Mass Mutual은 설문조사에서 베이비붐 세대에게 가장 큰 두려움이 무엇인지 물었다. 대답은 무엇이었을 것 같은가? 죽음? 테러리즘? 전염병? 아니다. 베이비붐 세대가 꼽은 최고의 두려움은 노년에 저축이 바닥나는 사태였다(죽음은 꽤 큰 격차로 2등을 했다).

베이비붐 세대는 그런 걱정을 할만도 하고 밀레니엄 세대도 마찬가지이다. 어네스트Ernst와 영Young의 연구에 따르면, 미국인의 75퍼센트는 죽기 전에 자산이 다 사라질 것으로 예상된다. 게다가 사회보장 안전망은 다음 세대까지 살아남을지도 미지수이고, 혹여 존속된다 해도 그것만으로는 괜찮은 생활수준을 보장받지 못한다. 현재 월평균 연금 수급액은 1294달러이다. 뉴욕, 로스앤젤리스, 시카고, 마이애미에 산다고 가정해 보자. 그 금액은 얼마까지 늘어날 수 있을까? 아니면 런던, 시드니, 로마, 도쿄, 홍콩, 뉴델리에 비슷한 제도가 있다면, 그 제도가 얼마나 오랫동안 존속될 수 있을까? 사는 곳은 상관없다. 제2의 소득원을 마련하지 못하면 노후생활이 먹구름으로 뒤덮일 수 있다.

과거 그 어느 때보다도 우리는 은퇴 후 수입을 더 오랫동안 유지할 수 있어야 한다. 게다가 많은 사람이 잃어버린 기반을 회복하기 위해 힘겨운 싸움을 벌이는 한복판에서 그것을 가능하게 해야 한다.

점점 커지는 위기에 우리는 어떻게 대응해 왔는가? 대다수 사람들은 아주 버겁고 고통스러운 문제에 눈을 가린 채 저절로 지나가기만을 바란다. 미국근로자복지연구소Employee Benefit Research Institute, EBRI의 조사에 의하면, 미국인 근로자의 48퍼센트는 은퇴 후 필요한 돈을 계산조차 해본 적이 없었다. 무려 48퍼센트이다. 미국인의 거의 절반이 미래의 재무적 준비를 위한 첫 걸음도 떼지 않은 것이다. 이제는 계산을 피할 수 없는 시간이 다가오고 있다.

해결책은 무엇인가? 첫 걸음은 1단계로 올라서는 것이다. 당신의 인생에서 가장 중요한 재무 결정을 내려야 한다. 이 책을 다 읽는 순간, 자동으로 움직이는 저축 및 투자 계획이 마련될 뿐만 아니라 억지로 일하지 않아도 소득을 창출하는 방법에 대해서도 배우게 될 것이다.

잠깐만! 너무 근사해서 사실일 리가 없다는 생각이 들지 모른다. 원래 듣기에 좋은 말치고 맞는 말이 없다고 하지 않았는가?

그러나 규칙에는 예외가 존재한다. 시장이 오를 때 같이 돈을 벌고 내리막일 때 단 한 푼도 잃지 않는 금융상품이 존재한다고 한다면 어떻게 하겠는가? 20년 전만 해도 평범한 투자자에게 그런 일은 불가능했다. 하지만 2008년에 이런 금융 도구를 이용한 투자자들은 한 푼도 잃지 않았고 밤잠도 설치지 않았다. 나는 내 가족을 위해 재무적 안전과 자유를 확보한다. 소득이 마를 일이 없다는 것을 알았을 때 느끼는 벅찬 기분이란! 당신도 본인과 가족을 위해 그런 도구를 마련해야 한다. 나는 이 책을 통해 확실한 평생수입원을 만드는 방법을 보여주려고 한다.

평생 월급이 보장된다. 다시는 억지로 일하지 않아도 된다. 월말에 우편함을 연 순간 통장 잔액이 줄어들었음을 알리는 달갑지 않은 통지서 대신에 돈이 들어있다면? 이런 일이 매달 생긴다고 상상해보

라. 그것이 바로 평생소득이고, 그것을 이룰 방법은 분명히 존재한다.

제2부에서는 투자한 돈을 당신이 잠든 동안에도 수익이 차곡차곡 쌓이는 넉넉한 밑천(나는 이것을 '임계량critical mass'이라고 한다)으로 키우는 방법을 알려줄 것이다. 몇 가지 간단한 전략을 이용하면 평생수입원을 창출해 생각했던 대로 자신의 개인 '연금'을 키우고 관리하고 즐길 수 있을 것이다.

의심스럽다는 생각이 들지도 모른다. 하지만 오늘 당장이라도 아래와 같은 사항들이 가능한 재무계획을 설계할 수 있다.

- 100퍼센트 원금이 보장되고 투자 손실의 걱정이 없다.
- 계좌 수익률이 S&P 500을 비롯한 주식시장의 상승과 직접 연계되어 있다. 따라서 증시 상승에 당신도 동참해 이익을 얻게 된다. 그러나 시장이 하락하더라도 손실은 없다!
- 계좌 잔액을 죽을 때까지 마르지 않는 확실한 소득원으로 전환할 수 있다.

지금부터 상상은 그만해도 된다. 평범한 투자자 누구나 사용할 수 있는 기회 중 하나가 눈앞에 존재한다(자세한 내용은 5부 3장을 참조하라). 오해하지 말기 바란다. 평생수입원을 창출한 뒤에는 전통적인 은퇴 연령에 이르렀을 때 일을 그만둬야 한다는 말이 아니다. 연구 조사에 따르면, 소득이 높을수록 일을 계속할 가능성도 높다고 한다. 예전에는 돈을 많이 벌어 40세에 은퇴하는 것이 목표였다. 지금은 부자가 되고 90세에도 계속 일을 하는 것이 목표이다. 연소득이 75만 달러 이상인 개인 중 절반 가까이가 은퇴할 생각이 없거나 빨라봤자 70세에 은퇴할 생각이라고 말한다.

롤링스톤스와 일흔이 넘은 믹 재거는 여전히 로큰롤 세계를 주무르고 있지 않은가? 아니면 일흔세 살의 스티브 윈과 같은 비즈니스계 거물이나 여든다섯의 워런 버핏, 여든넷의 루퍼트 머독 또는 CBS와 파라마운트의 최고경영자인 아흔셋의 섬너 레드스톤Sumner Redstone은 어떠한가? 그 나이가 되어서도 그들은 나이에 상관없이 여전히 회사를 운영하고 있고 아마 앞으로도 그럴 공산이 크다. 어쩌면 당신도 그럴 것이다.

하지만 더는 일을 할 수 없게 되거나 하기가 싫어진다면? 이제 사회보장제도 하나만으로는 노후를 위한 충분한 완충장치가 되지 못한다. 만 65세를 넘어서는 베이비붐 세대는 매일 1만 명에 달하고, 노소 비율은 계속 한쪽으로 기울고 있으며, 이 추세가 역전될 가능성도 없다. 1950년 미국에서 사회보장제도에 납부하는 근로자 수는 연금 수급자 1인당 16.5명이었다. 지금 수급자 1인당 납부자는 2.9명에 불과하다. 이 비율을 감당할 수 있을 것 같은가?

〈뉴욕타임스〉 칼럼니스트이자 베스트셀러 저자인 토머스 프리드먼Thomas Friedman은 '그것이 401(k) 세상이다'•라는 칼럼에 이렇게 적었다. "스스로 동기부여를 잘하는 사람에게 이토록 멋진 세상은 또 없다. 경계선이 모두 사라졌다. 그러나 스스로 동기부여하는 성격이 아닌 사람에게 이 세계는 만만치 않은 도전이다. 사람들을 보호하던 벽과 천장과 바닥이 한꺼번에 사라지고 있기 때문이다… 한계가 준 만큼 보장도 줄 것이다. 정액 납부액 대비 정액 수급액의 규모는 훨씬 크

• 지난 1981년 레이건대통령 집권 당시 연금제도 보완책으로 생겨난 일종의 기업퇴직연금제도. 국내 퇴직연금과 달리 투자 비중이 높은 '확정기여(DC, 정액납입)' 방식이 주를 이룬다. 1985~1999년 미국 증시 '대급등' 시기에 미국인들에게 행복도 줬지만 이후 원금 손실도 급증하며 노후준비를 가로막는 애물단지로 전락했다. 2013년 이후 평균수익률이 다시 오르고 있다.

게 한정될 것이다. 그냥 참가하기만 해서는 좋은 결과를 보지 못한다."

우리의 부모와 조부모 세대가 은퇴 후에 의존했던 그 달콤한 직장인연금제도 역시 대장장이와 전화교환수 같은 운명을 걷고 있다. 미국의 민간부문 근로자들 중 퇴직연금제도에 하나라도 가입한 사람은 절반에 불과하며, 그나마도 대부분이 가입한 연금제도는 수익과 위험을 혼자 다 알아서 감당해야 하는 상품들이다.

지방자치정부나 주정부, 연방정부의 공무원들은 아직은 정부보장형의 연금제도에 가입하고 있기는 하다. 하지만 디트로이트의 공무원에서 샌버너디노의 공무원에 이르기까지 자신들이 연금을 탈 시기가 되었을 때도 돈이 남아있을지 의심스런 눈길을 보내는 사람들은 날이 갈수록 늘고 있다.

당신이 마련한 노후대비 계획은 무엇인가? 연금에 가입은 했는가? 국민연금인가, 아니면 개인연금인가? 현재 약 6천만 명 정도의 미국인이 직장인퇴직연금인 401(k)에 가입해 있고 총 가입액은 3조 5천억 달러가 넘는다.

하지만 이 계좌가 현재 시장에 팽배한 고수수료 상품과 연계되어 있다면 바람직하지 못한, 심지어는 재앙과도 같은 결과가 나올 수 있다(401(k)는 회사가 매달 퇴직금을 적립해주지만 운용은 개인이 알아서 해야 한다—옮긴이).

알아야 할 것을 터득해 간단한 변화만 취해도 인생이 바뀔 수 있고, 마음의 평화와 확실성도 얻을 수 있다. 그리고 자의에 의해 일찍 은퇴하는 것과 은퇴하고 싶어도 할 수 없는 상황 사이를 가르는 결정적인 차이가 만들어진다.

유일한 상수: 죽음과 세금

빛의 속도보다도 빠르게 움직이는 변화무쌍한 시장과 과도한(그리고 감춰진) 수수료, 시대에 맞지 않는 연금제도에 걸려 넘어지지 않는다 해도 우리의 오래된 친구인 세무당국을 잊어서는 안 된다. 세무 공무원, 그들은 아주 고맙게도 소득의 최대 50퍼센트를(더 넘을 때도 있다) 꼬박꼬박 징수한다. 숨겨진 수수료가 부를 쌓는 데 유일한 걸림돌이라고 생각했다면 가장 중요한 주범을 놓치고 있는 것이다.

세금이 어느 정도 방해가 된다는 사실은 모두가 잘 알지만 재무적 자유를 달성하려고 할 때 세금이 떼 가는 몫이 얼마나 큰지 제대로 아는 사람은 드물다. 노련하고 현명한 투자자들은 이 사실을 언제나 잊지 않는다. 소득은 아니지만 이 문제를 절대 허투루 다뤄서는 안 된다.

세계 최고의 투자자들은 세금효율의 중요성을 이해한다. 세금은 시간의 경과에 따른 복리 수익에 얼마나 파괴적 영향을 끼칠까?

비유 하나를 해보겠다. 지금 1달러를 가지고 있고, 이 돈을 20년 동안 매년 두 배로 늘릴 수 있다고 가정하자. 다 아는 게임이다. 그것의 이름은 복리 게임이다.

1년 후 1달러는 두 배인 2달러가 되었다.
2년 후 4달러
3년 후 8달러
4년 후 16달러
5년 후 32달러

짐작해 보자. 1달러는 20년 후 얼마가 되어 있을까? 계산기를 두드리지도 말고 짐작만으로 맞춰 보자.

처음의 1달러는 복리의 마법을 통해 불과 20년 만에 (두두두두) 104만 8576달러가 된다! 놀랍고도 놀라운 복리의 힘이다!

투자자들 모두는 복리의 힘과 친구가 되고 싶어 한다. 물론 게임은 그렇게 단순하지 않다. 현실 세계에서는 제일 먼저 나라에 돈을 내야 한다. 조세당국이 득달같이 달려와 자기 몫을 챙긴다. 그렇다면 세금이 이 복리 시나리오에 미치는 영향은 무엇인가? 이번에도 짐작을 해보자. 아주 운이 좋아 세율이 33퍼센트에 불과하다면 이 1달러의 20년 뒤 세금 차감 후 금액은 얼마로 불어나 있을 것 같은가?

이번에도 계산기 없이 어림계산만 해보자. 비과세 시의 금액이 104만 8576달러였다. 세율 33퍼센트를 매긴다면 음… 75만 달러? 50만 달러? 친구여, 다시 계산해보게.

이제 답을 말하겠다. 매년 돈을 두 배로 늘릴지라도 복리가 붙기 전에 세금부터 꼬박꼬박 낼 경우 빠져나가는 돈이 얼마나 많은지 알면 기절할 지경이다. 매년 33퍼센트의 세금을 낸다면, 20년 뒤 계좌에 남게 되는 순수 총액은 고작해야 2만 8천 달러가 조금 넘는다!

2만 8천 달러! 100만 달러가 넘던 돈과 얼마나 큰 차이인가. 게다가 지방세는 계산도 안 했다! 캘리포니아와 뉴욕, 뉴저지 같은 주에 사는 사람이라면 총액이 훨씬 줄어들 것을 각오해야 한다.

두 배로 불리고 세금으로도 왕창 빠져나가는 시나리오는 실세계에서는 불가능한 수익률을 기반으로 한다. 그럴지라도 이것은 재무계획을 세울 때 세금의 영향을 무시하면 어떤 결과가 빚어지는지 잘 보여준다.

워싱턴의 상황을 감안한다면, 앞으로 세금이 올라갈 것 같은가 내려갈 것 같은가?(굳이 궁리하지 않아도 대답이야 빤하다!)

제5부에서는 지금껏 정교한 투자자들이나 순자산이 아주 많은 슈퍼리치들만 누렸던 '내부 세상'을 보여줄 것이다. 똑똑한 투자자들이 이미 하고 있는, 〈뉴욕타임스〉가 '풍요에 이르는 내부자의 비밀'이라고 말한 것을 이용해 등식에서 세금을 빼려면 어떻게 하는지 보여줄 것이다. 이것은 국세청도 찬성한 비과세로 돈을 불리는 방법이며 부자나 유명인이 아니어도 그 방법을 얼마든 사용할 수 있다. 이 방법을 사용하면 세율구간에 따라 최대 25~50퍼센트까지 재무적 독립에 이르는 길이 빨라질 수 있다.

자신의 주인이 되지 못한 사람은 자유로운 사람이 아니다.

—에픽테토스

계획이 있든 없든 미래는 빠른 속도로 다가온다. 은퇴연구센터 Center for Retirement Research에 의하면 미국에서 은퇴 후 돈이 없어서 생활수준을 유지하지 못할 '위험'이 있는 가구는 53퍼센트이다. 절반이 넘는다! 다시 말하지만, 퇴직에 대비한 저축이 1000달러 미만인 근로자는 3분의 1이 넘으며(연금과 주택가격 제외), 저축이 2만 5천 달러 미만인 사람은 60퍼센트에 달한다.

어떻게 이럴 수 있을까? 경제 탓만 할 수는 없다. 저축 위기는 최근의 경제 붕괴보다 훨씬 오래 전에 시작되었다. 2005년에 미국의 개인 저축률은 1.5퍼센트였다. 금융 멜트다운 후 최고 5.5퍼센트까지 올랐지만, 2013년에는 다시 2.2퍼센트로 떨어졌다. 무엇이 잘못된 것인가? 저축을 늘리고 투자를 해야 한다는 사실은 모두가 잘 안다. 그런데도 우리는 왜 못하는 것일까? 우리를 막는 요인은 무엇인가?

우선은 인간이 항상 이성적으로 행동하는 것은 아니라는 사실부터 인정해야 한다. 어떤 사람은 파워볼Powerball(미국식 로또—옮긴이) 1등에 당첨될 확률이 1억 7500만 분의 1이고 차라리 번개에 맞을 가능성이 251배 더 높다는 사실을 알면서도 복권 구입에 돈을 쓴다. 미국 한 가정의 1년 치 복권 구입비가 1000달러라는 이해가 안 가는 통계 수치도 있다. UCLA의 존경받는 행동재무학 교수이며 내 친구인 슐로모 버나치Shlomo Benartzi로부터 이 말을 들은 순간 내 반응은 "말도 안 돼!"였다. 나는 최근에 연 세미나에서 청중에게 복권 구입을 해 본 경험이 있는지 물었다. 5천명 중 50명이 조금 안 되는 사람들이 손을 들었다. 5천명 중 50명만 복권을 구입하고 전체 평균 구입금액이 1000달러라면, 다량으로 복권을 구입하는 사람들이 많다는 뜻이다. 그럴지라도 신기록 보유국은 싱가포르로, 이 나라의 가구당 연평균 복권 구입액은 4천 달러이다. 1000달러, 2천 달러, 3천 달러, 4천 달러를 저축해 그 돈에 매년 복리가 붙는다면 얼마로 불어날지 짐작해보기 바란다. 다음 장에서 우리는 은퇴 시 50만 달러나 100만 달러를 만드는데 필요한 돈이 얼마나 적은지 알 수 있다. 게다가 관리하는 시간도 거의 들지 않는다.

다시 행동경제학으로 돌아가, 우리가 가난함과 부유함의 차이를 결정짓는 작은 트릭 몇 가지를 모르고 있는 것은 아닌지 확인해보자. 행동경제학자들은 인간이 재무적 실수를 저지르는 이유와 인지적 의식 없이 그런 실수를 수정할 방법을 알아내려 노력한다. 꽤 멋지지 않은가?

듀크대학의 저명한 행동경제학 교수인 댄 애리얼리Dan Ariely는 뇌가 얼마나 자주 우리를 바보로 만드는지 연구한다. 인간은 시각에 의존하도록 진화했고 뇌의 상당 부분이 보이는 것을 처리하는 데 몰두

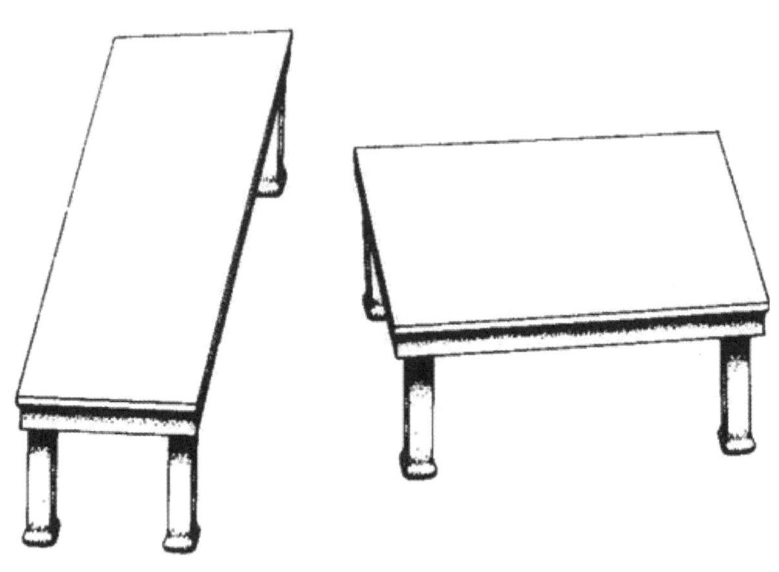

한다. 그러나 우리의 눈은 얼마나 자주 우리를 기만하는가? 위의 탁자 두 개를 보자.

폭이 좁은 왼쪽 탁자와 폭이 조금 넓은 오른쪽 탁자 중 어느 쪽이 더 긴지 질문을 받으면 대다수 사람들은 자연스럽게 왼쪽 탁자라고 말한다. 그들의 답은 틀렸다. 두 탁자의 길이는 똑같다(의심스럽다면 자를 대고 직접 재보라). 좋다. 다시 시도해보자.

이번에도 왼쪽 탁자가 더 길다는 답을 내놓지는 않았는가? 당신은 답을 알지만, 당신의 뇌는 계속 당신을 기만한다. 왼쪽 탁자가 여전히 더 길어 보인다. 눈 때문에 뇌가 발목이 잡힌 것은 아니다. 애리얼리는 TED토크에서 기억에 남을 연설을 했다. "우리의 직관은 반복적이고 예측 가능하고 일관된 방식으로 우리를 속인다. 그리고 그것과 관련해 우리가 할 수 있는 것은 거의 없다."

우리가 이론적으로는 꽤 능숙하다고 자부하는 시각에서조차 이런 실수를 한다면 전혀 익숙하지 않은 부분, 이를테면 재무의사결정 같은 분야에서 실수를 할 가능성은 훨씬 높지 않겠는가? 자신의 재무 의사결정이 괜찮다고 생각하든 나쁘다고 생각하든 우리는 자신의 통제하에 그런 결정을 내린다고 여긴다. 과학 연구는 그렇지 않다는 사실을 입증한다.

나중에 행한 인터뷰에서 애리얼리는 우리 인간이 착시에 빠지기 쉽듯이 의사 결정에서 저지르는 실수 중 상당수도 '인지적 착시cognitive illusions' 때문에 빚어진다고 말했다. 여기에 딱 맞는 사례가 하나 있다. 인근의 교통국에 갔는데 '장기 기증의 의사가 있습니까?'라고 적힌 설문지를 받는다면, 어떻게 답할 것 같은가? 어떤 사람은 곧바로 '예'라고 답하고 자신이 이타적이고 숭고한 사람임을 자랑스러워한다. 어떤 사람은 멈칫거리며 대답을 못하거나 질문에서 떠오르는 으스스한 상상에 고개를 돌려버리거나 아니면 단호히 거절한다. 아니면 이리저리 재보며 생각할 시간이 필요하다고 말하는 사람도 있다. 어느 쪽이든 사람들은 온전히 자유의지에 따라 결정을 내린다고 생각한다. 본인은 똑똑하고 유능한 성인이므로 타인의 생명을 구하기 위해 장기를 기증할지 아닐지도 스스로 결정할 자격이 충분하다고 생각한다.

여기서 한 가지 트릭이 있다. 장기 기증에 대한 결정은 사는 곳에 따라 크게 달라진다. 독일에 산다면 장기 기증 확률은 인구의 약 12퍼센트인 8분의 1이다. 반면에 독일 바로 옆 나라인 오스트리아에서는 약 99퍼센트가 장기를 기증한다. 스웨덴은 89퍼센트지만 덴마크는 4퍼센트에 불과하다. 왜 이런 격차가 생기는가?

종교나 두려움 요인 때문인가? 문화적 차이인가? 사실 답은 이런 요인들과는 전혀 상관이 없다. 나라마다 장기 기증률이 크게 차이 나는 이유는 개인적 성향이나 문화유산과는 결단코 아무 관련이 없다.

그보다는 교통국에 비치된 양식에 적힌 단어와 관련이 아주 높다.

덴마크처럼 기증률이 낮은 나라에서 장기기증 의사를 묻는 양식에는 작은 칸에 이렇게 적혀 있다. "장기기증 프로그램에 동참을 원하시는 분은 이곳에 체크 표시를 해주세요." 반면 스웨덴처럼 기증률이 매우 높은 나라의 양식에는 이렇게 쓰여 있다. "장기기증 프로그램에 동참을 원하지 않으시는 분은 이곳에 체크 표시를 해주세요."

이것이 비결이다! 네모 칸에 체크 표시를 하는 것은 누구한테나 귀찮은 일이다. 우리가 장기 기증을 하기 싫어서가 아니라는 뜻이다. 그 작고 사소한 관성이 나라별로 그렇게 큰 차이를 만든다.

너무 압도적으로 큰 문제를 만나면 우리는 얼어붙어 아무것도 하지 않으려는 성향이 있다. 아니면 남이 결정해준 대로 그냥 따른다. 그런 태도는 우리의 잘못이 아니다. 인간은 원래 그렇게 설계되어 있다. 장기 기증과 관련해서는 사람들이 신경을 쓰지 않는 것이 아니라 너무 신경을 쓴다는 데 문제가 있다. 어렵고 복잡한 결정이고, 그래서 우리 대부분은 무엇을 해야 할지 모른다. "그리고 우리는 무엇을 해야 할지 모르기 때문에 대신 선택을 해주면 그것을 그대로 따른다."고 댄 애리얼리는 말한다.

이 관성을, 다시 말해 대신 선택해주는 대로 고르려는 행동을 이해하면 왜 미국 근로자 중 3분의 1만이 퇴직연금제도에 가입해 있는지가 설명이 된다. 관성의 개념은 미래를 위한 재무계획을 세운 사람이 그토록 적은 이유가 무엇인지도 설명한다. 너무 복잡한 문제인 듯 보인다. 무슨 행동이 맞는지 확신할 수 없으므로 생각도 하지 않거나 아무것도 하지 않는다.

애리얼리의 설명에 따르면, 우리는 물리적 세상에서는 한계를 잘 알기에 그것을 중심에 놓는다. 우리는 계단과 연결램프와 승강기를 이용한다. 그는 이렇게 말했다. "그러나 어떤 이유에선지 우리는 건강관리와 은퇴와 주식시장 같은 것들을 설계할 때면 우리에게 한계가 있다는 사실을 망각한다. 내 생각에, 비록 물리적 세계처럼 눈에 뚜렷이 보이지는 않을지라도 우리가 물리적 한계를 이해하듯이 인지적 한계도 이해한다면 우리는 더 나은 세상을 설계할 수 있을 것이다."

정글에 들어가는 순간 제일 먼저 스스로에게 "내가 모르는 것은 무엇인가?"라는 질문을 던진다고 했던 레이 달리오의 말을 기억하라. 자신의 한계를 안다면 적응하고 성공할 수 있다. 한계를 모르면 다치기 마련이다.

이 책의 목표는 사람들을 깨우고 그들이 자신의 재무생활을 통제할 수 있도록 지식과 도구를 전해주는 것이다. 그렇기에 나는 너무 복잡하거나 어렵거나 시간이 많이 들어 자칫 실수하기 쉬운 재무계획은 짜지 않았다. 그 이유는? 앞의 교통국에 비치된 양식처럼 복잡성은 실행의 적이기 때문이다.

그런 이유에서 나는 계획을 7단계 성공 계단으로 쪼갰고, 길잡이 역할을 할 강력한 무료 스마트폰 앱도 만들었다. www.tonyrobbins.com/masterthegame에 들어가면 바로 앱을 다운로드 받을 수 있다. 앱을 이용해 자신의 진척 상황을 점검할 수 있고 단계마다 승리의 기쁨도 만끽할 수 있다.

이 앱은 보조를 해주고 궁금한 것에 답을 해줄 뿐 아니라 필요한 순간에는 자극도 준다. 처음에는 잔뜩 흥분하며 모든 관심을 다 쏟다가 어느 순간 시들해져 집중력을 잃고 관성에 빠져 중도 포기할 수도 있는데, 이 자동 시스템은 그런 사태를 예방하도록 설계되었다. 일단 잘하기 시작하면 계속 잘하게 된다. 계획이 자리를 잡은 뒤에는 자신이 제대로 가고 있는지 확인하기 위해 1년에 한두 번 정도 1시간만 시간을 내면 된다. 그러니 평생의 재무적 안전과 독립과 자유로 향하는 길에 올라서면 진짜로 중요한 일들을 즐길 시간이 많아지는데도 그 길을 걷지 않는 행동에는 변명의 여지조차 없다.

지금쯤 머릿속이 어지러울지도 모른다. 내가 생각할 거리를 많이 주기는 했다. 하지만 나는 당신의 재무생활에 단발성으로 끝나지 않는 돌파구를 만들어주는 데 온 힘을 다 쏟고 있고, 그렇기에 앞에 놓인 길을 분명하게 파악해주기를 바란다. 이제부터 재무적 자유에 이르는 7단계 성공 계단을 대략적으로 살펴볼 것이다.

블로그와 트위터 세대라면 이렇게 말할지도 모른다. "그냥 그 7단계를 한 문단이나 인포그래픽(인포메이션 그래픽)으로 줄여서 정리해주면 안 되나? 책 한 권이라니!" 그건 힘들지 않다. 그러나 정보를 아는 것과, 그 정보를 자기 것으로 만들어 따르는 것은 전혀 다른 의미이다. 실행이 따르지 않는 정보는 결핍이다. 우리는 정보에 빠져 익사하고 있지만 지혜에는 굶주리고 있음을 기억해야 한다.

그렇기에 각 단계에 들어가기에 앞서 마음의 각오를 다지기를 바란다. 이렇게 하면 재무적 자유로 향하는 길을 걷는 데 꼭 필요한 행동을 미리미리 준비할 수 있다.

이 책은 대다수 사람들이 자신을 자유롭게 해줄 기본 내용을 숙달할 시간조차 내지 않기 때문에 괴롭다고만 생각하는 문제를 정복할 수 있도록 구성되었다. 그리고 정복한다는 것은 깊이 파고든다는 의미이다. 무언가를 읽고 기억하기만 하면 배울 것은 다 배웠다고 착각하는 사람도 있다. 그러나 진정한 숙달에 이르려면 세 가지 단계가 필요하다.

첫 번째 단계는 개념을 이해하는 인지적 이해cognitive understanding이다. 재무와 투자를 '인지적으로는' 잘 이해하고 있다. 하지만 인지적

이해를 갖추고 3달러가 있다고 해도 스타벅스에서 커피를 사 마시는 것으로 끝낼지도 모른다! 그러니까 그런 정보 하나로는 가치가 없다. 단지 첫 단계일 뿐이다.

두 번째 단계인 감정적 숙달emotional mastery에 이르면 진정한 가치가 생기기 시작한다. 무언가를 충분히 반복해 듣고 내부에서 욕구, 갈망, 두려움, 염려 같은 감정이 생길 정도로 충분히 자극을 받으면 배운 것을 의식하고 꾸준히 사용할 수 있게 된다.

그러나 궁극적인 숙달 단계는 바로 물리적 숙달physical mastery이다. 무엇을 할지 고민하지 않고도 저절로 하게 되는, 행동이 제2의 천성이 되는 단계이다. 물리적 숙달에 이르는 유일한 길은 꾸준한 반복뿐이다. 내 훌륭한 스승인 짐 론Jim Rohn의 말을 빌리면, 반복은 실력의 어머니이다.

반복 부족의 완벽한 예를 나도 경험한 적이 있다. 20대 초에 나는 태권도 검은 띠를 따고 싶었다. 영광스럽게도 나는 위대한 사범 준 리(한국명: 이준구)를 만나 그와 깊은 교분을 나누게 되었다. 그는 미국에 태권도를 소개한 주인공이자 이소룡과 무하마드 알리의 태권도 사범이기도 했다. 나는 그에게 역사상 최단기로 검은 띠를 따고 싶고, 기록 경신을 위해 필요한 연습이든 노력이든 훈련이든 무엇이든 기꺼이 다 할 각오가 돼 있다고 말했다. 그는 내 훈련을 완수하기 위한 여정을 함께 해주기로 동의했다. 가혹한 일정이었다. 세미나를 끝마치고 새벽 1시에나 도장에 도착할 때가 수두룩했고 그러고 나면 사범님과 서너 시간 정도 훈련을 했다. 기껏해야 하루 4시간만 자며 버텨야 했다.

어느 날 밤 똑같은 동작을 적어도 300번은 질리도록 반복 연습한 나는 기어코 사범님을 바라보며 말했다. "사범님, 언제쯤 다음 동작을 해볼 수 있습니까?" 사범님은 가차 없는 표정으로 나를 바라보며 말했다. "베짱이군, 이게 다음 동작이네. 지금 한 동작과 앞에 했던 동작을 구분하지 못한다는 사실이야말로 여전히 자네의 태도가 진지하지 못하다는 뜻이야. 그 섬세한 구분이 대가와 아마추어를 가르는 차이지. 무언가에 숙달되려면 이 정도의 반복은 당연하네. 한 번 반복할 때마다 더 많은 것을 배우게 될 걸세." 그는 미소를 지으며 그렇게 말했다.

내가 말하려는 것이 무엇인지 알겠는가? 이 책은 오후 한나절 만에 다 읽을 수 있게 만들어진 책이 아니라는 뜻이다.

이 책에는 나만의 독특한 교습 스타일이 담겨 있기 때문에 책을 읽을수록 전에 읽었던 책들과는 다르다는 사실을 알게 될 것이다. 질문도 많이 나오고 가끔은 앞에 나온 사실과 문구를 다시 들춰보기도 해야 한다. 게다가 감탄사도 많이 등장한다! 편집상의 실수라고 생각하지 말기를! 이것은 핵심 아이디어를 강조하기 위한 기법이며 행동이 자동적으로 일어나도록 내 지식을 당신의 마음과 몸과 영혼에 집어넣기 위해 고안한 기법이다. 행동이 자연스럽게 나오는 순간, 결과가 눈에 나타나기 시작하고 자신이 원하며 마땅히 누려야 할 보상을 거두기 시작할 것이다. 도전에 응수할 준비가 되었는가?

이것은 단순한 책이 아니라 청사진임을 기억하라. 이 책의 각 부는 자신이 재무적으로 어떤 위치에 있는지 정확히 파악해 지금 있는 곳과 도달하고자 하는 위치 사이의 거리를 좁히는 데 도움이 되도록 구성돼 있다.

이 책은 오늘은 물론이고 남은 생애 동안도 든든히 무장하도록 돕는 것을 목표로 한다. 어쩌면 다음 수준으로 올라가기 위해 앞으로 여러 번 되돌아가야 할 수도 있다.

제1부 머니게임에 참가한 것을 환영합니다

커다란 모험이 다 그렇듯 우리도 여행 오리엔테이션부터 시작할 것이다. 1부 4장에서는 부의 심리학과 우리의 발목을 잡는 것들과 여기에 맞는 간단한 해결책에 대해 자세히 얘기한다. 지금 자신이 정확히 무엇에 투자하고 있는지 파악하게 되고, 이어서 최상의 획기적인 재무전략이 가진 힘이 발동하기 시작한다. 바로 다음 장부터 비상이 시작된다. 여기서부터는 7단계 성공 계단의 첫 계단에 올라 인생에서 가장 중요한 재무 결정을 내리게 된다. 이 부분은 반드시 읽어야 한다. 아주 적은 금액이라도 복리의 마법과 결합하면 굳이 고액 연봉을 받지 않아도 어떤 식으로 절대적인 재무적 독립을 이룰 수 있는지 배울 것이다. 소득의 일정 부분을 떼 복리로 저축하고 투자하기로 결심함으로써 이 시스템이 활성화된다. 경제의 소비자로 머물지 않고 주인, 미래의 지분을 가진 투자자가 된다. 자는 동안에도 차곡차곡 돈이 생기는 평생소득 시스템인 자신만의 '자동현금지급기'를 만드는 방법을 배울 것이다.

제2부 규칙을 파악한 후 게임에 뛰어들어라

예전부터 떠도는 말이 있다. "돈을 가진 사람이 경험을 가진 사람을 만나면, 경험이 있는 사람에게는 돈이 남고 돈이 있는 사람에게는 경험이 남는다." 투자자가 되기로 결심한 당신을 위해, 2부에서는 노련한 명수들의 제물이 되지 않기 위해 반드시 알아야 할 게임 규칙을 일러준다.

이 로드맵에서는 레이 달리오가 말한 투자의 정글을 통과하기 위한 길을 알려주고, 무시무시한 위험 지대는 커다랗고 빨갛게 X표시를 해두었다. 이런 마케팅 통념(어떤 이는 투자의 거짓말이라고 부른다)이 만들어진 이유는 당신과 돈 사이를 체계적으로 멀리 떨어뜨리기 위해서이다.

뮤추얼펀드가 자랑하는 수익률이 실제 수령하는 수익률과 다른 이유를 배울 것이다. 내 말이 헛소리처럼 들릴 수 있다. 하지만 총 투자비용이라고 생각하는 수수료 1퍼센트는 실제로는 10가지도 넘는 잠재 수수료 중 하나에 불과하고, 심하게는 시간이 지날수록 뮤추얼펀드 잠재 수익률의 최대 60퍼센트가 수수료로 나가는 사태가 생길 수 있다!

이 2부만 잘 익히면 투자수익률을 굳이 더 높이지 않아도 최소 25만~45만 달러가 고스란히 통장에 들어오게 된다. 이 금액은 나의 개인적 의견이나 허황된 수식이 아니라 연구 결과를 통해 공식적으로 입증된 숫자이다.

'노로드 펀드no-load funds(판매나 해지 시에 투자자에게 수수료를 부과하지 않는 펀드—옮긴이)'●를 비롯해 여러 펀드에 흔히 숨어 있을 수 있는 속임수를 알아보고, 투자자가 아니라 '금융회사'의 이익을 최대한 늘리는 데 초점을 맞춘 투자상품과 전략으로부터 자신을 보호하는 방법을 철저히 익힐 것이다.

2부를 마칠 때쯤 두 단계를 완료하게 되고 가진 돈이 얼마 없어도 내부자처럼 투자할 수 있게 된다.

● 'load'는 펀드 관련 비용 중 수수료, 특히 판매수수료를 의미한다.

제3부 게임의 승리 가능성을 높여라

여기서는 자신의 재무적 꿈을 탐구한 다음, 게임의 승리 가능성을 높여줄 현실적인 목표를 정한다. 사람들은 대부분 재무 안전과 독립, 자유를 얻는 데 돈이 얼마나 필요한지 전혀 모른다. 아니면 머릿속에 떠오른 엄청 큰 금액에 지레 겁을 먹고는 계획조차 세우지 않는다. 3부 1장에서는 자신이 '진짜로' 무엇을 원하는지 파악하는 시간을 가진다. 생각보다 꿈이 멀지 않다는 사실을 깨닫고 흥분하게 될 것이다. 3부 2장에서는 단순히 꿈만 꾸지 않고 그 꿈을 현실로 바꾸는 계획을 세운다. 각자 필요한 계획이 다르므로 우리가 제공한 소프트웨어를 이용해 자신에게 맞는 계획을 세워야 한다. 온라인이나 앱을 통해 소프트웨어를 다운로드 받을 수 있고 현실적이고 실현 가능한 계획을 마련할 때까지 몇 번이든 수정할 수 있다. 꿈에 다가가는 속도가 느리다고 생각될 때는 여기서 제시한 다섯 가지 방법을 이용하면 속도를 높일 수 있다. 3단계를 마쳤을 때는 은퇴에 대비해 부를 쌓는 방법을 익히고 그 과정을 즐길 수 있게 될 것이다.

제4부 평생을 좌우할 가장 중요한 투자 결정을 내려라

내부자처럼 생각하게 되었고, 게임의 규칙을 알았고, 게임의 승리 가능성을 높이는 방법도 배웠다. 이제는 인생을 좌우할 가장 중요한 투자 결정을 내려야 할 순간이 왔다. '돈을 어디에 어떤 비율로 투자해야 하는가?' 노벨상 수상자, 헤지펀드 매니저, 최고의 기관투자자들은 예외 없이 내게 '자산배분asset allocation'이 성공 투자의 핵심이라고 말했다. 하지만 거의 99퍼센트의 사람들은 자산배분에 대해 거의 또는 전혀 아는 것이 없다. 왜일까? 너무 복잡해 보여서일 수 있다. 그러나 4부 1장에서 나는 자산배분의 개념을 간소화하고 어떤 사이트에 가면 전문가의 도움을 받을 수 있는지도 알려준다. 자산배분이란 안전하고 마음의 평화를 얻을 수 있는 자산군과 위험하지만 성장 잠재력이 높을 수 있는 자산군 사이에 돈을 적절히 나눠 투자하는 것을 의미한다. 그것은 궁극의 버킷리스트이다! 4단계를 마치면 부자가 되는 방법은 물론이고 그 부를 유지하는 방법도 알게 될 것이다.

제5부 번영만 존재하는 평생소득 계획을 설계하라

쓸 돈이 하나도 없다면 투자가 다 무슨 소용인가? 여건상 대다수 사람들은 401(k)나 개인퇴직계좌에 돈을 더 많이 불입하는 데만 신경을 쓴 나머지, 언젠가는 소득 대신에 그 돈을 꺼내 써야 할 때가 온다는 사실은 망각한다. 게다가 계좌 잔고는 들쑥날쑥하기 때문에(솔직히 오를 일이 있을까 모르겠다) 소득창출 계획을 따로 마련하고 보호해야 한다. 2008년을 기억하는가? 다음번에 찾아올 경제 붕괴로부터 자신을 보호할 방법은 무엇인가? 많은 사람이 말년에 돈이 없는 것을 가장 큰 두려움으로 꼽은 상황에서 자신만은 그런 상황에 내몰리지 않을 것이라고 어떻게 장담할 수 있는가? 장수는 축복일 수 있지만 돈이 없는 장수를 축복으로 느끼기는 힘들 수 있다.

5부에서는 금융계의 일급비밀 중 하나를 구체적으로 설명하고 평생 수입이 보장되는 계획을 세우도록 도와준다. 이 확실한 수입 흐름이 바탕이 되어 진정한 재무적 마음의 평화가 만들어질 수 있다. 은행이나 대기업, 세계 최고의 부자들이 선호하는 투자상품들을 이용해 손실을 멈추거나 극적으로 제한하고, 이익을 극대화하는 창의적인 방법들을 함께 탐구할 것이다. 그들은 알고 있지만 당신은 모르고 있는 것은 무엇인가? 당신이 모르는 것은 하방downside, 上5 없이 상방upside, 下5만 있게 하는 비결, 그리고 세금이 이익을 잠식하지 않게 하는 비결이다.

제6부 0.001퍼센트처럼 투자하라

금융계에서 가장 명민하고 영향력이 큰 인물들로부터 현재 글로벌 경제 상황의 어떤 점이 좋고 어떤 점이 도전을 던지는지, 그리고 어떻게 지금의 상태에 이르렀고 다음에는 무엇이 찾아올지에 대한 설명을 들을 것이다. 그런 다음에는 금융계에서 가장 화려하고 눈부신 성공을 거둔 게임의 대가들 12명을 만나 어떤 경제 여건도 이겨내도록 그들을 이끌어준 것이 무엇이었는지 듣는다. 우리는 1987년 검은 월요일 폭락 사태로 모두가 무너져 내리는 와중에 폴 튜더 존스는 어떻게 그 사태를 미리 예견해 월 수익률 60퍼센트를 달성할 수 있었는지, 그에게 직접 그 비결을 물어볼 것이다. 또한 21년이 흐른 후, 증시가 거의 50퍼센트 가까이 추락하고 세상이 또 한 번 무너져 내리는 듯 보일 때 그가 30퍼센트에 육박하는 수익률을 거둔 비결은 무엇인지도 물어볼 것이다. 또한 그가 어떻게 손실을 피해 왔는지 그리고 어떻게 상상 가능한 모든 시장에서 28년 연속해서 수익을 내고 단 한 푼도 잃지 않을 수 있었는지도 살펴볼 것이다.

또한 찰스 슈워브, 칼 아이컨, 토머스 분 피컨스Thomas Boone Pickens, 레이 달리오, 잭 보글도 만난다. 이들 모두 입에 은수저를 물고 태어나지는 않았으며 힘든 성장기를 보냈다는 공통점이 있다. 그들은 어떻게 최고의 자리에 올랐을까? 우리는 돈이 그들에게 어떤 의미인지 물어보고, 그들의 실제 포트폴리오도 살짝 엿본다. 6단계를 다 읽고 나면 0.001퍼센트의 투자 비법을 알게 될 것이다.

제7부 실행하고 즐기고 나누라

이제는 더 좋고 더 뿌듯하고 더 풍요롭고 더 즐거운 삶을 누리게 해 줄 행동 계획을 짜는 단계이다. 또한 목표에 계속 집중하려면 어떻게 해야 하는지도 배운다. 멀지 않은 미래에 생각보다도 훨씬 세상을 좋게 만들어 줄 신기술 몇 가지를 들으면 아마도 깜짝 놀랄 것이다. 그러나 대다수 사람들은 정반대로 생각한다. NBC와 〈월스트리트저널〉의 조사에 따르면, 미국인 76퍼센트는 그들 세대보다 자녀 세대의 삶이 더 나빠질 것이라고 믿는다(역대 최고 기록이다)! 그러나 당신은 우리 시대 최고의 두뇌들이 들려주는 미래 세상을 내부자의 시각에서 볼 수 있을 것이다. 내 친구이며 현대의 에디슨이라 불리는 레이 커즈와일과, 엑스프라이즈재단X Prize Foundation(인류에 유익한 기술발전을 촉진하기 위해 공개 경쟁 프로그램을 시행하는 비영리 단체—옮긴이) 창립자인 피터 다이아만디스Peter Diamandis가 지금 한창 부상 중인 신기술을 말해준다. 개인용 컴퓨터를 제조 공장으로 바꿔주는 3D 프린터, 무인자동차, 하반신이 마비된 사람을 걷게 해주는 전자 외골격 로봇(입는 로봇), 세포 하나에서 키우는 인공 팔다리와 같은 기술 혁신은 가까운 미래에 우리의 삶을 180도 바꿔 놓을 것이다. 이번 단계에서 의욕이 커지기를 바란다. 혹여 일이 어긋나 재무계획 실행에 동참하지 못하더라도, 미래에는 더 나은 삶의 질이 가능하다는 사실을 알아주기 바란다. 그리고 자원을 가진 사람에게는 무한한 가능성의 미래가 펼쳐진다.

잘 사는 비결은 주는 것이라는 단순한 사실로 책은 마무리된다. 남들과 나누는 삶은 더 높은 삶의 질을 가져다줄 뿐 아니라 더 큰 기쁨도 경험하게 해준다. 고통 없이 재미있게 나눌 수 있는 신기술에 대해서도 배울 것이다. 나는 당신이 마음의 평화를 얻고 부를 쌓을수록 더욱 적극적으로 남을 돕는 사람이 되기를 바란다. 사실 당신은 베푸는 일에서는 이미 내 파트너이다. 당신이 이 책을 읽음으로써 배고픈 누군가가 식사를 제공받는다.

내가 보기에 사람들은 삶의 의미를 찾는 것이 아니라
살아 있음을 경험하게 해주는 것을 찾고 있다.
—조지프 캠벨

나는 재무적 자유에 이르는 7단계 성공 계단을 최대한 명확하고 단순하게 정리하려고 노력했다. 이제 행동으로 들어가 이 7단계를 하나하나 따르며 목표를 이루는 것은 여러분의 몫이다.

끝까지 목표를 완수하려면 무엇이 필요한가? 무엇이 자신에게 가장 잘 들어맞는가? 지금부터 간단한 계획을 함께 짜보자. 사람마다 따르는 스타일은 다르다. 어떤 사람은 주말 내내 꼼짝도 안 하고 책 한 권을 다 읽는다. 누구는 나나 혹은 다른 누군가처럼 한번 몰두하면 끝을 보는 성격이다. 주말을 통째로 비울 수가 없다면 하루에 한 장 혹은 한 주에 한 부씩 읽는 것도 괜찮다. 어떤 방법이든 상관없다. 이것은 일생이 걸린 여행이고 정복할 가치가 충분한 여행이다. 지금부터 나와 함께 여행을 시작하자!

CHAPTER 3

부를 창출하는 진짜 힘에 발동을 걸자

내 부는 미국에서 사는 것과, 행운의 유전자 몇 개,
그리고 복리가 결합된 결과이다.

—워런 버핏

지금부터 본격적으로 시동을 걸자. 여행을 시작하기 위해 누구에게나 진짜 부를 창출해주는 힘에 발동을 걸자. 이것은 벼락부자가 되는 계획이 아니고, 많은 사람이 재무적 자유나 부를 얻기 위해 생각하는 계획과도 다르다. 사람들 대부분은 횡재에 가까운 '대박' 투자를 노리고, 그것이 성공하면 자기의 인생도 자리가 잡힐 거라고 생각한다.

솔직히 말해, 혼자 힘으로 열심히 노력해서는 부에 이르지 못한다. 그것은 미국인 대다수가 저지르는 실수이다. 우리는 더 열심히 더 현명하게 더 오랫동안 일하면 언젠가는 꿈꾸는 재무적 상태에 도달하리라고 생각한다. 하지만 아무리 고액 연봉을 받은들 월급만으로는 답이 되지 못한다.

나는 최근에 금융서의 고전인 《시장 변화를 이기는 투자A Random

Walk Down Wall Street》의 저자이자 저명 경제학자인 버튼 맬킬Burton Malkiel을 만나면서 이 근본적인 진실을 다시금 상기하게 되었다. 그의 훌륭한 투자 실적과 상식에 부합하는 투자 스타일을 존경하던 나는 프린스턴대학으로 직접 맬킬을 보러 갔다. 책에서건 인터뷰에서건 그는 정직한 사람이라는 인상을 강하게 풍기는데, 내가 그를 만난 날도 예외가 아니었다. 나는 투자의 모든 단계마다 사람들이 만나게 되는 함정에 대해 그의 혜안을 한 수 듣고 싶었다. 다른 것을 제쳐놓고라도, 이 남자는 인덱스펀드index fund(수익률이 정해진 지수의 수익률을 그대로 따라가도록 설계된 펀드. 시장추종형 펀드라고도 한다—옮긴이)라는 개념을 만들고 발전시킨 주인공이었다. 그것은 평범한 투자자가 시장을 따라잡거나 흉내 낼 수 있는 투자 방법이며 적은 금액으로도 전체 시장의 작은 한 조각이나마 보유하게 해주는 방법인 동시에, 한두 종목의 주식 몇 주를 사는 데 연연하지 않고 진정한 포트폴리오 다양성을 꾀할 수 있는 투자 방법이기도 하다. 오늘날 인덱스펀드 범주에 투자된 자산 규모는 7조 달러가 넘는다! 나는 이 책을 쓰기 위해 많은 사람을 인터뷰한다는 계획을 세웠고, 맬킬이야말로 월스트리트의 혼란스러움과 사실 호도를 꿰뚫어보고 지금의 투자 풍광을 정확히 평가하도록 나를 도와줄 최적격자 중의 하나였다.

대다수 사람들이 처음부터 저지르는 가장 큰 실수는 무엇인가? 맬킬은 내 대답에 망설이는 기미도 보이지 않았다. 그의 말에 따르면, 투자자들 대부분은 가치 증가를 몇 배로 부풀려주는 힘을, 다시 말해 복리의 놀라운 힘을 활용하지 못한다.

복리가 얼마나 강력한 힘이냐면, 알베르트 아인슈타인은 복리를 인류 역사상 가장 중요한 발명품이라고 칭했을 정도이다. 하지만 복리가 그토록 경이로운 힘인데도 그것을 사용하는 사람들이 극히 드문 이유는 무엇인가? 맬킬은 복리의 기하급수적 힘을 설명하기 위해 아주 극명하게 차이가 나는 투자 전략을 사용한 윌리엄과 제임스라는 쌍둥이의 이야기를 예로 들었다. 이야기에서 윌리엄과 제임스는 이제 막 전통적 은퇴 연령인 예순다섯 살이 되었다. 윌리엄은 제임스보다 먼저 시동을 걸었다. 그는 스무 살에 은퇴계좌를 개설해 20년 동안 매년 4천 달러씩 투자했다. 마흔 살이 되어 계좌 납입은 중단했지만 돈은 인출하지 않고 비과세에 수익률 10퍼센트 조건으로 그냥 놔두었다.

제임스는 쌍둥이 형제인 윌리엄이 계좌 납입을 중단한 시기인 만 40세가 되어서야 은퇴계좌에 돈을 모으기 시작했다. 윌리엄처럼 제임스도 매년 4천 달러를 넣었고, 수익률 10퍼센트에 비과세인 것은 똑같았지만 65세까지 25년 동안 돈을 납입했다.

일찍 시작한 윌리엄이 투자한 총액은 8만 달러이고(연 4천 달러×20년, 10퍼센트 수익률) 늦게 시작한 제임스의 납입 총액은 10만 달러이다(연 4천 달러×25년, 10퍼센트 수익률).

은퇴 연령에 통장의 돈이 더 많이 불어난 사람은 누구일까? 나는 맬킬이 말하려는 결론이 무엇인지 알고 있었지만, 그는 마치 처음으로 그 이야기를 들려주기라도 하는 듯 굉장히 기쁘고 열정적으로 말을 했다. 물론 답은 일찍 투자를 시작했고 돈을 더 적게 투자한 쪽이었다. 그의 계좌에 있는 돈은 얼마나 많이 불어났을까? 무려 600퍼센트 이상 불어났다!

잠시 숨을 고르고 전체 맥락에서 이 수치를 생각해 보자. 밀레니엄 세대나 X-세대나 베이비붐 세대라면 이 이야기가 전하는 메시지에 바짝 귀를 기울여야 하고, 지금 인생의 어느 시기를 지나고 있든 그 메시지는 누구에게나 적용되는 충고라는 사실을 명심해야 한다.

지금 당신이 서른다섯 살이라면 복리의 힘에 소스라치게 놀라면서 스물다섯 살부터 시작하지 못한 것이 유감이라고 생각한다. 지금 마흔다섯 살이라면 서른다섯부터 시작해야 했다고 후회한다. 지금 60대나 70대라면, 50대나 60대에 은퇴계좌를 만들어 꼬박꼬박 납입했을 경우 모였을지도 모르는 거액의 돈을 생각하며 아쉬워할 수도 있다. 후회하자면 끝이 없다.

맬킬이 든 예에서, 먼저 시작하고 형제가 시작하기 전에 납입을 중단한 윌리엄의 계좌에 최종적으로 모인 돈은 250만 달러였다. 반면, 늦게 시작해 예순다섯 살까지 계속 저축한 제임스가 최종적으로 손에 쥔 돈은 40만 달러도 되지 않았다. 200만 달러라는 어마어마한 차이가 생겼다! 전적으로 윌리엄이 20년 먼저 복리의 놀라운 힘을 활용했기 때문에 생긴 결과이다. 복리의 힘은 그에게 넘어설 수 없는 우위를 안겨주었고, 남은 생애 동안 식구의 외식비를 감당해도 부담이 없는 자리에 올라서게 해주었다.

산 정상에 올라가 거기서 떨어진 사람은 없었다.

—빈스 롬바르디

시간이 흐를수록 이자에 이자가 붙는 복리야말로 종잣돈을 미래의 생활비를 책임져주고 재무 안전을 보장해주는 뭉칫돈으로 불릴 수 있는 유일하고 확실한 길이라는 사실에 아직도 반신반의하는가? 맬킬이 자신의 요점을 전달하기 위해 자주 써먹는 이야기가 또 있는데, 미국 역사책에도 자주 등장하는 이야기이다. 벤저민 프랭클린은 1790년에 세상을 떠나면서 보스톤 시와 필라델피아 시에 각각 1000달러씩 유산을 남겼다. 이 유산에는 돈은 반드시 투자를 해야 하고

100년 동안은 건드릴 수 없다는 구체적인 단서가 붙어 있었다. 100년이 지나면 두 시는 최대 50만 달러를 인출해 지정된 공익사업에 사용할 수 있다. 그리고 나머지 돈은 다시 100년 동안 인출이 불가능했다. 한동안 증시는 8퍼센트 대의 연간복합성장률을 보였고, 프랭클린이 죽은 지 200년이 지난 1990년이 되었을 때 두 도시가 각기 수령할 수 있는 금액은 거의 650만 달러로 불어나 있었다. 200년 동안 추가로 넣은 돈이 전혀 없는데도 1000달러는 650만 달러로 늘어났다.

어떻게 그렇게 불어났을까? 복리의 힘이 작용했기 때문이다! 물론 200년은 길고 긴 시간이다. 그러나 3000퍼센트 수익률이라면 기다릴 가치가 충분하다.

맬킬의 예는 우리가 마음으로는 이미 잘 알고 있는 사실을 입증한다. 근로소득만으로는 지금 머무는 곳과 정말로 가고 싶은 곳 사이의 골짜기를 연결할 다리를 세우지 못한다. 그것은 우리 대부분에 해당하는 사실이다. 근로소득은 복리의 힘에 비교 대상조차 되지 못하기 때문이다!

금전적 이유에 한해서라면 돈이 가난보다 낫다.

—우디 앨런

이래도 혼자 힘으로 재무적 자유에 이를 수 있다고 생각하는가? 세계 최고의 연봉을 받는 사람들이 그런 생각으로 움직였다가 어떤 결과가 빚어졌는지 잠깐만 살펴보자.

전설적인 야구 투수 커트 실링Curt Schilling은 뛰어난 경기 실력을 뽐내며 보스턴 레드삭스를 월드시리즈에 두 번이나 진출시켰고 그가 받은 돈은 1억 달러가 넘었다. 하지만 그는 모은 돈 전부를 비디오게임 회사를 차리는 데 쏟아 부었다. 회사는 파산했고 실링도 같이 무너져 내렸다. 실링은 ESPN에 이렇게 말했다. "내가 질 것이라고는 상상도 못했다. 나는 졌다."

지금 그는 5억 달러 빚더미에 올라앉아 있다.

킴 베이신저Kim Basinger는 당대 최고 인기를 구가하는 여배우로 〈나인 하프 위크〉, 〈배트맨〉 그리고 아카데미 여우조연상을 안겨준 〈L. A 컨피덴셜〉 등의 영화에서 뇌리에 기억되는 생생한 연기를 펼쳤다. A급 배우로서 인기가 절정이던 시절에 그녀의 영화 한 편당 출연료는 1000만 달러가 넘었다. 2천만 달러를 주고 조지아 주에 있는 마을 하나를 통째로 살 정도로 그녀의 출연 수입은 대단했다.

베이신저도 결국 파산했다.

알앤비 뮤지션 마빈 게이Marvin Gaye, 싱어송라이터이자 작가인 윌리 넬슨Willie Nelson, 가수 엠씨해머M.C. Hammer, 가수 겸 배우인 미트 로프Meat Loaf도 마찬가지였다. 그들은 수백만 장의 앨범 판매고를 올렸고 공연장에는 흠모의 눈길로 바라보는 팬들이 자리를 가득 메웠다. 프랜시스 포드 코폴라Francis Ford Corpola 감독은? 가장 위대한 미국 영화 중 하나인 코폴라 감독의 〈대부〉를 보러 온 관객들로 영화관은 매진을 기록했고 이 영화는 1억 2900만 달러 입장권 수익을 기록하면서 (적어도 한동안은) 역대 최고 흥행 영화 1위 자리를 유지했다. 이들 모두 파산으로 가진 것을 거의 다 잃었다. 코폴라는 무려 세 번이나 파산을 했다!

'팝의 제왕' 마이클 잭슨도 있다. 언론 보도에 따르면, 그는 음반 발매 계약금으로 거의 10억 달러를 받고 7억 5천만 장이나 판매고를 올렸지만 2007년 자신의 저택인 네버랜드랜치Neverland Ranch의 대출금 2500만 달러를 상환하지 못해 파산 직전까지 내몰렸다. 잭슨은 자신은 결코 돈이 마를 일이 없다는 듯 돈을 썼지만 결국 돈은 말라붙었다. 그가 죽고 2년이 지나 빚이 3억 달러가 넘었다는 사실이 알려졌다.

이 메가톤급 스타들 중 언젠가는 돈이 들어오지 않을 날이 올 거라고 상상한 사람이 하나라도 있었을까? 그런 날을 대비해야 한다는 생각을 단 한 번이라도 한 적이 있을까?

일해서 버는 돈이 얼마이건 돈 쓸 일은 언제나 생긴다. 위의 예는 당신과 나만 그런 것은 아니라는 사실을 확실히 알려준다. 우리 대부분은 버는 만큼 다 쓰는 듯하고, 어떤 사람은 안타깝게도 버는 돈보다 더 쓴다. 프로로 뛰며 큰돈을 벌었지만 녹다운 패를 당해 쿵 소리를 내며 쓰러지는 권투선수처럼 가장 크게 추락하는 스타들 대부분이 여기에 해당한다. 전직 헤비급 챔피언이었고 당시 권투선수로서는 역사상 누구보다도 수입이 높았던 마이크 타이슨Mike Tyson의 흥망과 경력 이탈만 봐도 알 수 있다. 그는 거의 5억 달러를 벌었지만 파산했다.

다섯 체급 세계챔피언인 플로이드 "머니" 메이웨더Floyd "Money" Mayweather는 조만간 핵주먹 타이슨이 세운 수입 기록을 경신할 것 같다. 타이슨처럼 메이웨더도 가난한 출신을 이겨내고 권투선수가 되었다. 2013년 9월 그는 사울 "카넬로" 알바레스Saúl "Canelo" Álvarez와 붙는 대가로 4150만 달러의 대전료를 보장받았는데, 이것만으로도 기록적인 금액이지만 페이퍼뷰pay-per-view(시청자가 시청을 원할 경우 요금을 내야 하는 재생당 과금 방식의 시청료—옮긴이) 총액에 따라 대전 수입은 8천만 달러 이상으로 늘어날 수 있었다. 게다가 이건 단 한 번의 대전료였다!

이 거액의 급료를 받기 전에도 메이웨더는 〈스포츠일러스트레이티드Sports Illustrated〉지가 선정한 미국에서 '가장 부유한 운동선수 50인' 목록에서 제일 위에 올라 있었다. 나도 개인적으로는 메이웨더의 팬이다. 그는 탁월한 재능을 가진 선수이고, 현역 선수로는 드물게 직업윤리도 가지고 있다. 그는 친구들한테도 아주 후하다. 그는 칭찬할거리가 아주 많은 남자이다.

그러나 메이웨더는 전에도 역경을 이겨내고 가장 부유한 선수에 올랐었지만 심한 낭비벽과 잘못된 투자로 재산을 다 탕진했다. 그는 지금도 씀씀이가 굉장히 헤픈데, 알려진 바로는 100만 달러가 든 배낭을 언제나 갖고 다닌다고 한다. 혹시라도 루이비통에 긴급 기부할 상황이 생길 때를 대비해서다.

위대한 선수들이 흔히 그렇듯 이 챔피언도 시합에서만큼은 아주 똑똑하게 군다. 나는 그가 지금은 조금 괜찮은 데 투자하고 있기를 바라는 마음이지만, 한때 메이웨더의 사업 동료였고 돈에 대해서만큼은 마찬가지로 믿음직스럽지 못한 피프티센트50 Cent에 따르면 이 챔피언은 대전료 말고는 다른 수입이 전혀 없다. "싸우고 돈을 받는다. 돈을 쓰고 싸운다. 싸우고 돈을 받는다. 돈을 쓰고 싸운다." 그것이 래퍼인 피프티센트가 메이웨더의 재무전략을 간단하게 요약한 설명이었다.

말도 안 되는 전략이라고 생각하는가? 씁쓸한 일이지만 우리 모두는 그런 상황에 전혀 무관하지 못하다. '일하고, 돈 받고, 돈 쓰고, 또 일한다.' 대다수 직장인이 그렇게 살아간다!

말하기 전에 들어라. 쓰기 전에 생각하라. 돈을 쓰기 전에 벌어라.
투자하기 전에 조사하라. 비난하기 전에 기다려라. 기도하기 전에 용서하라.
그만두기 전에 시도하라. 은퇴하기 전에 저축하라. 죽기 전에 베풀어라.
—윌리엄 A. 워드

여기 4150만 달러짜리 질문이 있다. 이 메가톤급 스타들이 자신의 재능과 축복을 발판 삼아서도 '혼자 힘으로는 재무적 자유에 이를 수 없다면', 당신이 혼자 힘으로 그 목표에 다다를 수 있겠는가?

그럴 수 없다.

당신이 할 수 있는 일은 전략을 조금 바꾸고 새로운 마인드를 포용하는 것이다. 복리의 기하급수적 힘을 장악하고 활용해야 한다. 복리가 인생을 바꿔준다! 돈을 위해 일하는 상황에서 돈이 당신을 위해 일하는 세상으로 옮겨가야 한다. 구경만 하는 자리에서 벗어나 게임에 참여해야 한다. 재무적 자유를 원한다면 우리는 모두 투자자가 되어야 한다.

당신은 이미 재무적인 관점에서는 트레이더이다. 그렇게 생각한 적이 없을지라도, 생계를 위해 일하고 있다면 시간을 내주고 돈을 사는 셈이다. 솔직히 말해 그만한 최악의 거래도 없다. 그 이유는? 돈을 더 많이 버는 것은 가능하지만 시간을 더 많이 벌기는 불가능하기 때문이다.

감수성에 기대고픈 마음은 없지만, 우리도 잘 알다시피 인생은 돈으로 환산할 수 없는 순간으로 이루어져 있다. 돈을 얻기 위해 시간을 내줄 경우 놓치게 되는 그런 순간들 말이다.

물론 가끔은 야근 때문에 어쩔 수 없이 댄스 공연이나 데이트를 포기해야 하지만, 원한다고 해서 소중한 추억을 언제나 거저 얻을 수 있는 것은 아니다.

소중한 순간을 너무 많이 놓치고는, 그제야 우리는 '정말로' 무엇을 위해 일하고 있는지 의아해하기 시작한다.

돈이 필요하지만, 거액을 넣은 가방을 들고 다니는 세계챔피언 권투선수가 아니라면 어디로 가야하는가? 우리에게는 어떤 종류의 ATM이 필요한가?

장담하건대, 지금 이 순간 당신의 인생에서 가장 중요한 '현금인출기'는 바로 '당신'이다. 어느 정도 투자를 했다고 해도 그것을 미래의 소득원이라고는 생각하지 않은 채 투자를 했을 것이 분명하다. 일을 멈추면 인출기도 중단되고 현금흐름도 멈추고 소득도 멈춘다. 기본적으로 말해 당신의 재무 세상이 서서히 정지한다. 그것은 집어넣은 금액만큼 되찾게 되는 제로섬 게임이다.

다른 식으로, 그러니까 자신을 다른 종류의 ATM이라고 생각해보자. 이 경우에 한해 ATM이라는 단어는 '시간과 돈'의 교환이라는 형편없는 거래를 상기시킬 수 있다. 당신은 시간을 손해 보는 기계, 즉 안티-타임머신이 되었다. 공상과학영화에 나올 법한 기계를 연상시키지만 대다수 사람에게 그것은 현실의 기계이다. 당신의 환경은 가장 필요한 것(소득)을 얻는 대가로 가장 소중한 것(시간)을 내주는 방식으로 설정돼 있다. 이러한 거래에서 굳이 설명하자면, 당신은 손해 보는 쪽이다.

확실히 이해가 되는가? 당신이 일을 멈추면 돈 벌이도 중단된다. 그렇다면 등식에서 '당신'이라는 항을 꺼내 다른 접근법을 찾아보자. 당신이 있던 항에 현금인출기를 집어넣고 그것을 당신이 자는 동안에도 돈을 벌도록 세팅하자. 그것을 직원도 없고 월급도 안 나가고 간접비도 들지 않는 부업이라고 생각하라. 그 현금인출기의 유일한 '재고'는 당신이 집어넣은 돈이다. 그것의 유일한 제품은? 평생 100세까지 산다고 해도 결코 마르지 않는 소득 흐름이다. 이 기계의 사명은? 당신과 가족에게, 혹은 미혼이라면 미래의 가족에게 재무적으로 자유로운 삶을 제공해주는 것이다.

굉장히 근사하지 않은가? 이 '비유적 기계'를 설치해 적절히 유지하고 관리하면 발전기 1000대에 맞먹는 힘을 내준다. 1년 365일 내내 가동되는데다 윤년에는 하루 더 일하고 심지어 공휴일에도 쉬지 않는다. 옆의 그림을 보면 이 '현금인출기'가 어떻게 움직이는지 더 잘 이해할 수 있다.

이 '현금인출기'는 인생에서 가장 중요한 재무 결정을 내린 다음에야 가동을 시작한다. 그 결정은 무엇인가? 소득의 몇 퍼센트를 묶어둘 수 있는지에 대한 결정이다. 생활비로 돈을 쓰기 전에 총수입 중 몇 퍼센트를 자신에게 지급할 수 있는가? 인생에서 어떤 일이 벌어져도 절대로 건드리지 않을 자신이(더 중요하게는 각오가) 있는 금액은 월급 중 얼마인가? 이 금액을 아주 진지하게 고민해야 하는데, 지금 월급 중 일정 부분을 저축해 미래의 자신을 위한 돈을 마련한다는 결정에 따라 남은 인생이 좌우되기 때문이다. 이렇게 목표로 정한 비율은 나인투파이브의 쳇바퀴 돌리기 생활에서 벗어나 재무적 자유를 향한 여행을 시작할 수 있게 해준다. 일정 부분을 저축한다는 단순한 결정을 내리고 복리의 놀라운 힘을 활용하는 것이야말로 여행을 시작할 수 있는 유일한 방법이다. 이 결정의 커다란 장점은 결정을 내리는 주체가 '당신'이라는 사실이다! 당신만이 가능하다! 다른 누구도 대신하지 못한다!

돈벌이에 내 시간을 낭비할 여유는 없다.

—장 루이 아가시

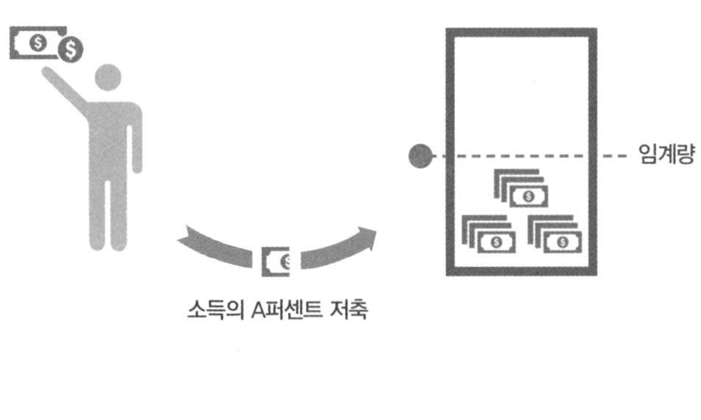

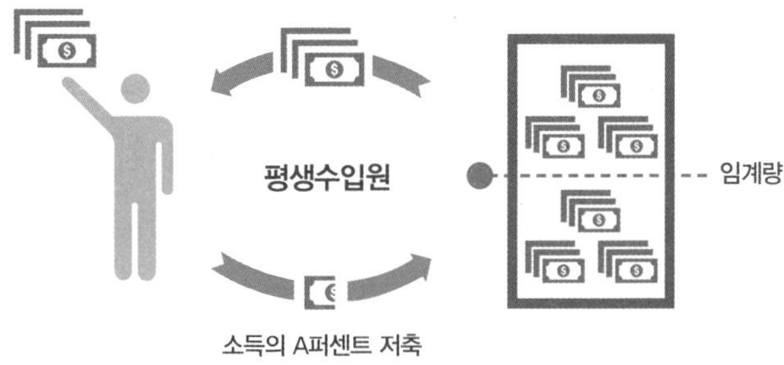

자동현금인출기

따로 저축해두는 돈은 재무계획 전체의 핵심이 되므로 이 아이디어에 잠시 시간을 내보자. 심지어 그 돈을 저축이라고 생각하지도 말라! 당신에게 지금과 미래의 자유를 사준다는 의미에서 나는 이 돈을 프리덤펀드Freedom Fund라고 부른다. 이 돈이 수입의 일부분이라는 사실을 이해하자. 그것은 당신과 가족을 위한 돈이다. 월급에서 일정 부분을 떼어 저축을 하고 현명하게 투자를 하면, 어느 샌가 당신이 돈을 위해 일하는 것이 아니라 돈이 당신을 위해 일하는 생활이 시작된다. 게다가 그 마법의 과정이 시작되기를 애써 기다릴 필요도 없다.

이런 궁금증이 생길지도 모른다. "그런데요 토니, 저축할 돈을 어디서 마련하죠? 지금 버는 돈으로는 생활비도 빠듯한데요." 내 친구 앤절라를 생각하기 바란다. 그녀는 낡은 차에 쓰던 돈의 절반이면 새 차를 몰 수 있다는 사실을 깨달았다. 그녀는 쓰지 않게 된 나머지 돈 50퍼센트로 무엇을 했을까? 그녀는 그것을 프리덤펀드에, 여생을 위한 투자에 집어넣었다. 처음 시작하면서 그녀는 한 푼도 저축하기가 힘들 것 같다고 생각했지만 결국 10퍼센트를 저축하기 시작했다. 그다음으로, 차에 들어갈 비용이라는 단기목표를 위해 추가로 8퍼센트를 더 저축했다! 그러나 미래를 위해 저축한 소득의 10퍼센트에는 절대 손을 대지 않는다!

결국 일해서 버는 소득이 얼마인지는 문제가 되지 않는다. 앞에서도 봤듯이 수입의 일정 부분을 저축하지 않으면 돈은 오간 데 없이 다 사라진다. 그렇다고 돈을 침대 밑에 보관하지는 않을 것이다. 당신은 안전하다고 확신할 수 있는 동시에 불릴 기회도 확실하다고 생각되는 환경에서 돈을 모으고 투자를 하고 싶을 것이다. 그리고 이 책에 나오는 돈이 돈을 부르는 원칙Money Power Principles을 충실히 따른다면 그 돈이 차곡차곡 불어나 어느 순간에 티핑포인트를 맞이하게 될 것이다. 그 지점에 다다르면 이자가 충분히 붙어 남은 생애를 지내기에 부족하지 않은 소득을 얻을 수 있다.

들어본 적이 있을지 모르지만, 일부 재무전문가들은 이런 뭉칫돈을 일컬어 '종잣돈'이라고 한다. 종잣돈이라는 이름도 좋지만 나는 이것을 '자신만의 현금인출기'라고 부른다. 꾸준히 먹이를 주고 잘 관리하면 임계량까지 저절로 잘 큰다는 의미에서다. 위험을 피하고 절세도 가능한 환경에서 투자한 이 안전하고 확실한 자산은 생계를 유지하게 해주고 혹시 모를 비상사태에 대비해주고 황혼녘에 안락한 은퇴생활을 즐기기에 충분한 수익을 내준다.

"예금하러 왔어요."

너무 복잡한 것 같은가? 알고 보면 아주 간단하다. 이렇게 하면 훨씬 이해가 쉽다. 투자저축 계좌로 가득 찬 상자를 상상하라. 월급을 받으면 결심한 금액을 상자에 꼬박꼬박 넣는다. 몇 퍼센트로 정했든, 좋을 때도 나쁠 때도 한 번도 어기지 않고 넣어야 한다. 왜? 복리의 법칙은 단 한 번이라도 납입을 어기면 벌을 주기 때문이다. 여윳돈을 넣어두는 것이라고 생각하지 마라. 그것이야말로 자신을 소중히 여기지 않는 확실한 방법이다. 그리고 수입이 크게 줄어 돈에 쪼들리면 저축을 미뤄도(또는 비중을 줄여도) 된다고 생각하지도 마라.

몇 퍼센트가 적당한가? 10퍼센트? 15퍼센트? 20퍼센트? 정해진 답은 없다. '당신의 답'만이 진짜 답이다. 본능은 뭐라고 말하는가? 심장은 뭐라고 하는가?

전문가에게 조언을 청하면 흔히들 수입의 최소 10퍼센트는 저축하라고 말한다. 또한 오늘날과 같은 경제에서 40세를 넘겼다면 15퍼센트 이상 저축하는 것이 훨씬 낫다고 말하는 전문가들도 많다(그 이유는 3부에 나온다!).

경기가 나쁘지 않고 돈이 부족하지 않았던 시절을
기억하는 사람이 있기나 한가?
—랠프 월도 에머슨

이제는 이런 말이 나온다. "이론적으로는 다 맞는 소리에요, 토니. 그런데 난 지금도 빠듯하게 살고 있다고요! 줄일 데가 없어요." 그렇게 말하는 사람은 당신만이 아니다. 사람들 대다수는 저축할 여유가 없다고 생각한다. 하지만 솔직히 말하면, 위급 사태에 대비해 지금 꼭 돈을 마련해놔야 한다는 각오를 단단히 한다면 어느 누구든 저축할 돈을 마련할 수 있다! 문제는 우리가 마련하려는 돈이 구체적인 느낌으로 다가오지 못하는 '미래의' 자신을 위한 돈이라는 데 있다. 바로 이런 이유 때문에 우리는 자기 집에서 안락한 은퇴를 맞이하느냐 아니면 빈털터리가 되어 입에 풀칠하기도 힘든 정부 보조금 신세를 지느냐를 가르는 결정적인 차이가 저축이라는 사실을 알면서도 좀체 실행에 옮기지 못한다.

돈과 관련해 우리가 자신을 어떻게 속이는지에 대한 행동경제학자들의 연구는 앞에서 이미 살펴봤다. 그리고 이번 장 뒷부분에서는 해야 할 일이 자동적으로 이뤄지도록 우리 자신을 속이는 방법 몇 가지를 알려준다! 저축이 자동적인 습관이 되어야 한다는 것이 바로 성공의 열쇠이다. 나와의 인터뷰에서 버튼 맬킬은 이렇게 말했다. "저축을 하는 가장 좋은 방법은 무엇보다도 들어오는 돈을 인식하지 않을 때 만들어진다." 그 말이 맞다. 돈이 들어오는 것을 인식조차 하지 않는다면 지출을 줄일 방법을 수없이 많이 찾을 수 있다.

돈이 지갑이나 명세서 출금으로 빠져나가기도 전에 돈의 방향을 바꿔 자동적인 저축이 이뤄지게 만드는 아주 간단하고 훌륭한 방법 몇 가지는 조금 뒤에 설명할 것이다. 일단 지금은 평생을 월급쟁이로 살았지만 힘든 시기에도 꾸준히 저축을 해 진짜 부를 이룬 사람들의 실화 몇 가지를 소개하려 한다.

수백만 달러로 불어나다

1924년에 신생회사인 UPS에서 첫 직장을 잡은 시어도어 존슨Theodore Johnson은 열심히 일해 계속 승진을 했다. 그의 연봉은 단 한 번도 1만 4천 달러를 넘지 않았지만 여기에 마법의 공식이 발휘되었다. 그는 봉급과 크리스마스 상여금을 받으면 무조건 20퍼센트를 떼어 회사 주식을 구입했다. 그는 가족을 위해 저축할 필요가 있다고 생각되는 비율을 머릿속으로 계산해(이 장의 말미에서 그 방식을 설명한다) 성실히 모았다.

주식분할과 지금은 보기 드문 훌륭한 인내심을 발휘하며 기다린 덕분에 마침내 시어도어 존슨의 UPS 주식 가치가 치솟는 날이 왔고, 그가 아흔 살이 되었을 때는 7천만 달러 이상으로 늘어났다.

꿈에서나 들을 법한 이야기인가? 가장 꿈같은 부분은 그가 마이크 타이슨처럼 재능 있는 운동선수도 아니고 프랜시스 코폴라처럼 거장 감독도 아니고 심지어 기업의 고위급 중역도 아니라는 사실이다. 그는 인사팀 책임자였다. 하지만 일찌감치 복리의 힘을 이해한 것이 그의 인생에 깊은 영향을 미쳤다(그리고 복리의 힘은 무수히 많은 사람들의 인생에도 영향을 미쳤다). 시어도어 존슨은 부양가족이 있었고 매달 나가야 하는 돈도 있었지만, 그에게는 우편물로 날아온 청구서보다는 미래 자신과의 약속이 더 중요했다. 그는 언제나 프리덤펀드에 제일 먼저 돈을 넣었다.

존슨은 그렇게 불어난 돈으로 말년에 아름답고 의미 있는 일을 할 수 있었다. 그는 자신도 1940년대 이후부터 청력에 이상이 있었기 때문에 농아학교 두 곳에 360만 달러의 기부금을 낸 것을 비롯해 여러 교육 운동에 3600만 달러가 넘는 돈을 기부했다. 또한 그는 UPS 직원 자녀들을 위한 대학 장학금 기금도 마련했다.

미시시피 주 해티즈버그 시 출신의 오세올라 맥카티Oseola McCarty에 대해 들은 적이 있는가? 초등학교 학력이 전부인 그녀는 75년 동안 세탁과 다림질을 하며 억척스럽게 일했다. 그녀의 생활은 단순했고 언제나 수입의 일정 부분을 저축했다. 그녀는 자신의 투자 철학을 이렇게 설명했다. "나는 돈을 저축했죠. 절대 꺼내 쓰지 않기로 결심했죠. 그냥 집어넣기만 했는데 저절로 불어났어요."

그녀의 돈은 정말로 불어났다. 맥카티는 여든일곱 살에 서던미시시피대학에 장학기금으로 15만 달러를 기부한 것이 알려져 전국적인 뉴스를 탔다. 이 여인은 킴 베이신저처럼 매력적인 은막의 스타도 아니고 윌리 넬슨처럼 음악적 재능이 뛰어난 사람도 아니었다. 하지만 그녀는 열심히 일했고, 자신의 돈도 마찬가지로 열심히 일한다는 사실을 잘 알고 있었다.

"나는 누군가의 자녀가 대학에 다니도록 돕고 싶습니다." 그녀는 그렇게 말했고, 근면성실하게 산 덕분에 그 희망을 현실화할 수 있었다. 심지어 자신을 위한 작은 사치품을 구입할 돈도 생겼다. 그녀는 집에 에어컨을 설치했다.

스펙트럼의 반대편에는 내 롤모델이며 역사상 가장 위대한 투자자 중 하나로 손꼽히는 존 템플턴 경Sir John Templeton의 정신이 번쩍 들게 하는 이야기가 존재한다. 그를 만날 기회를 얻고 지난 여러 해 동안 그를 여러 번이나 인터뷰할 수 있었던 것은 내게 무척이나 영광이었다. 6부 마지막에 그와의 인터뷰를 실어두었다. 그는 처음부터 '존 템플턴 경'은 아니었다. 그는 테네시 주의 빈한한 집안 출신이었고, 수업료가 없어서 대학도 중퇴했다. 하지만 젊은 시절부터 그는 저축 복리이자의 점증적 힘을 깨달았다. '그는 버는 돈의 50퍼센트를 열심히 모았고', 이렇게 모은 저축을 크게 불릴 방법을 모색했다. 역사를 공부한 그는 뚜렷한 패턴을 발견했다. 그는 이렇게 말했다. "토니, 비관주의가 가장 팽배해진 시점에 주식이 헐값으로 나와요. 매도 압박을 빼면 주가를 내려가게 하는 건 하나도, '단 하나도' 없어요." 경기가 좋을 때 집을 내놓으면 여러 호가를 제안 받아 그중에서 가장 높은 가격에 집을 팔 수 있다. 투자자들은 강세장에서는 싸게 나온 주식을 찾기가 힘들다. 왜인가? 경제가 좋으면 인간의 본성은 그 좋은 상황이 영원히 이어질 것이라고 믿기 때문이다! 그러나 경제가 와르르 무너지면 사람들은 도망치느라 정신이 없다. 사람들은 집과 주식 그리고 사업체를 거저나 다름없는 가격에 내놓는다. 사실상 무일푼에서 시작했던 존은 이런 인간 본성을 거스름으로써 수십억 달러를 가진 자산가가 되었다.

그는 어떻게 투자를 했을까? 1939년 독일이 폴란드를 침공하고 유럽이 2차 세계대전에 휩싸이고 세계가 공포와 절망으로 마비된 그 순간, 그는 가진 돈을 전부 털어 마련한 1만 달러를 뉴욕 증시에 투자했다. 그는 파산 직전이라고 여겨지는 회사를 포함해 거래가가 1달러 이하인 종목을 다 골라 각기 100주씩 샀다. 그는 대다수 사람들이 망각하고 있는, 밤이 영원한 것은 아니라는 사실을 알고 있었다. 금융계에 불어 닥친 겨울이 지나고 나면 봄이 오기 마련이다.

1945년에 2차 세계대전이 끝난 후 미국 경제는 급성장했고 템플턴이 가진 주식은 수십억 달러 가치의 포트폴리오로 성장했다! 2009년 3월 저점이었던 증시가 폭등해 2013년에는 142퍼센트 이상 성장했을 때도 같은 일이 발생했다. 그러나 대부분의 사람들은 그 기회를 놓쳤다. 그 이유는? 내리막 경기에서는 그 내리막이 영원하리라는 비관주의가 지배하기 때문이다. 4부 4장에서는 냉정함을 유지하고 남들이 다 두려워할 때에도 투자를 계속하는 데 도움이 될 시스템을 소개할 것이다. 이 짧지만 변동성이 높은 기간이야말로 천문학적 수익을 거둘 절호의 기회가 될 수 있다.

나는 이런 통찰을 내 재단 운영에 도움을 주기 위해 시작한 배타적 두뇌 집단인 플래티넘파트너스Platinum Partners에 적용하고, 앞에 놓인 잠재적 기회 몇 가지를 그들과 공유했다. 뉴욕증권거래소 상장 기업인 라스베이거스샌즈Las Vegas Sands Corp를 예로 들어보자. 2009년 3월 9일에 이 회사의 주가는 2.28달러까지 떨어졌다. 오늘 거래가는 67.41달러이다. 무려 3000퍼센트의 수익률이다!

'그것은 남들이 두려워할 때 투자하는 방법을 배움으로써 얻은 힘이다.'

존 템플턴 경에게서 우리는 무엇을 배울 수 있는가? 시장을 마비시킨 두려움에 사로잡히지 않는다면 조사와 믿음과 행동을 통해 아주 놀라운 결과를 얻을 수 있다. 지금 이 글을 읽는 동안에도 계속해서 가혹한 금융 세상이 펼쳐진다면 이 교훈을 절대 잊지 말아야 한다. 역사는 '내리막의 두려움이 팽배해진 경기'에 가장 위대한 투자와 승리의 기회가 존재한다는 사실을 입증한다.

템플턴은 소득이 많지 않더라도 절반을 열심히 저축한다면 언젠가는 어떤 투자 기회든 다 활용할 수 있는 위치에 도달한다는 것을 알고 있었다. 그러나 더욱 중요한 점은, 그가 세계 최고 독지가 중 하나가 되었으며 영국 시민이 된 후에는 영국 여왕으로부터 노고에 대한 치하로 작위까지 받았다는 사실이다. 심지어 그가 남긴 나눔의 유산은 그가 죽은 후에도 계속 이어진다. 존템플턴재단John Templeton Foundation이 '혁신적 발견을 통해 인류의 발전을 앞당기기 위해' 교부한 기부금은 거의 7천만 달러로, 10년 동안 노벨상 수상자에게 돌아간 상금보다도 많았다.

시어도어 존슨의 이야기가 전하는 교훈은 무엇인가? 재무관리의 천재가 되지 않아도 재무적 자유를 얻을 수 있다.

오세올라 맥카티의 인생이 주는 교훈은? 날품팔이 노동자일지라도 의미 있는 차이를 만들어내기에 충분한 돈을 모을 수 있다.

이 세 현명한 투자자에게서 우리는 무엇을 배울 수 있는가? 단순하지만 저축 강령을 성실히 지키고 월급날에 수입의 일정 부분을 먼저 떼어내 자신에게 제일 먼저 지급한다면, 복리의 힘이 발휘되는 순간 상상도 못할 높은 곳에 도달할 수 있다.

> 가장 어려운 것은 행동하겠다는 결심이다. 나머지는 끈기만 있으면 된다.
>
> —아멜리아 에어하트

당신은 수입의 몇 퍼센트를 꾸준히 저축할 수 있는가? 시어도어 존슨은 20퍼센트였고, 존 템플턴은 50퍼센트였다. 오세올라 맥카티는 그냥 작은 돈을 열심히 아껴서 그 돈을 이자가 붙는 계좌에 넣고 알아서 불어나기를 기다렸다.

당신은 어떠한가? 몇 퍼센트를 염두에 두었는가? 대단하다! 결단을 내리고 실행할 때가 왔다. 재무적 자유에 이르는 7단계 성공 계단 중 첫 계단을 밟을 때이다! 인생을 좌우할 가장 중요한 재무적 결정을 지금 즉시 내려야 한다! 소비자가 되는 데 그치지 않고 투자자가 되기로 결심해야 할 때이다. 그러려면 다른 누구도 아닌 당신과 가족을 위해 수입의 몇 퍼센트를 저축할지 결정해야 한다.

다시 말하지만 이 돈은 당신과 당신의 가족과 당신의 미래를 위한 돈이다. 의류 브랜드 갭Gap이나 가방 브랜드 케이트스페이드Kate Spade 매장에 가라고 모으는 돈이 아니다. 고급 레스토랑에 가거나 아직 8만 킬로미터는 더 달릴 수 있는 차를 새 차로 바꾸려고 모으는 돈도 아니다. 오늘 사지 못한 것을 나중에 사기 위해 모으는 돈이라고 생각해서는 안 된다. 그보다는 내일 거두게 될 수익에 생각의 초점을 맞춰야 한다. 친구와 외식을 하며 50달러를 쓰는 대신에 피자 몇 판과 맥주를 사고 비용을 같이 분담하는 것은 어떠한가? 한 번의 즐거운 시간을 다른 즐거운 시간과 교환하고 그때마다 자신을 위해 40달러씩 저축한다면 게임에서 한 발 앞설 수 있다.

40달러가 얼마나 된다고 그런 소리를 하는 거야? 당장은 그런 생각이 들지 모르지만 1주일에 한 번씩 그 금액을 모으고 저축이 당신을 위해 일하게 한다면 은퇴 시기를 몇 년은 앞당길 수 있다. 간단한 셈을 해보자. 1주일에 40달러라는 적은 돈을 지출에서 저축으로 전환한다면, 1년이면 거의 2천 달러가 모인다. 그리고 지금쯤은 알아차렸겠지만 2천 달러면 복리의 힘이 움직이기 시작하고 시간이 지날수록 큰돈으로 불어난다. 얼마면 큰돈이라고 생각하는가? 50만 달러면 되는가? 맞다. '50만 달러'이다! 어떻게 그것이 가능한가? 벤저민 프랭클린이 재정자문이라면 그 돈을 시장에 투자하라고 말할 것이다. 매년 복리이자가 8퍼센트인 상황에서 매주 40달러를 저축하면(1년에 2080달러) 40년 뒤 순수 수령액은 58만 1944달러가 된다! 특대 사이즈 피자를 주문하고 사이드 메뉴까지 다 주문하고도 남는 금액이다!

적은 금액이라도 꾸준히 저축을 실천하면 복리가 얼마나 커다란 힘으로 움직이는지 이제 조금 이해가 가는가? 1주일에 40달러보다 더 공격적으로 저축할 방법을 찾을 수 있다면? 100달러씩만 모아도 돈이 가장 필요한 시기에 모아지는 돈은 100만 달러가 차이 난다!

이렇게 가장 중요한 저축의 각오를 다지지 않는 한 복리의 경이로운 힘은 한 발짝도 움직이지 않는다. 어쨌거나 투자할 밑천이 있어야 투자자가 되건 말건 하지 않겠는가! 부 창출을 향한 토대에 있어 월급 생활자와 투자자를 가르는 결정적 차이는, 소득의 일정 비율을 자동으로 저축이 되게 하고 본인과 가족을 위해 절대로 그 돈을 건드리지 않는 행동에서 시작한다.

몇 퍼센트인가? 10퍼센트? 12퍼센트? 15퍼센트? 20퍼센트?

한도를 찾았으면 동그라미를 쳐라.

한도를 강조하라. 한도를 클릭하라.

각오를 다져라. 실현하라. 자동화하라!

저축을 자동화하려면 구체적으로 어떻게 해야 하는가? 출발은 www.tonyrobbins.com/masterthegame에서 무료 앱을 다운로드 받는 것이다. 앱에 설치된 자동 알림 기능은 당신이 얼마를 납입하기로 각오했는지 파악해 그것이 꼬박꼬박 실천되고 있는지 확인해준다는 점에서 여행을 시작하는 데 큰 도움이 된다. 아직 설치하지 않았다면 지금 당장 설치하라! 이 프로그램은 다음의 쉬운 방법들을 실천하도록 도와준다.

- 정기적으로 급료를 받는다면 저축 자동화 계획을 설정하기가 굉장히 쉬워지는데, 인사팀에 전화를 걸어 급료의 일정 퍼센트를 (당신이 직접 선택한) 은퇴계좌나 저축계좌로 곧바로 이체시켜 달라고 부탁하면 되기 때문이다.
- 401(k)로 이미 자동이체를 신청해놓은 상태라면 앞서 결정한 비율까지 금액을 올린다. 그리고 2부에서는 게임에서 '이길' 수 있는 방식으로 퇴직연금 계획을 세우고, 숨은 수수료를 지불하지 않고, 저축한 돈이 복리 환경에서 자유롭게 불어나게 (가장 좋게는 세금이연이나 절세를 통해 최대한 늘어나도록) 하려면 어떻게 해야 하는지 설명할 것이다. 그렇게 조정을 해놨는가? 훌륭하다!
- 1인 사업자이거나 자영업자이거나 작업 건당 수수료를 받는다면 어떻게 해야 하는가? 문제없다. 계좌에서 돈이 자동 이체되도록 설정하면 된다.

은퇴연금 계좌, 다시 말해 노후 대비를 위해 저축만 하는 계좌가 아직 없는가? 그럼 지금 당장 하던 일을 중단하고 온라인으로 들어가 은행이나 금융기관에 은퇴연금 전용 계좌를 만들라. (자신에게 맞는 상품을 원한다면 www.tdameritrade.com이나 www.schwab.com에 들어가거나, 우리가 만든 앱을 찾아보기 바란다.) 온라인 개설은 영 체질에 맞지 않고 직접 발품을 팔고 싶은 사람은 은행 직원에게 상담을 받으면 된다. 언제 시작하는 것이 좋을까? 바로 '지금'이 적기이다. 어서 개설하러 다녀오기를. 나는 여기서 얌전히 기다리고 있겠다.

일하기 싫으면, 일하지 않아도 될 만큼
충분한 돈을 벌기 위해서라도 일해야 한다.
—오그던 내시

큰일을 해냈다. 축하한다! 당신은 방금 인생에서 가장 중요한 재무적 결정 즉, 재무적 자유를 향한 7단계 성공 계단의 첫 계단을 올랐다. 이제부터 꿈을 현실로 바꾸는 여행이 본격적으로 시작된다.

뒤에서는 원금을 불리는 가장 안전하고 확실한 (그리고 세금우대까지 되는) 전략을 소개할 것이다. 하지만 우선은, 당신의 재무 미래는 체계적으로 저축하는 것에서 비롯되는 만큼 이 기본이 되는 통장에 성실히 돈을 넣는 데 주력하자. 성실히 저축해야 한다는 사실을 모르는 사람은 없다. 그러나 머리로는 알고 있어도 실천으로 옮기지 않는다면 진짜로 아는 것이 아니다. 격언과 달리 아는 것은 힘이 아니라 '잠재적' 힘일 뿐이다. 아는 것으로는 장악하지 못한다. 실행이 있어야 장악한다. 실행은 언제, 어디서나 아는 것을 이긴다.

나는 이기고 싶은 마음보다 지기 싫은 마음이 더 크다.
—영화 〈머니볼〉에서 오클랜드 A팀의 단장, 빌리 빈의 대사

지금도 여전히 수입의 일정 부분을 떼 복리이자로 저축한다는 첫 단계를 실행에 옮기지 못하고 있는가? 멈칫거리는 이유가 있는가? 왜 그러는가? 혹시 저축을 오늘과 내일의 자신에게 선물을 준다고 생각하지 않고 희생(손실)이라고 보기 때문인가? 답을 탐색하는 과정에서 나는 내 친구인 UCLA 앤더슨경영대학원의 슐로모 버나치를 만났고, 그는 이렇게 말했다. "토니, 문제는 사람들이 미래를 진짜라고 느끼지

못한다는 데 있어. 그래서 미래를 위한 저축을 하기가 힘든 거야." 버나치는 시카고대학의 리처드 탈러Richard Thaler와 함께 '내일은 저축을 늘리자Save More Tomorrow, SMarT'라는 기가 막힌 해결책을 찾아냈다. 여기에 깔린 단순하지만 강력한 전제는 '지금 당장은 너무 힘들어 저축을 늘리기가 힘드니까, 다음에 봉급이 오를 때까지 기다리면 돼.'이다.

두 사람은 어떻게 이런 해결책을 찾아냈을까? 슐로모가 말한 첫째 이유는, 두 사람은 과학자들이 '현재 편향present bias'이라고 부르는 즉각적인 만족에 대한 해결책을 찾아야 했다. 슐로모는 내게 한 가지 예를 들었다. 학생들을 만나 그들에게 2주 후 다시 만날 때 간식으로 바나나와 초콜릿 중 무엇이 좋으냐고 물어보면, 75퍼센트의 학생들은 바나나라고 대답했다. 하지만 막상 2주가 지나 눈앞에 두 가지를 놓고 고르라고 하면 80퍼센트는 초콜릿을 선택했다! 슐로모는 "문제는 미래의 자기통제가 아니다."라고 말한다. 저축도 마찬가지이다. "우리는 저축을 해야 한다는 것을 잘 안다. 내년에는 저축을 해야 한다는 사실도 안다. 그러나 오늘은 나가서 소비한다."

우리 인간이라는 종은 내일보다는 오늘을 선택하도록 설계돼있을 뿐 아니라, 무언가를 손해 보는 것 같은 느낌을 굉장히 싫어한다. 이것을 설명하기 위해 슐로모는 한 가지 실험을 소개해 주었다. 연구진은 우리의 가까운 사촌인 원숭이에게 사과 하나를 주고 그들이 보이는 생리적 반응을 측정했다. 그들은 아주 신나했다! 다른 집단의 원숭이에게는 사과 두 개를 주었다. 이 집단의 원숭이들도 크게 기뻐했다. 그런 다음, 사과 두 개를 준 원숭이들로부터 사과 하나를 뺏었다. 사과 하나를 남기기는 했지만, 두 번째 집단 원숭이들의 반응이 어땠을 것 같은가? 짐작대로다. 그들은 (과학적으로 말해서) 불같이 화를 냈다! 이런 일이 사람들한테도 일어난다면? 평범한 사람들에게 이런 일은 얼마나 자주 일어날까? 우리는 자신이 이미 가지고 있는 것은 까맣게 잊는다. 다음 장에서 억만장자 아돌프 메르켈레Adolf Merckle의 이야기를 들을 때 이 연구 결과를 기억하기 바란다. 번뜩이는 통찰을 얻게 될 것이다.

결론은, 우리는 어떤 행동이 무언가 손해를 끼친다는 느낌이 들면 그 행동을 피하고 하지 않으려 한다는 것이다. 많은 사람이 저축과 투자를 하지 않는 이유도 여기에 있다. 저축은 무언가를 내준다는, 오늘 무언가를 잃는다는 느낌이 들게 한다. 하지만 아니다. 저축은 오늘의 자신에게 마음의 평화와 확실성과 미래의 거액을 선물로 안겨주는 행동이다.

슐로모와 탈러가 이 도전을 해결하기 위해 생각한 방법은 무엇인가? 그들이 생각한 방법은 저축을 고통으로 느끼지 않게 해주며 우리 본성에도 부합한다. 슐로모는 TED 토크에서 이렇게 말했다. "'내일은 저축을 늘리자'는 직원들로 하여금 내년부터 저축을 늘릴 마음을 품게 한다. 우리는 미래의 어느 순간에 이르면 바나나를 먹고 지역사회 봉사활동을 많이 하고 운동도 많이 하고 이 행성을 위한 옳은 일을 할 수 있다고 상상할 수 있게 된다."

방식은 이렇다. 사람들은 월급에서 아주 적은 부분만, 이를테면 10퍼센트나 5퍼센트, 심지어 3퍼센트 정도만 자동적으로 저축을 하는 것에는 이의를 달지 않는다(3퍼센트 정도면 아주 적은 금액이라 차이도 느껴지지 않는다!). 그런 다음 미래에 봉급이 오르면 그때부터 저축을 늘리겠다고 다짐한다. 수입이 늘 때마다 저축으로 돌리는 비율도 조금씩 늘어나지만 그것을 손실로 느끼지는 않는다. 애초부터 손실을 느끼지도 않았기 때문이다!

슐로모와 탈러는 약 20년 전 중서부의 한 회사에서 '내일은 저축을 늘리자' 프로그램을 처음 테스트했다. 이 회사의 블루칼라 근로자들은 급료에서 적은 돈을 빼낼 여유도 없다고 투덜댔다. 하지만 두 학자는 근로자들을 설득하는 데 성공해, 회사는 처음부터 그들 급료의 3퍼센트를 은퇴계좌에 자동으로 적립했고 급료가 오를 때마다 납입액을 추가로 3퍼센트씩 올렸다. 결과는 놀라웠다! 5년 동안 세 번의 급료 인상이 있었고, 처음에 저축할 여유가 없다고 말했던 근로자들은 무려 거의 급료의 14퍼센트에 달하는 금액을 저축했다! 그리고 실제로 65퍼센트에 해당하는 직원들은 평균 19퍼센트를 저축하고 있었다.

19퍼센트는 앞에 나온, 믿기지 않는 부를 이룬 UPS 직원 시어도어 존슨의 저축 비율과 엇비슷한 수준이다. 고통은 없었고 효과도 좋았다. 몇 번이고 계속해서 같은 결과가 입증되었다.

슐로모는 한 직원의 저축이 늘어날 때마다 생활방식에 미치는 영향을 차트를 이용해 보여준다. 3퍼센트 저축에는 스니커즈 그림이 나오는데, 3퍼센트만 저축할 경우 살 수 있는 건 운동화가 고작이기 때문이다! 그 다음에는 자전거로 옮겨간다. 저축을 14퍼센트에 육박하게 올리니 고급 차와 인생은 멋진 것이라는 분명한 메시지가 등장한다. 엄청난 차이다!

오늘날 규모가 제법 되는 기업의 60퍼센트는 '내일은 저축을 늘리자'와 비슷한 형태의 퇴직연금제도를 제공한다. 회사에 그런 제도가 있는지 알아보고 없으면 이 책을 인사팀에 보여주고 계획을 시행할 수 있는지 물어보라.

물론 나가서 실제로 급료 인상을 '얻어내기는' 해야 한다. 당신이 정중하게 요청한다고 해서 회사가 선뜻 그 요청을 받아들일 가능성은 높지 않다. 그러나 일단 급료가 인상되면, 상황에 따라 다르지만

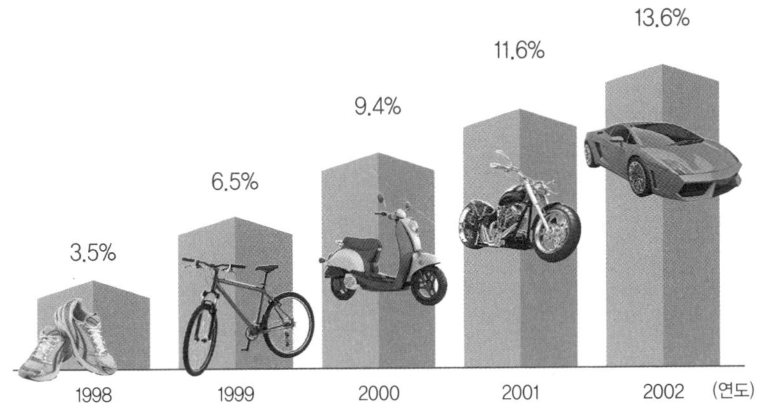

인상분 전액이나 일부를 자유롭게 저축으로 돌릴 수 있다. 혹시 다니는 회사가 매칭matching(개인이 납입하는 퇴직연금과 같은 금액 또는 일부 금액을 회사도 납입해주는 제도—옮긴이) 제도를 시행 중이라면 납입액을 성공적으로 두 배로 늘릴 수 있고 목표에 이르는 길도 훨씬 빨라진다. 실제로 '내일은 저축을 늘리자' 온라인 계산기를 제공하는 링크에 들어가면 저축액 증가에 따라 자신의 재무적 미래가 어떤 영향을 받는지 확인할 수 있다(www.nytimes.com/interactive/2010/03/24/your-money/one-pct-more-calculator.html).

회사에서 제공하는 퇴직연금제도가 없으면 아메리카스베스트 401kAmerica's Best 401k와 다른 여러 401(k) 제도를 이용해 자신에게 맞는 것을 정해도 된다. 처음에는 급료의 5퍼센트를 프리덤펀드에 자동이체 시키고(가능하다면 처음부터 10퍼센트 이상부터 시작하는 것이 좋기는 하다) 급료가 오를 때마다 추가로 3퍼센트씩 적립금액을 높여라. 온라인에 들어가거나 전화 한 통이면 쉽게 해결되는 일들이다. 오늘 당장 최대한 고통을 느끼지 않는 한도에서 미래의 안전을 확보하기 바란다. 하지 못할 이유가 전혀 없다! 아니면 우리가 만든 앱을 이용해도 된다. 앱에서 제시하는 이메일을 상사나 인사팀 담당자에게 보내기만 하면 곧바로 퇴직연금으로의 자동 적립을 시작할 수 있다. 참 쉽지 않은가? 지금 '당장' 시작하라!

자영업자는 어떻게 하면 되는가? 현재 자기 사업체를 운영 중이라 사업에 있는 돈을 다 털어 넣어야 한다고 생각하는가? 그래도 방법은 있다. 세제가 새롭게 바뀌어 나라에 내야 하는 세금이 10퍼센트, 심지어 15퍼센트까지 늘어난다면 어떻게 할 것인가? 생각하기도 싫은 일이다! 말도 안 된다며 절로 비명이 나올 것이다. 그렇긴 해도 세금 낼 돈을 마련하기는 한다. 저축으로 돌리는 비율을 '내야 할' 세금이라고 생각하라. 다만 여기서는 엉클 샘(미국 정부의 애칭)이 아니라 가족과 미래의 자신에게 내는 세금이라는 점이 다르다! 아니면 자신을 최우선으로 결제해야 하는 공급업체라고 생각해도 된다. 꼭 치러야 하는 대금이라면 미루지 않고 지급할 것이다. 그러나 이 경우 당신이 따로 떼어두는 돈은 당신과 가족이 영원히 갖게 되는 돈이다. 여기서도 기억할 점은 그 과정을 자동화해야 한다는 것이다. 더 벌고, 적게 쓰고, 저축을 자동화하라. 그것이 비결의 전부다.

하늘에 새겨진 불의 글자처럼

나는 젊은 시절, 1926년에 출간된 조지 새뮤얼 클레이슨George Samuel Clason의 고전《바빌론 부자들의 돈 버는 지혜The Richest Man in Babylon》를 읽게 되었다. 이 책은 돈 버는 지혜에 대한 조언을 고대 우화를 통해 들려주고 있었다. 안 읽은 사람은 꼭 읽기 바란다. 읽은 지 여러 해가 흘렸지만 한 구절만은 아직도 내 기억에 또렷하다. "'내가 버는 돈의 일부는 내 것으로 유지해야 한다.' 아침에 눈을 뜨자마자 이 말을 되뇌어라. 오후에도 말하고 밤에도 말하라. 매일 한 시간마다 말하라. 하늘에 새긴 불의 글자처럼 눈에 확연히 띄는 형태를 지닐 때까지 스스로에게 이 말을 되뇌어라. 그 말의 의미를 자신에게 각인시켜라. 그 생각으로 스스로를 채워라. 그런 다음 현명하다고 생각하는 비율을 정하라. 10분의 1 이하는 정하지 말아야 하며, 따로 떼어두어야 한다. 필요하다면 다른 지출을 조정해서라도 그 돈을 마련하라. 어쨌든 제일 먼저 그 돈부터 떼어두어야 한다."

> 착한 사마리아인이 가진 것이 선한 의도뿐이었다면
> 아무도 그를 기억하지 않았을 것이다. 그에게는 돈도 있었다.
> —마거릿 대처

자, 저축할 돈을 떼어두는 것이 먼저다. 그리고 거기에 맞게 '씀씀이를 조정'해야 한다. 몇 퍼센트냐가 아니라 일단 시작을 한다는 것이 중요하다. 이상적으로 말한다면 10퍼센트 이하로는 내려가지 말아야 한다. 시간이 갈수록 그 비율이 지닌 의미는 더욱 뚜렷해질 것이다.

다음 계단

자동화된 투자계획, 즉 자신만의 현금인출기인 프리덤펀드를 만드는 작업이 끝났다. 이제 다음의 두 가지 의문이 머릿속에 맴돈다. 첫째, 돈을 어떤 계좌에 넣어야 하는가? 둘째, 재무적 안전이나 자유를 얻기 위해 필요한 금액은 얼마인가? 앞으로 이 두 질문 모두에 대한 명확한 답이 제시될 것이다. 또한 세계 최고의 재무적 성취를 이룬 사람들에게서도 답을 들을 것이다.

우선 자신이 투자를 하는 진짜 동기가 무엇인지 이해해야 한다. 재무적 자유를 향한 자신의 개인적 욕구 뒤에 숨은 동기는 무엇인가? 부는 '당신에게' 어떤 의미인가? 당신이 좇는 것은 무엇인가? 숨을 고르면서 돈의 주인이 되려면 어떻게 해야 하는지 살펴보자.

CHAPTER 4

돈의 주인이 되어라! 부수고 나갈 때가 되었다

감사하는 마음은 고귀한 영혼의 징표이다.

—이솝

돈은 마음속의 꿈을 우리가 사는 현실로 바꾸는 수단 중 하나이다. 돈이 충분하지 않거나 돈에 쪼들리면 사는 것이 비참하다고 느낄 수 있다. 그러나 주머니 사정이 좋아진다고 모든 것이 저절로 좋아지는가? 답을 모르는 사람은 없을 것이다.

돈은 사람을 바꾸지 못한다. 돈은 우리의 진짜 본성을 극대화시킬 뿐이다. 원래부터 비열하고 이기적인 사람은 돈이 많을수록 더 비열하고 이기적으로 군다. 원래부터 감사할 줄 알고 사랑을 베풀 줄 아는 사람은 돈이 많을수록 더 감사하고 더 베푼다.

2008년 금융 멜트다운 때 어땠는지 기억해보자. 주식과 주택의 가치 수조 달러가 공기 중으로 흔적도 없이 증발했다. 몇 달 사이에 일자리 수백만 개가 사라졌다. 당신은 어땠는가? 타격을 입었는가?

당신의 가족은 얼마나 영향을 받았는가? 친구들은 어떠한가? 누군가는 두려워했고, 누군가는 분노했고, 누군가는 체념했고, 누군가는 결심했다. 이런 반응은 모두 돈에 대한 반응이 아니라 우리 자신에 대한 반응이었다. 이러한 일련의 사건들은 돈이 우리에게 진정으로 어떤 의미인지, 우리가 돈에 어떤 힘을 부여하는지 확실히 보여준 계기가 되었다. 돈이 우리를 통제하도록 허용하든가, 우리가 돈을 통제하든가 둘 중 하나이다.

당신의 돈이고 당신의 인생이다

2008년 금융위기를 얘기할 때 아돌프 메르켈레를 빼놓을 수 없다. 2007년 그의 순자산은 120억 달러로 전 세계에서는 97번째 부자였고 독일에서는 최고 부자였다. 그는 유럽 최대 제약회사의 소유주였고, 제국의 영역을 넓혀 제조업과 건설업에도 진출했다. 그는 자신의 업적을 자랑스러워했다. 한편으로 그는 투기꾼 기질도 다분했다.

2008년 메르켈레는 주식시장에 거액의 베팅을 하기로 결심했다. 그는 폭스바겐의 주가 하락을 자신하면서 공매도를 행했다. 그런데 문제가 생겼다. 포르쉐가 폭스바겐 인수에 나서면서 이 회사 주가는 떨어지기는커녕 오히려 치솟았다. 거의 하루 만에 메르켈레는 이 한 번의 도박으로 10억 달러 중 거의 4분의 3을 잃었다.

엎친 데 덮친 격으로 메르켈레는 거액의 대출금을 갚기 위해 현금을 마련해야 했다. 그러나 알다시피 2008년에 은행은 누구에게도, 당신과 나는 물론이고 억만장자에게도 심지어 다른 은행에도 돈을 빌려주지 않았다.

메르켈레는 어떻게 했을까? 새로 대출해줄 은행을 찾았을까? 비용을 줄였을까? 손실을 감수하고 헐값에 사업체 몇 개를 팔았을까? 아니다. 사라진 재산이 무려 30억 달러나 되고 독일 최고 부자 자리도 내려놔야 한다는 사실을 깨닫는 순간 그는 가족을 실망시키는 행동을 했다. 유서를 남기고 달리는 열차 앞으로 뛰어든 것이다.

맞다. 그는 자살을 했다.

비극적인 아이러니는 따로 있었다. 메르켈레가 죽고 불과 며칠 후에 유가족은 그가 그토록 마련하려고 애썼던 대출 신청이 통과되었고 회사가 회생했다는 소식을 듣게 되었다.

아돌프 메르켈레가 자살한 이유는 돈 때문인가? 아니면 돈이 그에게 '의미하는' 것 때문인가? 메르켈레에게 돈은 정체성이었고 의미의 원천이었다. 독일 최고 부자 자리에서 밀려나는 것은 그에게는 견딜 수 없을 정도로 큰 상실이었고 그는 자신을 패배자라고 생각했다. 아직도 재산이 90억 달러나 된다는 사실은 중요하지 않았다!

"헛된 죽음이네." 그런 생각이 들 수 있다. 그러나 그런 식으로 이 남자를 판단하는 것은 경솔한 짓일지도 모른다. 우리 역시 자신의 정체성을(또는 잠재고객을) 돈에 결부시킬 때가 얼마나 많았는가? 어쩌면 인정하고 싶은 수준보다 더 자주 그랬을지도 모른다.

빈털터리가 되고 싶어 하는 억만장자

반대로 뉴저지 주 엘리자베스 출신의 아일랜드계 미국인이며 자수성가한 억만장자 척 피니Chuck Feeney와 같은 사람도 있다. 공항을 통과하다가 반짝이는 병에 담긴 술과 화장품, 그밖에 값비싼 면세 물품이 즐비하게 진열된 공간에 매료되어 자신도 모르게 발을 들이민 적이 있는가? 물론 그 공간은 면세점이다. 면세점은 척 피니의 아이디어였다. 그는 1960년 무일푼으로 시작해 마침내 75억 달러 가치를 지닌 판매 제국을 만들어냈다.

피니도 한때는 메르켈레처럼 〈포브스〉가 선정한 세계 최고 부자 목록에 오르기도 했다. 그러나 피니는 자신을 드러내는 것을 원체 좋아하지 않기 때문에 그의 이름조차 들어보지 못한 사람들이 태반이다. 피니는 거의 평생 자기 자동차나 집을 갖지 않았다. 이등석을 탔으며 플라스틱 시계를 차고 다녔다. 메르켈레처럼 피니의 통장 잔액도 줄어들었고, 지금 80대가 된 그에게 그의 명의로 남은 재산은 100만 달러 남짓에 불과하다. 하지만 피니와 메르켈레의 커다란 차이점은, 피니는 마지막 한 푼까지 돈을 틀어쥐려고 노력한 것이 아니라 가진 돈을 다 '내주었다는' 사실이다.

이 남자는 지난 30년 동안 돈이라는 수단을 이용해 모든 곳의 삶을 바꾼다는 것을 일생의 사명으로 삼았다. 북아일랜드의 평화 창출 지원, 남아프리카공화국에서의 에이즈와의 전쟁, 시카고의 아동 교육에 이르기까지 그의 자선활동은 세상 구석구석 안 미친 곳이 없다.

가장 놀라운 점은 피니가 이 모든 자선사업을 익명으로 했다는 사실이다. 그는 남들의 칭찬을 원하지 않았다. 이 모든 놀라운 자선사업 뒤에 가려진 남자가 피니였다는 사실도 최근에서야 알려졌다. 그리고 그의 자선은 여전히 진행 중이다! 척 피니는 자신이 발행한 개인수표가 부도나는 것이 목표라고 말한다.

아돌프 메르켈레와 척 피니, 두 사람에게 있어 돈의 의미는 확연히 다른 것이었다. 당신에게 돈의 '진짜' 의미는 무엇인가? 당신이 돈을 이용하는가 아니면 돈이 당신을 이용하는가? 앞에서도 말했듯 적당한 수준에서 당신이 돈을 다스리지 못한다면 돈이 당신의 주인이 될 것이다.

최종 목표는 되돌려주기

내 어린 시절에 돈은 언제나 그림의 떡이었다. 돈이 넉넉한 적이 한 번도 없었기 때문에 돈은 언제나 스트레스의 근원이었다. 나와 남동생, 여동생에게 음식을 나눠줄 수 없는지 부탁하기 위해 이웃집 문을 두드려야 했던 기억이 아직도 생생하다.

그러다가 내가 열한 살일 때 추수감사절에 내 인생을 영원히 바꾼 일이 일어났다. 그날도 평소처럼 집에는 먹을 게 하나도 없었고 부모님은 싸우고 있었다. 그때 누군가 우리 집 현관문을 두드리는 소리가 들렸다. 삐걱대는 문을 열었더니, 한 남자가 거나한 추수감사절 정찬을 차리기에 충분할 정도로 음식이 가득 든 식료품 봉투를 들고 계단에 서 있었다. 나는 내 눈을 믿을 수가 없었다.

내 아버지는 '사람들은 자기밖에는 모른다.'는 말을 입버릇처럼 달고 살았다. 그런데 갑자기 내가 알지도 못하는 사람이 아무 대가도 바라지 않고서 우리를 도와주러 찾아왔다. '저 낯선 사람들이 온정을 베풀겠다는 건가?'라는 생각이 들었다. 그래서 나도 생판 모르는 사람이 나와 내 가족을 돕듯이 나를 모르는 사람들을 돕기로 결심했다! 무엇을 해야 할까? 그날 나는 언젠가는 어떻게 해서든 도움을 되돌려주고 내가 먼저 선행을 베풀 방법을 찾아내기로 나 자신과 약속했다. 열일곱 살이 된 나는 야간 경비 일을 해서 돈을 모은 후 추수감사절에 나가 두 가족에게 먹을 것을 전해주었다. 내 인생에 가장 벅찬 경험 중 하나였다. 절망에서 기쁨으로 바뀌는 얼굴을 보고 있으니 내 영혼이 두둥실 뜨는 느낌이었다. 그들만큼이나 나한테도 근사한 선물이었다. 나는 내 행동을 아무에게도 말하지 않았고, 다음 해에는 네 가족에게 식품을 사다주었다. 그런 다음에는 여덟 가족에게 주었다. 남에게 자랑할 만큼은 아니었지만, 여덟 가족에게 식품을 사준 후에 '흠, 도움을 좀 받은들 어떻겠어.'라는 생각이 들었다. 그래서 친구들에게 도움을 청했고, 그들도 나와 같이 움직였다. 규모는 점점 불어났다. 지금 내 재단은 산하의 인터내셔널배스킷브리게이드International Basket Brigades를 통해 매년 36개 나라에서 200만 명의 사람들에게 식량을 제공한다. 열한 살의 그 황홀했던 추수감사절이 없었다면 과연 내가 주는 기쁨을 알 수나 있었을까? 누군가는 그 경험을 그냥 그럴 운명이었거나 옛말로 운수대통이라고 말할지도 모른다. 나는 그 경험에서 신의 손길을 보았고, 그래서 그 경험을 은총이라고 부른다.

이 일을 통해 나는 베풂의 기쁨을 배웠고 그 기쁨은 돈과 아무 상관도 없다는 사실을 깨달았다. 돈이라는 것은 우리가 가진, 단순히 재무적 니즈만이 아닌 여러 니즈를 충족시키기 위한 하나의 수단일 뿐이다.

인생의 많은 부분은 그동안 겪으며 발전시킨 신념에 의해 움직인다. 삶에서 중요한 것은 무엇인지, 어떤 삶을 살아야 하는지, 무슨 행동을 하거나 주어야 하는지를 결정짓는 것은 궁극적으로 무엇이 우리를 행복하게 하고 충족감을 주는지에 대해 어떤 생각과 스토리를 갖고 있느냐에 달려있다.

사람마다 다른 데서 '행복'을 얻는다. 어떤 사람은 남을 즐겁게 해주는 일에서 행복을 얻고 어떤 사람은 힘과 지배에서 행복을 찾는다. 어떤 사람은 10억 달러를 행복과 동일시한다. 어떤 사람은 신에게 가까이 다가가고 물질적인 것을 전부 내려놓을 때 행복하고 의미 있는 삶이 찾아온다고 생각한다. 또 어떤 사람은 궁극의 행복은 자유라고 생각한다.

추구하는 정서가 무엇이든, 좇는 수단이 무엇이든(사업 구축이든 결혼이든 가족을 만드는 것이든 세계 여행이든), 지고의 행복을 무엇이라고 생각하든, 이것은 전부 뇌가 인간의 6가지 니즈 중 하나 이상을 충족시키려는 시도에 불과하다.

6가지 기본적 니즈가 우리를 움직이게 한다. 이 6가지 니즈는 인간 행동의 원동력이며 어디에나 보편적으로 존재한다. (다른 사람들의) 미친 짓과 (우리의) 훌륭한 행동 뒤에 작용하는 힘이다. 6가지 기본적 니즈는 모든 인간에게 존재하지만 이 6가지 니즈의 중요도에 어떤 순서를 매기느냐에 따라 사람마다 삶의 방향이 달라진다.

인간의 6가지 니즈를 이해하는 것이 왜 그토록 중요할까? 부를 쌓기를 원한다면 자신이 정말로 무엇을 추구하는지, 다시 말해 무엇을 위해 부를 쌓으려 하는지 알아야 한다. 확실성과 안전을 느끼기 위해 부를 원하는가? 특별하고 남다르다는 느낌을 얻기 위해 부를 좇는가? 아니면 과거의 자신이라면 결코 하지 못했던 방식으로 타인에게 선행을 베풀고픈 공헌 정신 때문에 부를 원하는가? 이 이유에 다 해당되는가?

확실성이 인생에서 가장 중요한 니즈일 때와 사랑이 가장 중요한 니즈일 때는 각기 움직이는 방향이 크게 달라져야 한다. 인간관계와 사업과 재무적 측면 모두에서 확연히 다른 식으로 행동해야 한다. 자신이 뒤좇고 있는 것의 이면을 파헤치면 나오는 것은 결코 돈이 아니다. 당신이 뒤좇고 있는 것은 돈을 통해 얻을 수 있다고 생각하는 것이다. 결국은 감정이다. 그리고 그 감정 밑에는 니즈가 숨어 있다.

첫 번째 니즈, 확실성과 위안

인간의 첫 번째 니즈는 확실성을 얻으려는 욕구이다. 안전하다고 느낄 수 있도록 통제감을 얻고 다음에 닥칠 상황을 알아내고 싶어 하는 니즈이다. 기본적인 위안을 얻고 고통과 스트레스를 피하며, 쾌락을 만들어내려는 니즈이다. 이해가 되는가? 확실성에 대한 니즈는 우리의 생존 기제이다. 이 니즈는 우리가 직장생활과 투자 그리고 인간관계에서 어느 정도의 위험을 기꺼이 감수할 수 있는지에 영향을 끼친다. 확실성에 대한 니즈가 높을수록 기꺼이 감수하거나 감정적으로 버틸 수 있는 위험의 크기는 줄어든다. 덧붙여 말하면 개개인의 진정한 '위험 감수risk tolerance' 수준은 이 니즈에서 비롯된다.

그러면 언제나 완전한 확실성을 얻을 수 있다면 어떨까? 무슨 일이 언제, 어떻게 벌어질지 다 알고 있다면? 사람들이 말을 꺼내기도 전에 무슨 말이 나올지 알 수 있다고 치자. 어떤 느낌이 들까? 처음에는 자신이 아주 특출난 사람이라는 느낌이 들지만 그 느낌이 계속 유지될까? 따분해서 미칠 지경이 될 것이다.

두 번째 니즈, 불확실성과 다양성

그래서 신은 인간에게 두 번째 니즈인 불확실성을 내려주셨다. 우리 인간은 다양성을 필요로 한다. 예상외의 사건을 필요로 한다.

한 가지 질문이 있다. 돌발 사건을 좋아하는가?

"예"라고 답한다면 스스로를 속이고 있는 것이다. 당신은 마음에 드는 범위 내의 돌발 사건을 원할 뿐이다. 문젯거리가 될 수준의 돌발 사건은 원하지 않는다! 그럼에도 인생의 근육을 기르기 위해서는 돌발 사건이 필요하다. 저항하면서 밀어내야 할 무언가가 없으면 근육도 인격도 자라지 못한다.

세 번째 니즈, 남다름

인간의 세 번째 기본 욕구이며 아돌프 메르켈레를 움직인 니즈는 남다름Significance이다. 우리 모두는 중요하고 특별하고 남다르고 필요한 사람이라는 느낌을 원한다.

사람들은 의미를 어떻게 얻는가? 누군가는 10억 달러를 버는 데서, 또는 여러 개의 박사학위나 석사학위로 자신을 차별화하는 데서 남다름을 얻는다. 누군가는 엄청난 수의 트위터 팔로워를 확보하는 데서 남다름을 얻는다.

누군가는 리얼리티 데이트 방송 프로그램인 〈더 배철러The Bachelor〉에 출연하거나 드라마 〈오렌지카운티의 진짜 주부들Real Housewives of Orange County〉에 출연하기도 한다. 누군가는 전신에 심지어는 남들이 딱히 알고 싶어 하지 않는 부위에 문신이나 피어싱을 해 남다름을 얻는다. 혹은 누구보다도 골칫거리 존재가 되는 데서 남다르다는 느낌을 얻는 사람도 있다. 물론 영적인 사람이 되는 데서(아니면 그런 사람인 체해서) 남다름을 얻기도 한다.

안타까운 일이지만 가장 빠르게 남다른 존재가 되는(그리고 돈도 들지 않고 배울 필요도 없는) 방법은 폭력이다. 어떤 사람이 당신의 머리에 총구를 들이댄다면 그 즉시 그 사람은 당신 인생에서 가장 남다른 무언가가 된다.

돈을 많이 쓰는 데서 남다름을 얻을 수도 있고 돈을 거의 쓰지 않는 데서 남다름을 얻기도 한다. 물건을 헐값에 싼 것을 자랑거리로 삼는 사람이 있는가 하면, 소똥 거름과 햇빛으로 난방을 하는 자신을 특별하게 여기는 사람도 있다. 재산이 많은데도 드러내지 않는 것에서 남다름을 얻는 사람도 있다. 월마트의 창업자이며 한때 미국 최고 부자였던 고(故) 샘 월튼Sam Walton은 아칸소 주 벤턴빌을 돌아다닐 때는 벤틀리가 필요 없다는 사실을 보여주기라도 하듯 낡은 픽업트럭을 몰고 다녔다. 하지만 그에게는 언제든 대기 중인 개인 전용기가 있었다.

남다르게 보이는 것은 많은 이익을 남기는 상품이기도 한데 내 친구 스티브 윈은 이 남다름을 이용해 큰돈을 벌었다. 오늘날의 라스베이거스 풍광을 이룬 주인공인 윈은 사람들이 '최고'라고 생각하는 것, 특별하고 독특하고 중요한 사람처럼 보이게 해주는 것 그리고 군중 속에서 두드러져 보이게 해주는 것에는 아낌없이 돈을 쓴다는 사실을 잘 안다.

윈은 자신의 호텔과 카지노 고객에게 상상 그 이상의 배타적이고 세상 어디에서도 찾기 힘든 엄청난 화려한 경험을 선사한다. 그가 소유한 XS라는 이름의 나이트클럽은 라스베이거스 최고의 인기 장소이다. 그곳에 들어가면 평범한 샴페인 한 잔을 700달러에 사는 특권을 얻을 수 있고, 차원을 조금 높여 자신이 진정한 도락가임을 알리고 싶은 사람은 아주 비싼 빈티지 코냑과 신선한 오렌지 주스로 만들고 화이트골드 목걸이도 선물로 나오는 1만 달러짜리 '오노 칵테일'을 주문하면 된다. 이 칵테일이 테이블에 놓이는 순간 폭죽도 함께 터지는데, 그러면 클럽 안의 모든 사람들은 당신이 남다르다는(그리고 정신도 나갔다는) 사실을 알게 된다.

네 번째 니즈, 사랑과 연결

네 번째 기본적 니즈는 사랑과 연결이다. 사랑은 삶의 산소이며 우리 모두가 가장 필요로 하고 원하는 것이다. 우리는 사랑에 푹 빠질 때는 삶의 활력을 느끼지만 사랑을 잃으면 그 고통이 너무 커서 대다수는 사람과의 연결connection 즉, 사랑의 잔재를 정리해 버린다. 연결이나 사랑의 감정은 친밀감이나 우정, 기도, 자연 속에서 걷기 등을 통해 얻을 수 있다. 이도저도 다 소용없으면 강아지를 입양하기도 한다.

처음의 4가지 니즈를 나는 인격이 원하는 니즈라고 부른다. 우리 모두는 열심히 일하거나 분란을 일으키기를 일삼거나 아니면 자신의 니즈를 합리화하는 스토리를 만들어내는 등 어떻게 해서든 4가지 니즈를 충족할 방법을 찾아낸다. 나머지 2개의 니즈는 영혼이 원하는 니즈이다. 앞의 4개보다는 드문데다 모두가 다 채울 수 있는 니즈도 아니다. 이 2개의 니즈가 채워질 때 우리는 진정한 충족감을 느낀다.

다섯 번째 니즈, 성장

다섯 번째는 성장의 니즈이다. 성장하지 못하면 어떻게 되는가? 죽는다. 관계가 성장하지 못하고 사업이 성장하지 못하고 '당신'이 성장하지 못하면, 아무리 통장 잔고가 넉넉해도 아무리 친구가 많아도 아무리 많은 사람한테 사랑을 받아도 진정한 충족감을 경험하기는 힘들다. 그리고 우리가 성장하는 이유는 남에게 베풀 수 있는 귀중한 무언가를 갖기 위해서이다.

여섯 번째 니즈, 공헌

그런고로 여섯 번째 니즈는 공헌이다. 낯간지러운 소리로 들릴 수 있지만 삶의 비밀은 베풂이다. 삶을 이루는 것은 '나'가 아니라 '우리'이다. 이렇게 생각하면 이해가 쉽다. 아주 기쁘고 설레는 소식을 들었을 때 당신은 어떻게 행동하는가? 사랑하는 사람에게 전화를 걸어 그 기쁨을 함께 나눌 것이다. 나눔은 기쁨을 배가시킨다.

삶의 진짜 중요한 관건은 의미를 창조하는 것이다. 그리고 의미는 무엇을 가지고 있는가가 아니라 무엇을 주는가에서 연유한다. 결국 지금 무엇을 가지고 있건 그것이 장기적인 행복을 보장하지는 못한다. 그보다는 자신이 어떤 사람이 되고 무엇에 공헌할 것인지가 행복을 오래 이끌어준다.

이 책의 주제는 돈이므로, 얼마만큼의 돈이 있어야 6가지 니즈를 다 채울 수 있을지 생각해 보자. 돈은 우리에게 확실성을 주는가? 물론이다. 다양성은? 맞다. 게다가 돈은 우리에게 중요하고 남다른 사람이라는 느낌도 심어준다. 하지만 사랑과 연결은 어떠한가? 비틀즈의 노래에 나오는 가사처럼, 돈으로는 사랑을 사지 못한다. 그러나 돈이 있으면 강아지는 살 수 있다! 또한 안타까운 현실이지만 돈이 있으면 사람들과의 가짜 연결감도 느낄 수 있다. 완전히 만족스러운 인간관계는 아니지만 그래도 돈은 사람을 끌어 모으기 때문이다. 성장은 어떠한가? 돈은 사업을 불리고 배움을 키우는 연료가 되어준다. 그리고 돈이 많으면 재정적으로 더 넉넉하게 기부할 수 있다.

그러나 내 진짜 생각은 조금 다르다. 남다름을 으뜸 가치로 친다면, 공헌을 통해 얻는 남다름이 아닌 이상 돈은 언제나 공허함을 남긴다. 그리고 그 남다름을 얻는 수단이 돈이라면 치러야 할 대가가 아주 크다. 아무리 많은 돈을 벌고 또 벌어도, 커다란 충족감을 얻기는 힘들다.

인생에서 가장 큰 남다름은 외적인 것이 아니라 내적인 것에서 나온다. 그것은 스스로에 대한 자부심에서 나온다. 남들한테서 아름답다, 똑똑하다, 현명하다, 최고라고 찬사를 들어도, 아니면 지구상에서 가장 끔찍한 인간이라는 비난을 들어도, 결국 중요한 것은 '스스로가' 자신을 어떻게 생각하는가이다. 믿건 믿지 않건 우리는 스스럼없이 또는 최대치라고 생각했던 수준보다도 더 많이 움직이고 나눠주기 위해 마음 깊숙한 곳에서 스스로를 계속 성장시키고 있고 채찍질하고 있다.

성장과 나눔보다 더 의미 있고 남다른 것은 없다. 돈은 6가지 기본 니즈 중 여러 가지를 채워줄 수 있는 훌륭한 수단이지만 유일한 수단은 아니다. 돈을 추구한다면, 어떤 이유에서 돈을 추구하는 것인지 잊어서는 안 된다. 특별한 인생이 되기 위해서는 무언가 감정적이고 심리적인 욕구 아래에 숨어 있는 니즈를 충족시켜야 한다.

우주비행사들이 달 표면을 걷기까지 어떤 여정을 지나왔을지 상상해보자. 우주 비행을 꿈꾸던 작은 아이가 있었다. 마침내 어른이 된 버즈 올드린Buzz Aldrin과 닐 암스트롱Neil Armstrong은 달 표면에 발을 내디뎠고 뒤를 돌아보니 사진으로만 봤던 행성 지구의 장엄한 모습이 눈앞에 펼쳐졌다. 두 사람은 인류 역사상 최초로 달 위를 걸었다. 믿을 수 없을 정도로 남다른 인생이 아닌가.

그 후의 여행은 어떠했을까? 색종이 테이프가 흩날리고 퍼레이드가 펼쳐진다. 대통령과 악수를 나눈다. 둘은 영웅이 되었다. 그리고 그 후는? 달 표면을 걸었고 그때 나이가 고작 서른아홉 살이라면 그 다음에는 무엇을 해야 하는가? 우주비행사들의 역사를 공부했거나 그들의 전기를 읽은 사람은 그들 중 상당수가 극심한 우울증에 시달린다는 사실을 알게 된다. 왜인가? 우주비행사에게는 우주여행이나 달까지의 여행만이 모험을 발견하는 유일한 방법이었기 때문이다. 그들은 단순한 미소에서 모험을 발견하는 방법을 잊어버렸다.

설교를 더 늘어놓을 생각은 없지만 짧게나마 말하고 싶은 부분이 있다. 돈의 주인이 될 시간이 왔다고 해서 스스로의 주인이 되는 것을 미뤄서는 안 된다. 연결감과 충분히 높은 확실성 및 다양성을 느끼고 남다른 인생을 살고 있다고 느끼며 남에게 베풀 수 있는 위치에 올라섰다는 느낌을 얻는 가장 빠른 방법은 더 감사하고 덜 기대하는 방법을 매일 한 가지씩 찾아내는 것이다. 세상 최고의 부자는 감사할 줄 아는 사람이다.

나는 서른세 살 때 처음으로 존 템플턴 경을 인터뷰했다. 그는 무일푼에서 시작했다. 하지만 그는 수십억 달러를 가진 억만장자가 되었고 2차 세계대전 종전 후 일본의 부상, 1980년대와 1990년대에 남아메리카 몇몇 나라들을 강타한 하이퍼인플레이션 등 역사상 최악의 시기가 닥쳐 모두가 공포에 젖어 있을 때 그 많은 돈을 벌었다. 남들이 두려움에 떨 때 그는 밖으로 나가 투자를 했다. 나는 그에게 물었다. "부에 이르는 비밀은 무엇입니까?" 그가 답했다. "토니, 이미 알잖아요. 당신은 이미 잘 알고 있어요. 모두에게 그것을 가르치고 있잖아요. 비밀은 감사의 마음이에요." 감사하는 마음일 때는 두려움이 끼어들지 못한다. 감사하는 마음에는 분노도 끼어들지 못한다. 템플턴 경은 내가 알고 지낸 사람들 중에서 가장 행복하고 충만한 인생을 사는 사람 가운데 하나였다. 그는 2008년에 타계했지만 이런 그의 노년의 삶은 지금도 많은 사람에게 귀감이 되고 있다.

부자가 되고 싶으면 부유한 마음에서 시작해야 한다. 오늘은 무엇에 감사할 수 있는가? 어떤 사람에게 감사할 수 있는가? 과거에 당신에게 문제와 고통을 불러일으켰던 사람에게도 감사할 수 있는가? 모든 인생사에는 다 이유와 목적이 있다는 새로운 신념을 받아들였고 그것이 도움이 된다면? 인생사가 괜히 벌어지는 것이 아니라 어떤 식으로든 도움이 된다는 사실을 마음 깊숙한 곳에서부터 믿는다면? 당신이 내딛는 발걸음 하나하나는 더 나은 사람이 되고 더 즐길 줄 알고 더 많이 베풀 수 있도록 당신을 강하게 단련시켜 준다. 그런 신념을 지닌 채 출발한다면 돈은 쾌락이나 고통의 근원이 되지 못한다. 돈을 번다는 것은 정복해야 할 즐거운 여행이 될 뿐이고, 부는 인생에서 가장 중요한 것을 성취하기 위한 중요한 수단이 되어준다.

그러나 인생에서 돈은 아주 중요한 부분이니만큼, 이제는 돈을 버는 여정으로 돌아가야 한다. 이번 장을 읽고 마음이 움직였을지라도 당신이 재무적 여행을 하면서 만나게 될 사람들이 전부 성장과 공헌이라는 자애로운 마음을 가졌을 거라고는 보장할 수 없다! 당신이 내딛게 될 세상은 당신의 경험 부족과 지식 부족을 악용할 기회만 호시탐탐 노리는 사람과 조직으로 가득차 있다. 그러니 준비를 단단히 해야 한다. 무엇을 조심해야 하는지부터 배워야 한다.

대다수 투자자가 시간이 지나도 돈을 벌지 못하는 데는 그만한 이유가 있다. 생각보다도 더 빨리 진정한 재무적 자유에 이를 수 있도록 투자자본의 성장을 극대화하며 스스로를 보호해줄 지식으로 중무장해야 한다. 그러면 당연한 권리인 마음의 평화가 어느 샌가 들어설 것이다. 이제 페이지를 넘기자.

MONEY IS GAME.
MASTER THE GAM

규칙을 파악한 후 게임에 뛰어들어라

| 제 2 부 |

CHAPTER 1

7가지 잘못된 통념을 부수고 털어내라

'황금을 가진 사람이 규칙을 만든다.'는 황금률을 기억하라.

—작자 미상

게임의 규칙을 배워야 한다. 그러면 누구보다도 게임을 잘할 수 있게 된다.

—알베르트 아인슈타인

돈을 모으고 높은 수익률을 얻고 위험을 줄이기만 해서는 충분하지 않다. 당신이 일구는 부를 한 조각이라도 뺏어가려는 사람들이 널려 있다는 것을 알아야 한다. 금융시스템 곳곳에는 당신의 미래를 날려 버릴 수 있는 구멍이(나는 이것을 지뢰라고 부른다) 도처에 뚫려 있다. 따라서 이번 2부에서는 금융계가 오랫동안 마케팅해왔던 7가지 통념을(알고 보면 거짓말을) 살펴보려 한다. 이 통념들을 의식하지 못하면, 우리의 재무적 미래는 차근차근 무너져 내릴 것이다.

미국의 평균 연봉인 5만 달러 소득자가 수입의 10퍼센트를 저축해 그 돈을 계속 투자한다고 가정하면, 3부에서 배우는 내용의 일부만 활용해도 투자로 평생 모으게 되는 돈은 25만 달러나 된다. 그 돈이면 그 사람은 일하지 않아도 현재의 수입에 상응하는 지금의 생활방식을 5년은 더 유지할 수 있다!

25만 달러라는 돈은 내가 계산한 액수가 아니라 통계적으로 입증된 수치이다. 연봉이 3만 달러에 불과하고 저축률이 5퍼센트라면 평생 투자로 모으는 돈은 15만 달러이다. 이 돈이면 일하지 않아도 5년은 지금 수입과 같은 생활수준을 누릴 수 있다. 연봉 10만 달러 이상의 고액 소득군이라면 평생 저축과 투자를 통해 50만에서 100만 달러를 모을 수 있다. 허황된 약속이라고? 이 숫자들이 왜 가능한지는 점차 알게 될 것이다.

그 전에 잘못된 통념을 부숴야만 한다. 그래야 결코 생각지도 않았던 불필요한 '출혈을 즉시 멈출 수' 있다. 7가지 통념에 대한 이해는 당신을 보호해주고 더 나아가 단단히 마음먹은 재무적 자유 수준에 확실히 이르도록 도와준다. 자, 시작하자!

정글에 오신 것을 환영합니다

산전수전 다 겪은 투자자이건 이제 막 스스로를 투자자로 인식한 햇병아리이건, 레이 달리오가 생생히 묘사한 정글은 누구에게나 똑같이 위험하다. 그러나 정글에 도사린 위험의 대부분은, 모르면 다칠 수도 있다는 사실이 바탕에 깔려 있다.

이상한 제안

누군가 당신에게 와서 한 가지 제안을 한다고 상상해보자. 그의 제안에 따르면, 당신은 자본의 100퍼센트를 내고 위험도 100퍼센트 다 감당하지만 투자수익이 나면 차익의 60퍼센트가 넘는 돈이 수수료라는 명목으로 그 사람에게 간다. 한편 투자손실이 나면 당신 혼자 고스란히 손실을 부담하고 그는 여전히 수수료를 챙긴다!

제안을 받아들이겠는가?

고민할 필요도 없이 답은 곧장 나온다. 당신의 본능적 반응은 이렇다. "그런 멍청한 투자를 왜 해?" 그런데 문제가 있다. 당신이 미국 투자자 중 90퍼센트에 해당하는 사람이라면 일반적인 뮤추얼펀드에 투자하고 있을 것이고, 그렇다면 믿기 싫어도 이미 이런 엉터리 조건을 수락했다는 뜻이 된다.

지금 이 순간, 전 세계에서 액티브 매니저**active manager**(적극 운용자)[3]가 운용하는 뮤추얼펀드의 자산 규모는 13조 달러이고 계좌 보유자 수는 2억 6500만 명이다.

9200만 명의 미국인을 대상으로, 확실한 수익 보장도 없으면서 잠재적인 평생 투자수익의 60퍼센트 이상을 내놓는다는 게임 전략에 동참하도록 만들려면 도대체 어떤 수를 써야 하는가? 수수께끼 같은 이 질문을 풀기 위해 나는 여든 중순의 투자 구루인 잭 보글과 마주 앉았다.

월스트리트 경력이 64년이고 뱅가드그룹의 창업자인 잭 보글은 이런 금융계의 현상을 명확히 설명해줄 자격이 차고도 넘치는 사람이었다. 그의 대답은?

3 웹사이트인 인베스토피디아Investopedia는 액티브 매니저를 이렇게 정의한다. "적극적 운용자는 어떤 증권을 매입하고 장기 보유하고 매도할지와 관련된 투자 결정을 내릴 때 분석적 리서치, 예측, 본인의 판단과 경험에 의존한다. 적극적 운용의 반대는 소극적 운용(passive management)이며 흔히들 '지수추종(indexing)'이라고 말한다."

"마케팅이죠!"

"토니, 간단해요. 대다수 사람들은 계산을 잘 안하고 수수료는 숨어 있어요. 이렇게 생각하면 돼요. 어떤 사람이 스무 살에 딱 한 번 1만 달러를 투자했고 그 돈이 연 복리 7퍼센트로 증가한다면, 지금의 내 나이에 이르면(여든 살) 57만 4464달러가 되죠. 하지만, 운용수수료와 기타 비용으로 매년 2.5퍼센트를 지급한다면 똑같은 시간이 지난 후 계좌에 모이는 잔액은 14만 274달러가 고작이에요."

돈이 돈을 부르는 원칙 1

규칙을 알기 전까지는 게임에 참여하지 말라. 체계적으로 마케팅된 여러 통념이(즉, 투자 거짓말이) 전 세계 수백만 투자자들의 투자 결정을 교묘히 호도하고 있다. 이런 '전통적 지혜'가 만들어진 목적은 당신을 계속 무지 상태에 머물게 하기 위해서이다. 돈과 관련된 일에서는, 모르면 다치기 십상이다. 그리고 다칠 가능성이 아주 높다. 모르는 것은 약이 아니다. 무지는 고통이고 고난이다. 무지는 당신의 부를 그 소득 창출과는 관련이 없는 다른 누군가에게 줘버린다.

"이걸 더 간단히 설명하면 이런 건가요? 자본을 다 대고 위험도 다 감당한 사람한테 떨어진 돈은 14만 274달러이고, 나머지 43만 9190달러는 액티브 매니저에게 갔다는 말인가요? 그 사람들이 잠재 수익의 77퍼센트를 가져간다고요? 도대체 왜요?"

"잘 이해했군요."

● 마찬가지로 시장수익률 이상을 추구하는 펀드를 액티브펀드, 시장수익률만큼만 수익을 내려는 펀드를 패시브펀드라고 한다. 가령 '코스피 200'을 기준으로 했을 때 시중 주식형펀드는 그 지수보다 더 높은 상승률(수익률)을 내려고 한다. 다만 과연 그렇게 될 지는 '미지수'이다. 그러나 그 노력의 대가로 높은 수수료를 '확정적'으로 가져간다.

문제는 고비용 뮤추얼펀드만이 아니다. 위의 예는 당신과 돈의 사이를 계속 멀리 떨어뜨릴 속셈으로 만들어진 시스템을 감춘 이불 밑을 살짝 들춰본 것에 불과하다.

내가 이 책을 쓰기 위해 만난 모든 전문가는(최고의 헤지펀드 매니저에서 노벨상 수상자에 이르기까지) 하나같이 게임이 바뀌었다고 말한다. 우리의 부모 시절에는 오늘날 우리가 다뤄야 하는 복잡성이나 위험이 조금도 없었다. 왜인가? 그들에게는 평생 보장되는 연금 소득이 있었다! 부모님 세대때만 해도 보수적이지만 괜찮은 이자율을 제공하는 CD certificate of deposit(양도성예금증서)가 있었다.● 부모님들이 받은 CD의 이자율은 지금 이 글을 쓰는 시점처럼 인플레이션도 따라잡지 못하는 0.22퍼센트가 아니었다. 게다가 적은 금액을 꾸준히 배당이 나오는 블루칩 주식에 투자하는 특권을 누린 사람들도 있었다.

그들이 탄 배는 순항을 했다.

1980년대 401(k) 등장과 함께 본격적으로 출범한 새 시스템은 미국 역사상 단일로는 최대 규모 세대인 베이비붐 세대를 대상으로 행해진 실험이다. 실험의 수행 방식은 무엇인가?

"이 DIY식 연금제도는 실패했다." 뉴스쿨대학의 교수이자 저명한 은퇴보장 전문가이며 현 시스템의 공공연한 비평가로 유명한 테레사 길라두치Teresa Ghilarducci는 그렇게 딱 잘라 말했다. "투자 전문지식이 없는 일반 개인에게 전문 투자자나 머니매니저들과 똑같은 수익률을 거두라고 요구한다는 점에서 이 시스템은 실패했다. 스스로 치아를

● 한국에서도 1980년대 은행권 평균 정기예금 이자율은 무려 '연 18%'에 달했다.

뽑고 스스로 전기배선을 설치해야 한다는 요구를 받으면 어떤 결과가 나오겠는가?"

무엇이 변했는가? 우리는 확실히 보장된 퇴직연금을 의도적으로 복잡하게 만들고 툭하면 극도로 위험해지는 시스템으로, 곳곳에 수수료를 숨기고 있으면서 이른바 '선택의 자유'를 준다고 말하는 시스템으로 교환했다. 뼈 빠지게 일하고 가족을 부양하고 건강을 유지하고 중요한 사람들과 좋은 관계를 유지하려 노력하는 동시에, 투자 전문가도 되는 것이 가능한 일일까? 금융상품 및 서비스, 위험이 난무하는 복잡한 미로 속에서 우리가 열심히 번 돈을 불리기 위해 순항을 하는 것이 가능할까? 거의 불가능에 가깝다. 사람들 대부분이 돈을 '전문가'에게, 흔히 주식중개인이라고 불리는 사람에게 맡기는 것도 그런 이유에서다. 단정적으로 말하면, 주식중개인은 회사를 위해 일하는 사람이며 고객인 당신의 이해에 최대한 부합할 법적 의무가 없다(이 혼란스런 개념은 통념 4에서 다루기로 한다). 주식중개인 즉, 브로커는 회사 입장에서 가장 수익성이 높을지도 모르는 제품에 고객의 돈을 쏟아 붓는 대가로 월급을 받는다.

분명히 말하지만, 이 책은 또 하나의 월스트리트 고발서가 아니다. 많은 대형 금융기관은 우리가 탐구하고 옹호할 가치가 충분한 훌륭한 금융상품을 선구적으로 선보였다. 그리고 금융서비스 산업 종사자들 상당수는 고객의 이익에 아주 많은 관심을 기울이고 있으며, 많은 전문가는 자신들이 최선의 노력을 다하고 있다고 믿는다. 불행하게도 상당수 금융계 종사자들은 고객이 이기든 지든 '하우스(금융회사)'가 어떤 식으로 이익을 챙기는지 모르고 있다. 그들은 전달받은 지식(훈련)과 도구(상품)를 가지고 고객을 위해 나름의 최선을 다한다. 그러나 시스템의 근본적 설계 구조로 인해, 브로커는 끝없는 선택의 폭 안에서 완전한 자율권을 가지고서 고객인 당신에게 최상의 상품을 찾아주는 일은 할 수가 없다. 그러다가는 혹독한 대가를 치를 수 있다.

잠재 수익에서 지나치게 많은 부분을 수수료로 지불하게 되는 사태는 우리가 게임에서 이길 계획을 세울 때 피해야 할 여러 함정 중 하나에 불과하다. 그럼에도 아주 기쁜 소식은 여전히 건재하다.

게임에서 이길 가능성은 여전히 높다!

솔직히 말하면 그냥 이기는 차원을 넘어 짜릿한 승리도 가능하다! 지금 우리가 얼마나 많이 발전했는지 한번 생각해보자. 클릭 한 번과 소액의 수수료만 지불하면 전 세계 어떤 시장, 어떤 상품에라도 투자할 수 있다. "아주 좋은 성과를 거두는 것이 예전보다 쉬워졌다." 비영리 단체인 미국개인투자자연합American Association of Individual Investors의 창립자 제임스 클루넌James Cloonan은 최근 〈월스트리트저널〉 기사에서 그렇게 말했다. "적절한 행동을 알아서 잘하기만 하면 되기 때문이다."

하, 35년 전에는 어땠는가? 금융 전문 작가인 제이슨 츠바이크Jason Zweig는 〈월스트리트저널〉에 실은 '주식에 마음이 초조해질 때조차도 지금 가진 축복을 헤아려야 한다'는 제목의 글에 이렇게 적고 있다. "어떤 회사의 재무제표를 열람하려면 공립도서관에서 몇 시간을 보내거나 그 회사에 편지를 보내야 했다. 증권회사 비용과 뮤추얼펀드 수수료는 터무니없이 비쌌고 세율은 날강도질에 가까웠다."

고빈도매매는 둘째치고라도, 기술은 투자 세계를 훨씬 효율적인 공간으로 탈바꿈시켰다. 그리고 이런 현실은 무엇이든 더 간소화되지 않으면 받아들이지 않는 밀레니엄 세대에게 완벽하게 들어맞는다. 내

개인 조수이며 '다짜고짜 본론으로 직행하는' 밀레니엄 세대의 전형인 에밀리는 "우리한테는 편리함이 제일 중요해요!"라고 주장했다. "느린 것이나 비효율은 참을 수가 없어요. 우리는 모든 것을 버튼 누르기 한 번으로 해결하고 싶어 해요. 우리는 아마존에서 모든 것을 주문하죠. 한 손가락만 들어 올리면 다 끝나죠. 영화는 넷플릭스Netflix에서 스트리밍 받아요. 자동차 등록도 인터넷으로 하고, 주식도 온라인으로 살 수 있죠. 프레젠테이션도 온라인으로 해요. 오늘 아침에는 수표 사진을 찍어 6시 전에 내 계좌로 금액을 입금시켰어요. 파자마를 벗을 필요도 없었죠."

칼자루는 하우스가 쥐고 있다

카지노계의 억만장자 거물인 스티브 윈은 라스베이거스를 세계의 엔터테인먼트 수도로 변신시킨 주역이라는 평을 듣는다. 그가 세운 카지노는 이른바 세계에서 가장 웅장한 놀이터라고 해도 과언이 아니다. 그가 막대한 부를 쌓는 동안 절대 잊지 않은 한 가지 단순한 진리는 '칼자루는 하우스가 쥐고 있다.'는 것이다. 그렇다고 윈이 무조건 다 이긴다는 뜻은 결코 아니다! 거액의 판돈을 거는 갬블러가 윈의 주머니에서 수백만 달러를 털어가는 일은 언제라도 생길 수 있다. 그리고 그 갬블러는 '하우스(카지노)'에 온 정신을 뺏기지 않는 이상 언제든 자리를 털고 일어날 수 있다. 이와 반대로, 거의 모든 뮤추얼펀드 회사는 조작된 카드로 게임을 펼친다. 따지고 보면 그들도 카지노이다. 뮤추얼펀드에 포로로 억류된 당신은 어디로도 가지 못하고, 당신의 승패와 상관없이 회사는 수입이 보장된다.

두 번의 패배

미국 증시가 37퍼센트 이상 폭락했던 2008년 사태 이후, 대다수 미국인에게 금융 세상은 완전히 다른 곳이 되어버렸다. 심지어 5년이 흐른 후 프루덴셜파이낸셜Prudential Financial이 행한 설문조사에 따르면, 미국인 투자자 44퍼센트는 다시는 주식시장에 발을 들이밀 생각이 없으며 55퍼센트는 시장에 대한 신뢰가 사라졌다고 말한다. 그러나 내부자들은 여전히 게임에 참여하고 있다. 왜인가? 그들은 게임을 잘 알기 때문이다. '적절한' 게임 방식을 잘 알기 때문이다. 그들은 전에는 존재하지도 않았던 강력한 툴과 전략이 지금은 가능하다는 것을 잘 안다.

가령 세계 유수의 대형은행들이 발행하고 보증하는 금융툴을 이용하면 100퍼센트 원금이 보장되며, 또한 시장(S&P 500) 상승의 75~90퍼센트에 참여할 수 있고 가져갈 수 있는 몫에도 상한이 없다. 내가 잘못 적은 것이 아니다. 상방에는 최대 90퍼센트에 참여할 수 있지만 시장이 붕괴하더라도 원금을 전액 회수할 수 있다! 너무 좋아서 믿기 힘들다고 생각할지도 모른다! 이런 금융상품이 정말로 있다면 한번쯤은 소문이라도 들리지 않았겠는가? 그러나 소문도 듣지 못했을 것이다. 과거에는 이 상품에 대해 '듣기라도' 하려면 상위 100분의 1퍼센트에 속해야 했다. 이 상품들은 선반에 얌전히 진열돼 있는 '소매용' 솔루션이 아니다. 이것은 판돈이 넉넉한 사람들을 위해 만들어진 맞춤 상품이다.

이 상품은 한 예에 불과하다. 이제 당신은 곧 내부자 입장에서 최소의 위험으로 부를 쌓기 위한 새로운 규칙들을 배우게 될 것이다.

위험은 자신이 무엇을 하는지 모르는 데서 비롯된다.

—워런 버핏

인적이 드문 길

지금부터 시작할 여행은 절대 가벼운 마음으로 참여해서는 안 된다. 우리는 재무적 자유라는 이름의 산을 함께 등반할 것이다. 그 산은 당신 개인의 에베레스트 산이다. 쉽지 않은 길이고 준비도 철저히 해야 한다. 앞길에 닥칠 위험을 분명히 파악하지 못하면 결코 정상에 올라서지 못한다. 이미 파악된 위험도 있고, 거센 폭풍우처럼 기습 공격을 가하는 위험도 있다. 그러나 산에 발을 내딛기 전에 우리는 앞에 놓인

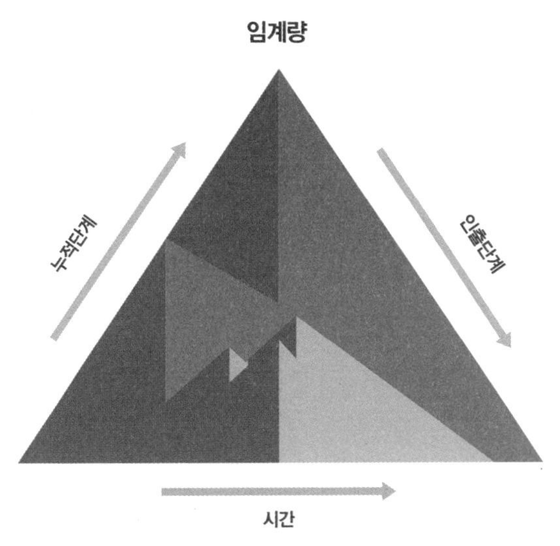

자유의 산을 정복하라

길을 확실히 파악해두어야 한다. 한 번만 헛발질을 해도 금전적 스트레스가 없는 풍족한 삶에서 미끄러져, 다음 달 모기지 이자를 어떻게 지불해야 할지 고민하는 상황으로 떨어질 수 있다. 다른 누군가에게 대신 올라가 달라고 부탁해서도 안 되지만, 혼자서도 오를 수 없다. 우리가 최상의 수익을 거둘 수 있도록 진심으로 챙겨주는 길잡이가 필요하다.

꼭대기

성공 투자의 핵심 개념은 간단하다. 일하지 않아도 지금의 라이프스타일을 유지하기에 충분한 투자 이익이 창출되는 지점까지 저축을 불리는 것이다. 어느 순간이 오면 당신의 저축은 '티핑포인트'를 맞이해 임계량에 다다르게 된다. 임계량에 다다른다는 말은 투자 계좌가 창출하는 이자와 가치 증가만으로도 생활하기에 필요한 수입이 충분히 나오기 때문에 (하고 싶어서 하는 것이 아닌 한) 더는 억지로 일하지 않아도 된다는 뜻이다. 이것이 우리가 오르게 될 정상이다. 아주 좋은 소식이 있다. 내부자가 되면 등정 속도를 높여주고 또한 미끄러져 뒷걸음질 치지 않도록 도와주는 새롭고 특별한 솔루션과 전략을 이용할 수 있다.

당신이 참가할 투자 게임은 두 단계로 나뉜다. 첫째는 돈을 차곡차곡 불리는 기간인 누적단계accumulation phase이고, 둘째는 수입으로 쓰기 위해 돈을 인출하는 기간인 인출단계de-cumulation phase이다. 산에 오르는 여행은 누적단계를 의미하며 목표는 임계량이라는 산 정상에 오르는 것이다. 우리의 목표는 산 정상에 되도록 오래 머무르는 것이다.

정상에서 보이는 풍경을 음미하고 자유와 성취의 신선한 공기를 오래도록 들이마셔야 한다. 조심하지 않으면 수많은 장애와 난관과 거짓말에 부딪쳐 정상은 근처에도 가보지 못할 수 있다.

그리고 인생 제2막에 접어들어 그동안 이룬 것을 즐길 수 있는 순간이 오면 원할 때만 일해도 되는 자유가 생긴다. 이 단계에 접어들면 스키를 타고 즐기면서 산을 내려올 수 있다. 사랑하는 사람들과 시간을 보내고, 자신만의 정신적 유산을 만들고, 차이를 만드는 일에 몰두할 수 있다. 베이비붐 세대가 가장 걱정하는, 돈 없는 노년에 대한 두려움을 제거하는 것은 이 두 번째 단계에서이다. 투자로 유치한 돈을 지키기에 급급한 자산운용 산업은 이 두 번째 단계에 대해서는 좀처럼 언급하지 않는다.

일리노이대학의 재무학 교수이자 미 재무부와 세계은행 경제자문인 제프리 브라운Jeffrey Brown 박사는 이렇게 주장했다. "가장 중요한 것은 어느 특정한 하루에 계좌에 임의적으로 꺼내 써도 되는 돈이 얼마나 있느냐가 아니다. 많은 사람이 은퇴를 한 후 잠에서 깬 순간 이런 사실을 퍼뜩 깨닫는다. '그런데 어떡해야 하지? 나는 좋은 직장을 다녔고 지금 모아놓은 돈도 꽤 돼. 그런데 내가 얼마나 오래 살게 될지, 내 투자수익률이 얼마나 될지는 전혀 몰라. 물가가 얼마나 오를지도 모르겠고. 어떻게 해야 하지?'"

최근 〈포브스〉에 실린 브라운 박사의 칼럼을 읽은 후 나는 그에게 전화를 걸어 허심탄회한 인터뷰 자리를 마련해 모든 유형과 규모의 투자자들이 다 사용할 수 있는 구체적인 해결책을 들려줄 수 있는지 물어보았다(브라운 박사가 말하는 평생수입을 창출하는 방법과 비과세 방법에 대해서는 5부에 자세히 나온다). 사실 재무학계 최고의 권위자이며 미국 대통령이 사회보장자문위원회Social Security Advisory Board의 7인 위원

중 한 명으로 위촉한 사람보다 그런 해결책을 더 잘 설명할 사람도 없기는 하다.

사슬을 끊어라

오늘날 가장 성공적인 기관투자자● 가운데 하나로 손꼽히는 데이비드 스웬슨의 말을 빌리면, 비상식적인 성공을 거두려면 관습적인 지혜라고 말해지는 것에 휘둘리지 말아야 한다. 대중을 호도하는 7가지 금융 통념을 털어내자. 그리고 한 발 더 나아가 돈에 대한 새로운 규칙을, 다시 말해 재무적 자유로 나아가게 해주는 진실을 밝혀내자.

가장 커다란 통념부터 파헤쳐보자.

● 자산운용사, 증권사, 보험사, 은행, 연기금 등 주식·채권·부동산 등 투자를 주목적으로 하는 집단

CHAPTER 2

통념 1. "맡기세요. 우리는 시장을 이길 수 있습니다."

비전문가는 이기는 종목을 발굴하는 것이 아니라(비전문가도 그의 '조력자'도 그것은 불가능합니다) 종합적으로 좋은 실적이 예상되는 사업 부문을 교차 소유하는 것을 목표로 삼아야 합니다. 저비용 S&P 500 인덱스펀드는 이 목표를 실현해줄 것입니다.

—워런 버핏, 2013년 주주들에게 보내는 편지

수수료를 차감하고 세금을 차감한 후의 장기 실적을 관찰하면, 최종적으로 인덱스펀드를 이길 가능성은 거의 없다.

—데이비드 스웬슨, 《비상식적 성공Unconventional Success》 저자 겸 239억 달러 규모의 예일대학 기부금펀드 운용자

금융 엔터테인먼트

오늘날 금융 뉴스 채널을 틀면 '뉴스'보다는 흥미 본위의 내용이 더 많이 나온다. 출연자들은 침을 튀기며 말한다. 종목 선정자stock-picker들이 그날의 인기 종목을 열심히 떠드는 동안 효과음으로 쾅쾅, 우르릉, '찰칵찰칵 돈 세는 소리' 등 온갖 소리가 울려 퍼진다. 광고로 제작비를 충당하는 이런 방송 시스템은 우리가 무언가를 놓쳤을지도 모른다는 감정을 불러일으킨다! 저 정보를 진즉에 들었어야 했어. '별점 5개'짜리 혜성이 분명한, '반드시 가입해야 할' 또 다른 뮤추얼펀드가 무엇인지 진즉에 알기만 했더라도 좋았을 걸(펀드 평가로 권위가 높은 모닝스타Morningstar 사는 별점 1~5로 뮤추얼펀드에 대해 평가를 매긴다).

수익률 추종은 그 자체로 거대한 산업이다. 개인재무관리 전문 작가인 제인 브라이언트 퀸Jane Bryant Quinn은 금융 뉴스의 이런 선정적 과대 포장에 '금융 포르노financial porn'라는 이름을 붙였다. 우리를 유혹하는 번쩍거리는 페이지에 담겨 있는 것은 섹시한 누드 사진이 아니라, 별점 5개를 받은 펀드들과 거기에 따르는 해변의 한가로운 산책, 손자들과 선창에서 한가롭게 즐기는 낚시 생활 등을 약속하는 사진이다. 결론을 말하자면, 광고주들은 우리의 돈을 움켜쥐기 위해 싸움을 벌이고 있다. 우리의 자산을 둘러싸고 한바탕 전쟁이 펼쳐진다!

그렇다면 어디에 돈을 맡겨야 하는가? 누구를 믿을 수 있는가? 투자자를 보호하면서 최고의 투자수익률도 안겨줄 사람은 누구인가?

당신은 투자자가 되기로 마음먹었고 소득의 일정 부분을 성실히 모으기로 결심을 했으니만치, 당연히 이런 질문들이 머릿속에서 곧바로 떠오른다. 대다수 사람들이 돈을 장기 투자하는 곳은 어디인가? 대부분은 주식시장이다.

지난 100년 동안 주식시장은 장기 투자로는 최고의 장소였다. 스티브 포브스Steve Forbes는 내가 아이다호 주 선밸리에서 연 금융 세미나에 참석해 이렇게 말했다. "1935년 주식시장에 투자한 100만 달러는 (아직 보유 중이라면) 현재 24억 달러로 불어나 있다."

그러나 투자자가 개인은퇴연금계좌IRA를 개설하고 401(k)에 참여하기 시작한 순간 어디선가 비위를 잘 맞추는 세일즈맨이(또는 세일즈과정이) 등장해 돈을 뮤추얼펀드에 집어넣으라고 유혹한다. 적극 운용 뮤추얼펀드에 투자한다는 것은 정확히 무엇을 매수한다는 뜻인가? 그 말은, 자신보다는 그나마 펀드매니저가 종목 선정 능력이 나을 것이라는 희망을 품고서 그를 매입한다는 뜻이 된다. 지극히 자연스런 기대이다. 우리는 먹고사느라 바쁘고, 우리의 종목 선정 방식이라고 해봤자 다트 던지기와 다를 바가 하나도 없기 때문이다!

그래서 우리는 '별점 5개'의 적극 운용 펀드매니저에게 돈을 건네고, 그는 다른 펀드매니저보다 훨씬 훌륭한 종목 선정자가 되어 시장을 이기려고 '적극' 노력한다. 하지만 13조 달러를 건 거짓말이라고 불리는 진실을 터놓고 말하는 금융회사는 거의 없다. (13조 달러는 오늘날 뮤추얼펀드에 투자된 총 자산규모를 말한다.) 진실을 들을 준비가 되었는가?

놀랍게도 무려 96퍼센트의 적극 운용 뮤추얼펀드는 오랫동안 지속적으로 시장을 이기지는 못한다! 더 구체적으로 말하면 이렇다. '시장을 이긴다beat the market'는 말은 일반적으로 '주가지수stock index'를 앞선다는 뜻이다. 그렇다면 지수란 무엇인가? 무슨 소리인지 모른 채 넘어가는 사람이 없도록 간단히 설명하면, 지수는 종목들의 묶음 내지는 리스트이다. S&P 500은 하나의 지수이다. 그것은 신용평가사인 스탠더드앤푸어스Standard & Poor's 사가 시가총액을 기준으로 선정한 미국 최상위 기업들의 목록이다. 애플, 엑손, 아마존이 이 목록에 속해 있다. 이 500가지 종목의 주가 등락이 매일 총괄적으로 집계되고, 저녁 뉴스는 (목록에 속한 모든 종목을 종합적으로 집계한) 증시 상승이나 하락에 대한 보도를 내보낸다.

따라서 개별 종목을 사거나 아니면 다음 번 고공비행할 종목을 고르는 것이 아니라, 지수를 추종하거나 흉내 내는 저비용 인덱스펀드에 투자하기만 해도 상위 500대 종목에 분산투자하거나 일부를 소유할 수 있다. 한 번의 투자로 '미국식 자본주의'의 강점 한 조각을 사게 되는 것이다.

이런 선택에는 지난 100년 동안 상위 기업들이 언제나 놀라운 회복력을 보였다는 사실을 받아들인다는 의미가 담겨 있다. 우수한 기

업들은 경제 공황과 침체, 양차대전을 겪으면서도 계속 가치를 추가하고 증대하고 매출을 끌어올릴 방법을 찾아냈다. 낙제점을 받은 기업은 최우수 기업 목록에서 밀려나고 다른 우수한 기업이 그 자리를 대신한다.

여기서 요점은, 지수에 투자하면 지수에 속한 종목 하나를 투자자 대신 골라주는 전문가에게 비용을 지불할 필요가 없다는 점이다. 스탠더드앤푸어스가 이미 상위 500대 종목을 효과적으로 골라놔 주었다. 게다가 S&P 500지수만 있는 것이 아니다. 예를 들어 다우존스도 있고, 다른 지수들도 많다.

1만 개의 선택지

미국 시장의 주식 종목 수는 4900개인데 반해 뮤추얼펀드 수는 7707개나 되고, 이들 모두 개인이 시장을 이길 가능성을 높여준다며 경쟁을 벌인다. 그러나 통계수치를 다시 언급하면, 뮤추얼펀드의 96퍼센트는 장기적으로는 시장 전체를 따라잡거나 이기지 못한다. 난생 처음 듣는 소식인가? 내부자들에게는 아니다. 스마트머니에게도 아니다. 레이 달리오가 힘주어 한 말처럼 "당신은 시장을 이기지 못합니다. 어느 누구도 못합니다! 일부 금메달리스트만이 가능하죠!" 그도 그런 금메달리스트 중 하나지만 아주 솔직하게 경고한다. "절대 따라하지 말기 바랍니다."

심지어 저평가된 주식을 찾는 일에서는 놀라울 정도로 탁월한 능력을 뽐내는 워런 버핏조차도 일반투자자는 결코 종목 선정이나 시장타이밍(매매시점 공략)을 노리는 것을 시도조차 하지 말아야 한다고 말한다. 저 유명한 2014년 주주들에게 보내는 편지에서 버핏은 자신이 죽으면 아내에게 남기는 신탁재산은 비용을 최소화하고 가치 상승 가능성을 최대화하기 위해 오직 인덱스펀드에만 투자하도록 못박을 것이라고 설명했다.

버핏은 종목 발굴 전문가일지라도 장기적으로는 시장을 이기지 못한다고 확신하기 때문에 기꺼이 자신이 한 말을 행동으로 옮기기도 한다. 2008년 1월에 버핏은 누가 이기든 판돈은 자선단체에 기부하기로 하고 뉴욕 소재 헤지펀드인 프로테제파트너스Protégé Partners와 100만 달러를 건 내기를 했다. 내기의 내용은? 프로테제가 선정한 최고의 헤지펀드 매니저 다섯 명은 10년 동안 S&P 500을 이길 수 있을 것인가? 2014년 2월 시점에서 S&P 500은 43.8퍼센트 상승했지만, 5개 헤지펀드의 가치는 12.5퍼센트 상승했다. 내기 종료까지는 몇 년이 더 남았지만, 이건 세계에서 가장 빠른 사나이 우사인 볼트가 보이스카우트 단원들과 달리기 시합을 하는 모양새와 비슷하다. (잘 모르는 사람들을 위해 간단히 설명하면, 헤지펀드는 순자산이 아주 많은 사람들만이 비공개로 가입하는 '폐쇄형' 펀드이다. 헤지펀드 매니저들은 독자적 판단에 따라 시장이 상승할 때는 시장과 '같은' 방향에 돈을 걸고, 시장이 하락할 때는 '반대' 방향으로 돈을 거는 융통성을 발휘할 수 있다.)

사실은 이렇다

금융산업 전문가이고 리서치애필레이트Research Affiliates의 창업자이기도 한 로버트 아노트Robert Arnott는 20년 동안 운용 규모가 1억 달러 이상인 상위 200개 적극 운용 뮤추얼펀드의 실적을 연구했다. 결과는 뜻밖이었다.

1984년부터 1998년까지 15년 동안 200명의 액티브 매니저 중에서 뱅가드 500지수Vanguard 500 Index를 이긴 사람은 8명에 불과했다(창립자 잭 보글이 조합한 뱅가드 500은 S&P 500의 복사판이라고 생각하면 된다).

이기는 종목을 고를 확률이 4퍼센트도 안 된다는 소리이다. 블랙잭 게임에서는 두 카드의 합을 최대한 21에 가깝게 만드는 것을 목표로 삼아야 하지만 합이 21을 넘기는 버스팅이 생겨서도 안 된다. 댄 히스Dan Heath와 칩 히스Chip Heath는 〈패스트컴퍼니Fast Company〉지에 실은 칼럼 '착 달라붙는 설명: 뮤추얼펀드에 대한 통념'에서 이렇게 설명한다. "블랙잭에 비교하자면, 손에 든 두 장의 카드가 각기 10이고 합이 20이어서 머릿속의 바보가 '히트 미Hit me(한 장 더)'를 외친다고 치자. 그럼 이길 확률은 8퍼센트가 된다!"

실적 추종 투자는 얼마나 위험한가? 1993년 12월 31일부터 2013년 12월 31까지 20년 동안 S&P 500의 연평균 수익률은 9.28퍼센트였다. 그러나 선도적인 산업리서치 회사인 달바Dalbar에 따르면 뮤추얼펀드 투자자의 평균 수익률은 2.54퍼센트 남짓이 고작이었다. 윽! 거의 80퍼센트(7%P)나 차이가 난다.

실제로 이 차이에 따라 재무적 자유인가, 재무적 절망인가가 결정될 수 있다. 다르게 말해 S&P 500 전체에 투자했을 경우 1만 달러는 5만 5916달러로 불어났겠지만, 같은 기간 자신이 시장보다 높은 실적

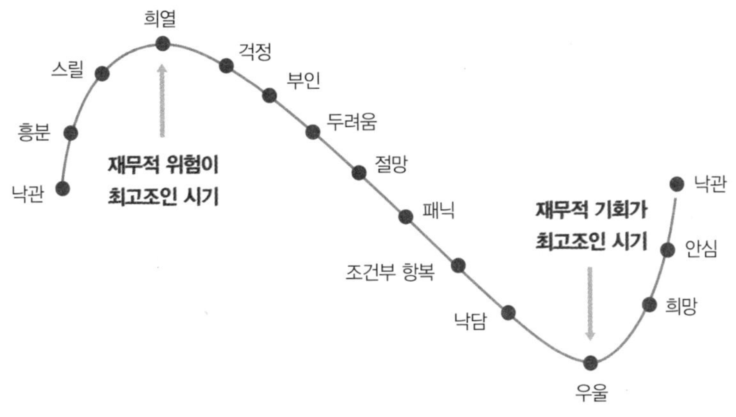

을 거둘 수 있다는 망상에 넘어가 뮤추얼펀드에 투자한 사람은 1만 6386달러로 늘어난 데 그쳤다.

실적 차이가 이렇게 큰 이유는 무엇인가?

비쌀 때 사고 쌀 때 팔기 때문이다. 우리는 감정에 휘말려(아니면 중개인의 추천에 휘둘려) 이 펀드 저 펀드를 옮겨 다닌다. 그리고는 언제나 남보다 낫기를 갈망한다. 시장이 내리막길에 들어서 감정적 고통을 더는 감당할 수 없을 때 우리는 주식을 판다. 그리고 시장이 오르면 더 산다. 미국의 저명 머니매니저이자 투자전략가인 바턴 비그스Barton Biggs가 한 말도 있다. "강세장은 섹스와 비슷하다. 끝나기 직전이 기분이 가장 좋다."

시대를 초월한 지혜

팔십 초반인 버튼 맬킬은 생각할 수 있는 모든 시장 사이클과 새로운 마케팅 유행을 다 겪었다. 1973년《시장 변화를 이기는 투자》를 출간했을 당시 그는 이 책이 투자의 고전이 될 것이라고는 짐작도 하지 않았다. 이 책이 말하는 핵심 주제는 시장타이밍은 패자의 게임이라는 것이다. 4부에서는 버튼의 조언을 직접 들을 수 있다. 일단 여기서는 시장을 이기려 하지 않고 그냥 '흉내'내거나 추종하는 인덱스펀드의 이론적 근거를 처음 생각한 사람이 맬킬이라는 사실만 알고 넘어가면 된다.

투자 세계에서 이런 전략은 '인덱싱' 또는 '패시브passive(소극적)' 투자라고 불린다. 인덱싱 투자의 정반대는 액티브 투자로, 이것은 뮤추얼펀드 매니저에게 비용을 지불해 적극적으로 종목을 선택하고 매매하게 하는 투자 기법이다. 이들 펀드매니저는 시장을 이길 수 있다는 희망을 품고 '적극적으로' 종목을 사거나 판다.

거대 자산운용사인 뱅가드의 창립자 잭 보글은 이 인덱싱 개념을 회사가 나아갈 방향으로 정하고 최초의 인덱스펀드를 만들었다. 이 책을 위해 마련한 자리에서 잭 보글은 뱅가드가 세계 최대의 인덱스 뮤추얼펀드 운용사로 자리매김한 이유가 무엇인지 거듭 밝혔다. 그가 가장 강조한 부분은 "최대의 분산투자, 최소의 비용, 최대의 세금 효율성, 낮은 턴오버(회전율), 낮은 턴오버 비용, 판매수수료 제로"였다. 그야말로 완벽한 요약 설명이다.

지름길

그래도 시장을 이기는 사람이 몇 명은 있지 않겠냐는 의문이 들 수 있다. 적극 운용 뮤추얼펀드의 총 규모가 13조 달러나 되는 데는 그만한 이유가 있다고 생각하는가? 뮤추얼펀드 매니저들이 몇 번 연달아

시장을 이기는 순간이 있는 것은 분명 사실이다. 문제는 그런 승리가 과연 오랫동안 지속되는가이다. 책 보글의 말처럼 모든 것은 '마케팅!'으로 귀결된다. 옆 사람보다 더 빠르고 더 낫고 더 똑똑한 사람이 되고 싶은 마음은 인간의 본성이다. 그렇기에 인기 펀드를 파는 것은 어렵지 않다. 알아서 팔린다. 그 펀드의 인기가 결국 시들해지면 뒤를 이을 다른 인기 펀드가 언제라도 등장한다.

시장을 이기는 4퍼센트의 뮤추얼펀드가 다음 번 4퍼센트의 대열에 또 들어간다는 보장은 없다. 잭은 이 부분을 내가 쉽게 이해할 수 있도록 아주 재미있는 설명을 덧붙였다. "토니, 체육관에 고릴라 1024마리를 모아놓고 동전 던지기를 가르친다고 가정해 봐요. 개중에는 10번 연달아 앞면이 나오는 고릴라도 있겠죠. 대다수는 그것을 그냥 운이 좋다고 치부하지만, 펀드업계에 그런 사람이 나오면 천재라고 불리죠!" 이 고릴라가 다음번 동전 던지기에서도 10번 연달아 앞면이 나올 확률은 얼마나 되는가?

2013년 노벨경제학상을 수상한 유진 파마Eugene Fama가 세운 자산운용사인 디멘셔널펀드어드바이저스Dimensional Fund Advisors의 연구 결과에는 이렇게 적혀 있다. "여전히 시장이 제대로 움직이지 않는다고 믿는 사람은 누구인가? 분명 북한 사람이나 쿠바 사람들 아니면 액티브 매니저들이나 그렇게 믿는다."[4]

이 책의 일부 내용은 금융서비스계 종사자가 읽는다면 동의하면서 고개를 끄덕이거나, 아니면 이 책을 열린 문을 고정하는 용도로나 쓸지도 모른다! 심지어 동료들을 모아 공격을 시작할지도 모른다. 첨

4 액티브 매니저들은 본인의 판단과 경험에 의존해 어떤 주식이나 채권을 매수, 매도, 보유할지와 관련된 투자 결정을 내린다. 그들은 이런 접근법으로 시장을 이길 수 있다고 믿는다.

예하게 의견이 갈리는 주제라는 점에는 의심의 여지가 없다. 우리는 누구나 가장 똑똑하고 실력 있는 펀드매니저를 고용하면 재무적 자유에 더 빨리 도달할 수 있다고 믿고 싶어 한다. 정상에 오르는 지름길을 원하지 않는 사람이 어디 있는가? 그런데 진짜로 말도 안 되는 부분은 따로 있다.

자신의 의견을 말할 권리는 누구나 갖고 있지만, 자기 혼자만의 사실을 말할 자격은 아무에게도 없다!

일부 뮤추얼펀드 매니저는 이렇게 말할 것이다. "상승장에서는 시장보다 좋은 성적을 거둘 수 없을지라도, 하락장에서는 투자자가 큰 손실을 입지 않도록 몇 가지 적극적인 조치를 취할 수 있습니다." 사실이라면 참 안심이 되는 말이다.

투자의 목표는 특정 수준의 위험을 걸고 최대의 순수익률을 거두는 것이다(그리고 비용까지 최저라면 바랄 것이 없다). 증시 하락 때 펀드매니저들이 어떻게 했는지 한번 보자. 2008년만큼 좋은 예도 없다.

2008년부터 2009년 초까지 시장은 대공황 이후 최악의 내리막장세였다(정확히 꼭대기에서 바닥까지 53퍼센트까지 떨어졌다). 펀드매니저들은 '방어' 조치를 취할 시간이 충분했다. 시장이 15퍼센트 하락했을 때, 아니면 25퍼센트나 35퍼센트 하락했을 때 '적절한 조치'를 취할 만한 시간이 충분히 있었다. 이번에도 드러난 사실은 명백했다.

펀드매니저가 이기려는 시장이 마이크로소프트, 퀄컴, 구글 등 대형주로 이뤄진 S&P 성장주지수S&P Growth Index인지, 아니면 옐프Yelp처럼 다소 작은 기업들로 이뤄진 S&P 소형주지수S&P Small Cap Index인지는 상관이 없다. 어차피 그들은 졌다. 2012년 발표된 보고서 'S&P 지수와 액티브 펀드의 성적 비교S&P Indices Versus Active Funds Scorecard(줄여서 SPIVA라고 불린다)'에 따르면, 대형성장주 펀드 중 89.9퍼센트는 S&P 성장

주지수를 따라잡지 못했고 소형성장주 펀드 중 95.5퍼센트는 S&P 500 소형주 600지수S&P 500 Small Cap 600 Growth Index를 이기지 못했다.

유니콘

장기적으로는 시장을 이기는 사람이 거의 없다는 사실을 분명히 밝혔지만 한 가지 덧붙이고 싶은 것이 있다. 아주 극소수의 헤지펀드 매니저들은 꾸준히 시장을 이긴다는 불가능해 보이는 일을 해낸다. 그러나 그들은 아주 보기 드문 '유니콘'이자 '마법사'이다. 한 예로 그린라이트캐피털Greenlight Capital의 데이비드 아인혼David Einhorn은 1996년에 펀드를 출범한 이후 총 2287퍼센트(절대 오기가 아니다!)의 가치 성장을 이뤄냈으며 단 한 해만 마이너스 실적을 기록했다. 하지만 안타깝게도 평범한 투자자는 그런 펀드매니저가 있다는 사실을 알아도 소용이 없는데, 그들이 운용하는 펀드의 문은 신규 투자자에게는 굳게 닫혀 있기 때문이다. 레이 달리오의 펀드인 브리지워터만 해도 10년 넘게 신규 투자자를 받지 않았으며, 혹여 문을 연다고 해도 최소 투자 규모가 1억 달러가 넘고 투자 가능 순자산이 50억 달러 이상인 사람만 들어갈 수 있다. 허걱!

28년 동안 단 한 해도 손실이 없었던 폴 튜더 존스는 최근 투자자들에게 20억 달러를 돌려보냈다. 헤지펀드의 덩치가 너무 크면 시장 진입과 진출이 힘들어진다. 다시 말해 포트폴리오를 빠르고 편리하게 사고팔기가 힘들어진다. 둔한 움직임은 수익률 저하를 뜻한다.

위의 설명을 헤지펀드의 눈부신 성적표라고 오해하지 말기 바란다. 2012년까지 5년의 기간 동안 마지막 해에 대다수 헤지펀드 매니저들은 S&P 500보다 성적이 밑돌았다. 금융 뉴스 사이트인 제로헤지Zero Hedge에 따르면, 2012년 S&P 500의 종합 성적은 16퍼센트인 반면에 펀드들의 평균 수익률은 8퍼센트였다. 2013년에 S&P 500은 29.6퍼센트 급등해 1997년 이후 최고의 한 해를 보냈지만, 헤지펀드들의 평균 수익률은 7.4퍼센트였다. 그들의 부자 투자자들이 아주 떨떠름해 했을 것이 분명하다. 설상가상으로 이 고객들은 매년 맡긴 자산의 2퍼센트를 운용수수료로, 투자 이익 중 20퍼센트를 성과수수료로 지급해야 하고, 수취하는 이득에 대해서는 대개 가장 높은 경상소득세율이 매겨진다(미국 세법에서는 1년 이상 보유한 증권을 매각 시에는 자본이득세(현재 20퍼센트)가 적용되지만, 투자 자산이라도 이자나 배당금으로 수취한 이득에 대해서는 경상소득세(최고 50퍼센트)가 매겨진다—옮긴이). 속이 쓰릴 것이다.

세계 최대 은행

삶의 모습이 어떻든 간에 나는 규칙에 예외가 없는지 언제나 찾아본다. 그런 예외 세상에 뛰어난 사람들이 살기 때문이다. 메리 캘러핸 어도스는 이 기준에 딱 들어맞는다. 그녀는 남자들이 지배하는 금융계에서 최고 자리까지 올랐다. 월스트리트에서는 말보다는 실적이고, 어도스의 실적은 뛰어난 것 이상이다. 꾸준하고 뛰어난 실적은 그녀를 J.P.모건애셋매니지먼트의 CEO 자리에 앉혔고, 지금 그녀가 총괄 감독하는 포트폴리오의 총 규모는 2조 5천억 달러가 넘는다. 억이 아니라 조 단위이다!

내가 어떤 펀드매니저도 장기적으로는 시장을 이기지 못했다는 연구 결과를 꺼냈더니, 그녀는 J.P.모건의 상당수 펀드매니저들이 지난 10년 동안 각자 다루는 자산군에서 시장을 이겼다고 재빨리 지적했다. 그녀가 제시한 사례는 시장이 하락했을 때 시장보다 손실이 적은 경우였다. 그녀는 그 차이야말로 앞선 자리를 유지하는 데 필요한 우위를 제공한다고 말한다.

어도스를 비롯해 업계 전문가들 여럿은 액티브 매니저들은 특정 이머징시장에서 '경쟁력'의 기회를 얻는다고 동의한다. 그들은 케냐와 베트남 같은 '프런티어시장frontier market(가장 낙후된 시장보다는 발전된 편이지만 너무 작아서 이머징마켓으로는 분류하기 힘든 시장—옮긴이)'에서 훨씬 큰 우위를 확보할 기회를 얻는데, 이런 시장은 선진시장에 비해 정보가 투명하지 않고 전파 속도도 빠르지 않기 때문이다. 어도스의 말에 따르면, J.P.모건 같은 대형 은행들은 프런티어시장에 대한 방대한 자원과 영향력을 가지고 있으며 현지의 넓은 인맥을 활용해 실시간으로 귀중한 통찰을 얻을 수 있다.

잭 보글의 말에 따르면, 적극 운용이 모든 주요 자산군에 더 효과를 발휘한다는 경험적 근거는 존재하지 않는다. 대형성장주, 가치주, 중형성장주 모두 마찬가지이다. 그러나 이런 프런티어시장은 가끔은 액티브 운용사들에게 시장을 이길 기회를 제공하는 듯 보인다. 그들의 우수한 실적이 계속 이어질 것인가? 시간이 지나야 알 수 있다. 레이 달리오든 J.P.모건이든 시장을 이기려고 노력하는 모든 액티브 매니저는 언젠가 한 번은 스스로의 실수에 된통 당할 수도 있다. 그렇기에 시스템과 적절한 자산배분의 개발이 대단히 중요하다(이 부분은 4부에서 설명할 것이다). 액티브 매니저가 얼마나 도움이 될지 평가하는 것은 전적으로 개인의 몫이지만, 수수료와 세금을 잊어서는 안 된다(이 내용은 다음 장에서 나온다).

올웨더 포트폴리오

지금 이 책을 읽고 있는 순간 시장은 강세장일 수도 있고 약세장일 수도 있고 보합장세일 수도 있다. 그건 그때그때 다르다. 중요한 것은, 시간의 시험을 견뎌낼 투자 계획을 세워야 한다는 점이다. '올웨더All Weather(전천후)' 포트폴리오를 구축해야 한다. 내가 인터뷰한 게임의 대가들은 호경기에도 불경기에도 좋은 성적을 거두었다. 그리고 우리의 미래에는 호황도 있을 것이고 불황도 있을 것이다. 인생이란 폭풍우가 지나가기만 기다려서는 안 된다. 빗속에서도 춤추는 방법을 배워야 한다. 진짜 중요한 일에 관심을 집중할 수 있도록 돈에 대한 두려움을 없애는 것이 중요하다.

언제, 어디서, 어떻게

그렇다면 올웨더 포트폴리오는 어떻게 생긴 것인가? "토니, 내 돈을 어디에 넣어야 한다는 건가요?"

우선 직접 종목을 고르거나 최고의 뮤추얼펀드를 찾아내는 데 시간을 낭비해서는 안 된다. 우리로서는 어떤 종목이 장차 '대박을 터뜨릴지는' 전혀 알 수 없기 때문에 투자의 일정 부분을 저비용 인덱스펀드에 집어넣는 것이 가장 좋은 접근법이다. 시장의 일부를 '수동적으로' 소유함으로써 '전문' 뮤추얼펀드 매니저 중 96퍼센트와 거의 그만큼의 헤지펀드 매니저를 이길 수 있다. 얼마나 근사한가! 경주의 우승자를 직접 점찍는 부담에서 스스로를 해방시켜야 한다. 잭 보글의 말처럼, 이것은 반직관적이라고 생각되는 투자 행동이다. 비결은 "무언가를 하지 말고, 서 있기만 하라!"이다. 시장을 이기는 대신에 자신이 시장이 되는 순간 발전과 성장과 확장의 길에 서게 되는 것이다.

지금까지 '시장'이나 S&P 500 같은 말을 자주 언급했다. 그러나 S&P 500은 여러 지수나 시장 가운데 하나에 불과하다. 다우존스산업평균에 대해서는 많이들 알고 있다. 상품지수, 부동산지수, 단기채권지수, 장기채권지수, 금지수 등 다른 지수도 많다. 이런 지수에 자산을 어떻게 배분하는지가 아주 중요하기 때문에 이 내용은 4부에서 자세히 다룬다. 4부에서 레이 달리오가 들려줄 전략은 거의 10퍼센트에 이르는 연평균 수익률을 달성했고, (1983~2013년까지) 거의 30년 동안 이익을 거둔 기간은 85퍼센트가 넘었다! 시장이 37퍼센트 하락한 2008년에도 그의 포트폴리오 모형은 고작 3.93퍼센트 하락했다! 그의 실적을 진즉에 알지 못했던 것이 한이다!

아니면 연평균 14퍼센트의 수익률을 거두며 예일대 기부금펀드를 10억 달러에서 293억 달러로 증대시킨 데이비드 스웬슨의 배분 모형은 무엇이었는가? (그의 이상적인 자산배분 모형은 6부에 소개돼 있다.)

자산배분을 완전히 이해하지 못한 채 이들 대가들의 모형을 살펴보기만 한다면 모래사장에 집을 짓는 꼴이다. 또한 자신의 목표를 제대로 파악하지도 않고 자산배분에만 초점을 맞추는 것도 완전한 시간낭비이다. 그리고 가장 명심해야 할 것은, 당신의 부에서 한 몫 떼어갈 기회를 노리는 사람들로부터 스스로를 보호하지 못한다면 모든 것을 잃는다는 사실이다. 7가지 통념을 설명하는 것도 이런 이유에서며, 이것은 재무적 자유에 이르는 7단계 성공 계단 중 두 번째 계단이기도 하다. '내부자'가 되려면 7가지 통념을 파악해야 한다. 그래야 진실을 알 수 있고 진실을 알아야 자유로워진다.

별점에는 대가가 따른다

적극 운용 뮤추얼펀드의 실상을 다 들은 후에도 이렇게 말하는 사람이 분명 있다. "토니, 내가 조사를 해봤는데 걱정 안 해도 되겠어요. 제가 투자한 펀드는 다 별점 5개짜리에요. 그 이하는 없어요." 정말로 그럴까?

펀드평가회사 모닝스타에 따르면, 2009년 12월까지 지난 10년 동안 펀드 예치금의 약 72퍼센트(대략 2조 달러)는 별점 4개나 5개짜리 펀드로 유입되었다. 잘 모르는 사람들을 위해 간단히 설명하면, 모닝스타는 가장 철저하고 명망이 높기로 정평이 난 뮤추얼펀드 평가회사이며 과거 실적을 기준으로 별 1~5개까지 펀드에 점수를 매긴다. 차세대 인기 펀드를 귀띔해주는 브로커들의 눈에서 별이 총총 빛나게 되는 것이다.

데이비드 스웬슨은 인터뷰에서 이렇게 말했다. "뮤추얼펀드 회사에게는 별점이 굉장히 중요하기 때문에 4개 이하를 받은 펀드는 재빨리 퇴출시킵니다. 2012년까지 5년 동안 국내주식형펀드equity fund의 23퍼센트와 해외주식형펀드의 23퍼센트가 통폐합되거나 청산되었죠. 성적이 나쁜 펀드를 펀드 가족에서 제외하는 것은 흔한 관행입니다."

뮤추얼펀드 회사들은 대개 새 펀드 여러 개를 출시한 뒤 인기 펀드 하나만 추려내고 나머지는 안락사시킨다. 잭 보글은 이렇게 설명한다. "펀드 회사는 인큐베이션 펀드 다섯 개를 시작한 다음, 다섯 개 펀드 모두에서 좋은 실적을 달성하려고 노력하죠. 물론 네 개는 성적이 안 좋고 하나만 실적이 뛰어나게 됩니다. 그럼 다른 네 개를 퇴장시키고 수익률이 아주 뛰어난 나머지 한 개 펀드의 실적을 대중에게 공개합니다. 한마디로 과거 실적을 파는 거죠."

직접 투자를 할 때 이런 식의 관행을 적용한다면 어떻게 되겠는가? 다섯 종목을 골랐는데 네 종목은 내려가고 하나만 올랐는데도 마치 어떤 종목에서도 패배하지 않았다는 듯 군들 무슨 소용인가? 그러고서 친구들에게는 자신이야말로 워런 버핏 이후 최고의 종목 발굴가라고 말해봤자 아무 소용도 없다.

게다가 〈월스트리트저널〉에 실린 '눈앞의 별빛에 사로잡힌 투자자들'이라는 제목의 기사는 이 별점 4개나 5개짜리 초신성들(죽어가는 별들)이 실제로는 별로 빛나지 않는 실적을 거두었다는 사실을 밝힌다. 연구자들은 1999년으로 돌아가 당시 별점 5개를 받았던 펀드들이 이후 10년 동안 거둔 실적을 조사했다. 결과는? "별점 5개를 받은 총 248개의 뮤추얼펀드 중 10년 뒤에도 여전히 별점 5개를 유지한 펀드는 4개에 불과하다."

떠오르는 별과 같은 종목인 줄 알았더니 다 타 재가 되어버린 적이 얼마나 많았는가? 별똥별이 다 타버려 까맣게 되지 않을 확률은 2퍼센트도 되지 않는다는 사실을 이제는 알아야 한다. 우리는 뜨거운 손 hot hand(스포츠에서 평소보다 슛 성공률이 높거나, 도박에서 평소보다 승률이 높은 선수나 플레이어—옮긴이)을 가진 선수를 원하지만, 뜨거운 손은 결국 차갑게 식는다는 사실을 역사는 말해준다. 그렇지 않다면 라스베이거스가 항상 이기는 이유가 어디 있겠는가!

'내부자'는 대박 종목을 좇는 것은 뜬구름 잡기와 다름없음을 잘 안다. 그러나 실적 추종은 인간의 본성이다. 저항하기가 힘들다. 하지만 군중심리는 아닌 말로 수백만 가족에게 재무적 파탄을 야기한다. 여러분은 이 책을 읽으면서 더는 패자가 되지 않겠다는 각오를 다졌을 것이다. 내부자가 되겠다는 마음을 먹었을 것이다! 그렇다면 '내부자'가 이용하는 멋진 전략에는 또 무엇이 있을까? 같이 살펴보자.

상방 참여와 하방 보호를 동시에 누리다

지난 100년 중 약 70퍼센트의 기간 동안 시장은 상승했다. 그렇지라도 시장이 하락했던 30퍼센트의 기간이 남는다. 저축의 일부를 인덱스펀드에 투자하는 것은 훌륭한 전략이지만 거기에 돈을 다 걸어서는 안 된다. 시장은 가끔씩 변덕을 부리고, 시장이 수직 낙하할 경우에 대비해 포트폴리오 일부를 보호할 수단을 강구해야 한다. 헉, 2000년 이후만도 50퍼센트의 폭락 사태가 두 번이나 있었다.

뒤에서 소개할 멋진 전략은 시장(지수)이 올라갈 때는 수익을 내주고 시장이 하락할 때는 원금 보전을 가능하게 해준다. 문제가 있다면 수익을 낼 기회 전부를 확보하거나 동참하지는 못한다는 점이다.

원금 손실을 막아주고 동시에 시장의 '승리'에 동참할 기회도 주는 도구가 존재한다는 말을 들으면 사람들 대부분은 믿지 못한다. 그런 것에 대해 들어보지도 못한 이유는 무엇일까? 그런 도구들은 보통 순자산이 아주 많은 고객들의 전유물이기 때문이다. 나는 여러분에게 평범한 투자자가 그런 도구에 접근할 수 있는 통로를 보여줄 것이다. 증시가 상승할 때는 이익을 봤고 시장이 하락할 때는 한 푼도 잃지 않았다고 친구들에게 말할 때 그들이 얼마나 당황해하고 의심스러운 표정을 지을지 상상해봐라. 이 전략만으로도 투자에 대한 느낌이 완전히 달라질 수 있다. 남들이 헛된 희망을 품고 '벌벌 떨며' 산을 오르는 동안, 이 전략은 당신에게 안전하고 튼튼한 로프가 되어준다. 위험하지 않다는 것을 알게 된 순간 찾아오는 확실성과 마음의 평화를 생각해봐라. 삶이 정말 많이 달라지지 않겠는가? 매월 수입지출 내역서를 볼 때마다 어떤 느낌이 들겠는가? 입을 앙다물게 되겠는가, 아니면 차분하고 평온한 마음이 들겠는가?

앞으로 소개할 놀라운 통찰과 도구 중 아주 일부만 소개했을 뿐이니 계속 정신을 바짝 차리고 잘 들어야 한다. 일단은 아래의 사실들을 잘 기억하고 넘어가자.

- 주식은 장기적이고 지속적인 가치 증대를 위한 단연코 가장 훌륭한 투자 대상이었다.
- 주식은 변덕이 심하다. 우리는 '시장의 대가들'이 여러 다양한 지수에 투자함으로써 어떻게 '순탄한 여행길을 만드는지' 그 방법을 배울 것이다.
- 시장을 이길 수 있다고 말하는 사람에게 현혹되지 말라. 그보다는 자기자신을 시장의 일부로 만들어야 한다! 인덱싱 투자가 어느 정도 궤도에 오르면(그 방법은 뒤에서 단계별로 나온다) 어떤 종목을 사야 할지 시간을 들여 고민할 필요가 없다. 시장 지수가 대신 다 알아서 해주기 때문이다. 승리할 종목을 고르느라 오랜 시간 머리를 싸매고 고심하지 않아도 된다.
- 내부자처럼 생각하기 시작해야 한다! 다시는 군중심리가 인생에 발을 들이미는 것을 용납하지 마라.

수수료에 대한 수수료

시장을 수동적으로 소유하는 인덱싱 투자의 힘을 이해하게 되면 두 번째 통념과도 싸울 준비가 갖춰진다. 거의 모든 사람은 수수료로 얼마를 지불하고 있는지 정확히 알지 못한다. 인정한다. 나 역시 한 때는 그랬었다. 수수료 공장은 수수료를 감추거나 아주 하찮은 것처럼 보이게 만드는 데 있어서는 아주 기막힌 명수이다. "대수롭지 않은 부분이에요."라고 그들은 말한다. 재무적 자유라는 산을 오를 때는 모든 걸음이 성공을 향한 전진이어야 한다. 계좌에서 지나치게 많은 수수료가 빠져나가는 것을 허용해 이보 전진 일보 후퇴하는 일이 있어서는 안 된다. 따라서 아주 중요한 질문에 답해야 한다. 지금 이 펀드는 '본인의' 은퇴연금을 위한 것인가 아니면 '다른 누구의' 은퇴연금을 위한 것인가? 이제부터 그 답을 알아보자!

CHAPTER 3

통념 2. "수수료요? 얼마 안 돼요!"

뮤추얼펀드가 돈을 야금야금 갈취하는 수준은 오늘날 세계 최대이다.
펀드매니저, 브로커, 기타 내부자들은 미국의 일반 가정, 대학,
은퇴 저축에 이르기까지 7조 달러에 이르는 펀드에서
자기들 몫으로 지나치게 많은 부분을 꾸준히 빨아들이고 있다.

—피터 피츠제럴드 상원의원, 2004 뮤추얼펀드 개혁법안 공동 입안자
(이 법안은 상원금융위원회 반대로 부결되었다)

상처에 소금을 뿌리다

처음 들었던 값보다 가격을 더 치러야 하는 상황보다 더 화가 치미는 일은 없다. 새로운 자동차 가격을 듣고 계약서에 사인하려는 순간, 어디선가 수천 달러의 기타 수수료가 뿅하고 등장한다. 아니면 호텔 체크아웃을 하려는데 서비스요금과 관광세, 무선인터넷 비용, 타월 사용료 등 생각보다 더 많은 비용을 지불해야 한다. 내 말이 무슨 뜻인지 알 것이다.

정말로 짜증나는 일이다. 덫에 걸린 것 같고 이러지도 저러지도 못한다는 느낌이다. 강압이든 속임수이든 어쨌든 생각보다 돈을 더 내야 한다. 알아보기도 힘든 깨알 같은 명세서를 이용해 13조 달러 규

모의 뮤추얼펀드 산업은 수수료를 아주 능수능란하게 감춘다.

〈포브스〉에 실은 '뮤추얼펀드 비용의 진실'이라는 제목의 글에서 타이 버니크Ty Bernicke는 '실제' 비용을 한 겹 한 겹 자세히 벗겨내고 해부한다. 총 비용은 가슴이 서늘할 정도이다.

뮤추얼펀드 한 계좌를 소유하는 데 드는 평균 비용은 연간 3.17퍼센트이다!

3.17퍼센트가 뭐 큰 대수냐는 생각이 든다면 이것을 앞에서 배운 자신이 시장이 되거나 시장을 소유한다는 관점에서 생각해보자. 예를 들어 0.14퍼센트의(투자 세계에서 쓰는 말로는 14bp(베이시스포인트)) 비용이면 전체 시장의 일부를 '소유'할 수 있다. 즉 S&P 500의 500종목 전체를 일부씩 소유할 수 있는 것이다. 100달러를 투자해도 비용은 14센트에 불과하다(잠시 설명하자면, 100bp는 1퍼센트이고 50bp는 0.5퍼센트이다).

뱅가드나 디멘셔널펀드가 제공하는 저비용 인덱스펀드에 투자하기만 하면 시장 전체를 소유할 수 있다. 그리고 잘 알다시피, 시장 전체를 소유함으로써 우리는 장기적으로 꾸준히 뮤추얼펀드의 '종목 발굴자' 중 96퍼센트를 이기는 것도 가능해진다. 물론 펀드 출시 이후 수수료 차감 전 연평균 수익률이 21퍼센트나 되는 레이 달리오 같은 뛰어난 헤지펀드 매니저에게는 얼마든 그 비용을 지불할 수 있다고 생각하는 사람도 있다! 그러나 우리는 대부분의 뮤추얼펀드에 인덱스펀드보다 30배나 많은, 다시 말해 3000퍼센트나 높은 수수료를 지급한다. 도대체 무엇을 위해? 저조한 실적을 위해? 이웃 주민과 똑같은 차를 그것도 최대 속력이 기껏해야 시속 40킬로미터가 고작인 차를 30배나 더 비싼 가격에 살 수 있겠는가?

이것이 오늘날 벌어지고 있는 현상이다. 앞집 사람 뒷집 사람 모두 시장에 투자했다. 하지만 한 사람은 매년 뭉칫돈으로 비용을 지불하고 있고 다른 사람은 아주 푼돈만 들이고 있다.

무지의 대가가 낳은 똑같은 수익률, 다른 결과

소꿉친구인 제이슨, 매슈, 테일러 세 사람은 서른다섯 살이 되어 투자 자금 10만 달러를 모았다. 셋은 다른 뮤추얼펀드를 선택하고, 셋 다 운이 좋아서 똑같이 매년 7퍼센트 정도의 수익률을 거둔다. 예순다섯 살이 되었을 때 세 사람은 한 자리에 모여 펀드에 쌓인 총 잔액을 비교한다. 계좌 내역을 자세히 살펴보니, 서로 지불한 수수료 비율이 크게 차이가 난다. 셋은 각각 매년 1퍼센트, 2퍼센트, 3퍼센트의 수수료를 지불해왔다.

수수료가 세 사람의 최종 계좌 잔액에 끼친 영향은 다음과 같다.

- 제이슨: 10만 달러 투자, 연수익률 7퍼센트(연간 수수료 3퍼센트 차감) = 324,340달러
- 매슈: 10만 달러 투자, 연수익률 7퍼센트(연간 수수료 2퍼센트 차감) = 432,194달러
- 테일러: 10만 달러 투자, 연수익률 7퍼센트(연간 수수료 1퍼센트 차감) = 574,349달러

동일한 투자 원금과 동일한 수익률이지만 테일러가 번 돈은 친구인 제이슨의 거의 두 배나 된다. 여기서 1퍼센트, 저기서 1퍼센트 '밖에' 안 된다. 얼마 안 되는 금액 같지만 시간에 따라 붙는 복리를 생각

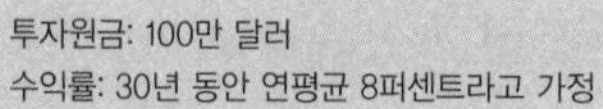

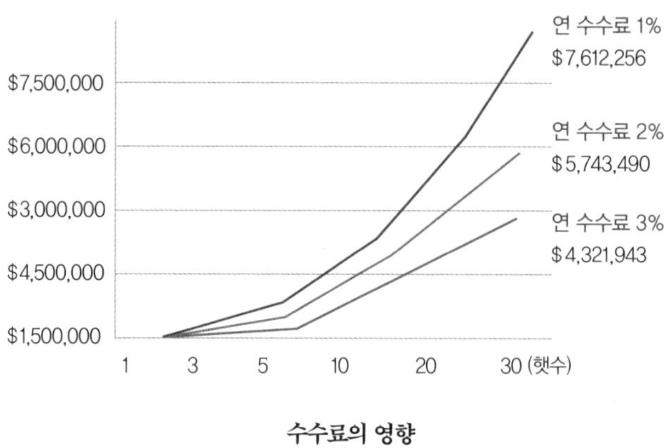

수수료의 영향

하면 그 차액에 따라 평생 먹고 살 돈이 마련되는가 아니면 정부나 가족의 도움에 의존하는가가 갈라질 수 있다. 청구서를 볼 때마다 걱정으로 불안할지 아니면 원하는 삶을 즐기며 살아갈 수 있는 마음의 평화를 얻을지가 갈라질 수 있다. 현실적으로 말하면, 꼬박 10년은 더 일해서 돈을 모아야 마음대로 일을 그만둘 수 있는 자유를 갖는다. 잭 보글이 보여주었다시피 과도한 수수료를 지불한다면 미래를 위한 종잣돈의 50~70퍼센트를 포기하는 것과 마찬가지이다.

좀 더 실질적인 예를 들어보자. 2002년 1월 1일부터 2012년 12월 31일까지를 종합하면 S&P 500은 보합이었다. 수익은 없었다. 흔히 '잃어버린 10년'이라고 불리는 기간도 여기에 포함돼 있는데, 이 기간 동안 투자자 대부분은 앞으로 나아가지 못한 채 2007년의 위기 증폭, 2008년의 자유 낙하, 2009년부터 시작된 강세장 랠리 등 엄청난 변동성을 계속 참아내야 했다. 어떤 투자자가 평생 모은 저축 10만 달러

를 이때 투자했다고 치자. 12년 동안 시장 전체를 일부 소유하거나 '흉내 내기만' 했다면 계좌 잔액은 거의 변동이 없고 수수료도 최저만 나갔다. 그러나 연평균 3.1퍼센트의 수수료를 냈고 펀드매니저가 어쨌든 시장과 동수를 이뤘다면, 수수료로 나간 돈만 3만 달러가 넘는다!!! 잔액은 40퍼센트가 준 6만 달러 남짓만 남았지만 시장은 전체적으로는 보합이었다. 이 투자자가 자본을 다 대고 위험도 다 부담했는데, 결과에 상관없이 돈은 엉뚱한 사람이 벌었다.

나는 그렇게 바보는 아니야

지금까지 읽고는 이런 생각이 들지도 모른다. "토니, 나는 그렇게 바보가 아니에요. 나는 내가 가입한 뮤추얼펀드의 '비용비율expense ratio(보수비용비율이라고도 한다)'을 꼼꼼히 살펴봤는데 1퍼센트밖에 안 돼요. 심지어 어떤 건 '노로드(판매수수료가 없는)' 펀드인 걸요!" 흠, 그러다간 플로리다의 늪지를 사지는 않을까 걱정된다! 탁 까놓고 말해 당신은 그들이 원하는 대로 결론을 내린 셈이다. 손재주가 아주 날랜 마술사가 그렇듯 뮤추얼펀드 회사들도 '미스디렉션misdirection(마술에서 상대가 마술 트릭을 눈치 채지 못하도록 주의를 분산시키는 기술—옮긴이)'이라는 가장 오래된 속임수를 사용한다. 뮤추얼펀드 회사는 우리가 엉뚱한 곳에 시선을 돌리는 순간 진짜로 눈여겨봐야 할 부분은 교묘히 삭제한다! 비용비율은 마케팅 자료에서 가장 흔하게 보여주는 '소비자 권장 가격'이다. 하지만 이 가격은 전체 비용을 말해주지는 않는다.

나도 예전에는 나름 현명하게 투자를 하고 있고 별점 5개짜리 '최상위' 적극 운용 뮤추얼펀드에만 투자한다고 자부했다. 나는 철저히 조사를 하고, 비용비율도 꼼꼼히 확인하고, 브로커에게 상담도 받았다. 그러나 여러분과 마찬가지로 나도 할 일이 많고 돌봐야 할 가족도 있다. 50페이지나 되는 펀드 약관을 하루 종일 읽을 시간은 없었다. 길고 긴 수수료 목록은 깨알 같은 글씨로 적혀 잘 보이지도 않는다. 경제학 박사 학위쯤은 있어야 그것을 다 이해할 수 있다.

수수료 박사

2008년 금융시장 붕괴 직후 경제학 박사학위를 딴 로버트 힐턴스미스Robert Hiltonsmith는 공공정책 싱크탱크인 데모스Dēmos에 지원하기로 결심했다. 웬만한 사람들이 다 그런 것처럼 힐턴스미스 역시 대학에서 배운 지식으로는 성공적인 투자 전략을 마련하려면 어떻게 준비해야 하는지 도통 알 수가 없었다.

그래서 그는 남들처럼 401(k) 계좌에 착실하게 돈을 납입했다. 그러나 증시가 오르고 있는데도 그의 계좌 잔액은 거의 요지부동이었다. 무언가 이상하다고 생각한 그는 은퇴연금 계좌를 연구 프로젝트 주제로 삼았다. 준비 작업으로 그는 자신의 계좌에 연계된 20개 펀드의 각기 50페이지가 넘는 펀드설명서를 다 읽었다. 설명서는 몸이 꼬일 정도로 지루하고 무미건조한 법률용어 일색인데다 힐턴스미스의 표현을 빌리면 '아주 난해했다.' 어떤 말은 해독이 불가능했고 어떤 약어는 무엇의 약자인지 짐작조차 할 수 없었다. 가장 중요한 부분은 부과되는 17가지 수수료를 명기한 카탈로그였다. 게다가 직접적인 수수료는 아니지만 결국에는 투자자 부담으로 전가되는 추가 비용도 있었다.

수수료를 교묘히 감추기 위해 월스트리트와 대다수 401(k) 퇴직연금 금융회사들은 무슨 소리인지 들어도 모르겠는 여러 용어들을 잔뜩 만들어냈다. 자산운용 수수료, 연간 마케팅 및 배분 비용을 뜻하는 12b-1수수료, 매매비용(중개수수료, 호가차이비용spread cost, 시장영향비용market impact cost), 소프트달러soft-dollar(자산운용사가 증권사로부터 리서치와 분석 자료 등의 서비스를 받는 대가로 지불하는 비용—옮긴이) 비용, 조기환매수수료redemption fee, 계좌수수료, 구입수수료, 기록유지수수료, 플랜관리수수료plan administrative fee 등 아무거나 이름만 붙이면 된다. 이것들이 모두 투자자의 돈에서 빠져나간다! 당신을 산 아래로 잡아끄는 비용들이다.

꼬박 한 달을 조사한 후 힐턴스미스는 지금처럼 숨겨진 수수료로 나가는 돈이 지나치게 많으면 밑 빠진 독에 물 붓기 식밖에는 안되고 자신이 가입한 401(k) 계좌로 돈을 모을 가능성은 영영 없다는 결론을 내렸다. 그가 발표한 연구보고서 〈퇴직저축계좌의 구멍: 401(k)에 숨겨진 과도한 비용The Retirement Savings Drain: The Hidden & Excessive Costs of 401(k)〉에[5] 나온 계산에 따르면, 일반 근로자가 평생 401(k) 수수료로 잃게 되는

5 로버트 힐튼스미스의 연구는 〈프런트라인Frontline〉의 다큐멘터리 방송 〈은퇴를 건 도박The Retirement Gamble〉에 처음 등장했다. 2013년 4월 23일 PBS에서 첫 방송을 탔다.

금액은 15만 4794달러이다(연소득이 대략 3만 달러이고, 수입의 5퍼센트를 저축한다고 가정). 연소득이 9만 달러를 넘는 고소득자가 평생 수수료로 바치는 돈은 27만 7천 달러를 훌쩍 넘는다! 힐턴스미스와 데모스는 날강도나 다름없는 복합적인 비용을 폭로했다.

능지처참

고대 중국에서 능지처참(능지형)은 천 번에 걸쳐 살을 포를 떠서 죄수를 아주 천천히 죽음에 이르게 만드는 가장 잔인한 형태의 고문이었다. 오늘날 미국의 투자자들도 능지처참을 당하고 있는 것과 다름없고, 그들을 고문하는 칼날은 느리지만 확실하게 투자자의 마지막 피 한 방울까지 다 짜내는 과도한 수수료이다.

데이비드 스웬슨은 예일대학 기부금펀드의 최고투자담당자chief investment officer이다. 그는 10억 달러였던 펀드 규모를 239억 달러가 넘는 자산으로 키우면서 기관투자계의 워런 버핏이라고 불린다. 데이비드 스웬슨의 예일대 사무실에서 그와 마주앉아 미국인들을 대량으로 말려 죽이는 '수수료 공장'에 대한 진실을 듣는 순간 나는 정신이 번쩍 들면서 화가 치밀었다. 데이비드는 이렇게 말했다. "도무지 말이 안 되지만 뮤추얼펀드는 거액의 돈을 투자자들로부터 받고 그 대가 치고는 충격적인 수준의 불량서비스를 제공하고 있습니다." 투자 전략이 아무리 훌륭해도 과도한 수수료가 발밑의 땅을 꺼지게 만들고 있다면 소용이 없다.

'자산확보asset gathering' 집합체와 그들이 판매하는 적극 운용 뮤추얼펀드 대부분은 80년대 초 401(k) 등장과 함께 시작된 사회 파괴적인 실험이다. 401(k)은 개념 자체는 '나쁘지' 않았다. 별도로 저축을 하고 싶어 하는 사람들에게는 좋은 개념이었다. 그러나 이것의 탄생 취지는 전통적인 연금플랜의 보조 수단이었다. 오늘날 적극 운용 뮤추얼펀드 규모는 13조 달러가 넘으며, 대다수가 401(k)와 IRA에 연계돼 있다. 개인의 은퇴 목표 달성을 도와주고 시장을 이긴다는 것이 적극 운용 뮤추얼펀드의 의무였다. 그러나 뮤추얼펀드는 시장을 이기는 일이 거의 없을뿐더러 상당수는 보잘것없는 서비스에 대해 천문학적인 수수료를 물린다. 이런 수수료는 결과적으로 수천만 개개인의 삶의 질을 담보로 잡으며 더 심하게는 재무적 자유를 가로막는 가장 큰 위험이자 파괴자가 될 수도 있다. 너무 혹독한 비난 같은가?

뱅가드 창립자인 잭 보글은 이렇게 말한다. "[가뜩이나 낮은 수익률을 침식하는] 높은 비용은 유럽과 중국의 [경제 상황만큼이나] 투자자에게 큰 위험이 될 수 있습니다."

상황은 더 나빠지고 있다

요약하면 이렇다. 적극 운용 뮤추얼펀드의 거의 대부분은(96퍼센트) 시장을 이기지 못하며, 터무니없는 비용을 부과해 우리가 미래에 모을 은퇴자금의 최대 3분의 2까지 수수료로 앗아간다.

하지만 결정타는 따로 있다. 그들은 고객인 당신의 눈을 똑바로 보며 당신의 이익을 마음 깊이 최우선으로 생각한다고 말하지만, 이와 동시에 의회에는 절대 그런 일이 일어나지 않게 로비를 벌이는 뻔뻔한 철면피이다.

먼저 비용으로 지불하는 금액이 얼마인지 정확히 알아야 한다! 투자 소프트웨어 웹사이트인 퍼스널펀드www.PersonalFund.com에 들어가 사이트에서 제공하는 비용 계산기를 이용하면 펀드 각각에 드는 비용을 계산할 수 있고, 비용비율 외에 추가 비용이 얼마나 더 드는지도 분석할 수 있다.

이런 계산기는 수수료를 추정하기만 할 뿐이다. 개인마다 세율 구간이 다른 세금을 비롯해 다른 비용을 함께 계상해주지는 못한다. 또한 401(k)에 뮤추얼펀드가 포함된 경우라면 펀드의 가치 증가에 대해서는 세금이 안 붙을지라도 '연금플랜 관리자plan administrator(연기금 계획에 대한 전략적 결정을 내리는 사람. 연금플랜과 관련된 자산배분, 수혜자 관리, 기금 납입 유무 등을 관리한다—옮긴이)'에게는 비용을 지불하게 된다. 저비용의 401(k)도 있고 아주 고비용의 401(k)도 있다. 초당파적 기구인 미국회계감사원Government Accountability Office의 추정에 따르면 플랜 관리수수료로 매년 지불하는 돈은 평균 1.3~1.5퍼센트이다. 401(k)에 참여하기만 해도 10만 달러당 1300달러의 비용이 지불된다는 소리다. 따라서 1.3퍼센트의 플랜관리수수료에다 뮤추얼펀드 투자에 드는 총 비용인 3.17퍼센트를 더하면, 경우에 따라서는 과세 계좌보다 비과세 펀드 계좌를 소유하는 것이 비용이 더 크게 나갈 수도 있다(매년 무려 4.47~4.67퍼센트나 된다).

그러니까 수익률 10퍼센트로 저축을 한다면 절반을 수수료로 내는 셈이다. 이게 말이 되는가? 그러나 우리는 계속 이 덫에 걸려 있을 필요가 없다. 내부자가 되는 순간 더 이상은 눈 뜬 채 당하지 않아도 된다. 높은 수수료를 그냥 부담하는 것은 슬리퍼와 탱크톱 차림으로

에베레스트 산을 오르는 것과 같다. 등반을 시작하기도 전에 죽을 수 있다.

더하기

비과세 계좌		과세 계좌	
비용비율	0.90%	비용비율	0.90%
거래비용	1.44%	거래비용	1.44%
현금보유분의 기회손실비용cash drag	0.83%	현금보유분의 기회손실비용	0.83%
총비용	3.17%	세금비용	1.00%
		총비용	4.17%

'뮤추얼펀드 비용의 진실', 〈포브스〉 2011년 4월 4일자

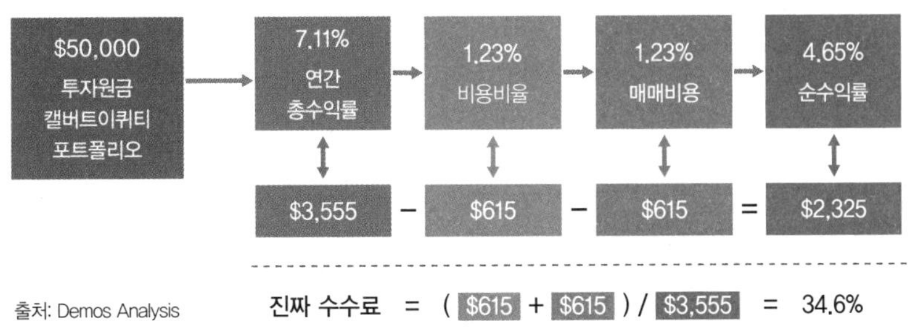

출처: Demos Analysis

뮤추얼펀드의 진짜 비용: 사례 – 캘버트이퀴티포트폴리오(Calvert Equity Portfolio)

탈출

수수료 공장에서 도망가려면 펀드의 연간 총수수료와 관련 투자비용을 평균 1.25퍼센트 이하로 낮춰야 한다. 다시 말해, (적절한 자산배분과 정기적인 포트폴리오 재조정을 도와주는 등록투자상담사registered investment advisor에게서 받는) 상담 비용과 투자비용을 다 더해도 투자 자산의 1.25퍼센트를 넘지 말아야 한다는 소리이다. 가령 등록투자상담사에게 1퍼센트의 비용을 지불하고 뱅가드에서 판매하는 저비용 인덱스펀드에 0.20퍼센트의 수수료를 지불할 수 있다(총 1.2퍼센트). 게다가 투자상담사에게 지불하는 1퍼센트의 비용이 세액 공제가 되면, 적용받는 세율에 따라 주머니에서 나가는 '순 비용'은 절반 가까이로 줄어들 수 있다.● 대다수 미국인이 이용하는 브로커 수수료는 일반적으로 세액공제 대상이 아니며 비싼 뮤추얼펀드 비용 역시 공제를 적용받지 못한다. (브로커와 등록투자상담사의 차이에 대해서는 조금 뒤에 나온다. 절대 건너뛰지 말기 바란다.)

3부에서는 수수료를 크게 낮추는 방법과 합법적인 절세 방법을 단계별로 자세히 설명할 것이다. 이렇게 아끼게 되는 돈은 재무적 자유를 향한 여정의 속도를 더 높여줄 것이다.

다시는 반복하지 말라

게임이 어떻게 진행되는지 알았고 장막 속에 숨겨진 진실도 엿보았

● 국내 현실과는 다르다. 다만 소득공제장기펀드(소장펀드) 경우 연간 납입금액의 40%(최대 240만 원)까지 소득공제를 받을 수 있다.

으니, 이제 다시는 이용당하지 않겠다는 각오를 다져야 한다. 다시는 이용당하는 다수에 속하지 않겠다고 굳게 결심해야 한다. 내부자가 되어야 한다. 체스의 말이 아니라 체스 플레이어가 되어야 한다. 아는 것이 힘이지만 실천은 아는 것을 이기므로, 지금부터 취할 행동이 아주 중요하다. 정확히 어떻게 해야 수수료를 줄일 수 있는지 설명을 듣기 전에 필요한 행동을 반드시 실천하겠다는 굳은 결심이 먼저 있어야 한다. 수준 이하의 실적에 말도 안 되게 높은 수수료를 지불하는 일은 더는 없을 것이라고 공표해야 한다. 그리고 이 책을 통해 매년 불필요한 수수료를 (자산의) 2~3퍼센트까지 절감할 수 있다면 수십만 달러, 심지어는 수백만 달러를 고스란히 챙길 수 있게 된다. 즉, 목표에 다가가는 속도가 훨씬 빨라져 돈을 모으는 기간을 5~15년은 단축할 수 있고 원하면 더 빨리 안락한 은퇴 생활에 접어들 수 있다.

뮤추얼펀드를 인생에서 아웃시키고 저비용 인덱스펀드로 옮겨가기만 해도 미래 은퇴자금의 최대 70퍼센트를 되찾기 위한 커다란 발걸음을 내딛는 것이 된다. 얼마나 짜릿한가! 그것이 당신과 가족에게는 무슨 의미인가? 뱅가드가 여러 자산군별로 제공하는 굉장히 다양한 저비용 인덱스펀드의 수수료 총액은 한 해에 0.05~0.25퍼센트 사이이다. 디멘셔널펀드도 훌륭한 저비용 인덱스펀드를 제공한다. 저비용 인덱스펀드에 투자하는 것도 중요하지만, 인덱스펀드 각각에 얼마씩 투자하고 장기적으로 어떻게 포트폴리오를 관리할지 결정을 하는 것이야말로 성공 투자의 핵심이다. 그것도 앞으로 차근차근 다룰 것이다.

실행에 옮기기로 마음먹었다면 누구에게 도움을 청해야 하는가? 어떤 길잡이가 믿음직한가? 원래 거래하던 브로커에게 수수료를 절감할 방법을 알려달라고 부탁하는 것은 약사에게 약을 복용하지 않아도 되는 방법을 알려달라고 부탁하는 것이나 마찬가지이다. 이해관계의 충돌이 없는 투자 상담을 해줄 사람은 누구인가? 당신이 길잡이로 선택한 사람이 당신이 아닌 책상 건너편에 앉은 사람(길잡이)의 이익을 최우선으로 삼는 것은 아닌지 확인할 방법은 무엇인가? 다음 장 통념 3에서 이 중요한 질문의 답을 확인하기로 하자.

수수료 해부

숨겨진 수수료가 투자자를 얼마나 심하게 난타하는지 궁금하다면, 아래에 나열한 핵심 수수료와 비용만 봐도 뮤추얼펀드 투자 결과가 심각한 영향을 받는다는 사실을 알 수 있다.

수수료에서 탈출하기

1. **비용비율** 이것은 우리 투자자의 눈길을 쏠리게 만들 요량으로 크게 표시한 '소비자 권장 가격'이다. 하지만 이 비용은 전부를 말해주지는 않는다. 모닝스타에 따르면 미국의 주식형 펀드는 포트폴리오 관리 및 마케팅(12b-1 수수료), 판매, 관리 등의 운영비용으로 평잔 기준 매년 평균 1.31퍼센트를 지불한다. 대형 펀드 중 상당수는 투자자가 거부감을 느끼지 않고 브로커들도 근사하게 포장해 팔기에는 1퍼센트 대의 비용비율이 적절한 수준이라는 사실을 깨달았다. 그러니까 그렇게들 말하고 있다는 것이다.

2. 거래비용 거래비용은 여러 비용을 망라하는 광범위한 범주이기 때문에 세부 카테고리로 쪼갤 수 있다. 증권사수수료, 시장충격비용(뮤추얼펀드가 시장을 움직일 대규모 매매를 행하면서 발생하는 시장 변화 비용), 호가차이비용(주식의 매수매도 호가 차이) 등이 여기에 속한다. 비즈니스스쿨 교수인 로저 에들렌Roger Edelen, 리처드 에반스Richard Evans, 그레고리 커들렉Gregory Kadlec의 2006년 연구에 의하면, 미국의 주식형 뮤추얼펀드는 연평균 1.44퍼센트의 거래비용을 부과했다. 어쩌면 거래비용이야말로 뮤추얼펀드 투자에서 가장 비싼 비용일지도 모른다는 얘기이다. 그러나 펀드업계는 계량화하기가 까다롭다는 이유를 들어 펀드설명서에는 이 비용을 공시하지 않는다.

3. 세금비용(또는 401(k) 비용) 많은 사람은 401(k)가 '세금이연'이 가능하다는 것에 환호하지만, 세금비용을 아껴도 그만큼의 비용이 '플랜관리' 수수료로 빠져나가는 것이 실정이다. 플랜관리수수료는 뮤추얼펀드의 기본 수수료 외에 별도로 붙는 비용이고, 미국회계감사원GAO의 추산에 따르면 연평균 1.13퍼센트이다! 모닝스타 조사 결과, 가입한 뮤추얼펀드 계좌가 과세 대상이라면 매년 발생하는 세금비용은 1.0~1.2퍼센트 사이이다.

4. 소프트달러 비용 소프트달러 거래는 일종의 보상적 뒷거래의 성격이 짙은데, 뮤추얼펀드 매니저는 위탁 매매를 해주는 외

부업체에 매매비용을 부풀려 지급하고 그 대가로 외부업체는 추가된 비용을 펀드매니저에게 리베이트 해주는 일이 빈번하기 때문이다. 다시 말해 소프트달러는 특정 외부업체를 이용하는 것에 대한 보상 프로그램이며 월스트리트가 자주 적립하는 마일리지이다. 펀드매니저는 이렇게 마련한 자금을 이용해 조사 및 분석 보고서 비용을 지불한다. 원래대로라면 펀드매니저가 지불해야 하는 비용으로 처리하는 것이 맞으므로 결과적으로 그 비용을 내는 사람은 투자자인 나와 당신이다! 이것은 운용수수료 수익revenue을 거짓으로 포장해 증가시켜 재무제표의 손익 금액에도 영향을 미친다. 공시되지 않고 계량화하기도 거의 불가능해서 수수료 방정식에 포함하기는 힘들지만 그래도 비용이라는 점은 분명하다.

5. 현금보유분의 기회손실비용 뮤추얼펀드 매니저는 일별 유동성을 확보하고 조기환매 요청에 부응하기 위해 펀드 자산의 일부를 현금으로 유지시켜야 한다. 현금은 투자된 자산이 아니기 때문에 수익이 나지 않고 따라서 실적에도 악영향을 미친다. 공인재무분석사CFA인 윌리엄 오릴리William O'Rielly와 마이클 프리사노Michael Preisano가 발표한 연구보고서 '액티브 다루기Dealing with the Active'에 적힌 내용에 따르면, 대형주 뮤추얼펀드를 10년 동안 소유했을 때 발생하는 현금보유분의 기회손실비용은 연평균 0.83퍼센트였다. 직접적인 수수료는 아닐지라도 최종 수익률을 떨어뜨린다는 점에서는 비용이다.

6. **조기환매수수료** 펀드를 처분해야 할 경우 투자자는 조기환매수수료를 내야 한다. 펀드 회사에 직접 내는 수수료이며, 미국 증권거래위원회(이하 SEC)는 조기환매수수료를 2퍼센트 이내로 제한한다. 자기 돈 10만 달러를 찾기 위해 최대 2천 달러를 내야 할지도 모르니 세상에서 수수료가 제일 비싼 ATM이다.

7. **펀드교체수수료**exchange fee 어떤 펀드는 같은 회사 내 다른 펀드로 옮겨가거나 교체하는 것에도 수수료를 부과한다.

8. **계좌유지수수료**account fee 계좌를 보유하고 있기만 해도 유지수수료를 별도로 청구하는 펀드도 있다.

9. **펀드구입수수료**purchase fee 펀드회사와 직접 연계된 펀드를 만들 때 드는 수수료로, 선취판매수수료와는 다른 것이다.

10. **선취판매수수료**(front-end) sales charge / **후취판매수수료**deferred/back end sales charge 일반적으로 펀드를 중개하는 브로커• 에게 지급하는 수수료를 의미한다. 펀드를 구입할 때 수수료를 내면 선취판매수수료이고(따라서 초기에 펀드에 예치한 금액에서 수수료를 제외한 금액만이 실제 주식 구입에 사용된다), 펀드를 환매해 주식을 처분하는 시점에서 수수료를 내면 후취판매수수료가 된다.

• 국내에선 펀드를 판매하는 은행·증권·보험사를 가리킨다.

CHAPTER 4

통념 3. "수익이요? 보여드리는 수치 그대로입니다."

놀랄 만한 정보가 있다. 뮤추얼펀드가 발표하는 수익률은
실제로 투자자가 버는 수익률이 아니다.

—잭 보글, 뱅가드 창립자

사람들 대부분은 과거의 실적이 미래 실적을 보장하지 않는다는
일반적인 경고는 잘 알고 있다. 하지만 과거의 실적이
얼마나 호도될 수 있는지 제대로 아는 사람은 훨씬 적다.

—'펀드는 어떻게 숫자를 합법적으로 조작하는가', 〈월스트리트저널〉 2013년 3월 31일자

돼지 입술에 립스틱 칠하기

미국 최대 할인증권사인 찰스슈워브는 2002년에 기발한 광고를 내보냈다. 광고에서는 월스트리트의 전형적인 세일즈매니저가 보일러룸boiler room(증권사에서 강매나 텔레마케팅을 전담하는 부서—옮긴이) 직원들에게 조회 연설을 하고 있다. "고객에게 연전연승 상품이라고 말해! 대박 상품이라고! 펀더멘털의 펀자도 꺼내지 마. 먹히지도 않을 거야." 그는 1등을 한 영업사원에게 줄 상품으로 NBA 닉스 경기의 앞자리 관중석 티켓을 팔랑팔랑 흔들어대며 아침 연설의 대미를 장식하고는 마지막 말을 덧붙인다.

"이 돼지 입에 립스틱을 칠하자고!"

숫자 포장하기

1954년 대럴 허프Darrell Huff는 《새빨간 거짓말 통계How to Lie with Statistics》라는 책을 발표했다. 그는 '정보를 알리기보다는 속일 목적으로 사용되는 무수히 많은 기법'들을 고발한다. 오늘날 뮤추얼펀드 산업은 온갖 기묘한 방법을 동원해 수익률을 계산하고 발표하는데, 책 보글의 말을 빌리면 이 수익률은 "실제로 투자자가 버는 수익률은 아니다." 그러나 그들의 능수능란한 '숫자 속이기' 마술을 설명하기 전에 평균 수익률의 허상부터 이해해야 한다.

다음의 그래프는 롤러코스터처럼 오르락내리락이 심한 가상의 시장을 보여준다. 50퍼센트 올랐다가, 50퍼센트 떨어지고, 다시 50퍼센트 올랐다가 또 50퍼센트 떨어진다. 그러면 평균 수익률은 0퍼센트가 된다. 일반적인 사람들이 생각하기에 수익률 0퍼센트는 돈을 벌지도 잃지도 않은 상황이다. 그러나 전혀 아니다!

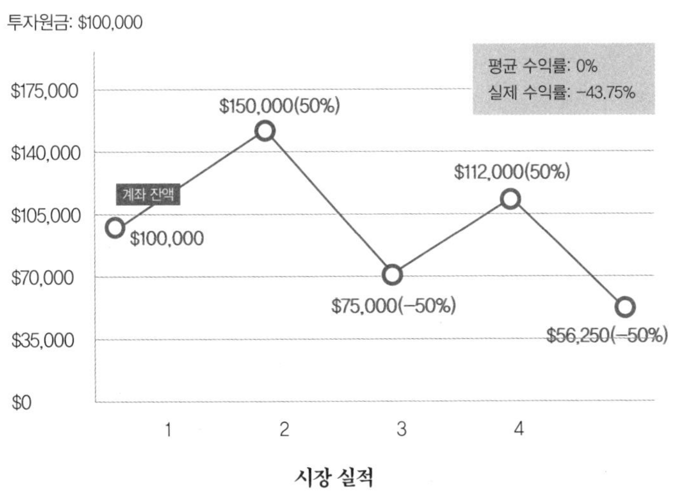

시장 실적

그래프에서 보듯이 여기에 금액을 대입하면(10만 달러라고 치자) 만 4년 후 계좌에는 43.75퍼센트(4만 3750달러)가 줄어들어 있다! 잃지도 벌지도 않았다고 생각했는데 43.75퍼센트나 줄어 있다! 짐작이나 했었는가? 이제 우리는 내부자가 되었으니 제대로 알아야 한다! 평균 수익률에 본질적으로 내재된 허상은 존재하지도 않는 실적 향상을 만들어낸다.

에릭 크롬Erik Krom은 〈폭스비즈니스〉를 통해 보도한 '수익률의 통념 파헤치기'에서 이 엄청난 차이를 실제 세계에 대입하는 방법을 설명한다. "차이를 제대로 살펴보는 또 다른 방법은 1930년 이래 다우존스의 실적을 알아보는 것이다. 모든 숫자를 더하고 그것을 81년으로 나누면 나오는 '평균' 수익률은 6.31퍼센트이다. 하지만 제대로 계산을 해서 나오는 '실질' 수익률은 4.31퍼센트이다. 이 차이가 왜 중요한가? 1930년에 1000달러를 6.31퍼센트 수익률로 투자했다면 14만 2천 달러로 늘어나지만, 4.31퍼센트일 경우 손에 쥐는 금액은 3만 달러에 불과하다."

저울 조작

평균 수익률이 우리 손에 진짜로 쥐어지는 실제 수익률은 아니라는 사실을 알았지만, 아직 커다란 착각에서 완전히 벗어난 것은 아니므로 차분히 앉아 잘 살펴봐야 한다. 월스트리트에 있는 숫자의 마술사들은 수익률이 훨씬 근사해 보이도록 계산하는 방법을 잘 알고 있다. 그 방법은 무엇인가?

뮤추얼펀드가 광고에서 선전하는 특정 수익률은 잭 보글의 말마따나 "실제로 투자자가 버는 수익률이 아니다." 왜인가? 투자설명서에 적힌 수익률은 '시간가중수익률time-weighted returns'[●]이기 때문이다. 굉장히 어려운 개념인 듯 보이지만 아니다.

뮤추얼펀드 매니저의 말대로 해서 연초에 맡긴 1달러가 연말에 1.2달러가 되었다면 20퍼센트의 가치 증대가 이뤄진 셈이다. "이거 마케팅 부서에 보내서 전면 광고로 실어!"가 되는 것이다. 그러나 연초 펀드에 한꺼번에 돈을 집어넣는 투자자는 사실상 거의 없다. 우리는 일반적으로 월급 통장에서 펀드가 연계된 계좌로 한 해 동안 조금씩 돈을 이체한다. 펀드 실적이 좋은 달에는 돈을 더 많이 넣고(앞에서 말했듯 투자자는 실적을 추종하는 성향이 강한 편이다) 실적이 나쁜 달에는 돈을 적게 넣는다면, 투자자가 실제로 버는 수익률은 광고에서 말하는 수익률과는 크게 차이가 난다. 그렇기에 연말에 작정하고 자리에 앉아 지속적으로 소액을 납입하거나 인출하는 '현실적인 요소'를 다 따져야 진짜로 번(또는 잃은) 돈이 얼마인지 제대로 계산이 나온다. 이런 현실적인 접근법을 '금액가중수익률dollar-weighted return'이라고 한다. 시간가중수익률이 펀드매니저들이 광고용으로 사용하는 수익률이라면, 우리가 명심해야 할 수익률은 금액가중수익률이다.

잭 보글은 이런 규칙을 바꿔야 한다고 연거푸 주장해왔다. 그는 투자자는 (납입과 인출을 포함해) 각자 상황에 따라 자신들이 실제로 얼마를 벌었는지(또는 잃었는지) 확인할 수 있어야 한다고 믿는다. 이치에 맞는 소리이기는 하다. 뮤추얼펀드는 이런 생각에 반발한다. 보글은 이렇게 말한다. "우리는 뮤추얼펀드 투자자들이 실제로 버는 수

● 해당기간 중 투자원금 유출입이 없다고 가정해 나온 수익률. 다만, 일반투자자는 적립을 하는 경우가 많아, 이를 반영한 금액가중수익률이 더 정확한 지표가 된다.

익률(금액가중수익률)을 펀드 자체의 수익률(시간가중수익률)에 비교해 보았다. 그랬더니 투자자의 수익률은 펀드 수익률보다 연간 3퍼센트 정도 뒤떨어지는 것으로 나타났다." 이런! 펀드가 광고하는 수익률이 6퍼센트라면 투자자의 수익률은 3퍼센트 정도가 고작이라는 말이다.

진실과 해결책

평균 수익률은 온라인 데이트 사이트에 올린 프로필 사진과 비슷하다. 실물보다 사진이 훨씬 그럴싸하다! 초기에 투자한 금액과 지금의 계좌 잔액을 알고 있다면 머니침프Moneychimp 같은 사이트에 들어가 보기를 권한다(www.moneychimp.com/calculator/discount_rate_calculator.htm). 투자한 기간 동안 실제 수익률이 얼마인지 정확히 계산할 수 있다.

뮤추얼펀드가 발표한 수익률은 모든 투자금액을 첫날 다 집어넣은 가상의 돈을 근거로 삼는다는 사실을 명심해야 한다. 목돈을 일시에 예치하는 사람은 거의 없다. 따라서 근사하게 꾸민 설명서에 적힌 수익률이 계좌에 실제 들어오는 수익률과 똑같을 것이라는 망상에 사로잡혀서는 안 된다.

우리가 걸을 길은 분명하다

산에 오르기가 쉬웠다고 말하는 사람은 아무도 없었다. 그러나 거짓을 베어 없애 앞길을 확실히 드러내주는 '진실'이라는 칼을 갖춘 순간, 등반이 훨씬 쉬워진다. 내부자가 되었으므로 더는 계기비행에 몸을 맡기지 않아도 된다.

주식형 뮤추얼펀드가 장기적으로 꾸준히 시장을 이기지는 못한다는 사실을 알았다(특히 세금과 수수료를 차감하면 더욱 그러하다). 또한 수수료가 굉장히 중요하다는 사실도 알았다. 수수료를 낮추면 잠재적 은퇴자금의 최대 60~70퍼센트를 되찾을 수 있다. 이 무시무시한 진실은 당신의 미래에 어떤 영향을 미치는가? 그리고 마지막으로, 평균 수익률은 진짜를 똑같이 그린 그림이 아니라는 사실도 알았다. 실질 수익률이 중요하다. 그리고 실질 수익률을 계산해주는 간단한 툴도 확보했다.

재무적 자유를 향한 여정도 이제 슬슬 궤도에 오르기 시작했다. 발걸음이 빨라지기 시작했고, 지금까지 배운 진실만으로도 '순진한 양떼'에서 벗어날 수 있게 되었다.

단독 비행

내가 이런 얘기를 하면 대다수 사람들은 더는 아무도 믿을 수가 없다는 태도를 보인다. 정신이 번쩍 들고 게임의 '진짜' 규칙을 이해하기 시작하면서도 한편으로는 배신감을 느낀다. 그들은 "아무도 믿을 수 없으므로" 고독한 섬처럼 투자에 대한 모든 일을 혼자 알아서 처리해야겠다고 생각한다. 그러지 말기를 바란다. 고객에게 더 나은 미래를 제공하기 위해 진심으로 노력하면서도 뛰어난 실력까지 겸비한 금융 전문가들도 많다. 내가 은연중에 믿으면서 자문을 구하는 투자상담사는 내게 가장 이익이 되는 투자를 위해 노력하고, 우리는 내 투자를 함께 검토하고 관리한다. 당신처럼 나도 할 일이 아주 많아 포트폴리오를 일일이 관리하는 데 몇 날 며칠을 쏟아 부을 시간이 없으며, 또 그럴 생각도 없다. 실제로 처음부터 제대로 한다면, 목표치를 점검하고 포트폴리오를 재조정하는 데는 분기별 또는 1년에 두 번 정도만 잠깐씩 시간을 내도 충분하다.

그렇다면 믿음직한 투자상담사와 세일즈맨을 어떻게 구분하는가? 브로커와 안내인은 어떻게 구분하는가? 통념 4에서는 책상 건너편에 앉은 사람이 고객인 당신을 위해 일하는지 아니면 그들이 속한 회사를 위해 일하는지 재빨리 가늠할 수 있는 방법을 알려준다. 워터게이트 스캔들에 닉슨 대통령이 직접 연관되었음을 알려준 정보원 딥스로트Deep Throat(본명은 윌리엄 마크 펠트William Mark Felt)도 말하지 않던가.

"돈의 흐름을 좇으라. 언제나 돈의 흐름을 좇으라."

CHAPTER 5

통념 4. "저는 당신을 도와주러 온 주식중개인입니다."

어떤 사람이 무언가를 이해하지 못해야 월급을 받는다면,
그 무언가를 그 사람에게 이해시키기는 어려운 일이다.
—업튼 싱클레어

간단한 정리

다시 설명하면 이렇다.

뮤추얼펀드가 부과하는 천문학적 수수료는 심하면 투자자가 모을 미래 은퇴자금의 70퍼센트까지 앗아갈 수 있다. 장기적이고 지속적으로 보면, 적극 운용 뮤추얼펀드의 96퍼센트는 시장보다(또는 시장 벤치마크보다) 실적이 저조하다.

저비용 인덱스펀드를 보유해 투자자 자신이 시장이 '되거나' 흉내 내는 것이 아니라 일반 뮤추얼펀드에 가입하면 10~30배나 많은 비용을 치러야 한다. 뮤추얼펀드가 광고하는 수익률은 금액가중수익률이 아니라 시간가중수익률을 적용하기 때문에 투자자가 실제로 버는 수

익률보다 일반적으로 훨씬 부풀려진다. 우리가 유념해서 봐야할 것은 금액가중수익률이고, 반면에 뮤추얼펀드는 광고 수단으로 사용하기 위해 시간가중수익률을 이용한다.

마지막 대미의 장식은, 중개인은 고객의 눈을 똑바로 보면서 고객의 이익을 진심으로 최우선에 둔다고 말한다는 사실이다. 그는 자신의 행동이 고객에게 도움이 된다고 진짜로 믿고 있기 때문에 그렇게 말한다.

그러나 중개인은 위에서 설명한 사실들이 고객의 수익에 얼마나 큰 영향을 미치는지 이해하지 못할뿐더러 이러한 내용에 대해서는 교육조차 받지 않았다. 심지어 투자자에게 해주는 조언을 자신의 재무설계에 그대로 적용하고 있을지도 모른다.

아그작! 아그작!

도대체 왜 대다수 투자자들은 거세게 항의하며 자신의 재무 사정에 맞는 결정을 내리고 힘들게 번 돈을 다른 데 투자하지 못하고, 능지처참의 고통 속에서 가만히 죽어가는 것인가? 수십 년 동안 무지 상태에 있었기 때문이다. 내 이야기를 들은 사람들 대부분은 금융서비스 산업 전체를 아주 의심쩍게 바라보고 있으며 고객의 성공을 '돕고 싶다'는 금융계의 말도 믿지 않는다.

그러나 모순된 정보와 마케팅 허풍이 빗발치듯 쏟아지면 일반투자자들은 어느새 갈피를 잃는다. 일이며 가족이며 매일매일 신경 써야 할 것도 한두 가지가 아니다. 대다수는 자신의 투자 생활을 자동조종장치에 일임하고는 그냥 군중의 일부가 되어버리기로 한다. 그들은

'희망'을 투자 전략이랍시고 내건다.

그렇게 하는 사람이 자기 혼자는 아니라는 사실을 아는 순간 사회적 위안이 생긴다. 그것을 보면 디스커버리채널에서 봤던 장면이 떠오른다. 영양 하나가 악어의 턱에 으스러진 지 몇 분밖에 지나지 않았는데, 다른 영양이 악어 떼가 들끓는 물가로 조심스럽게 다가가는 것이 아닌가!

이 영양은 멍청이인가? 아니다! 태양빛이 작열하는 아프리카에서는 물을 먹지 않으면 어차피 죽는다는 것을 잘 알기 때문에 이 동물은 계산된 위험을 받아들이는 수밖에 없다.

우리 인간 대부분도 비슷하게 생각한다. 강둑 가장자리에 가만히 앉아 구경만하고 있을 수는 없다. 현금 상태로 보유하다가는 물가상승이 우리를 무너뜨릴 것이기 때문이다. 그래서 우리는 이웃과 친구들과 함께 벌벌 떨며 물을 향해 다가간다. 그리고 전혀 예상하지 못한 순간에 '덥석' 먹힌다!

검은 월요일, 닷컴 거품과 붕괴, 2008년. 가족을 위해 우리가 믿고 맡겼던 증권사들은 그 모든 사건에서 아무 위험도 책임지지 않았으며 매년 기록적인 보상을 받고 있다.

지금 이 글을 쓰고 있는 2014년 초 증시는 계속 성장했다. 2009년부터 2013년 말까지 증시는 131퍼센트 올랐다(배당재투자 포함). 역사상 다섯 번째로 큰 강세장이다. 올라가는 펀드 계좌 잔액에 사람들은 다시금 안도하고 있다. 뮤추얼펀드 매니저와 경영진은 갈퀴로 돈을 쓸어 담고 있다.

그러나 악어들은 여전히 배가 고프다.

누구로부터의 보호인가

2009년 말 하원의 바니 프랭크Barney Frank와 크리스 도드Chris Dodd 의원은 일명 '도드-프랭크 금융개혁 및 소비자 보호법Dodd-Frank Wall Street Reform and Consumer Protection Act'이라고 불리는 규제안을 의회에 제시했다. 금융계의 강력한 로비에 못 이겨 원안보다 이빨이 훨씬 무뎌진 수정안이 1년 후 의회를 통과했다. 하지만 아무도 진짜 중요한 질문은 제기하지 않았다. '우리는 누구로부터, 정확히 무엇으로부터 보호받아야 하는가?'

우리는 우리의 재무적 미래를 관리해 달라고 믿고 맡긴 사람들로부터 보호받아야 하는가? 우리에게 고비용의 뮤추얼펀드를 파는 중개인으로부터 보호받아야 하는가? 자신들의 주머니를 채우기 위해 합법적이지만 뒤가 구린 게임을 펼치는 펀드매니저들로부터 보호받아야 하는가? '프런트러닝front running(브로커의 주문이 처리되기 직전에 초고속 컴퓨터를 이용해 해당 주식을 조금 싼 값에 사서 조금 더 비싼 값에 파는 기법. 한 번에 얻는 차익은 얼마 안 되지만 이런 거래를 하루에도 수십, 수백 번을 행하면 많은 차익을 올리게 된다—옮긴이)' 기법으로 한 번에 아주 작은 차익을 버는 거래를 수백만 번이나 행하는 고빈도매매자들로부터 보호받아야 하는가? 지난 2~3년만 보더라도 불량 트레이더들이 은행에 입힌 손실은 수십억 달러에 달한다. 대형 증권회사인 MF글로벌MF Global은 고객의 돈을 불법 유용하다 결국 파산을 선언했고, 세계 최대의 헤지펀드 중 한 곳은 내부자 거래에 대해 유죄 평결을 받았고, 은행 트레이더들은 전 세계에서 단기 이자율 벤치마크로 가장 널리 사용되는 리보금리London Interbank Offered Rates(런던은행간금리)를 조작하다 형사 기소되었다.

"제 머리와 당신의 돈이 있으면, 잃어봤자 기껏해야 당신의 돈만 잃을 뿐입니다."

요리사는 자신의 요리는 먹지 않는다

"내 행동을 보지 말고 내가 말한 대로 행동하라."고 말하는 사람들이 우리에게 계속 금융상품을 팔고 영향을 미친다. 모닝스타가 적극 운용 뮤추얼펀드 4300개를 추적해 2009년에 발표한 연구 결과는 충격적인 사실을 담고 있다. 이 펀드매니저들 중 자신이 운용하는 펀드에서 단 1주도 소유하지 않은 매니저가 무려 49퍼센트나 된다는 사실이었다. 그 말이 맞다. 요리사는 자기가 만든 요리는 먹지 않는다.

나머지 51퍼센트도 그들이 받는 보상과 가진 순자산에 비해 아주 적은 액수만 자신들이 운용하는 펀드에 투자하고 있었다. 이 사람들이 자산운용의 대가로 받는 보수는 수백만 달러, 심지어 수천만 달러라는 사실을 기억하자.

- 자신이 운용하는 펀드에서 단 1주도 보유하지 않은 액티브 매니저는 2126명이었다.
- 자신이 운용하는 펀드에 1달러~1만 달러를 투자한 액티브 매니저는 159명이었다.
- 1만 1달러~5만 달러를 투자한 액티브 매니저는 393명이었다.
- 5만 1달러~10만 달러를 투자한 액티브 매니저는 285명이었다.
- 10만 1달러~50만 달러를 투자한 액티브 매니저는 679명이었다.
- 50만 1달러~99만 9999달러를 투자한 액티브 매니저는 197명이었다.
- 100만 달러 이상을 투자한 액티브 매니저는 413명이었다.

당연히 의문이 든다. 펀드매니저가 자신이 운용하는 펀드에 투자하지 않는데 내가 왜 거기에 투자해야 하지? 좋은 질문이다!!!

요리의 재료가 나쁘거나 주방이 아주 불결하고 악취가 진동하는 곳이라면 요리사는 자기가 만든 요리를 먹지 않는다. 펀드매니저들은 똑똑한 사람들이다. 그들은 감출 것은 감추고 일하는 사람들이다.

고객의 요트는 어디에 있는가

전문 트레이더였던 프레드 쉐드 2세Fred Schwed Jr.는 1929년 증시 대폭락 때 거액을 잃은 후 월스트리트를 떠났다. 1940년에 그는 투자의 고전이 된 《고객의 요트는 어디에 있는가Where Are the Customer's Yachts? or A Good Hard Look at Wall Street》를 출간했다. 제목에 담긴 풍자는 오랫동안 여러 방식으로 회자되었지만 쉐드의 버전으로 말하면 이렇다. 성공한 월스트리트 중개인 윌리엄 트래버스는 로드아일랜드의 뉴포트에서 휴가를 보내는 동안 항구에 즐비하게 정박된 아름다운 요트들을 보고 감탄한다. 요트의 주인을 알아보니 하나같이 주식중개인이거나 은행가이거나 트레이더였다.

트래버스는 묻는다. "고객의 요트는 어디에 있는가?"

이 책이 처음 출간된 지 거의 75년이나 지났지만 어제 나온 책이라고 해도 좋을 정도이다!

누구를 믿어야 하는가

우리가 본 광고들은 여러 형태로 변형되었지만 내용은 똑같다. 근심어린 표정의 부부가 앉아 있고 책상 건너편에는 재무상담사가 앉아 있다. 재무상담사 역의 배우는 노익장의 현명함과 많은 폭풍우를 이겨낸 사람이 지을 수 있는 표정을 담고서, 자기가 도우면 다 괜찮아질 것이라고 부부를 안심시킨다. "걱정 마세요. 저희가 두 분의 짐을 대신 지겠습니다. 아이들 대학도 무사히 마치게 해드리죠. 그 요트도 되찾아 드리겠습니다. 별장도 되찾게 해드리죠." 아주 크고 확실한 암시가 말속에 숨어 있다. "당신의 목표가 우리의 목표입니다. 우리는 당신을 도와드리기 위해 여기 있습니다." 그러나 진짜 던져야 할 질문은 이것이다.

투자자인 당신과 중개사의 이해관계는 진정으로 일치하는가? 당신과 당신 가족의 미래를 설계하기 위해 믿고 찾아간 그 사람은 당신의 이익을 최우선에 두고 움직이려는 유인incentive을 다 가지고 있는가? 대다수 사람들은 '그렇다'고 생각할지 모르지만 전혀 아니다. 질문의 답이 무엇인지에 따라 재무적 자유를 향한 발걸음이 성공인지 실패인지가 판가름난다.

산을 오르는데 길잡이가 당신의 안전보다 본인의 안전에 더 신경 쓴다면 기분이 좋겠는가? 데이비드 스웬슨이 내게 한 말이 떠오른다. "중개인은 친구가 아닙니다."

적당하기만 하면 된다

진실은 이렇다. 금융서비스 산업에는 고객에게 가장 큰 이익을 전하는 것을 제일 먼저 진심으로 고민하는 사람들이 많다. 하지만 불행하게도, 많은 금융전문가가 몸담고 일하는 '폐쇄회로' 환경에서, 그들이 사용하는 도구는 '하우스(금융회사)'에 가장 이익이 되도록 미리 엔지니어링이 되어 있다. 하우스의 시스템은 이 금융전문가가 이해의 충돌이 없는 상담을 제공할 때가 아니라 금융상품을 판매할 때 보상을 주도록 설계되어 있다. 게다가 그들이 판매하는 상품이나 펀드가 반드시 고객의 이익에 가장 좋은지는 둘째 치고 가장 좋은 상품이라는 보장도 없다.

그들로서는 고객에게 '적당한suitable' 제품을 제공하기만 하면 법적으로 아무 하자가 없다.

'적당한'의 기준은 무엇인가? 평생을 같이 할 적당한 파트너를 원하는가? 적당히 일을 하면 승진을 할 것 같은가? 비행기록이 '적당히' 안전한 항공사를 이용하고 싶은가? 더 좋은 예가 있다. "오늘 점심 여기서 먹자. 음식이 적당하대."

그러나 등록투자상담사인 데이비드 카프David Karp는 적당함의 기준을 이렇게 설명한다. "고객과 상담사 중 누가 더 이익을 보는지는 중요하지 않다. 고객이 어떤 투자상품을 사는 순간에 그 상품이 적당하면[고객의 목표와 목적에 방향이 대충 부합되면] 상담사는 책임에서 자유롭다."

가장 적합한 기준

이해관계의 충돌이 없는 투자 상담을 받으려면 당신과 수임자fiduciary(수임자는 자신과 하나 이상 상대방과의 신탁 관계에서 법적·도의적 책임을 진 사람을 의미하며, 상대의 재산을 신중히 관리해야 할 책임이 있다—옮긴이)의 이해가 일치해야 한다. 수임자는 무조건 금융상품 판매만 앞세우는 대형 금융회사의 자리를 포기하고 브로커 지위도 내던지고 등록투자상담사로서의 지위를 선택한 독립 금융전문가를 의미하며, 아직은 그 숫자가 적은 편이지만 점점 증가 추세에 있다. 이 전문가들은 재무상담을 제공해 돈을 벌며, 법적으로는 어떤 잠재적인 이해관계의 충돌에서도 자유로워야 하며(적어도 그런 이해관계를 다 공시해야 하며) 고객의 필요를 자신의 필요보다 더 앞에 두어야 한다.

예를 들어 등록투자상담사가 고객에게 IBM 주식을 사라고 조언했는데 그 상담사가 그날 오후 자신의 계좌로 같은 주식을 조금 더 싼 가격에 샀다면, 그는 그 싸게 산 가격으로 고객에게 그 주식을 제시해줘야 한다.

재무자문이 고객에게서 돈을 더 많이 우려내기 위해 고객을 특정한 방향이나 특정 펀드로 교묘히 유도하는 사태가 없도록 투자상담으로부터 고객을 보호해주는 법적 장치가 마련돼 있다면, 결과가 어떻게 다를지는 충분히 짐작이 가능하다.

또 한 가지 장점이 더 있다면? 수임자에게 지불하는 자문료는 세율 구간에 따른 세액 공제가 가능할 수 있다. 따라서 자문 수수료가 1퍼센트이고 세액 공제도 감안하면 실제로 내는 수수료는 0.5퍼센트까지 낮아질 수 있다. 2퍼센트가 넘고 세액 공제도 '전혀' 없는 뮤추얼펀드 수수료와 대조된다.

내부자로서의 위치를 공고히 다지기 위해 오늘 당장 취할 수 있는 한 가지 단순한 조치는 자신과 독립된 등록투자상담사(이하 RIA)인 수임자의 이해관계를 부합시키는 것이다.

내 질문을 받은 사람들 대부분은 자신이 상담하는 '투자 전문가'가 중개인인지 법적 수임자인지는 알지 못한다. 그래도 그 전문가가 응당 고객의 최대 이익을 염두에 둘 것이라고 믿는다. 그러나 앞에서도 말했듯이, 이 전문가들이 고객의 이익을 최우선에 둔다고 해도 그들이 속한 시스템은 판매를 할 경우에만 보상을 해준다. 게다가 그들을 부르는 명칭도 '중개인이나 브로커'가 아니다. 등록대리인registered representative(계정관리인), 재무자문, 자산관리자문, 무슨무슨 부사장, 실장 등 온갖 명칭으로 불린다. 실제로 〈월스트리트저널〉은 재무자문을 부르는 직함이 200개를 훨씬 넘으며, 투자설명이 올바로 이뤄지는지 자율적으로 감독하는 기구인 금융산업자율규제기구Financial Industry Regulatory Authority, FINRA가 파악하지 못하는 이름도 절반이 넘는다는 연구결과를 보도했다.

금융서비스계의 이런 '자격증'은 순전히 겉치레에 불과하며 그 안에 수임자의무fiduciary duty가 담겨 있지는 않다.

투자상담이라고 다 좋은 상담은 아니다

투자자와 수임자의 이해관계를 일치시키는 것은 좋은 출발이다. 하지만 그렇다고 해서 투자자가 선택한 전문가가 좋은 상담을 싼 가격에 제공해준다는 뜻은 아니다. 어떤 산업이건 전문가의 실력이나 경험에는 차이가 있다. 실제로 재무설계사의 46퍼센트는 정작 자신의 은퇴 연금 계획은 전혀 세우지 않고 있다. 그렇다. 구두장이의 아들이 구두가 없는 것이다. 2013년 재무설계협회Financial Planning Association는 2400명 이상의 재무설계사들에게 익명으로 설문조사를 행했는데, 개중 절반 가까이는 자신들의 상담 내용을 실천하지 않고 있었다. 솔직히 그들이 그 사실을 인정했다는 점 자체가 놀랍다!!!

우리는 미지의 세상에 살고 있다. 복잡성은 끝이 없고 중앙은행은 미친 듯이 돈을 찍어대고 몇몇 정부는 채무불이행을 선언하는 지금의 상황에서는, 아주 우수한 엘리트 투자상담사들만이 거친 물살을 헤치고 나아갈 수 있다.

정육점 주인과 영양사

친한 친구 하나가 얼마 전에 내게 〈정육점 주인과 영양사The Butcher vs. the Dietician〉라는 제목의 유투브 영상을 전송했다. 중개인과 법적 수임자간의 큰 차이점을 간단하면서도 효과적으로 보여주는 2분 남짓 길이의 만화 영상이었다. 영상에서 분명히 강조하는 점은, 정육점에 들어가면 가게 주인은 당연히 고기를 사가라고 권한다는 사실이다. 가게 주인에게 저녁 요리로 뭐가 좋을지 물어보면 돌아오는 대답은 물론 "고

기죠!"이다. 반대로 영양사는 건강에 좋은 음식을 먹으라고 권한다. 고객의 건강에 생선이 더 좋으면 영양사는 고기를 사라고 권하지 않는다. 여기서 말하는 정육점 주인은 중개인이고 영양사는 수임자이다. 수임자는 투자자에게 특정 상품이나 펀드를 팔아봤자 '떨어지는 몫'이 전혀 없다. 이 간단한 차이가 투자자에게 힘을 실어준다! 내부자는 그 차이를 잘 안다.

좀 더 자세히 알아봤더니 영상 제작자는 15년 전 투자자의 이해와 전혀 딴판으로 노는 금융산업에 분노해 소송을 걸었던 엘리엇 와이스블루스Elliot Weissbluth라는 사람이었다. 그 사건 이후 그는 가장 똑똑하고 성공적인 상담사와 투자회사에 대한 대안을 제공하는 것을 자신의 사명으로 삼았다. 그가 보기에, 독립적인 지위를 선택한다고 해서 최상의 투자 솔루션에 접근하지 못하거나 그 정교함을 포기해야 할 필요는 없었다.

이 위대한 아이디어는 불타오르기 시작했고 와이스블루스가 세운 하이타워는 현재 미국 최대 독립 등록투자상담 회사 중 하나로 손꼽히며 운용자산은 거의 300억 달러에 달하고 〈인코포레이티드Inc.〉지가 선정한 초고속 성장 기업 13위에 이름을 올렸다. 하이타워의 폭발적 성장은 고객이 영양사를 원한다는 사실을 입증한다. 고객들은 고기만 계속 추천받는 상황에 염증이 났으며 자신들의 건강이 위험에 처해있다는 사실을 깨달아가고 있다.

이 책을 위해 인터뷰를 한 후 나와 엘리엇은 멋진 우정을 다질 수 있었다. 혹한의 시카고를 떠나 섭씨 25도의 플로리다에 있는 내 집에서 하룻밤 묵고 가라고 강요하듯 말하지 않아도 엘리엇은 흔쾌히 내 부탁을 들어주었다.

우리 둘은 바다가 내려다보이는 우리 집 뒤뜰에 앉아 평범한 투자자들이 받는 부당한 대우와 금융계가 마케팅 수단으로 삼는 통념에 대해 긴 대화를 나누었다. 엘리엇은 대형 금융회사들의 업계 표준이 되어 버린 자기이익과 본질적인 이해 대립을 없앰으로써 투자자들에게 이바지하겠다는 열성과 열정이 남달랐다. 창업 첫날부터 그는 투자와 관련해서는 완전한 공시와 완전한 투명성 그리고 이해관계의 충돌이 없는 상담을 제공하는 것을 제1의 주안점으로 삼았다. 금융상품 및 서비스 판매에 따른 리베이트와 성과금을 받지 않기 때문에 하이타워는 진정한 힘과 진실성을 발휘하는 위치에 있다. 금융회사들은 하이타워와 일하기 위해 경쟁을 벌이고 그에 따른 이익은 모두 고객에게로 돌아간다. 정말로 대단한 부분은 엘리엇이 회사를 키운 방식이다. 우선 그는 모두가 불가능하다고 생각한 독특한 플랫폼을 구축했다. 그런 다음 대형 금융회사에서 '최고로 대우받던' 상담사들을 모집하고 그들에게 도덕적으로 꿀릴 것이 없는 입장을 취할 기회를 제공했다. 다시 말해 하우스(대형 금융회사)를 그만두고 오직 고객만을 위해 일할 수 있는 기회를 제공한 것이다. 이렇게 해서 상담사들은 두 주인을 섬기지 않아도 되는 자유를 얻었고 어떤 투자에서든 고객의 이익에 최선으로 부합되는 상담을 제공할 수 있게 되었다.

그런데 한 가지 문제가 있었다.

하이타워는 설립 초기부터 미국에서 가장 부유한 사람들을 대상으로 삼고 있었다. 솔직히 금융계 최고의 투자상담사들은 모두 부유층에게 중점적으로 서비스를 제공한다. 이해가 가긴 한다. 내가 자산운용가라고 해도 고객은 적고 운용 자산은 많은 편이 더 좋을 것이다.

그러면 운용에 따른 수익성이 최대로 늘어난다. 소규모 자산을 맡긴 고객이 많으면 많을수록 간접비를 비롯해 여러 경비가 잔뜩 늘어난다. 효율적인 사업 방식은 아니다.

현실이 그렇기는 해도 나는 엘리엇에게 한 가지 도전을 제시했다.

새로운 길을 열어봅시다

“엘리엇, 부자만이 아니라 서비스를 원하는 사람 누구에게나 똑같이 완전히 투명하고 이해 충돌에서 자유로운 상담 서비스를 제공할 수 있는 방법을 찾았으면 좋겠는데요. 방법이 있을 것 같은데요.” 나는 의자 너머로 삐죽이 몸을 내밀며 말했다. “당신은 정의와 공정함에 열과 성을 다해야겠다는 마음이고 모두를 위해 그 일을 하는 것을 사명으로 여기잖아요.” 엘리엇이 의자에 몸을 깊숙이 묻었다. 그냥 간단한 인터뷰라고 생각했는데 보따리를 한껏 풀어보라는 부탁을 받았다. 게다가 더 중요하게는, 순자산이 아주 많은 슈퍼리치들의 전유물이라고 여겨지는 투자 솔루션을 평범한 사람들에게 이수할 방법까지 알아보면 좋겠다는 부탁도 받았다. 만만치 않은 도전이었다. 최고의 투자 상담을 민주화하고 더불어 최고의 솔루션도 털어놓으라는 것이다.

“아, 하나 더 있어요. 무료 투자 리뷰와 점검 서비스도 만드는 건 어떨까요? 완전히 무료인 서비스 말이에요! 평범한 투자자들도 자신들의 자산이 어떻게 다뤄지는지 당연히 알아야죠!” 엘리엇이 몇 번 심호흡을 했다. “맙소사, 토니! 아주 멋진 생각이긴 한데요, 그런데 지금 누구나 사용할 수 있는, 그것도 공짜 서비스를 만들어보라는 거예요? 말이야 쉽죠!” 나는 빙그레 웃으며 말했다. “맞아요, 진짜 멋진 일이잖아요! 아무도 이런 일을 안 하고 있어요. 투자자들이 기준 이하 실적에 아주 비싼 수수료를 치르고 있다는 것을 보여주는 사람이 아무도 없잖아요. 기술을 잘 활용하면 그런 사실을 입증할 수 있지 않을까요? 당신한테는 마음만 먹으면 그런 일을 실현시킬 자원도 있고 의지도 충분하잖아요!" 나는 그 즈음에서 대화를 마무리 지었다. 그리고 그에게 그렇게만 된다면 사람들의 삶에 어떤 영향을 끼칠지 잠시 생각해보고, 고민이 끝나면 그때 답을 알려달라고 말했다.

될 것 같군요

엘리엇은 시카고로 돌아가 자신의 부대원들을 소집했다. 고심에 또 고심을 하고 방법을 마련하겠다는 결심을 굳힌 후 엘리엇은 내게 전화를 걸었다. 팀은 사용해볼 만한 특허 기술을 검토했고 엘리엇은 이것이 게임을 바꿀 변수라고 확신했다. 그러나 그전에 그는 한 가지 부탁을 했다. 일단은 아주 뛰어난 최고투자담당자를 섭외해야 했다. 수십 년의 경험은 물론이고 가치관도 일치하는 사람이어야 했다. 미지의 바다를 두려워하지 않을 선장이어야 했다. 나는 거기에 딱 맞는 사람을 알고 있었다.

아자이 굽타Ajay Gupta는 순자산이 아주 많은 슈퍼리치들에게 '빈틈없는' 서비스를 제공하는 스트롱홀드자산운용의 창립자 겸 최고투자담당자이다. 또한 내 전담 등록투자상담사이며 우리 가족의 돈을 7년째 관리하는 사람이기도 하다. 그는 거의 20년 동안 대형 금융회사에서 승승가도를 달리던 사람이었다. 그러다 전형적인 인생의 교차로에 직면했다. 어느 길을 선택해야 하는가? 증권사를 떠나 독립적인 수임자로서의 깃발을 달거나 아니면 정육점 건물 안에 머무는 영양사로 행동하면서 계속 아슬아슬한 중간자 입장을 취하거나 둘 중 하나였다. 나는 아자이에게 확실히 결심을 굳히게 된 계기는 무엇이었는지 물어봤다. 그는 이렇게 고백했다. "완전한 좌절감을 겪고 나니 결심이 서더군요. 제가 보기에는 고객의 입장에서 어떤 투자가 최선인지 뻔히 보이는데, 회사는 '결재가 안 떨어진다'는 이유로 그런 상품에는 접근조차 하지 못하게 하더군요. 단순히 나한테 돈벌이가 더 된다는 이유만으로 고객을 차선의 투자로 몰아가고 싶지는 않았어요. 나는 고객을 내 가족처럼 생각하지만, 상아탑 꼭대기에 앉은 사람들이 부과한 제약 조건 때문에 더는 내 스스로 결정을 내릴 수가 없더군요."

아자이의 결심은 말로만 끝나지 않았다. 그는 7자릿수의 상여금을 포기하고 자기 회사를 차렸다. 팀과 고객이 그를 따라온 것은 그리 놀라운 일이 아니었다. 증권사를 떠나 몇 년 동안 우수한 실적과 서비스를 제공하면서 아자이는 (독립 투자상담사들에게 중요 서비스를 제공하는) 찰스슈워브의 눈에 들었다. 찰스슈워브 본사에서 그에게 뜻밖의 전화를 걸어왔다. 찰스슈워브의 전국 규모 광고에서 1만 명 이상의 독립 RIA를 대표하는 얼굴로 찰스 척 슈워브 회장이 아자이를 선정했다는 소식이었다. 이후 아자이가 나와 척의 만남을 주선했고, 척은 이 책을 위해 인터뷰할 50인의 금융 거물 중 한 명이 된다는 데 동의해 주었다.

내가 아자이와 그의 팀을 스트롱홀드와 엘리엇에게 소개해준 순간부터 두 사람의 가치관은 놀랍도록 잘 맞아떨어졌다. 가장 놀라운 점은 전체가 부분의 합보다 훨씬 크다는 사실이었다. 그들은 엄청난 협업 체제를 꾸리기 시작했다. 거의 1년 동안 아자이와 엘리엇은 공통의 목표를 향해 함께 움직였다. 최고의 투자 상담을 민주화하고 나아가 미국인들에게 자신들이 구매하는 투자상품이 무엇인지 알 권리가 있음을 일깨워주고 투명한 상담을 받도록 돕는다는 목표였다. 이렇게 (스트롱홀드자산운용의 새 부서인) 스트롱홀드파이낸셜Stronghold Financial이 탄생했다. 스트롱홀드는 순자산이 많은 부자들에게도 서비스를 계속하지만 이제는 투자 규모에 상관없이 누구에게나 서비스를 제공하고 있다.

보닛 밑을 관찰하라, 공짜로!

내가 아자이와 엘리엇에게 했던 가장 큰 '요청'은 부자만이 아니라 누구나 최고의 상담, 조사, 설계 서비스를 받게 해달라는 것이었다. 심지어 나는 그 서비스를 무료로 제공해달라고 부탁했다!!!

대부분의 재무설계사는 투자자의 투자 자산을 분석하고 위험 감수 수준을 점검하고 '진짜' 수수료를 계량화하고 새로운 자산배분을 조합해주는 대가로 1000달러가 넘는 비용을 받는다. 스트롱홀드가 특허를 받은 새로운 시스템은 이 일을 단 5분 만에, 전액 무료로 완성해준다! 그 시스템을 잠깐 설명하면 이렇다.

www.strongholdfinancial.com에 들어가면 현재 가입한 모든 계좌에 '링크'할 수 있다(401(k)와 투자 계좌가 여러 회사에 분산돼 있어도 가능하다). 그런 다음 시스템은 현재 소유한 모든 투자 내용과 모든 수수료, 심지어 모든 리스크도 다 분석한다. 시스템은 종합 분석과 새로운 자산배분을 제시해준다. 또한 제5부에서 살펴볼 특별한 투자 전략 몇 가지를 알려준 다음, 그런 전략들을 현재 투자자가 사용 중인 전략과 비교한다. 투자자는 여기서 얻은 종합 정보를 가지고 혼자서 실행에 옮겨도 상관없다(여기에 대해서는 단 한 푼의 비용도 청구하지 않는다). 여기서 그치고 싶지 않고 계좌 최소액 기준이 충족되기만 한다면 클릭 한 번으로 계좌 이체를 해서 스트롱홀드에 자산 운용을 맡길 수 있다. 스트롱홀드의 고객이 된 사람에게는 별도의 수임 상담사들이 전화 통화로 여행 길잡이를 해주고 질문에도 답을 해준다. 추가 자문료는 없고, 포트폴리오 총액을 기준으로 약간의 수수료만 받는다. 투자 가능 자산이 2500달러이건 250만 달러이건 상관없다. 손끝 하나만 움직이면, 과거 슈퍼리치들만 받던 전문 서비스를 일반투자자도 받을 수 있다! 그리고 지척에서 상담 서비스를 받고 싶은 사람을 위해 스트롱홀드는 미국 50개 주에 독립 상담사 네트워크를 구축해두고 있다. 그들도 똑같은 투자 원칙에 따라 움직이며 고유의 솔루션에 접근할 수 있다.

나는 엘리엇과 아자이와 내가 모든 사람의 삶에 영향을 줄 수 있는 무료 서비스를 합심해서 만들어냈다는 사실이 무척이나 뿌듯하다! 솔직히 말해 이 결과물이 나온 것은 순전히 기만과 조작을 무기로 휘두르며 투자자의 이익을 저해하는 기존 시스템에 심한 좌절감을 느꼈기 때문이다. 이제는 길잡이 자체를 바꿔야 할 때이다.

수임자 찾기

스트롱홀드가 유일한 수임자라고 오해하지는 않기를 바란다. 미국에만도 수임자는 수천 명이 있다. 상당수는 실력이 뛰어나지만, 자신에게 딱 맞는 수임자를 찾기 위한 5가지 기준 정도는 유념하는 것이 좋다. 여기 미국개인재무상담사연합National Association of Personal Financial Advisors,

NAPFA의 링크를 적어 두었다. http://findanadvisor.napfa.org/home.aspx 여기 들어가면 별도 커미션 없이 수수료만 받는 재무상담사나 설계사를 찾을 수 있다. 단, 여기에 적힌 재무상담사라고 해서 다 실력이 좋다는 뜻은 아니다. 의사건 교사건, 어떤 직업 세계든 종사자들의 실력은 천차만별이다. 게다가 독립 수임자 세계에서는 규모가 중요하기 때문에, 규모가 작은 상담회사일 경우 특정 투자상품에 자유롭게 접근하지 못하고 경쟁적인 가격결정이 힘들 수도 있다.

상담사 선택시 핵심 기준

투자자 자신한테 맞는 수임자를 직접 찾기로 결심했다면 아래에 있는 5가지 핵심 기준에 들어맞는지를 잘 검토한 다음 상담사를 결정해야 한다.

1. 상담사가 주나 SEC에 등록투자상담사RIA로 등록되어 있거나, 아니면 RIA의 투자상담대리인investment advisor representative, IAR인지 확인해야 한다.
2. 등록투자상담사가 운용자산에 비례해 보상을 받고 뮤추얼펀드 판매에 다른 보상을 받지 않는다는 것을 확인해야 한다. 이런 수수료는 말 그대로 수수료여야 하며 완전히 투명해야 한다. 혹여 12b-1 수수료(마케팅 수수료)나 '펀드가입pay-to-play' 수수료를 보상으로 받지 않는지도 확인해야 한다.
3. 등록투자상담사는 주식이나 채권 매매에 따른 보상을 받지 않아야 한다.

4. 등록투자상담사가 특정 증권회사에 소속된 사람은 아닌지 반드시 확인해야 한다. 수임자가 투자상품을 판매하고 더불어 투자유치 수수료까지 받는 경우, 그 수임자가 특정 증권회사에 속한 사람이라면 때로는 투자자의 이익이 아주 심하게 훼손될 수 있다.
5. 상담사에게 돈을 직접 맡기는 행동은 하지 말아야 한다. 투자자는 피델리티Fidelity, 찰스슈워브, TD아메리트레이드TD Ameritrade처럼 어느 정도 믿을 수 있는 제3의 관리회사에 계좌를 만들어야 한다. 이런 회사들은 24시간 온라인으로 계좌 접속이 가능하고 투자자에게 월간 투자보고서를 직접 보내준다.

의지가 있고 시간을 낼 수 있고 적절한 자산배분(4부에서 자세히 나온다)을 공부할 의향이 있는 사람은 수임자를 통하지 않고 직접 투자를 하는 것도 현실적으로 괜찮은 선택이며, 아낀 비용으로 저축을 더 늘릴 수도 있다. 효율적인 세금관리나 은퇴연금설계 혹은 인덱스펀드 외에 여러 투자 대안에 대한 폭넓은 접근 등 부수적인 가치가 발생하는 경우라면 모를까, 그 외에 수임자에게 드는 추가 비용은 바람직하다고 말하기 힘들다.

엔론 사세요!

아주 유능한 수임자는 투명한 상담과 투자 솔루션을 제공하는 것보다 훨씬 많은 일을 해준다. 그들은 마케팅 '잡음'에서 우리를 보호해주는데, 투자자와 이해가 충돌하는 중개인이나 혹은 그가 속한 금융회사는 아주 치명적인 잡음을 내보내기도 한다는 것을 역사는 입증한다. 최근의 금융사건 한 가지를 예로 들겠다.

엔론을 기억할 것이다. 연 매출(2000년도 기준)이 1010억 달러에 달하는 이 에너지 거대기업은 주주들을 만족시키기 위해 장부를 조작했다. 대형 증권사들과 엔론 주식을 다량 보유한 뮤추얼펀드들은 이 회사의 광팬이었다. 내 친한 친구이며 성공한 기업가이자 강연자인 키스 커닝햄Keith Cunningham은 고지식한 성격에 텍사스 사람 특유의 느릿한 억양을 구사한다. 그는 내가 주최한 비즈니스 마스터리Business Mastery 행사 연단에 오르면, 중개인들은 고객이 얼마나 큰 대가를 치르건 손톱만큼의 관심도 없고 상황이 아주 심각한 순간에도 형편없는

날짜	투자 의견	주가	추천기관
2001. 3. 21	"근시일 매수 (Near Term Buy)"	$55.89	메릴린치 (Merill Lynch)
2001. 3. 29	"추천등급 (Recommend List)"	$55.31	골드만삭스 (Goldman Sachs)
2001. 6. 8	"매수(Buy)"	$47.26	J.P.모건
2001. 8.15	"적극 매수(Strong Buy)"	$40.25	뱅크오브아메리카 (Bank of America)
2001. 10. 4	"매수"	$33.10	AG에드워즈(AG Edwards)
2001. 10. 2	"적극 매수=매력적 (Attractive)"	$16.41	리먼브라더스 (Lehman Bros)
2001. 11. 12	"보유(Hold)"	$9.24	프루덴셜
2001. 11. 21	"시장수익률 (Market Perform)" (유지와 같은 뜻)	$5.01	골드만삭스
2001. 11. 29	"보유"	$0.36	크레디트스위스퍼스트보스턴 (Credit Suisse First Boston)
2001. 12. 2	"으악 = 엔론 파산했대"	$0.00	

자문을 제공하기 바쁘다며 비난을 퍼붓는다. 엔론이 무너지기 직전까지도 중개인들이 엔론 주식을 적극 추천했다는 그의 말에 나는 깜짝 놀랐다!

파산 선고가 나기 9개월 전인 2001년 3월, 엔론에 문제가 있다는 신호가 보이기 시작했다. "현금흐름표를 잠깐이라도 본 사람은 이익이 높다는 회사의 말과는 정반대로 자금 사정이 심각한 수준이라는 것을 알 수 있었죠." 키스는 거의 1000명에 달하는 청중에게 그렇게 외쳤다. "그런데도 월스트리트의 금융회사들은 엔론 추천을 멈추지 않았습니다." 앞의 표는 엔론이 챕터11Chapter 11(파산법 제11장)에 이르기까지 9개월 동안 금융회사들이 계속 이 종목을 추천했다는 사실을 보여준다. 매수 또는 보유 추천은 말 그대로 남은 것이 하나도 없을 때까지 이어졌다. 그리고 주식 가치는 0이 되었고 엔론은 파산했다!

당연한 말이지만, 중개인에게 투자 상담을 받는다면 내재된 이해충돌이 어떤 식으로든 표출될 수 있다는 사실을 미리 감안해야 한다.

이익을 위해 벌이는 로비

고객의 이익을 제일 우선한다는 것은 개념상으로는 간단할지 몰라도,
그 자체만으로도 월스트리트에는 대소동이 벌어진다.
—'증권중개회사의 No.1은 무엇인가?' 〈월스트리트저널〉 2010년 12월 5일자

그렇다면 지금의 상태는 왜 바뀌지 않는가? 도드-프랭크법에 따라 SEC는 모든 투자회사에 공통적으로 적용할 '보편적 수임자 기준universal fiduciary standard'을 연구해야 할 의무가 있었다. 제대로 들었다. 정

치가들은 고객의 최고 이익을 위하는 것이 괜찮은 생각인지 가늠할 수 있는 연구를 행해야 했다. 국회의사당에서 펼쳐진 한바탕의 희비극이었다. 나는 제프리 브라운 박사와 인터뷰를 하면서 수임자 기준에 대해 의견을 말해달라고 했다. 대통령실의 자문위원이며 중국 정부가 사회보장프로그램 자문위원으로 초빙한 사람 말고 누구에게 그 질문을 하겠는가? "다른 누군가의 돈을 관리하는 사람은 아주 중요한 일을 하고 있는 겁니다. 일을 올바르게 하고 타인의 돈을 감독해야 할 법적·윤리적 책임을 진다는 것은 굉장히 중요한 일이죠. 제 말은, 우리가 하루를 마감하면서 말하는 주제는 정말로 사람들의 삶과 직결된다는 거죠."

금융산업의 반발은 더 이상 격렬할 수 없을 정도였다. 의원들에게 넉넉한 선거 후원금을 상기시키면서 로비 기계의 엔진을 전속력으로 돌리는 소리가 여기서도 들릴 정도이다.

진실과 해결책

이제 게임의 규칙을 알았다. 그렇다면 투자자는 어떻게 해야 하는가? 수임자를 직접 평가하고 찾으려 할 때 유념해야 할 5가지 단계를 배웠다. 스트롱홀드 사이트에 들어가면 단 5분 만에 특허 받은 시스템에 접근해 아래의 서비스를 제공받을 수 있다.

- 시스템은 몇 초 내에 401(k)를 포함해 현재 계좌가 보유한 모든 자산(주식, 채권, 뮤추얼펀드 등)을 다 검토해 준다.
- '진짜' 비용이 얼마인지 알려주고 수수료를 줄이지 못할 경우 은퇴

자금이 얼마나 줄어드는지도 알려준다. 앞에서 본, 온갖 복잡한 수수료가 끼치는 영향을 기억하기 바란다.

- 시스템은 투자자의 현재 위험 노출 수준을 알려준다. 2008년이나 다른 증시 하강 때 포트폴리오가 과연 얼마나 잘 버텼었는지 기억이 나는가?
- 이해의 충돌이 없는 상담을 제공해주며 여러 다양한 포트폴리오 옵션을 소개해준다.
- 현재의 세금 상황을 고려하고 세금효율이 더 높은 자산배분을 추천해준다.
- 더 많은 서비스를 받고 싶으면, 시스템이 추천하는 제3의 관리인(TD아메리트레이드, 피델리티, 찰스슈워브 등)에게 자동으로 계좌를 이체하면 된다. 그 순간부터 담당 팀이 추천 전략을 실행하고 지속적인 계좌관리 및 서비스를 제공한다.
- 투자 가능 자산이 100만 달러가 넘는 사람은 프라이빗자산운용부서Private Wealth Division에 연결되어 공인투자자accredited investor(미국에서 비공개회사에 대한 투자는 공인투자자만 가능하다. 최근 2년간 매년 20만 달러, 또는 부부합산 30만 달러 이상의 소득이 있었거나, 부부합산 재산이 200만 달러를 넘거나, 거주 중인 부동산을 제외하고 100만 달러 이상의 유동자산이 있어야 공인투자자로 인정받는다—옮긴이)만 가능한 폭넓은 투자 기회에 접근할 수 있게 된다.

언제라도 전화를 걸면 등록투자상담사 팀에 속한 상담사가 투자자 개인의 현 재무상황과 관련된 질문에 답을 해준다. 아니면 인근 지역에 있는 상담사에게 상담을 받고 싶은 사람은 스트롱홀드의 네트워크에 속한 사람을 추천해달라고 부탁해도 된다.

먼 길을 걸었다! 지금까지 밝힌 통념에 대해 대다수 투자자들은 여전히 전혀 모르고 있다. 심지어 순자산이 아주 많은 사람들도 이런 내부자 정보에는 깜깜한 편이다. 앞길이 탁 트였으니 이제부터는 지금 사용하는 전략이 우리의 목표에 부합하는지를 살펴봐야 한다.

> 수임자 문제는 일부 집단에서는 열띤 논쟁거리지만, SEC를 대신해 행해진 연구에서도 드러나듯이 투자자 대다수는 수임자가 무엇인지 그 의미조차 모르는 실정이다. 또한 투자자들은 중개인과 투자상담사가 고객을 생각하는 차원이 다르다는 사실도 전혀 깨닫지 못하고 있다.
>
> —'교착 상태에 빠진 중개인의 의무에 대한 논쟁', 〈월스트리트저널〉 2012년 1월 24일자

중개인	독립 수임자
펀드 판매 건당 수수료를 받음	상담을 제공하고 일률적인 수수료를 받음
세액 공제가 되지 않는 수수료	상담수수료(세율 구간에 따라 세액 공제가 가능)
상품 판매에 따른 보수	이해 충돌이 있을 경우 상담할 때 이를 공시해야 할 법적 의무가 있음
적당함을 기준으로 삼음	수임자 기준
회사가 허락한 한도 내에서 폭넓은 금융상품과 서비스를 제공하며, 여기에는 회사가 독점 거래하는 상품도 포함	모든 상품과 서비스에 접근 가능
회사가 강요한 대로 따라야 함	독립적
투자의 직접적인 관리자로 행동	제3의 관리회사 이용

CHAPTER 6

통념 5. "나는 연금이 싫으니까 너도 당연히 그래야 해."

지난해 연준위원장의 가장 큰 보유자산은 두 개의 연금보험이었다.

—'버냉키 연준위원장의 개인재무설계에는 겉치레 장식은 하나도 없다',
〈USA투데이〉 2008년 7월 21일자

사랑할 것인가, 거부할 것인가

"나는 연금보험annuity이 싫어. 너도 당연히 그래야 해." 내가 우연히 본 온라인 광고 문구였다. 이 전형적인 인터넷 '후크hook 광고(짧고 반복적인 문구나 노래를 앞세워 중독 효과를 노리는 광고—옮긴이)'는 연금보험이 굉장히 끔찍한 투자 형태이고 장기적인 자산증대와 안전을 위해서는 주식과 채권을 이용한 투자 전략이 훨씬 좋은 접근법이라는 것을 선전하고 있었다. 물론 이 광고주는 전문적인 종목 발굴형 투자상품을 판매할 만반의 준비를 갖추고 있었다.

큼지막한 광고 문구에서 언급되지 않은 사실이 하나 있다면, 광고주가 적극 운용 접근법을 취하는 종목 발굴형 펀드라는 점이었다. 워런 버핏, 잭 보글, 레이 달리오, 데이비드 스웬슨이 말했고 여러 학계 연구 결과도 입증하다시피, 시장과의 장기적이고 지속적인 대결 결과를 보면 적극 운용 펀드의 성적표는 별로 훌륭하지 않은 편이다. 일반적으로 수수료는 500~3000퍼센트 더 싼 인덱스펀드의 성적이 월등히 좋다. 그런데도 위와 같은 마케팅 전략이 제법 효과를 거두는 경우가 많다. 끔찍한 투자상품이라고 생각되는 것과 자신의 투자를 비교해 보니, 갑자기 지금까지 자신이 한 투자가 그럭저럭 괜찮다는 생각이 든다.

그러나 모든 사람이 연금보험을 싫어하는 것은 아니다. 이와 정반대로, 한때는 금융계에서 가장 입김이 센 인사였다고 말해도 과언이 아닌 벤 버냉키Ben Bernanke 연방준비위원회 위원장이 자신의 개인재무설계를 짜면서 연금보험의 유용성을 높이 샀다는 사실에 나는 깜짝 놀랐다.

버냉키는 연준 위원장에 취임하기 전에 투자 내역을 공개해야 했다. 공개된 내역을 보니, 주식과 채권에 대한 투자 비중은 비교적 낮은 반면 '가장 비중이 큰 자산 두 가지'는 바로 연금보험이었다. 즉시 한 가지 질문이 내 머릿속에 떠올랐다. "저 사람은 알고 나는 모르는 사실은 무엇인가?"

그리고 연금보험이란 무엇인가? 연금보험은 비교가 안 될 정도로 훌륭한 금융상품인가 아니면 보험회사와 그것을 판매하는 보험중개인한테나 좋은 상품에 불과한가? 답은 무엇인가? 이 답은 어떤 연금보험에 가입하고 있는지 그리고 보험회사가 가입자에게 부과하는 수수료가 얼마인지에 따라 달라진다. 같이 답을 알아보자.

이 책을 쓰는 내내 나는 세계에서 가장 존경받는 투자자들을 찾아다녔다. 독자들에게 억지로 일하지 않아도 죽을 때까지 생활비 걱정을 하지 않아도 될 방법을 찾아주기 위해서였다. 다른 이유를 다 떠나, 그것이 우리가 투자를 하는 첫 번째 이유이기 때문이다.

인터뷰를 하고 여러 조사를 행하는 동안 잊을 만하면 '명단의 제일 꼭대기'에 오른 이름은 바로 데이비드 배블David Babbel 박사였다. 박사학위를 여러 개 가진 배블은 와튼스쿨 교수이고, 목표기간펀드target-date funds에 대한 두 가지 연구와 관련해 노동부장관에게 자문을 제공하기도 했다.

2013년 초에 발표한 보고서에 배블은 자신의 개인사를 담았다. 이 보고서에서 그는 흐름에 맡기고 가치 증대에 희망을 걸고서 투자를 하라고 부추기는 월스트리트 친구들의 충고가 틀렸다는 사실을 입증했다.

혹시라도 주식과 채권에 돈을 거는 위험을 감수하는 대신에, 배블은 안전하고 확실한 은퇴 소득을 마련하기 위해 장기간에 걸쳐 지급을 받는 소득보장연금guaranteed income annuities을 이용했다. 게다가 그가 가입한 연금은 원금이 100퍼센트 보장되기 때문에 시장이 붕괴한 2000년과 2008년에 단 한 푼도 원금을 잃지 않았다. 그는 소득이 중단될 일이 없을 것이라는 완전한 마음의 평화 속에서 아내와 손자들과 함께 삶을 마음 편하게 즐겼다.

나는 필라델피아로 배블 박사를 만나러 갔고, 1시간 예정이던 인터뷰는 4시간 뒤에야 끝났다. 5부에서 소개할 그의 전략은 강력하지만 단순한 것이었다. 그가 이 투자 전략으로 재무적 자유를 얻었으며 진정한 '마음의 평화'를 찾았다는 사실이 내 눈에도 확연했다. 나는 연금보험에 대해 완전히 다른 시각을 가지고 그 자리를 떠났다. 아니, 적어도 몇몇 종류의 연금보험에 대해서는 보는 눈이 완전히 바뀌었다.

그는 "연금보험이 모두 다 평등하게 태어난 것은 아니다."라고 크게 강조했다. 연금보험에는 여러 종류가 있고, 장점과 단점도 상품마다 다 다르다. '싫어할' 소지가 충분한 연금보험도 존재하지만, 그렇다고 모든 연금보험은 다 마찬가지라며 싸잡아 거부하는 것 또한 2000년이 넘도록 시간의 풍상을 이겨낸 유일한 금융 도구를 아무 생각 없이 역차별하는 것밖에 되지 않는다.*

율리우스 카이사르 보험회사

최초의 종신연금life income annuities은 2천 년 전 로마제국 시절까지 거슬러 올라간다. 로마 시민들과 병사들은 하나의 풀pool에 돈을 예치했다. 오래 장수하는 사람일수록 더 많은 연금을 받게 되고 장수의 운을 누리지 못하는 사람은 돈을 남겨두고 떠났다. 물론 정부도 총 예치금에서 일부를 떼 갔는데, 어쨌든 카이사르의 것은 카이사르에게 주어야 하기(마가복음 12:17) 때문이었다.

고대 로마인들은 연 단위로 수입을 지급받았고, 여기서 생겨난 라틴어 'annua'가 지금의 영어단어 'annual(1년마다)'의 어원이 되었고 더 나아가 'annuity(연금)'의 어원도 되었다.

1600년대 유럽 각국 정부는 전쟁 및 공공사업의 재원을 마련하기 위해 톤티식 연금tontine이라는 로마 시대와 똑같은 개념의 연금을 이용했다(이것 역시 총 예치금에서 정부가 일부를 계속 가져가는 식이었다). 현대 세계의 연금보험도 원리와 수식은 옛날과 똑같지만, 정부가 하

* 연금의 가장 큰 약점은 인플레이션이다. 특히, 인플레는 복리로 오른다. 여기에 수수료와 세금도 연금의 매력을 떨어뜨리는데, 이를 위해 최근 연금상품은 운용에 있어 '투자'에 나서고 있다. 책에서는 원금 보장되면서 투자 수익도 나오는 투자대상들을 소개한다.

던 역할을 최고 신용등급을 받는 일부 보험회사들이 대신한다는 점이 다르다. 연금보험을 제공하는 회사들 중 상당수는 100년이 넘게 영업활동을 해왔으며 경기 침체와 공황, 세계대전, 그리고 최근의 신용위기도 이겨낸 회사들이다.

그러나 우리는 여러 종류의 연금보험을 대할 경우 신중함을 잃지 말아야 한다. 지난 2천 년 동안 연금은 거의 대동소이했다. 딱 한 가지 버전밖에 없었다. 금융 솔루션의 코카콜라 클래식인 셈이었다. 연금보험은 가입자와 보험회사 사이의 단순한 계약이었다. 가입자는 보험회사에 돈을 납입하고 회사는 그 대가로 수입이나 수익 보장을 약속했다. 보험료를 납입한 후 가입자는 언제부터 연금 소득을 수령할지 정해야 했다. 더 나중에 받을수록 한 번에 받는 연금 수급액도 올라갔다. 게다가 연금보험에 들면 첫날 바로 정확한 수급 계획이 산출되었다. 추측하고 말고 할 필요도 없었다.

발전인가, 단순한 변화인가

카이사르 시대에 만들어진 최초의 연금과 비교하면 지난 50년 동안 연금은 여러 형태로 진화했다. 진화는 좋은 변화를 낳을 때도 있지만 가끔은 돌연변이를 탄생시키기도 한다!

장담하건대, 좋은 연금상품보다는 나쁜 연금상품이 많다. 잭 보글이 한 말도 있다. "나는 개념적으로는 연금을 추천하는 사람입니다. 그러나 행동에 옮기기 전에 자세히 잘 살펴보라고 권하고 싶습니다." 바로 본론으로 들어가자. 우리는 어떤 연금보험을 피해야 하는가?

변액연금은 변함없이 나쁘다

2012년 한 해 동안 판매된 변액연금은 1500억 달러였다. 1500억 달러는 애플의 2012년 매출 총액보다 머리카락 한 올 정도 모자란 수치이다. 변액연금은 대형 증권사들이 좋아하는 수수료 창출 수단으로 진화했다. 그렇다면 변액연금이란 무엇인가? 간단히 말하면, 기초 예금 전액을 (이른바 특정계정sub account이라고 알려진) 뮤추얼펀드에 투자하는 보험 계약이다. 그렇다. 시장보다 성적이 떨어지고 비정상적으로 높은 수수료를 부과하는 그 뮤추얼펀드이다. 다만 여기서는 투자자들이 구매하는 뮤추얼펀드가 연금이라는 '포장지'에 감싸여 있다는 점이 다르다.

왜 어떤 사람은 연금보험을 통해 뮤추얼펀드에 투자하는가? 연금보험은 특별 세금우대를 받으며, 계좌 가치가 늘어날 경우 401(k)나 IRA(개인은퇴연금계좌)와 마찬가지로 세금이연이 가능하다. 401(k)와 은퇴연금계좌에 한도까지 다 납입했고 여유 투자 자본이 있을 경우에는 연금보험을 통한 뮤추얼펀드 투자가 아주 매력적이다. 투자설명서에는 그렇게 적혀 있다.

하지만 실상은, 시장 수익률을 밑도는 뮤추얼펀드에 비싼 수수료를 지급하는 것으로도 모자라 연금상품에 대해 추가 수수료까지 지급하게 된다.

수수료에 더해지는 수수료

변액연금의 매력은 무엇인가? 왜 어떤 사람들은 단지 세금을 피한다는 이유로, 연금이라는 포장지로 감싼 뮤추얼펀드에 투자하는 것인가? 대다수 변액연금은 계좌 가치가 떨어지더라도 가입자가 정한 수혜자에게는 적어도 투자 원금은 지급하겠다고 보장한다. 즉 10만 달러의 변액연금에 들었는데 뮤추얼펀드 가치가 2만 달러로 떨어진다면, 수혜자로 지정된 자녀는 죽을 때까지 10만 달러를 계속 수급한다. 이것만 보면 그렇게 나쁜 상품은 아니다. 가장 값비싼 종신보험을 구입했다는 사실을 깨닫게 되면 이야기가 달라지지만 말이다.

2부에서 우리는 적극 운용 뮤추얼펀드가 부과하는 온갖 수수료 목록을 검토하고 이 수수료들이 투자수익률을 얼마나 심각하게 떨어뜨리는지 대략적으로 살폈다. 다시 말해, 비용비율, 거래비용, 소프트 달러비용, 현금보유분의 기회손실비용, 판매수수료 등 모든 수수료를 다 합하면 매년 대략 3.1퍼센트에 달한다고 〈포브스〉는 보도한다(401(k), IRA, 변액연금 같은 세금이연계좌를 보유한 경우). 10만 달러면 해마다 수수료로 나가는 돈만 3100달러이다.

이게 끝이 아니다. 변액연금에 가입했다면 위에 나온 수수료만이 아니라 보험회사에 지불해야 하는 '추가' 수수료가 발생한다. 모닝스타 추산에 따르면, 연평균 1.35퍼센트의 '유지수수료mortality and expense, M&E'[6]가 발생하고 또한 매년 0.10~0.50퍼센트 사이의 관리수수료도 내야 한다. 이 숫자들을 다 더해보자.

뮤추얼펀드에 드는 평균 비용 = 3.1퍼센트 (〈포브스〉기사)
유지수수료 = 1.35퍼센트(평균)

6 특정 연금이나 보험상품에 포함되는 수수료로, 연금보험 계약에서 보험회사가 지게 되는 여러 위험에 대비한 보상 역할을 한다.

관리비용 = 0.25퍼센트(평균)

10만 달러를 변액연금에 투자하면 해마다 총 4.7퍼센트에 해당하는 4700달러가 비용으로 나간다! 게다가 이것은 수익이 나건 말건 상관없이 부과되는 비용이다. 다시 말해, 펀드 수익률이 4.7퍼센트라면 투자자 본인은 한 푼도 벌지 못한다는 뜻이 된다! 이익에 붙는 세금을 피하기 위해 이 모든 수수료를 다 내야 한단 말인가?

젠장, 수수료를 다 빼고 나면 세금이 부과될 이득조차 없을지 모른다!

궁지에 몰리다

대다수 사람들은 변액연금으로 오히려 돈을 손해 보면서도 사망보험금보장death benefit guarantee(가입자가 죽을 경우 원금을 상속자가 받게 되는 보장) 때문에 돈을 빼낼 엄두를 내지 못한다. 그리고 해약공제금surrender charge도 만만치 않은데, 보험회사들은 대개 중도 해약자에게는 큰 금액을 떼고 환급을 해주는 편이다.

이런 규칙에 예외가 존재하는가? 전문가들의 말에 따르면, 세금 효율성 때문에 굳이 변액연금이 필요하다면 딱 두 군데만 알아보라고 권한다. 뱅가드와 티아크레프TIAA-CREF(미국교직원연금기금)가 제공하는 변액연금은 수수료가 굉장히 낮은데다, 여러 저비용 인덱스펀드 목록에서 마음에 드는 것을 고를 수 있다. 따로 나가는 커미션이 없기 때문에 해약할 경우에도 해약공제금을 부과하지 않는다.

조부모 시대의 연금과는 다르다

5부의 3장과 4장에서는 정기적인 수입을 보장하는 전통적 형태의 연금과 비교적 최근에 생긴 연금(보장성지수형연금보험fixed indexed annuity)을 자세히 검토할 것이다. 보장성지수형연금보험은 금융상품을 통틀어 수급액이 가장 높고 보장이 강한데다, 원금도 100퍼센트 보호된다. 이 책을 다 읽은 후에는 매달 (일하지 않아도 될 정도로) 일정액이 꼬박꼬박 들어온다는 사실을 확인하고 마음의 평화를 얻게 된다. 그리고 평생 보장된 수입에서 세금 문제까지 해결된다면 재무적 자유를 향한 길에 가속도가 붙을 수 있다. 그러려면 어떻게 해야 하는가?

지금 버는 소득의 일부를 떼 로스 IRARoth IRA(계좌에 납입한 돈에 생긴 수익이 아니라, 인출금의 수익 부분에 대해 세금우대가 적용되는 은퇴연금계좌. 다시 말해 현재가 아닌 미래에 절세 효과가 발생하게 된다—옮긴이)의 힘을 평생수입원인 연금보험의 힘과 결합해야 한다. 다시 말해, 정부가 정한 세율이 어떻든 상관없이 수령하는 금액 전액을 가처분소득이라고 생각해도 아무 탈이 없다. 변하는 부분도 없고 시장 변동성을 걱정할 필요도 없이 법적으로 안전한 비과세 평생소득이 생기는 것이다.

이번 장의 목적은 단순히 피해야 할 연금상품을 알려주는 것만이 아니라, 연금보험은 '무조건' 나쁘다는 마케팅 통념에 현혹돼서는 안 된다고 경고하기 위해서이기도 하다. 연금보험의 힘을 더 자세히 말하지 않는 이유는, 일단은 자산을 어디어디에 투자해야 하는지(자산배분)의 개념부터 제대로 이해해야 하기 때문이다. 자산배분을 이해하면 연금보험이 언제 어느 부분이 자신에게 맞는지 올바로 파악하는 데 큰 도움이 된다.

해결책

어떤 종류든 이미 연금보험에 가입한 상태라면 연금보험 전문가에게 점검을 받아보기를 권한다. 라이프타임인컴(www.lifetimeincome.com)에 들어가면 연금보험 전문가가 아래와 같은 무료 점검을 해준다.

- 현재 가입한 연금보험의 장단점 파악
- 현재 지급하고 있는 실제 수수료 확인
- 보장금액이 시중 상품 중 최고인지 아닌지 판단
- 현재의 연금보험을 유지할지 아니면 해지를 하고 다른 연금보험으로 '전환하는' 것이 좋을지 결정해 줌

현재 가입한 연금보험이 알고 보니 별로인 것 같으면 '1035 교환 1035 exchange'이라는 조항을 이용해도 된다. 약간의 서류 작업이 필요하지만, 이 조항을 이용하면 세금을 내지 않고 지금까지 납입한 연금보험 전액을 다른 회사의 보험으로 옮길 수 있다. 그러나 현재의 연금보험 기간이 충분히 길지 않다면 해지 시 '해약공제금'이 부과될 수 있다는 점을 명심해야 한다. 해약공제금이 낮거나 0이 되기 전까지는 보험회사를 옮기는 것은 될 수 있으면 나중으로 미루는 편이 좋다. 게다가 사망보험금보장이 아예 없어질 수 있다는 점도 기억해야 한다.

다음에 설명할 통념은 내부자들이 가장 조심하고 또 조심하는 거짓말이다. 바로, 고수익을 위해서는 터무니없는 위험도 기꺼이 감수해야 한다는 통념이다. 이제 여섯 번째 통념의 가면을 벗길 시간이다.

CHAPTER 7

통념 6. "큰 보상을 얻으려면 이런 위험쯤은 감수해야죠!"

투자운용사업은 철저한 분석을 행한 뒤 원금 보장과 충분한 수익률을 약속하는 사업이다. 이 요건에 미달인 투자운용은 투기일 뿐이다.

—벤저민 그레이엄, 《현명한 투자자The Intelligent Investor》

꿩 먹고 알 먹기

표면적으로만 본다면 기업가들의 위험 감수 수준은 아주 높은 편이다.
하지만 내가 인생에서 가장 중요하게 생각하는 말 중 하나는
"하방보호책을 마련하라."이다.

—리처드 브랜슨, 버진 창립자

버진의 창립자이며 세상을 놀라게 한 브랜드를 여러 개 만든 리처드 브랜슨이 버진항공을 세우기로 결심한 해는 1984년이었다. 다윗과 골리앗의 대결이라고 해도 과언이 아닌 이 싸움에서, 마케팅의 귀재 브랜슨은 거대 경쟁사인 브리티시항공British Airways을 비롯해 그

누구보다도 시장을 잘 내다볼 자신이 있었다. 외부인들이 보기에는 무모한 도박이었다. 그러나 현명한 투자자들이 그렇듯, 브랜슨도 홈런을 치기보다는 하강 위험을 헤지하는 데 관심이 더 많았다. 그가 위험 헤지를 위해 취한 행동은 기발할 정도였다. 첫 비행기 5대를 사면서 그는 일생일대의 조건을 성사시켰다. 타산이 맞지 않으면 항공기 5대를 전부 환불받을 수 있다는 계약을 성사시킨 것이다! 이번 사업에 실패해도 브랜슨은 잃을 게 없었다. 그러나 성공하면 대박 성공이 가능했다. 나머지는 역사가 말해준다.

다른 비즈니스 세계와 마찬가지로 투자 세계도 직접적으로든 은연중으로든 하는 말은 같다. 크게 성공하고 싶으면 위험도 크게 걸어야 한다고 말한다. 심지어 재무적 자유를 원하면 목적지에 도착하기 전까지는 자유를 희생해야 한다는 놀라운 말도 서슴지 않는다. 진실과는 한참이나 거리가 먼 말이다.

성공한 내부자들의 공통분모 한 가지는 힘들게 모은 돈으로 투기를 하지 않고 철저히 전략을 짠다는 점이다. 워런 버핏의 제1과 제2 투자 규칙이 무엇인지 아는가? '제1규칙. 돈을 잃지 마라! 제2규칙. 제1규칙을 유념하라.'이다. 레이 달리오와 폴 튜더 존스 같은 세계 최고의 헤지펀드 매니저이건 세일즈포스 창립자 마크 베니오프와 버진의 리처드 브랜슨 같은 혁신적 기업가이건 이들 억만장자 내부자들은 예외 없이 비대칭 위험/보상을 제공하는 기회가 없는지 살핀다. 비대칭 위험/보상이야말로 위험에 비해 보상을 극적으로 높일 수 있는 아주 멋진 방법이다.

위험은 작게 걸고 보상은 많이 거둬야 한다.

저위험 고보상에 가장 잘 들어맞는 예는 고빈도매매HTF로, 이것은 1000분의 1초도 아끼기 위해 최첨단 기술을 적극 이용한다(심지어는 비행 로봇을 이용하고, 빛의 속도에 버금가는 극초단파 송신탑도 세운다). 증시 총거래량의 70퍼센트를 차지하는 이들 HTF의 위험/보상은 얼마라고 생각되는가? 힌트 하나를 주겠다. 최대 HFT 회사 중 하나인 버추파이낸셜Virtu Financial은 기업 공개를 앞두고 규정대로 사업모델과 수익성을 공개했다. 지난 5년 동안 버추가 손해를 본 날은 단 하루였다! 맞다. 1000거래일 중 단 1거래일만 돈을 잃었다! 이 회사가 감수한 위험은? 더 빠른 컴퓨터 구입이 아닐까 싶다.

수백만 달러어치 동전을 사다

내 친구이며 헤지펀드 구루인 J. 카일 바스는 3천만 달러를 2년이라는 짧은 기간 만에 20억 달러로 불리며 큰 명성을 얻었다. 흔히들 그가 그렇게 막대한 수익률을 얻기 위해 위험도 크게 걸었을 것이라고 짐작한다. 그렇지 않다. 카일은《찰리와 초콜릿 공장》에 나오는 아이처럼, 주택 거품이 꺼진다는 데 신중하게 계산된 베팅을 했다. 그가 보기에는 일찌감치 그런 순간이 찾아올 것이 분명했다. 그때를 기억하는가? 비적격 모기지 쇼퍼들은 아무 대책도 없으면서 살 수 있는 부동산은 다 사라는 꼬임에 넘어갔다. 그들은 계약금도 없었고 원리금 상환 능력을 입증할 증거도 없었다. 대출기관들은 앞 다퉈 대출을 제공했다. 어차피 대출상품을 기초자산 삼아 꾸러미로 묶어 파생상품으로 만든 후 아무것도 모르는 투자자들에게 판매하겠다는 심산이기 때문이었다. 밖에서 안을 들여다보기만 해도 주택 경기가 거품이라는 사실은 금방 알 수 있었다. 6부의 인터뷰 글에서 자세히 나오지만, 카일은 주택 가격 하락에 베팅한 후 상승에 대비해서는 1달러 당 3센트만 위험에 노출시키는 탁월한 솜씨를 발휘했다. 그야말로 위험은 최소로 낮추고 보상은 최대로 높이는 전략이지 않은가?

얼마 전에 나와 나눈 대화에서 그는 자신과 투자자들을 위해 발견한 또 다른 비대칭 위험/보상의 기회를 내게 자세히 설명했다. 어떤 내용인가? 그가 받는 투자의 원금 보장은 95퍼센트이지만 그 기업이 공개될 경우 상방에는 제한이 없다(그리고 그는 수익이 높을 것으로 기대하고 있다!). 그러나 가치가 하락할 경우 그가 입을 손해는 5퍼센트에 불과하다.

다른 위대한 투자자들처럼 카일도 저위험/고보상을 추구한다. 아무런 하방보호 downside protection(기초자산의 가치 하락에 대비해 손실을 줄이거나 제한하기 위해 다른 옵션 내지 헤지 수단을 이용하는 행위—옮긴이) 없이 홈런을 노리며 풀스윙을 하는 것은 재앙을 부르는 지름길이다.

"카일, 그 부분을 독자들에게 쉽게 설명하고 싶은데?"

"내 두 아들한테 가르쳐줬던 방법을 알려줄게. 우리는 5센트 주화를 샀어."

"무슨 소리야, 카일?" 혹시 전화기가 고장 났나 싶었다. "5센트 동전을 샀다고 한 거, 내가 맞게 들은 거야?"

"맞게 들었어. 하루는 가만히 소나기를 맞으며 서 있다가 '무위험 수익을 얻을 데는 없을까?'하는 생각이 들더라고."

대다수 전문가는 그런 생각은 아예 하지도 않는다. 그들은 '무위험 수익'이라는 말 자체가 성립이 안 된다고 생각한다. 그러나 카일 같은 내부자는 군중과는 생각이 다르다. 관습적인 지혜를 거부하고 비대칭 수익을 거둘 작은 투자가 없는지 언제나 찾아다닌다. 지난 세기에 가장 큰 성공을 거뒀다는 평판을 얻는 이 헤지펀드 구루는 힘들게 모든 돈으로…… 음, 돈을 샀다. 그는 200만 달러를 써서 작은 방을 꽉 채울 정도의 5센트 주화를 샀다. 도대체 왜?

5센트 주화의 주재료인 니켈 가치가 상승했고 인터뷰에서 카일은 내게 이렇게 말했다. "카일, 지금 5센트 주화를 '녹인 가치'는 6.8센트야. 5센트짜리를 녹이면 실제 가치는 [36퍼센트 더 높은] 6.8센트라는 거지." 정부가 5센트짜리 동전 하나를 만드는 데 (원재료와 제조비를 합쳐) 총 9센트를 쓰는 세상이라는 것 자체가 어처구니없기는 하다. 의사당에서 그런 사실에 신경을 쓰는 사람이 있기는 할까? 그런 현상이 지속될 리가 없고 언젠가는 하원도 정신을 차리고 5센트 주화의 '재료'를 바꾸려고 할 것이다. "어쩌면 다음에는 주석이나 강(鋼)을 주재료로 쓸지도 몰라. 80년대 초 구리 가격이 비싸졌을 때 1센트 주화에도 똑같은 변화가 있었거든." 1909년부터 1982년까지 1센트 주화의 구성 성분은 95퍼센트가 구리였다. 오늘날의 주성분은 아연이며 구리는 2.5퍼센트에 불과하다. 옛날 1센트 동전의 현재 가치는 2센트이다!(녹인 가치가 아니라, 수집품 시장에서 팔리는 금액이다!) 액면가의 2배나 된다. 당시에 1센트 주화에 투자했다면 아무 위험 없이 돈을 2배로 불릴 수 있었을 것이다. 게다가 녹이고 말고 할 필요도 없다!

처음에 나는 그냥 시시껄렁한 잔꾀라고 생각했지만 카일은 굉장히 진지했다. "내가 가진 현금 자산을 다 인출해 버튼 한 번만 눌러 5센트 동전으로 전부 바꿀 수만 있다면 지금이라도 그렇게 할 거야. 정부가 혹시 돈을 많이 찍어내는 건 아닐까 걱정할 필요도 없어. 5센트 동전은 아무리 떨어져도 5센트잖아." 그러면 그가 지닌 현금의 가치는 36퍼센트가 더 늘어나고, 어느 순간 정부가 제조단가를 낮추기로 결정한 순간부터 5센트 주화는 1센트짜리처럼 미래에는 가치가 두 배로 늘어나게 된다.

카일은 입에 침이 마를 정도로 열심히 설명했다. "무위험에 수익률이 36퍼센트나 되는 걸 또 어디 가서 찾을 수 있겠어? 내 판단이 틀리다고 해도 어차피 본전치기는 돼." 물론 주화를 함부로 녹이는 것은 현재 불법이지만, 그의 요점은 이렇다. "동전을 녹일 필요도 없어. 정부가 5센트 동전의 제조법을 바꾸기로 하고 유통 중인 종래의 5센트 동전을 거둬들이는 순간부터 희소성이 생겨서 5센트 주화의 가치는 훨씬 올라갈 게 분명하거든."

카일의 두 아들도 아버지의 가르침을 유념하고서 저장 박스에 열심히 동전을 모으고 있다.

읽는 사람은 생각이 다를 수도 있다. "카일 바스한테야 좋은 전략이기는 해. 그런 사람은 투자할 돈이 수백만 달러, 심지어 수십억 달러나 되잖아. 하지만 나 같은 사람한테는 무슨 소용이지?" 물론 일반 투자자들한테는 하방위험 없이 상방만 존재하는 투자를 찾는 것은, 다시 말해 상방 잠재력upside potential이 높고 동시에 원금도 100퍼센트 보호되는 투자처를 찾기란 거의 불가능하다.

그런데 이렇게 생각해보자.

금융의 창의성이 얼마 전까지는 존재하지도 않았던 고빈도매매를 불과 10년 만에 시장을 지배하는 힘으로 끌어올렸듯이 다른 금융 분야에도 이런 창의성이 불붙고 있다. 2008년 시장 붕괴로 주식에 대한 열기가 싸늘히 식은 후 대규모 은행에서 일하는 창조적인 직원 몇몇은 불가능해 보이는 묘수를 찾아냈다. 그들은 원금 손실의 위험은 전혀 없이 증시 상승에만 동참할 수 있는 상품을 개발했다!

헛소리라고 무시하고 싶겠지만 내가 개인적으로 보유하고 있는 '채권'에 대한 설명부터 듣기 바란다. 세계 최대 은행 중 한 곳이 발행하고 보증을 한 이 채권은 원금이 전액 보호되며, 시장이 상승할 경우 가치 상승 중 상당 부분을 내 몫으로 가져올 수 있다(배당이 없더라도).

증시가 하락해도 나는 원금을 전액 돌려받을 수 있다. 여러분은 어떨지 모르지만, 나는 상방의 일부를 포기하고 대신에 생각만 해도 속 쓰린 손실이 발생하는 사태를 피할 수만 있다면 얼마든지 그렇게 할 수 있다.

내가 너무 앞서 생각하고 있는 것인지도 모른다. 대다수 사람들은 지금의 상황에서 자산을 크게 늘리려면 위험도 크게 거는 수밖에 없다고 생각한다. 거센 풍랑이 이는 주식시장을 겁에 벌벌 떨며 헤치고 나아가는 수밖에는 다른 도리가 없다고 생각한다. 그리고는 어차피 남들도 다 같은 배에 타고 있다는 사실에서 약간의 위안을 얻는다. 정말로 그럴까? 그렇지 않다! 모두가 같은 배에 타고 있는 것은 아니다!

다른 사람들이 변동성의 파도에 이리저리 흔들리고 난타당하고 거센 물살을 감내하는 동안, 바다 건너편에는 안전한 항구에 닻을 내리고 있는 훨씬 크고 안락한 배들도 있다.

안전하게 항해하는 배의 주인은 누구인가? 내부자들이다. 부자들이다. 상위 1퍼센트이다. 힘들게 번 돈으로 투기를 할 생각은 눈곱만큼도 없는 사람들이다. 그러나 오해하지는 말기 바란다. 0.001퍼센트에 속하지 않더라도 0.001퍼센트와 같은 전략을 구사하지 못할 이유는 없다.

꿩 먹고 알 먹기를 싫어하는 사람은 없다

투자 세계에서 꿩 먹고 알 먹기는 시장이 올라갈 때는 돈을 벌지만 시장이 하락하더라도 돈을 잃지 않는다는 의미이다. 상향 승강기에만 타고 하향 승강기에는 타지 않는다는 뜻이다. 너무 좋아서 진짜라고 믿기 힘들겠지만 아주 중요한 개념이기 때문에 나는 이것을 설명하기 위해 5부 전체를 할애했다. 하지만 돈을 불리려면 끝없는 변동성의 파도에 몸을 맡겨야 한다는 선입견을 털어낼 수 있도록 아래에 소소한 전채요리를 마련했다. 여기에 간략히 적은 세 가지 전략은 잔잔한 바다에 닻을 내리고 있는 동안에도 강력한 수익률이 가능하다는 것을 이미 충분히 입증했다. (자세한 설명은 5부를 참조하라.)

1. **구조화채권**structured notes 오늘날 가장 흥미진진한 금융 도구 중 하나지만, 순자산이 아주 많은 투자자들이 마치 센트럴파크의 비둘기들처럼 이 상품을 게걸스럽게 먹기 때문에 일반 대중은 구경조차 힘들다. 다행히도 적절한 수임자는 대규모 투자 자본이 없는 개인투자자를 대신해 이 상품에 접근할 수 있다. 설명하자면 이렇다.

구조화채권은 간단히 말해 은행(보통은 세계 최대 규모에 속하는 은행들)에 '빌려주는' 대출이다. 투자자가 은행에 돈을 빌려주면, 그 대가로 은행은 채권을 발행해준다. 은행은 채권의 시한이 다 되어 만기에 빌린 돈 '이상을' 갚겠다고 투자자에게 보장을 한다. 다시 말해 빌려준 돈을 전액 다 상환 받고, 시장 이득이 발생하면 배당을 제외한 나머지 가치 상승 중에서 약속된 일부도 같이 받는다.

맞다. 채권을 구입한 날보다 시장 가치가 떨어지더라도 원금을 다 돌려받지만, 만기 전에 가치가 올라가면 상방에도 동참할 수 있다. 나는 이 채권을 '조정된 안전engineered safety'이라고 부른다. 왜 그런지 이해되는가? 나는 채권의 가치 상승 전부를 가져오지는 못한다. 따라서 하방보호를 위해 상방의 일부를 포기할 용의가 있는지 스스로에게 물어봐야 한다. 대다수가 그럴 수 있다고 말한다. 특히 은퇴를 했거나 은퇴가 가까워져 큰 손실을 감당할 여력이 없는 투자자와 2008년과 같은 사태가 또 오면 살아남을 자신이 없는 투자자에게 아주 유용한 상품이다.

약간 더 위험이 높아도 괜찮은 투자자를 위해 하방위험 노출을 늘이는 대신 상방 참여를 늘려주는 채권이 있다. 예를 들어, 어떤 채권은 25퍼센트의 하방보호 '에어백'을 제공한다. 이 경우 시장이 25퍼센트 이상 내려가면 투자자는 손해를 본다. 위험을 더 많이 감수하는 대가로 투자자는 상방의 100퍼센트 이상을 받게 된다. 현재 어떤 채권은 투자자가 25퍼센트 이상의 손실 위험을 대신 흡수해주면 상방의 140퍼센트까지 제공한다. 따라서 만기 전에 증권의 시장 가치가 10퍼센트 올라간다면 투자자는 14퍼센트의 수익을 얻는다.

구조화채권의 하방은 어떻게 보호해야 하는가? 하방보호 보장은 담보 보증과 비슷하다. 따라서 규모가 아주 크고 재무구조도 튼튼한 은행이 발행한 채권을 선택해야 한다(주의: 리먼브라더스도 파산 전까지는 재무구조가 튼튼한 은행이었다! 그래서 투자 전문가 상당수는 재무구조가 가장 튼튼하기로 소문 난 캐나다의 은행들을 이용한다).

다음 문제는? 타이밍이 완전히 엇나갈 수 있다. 가령 5년 만기 채권을 보유했고 처음 4년 동안은 시장이 상승했다. 그때까지는 마음을 푹 놓고 있었다. 그런데 5년째 되는 해 시장이 붕괴하면 원금 회수는 가능할지라도 이익은 전혀 얻지 못한다. 게다가 만기가 되기 전에 채권을 팔아야 할 경우에는 시장의 유동성이 부족할 수도 있다.

또한 모든 구조화채권이 다 좋지만은 않다는 것을 명심해야 한다. 금융상품이 다 그러듯이 구조화채권도 좋은 것이 있고 나쁜 것이 있다. 대다수 소매금융회사가 판매하는 구조화채권은 상당한 커미션이나 인수 수수료, 배분비용 등을 부과하고, 이런 비용이 다 합쳐지면 잠재적 수익이 크게 훼손된다.

실력 있는 전문 수임자(등록투자상담사)를 통해 구조화채권을 매입하면 수임자에게 정해진 상담수수료만 내기 때문에 여러 비용을 크게 아낄 수 있다. 물론 아낀 수수료는 잠재 수익 향상으로 이어진다. 게다가 세율구간마다 영향이 다르기 때문에 수임자를 이용하면 가장 세금효율적으로 채권을 소유하는 방법에 대해서도 조언을 얻을 수 있다.

2. 시장연동 CD Market-Linked CD 제일 중요한 부분부터 설명하자면, 이것은 할아버지 세대의 CD(양도성 예금증서)와는 다른 것이다. 오늘날의 저금리 시대에 전통적 CD로는 인플레이션을 따라잡지 못한다. 구매력이 서서히 줄어든다는 의미에서 전통적 CD에 '양도성 사망증서 certificates of death'라는 별명이 붙었을 정도이다.

이 글을 쓰는 지금 1년물 CD의 평균 이자율은 0.23퍼센트(23bp)이다. 1000달러를 1년 동안 투자해서 고작 2.30달러만 번다면 참을 수 있겠는가? 웬만한 투자자는 은행으로 가 1000달러를 맡기고 군말 없이 23bp의 수익을 받을지도 모른다. 그러나 부유한 투자자들(내부자들)은 껄껄 웃으며 저리 치우라고 말할 것이다. 그 돈으로는 라테 한 잔도 못 사는데다, 심지어 그 2.30달러에는 역사 전체로 보면 상당히 낮은 편이지만 (투자에 붙는 자본이득세에 비해서는) 훨씬 높은 경상소득세율이 부과된다!

은행 입장에서야 전통적 CD는 고수익 상품인데, 예금주가 돈을 맡기면 그 돈에 예금금리의 10~20배 되는 대출금리를 적용해 빌려줄 수 있기 때문이다. 내부자 게임의 또 다른 버전이다.

시장연동 CD는 구조화채권과 비슷하지만 연방예금보험공사 Federal Deposit Insurance Corporation, FDIC가 예금보험을 제공한다는 점이 다르다. 작동 원리는 이렇다.

시장연동 CD도 전통적 CD처럼 시장이 오르면 일정 수익(쿠폰이자)을 보장하고 더불어 상방에도 동참할 수 있다. 시장이 떨어지면 (약간의 수익이 더해진) 원금을 전액 돌려받을 수 있고 만기까지 FDIC의 예금보험도 적용받는다. 구조화채권은 5~7년 기한이 많지만 시장연동 CD는 대개 1~2년이다.

현실적으로 예를 들면, 오늘날 시장연동 CD는 전통적 CD와 똑같은 금리를 지불하지만 동시에 시장 이득에도 최대 5퍼센트까지 참여할 수 있다. 즉 시장이 8퍼센트 상승했다면 투자자는 5퍼센트까지 자기 몫으로 가져갈 수 있다. 이 경우 똑같이 FDIC 예금보호를 받으면서도 전통적 CD의 20배가 넘는 수익률을 누리게 된다. 다시 말하지만 시장이 하락해도 투자자는 한 푼도 잃지 않는다. CD 금리는 언제나 변한다는 사실을 잊지 말아야 한다. 어떤 때는 금리가 높고 어떤 때는 금리가 낮다. 2008년 은행들은 예금 유치에 혈안이 되어 내 친구이자 내 개인 등록투자상담사인 아자이 굽타도 도저히 지나치기 힘든 아주 매력적인 CD 금리를 제공했다. 채권은 FDIC 보험을 통해 100퍼센트 원금이 보장되었다. 이 상품이 가진 무엇보다도 가장 큰 장점은, 시장 가치가 채권과 주식을 균형 있게 혼합한 포트폴리오에 연계되어서 무위험으로 연평균 8퍼센트의 수익률이 가능하다는 점이었다!

하지만 다시 경고하는데, 은행을 통해 시장연동 CD를 직접 매입하면 엄청난 수수료와 비용을 물어야 한다.

반대로 수임자를 통해 이 상품에 접근하면 일반 소매금융이 부과하는 수수료와 비용을 내지 않아도 되기 때문에 투자자의 투자실적과 여타 조건도 훨씬 좋아진다.

3. 보장성지수형연금보험Fixed Indexed Annuities 제일 먼저 말하고 싶은 것은, 시장에는 쓰레기 같은 연금상품도 많다는 사실이다. 그러나 나는 최고 전문가들을 조사하면서 내부자들은 하방위험 없이 상방만 창출하는 또 하나의 도구로서 연금상품을 이용한다는 사실을 알게 되었다.

보장성지수형연금보험(이하 FIA)는 1990년대 중반에 탄생했지만 폭발적 인기를 얻은 것은 비교적 최근에 들어서였다. '적절히 구조화된' 보장성지수형연금보험은 몇 가지 뚜렷한 특징을 지닌다.

- 보험회사가 100퍼센트 원금 보호를 보장한다. 이런 이유에서 신용등급이 높고 오랫동안(대부분은 100년 이상) 약속을 훌륭하게 이행한 보험회사를 골라야 한다.
- 하방은 없고 상방만 있다. 구조화채권과 시장연동 CD와 마찬가지로 FIA는 시장이 상승할 때는 이득에 동참할 수 있는 반면, 시장이 하락해도 손해를 보지 않는다. 모든 이득은 세금이연이 가능하며 로스 IRA 계좌와 연계된 경우에는 수익에 대해 세금을 내지 않아도 된다.
- 마지막이며 가장 중요한 것은, 일부 FIA는 생이 다하는 날까지 소득흐름이 끊이지 않는 능력을 갖고 있다는 사실이다. 평생월급이나 다름없다! 이 연금상품 투자를 자신만의 개인연금이라고 생각해보자. 보험회사는 가입자가 평생 소득흐름을 가동하기로 결심한 순간이 되었을 때 예치된 금액에 맞춰 매달 정해진 금액을 지불할 것을 보장한다. 보험회사들은 200년 동안 이 일을 성공적으로 잘 해냈다. 이 전략은 5부에서 심도 있게 살펴보기로 한다.

당부의 말

앞에서 설명한 상품이나 전략이 무조건 다 좋다고 오해해서는 안 된다. 어떤 상품은 커미션과 수수료가 높고 숨은 비용도 크다. 나는 혹시라도 몇몇 세일즈맨들이 여러분의 재무 이익에 별 도움도 되지 않는 상품을 판매하기 위해 이 책에 나오는 내용을 악용하는 사태만은 절대 일어나지 않기를 바란다. 그리고 5부에서 이런 금융 솔루션을 파헤치면서 상품 이용시 반드시 피해야 할 함정 목록을 같이 설명할 것이다.

가만히 참을수록 적게 얻는다

꿩 먹고 알도 먹는 투자 방법이 존재한다는 사실을 맛보기로 보여주는 것이 이번 장의 목표였다. 너무 오래 험한 물살만 타다보면 다른 선택은 없다는 믿음이 자리 잡기 시작한다. 이른바 '학습된 무기력learned helplessness'이 생긴다. 그러나 내부자들의 생각은 다르다. 버핏부터 브랜슨에 이르기까지 모든 내부자는 비대칭 위험/보상의 기회를 찾아다닌다.

내부자들은 무기력하지 않고 당신도 마찬가지이다. 인생의 어떤 분야이든 가만히 참을수록 적게 얻는다. 그리고 이제는 기준을 높일 때가 되었다.

얼마나 멀리 왔는가

꽤 오랜 길을 걸었다! 지금까지 산산조각 낸 통념과 새롭게 발견한 진실을 다시금 정리해보자.

- (극소수 '유니콘'을 제외하면) 지속적으로 시장을 이기는 사람은 아무도 없다! 그렇기에 시장을 흉내 내는 저비용 인덱스펀드를 이용하면 우리는 96퍼센트의 뮤추얼펀드와 상당수 헤지펀드보다 높은 실적을 거둘 수 있다. 최우수 실적 집단에 가입한 것을 환영한다!
- 종목 발굴형 뮤추얼펀드는 대단히 높은 수수료를 부과하기 때문에 (평균적으로 3퍼센트 이상) 이 수수료를 80~90퍼센트 낮추는 방법을 모색해야 한다. 수수료만 아껴도 은퇴할 때 찾는 돈이 두 배 이상 늘어날 수 있고, 재무적 자유에 이르는 시간도 몇 년은 앞당길 수 있다. 잠시 시간을 내 수수료를 꼼꼼히 확인해야 한다!
- 정육점 주인과 영양사의 차이, 다시 말해 중개인과 수임자의 차이를 배웠다. 이제 투명한 상담을 원한다면(그리고 세액공제도 원한다면) 누구에게 가야 하는지가 분명히 드러났다.
- 변액연금은 2천 년 역사를 가진 금융상품의 돌연변이이지만 진화된 (정액)연금보험은 다른 금융상품이 제공하지 못하는 평생소득 흐름을 보장해준다!
- 마지막으로 무위험 투자는 가능하다. 물론 어떤 것이든 나름의 위험은 있지만, 일부 구조화상품들은 시장이 올라갈 때는 투자자를 이득에 동참시켜주고 반대로 시장이 하락할 때는 원금을 전액 보장해준다.

눈이 조금 뜨인 느낌인가? 눈가리개를 치워버렸는가? 진실을 알게 된 당신의 삶은 이제 많이 달라질 것이다. 잘못된 통념을 부수는 것이야말로 진정한 재무적 자유에 이르기 위한 기초작업이다. 게임에 이길 수 있다는 사실을 직접 보고 듣고 느끼고 이해하기를 바란다. 이런 통념들 때문에 마음이 불안해져도 괜찮다. 내 경우 그런 통념이 오히려 진실을 발견할 때 도움이 되었다. 잘못된 통념을 추진제 삼아 재무적 자유를 인생의 필수품으로 만들고 다시는 이용당하지 않겠다고 세상에 대고 공표하자.

3부에서는 더 자세히 파고들면서 조금씩 재미가 붙기 시작할 것이다. 그 정도 진도를 나가면 어렵지 않고 흥도 나는 은퇴 설계가 자리를 잡으면서 꿈도 현실에 조금은 가까워지게 된다. 진행 속도가 성에 차지 않는 독자를 위해서는 속도를 높여 더 빨리 미래에 다가가는 방법을 알려줄 것이다.

이제 마지막이자 가장 중요한 통념을 사형대로 보내야 할 때가

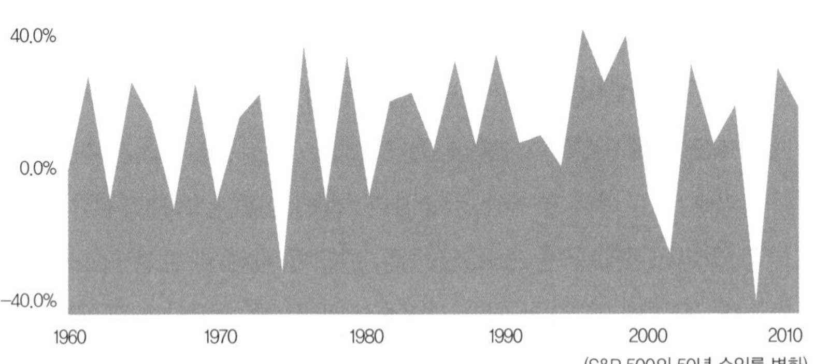

S&P 500 연간 수익률(1960~2010)

왔다. 이것은 금융계가 우리를 꾀려고 써먹는 장사 수단인 다른 통념과는 다르다. 그것은 우리가 스스로에게 써먹는 스토리이다. 통념이라고 부르건 거짓말이라고 부르건, 이것 때문에 지난날 우리는 올바른 행동을 취하지 못했다. 그것을 돌파해야 한다! 스스로에게 하는 거짓말을 찾아내 자신이 그은 한계를 넘어서자!

CHAPTER 8

통념 7. "나는 안 돼. 여기서 그만두는 게 좋아."

진실을 구하면 길이 보일 것이다.

—프랭크 슬로터

정신이 번쩍 든다. 우리는 오랫동안 우리에게는 큰 손해를 입히고 대형 금융기관에는 큰 이득을 주기 위해 악용되었던 마케팅과 투자의 통념을 속까지 파헤쳤다. 진실을 알고 충격을 받았겠지만 무언가 큰 힘이 생겼다는 느낌도 든다. 성공하려면 무엇을 피하고 무엇을 해야 하는지 이제는 확실히 안다.

그러나 우리를 가로막는 마지막 통념이 하나 있다. 우리 힘으로는 통제하기 힘든 다른 누군가, 다른 무언가가 있기 때문에 성공하지도, 목표를 이루지도, 성장하지도 못하는 것이라고 마지막 통념은 말한다. 혹은 재무 분야와 관련된 능력을 타고나지 못했기 때문에 그 분야를 정복하지 못한다는 생각이 자리를 잡고 있다. 그것은 진실이 아니다. 우리를 방해하는 가장 큰 걸림돌은 다른 누군가가 그어놓은 제한

선이 아니라 바로 우리 스스로가 인식과 믿음에 그어놓은 한계이다. 인류가 어떤 성공을 거두었든, 우리 자신이 개인적으로나 직업에서나 영적으로나 감정적으로나 얼마나 높은 곳에 도달했든, 언제나 더 높은 차원이 존재한다. 그리고 더 높은 차원에 이르려면 우리는 자신에게 솔직해야 한다. 자신의 무의식적 두려움에 솔직해야 한다. 무슨 의미인가?

사람마다 어느 정도 실패에 대한 두려움이 있다. 가끔은 지금의 자신으로는 충분하지 못한 것 같다는 두려움이 우리를 엄습한다. 무엇을 해야 할지 아는데도 두려움 때문에 실천하지 못한다. 인간으로서 당연한 두려움을 직시하지 못하고 우리는 어떻게 하는가? 스토리를 만들어낸다. 원하는 상태에 왜 이르지 못하는지 이유를 둘러대는 스토리를, 자신이 왜 충분히 똑똑하지 않은지, 충분히 성공하지 못하는지, 충분히 날씬하지 않은지, 충분히 부자가 아닌지, 충분히 사랑하고 사랑받지 못하는지 이유를 둘러대는 스토리를 만든다. 이런 스토리는 혼자 힘으로는 통제할 수 없는 무언가가 있다고, 타고난 재능이나 실력이 부족하다는 식으로 말한다. 그러나 재능과 실력이라는 성공의 두 열쇠는 온 힘을 다해 노력하면 얻을 수 있는 것들이다. 어떤 것을 정복하기가 얼마나 힘들고 '불가능한지'에 대해 스스로 정한 정신적 한계를 넘어설 수 있다면 실력도 따라온다.

당신은 자신의 프리덤펀드를 만들기 위해 얼마를 저축해야 하는지 정확히 알아냈고 그럼으로써 인생에서 단연코 가장 중요한 재무적 결정을 내렸다. 재무적 자유에 한 걸음 다가갔고 자는 동안에도 돈을 벌어줄 현금인출기를 만드는 길에 들어섰다. 그리고 앞길을 방해하는 모든 마케팅 통념을 확실하게 파헤쳤다. 마지막으로 무엇을 건너뛰어야 하는가? 우리의 앞길을 막는 마지막 장애물은 우리가 만든 스토리, 한계, 그리고 두려움이다. 마지막으로 넘어야 할 장애물은 우리 자신이다. 내가 38년 동안 사람들이 장애물을 극복하고 돌파하도록 돕는 일에, 지금의 위치에서 정말로 원하는 장소에 더 빨리 도달하도록 돕는 일에 많은 열정을 쏟은 것도 이런 이유에서다. 나는 사람들이 장애를 돌파하도록 돕는 데 내 인생을 다 바쳤다. 그러려면 복잡한 단계를 거쳐야 한다고 흔히들 생각하지만, 내가 발견한 사실에 따르면 장기적인 성공과 실패의 차이를 가르는 요소는 단 세 가지에 불과하다. 현재에 머무를 것인지 앞으로 나아갈 것인지, 가지지 못한 것에 대해 변명을 일삼을지 아니면 당연히 누려야 할 인생의 즐거움을 얻을지는 바로 이 세 가지 요소가 결정한다.

돌파

돌파한다는 것은 무슨 의미인가? 돌파란 불가능이 가능으로 바뀌는 순간이다. 할 수 없다는 말만 일삼다가 과감히 행동에 돌입해 필요한 행동은 무엇이든 하게 되는 순간이다. 자신의 세상을 진정으로 바꾸고 개선하기 위해 움직이게 되는 순간이다.

어떤 때는 좌절감이나 분노나 스트레스가 돌파구를 만들어낸다. 문턱에 부딪친 순간 "다시는, 더는 안 돼."라는 말이 저절로 나온다. 아니면 꿈꿨던 수준 이상으로 훨씬 근사한 인생이 가능하다는 영감을 불러일으키는 사람을 만나는 순간 정신이 번쩍 깨이는 느낌이 든다. 아주 즐거운 인생을 살고 인간관계가 훌륭하고 날씬하고 건강하고 재무적으로도 자유로운 사람을 만났고 스스로도 결심을 다진다. "나도 저 사람만큼 똑똑해. 나도 길을 찾아야겠어." 전에는 그럭저럭 넘어갔던 것들을 더 이상은 무심코 넘기지 않는다. 이제는 뒤돌아가지 않는다. 장애물에 구애받지 않기로 확실히 선을 긋고, 새로운 목표를 세우고 새로운 기준을 만들기로 결심한 순간 자신이 할 수 있는 일이 놀라울 정도로 달라진다.

많은 사람이 "이렇게 변하기까지 10년이 걸렸어."라고 말한다. 그러나 솔직히 말해 돌파를 하는 데 10년이 걸렸다는 소리는 아니다. 진짜 변화는 순식간에 찾아온다. 그보다는 마음의 준비를 충분히 다지기까지, 마음을 열고 획기적 행동을 취하기까지 10년이 걸렸다는 소리일 공산이 크다. 그러나 우리 모두는 무언가 돌파구를 만난 경험이 있고, 돌파는 눈 깜짝할 사이에 끝났다. 우리는 직장이든 경력이든 몸무게든 인간관계든 무언가 때문에 오랫동안 힘겨워한다. 비참함에 젖어 살다가 어느 순간 방아쇠가 당겨진다. 갑자기 "고민은 이제 그만!"이 된다.

"사랑해!" "그만 둘래!" "나를 받아줘!" "한번 시작해보자!"

하루 또는 한 시간에 걸쳐서가 아니라 그 찰나의 순간에 당신의 인생이 변한다. 영원히 변한다.

당신도 배우자도 불행한 게 눈에 보이는데도 그 관계를 오래도록 질질 끌어본 적이 있는가? 더는 어떻게 해볼 수도 없는 상태에 다다랐지만 미지에 대한 두려움 또는 변화에 대한 두려움, 홀로 된다는 두려움이 발걸음을 막았다. 상실과 불확실에 대한 두려움에 젖어 행동을 하지 못하고 그대로 안주했다.

지금 무엇 때문에 힘겨워하건 과거 어떤 일에서 돌파구를 마련한 적이 있다면 그 순간을 떠올리기 바란다. 매일, 매주, 매달, 몇 년, 심지어 10년이 넘도록 그 일로 입이 바짝바짝 말랐는데 어느 순간 문턱을 넘어섰던 경험이 있지 않은가? 영감과 자신감을 얻었고, 고민거리인 상황을 영원히 바꾸기 위해 과감한 결단을 내렸던 경험이 있지 않은가? 당신은 그 즉시 변화를 이끄는 중대한 행동을 개시했다. 결국 해냈다. 나쁜 버릇을 뜯어고쳤고 금연에 성공했다. 끔찍하기만 한 직장을 그만두고 자기 사업을 시작했다. 마침내 운동을 시작해 건강하고 날씬한 몸을 되찾았다. 서로가 불행한 관계에서 벗어났다.

그런 돌파의 순간을 되살려야 한다. 그때는 변화가 불가능하다고 생각했지만, 그래도 당신은 결국 해냈다. 성공했다. 그렇게 되기까지 아무리 오래 걸렸어도 단 한 순간에, 진짜 결단을 내리고 진심어린 행동으로 이어진 그 순간에 인생의 모든 것이 바뀔 수 있다. 그것이 돌파이다. 그리고 또 하나의 돌파구가 지금 당신을 기다리고 있다.

돌파구를 만드는 3단계 행동

돌파구를 만드는 데는 3단계 행동이 필요하다. 이 세 가지 힘이 한 데 뭉치면 인생의 어떤 분야에서든 커다란 변화가 가능하다. 한 단계만 성공해도 효과가 있지만 세 단계 모두 성공하면 어떤 분야에서건 완전히 탈바꿈할 수 있다.

미국인들이 생각하는 세 가지 가장 큰 도전은 무엇인가? 등장하고 또 등장하면서 고민과 고통을 안기는 세 가지 분야는 무엇인가? 재무사정, 인간관계, 몸이다. 주위를 둘러보면 돈 문제로 힘들어 하는 사람들, 저축을 못하는 사람들, 벌이가 넉넉지 않은 사람들, 돈 낭비가 심한 사람들, 경력을 살리려면 다음에 어떻게 해야 할지 모르는 사람들이 얼마나 많은가? 인간관계는 어떠한가? 남자와 여자는 다르게 태어난다. 서로를 이해하지 못하는 상태에서 건강하고 친밀한 관계를 유지하고 배우자가 정말로 무엇을 원하는지 알기 위해서, 또는 사랑과 지지를 제대로 표현하기 위해서 우리는 아주 많은 노력을 필요로 한다. 그리고 우리의 몸이 있다. 지금 서구 세계 사람들의 상당수가 심각한 비만이다. 미국인 10명 중 거의 7명은 과체중이거나(미국질병통제예방센터가 체질량지수 25.0~29.9 사이로 정의한 사람들) 아니면 비만이다(체질량지수 30.0 이상). 날씬함과 건강함을 잃는 것은 국가적 위기가 되었고, 개도국이 미국의 생활방식과 식습관을 받아들이면서 비만 문제는 거의 범세계적으로 퍼져나가고 있다.

내가 이 주제를 꺼낸 이유는 무엇인가? 인간관계와 건강하지 못한 식습관이 재무적 자유를 달성하는 능력과 무슨 상관이 있다는 것인가? 돌파구를 마련하려는 분야가 몸이든, 인간관계든 아니면 이 책의 주제인 돈이든, 결국 우리는 단 세 가지에만 주목하면 된다. 문제를 돌파하고 성취감을 얻고 싶은 분야가 무엇이든 그 세 가지는 언제나 똑같다. 인생을 바꾸고 싶으면 전략을 바꿔야 하고 스토리를 바꿔야 하며 마음상태state를 바꿔야 한다. 우선은 대다수 사람들이 출발점으로 삼는 전략부터 시작하자.

올바른 전략 찾기

이 책을 읽으면서 당신은 자신의 돈을 통제하고 안전한 재무적 미래를 보장하는 전략이 무엇인지 알고 싶어 한다. 내 인생의 목표는 모든 인생 분야를 개선해주는 전략을 찾는 것이다. 나는 사람들이 더 나은 삶의 질을 누리도록 도와줄 전략과 도구를 찾기 위해 38년 동안 아낌없는 노력을 쏟아 부었다. 내 노력은 성공을 거두었고 나는 100개 나라에서 5천만 명이 넘는 사람들의 삶에 영향을 줄 수 있었다. 이 모두가 사람들을 인간관계에서건 재무문제에서건 경력에서건 사업을 키우는 일에서건 정신과 신체와 영혼의 문제에서건, 빠르게 돌파구로 이끌어주는 간단한 전략을 찾기 위해 열심히 노력한 덕분이었다.

결과를 얻기 위한 가장 확실하고 빠른 방법은 당신이 원하는 목표를 이미 이룬 사람을 찾아 그 사람의 행동을 모델로 삼는 것이다. 나는 언제나 그렇게 믿는다. 과거에는 뚱뚱했지만 10년 동안 날씬하고 건강한 몸을 유지하는 사람이 주위에 있다면 그 사람을 모델로 삼아라! 한때는 비참한 연애에 빠져 있었지만 거기에서 벗어나 지금은 10년째 열정적인 사랑을 하고 있는 친구가 있다면 그 친구를 모델로 삼아라. 무일푼이었지만 차곡차곡 재산을 늘렸고 지금도 그 재산을 꾸준히 유지하고 있는 사람이 주위에 있는가? 그들로부터 전략을 배워라! 그 사람들이 지금의 상태에 이른 이유는 운이 좋아서가 아니다. 그들은 그 분야에서 당신이 생각하지 못하는 무언가 다른 행동을 하고 있다!

내 인생은 어떻게 보면 인간의 탁월한 능력을 찾아 헤매는 사냥꾼의 인생이었다. 효과적인 전략을 원한다면 최고의 사람들, 그러니까 오랫동안 결과를 입증한 사람들을 찾아가라. 그들의 전략을 따르고 그들과 똑같은 씨앗을 뿌린다면 똑같은 보상을 얻을 수 있다. 이것이야말로 내가 입버릇처럼 말하는 "성공은 단서를 남긴다."의 정수이다. 그리고 이 책 역시 그런 최고의 사람들에게서 차용한 전략으로 가득 차 있다.

올바른 전략의 또 다른 장점은 무엇보다도 가장 귀중한 자원인 시간을 절약해준다는 것이다. 이미 효과가 입증된 올바른 전략을 사용해 계획을 세우면 수십 년간 힘겹게 싸워야 할 일이 단 며칠 만의 노력을 통해 성공으로 이어질 수 있다. 시행착오를 거치며 무언가를 처음 배울 때 따라붙기 마련인 좌절감을 겪지 않아도 된다. 이미 성공을 이룬 사람을 모델 삼아 배운다면 몇 년이 아니라 며칠 만에 결과를 얻을 수 있다. 실패가 뻔한 방법에 시간을 낭비해서야 되겠는가?

과연 전략의 힘이 얼마나 큰지 궁금할 것이다. 이 책을 읽다 보면 현존하는 최고의 재무전략을 배울 것이라는 점은 약속할 수 있다. 이 책에 소개한 전략은 내가 만든 전략이 아니라 역사상 가장 성공한 투자자들의 전략이기 때문이다. 그러나 내가 전략에 집착하기는 해도 전략만으로 충분하지 않다는 사실 역시 잘 안다.

그 이유는? 전략만 있으면 인생이 바뀔 수 있다는 생각에는 두 가지 중요한 걸림돌이 있다. 첫째로, 사람들은 걸핏하면 '그른' 전략을 세우고는 끝내는 실망한다. 살을 빼기 위해 하루에 500칼로리만 섭취하겠다는 계획을 세우지만 계속할 수 있을 리가 없다. 아니면 주식 하나를 잘 고르기만 해도 부자가 될 수 있다고 자신하지만 그건 하늘의 별 따기이다.

사람들은 보통 어디에서 전략을 배우는가? 어디로 가서 조언과 지도를 찾으려 하는가? 아주 많은 사람이 자신이 성취하려는 그 분야에서 성공하지 못한 사람들에게서 충고를 구한다. 연애를 잘 못하는 친구한테 연애 상담을 하는 사람들이 얼마나 많은가? 살빼기에 번번이 실패하는 친구한테 몸매 관리에 대해 조언을 구하는 사람들은 어떠한가? 살빼기는 불가능하다는 뉘앙스만 은연중에 잔뜩 강조하는 메시지를 듣는 이유는 무엇인가? 주위의 친구나 가족이 전부 건강하고 날씬한 몸매와는 거리가 멀기 때문이다. 재무관리에 대한 조언도 마찬가지이다. 진정한 부를 얻지 못한 사람에게 조언을 구하는 것은 재앙을 불러오는 지름길이다. 그것은 어떤 방법도 소용이 없다는 생각만 강화한다. 어떤 방법도 효과가 없는 것이 아니라 '그 전략들'이 소용이 없었던 것이다.

아무리 전략이 훌륭해도 가끔은 결과도 봐야 한다.

—윈스턴 처칠

스토리의 힘

다시 말하면, 우리의 가장 큰 고민거리 세 가지는 연애문제, 신체, 재무 상태이다. 우리가 이 세 분야에서 힘든 상황에 빠진다면 그 원인은 간단하다. 우선, 앞에서도 말했듯 올바른 전략이 없기 때문이다. 주위를 보면 남자는 말수가 적은데 여자는 쉴 새 없이 말하는 커플이 한두 쌍은 꼭 있다. 두 사람 모두 상대가 원하는 것을 충족시켜주기는커녕 무엇을 원하는지도 이해하지 못한다. 유행하는 다이어트 방법을 끝도 없이 찾아다니는 친구도 한두 명은 있고, 걸핏하면 단번에 100만 달러를 벌게 해줄 마법을 찾아다니는 친구들도 어딘가에는 있다. 이런 친구들은 그런 마법을 찾지 못하면 재무적 자유도 결코 이룰 수 없다고 스스로에게 되뇐다. 올바른 전략이 없으면 실패한다. 그리고 실패하는 순간 우리는 엉터리 스토리를 만들어낸다. "내 아내가 만족하는 일은 결코 없을 거야." "내 주제에 무슨 살을 빼겠어." "원래부터 돈을 가진 사람만이 돈을 벌 수 있어." 스스로를 가두는 이런 스토리는 우리가 올바른 전략을 찾지 못하게 하거나 혹은 전략을 찾더라도 실행에 옮기지 못하게 방해한다.

눈앞에 정답을 들이대는데도 "아냐, 그건 ~해서 절대 소용없을 거야."라고 말하는 사람은 어디에든 있다. 그들은 그 방법이 왜 효과가 없는지 100만 가지 이유를 들이댄다. 댈 수 있는 변명은 다 갖다 붙인다. 올바른 전략이 우리 눈앞에 존재하는데도 사람들이 그런 전략을 사용하지 않는 이유는 무엇인가? 여전히 목표를 이루지 못하는 이유는 무엇인가? 애정 어린 관계를 유지하거나 살을 빼고 건강한 몸매를 계속 유지하기가 그토록 힘든 이유는 무엇인가? 미국인의 70퍼센트가 과체중인 이유는 날씬하고 건강해지기 위한 전략이 아주 복잡하기 때문인가? 정보가 숨어 있어서 단지 1퍼센트의 사람만이 아주 비싼 대금을 치르고 그 정보를 살 수 있기 때문인가? 절대 아니다. 답은 어디에나 있다. 잠깐만 운전하면 전문 트레이너가 운동법을 가르쳐주는 체육관에 갈 수 있다. 지금 애매한 장소에 있다면 온라인에만 들어가도 트레이너를 만날 수 있다. 웹에 들어가면 공짜 조언을 얻을 수 있고, 살빼기와 건강관리에 대한 전자책도 수백 권은 되기 때문에 지금 당장 아이패드나 스마트폰으로 내려받을 수 있다. 건강하고 날씬한 몸이 되기 위한 전략을 피하려고 노력하는 것이 더 힘들 정도이다.

그렇다면 진짜 문제는 무엇인가? 그 답을 알려면 인간적 요소를 건드려야 한다. 내가 항상 하는 말이 있는데, 성공의 80퍼센트는 심리에 달려 있고 20퍼센트는 기술에 달려 있다. 그렇지 않다면, 자신이 무엇을 바라고 원하는지 알고 있고 그것을 이루기 위한 올바른 전략까지 알면서도 여전히 미적거리며 행동을 취하지 않는 이유를 달리 어디에서 찾을 수 있겠는가? 이 수수께끼를 해결하려면 우리는 개개인의 심리를 파고들어야 한다. 우리를 이끄는 가치와 믿음과 감정을 파고들어야 한다.

누군가에게 올바른 전략을 코앞에 들이밀어 주었는데도 그 사람이 성공하지 못한다면, 그 이유는 그 사람이 돌파구 마련을 위한 두 번째 열쇠인 '스토리의 힘'을 놓치고 있기 때문이다. 바로 앞에 답이 있는데도 행동을 미적거린다면 원인은 딱 하나이다. 자신이 만든 스토리에 꽁꽁 묶여 있기 때문이다. 성공하지 못할 것이고, 실천하기 불가능할 것이고, 남들한테나 소용이 있을 것이라는 스토리에 묶여 있기 때문이다. '그건 부자나 운이 좋은 사람, 행복한 연애를 하는 사람한테나 가능한 방법이잖아.' 자기를 가두는 스토리를 만들기란 결코 어렵지 않다.

그런데도 실패가 '뻔한' 전략을 왜 굳이 실행에 옮기는 것인가? 흠, 전략이 문제가 아니다. 문제는 스토리이다. "되면 좋고 아니면 말고"식으로 무성의하게 접근하는데 될 리가 있겠는가! 이런 믿음은 자기충족적self-fulfilling 예언이다. 기운 빠지게 만드는 스토리를 가지고 출발한다면, 실패는 따 놓은 당상이다. 어떤 방법도 다 소용 없다는 식의 믿음만 더욱 강화될 뿐이다. 그리고 악순환이 계속 반복된다.

그러나 변화를 실현한 사람들은, 해야 할 일을 하고 성취를 이루고 바뀌고 성장하고 학습하는 사람들은 전략을 택해 거기에 새로운 스토리를 붙인다. 역량을 강화해주는 스토리를, "할 수 없어, 안 할래."가 아니라 "할 수 있어, 하고 말 거야."라는 스토리를 붙인다. 한계를 정한 스토리를 버리고 스스로에게 힘을 부여하는 "하지 못하는 다수 중 하나가 아니라, 할 수 있는 소수 중 하나가 될 거야."라는 스토리로 옮겨간다.

과거에 17킬로그램 정도 과체중이었을 때 내 스토리는 "난 원래 골격이 커."였다. 틀린 말은 아니지만 뚱뚱한 것도 사실이었다. 스토리가 틀리지 않더라도 자신에게 아무 도움이 되지 않는다면, 누리고 싶은 삶을 이루는 데 방해가 된다면 스토리를 바꿔야 한다. 우리는 모두 저마다 잘못된 스토리에 갇혀 산다.

"난 돈을 잘 못 벌어." "더 저축하기는 힘들어." "난 글을 읽지 않을 거야. 난독증이 있거든."

내 친구이며 버진 제국의 회장인 리처드 브랜슨도 난독증이 있지만 그것 때문에 자신의 인생에 한계를 긋지는 않았다. 어떻게 그럴 수 있었을까? 난독증에 대한 리처드의 생각과 스토리는 그를 틀에 가두기는커녕 힘을 실어주었다. 그는 "난 글을 읽지 않을 거야."가 아니라 "나는 난독증이 있어. 그러니까 어떤 것이든 실현하려면 더 열심히 노력해야 해. 꼭 그럴 거야."라는 스토리를 만들었다. 우리는 스토리를 이용할 수 있지만 스토리에 이용당할 수도 있다. 찾으려고 마음만 먹으면 누구든 역량을 강화해주는 스토리를 만들 수 있다. 스토리를 바꾼 순간 자기 인생의 좋은 부분도 잘못된 부분도 다 쉽게 찾을 수 있다. 스토리는 항상 존재한다. 스토리는 우리의 감정을 통제하고, 감정은 우리의 모든 행동과 움직임을 견인한다.

혹시 지금 돈 문제 때문에 걱정이 많은가? 다음 번 월급 날만 생각하면, 자동차 할부금만 생각하면, 아이들 대학 등록금만 생각하면, 아니면 넉넉히 돈을 모아 은퇴할 수 있을지 여부를 생각하면 스트레스를 받아 밤에 잠도 오지 않는가? 지금 당신이 받는 재무적 스트레스는 어느 정도인가? 미국공인회계사협회American Institute of Certified Public Accountants, AICPA에 의하면, 미국인의 거의 절반인 44퍼센트 가량이 '높은 수준의' 재무적 스트레스에 시달린다고 한다. 스스로에게 이런 질문을 던져보자. "이런 모든 스트레스 때문에 죽을 정도인가?"

스탠포드대학의 건강심리학 교수인 켈리 맥고니걸Kelly McGonigal은 10년 동안이나 스트레스의 위험을 경고해오다가 어느 날 문득 스트레스가 아니라 자신이 하는 충고야말로 사람들을 더 빨리 무덤으로 보내는 원인일지도 모른다는 사실을 깨달았다. "나는 사람들을 강하게 만들 수 있는 자극[스트레스]을 질병의 원인으로 바꾸고 있었다." 생각에 돌파구가 뚫리고 몇 가지 새롭고 강력한 연구를 행한 결과 맥고니걸의 생각도 이전과는 판이하게 달라졌다.

어쩌면 스트레스는 우리의 친구일지도 모른다. 근육을 강화하기 위해 (웨이트를 들거나 달리기를 해서) 근육에 스트레스를 주듯이, 감정적 스트레스도 우리의 신체와 심리를 강하게 만들 수 있다. 현재 맥고니걸이 발표한 새로운 연구는 스트레스에 대한 마음이 바뀌면 신체가 스트레스에 보이는 물리적 반응도 바뀔 수 있다는 사실을 보여준다. 8년 동안 진행한 연구에서, '스트레스를 많이' 겪었고 이런 스트레스가 건강에 나쁘다고 믿은 성인은 사망 위험이 43퍼센트 증가했다(그것은 분명 나한테도 큰 스트레스였다). 하지만 똑같은 수준의 스트레스를 겪으면서도 스트레스가 건강에 해롭지는 않다고 생각한 사람들은 사망 위험이 전혀 늘지 않았다! 맥고니걸의 말에 의하면, 신체가 보이는 스트레스 징후(심장이 쿵쿵 뛰고, 호흡이 가빠지고, 땀이 줄줄 흐름)는 반드시 두려워하고 있다는 신체적 증거도, 압박감을 제대로 다루지 못하고 있다는 신호인 것도 아니다. 오히려 이런 징후들은 몸이 에너지를 얻어 다음 도전을 맞이할 준비를 하고 있다는 신호로 해석될 수 있다. 결론을 말하자면 스트레스를 어떻게 생각하는지가, 다시 말해 스트레스에 어떤 스토리를 부여하는지가 중요하다는 사실이 과학적으로 입증되었다. 스트레스를 해로운 것이 아니라 유익한 것으로 받아들일 수 있는지에 따라, 쉰 살에 스트레스성 심장마비로 죽을지 아니면 아흔 살이 넘어서도 건강하게 잘 살 수 있는지가 나뉠 수 있다.

성공만이 내 유일한 선택이야, 실패는 아니야.

—에미넴의 '완전히 빠져봐Lose Yourself' 중에서

지금까지 당신이 돈에 부여한 스토리는 무엇인가? 당신의 재무적 꿈에 방해가 되는 걸림돌은 무엇인가? 저축을 시작하기에는 너무 이르다고 스스로에게 말하고 있지는 않은가? 아니면 투자 계획을 다시 세우기에는 이미 늦었다고 생각하는가? 봉급이 넉넉하지 않아서 따로 저축할 여유가 없다고 생각하는가? 이렇게 불리한 금융시스템에서는 어차피 노력해도 소용없다고 생각하는가? 그래서 이런 스토리를 만들어냈을지도 모른다. "정부는 우리에게 빚더미를 잔뜩 지웠고, 금융시스템은 난장판이야." "나는 숫자에 약해." 희소식이 있다. 숫자에 강하지 않아도 된다! 전화기와 계산기를 집어 들거나 아니면 스마트폰에 우리가 만든 앱을 다운로드 받은 후, 지금의 재무적 위치와 도달하고자 하는 위치와 얼마만큼 기꺼이 노력할 생각인지를 묻는 여섯 가지 질문에 대답하면 된다. 그러면 자신에게 알맞은 재무설계를 제공받고 재무적 자유를 위해서는 어떻게 해야 하는지 확실히 알 수 있다.

어쩌면 "돈이 돈을 버는 거야."가 당신의 스토리일지도 모른다. 내가 이 책의 초고를 처음 보여준 한 친구는 이런 생각이 뿌리 깊이 박혀 있었다. "돈을 많이 벌 방법을 찾지 못하면 돈 문제에서 자유로워지는 것도 불가능해. 애초부터 돈이 많은 사람들은 수백만 달러도 너끈히 벌지만, 난 아니야." 시어도어 존슨이 자신만의 현금인출기를 만든 일화가 나오는 챕터를 읽은 후 이 친구의 스토리는 더 이상 방해가 되지 못했다. 알다시피, 시어도어 존슨은 연봉이 1만 4천 달러를 넘은 적이 한 번도 없었지만 평생 모은 돈은 무려 7천만 달러가 넘었

다. 그가 남보다 운이 좋아서는 아니었다. 그는 단지 당신이 앞으로 배울 것과 똑같은 시스템을 이용했을 뿐이다.

내 친구가 만든 새로운 스토리는 앞으로 당신의 스토리가 될 수도 있다. "이 단순한 복리체계를 잘만 이용하면, 나는 돈도 많이 모을 수 있고 원하는 곳 어디에나 갈 수 있고 정말로 원하는 어떤 인생도 가능하고 재정적으로도 자유로워질 수 있어. 내가 내 스스로에게 한계를 덧씌우지만 않는다면 한계는 없어."

나 역시 스토리에 커다란 변화가 생기면서 재무 상태에도 돌파구가 생겼다. 가난하게 자라서인지 몰라도, 나는 돈 부족과 식구 전체가 받는 고통을 별개의 문제라고 생각한 적이 없었다. 어린 시절부터 나는 금전적으로 성공하기 전까지는 결코 아이를 가지지 않겠다고 다짐했다. 언젠가는 돈을 아주 많이 벌어서 절대로 우리 가족이 창피함과 좌절감을 겪는 일이 없게 할 거라고, 제때 요금을 내지 못하고 식탁에 올릴 음식도 없었던 내 어린 시절의 고통을 대물림하지는 않을 거라고 다짐했다.

나는 그 약속을 지켰다. 열여덟 살이 되었을 때 내 한 달 소득은 무려 1만 달러였다. 지금도 큰돈이지만 그때에는 어마어마하게 큰돈이라고 여겨지는 액수였다. 신이 난 나는 가난한 어린 시절을 같이 보낸 고향친구들에게 달려가 이렇게 말했다. "화끈하게 놀자. 이집트로 가서 낙타를 타고 피라미드 옆을 달리는 거야!" 그것은 꼬맹이 시절부터 내 꿈이었다. 그리고 그 꿈을 친구들과 나눌 수 있게 되었다. 하지만 친구들은 뜻밖의 반응을 보였다. "말이야 쉽지, 부자 양반." 친구라고 생각한 아이들이 보인 경멸어린 반응에 나는 가슴 깊이 상처를 받았다. 나는 돈 자랑을 한 것이 아니었다. 그냥 내 풍요를 친구들과 나누고 근사한 모험을 같이 하고 싶을 뿐이었다. 내 생각을 재점검해야 했다. 나는 스토리를 새로 만들었다. "잘 벌고 모을 능력이 있더라도 그럭저럭한 수준만 유지하면 돼. 그렇지 않으면 사람들이 좋지 않게 평가할 거야. 금전적으로 너무 튀고 잘 나가면 사람들이 나를 좋아하지 않을 거야." 이것이 내 새로운 스토리였다.

그래서 몇 년 동안 내 생활과 사업은 꽤 순탄했지만 수입은 크게 늘지 않았다. 하지만 어느 지점에 이르자 티핑포인트가 찾아왔고 이런 생각이 들었다. "말도 안 돼. 내 지식을 늘릴 수 있다면 그래야 하지 않을까?" 답은 "당연히 그래야지!"였다. 더 많이 경험하고 더 많이 사랑할 수 있다면 그래야 하지 않을까? 물론이다! 나눠주는 능력을 키울 수 있다면 그래야 하지 않을까? 물론이다! 더 많이 벌어서 재무적 부를 늘릴 수 있다면 그래야 하지 않을까? 이번에도 답은 "당연하지!"였다. 처음으로 나는 내가 망설이고 있었음을 깨달았다. 다른 분야에서는 더 키우고 늘리는 것을 당연하게 받아들였으면서 왜 유독 돈 문제에 있어서는 다르게 생각했을까? 왜? 말도 안 되는 짓이었다.

그러나 나는 진실을 알고 있었다. 나는 내가 재무적으로도 성공하면 사람들이 삐딱한 눈으로 나를 바라볼지도 모른다는 깊은 두려움에 무의식적으로 사로잡혀 있었다. 나는 모두를 기쁘게 해주고, 모두에게서 사랑받고 싶었다. 그 마음이 아주 컸기 때문에 무의식속에서 나는 재무적으로는 그른 행동을 족족 하고 있었을 뿐 아니라 심지어는 성공마저도 가로막고 있었다. 많은 사람이 그러듯 나는 돈은 정신적인 것이 아니라고 스스로에게 되뇌고 있었다. 정말 미친 생각 아닌가? 진정한 부를 일군 사람은 진실을 안다. 모두가 가치 있다고 여기는 분야에서 타인에게 어느 누구보다도 더 많은 도움을 줄 방법을 찾아내는 것만이, 부를 이루고 그 부를 유지하는 유일한 길이라는 진실 말이다. 타인의 삶에 축복을 더하는 사람이 되면 자신의 삶에도 축복이 더해진다. 돈은 그런 축복 중 하나에 불과하지만 그 하나가 굉장히 커다란 축복이다. 돈은 또 다른 형태의 자유이며 풍요이다.

돈은 바꿔 말하면 자신이 가진 창의성, 집중력, 그리고 가치를 더하고 돌려받는 능력을 투영하는 장치이다. 가치를 창조할 방법을 찾는다면, 다시 말해 수많은 사람들의 삶에 가치를 더해줄 방법을 찾을 수 있다면 막대한 경제적 풍요를 누릴 기회도 찾아온다.

그때까지 살아온 방식에 질린 나는 한계에 부딪쳤고 그제야 내가 억지로 끼워 맞추고 있는 모순이 무엇인지 똑똑히 보였다. 틀린 말은 아니다. 재무적으로 성공하면 소위 '1퍼센트'의 무리로 취급당할 수 있다. 어린 시절의 나에게 1퍼센트에 속한다는 것은 꿈도 꾸지 못할 일이었다. 나는 99퍼센트 출신이고, 가족을 위해서건 나를 위해서건 거기에 만족할 생각은 추호도 없었다. 그러나 억지 끼워 맞추기 식으로 99퍼센트 무리에 남아 있는 것은 더 말이 되지 않았다. 내가 재무적으로 성공하지 못하는 데 대해 남을 탓하는 짓도 하지 않기로 했다. 그때까지 재무적으로 한계를 긋기 위해 만들었던 스토리를 버려야 했다. 주위 사람들을 사랑하지만 그들을 기쁘게 하려고 내 인생을 허비하지는 않기로 했다. 특히나 내가 보잘 것 없는 듯 보여야 그들이 기뻐한다는 사실을 깨달은 마당에는 더더욱 그랬다. 그러라고 조물주가 우리를 만들지는 않았을 것이라고 나는 진심으로 믿는다. 더 많이 나누고 더 많이 공헌하고 더 많이 사랑하고 지식과 감성과 영혼의 능력을 더 기르기 위해 지금껏 노력해왔듯이, 이제는 더 많이 벌 방법을 찾아야 할 때였다.

이제 돈이라는 분야는 '정복하면 좋은' 차원이 아니라 '반드시 정복해야 하는' 분야가 되었다. 신념이 바뀌니 갑자기 모든 관련 분야가 떠오르고 여러 전략들이 눈앞에 속속 등장하기 시작했다. 아마도 언제나 옆에 있었지만 문을 닫아걸고 있어서 눈에 보이지 않았던 것일지도 모른다. 이렇듯 스토리가 바뀌는 순간 세상 전체가 변한다.

스토리를 바꾸면 인생이 바뀐다. 한계를 정하는 스토리와 이혼하고 진실이 담긴 스토리와 결혼하면 모든 것이 변한다. 한계를 긋는 스토리를 없애고 과감한 행동을 취하고 효과가 있는 전략을 찾아내는 순간, 기적 같은 결과를 만들 수 있다. 장담한다.

마지막으로 예를 들어보겠다. 내 좋은 친구인 줄리는 업계에서 최고 고료를 받는 성공한 시나리오작가이지만, 재무 상태는 여전히 지지부진했다. 그녀와 남편이 50대가 되어 재무 상태를 점검해보니 집은 꽤 좋았지만 융자가 껴 있고 퇴직연금계좌에는 10만 달러 정도밖에 없었다. 노후를 보내기에는 한참이나 부족했다. 게다가 이 돈마저도 고수수료가 수익의 상당 부분을 잠식하는 뮤추얼펀드에 투자되고 있었다.

줄리의 남편 콜린은 더 공격적인 투자를 하고 싶었지만 줄리는 투자라는 말은 아예 꺼내지도 못하게 했다. 그녀는 남편에게 자신은 월스트리트와 그것이 상징하는 모든 것이 싫다고 말했다. 실제로 그녀는 돈이라는 개념 자체를 거북스러워했다. 그녀에게 돈은 악이었다.

그러다가 돌파구가 만들어졌다. 줄리는 내가 주최하는 '네 안에 잠든 거인을 깨워라' 세미나에 참석했다. 이 세미나에서 우리는 모든 인생 분야의 돌파구를 마련하기 위해 전략과 스토리 그리고 마음과 정신과 감정 상태를 변화시켰을 때의 힘을 이용한다. '네 안에 잠든 거인을 깨워라'는 강렬한 경험을 선사한다. 나는 음악과 역동적 동작, 유머를 비롯해 온갖 도구를 이용해 청중을 최고조의 상태로 끌어올린다. 그리고 그 순간 돌파구가 찾아온다.

세미나에 참석한 주말 동안 줄리가 세운 목표는 재무생활에 전환기를 맞이한다는 것이었다. 그녀는 어떻게 했을까? 우선 줄리는 무언가를 바꾸지 않으면 자신과 콜린이 아주 고통스러운 '황혼'을 맞이할 것이라는 사실을 깨달았다. 돈에 대한 부정적 생각이 결혼 생활을 내내 힘들게 했고 미래도 힘들게 할 것이라는 깨달음이 퍼뜩 일었다. 줄리는 자신에게 물었다. "이런 스토리는 왜 생긴 것일까?" 그런 다음 줄리는 아주 중요한 행동을 했다. 그녀는 자기 내부를 깊이 파고들어 이렇게 물었다. "나는 정말로 그렇게 믿고 있는 것인가? 태어날 때부터 돈이 나쁘다거나 좋다거나 하는 생각을 가지게 되는 건 아니잖아. 그러면 내 믿음은 어디서부터 생겨난 거지?"

답을 찾기 위해 아주 멀리까지 갈 필요도 없었다. 줄리의 부모님은 대공황을 겪으며 성장했다. 그녀의 어머니는 학교 성적이 꽤 좋았지만 대학 진학은 꿈도 꾸지 못했다. 대신에 줄리의 어머니는 백화점 점원으로 주급 9달러를 받으며 일했고, 낮은 임금을 받으며 오랜 시간 서서 일하면서도 불평을 말할 엄두도 내지 못했다. 어린 줄리는 그런 어머니의 스토리를 지겹도록 들으며 성장했다. 부자가 가난한 사람을 얼마나 착취하는지, 은행과 월스트리트 주식중개인들이 경제를 어떻게 망가뜨렸는지, 왜 주식시장을 믿으면 안 되는지에 대한 스토리였다. 그래서 줄리의 머릿속에서는 은연중에 이런 연상 작용이 일었다. "내가 부자가 되면 나쁜 사람이 되는 거고 그러면 엄마가 나를 사랑하지 않을 거야."

깨닫고 보니 그동안 지겹게 들어왔던 부를 나쁘게 말하는 스토리는 결국 그녀의 스토리가 아니라 어머니의 스토리였다. "돈은 모든 악의 근원이다."는 그녀가 아닌 어머니의 주문이었다. 이런 깨달음에 정신이 번쩍 들었다. 진실은 그녀를 자유롭게 했고, 과거의 스토리는 그녀를 뒤흔들던 힘을 삽시간에 잃었다(이것과 관련된 성경 구문을 공부하면서 그녀는 새로운 사실을 발견했다. "돈은 모든 악의 근원이다."가 아니라 사랑, 인간관계, 공헌을 다 무시하고 '돈을 최우선으로 사랑하는 것'이야말로 재앙을 부르는 확실한 지름길이다).

놀라운 변화가 일어났다. 줄리는 자신을 제한하는 스토리를 떨쳐내고 남편과 처음으로 재무 상태에 대해 진지한 대화를 나누는 자리를 마련했다. 콜린은 둘이 파트너가 되어 재무생활을 직접 통제할 수 있게 되었다는 사실에 크게 기뻐했다. 돈은 나쁜 것이라는 믿음이 뼛속 깊이 박혀 있으면 부를 쌓기가 얼마나 힘들지 상상해봐라. 두 사람은 고비용 뮤추얼펀드를 버리고, 퇴직연금계좌를 뱅가드의 여러 저비용 인덱스펀드에 연계시켰다. 그런 다음 두 사람은 장기적인 재무계획을 설계하고 마침내 재무적 자유로 나아가는 길에 올라섰다.

줄리와 콜린은 스토리를 바꿨다. 그랬더니 어떤 일이 일어났는가? 두 사람은 이기는 게임을 하는 방법을 배웠고 어떻게 해야 평생소득을 만드는지 배웠다. 줄리와 콜린은 고비용 뮤추얼펀드를 해지하기만 했는데도, 노후를 위해 15만~25만 달러의 투자자금을 추가로 만드는 방법을 배웠다(당신도 5부 2장에서 그 방법을 배울 것이다). 멋진 노후를 기대할 수 있게 되었다!

당신은 답을 알고 있고, 비결은 단순하다. 스토리를 바꾸면 인생이 바뀐다. 한계를 정하는 스토리와 이혼을 하고 진실이 담긴 스토리와 결혼하라. 그러면 모든 것이 가능해진다.

마음상태를 점검하라

마음상태가 엉망일 때는 스토리를 바꾸기가 힘들다. 기분이 바닥일 때는 “인생은 아름다워.”라는 생각이 들지 않는다. 어떤 사람에게 화가 치솟으면 지난날 그 사람의 괴팍한 행동 때문에 화가 나고 짜증났던 순간이 죄다 떠오른 경험이 있지 않은가? 화가 치솟으면 그 상태를 지지하는 뇌의 일부에 불이 켜지고, 재빨리 등장한 스토리는 화난 상태를 지속시킨다.

반대의 경우도 있다. 사랑에 흠뻑 빠졌을 때는 세상에 달라 보이지 않았는가? 장밋빛 렌즈를 끼고 세상을 보는 느낌이었다. 모든 것이 다 근사했다. 그렇지 않은가? 점원이 무례하게 굴어도 웃어넘길 수 있고 우는 아기도 귀엽게만 보였다. 긍정적 상태는 이렇게 보는 눈을 바꾼다. 스토리를 바꾼다.

정신과 감정의 상태는 모든 것에 대한 인식과 경험에 색을 입힌다. 나는 누군가를 돕는 일을 할 때는, 그 사람이 세계 최고의 운동선수이건 고위급 경영자건 제일 먼저 그 사람의 마음상태를 바꾸는 일부터 한다. 당신 안에도 불이 켜지면 무엇이든 가능하게 해주는 힘이 존재하지만 불이 꺼진 순간 모든 것이 죽는다. 내 말이 무슨 뜻인지 잘 알 것이다. 만사가 순조로울 때는 굳이 고민하지 않아도 모든 일이 저절로 완벽하게 진행된다. 치는 족족 에이스 서브(테니스에서 강하고 빨라서 상대가 받아넘기지 못하는 서브—옮긴이)를 날린다. 회의에서는 정확히 요점을 짚어 말하고 협상에서는 원하는 것을 얻는다. 그러나 그 반대의 상황도 경험해봤다. 갑자기 자기 집 주소가 생각나지 않고 저녁식사를 주선한 상대방 이름이 기억나지 않고, 가장 쉬운 단어의 철자가 기억나지 않는다. 한 마디로 멍한 상태가 된다. 그러나 조금 뒤에는 기억이 돌아온다. 답이 기억나는 이유는 자신의 상태가 달라졌기 때문이다.

이 책의 목적은 자신의 마음상태를 바꾸는 방법을 알려주는 것이 아니다. 여기서는 간단히만 말하고 넘어가겠다. 먼저 자신의 몸 상태를 바꾸고 그럼으로써 마음까지 바꾸는 방법을 배운다면 (단순히 기분이 좋아지고 싶다는 바람을 넘어) 진짜로 자신의 기분을 순식간에 완전히 바꿀 수 있다.

곧바로 마음상태를 바꿀 수 있는 방법이 여러 가지 있지만 가장 간단한 방법은 이른바 '생리적 상태'를 바꾸는 것이다. 움직이는 방식과 숨 쉬는 방식을 바꾸면 생각하는 방식도 바꿀 수 있다. 동작이 감정을 만들어내는 것이다. 움직임이 큰 동작은 모든 두려움의 치료제이다. 생각해보면, 두려움은 신체적인 것이다. 우리는 입으로, 몸으로, 그리고 위장으로 두려움을 느낀다. 용기도 마찬가지이다. 움직이고 숨 쉬고 말하고 몸을 사용하는 방식을 완전히 바꾸면 밀리세컨드의 속도로 두려움에서 용기로 건너갈 수 있다. 나는 세계 최고 기량을 뽐내는 운동선수와 금융트레이더들, 기업과 정치 리더들이 전환점을 맞이하도록 거의 수십 년 동안 이 방법을 이용했다. 지난해 하버드대학의 연구는 내 접근법이 타당하다는 사실을 과학적으로 입증했다.

사회심리학자이면서 하버드대학 교수인 에이미 커디Amy Cuddy는 2012년 TED토크에서 '기술 없이도 편한 삶을 누리는 길no tech life hack' 이라는 주제로 강연을 했다. 강연에서 그녀는 청중에게 2분 동안 다른 자세를 취해보라고 주문했다. 커디의 연구에 따르면, 힘 있는 사람의 자세인 '파워포즈power pose'를 취하기만 해도(가령 원더우먼이 두 손을 양 허리에 올리고 다리에 힘을 주고 굳건히 서 있는 자세나 사무실의 상사가 머리 뒤로 두 손을 깍지 끼고 팔꿈치는 바깥쪽으로 넓게 벌린 채 의자에 깊숙이 기대앉는 자세 등) 지배호르몬인 테스토스테론은 20퍼센트 늘어나고 이와 동시에 주요 스트레스 호르몬인 코르티솔은 15퍼센트가 줄어들었다. 이런 생화학적 변화로 말미암아 두려움을 직시하고 위험을 감수하려는 의지도 즉시 바뀐다. 단 2분 동안 자세를 바꿨는데 이런 결과가 나타난 것이다. 커디의 연구에서 파워포즈를 취한 사람들의 86퍼센트는 한번 해보겠다는 의지가 강해졌다. 반면 두 번째 피험자 집단에게는 다리와 팔을 몸에 딱 붙게 꼬고 2분 동안 앉거나 서 있으라고 요구했더니, 그들의 테스토스테론은 10퍼센트가 줄어들었고 스트레스 호르몬(코르티솔)은 15퍼센트가 증가했다. 이 두 번째 집단의 피험자들은 단 60퍼센트만이 자신감 있는 행동을 보였다. 단순히 심리적 변화만이 아니라 실제로 생화학적인 호르몬 변화도 일어났다는 점을 기억하라. 이것은 무슨 의미인가? 우리는 기본적으로는 다 위대하다는 의미이다. 당당하게 걸음을 내딛기만 해도 위험을 감수하고 세상을 바꾸기 위해 모험에 몸을 맡길 만반의 준비가 갖춰진다는 뜻이다. 2분 동안 어떤 자세를 취하는가에 따라 뇌는 당당하고 자신 있게 모험에 맞설 채비를 갖출 수도 있고 아니면 스트레스에 반응할 준비를 할 수도 있다. 몸이 변하면 마음도 변한다!

과체중이고 우울증에 빠져 있던 시절, 캘리포니아 주 베니스에 있는 좁은 아파트에서 가구도 없는 휑한 방안을 응시하며 닐 다이아몬드의 음악을 듣는 것이 내 일상이었다. 음울하기 짝이 없는 나날이었다. 어느날 오랫동안 연락이 없던 친구가 나를 보러 왔다. 그는 내 얼굴을 보더니 대뜸 이렇게 말했다. "세상에, 어쩌다 이렇게 됐어?" 그 말이 정신 못 차리고 지내던 나를 후려쳤다. 그 순간 나는 내 생활패턴을 바꾸기로 결심했다.

나는 운동화를 신고 소니 워크맨을 집어 들었다(인정한다. 그런 것을 가졌던 시절이 있었을 만큼 나는 나이가 아주 많다). 그 시절에는 워크맨에 넣은 카세트테이프만 죽어라 들어야 했다. 1만 개의 곡 중에서 마음껏 골라 듣는 것은 꿈도 못 꿀 일이었다. 나는 전설적인 록밴드

하트Heart의 테이프를 넣은 후 '바라쿠다Barracuda'를 틀었다. 강한 비트의 음악이 내게 불을 지폈다. 그 어느 때보다도 아주 열심히, 아주 빠르게 뛰겠다는 각오를 단단히 다지고 뛰기 시작했다. 피를 토하기 전까지는 절대 멈추지 않을 생각이었다. 그때의 결심은 나 자신을 한계 너머로 몰아붙이기로 했다는 말로도 다 표현할 수가 없다.

그런 볼썽사나운 광경도 또 없었을 것이다. 17킬로그램의 과체중이었던 나는 맥주로 불룩 튀어나온 배를 바람에 출렁이며 밴시(구슬픈 울음소리로 가족 중 하나가 죽을 것이라고 알려주는 여자 유령—옮긴이)처럼 열심히 달렸다. 아닌 말로 더 이상은 숨 한 자락 쉴 수 없을 지경이 되었을 때 나는 해변에 철퍼덕 주저앉아 가져온 메모지를 꺼내들었다. 절대적인 확신과 결심, 흥분과 탈진 상태에서 나는 더는 참고 지내지 말아야 할 것들을 종이에 적기 시작했다. 내 몸, 게으름, 얕은 인간관계, 처참한 재무 상태라는 말이 주르륵 적혔다. 바로 옆에는 내 인생에서 무엇을 새로 만들어 나가야 하는지를 적었다. 그렇게 한껏 고조되고 활력이 샘솟은 나는 길을 찾을 수 있다는 확신이 들었다.

마음상태가 강하면 강한 스토리가 만들어진다. 나는 "이건 지금 여기서 끝이야. 오늘부터 내 새로운 삶이 시작되는 거야."라는 스토리를 만들었다. 내 모든 것을 다 건 진심이었다. 마음상태를 바꾸고 스토리를 바꾼 순간, 절대적으로 헌신할 수 있는 올바른 스토리를 찾거나 만들 수 있다. 바로 그렇게 해서 진짜 돌파구와 새로운 스토리, 효과가 확실한 전략을 갖춘 새로운 마음상태가 만들어지는 것이다.

나는 13킬로를 빼는 데 30일이 걸렸고 17킬로그램을 다 빼는 데는 6주가 조금 넘게 걸렸다. 나는 광적으로 노력했다. 나는 그날 나라는 사람과 나라는 사람이 나타내는 것에 대해 새로운 기준을 세웠다. 그날 이후 30년이 넘게 흘렀지만 그 기준은 전혀 약해지지 않았다(그리고 내 몸무게도 다시는 그 시절로 돌아가지 않았다).

당시 3만 8천 달러이던 내 연소득은 불과 1년 남짓 후에 100만 달러 이상으로 늘어났다. 그때에는 가능하리라고는 상상도 못했던 수준의 변화였다. 더 중요하게는, 나는 삶을 진정으로 바꾸는 커다란 두 힘인 감정과 심리의 건강을 되찾았다. 결단력과 믿음, 용기는 내 모든 행동을 전진하게끔 이끌어주는 힘이 되었다.

위대한 전략은 우리 주위에 널려 있지만 강력하고 단호하며 역량을 강화하는 마음상태가 되지 않는 한 그런 전략들은 눈에 보이지 않는다. 할 수 있다고, 해야 한다고, 이룰 것이라고, 진심으로 전념할 것이라는 믿음과 스토리를 저절로 길러내는 마음상태가 되어야 한다. 그런 마음상태와 스토리가 합쳐지면 효과적인 전략을 찾아내 실행하게 되고 자신이 원하고 누려 마땅한 보상을 경험하게 된다. 확실히 새겨들었는가? 바라는 것보다 훨씬 못 미치는 삶의 영역이 있다면 이제는 그런 영역들을 하나둘씩 바꿔나가야 한다.

기억하기 바란다. 가만히 참기만 할수록 적게 얻는다. 그러니 마음속의 변명과 한계를 정하는 과거의 신념, 어리석고 두려움에 가득한 마음상태를 더 이상은 참지 마라. 자신의 몸을 도구로 활용해 순수한 의지와 결단과 진심어린 전념이 가능해지도록 스스로를 변신시켜라. 도전을 만나면 꿈을 향하는 길에 놓인 과속방지턱에 불과하다고 마음 깊이 믿어라. 그리고 바로 그 자리를 기점으로 움직임이 큰 동작을 취하고 여기에 효과가 입증된 전략이 더해진 순간 당신의 역사는 새롭게 써지기 시작한다.

더는 다수 중 하나에 머물지 말고 소수 중 하나가 되어라. 앞으로 나아가고, 금전적으로든 아니면 다른 모든 인생 분야에서든 진짜 능력을 발휘할 줄 아는 소수 중 하나가 되어라. 대다수 사람들은 처음에는 원대한 꿈을 꾸었다가 결국에는 진짜 능력보다 한참 밑도는 삶과 생활방식에 안주한다. 무언가 거대한 일을 시작하면 실망감이야 당연히 찾아오는 것이다. 실망으로 그치는 대신에 그것을 추진력 삼아 새로운 답을 찾아내라. 실망감에서 배워라. 모든 실패에서 배우고 배운 것을 실행에 옮기면 성공은 반드시 찾아온다.

영혼에는 한계가 없다는 사실을 진심으로 믿는데도, 혹시라도 다음번에 왜 무언가를 할 수 없는지 이유를 찾아내려는 자신을 발견하면 그런 자신에게 콧방귀를 뀌어라. 마음상태를 바꿔라. 초점을 바꿔라. 진실로 돌아가라. 접근법을 바꾸고 진실로 원하는 것을 추구하라.

좋다. 심호흡을 하거나 큰 소리로 외쳐라. 일어나 몸을 마구 흔들고 움직여라. 과거에 자신을 제한하던 7가지 통념을 쫓아냈으니 이제는 재무적 자유를 향한 7단계 성공 계단의 세 번째 계단을 밟을 시간이 왔다. 이어지는 내용에서는 게임의 승리 가능성을 높이기 위해 재무적 꿈이 정확히 실현되었을 때의 구체적인 숫자를 제시할 것이다. 그런 다음에는 재무계획을 설계하고 계획을 개선하고, 상상보다도 재무적 꿈이 더 빨리 실현되도록 속도를 높이는 방법을 탐구할 것이다.

MONEY IS GAME.
MASTER THE GAM

게임의 승리 가능성을 높여라

| 제 3 부 |

CHAPTER 1

당신의 꿈의 가격은 얼마인가?

모든 사람은 꿈을 꾼다. 그러나 똑같게는 아니다.

—T. E. 로렌스

재무 세미나를 시작하면서 내가 자주 던지는 질문이 있다. "여러분이 가진 꿈의 가격은 얼마입니까?" 나는 사람들을 일으켜 세운 후 재무적 안전과 독립, 자유를 이루려면 얼마가 필요할 것이라고 생각하는지 물어본다. 다들 얼마인지 짐작도 하지 못한다. 대부분은 불편해하면서 대답을 꺼리고, 그러다가 몇 사람이 마지못해 손을 들고 대답한다. 수백 번의 세미나에서 각계각층의 사람들 수십만 명에게서 나는 생각해낼 수 있는 금액은 다 들었다.

이제 당신에게 직접 질문을 던지겠다. 당신은 재무적 안전과 독립, 자유를 이루는 데 얼마가 필요한가? 정답을 말하지 않아도 되고 논리적으로 말할 필요도 없다. 100만 달러? 500만 달러? 5억 달러? 지금 이 자리에서 생각나는 대로 숫자를 적어보자. 이 책의 여백이나 공책 아니면 종이 쪼가리든 어디에 적어도 상관없다. 적는다는 것이 중요하다. 숫자를 적는 순간 그것은 그대로 고정되어 실체를 갖기 때문이다. 다 적었는가? 이것이 왜 중요한 첫 단계인지는 조금 뒤에 나온다.

내 경험상 당신이 별다르지 않다면 그 숫자는 지금으로서는 조금 버겁게 느껴지는 숫자일 공산이 크다. 계속 읽다보면 그 숫자를 다듬도록 도와주는 간단한 연습 몇 가지가 나올 것이다. 그리고 장담하는데, 당신의 생각과는 달리 꿈의 가격으로 쓴 숫자가 생각보다도 훨씬 적어지게 될 수도 있다. 실제로 우리는 '마법의 숫자'가 하나만 존재하지는 않으며 우리를 자유롭게 해주는 재무적 꿈은 5가지 '차원'이 존재한다는 사실을 배울 것이다. 이제 막 시작했든 아니면 은퇴할 준비가 되었든, 현재 잔고가 든든하든 아니면 불안하든, 장담하는데 당신은 이 5가지 꿈 중 적어도 한두 가지는 이룰 수 있다. 어떻게? 출발점은 자신이 진정으로 무엇을 필요로 하는지 이해하는 것이다.

얼마 전에 했던 강좌에서 뒷줄에 앉은 한 젊은이가 일어서서 자기 꿈의 가격을 말했다. 그는 어깨를 쭉 펴면서 공표했다. "10억 달러입니다." 여기저기서 우우우, 와아아 소리가 동시에 들렸다. 20대인 그는 참석자 중 제법 젊은 축에 속했고 짐작하기에는 아직 100만 달러도 모으지 못한 것 같았다. 그래서 나는 10억이라는 숫자가 정말로 무엇을 의미하는지 생각하게끔 만드는 질문을 던졌다.

앞의 1부에서 사람들이 하는 모든 행동에는 저마다 이유가 존재한다고 말한 바 있다. 잠깐 기억을 되살리면, 인간이 하는 모든 행동의 바탕에는 '확실성, 불확실성과 다양성, 남다름, 사랑과 연결, 성장, 공헌'이라는 6가지 다른 니즈가 존재한다. 그렇다면 이 젊은이가 10억 달러를 원하는 이유는 무엇인가? 그가 충족시키려는 니즈는 무엇인가? 확실성? 10억 달러보다 훨씬 못 가져도 삶의 확실성은 얻고도 남는다! 다양성? 100만 달러만 가져도 아니 그보다 훨씬 적은 돈으로도 다양성은 충분히 누릴 수 있다. 연결과 사랑은? 이것도 아니다. 그가 10억 달러를 갖게 되면 그의 인생에 갑자기 많은 사람이 끼어들려 할 것이다. 복권 당첨자에게 있는지도 몰랐던 친척과 '친구'가 갑자기 한 무더기 생겨나는 것과 비슷하다. 그만큼의 돈이면 그는 아주 많은 사람을 알고 지내게 되겠지만, 그가 원하고 필요로 하는 관계는 아니다! 그러면 성장과 공헌인가? 이 젊은이의 행동으로 보건대, 그는 10억 달러라는 숫자를 말하면서 성장과 공헌을 가장 중요한 니즈로 꼽았을 것 같지는 않다.

그렇다면 그에게 가장 중요한 니즈는 무엇이었을 것 같은가? 고민할 필요도 없이 '남다름'이다. 그도 말했듯이 10억 달러가 있으면 사람들은 그를 아주 중요하고 대단하게 여길 것이다. 틀린 말은 아니다. 그러나 문제는 그가 10억 달러를 가져도 여전히 충분하지 않다는 데 있다. 남다름을 최고 가치로 추구하면 언제나 자신을 다른 누군가와 비교하게 되기 때문이다. 자신보다 더 크고 더 강하고 더 빠르고 더 부자고 더 재미있고 더 젊고 더 잘생기고 더 아름답고 더 큰 요트를 가지고 있고 더 근사한 차와 더 좋은 집을 가진 사람은 얼마든 있다. 그렇기에 남다름이라는 니즈 자체는 아무 문제가 없지만 그것이 가장 중요한 니즈가 되면 그 니즈는 영원히 충족되지 못한다.

나는 그 청년을 가르치는 대신에 훨씬 적은 돈으로도 남다름을 느낄 수 있으며 그 결과 삶이 훨씬 쉬워질 수 있다는 사실을 보여주기로 마음먹었다. 그는 단지 하늘 저 높은 곳에 있는 숫자를 말했을 뿐이다. 10억 달러가 필요하다고 말하면서 그는 자신이 중요한 목표를 추구한다는 느낌을 얻었다. 하지만 (본능으로는 불가능하다고 생각하면서도) 이렇게 거대한 목표를 머릿속에 떠올린 순간 뇌는 그 목표를 거부한다. 그런 경험을 해본 적이 없는가? 어마어마하게 큰 목표를 생각했는데 갑자기 머릿속에서 목소리가 울려 퍼진다. "웬 헛소리야!" 진실을 말하면, 그 목표가 무의식에 완전히 베어들기 전까지는 그러니까, 마음속에 아주 강력한 일부로 자리를 잡아서 구태여 그것을 떠올리지 않아도 하루에 10만 번씩 심장이 뛰게 만드는 정도가 되기 전까지는 그 목표는 결코 실현되지 못한다.

차를 몰고 가는 중에 다른 생각에 빠져 있다가 소스라치게 놀라 정면을 응시하면서 정신을 차렸던 경험이 있는가? "맙소사. 이 5분 동안 운전을 한 사람은 도대체 누구였지?" 다행히도 놀라운 생명 보호 장치가, 당신의 무의식이 대신 운전을 해주었다.

이 과정이 어떻게 진행되는지 이해하려면 아래의 그림을 보면 된

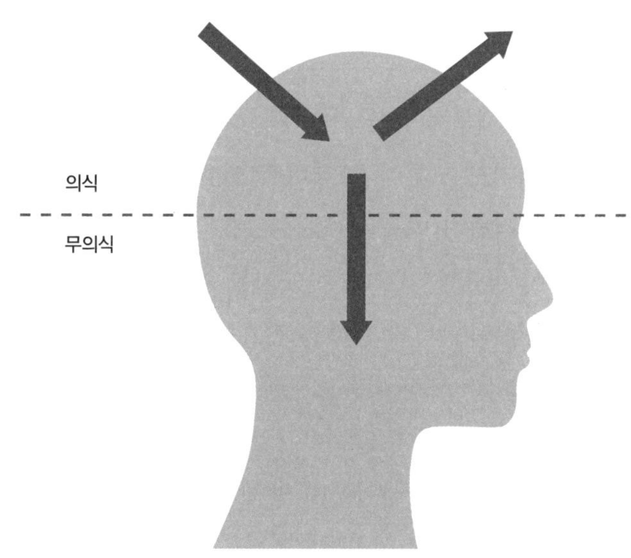

인간이 다양한 시장에 반응하는 방식

다. 뇌가 위와 아래로 절반씩 나뉘어 있다고 생각하라. 위쪽은 의식적 정신이고 아래의 절반은 무의식이다.

“나는 1000만 달러를 벌 거야.” “나는 마흔 살에는 금전적으로 자유로워질 거야.” 이런 생각들이 머릿속에 계속 똬리를 틀려고 한다. 그러나 위쪽에 있는 의식적 뇌는 이렇게 말한다: “정신 차려! 그런 일이 가능할 것 같아?” 의식적 뇌는 큰 포부를 즉시 거부하고 마치 테니스공을 쳐내듯 생각을 텅 빈 공간으로 튕겨낸다. 그러나 “이 일을 꼭 해내고 말 거야!”라는 절대적인 확실성을 가지고 굳게 다짐을 하는 순간, 계획을 짜는 자신을 발견하게 되고 아주 특별한 일이 일어난다. 정말로 이룰 수 있다는 확실성이 자라나기 시작한다. 그리고 새로운 자신감이 더해지면서 목표를 이룰 수 있는 방법이 갑자기 눈에 들어온다. 당신이 추구하는 목표를 이미 이룬 사람을 찾아 그를 역할 모델로 삼고 과감한 행동을 취하게 된다. 무의식속으로 목표가 깊숙이 베어들고 무의식은 꿈을 실현시키기 위한 가동 태세에 들어간다. 그 순간 마법이 등장한다!

아마도 당신은 재무적 꿈을 완수하는 데 10억 달러까지 필요하지는 않다고 생각할지도 모른다. 그러나 당신이 재무적 안전이나 독립에 필요하다고 생각하며 떠올린 숫자는 꽤나 커다란 숫자일 것이 분명하다. 대부분이 필요한 것보다 큰 숫자를 떠올리는 편인데, 생활방식 수준에 맞춰 살아가는 데 얼마가 필요한지 진지하게 계산하지는 않기 때문이다. 그리고 그런 이유로 아주 많은 사람들이 목표를 향해 나아가려는 시도조차도 하지 않는다. 그럴 듯한 숫자를 떠올리고 혼자 흥분을 하고 이 사람 저 사람에게 말하고 다니지만 정작 행동으로는 옮기지 않는다. 왜인가? 심리적으로는 그 목표를 달성할 수 있다는 확실성이 없기 때문이다. 게다가 확실성은 인간의 모든 행동과 활동에 영향을 미치는 첫 번째 니즈이다. 사실이 그렇다. 당신이 자신의 재무 세계에 필요한 행동을 취하지 못하는 이유는 확신하지 못하기 때문이다. 무엇이 옳고 그른지, 어떤 접근법이 성공하고 어떤 접근법이 실패할지 자신할 수 없기 때문이다. 아니면 아무도 친절하게 금융계 구석구석을 구경시켜주며 명확히 가르쳐주지 않은 탓에, 복잡한 금융계를 떠올리기만 해도 압도당하는 느낌이 들기 때문이다. 이런 불확실성에 지배되면 우리는 정지 상태로 아무것도 하지 못하거나 무조건 나중에 나중에를 부르짖는다. 오늘 해야 할 일을 내일로 미룬다.

나는 억만장자를 꿈꾸는 이 친구가 꿈의 진짜 가격을 확인하게끔 돕기 위해 그리고 꿈이 무의식에 자리를 잡아 실현되도록 도와주기 위해 몇 가지 질문을 했다. 조금 뒤 당신의 여행을 안내하면서 던질 질문과 똑같은 질문이다.

맨 먼저 이 친구에게 10억 달러를 가지면 어떤 생활이 가능할지 생각해 보라고 했다. 그는 잠시 생각하더니 대답했다. "걸프스트림 항공기를 가질 거예요."

"전용 제트기라! 그걸 타고 어디에 갈 거죠?"

그가 대답했다. "음, 저는 뉴욕에 사니까 아마 바하마를 오가지 않을까요. 그리고 회의를 하러 LA로도 날아갈 것 같고요."

그에게 1년에 몇 번이나 비행을 할 것 같은지 적어보라고 했고, 그는 최대 12번 정도 비행을 할 것 같다고 적었다. 개인 제트기를 소유하려면 돈이 얼마나 들까? 알아봤더니 장거리용 걸프스트림 650기의 가격은 약 6500만 달러이고 상태가 좋은 걸프스트림 IV기는 1000만 달러 정도였다. 연료, 유지관리비, 승무원 월급은 포함되지 않은 비용이다. 그런 다음 우리는 전용기를 소유하지 않고 전세기를 빌리는 비용은 얼마인지 알아봤다. 그와 나머지 가족 셋이 이용하는 데는 중간 크기 제트기면 충분했고 전세 비용은 1시간에 2500달러였다. 1년에 100시간 정도를 비행한다고 치면 매년 드는 비용은 총 25만 달러이고, 혹시 매번 비행마다 걸프스트림을 전세 낼 생각이라면 시간 당 5천 달러, 연간 50만 달러 정도가 들었다. 개인 비행기를 소유해서 부담해야 하는 연 유지관리비보다 훨씬 적은 금액이고 걸프스트림을 구입하는 비용과 비교하면 1퍼센트도 안 된다. 그 순간부터 청년의 눈이 반짝반짝 빛나기 시작했다. 그가 열심히 머리를 굴리는 소리가 내 귀에 훤히 들렸다.

"10억 달러를 가지게 되면 그거 말고 사고 싶은 게 또 있나요?" 내가 물었다.

"제 개인 섬이요."

이 점에 대해서는 내가 아주 잘 설명해 줄 수 있었다. 나는 피지에 천국 같은 작은 섬을 가지고 있다. 언젠가는 가족과 친구들이 피난처 삼아 들를 수 있는 곳을 마련하겠다는 것은 내가 어린 시절부터 간직한 원대한 꿈이었다. 20대 초반에 나는 나만의 샹그릴라를 찾기 위해 세계 곳곳의 섬들을 여행했다. 피지에서 그런 섬을 발견했다. 수려한 경관과 아름다운 사람들이 있는 섬이었다. 돈이 다 되지는 않았지만 그래도 섬에 있는 배낭여행객 용의 50만 제곱미터 휴양지 중 일부를 구입했다. 돈은 턱없이 모자랐고 딱히 현명한 투자라고 말할 수도 없었지만 그것은 내 드림 버킷Dream Bucket 리스트에서 당당히 한 자리를 차지하는 꿈이었다. 여하튼 나는 꿈을 실현시켰고 이제는 자랑스럽게 말할 수 있다. 나는 오랜 기간에 걸쳐 조금씩 땅을 샀고 이제 그곳은 넓이가 200만 제곱미터가 넘고 눈앞에는 거의 5킬로미터에 달하는 해변이 펼쳐진 생태 보존지역으로 탈바꿈했다. 나는 나말 리조트앤스파Namale Resort and Spa를 지난 10년 동안 피지에서 손꼽히는 휴양지로 바꿨고 그곳은 남태평양 상위 10대 리조트에 꾸준히 이름을 올렸다. 하지만 나는 이 낙원을 얼마나 자주 찾는가? 정신없이 바쁜 스케줄을 처리하다보면 1년에 4~6주 정도가 고작이다. 내 꿈이 실현되기는 했다. 그리고 나만 빼고 모두가 그곳에서 멋진 시간을 보낸다!

나는 이 젊은 친구에게 말했다. “자신만의 섬에서 즐기고 싶다면 호텔에 머무르고 싶은 마음은 없겠군요. 길어봤자 그 섬에서는 1년에 몇 주 정도 머무르는 게 고작일 겁니다. 장담할 수 있습니다.”

비용을 알아봤더니 10달러 정도면 바하마 제도에서 섬 하나를 살 수 있지만, 그곳에 작은 휴양지를 지으려면 3천만에서 4천만 달러 정도가 들었다! 그게 힘들면 내 친구 리처드 브랜슨이 소유한 네커 섬 리조트를 1주일 동안 빌리는 방법도 있다. 가족과 친구를 다 데리고 가서 직원 50명의 극진한 서비스를 다 받는다 해도 드는 비용은 35만 달러가 채 안 된다. 10년 동안 한 해도 거르지 않고 리조트를 빌려도 350만 달러면 너끈하다. 3천만~4천만 달러를 들여 리조트를 짓지 않아도 되고, 부동산을 유지하고 관리하는 노력도 필요 없다.

우리는 청년의 목록을 쭉 검토했다. 그가 원하는 생활방식을 평생 동안 누리려면 과연 돈이 얼마나 필요할 것 같은가? 현재의 욕구를 충족시키는 수준을 넘어 가장 거창한 꿈까지 다 포함시켰을 때 필요한 금액을 계산했더니, 결과는 10억 달러도, 5천만 달러도, 1억 달러도 아니었다. 꿈꾸는 생활방식을 다 이루고 다시는 억지로 일하지 않아도 되는 재무 상태가 되기 위해 그에게 필요한 돈은 1000만 달러였다. 1000만 달러와 10억 달러는 하늘과 땅만큼 다르다. 두 숫자는 아예 다른 우주에 존재한다.

우리는 대개 아주 큰 숫자를 생각할 때 그게 얼마나 큰지 가늠조차 하지 못한다. 100만, 10억, 1조는 전혀 다른 숫자이다. 심지어는 오바마 대통령조차도 백만장자와 억만장자가 서로 관련이 있는 말인 듯 혼용해서 사용하지만 두 말은 관련이 없다. 왜 다른지 이제부터 증명하기 위해 당신에게 작은 시험 하나를 내겠다. 일단은 추측만으로 질문에 답을 하기 바란다. 이 문제를 풀면 100만과 10억, 그리고 정부가 요새 심심하면 사용하는 1조라는 숫자에 대해 확실히 개념이 잡힐 것이다.

첫 번째 질문은 이것이다. 100만 초 전은 얼마나 오래된 과거인가? 모르더라도 그냥 짐작해보자. 얼마일 것 같은가?

답은 12일 전이다! 답에 얼마나 근접했는가? 틀려도 괜찮다. 대부분이 틀린다. 이제 판돈을 올려보자. 100만 초 전이 얼마나 오래된 과거인지 확실히 개념이 잡혔다면, 10억 초 전은 얼마나 오래 전인지 맞힐 수 있겠는가? 한번 추측해서 답을 말해보자.

답은 32년 전이다! 답에 얼마나 근접했는가? 이 문제에도 사람들 대부분은 아주 엇나가는 답을 말한다. 12일 전과 32년 전, 그것이 100만 달러를 가진 사람과 10억 달러 이상을 가진 사람의 차이이다! 내가 왜 '다른 우주'에 존재하는 숫자라고 말했는지 이해가 가는가? '백만장자'와 '억만장자'를 번갈아 써도 안 되고 두 개를 같은 의미로 말해서도 안 된다.

이제 생각을 정리하자. 미국 정부의 부채가 17조 달러라는 뉴스가 나온다. 1조는 과연 얼마나 큰 숫자인가? 10억 초 전이 32년 전이라면 1조 초 전은 얼마나 오래 전 과거인가? 답은 거의 3만 2천 년 전이다(정확히는 3만 1689년 전이다!). 인간이 인간이라고 불리지도 않았던 시기이다! 인간은 큰 수를 흐릿하게만 파악하는 경향이 있음을 깨닫게 해주는 것이 이 문제풀이의 목표이다. 따라서 사실을 정확히 파악하면 특별한 생활방식을 누리기 위해 필요한 돈도 생각보다는 적어질 수 있다.

미래의 억만장자를 꿈꾸는 청년에게로 다시 돌아가자. 오해하지 말기 바란다. 1000만 달러도 어마어마하게 큰돈이지만 이 젊은 기업가가 꾸준히 사업을 잘한다면 불가능한 금액은 아닐지도 모른다. 누가 알겠는가? 그가 차세대 인스타그램을 만든다면 정말로 10억 달러를 모을 수도 있다. 하지만 10억 달러를 벌지 못한다면? 그럴지라도 이보다 훨씬 적은 돈으로도 그는 자신이 꿈꾸는 삶의 99퍼센트는 이룰 수 있다. 그가 꿈꾸는 삶을 위해 반드시 10억 달러 고지에 올라서야 하는 것은 아니다.

일단 자신이 가진 꿈의 진짜 가격이 얼마인지 정확히 파악하면, 목표 지점에 도달하는 데 필요한 금액도 생각보다 훨씬 적어진다. 장담할 수 있다! 그리고 인생을 좌우하는 것은 돈이 아니라 감정이다. 그 궁극적인 진실을 언제나 잊지 말아야 한다. 진짜 목표는 물건이 아니라 원하는 생활방식을 누리는 것이다. 죽으면 그동안 가졌던 물건은 다 남의 소유가 된다. 더는 당신 것이 아니다. 나는 착각하지 않는다. 피지에 있는 '내' 리조트를 아주 아끼고 있고 그곳에서 보내는 시간도 즐겁지만 나는 임시 주인에 불과하다. 언젠가 그곳은 다른 사람의 소유가 될 것이다. 그러나 나는 그곳을 세계 곳곳의 사람들이 즐거움과 낭만과 모험을 경험하기 위해 찾는 장소로 가꿨다는 사실에 자부심을 느낀다. 그곳은 내 유산의 일부이고 그 사실이 내게 기쁨을 선사한다. 무언가를 소유하는 것은 목표가 되지 못한다. 돈 그 자체는 목표가 되지 못한다. 우리의 가치를 가늠해주는 척도는 은행 잔고의 무게가 아닌 자신이 가진 영혼의 무게이다. 돈을 향한 여정, 돈이 이끌어주는 장소 그리고 돈이 가져다주는 시간과 자유와 기회. 이런 것들이 우리가 진정으로 추구하는 목표이다.

다 가질 수 있다. 단지 한꺼번에는 안 된다.

—오프라 윈프리

돈이 많으면 정말로 무엇을 사고 싶은지 잠깐 생각해보자. 모든 사람이 도널드 트럼프나 플로이드 "머니" 메이웨더처럼 살고 싶어 하는 것은 아니다! 세계 여행을 하거나, 고대 도시를 탐험하거나 아니면 세렝게티에서 사자 사진을 찍는 것이 당신의 꿈인가? 바하마군도에 해변 저택을 소유하거나 뉴욕에 펜트하우스를 가지는 것이 꿈인가? 아니면 자기 회사를 차려 차세대 스냅챗Snapchat으로 키우거나 채러티 워터Charity Water처럼 인류에 특별한 공헌을 하는 자선단체를 세우고 싶다는 꿈이 있는가? 그런 거창한 꿈이 아니라 그냥 아이들을 대학에 보낸 후에도 돈이 넉넉히 남아 큰 텃밭이 딸린 전원주택을 마련하고 싶다는 소박한 꿈을 꾸고 있는가? 아니면 빚 걱정과 돈 걱정에서 영원히 해방되어 마음의 평화를 누리고 싶을 뿐인가? 꿈의 목적지가 어디이든 나는 당신에게 그 목적지에 이르는 길을 보여주려 한다. 혹여 꼭대기에 도착하지는 못할지라도 가장 중요하게 생각하는 꿈에는 도달하고 그러면서 얻은 승리를 자축할 수 있을 것이다. 돈은 감정 게임이고, 그렇기에 우리가 함께 생각해내는 숫자가 성공 가능성을 높여주면서 당신 입에서는 저절로 이런 말이 나오게 된다. "자신할 수 있어! 할 수 있다고 맹세할 수 있어!"

어떤 여행이건 시작하기 전에 지금 자신이 위치한 지점을 꼼꼼히 점검해야 한다. 앞으로 우리는 간단한 계산식 몇 개를 풀 것이다. 재무적 목표에 도달하려면 정확히 얼마나 걸릴지 차분히 앉아 계산해본 적이 없는 사람이 부지기수다. 심지어 수백만 달러를 번 사람조차도, 당분간 일하지 않아도 현재의 생활방식을 유지하기 위한 계획은 세우지 않는다. 미국인 절반 이상은 안락한 은퇴 생활에 필요한 돈이 얼마인지 계산 한번 해본 적이 없으며, 재무설계사의 46퍼센트도 그런 계획은 세우지 않고 있다! 왜 우리는 기본적인 재무 그림을 파악하지 못하고 있는가? 100여개 나라 수십만 명의 사람들에게 의견을 물은 결과 내가 찾아낸 가장 큰 이유는 '아는 것이 겁나기' 때문이었다.

체중계에 오르는 것과 비슷하다. 자신이 살이 쪘다는 사실은 알지만 얼마나 쪘는지는 알고 싶지 않은 것이다. 일종의 부인 행동이자 변화를 조금이라도 뒤로 미루려는 행동이다. 고교 레슬링 선수들과 프로 권투선수들은 매일 저울에 오른다. 목표 체중에서 얼마나 벗어났는지 정확히 알아내 곧바로 체중 조절에 들어가기 위해서다. 건강 상태를 제대로 파악해야 건강 관리를 시작할 수 있다. 재무 관리도 마찬가지이다. 목표를 위해 정확히 얼마만한 금액이 필요한지 알아야만 재무적 꿈에도 도달할 수 있다. 내가 이 책을 쓰는 이유는 돈 문제에 있어서 손으로 하늘을 가리는 다수로부터 당신을 떼어놓기 위해서이다. 1분만 시간을 들이면 순식간에 숫자식을 다 처리해 지금 자신의 위치가 어디인지 그리고 어디로 가야 하는지를 파악할 수 있다(혹시라도 숫자 계산이 힘들면 스마트폰에 있는 계산기를 활용하면 된다! 아니면 우리가 만든 앱을 설치해도 된다. 질문 몇 개만 답하면 자동으로 계산이 끝난다. www.tonyrobbins.com/masterthegame).

그러기 전에 5가지 재무적 꿈을 이해해야 한다. '재무적 안전', '재무적 활력', '재무적 독립', '재무적 자유', '절대적인 재무적 자유'라고 말하면 다 그게 그 말처럼 들리는가? 소리 내 읽으면 단어마다 다른 느낌이 전해지지는 않는가? 한번 소리 내 읽어보기 바란다. 이 중 더 절실하게 와 닿는 말이 있는가? 안전이나 활력인가? 활력과 독립인가? 독립과 자유인가? 절대적 자유인가? 5가지 재무적 꿈을 표현하는 이 단어들이 조금씩 의미가 커진다는 느낌이 들 것이다. 그리고 각 단계에 이르는 데 필요하다고 생각되는 숫자도 다르게 다가올 것이다.

이 5가지 꿈 중에서 실제로 당신이 매진하는 꿈은 두세 가지 정도에 불과할 수 있다. 어떤 사람은 재무적 안전만 달성해도 인생이 확 바뀌고 커다란 자유를 느낀다. 그렇기에 나는 앞의 4가지 꿈을 절대적인 재무적 자유로 향하는 중간 단계에 포함시켰다. 산에 비유하자면 정상에 이르기 전 중간 중간에 놓인 베이스캠프라고 생각해도 된다. 분명히 말하건대, 모든 사람이 다 에베레스트 정상에 오르기를 원하는 것은 아니고 그럴 필요도 없다. 어떤 사람에게는 재무적 활력만으로도 큰 축복이고 재무적 독립은 생각만 해도 황홀한 별천지일 수 있다.

5가지 꿈을 차분히 읽어보고 가장 중요하다고 생각하는 3개를 고르기 바란다. 나는 이 3가지를 '남부럽지 않게 살기 위한 3단계 꿈Three to Thrive'이라고 부른다. 목표를 정할 때는 단기, 중기, 장기에 따른 3단계 목표를 따로 정해야 한다. 기간별로 목표를 정하는 이유는 실패가 아닌 성공을 할 때에만 더 앞으로 나아갈 수 있기 때문이다. 너무 엄청나고 큰 숫자를 목표로 삼으면 아예 감도 오지 않거나 겁을 먹어서 여행을 시작할 엄두조차 나지 않을 수 있다. 비교적 가까운 미래에 이룰 수 있다고 확신하는 아주 근접한 숫자를 목표치로 삼아야 한다. 그래야만 단기 목표를 이루는 데 필요한 행동을 취하고 실현시킬 수 있다. 또한 여행 정거장마다 중간 승리를 자축하는 것도 잊지 말기 바란다. 재무적 독립이라는 큰 목표를 다 이룰 때까지 중간 승리에 대한 축하를 미룰 필요는 없다. 한 단계에서 승리를 거뒀으면 그 단계에서 승리를 자축하라. 그런 행동이 더 큰 용기와 흥분을 선사하고 여행 속도에 탄력을 더해준다.

꿈을 꾸는 데도 계획을 세울 때 못지않게 많은 에너지가 들어간다.

— 엘리너 루스벨트

첫 번째 꿈, 재무적 안전

안전은 무엇을 의미하는가? 설명을 듣기보다는 이 질문을 궁리하는 것이 이해에 더 도움이 된다. 다시는 일하지 않아도 아래의 비용이 죽을 때까지 저절로 해결된다면 얼마나 근사할까?

1. 주택 융자가 평생 저절로 갚아진다. 융자 원리금을 상환하기 위해 일할 필요가 없어진다!

2. 공공요금이 평생 저절로 해결된다. 전화요금이나 전기요금을 내기 위해 일하지 않아도 된다.
3. 가족을 위한 식료품비가 평생 다 해결된다.
4. 기본적인 교통비가 다 해결된다.
5. 기본적인 보험료가 다 해결된다. 보험료를 내기 위해 하루 더 일하지 않아도 된다.

삶의 질이 아주 만족스러워질 것이 분명하다. 위의 비용이 다 해결된다면 마음이 푹 놓일 것이다.

희소식 몇 가지가 있다. 재무적 안전과 자유를 마련하는 데 필요하다고 생각하면서 챕터 앞머리에서 적었던 금액을 기억하라. 내 젊은 친구처럼 10억 달러라는 턱없이 높은 금액까지는 아닐지라도 꽤 큰 액수를 적었을 것은 분명하다. 위에서 나온 다섯 가지 기본생활비에 들어가는 액수를 파악하고 나면, 어쩌면 재무적 안전이라는 꿈이 생각보다 훨씬 가까이 있다는 사실을 알고 꽤 놀랄지도 모른다. 반대로 당신이 재무적 안전에 필요한 금액을 아주 적게 잡는 소수의 사람에 속한다면, 이제는 현실을 직시하고 재무적 꿈을 이루기 위해서는 정확히 얼마가 있어야 하는지 이해하고 정신이 번쩍 들지도 모른다.

우리가 제공하는 무료 앱이나 또는 아래의 워크시트에 다섯 가지 기본생활비로 매달 얼마가 들어가는지 적어라. 전혀 어렵지 않다. 매달 얼마씩 융자 원리금을 상환하고 있는가?(아직은 사회 초년기라 집을 구입하지 않았다면 이 칸에는 매달 임대료를 적어라. 꿈에 그리는 집까지는 아니더라도 첫 내 집 마련 비슷한 것을 할 경우 매달 융자 상환에 들어가는 비용은 온라인에서 대략적인 추산이 가능하다.) 다 적었다면, 그 다음으로 매달 공공요금은 얼마인가? 세 번째로, 식료품비는 얼마나 드는가?

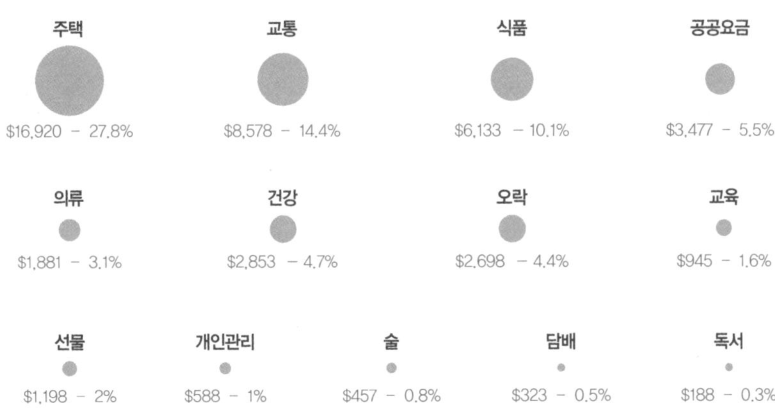

미국인의 연평균 소비지출

정확한 금액을 몰라도 멈추지 말고 대략이나마 추측하라. 수정은 나중에 얼마든 할 수 있으니 여기서는 흐름을 잃지 말아야 한다.

이제 좀 더 정확히 기억을 해서 금액을 적어라. 통장을 확인하거나 온라인에 들어가 계좌를 조회하라. 금액을 정확히 파악하기가 쉽지 않아도 일단은 흐름을 계속 유지하라. 내 친구 앤절라의 예를 들어보겠다.

1장에서 소개한 내 친구 앤절라를 기억하는가? 그녀는 마흔여덟 살이고 미혼이며 재무적 안전을 얻는 데 얼마가 필요한지 계산하려고 노력 중이다. 처음에 그녀는 300만 달러를 말했다. 정말로 이 금액이 필요한가? 비슷하기는 한가? 나는 앤절라에게 아래처럼 매달 5가지 기본생활비 항목에 들어가는 금액을 묻는 연습문제를 풀게 했다. 당신도 아래의 연습문제에 금액을 적어보자.

1. 임대료/주택융자 원리금 상환:
월 $________(앤절라의 월평균 비용: $1,060)
2. 식품 및 생필품: 월 $________(앤절라의 월평균 비용: $511)
3. 가스, 전기, 수도, 전화: 월 $________(앤절라의 월평균 비용: $289)
4. 교통비: 월 $________(앤절라의 월평균 비용: $729)
5. 보험료: 월 $________(앤절라의 월평균 비용: $300)
총계 월 $__________(앤절라의 월평균 총비용: $2,889)
월별 기본생활비 총액: ____________ × 12 = 연 ____________
(미국인 연평균 기본생활비: $34,668)

나는 앤절라에게 적은 금액을 더하고 이 월간 총비용에 12를 곱하게 했다. 결과로 나온 숫자는 바로 앤절라가 기본생활비를 대기 위해 벌어야 하는 연소득이자 일을 하지 않더라도 재무적 안전을 확보하는 데 필요한 금액이다. 그녀의 기본생활비 3만 4천 달러는 미국인 평균 생활비와 거의 같다.

앤절라는 어떻게 해야 일하지 않아도 매년 3만 4천 달러를 마련할 수 있을까? 그녀가 만들어야 하는 것은 그녀만의 자동현금인출기이다. 그녀는 소득의 10퍼센트를 자동 이체로 저축한다. 그녀가 로스 401(k)* 계좌에 모으는 저축은 저비용 인덱스펀드에 투자되고 있으며 이 펀드의 연간 성장률은 6퍼센트 정도로 추산된다(책 보급은 향후 10

년 동안 시장이 매년 약 6퍼센트의 수익률을 보일 것이라고 추산한다. 하지만 지난 20년 동안 주식시장의 평균 수익률은 9.2퍼센트였다). 우리는 다음 장에 나오는 자산관리계산기wealth calculator에 그녀의 기본생활비를 대입했다. 그녀가 재무적 안전을 이루는 데 필요한 금액은 애초에 생각한 300만 달러가 아니었다. 그녀가 노후에 매년 3만 4천 달러의 수입을 마련하기 위해 프리덤펀드에 모아야 할 금액은 64만 달러였다. 처음 가정한 금액의 4분의 1도 되지 않았다!

결과를 보고 앤절라는 깜짝 놀라며 믿을 수 없다는 듯 물었다. "정말 이 금액이면 되는 거야? 그래도 일을 하기는 해야 하지 않겠어?" 나는 당연히 일은 계속해야 하지만 주택융자와 식료품, 공공요금, 교통비, 기본 의료비를 벌기 위해서는 아니라고 말했다! 어쨌든, 이 5가지 항목은 대다수 사람들의 지출에서 평균적으로 65퍼센트를 차지한다. 그래서 그녀는 노후에 일하지 않아도 전체 지출의 65퍼센트를 충당할 수 있는 방법을 마련했다. 게다가 우리 대부분은 의미를 찾을 수 있는 무언가를 하기 원한다. 일이 없으면 우리는 거의 미칠 지경이 된다. 그냥 어쩔 수 없어서 일해야 하는 상황이 싫을 뿐이다! 나머지 비용은 파트타임으로 일해도 다 댈 수 있고 상근직으로 계속 일하게 되면 그 소득 전부를 다른 데 쓸 수 있다. 나는 그녀에게 남은 생애 동안 일하지 않아도 주택융자에서 교통비까지 모든 비용이 다 해결된다면 어떤 기분일 것 같은지 물어보았다. 그녀는 이렇게 대답했다. "환상적이지! 그건 실현 가능한 목표야. 그 정도 금액이면 어떻게든 방법을 찾을 수 있을 것 같아." 나도 맞장구를 쳤다. "바로 그거야!" 그녀는 확

● Roth 401(k): 2007년 도입된 방식으로 근로자가 미리 세금을 내고 은퇴 후 세금없이 연금을 받는 401(k)의 보완책이다.

신할 수 있었기 때문에 행동할 이유도 생겼다.

내가 그녀에게 한 가지를 상기시켰다. "그런데 이 금액이 너의 최종 목표가 돼서는 안 돼. 단기 목표 정도로 삼으면 되겠다." 어떤 사람은, 이를테면 인생 후반부에 2008년 사태를 맞이한 사람은 재무적 안전이라도 이루면 감지덕지이다. 중년이나 젊은 층은 재무적 안전이라는 목표를 금세 훌쩍 뛰어넘을 수 있다. 물론 자신의 목표 수치를 정확히 파악하고 이 책에 나오는 7가지 성공 계단을 착실히 밟는다는 전제에서 그렇다.

어느 세월에 재무적 안전에 이르는 금액을 다 모을지 의문이 든다면 자신감을 가져라. 지금 여기서 기간을 계산할 필요는 없다. 다음 2장에 계산법이 나오고, 원한다면 앱을 이용해도 된다. 이 부분에서는 보수적 계획, 중도적 계획, 공격적 계획이라는 세 가지 계획을 만든다. 자신이 가장 잘 유지할 수 있고 성공시킬 수 있는 계획이 무엇인지 스스로 판단해 결정해야 한다.

미래의 억만장자 젊은이를 기억하는가? 그가 재무적 안전을 위해 확보해야 하는 연간 평생수입은 7만 9천 달러였다. 억만장자 동네의 지출 수준과는 한참이나 먼 금액이다. 당신이 확보해야 하는 금액은 이것보다 높을 수도 있고 낮을 수도 있다. 일단 여기서는 재무적 안전을 이루기 위해 필요한 연소득만 제대로 이해하면 된다.

1. 임대료/주택융자 원리금 월 ____________
2. 식품 및 생필품 월 ____________
3. 가스, 전기, 수도, 전화 월 ____________
4. 교통비 월 ____________
5. 보험료 월 ____________

6. 총계 월 ________

7. 월별 기본생활비 총액: ________ × 12 = 연 ________

꿈은 아니지만 한 가지 단순한 조건을 말하지 않고서는 다음 목표를 향해 나아갈 수 없다. 제대로 실행한 사람은 별로 없지만 거의 모두가 비교적 빠르게 달성할 수 있는 이 필수조건은 바로 '비상/보호 자금emergency/protection fund' 마련이다. 프린스턴대학과 시카고대학이 2014년에 행한 연구에 따르면 미국인의 40퍼센트는 비상시 마련할 수 있는 돈이 채 2천 달러도 안된다고 한다. 어이쿠! 심각하게 걱정되는 일이다. 그렇다면 왜 우리는 비상금을 반드시 마련해야 하는가? 소득 흐름에 갑자기 방해 요소가 생기면 어떻게 할 것인가? 그런 순간은 어떤 사람에게든 불시에 찾아올 수 있다. 건강에 문제가 생기거나 사업에 문제가 생기거나 일자리를 잃을 수도 있다. 그렇기에 3~12개월을 버틸 돈은 마련해야 한다. 하지만 대부분에게 3개월은 너무 짧고 12개월은 너무 긴 시간일 수 있다. 그렇기에 처음에는 두세 달 치 생활비를 마련하는 것으로 시작해 차차 6~12개월 치로 불려나가면 된다. 불상사로 수입이 줄어도 정상으로 돌아가기 위한 준비 기간이 1년이라면 꽤 괜찮지 않겠는가? 월세나 이자 걱정을 안 해도 되고 냉장고에 음식을 채울 수 있고 청구서 요금도 제때 낼 수 있다.

다시 말하지만 비상/보호 자금은 평생수입 마련과는 상관이 없다. 일단 목표치를 채웠으면 그걸로 됐다. 이것은 일하지 않아도 매년 넉넉한 노후 평생수입을 마련하기 전까지 비상사태에서 스스로를 보호하기 위해 마련하는 돈일뿐이다.

그렇다면 비상/보호 자금으로 필요한 금액은 얼마인가? 금액은 자신의 월간 생활비를 따지면 알 수 있다. 매달 생활비를 종이에 적고 외워라. 자신만의 자동현금인출기를 만들기 위해 월급의 10퍼센트를 저축하는 내 친구 앤절라는, 이번에는 저축을 늘릴 여지가 없는지 알아보기 위해 소비 패턴을 점검하기 시작했다. 말했다시피 그녀는 매번 낡은 차를 고치는 것보다는 새 차를 사는 편이 돈이 적게 든다는 사실을 깨달았다. 이렇게 그녀는 저축을 8퍼센트 늘릴 방법을 찾아냈고 그 돈을 비상/보호 자금 용으로 저축한다. 이 작은 목표를 완수한 후 그녀는 밤에 두 다리를 펴고 잘 수 있게 되었다! 아직 비상용 돈을 마련하지 못했다면 얼른 시작하기 바란다. (3부의 3장과 4장이 이와 관련한 도움을 줄 수 있을 것이다.) 그 돈은 현금으로 보관하거나 아니면 전액 예금보험이 적용되는 통장에 넣어 두어라.

다음 단계 꿈으로 넘어가자. 재무적 안전 다음에 이뤄야 할 목표는 재무적 활력이다.

두 번째 꿈, 재무적 활력

재무적 활력이란 무엇을 의미하는가? 이 목표는 재무적 독립과 자유로 가는 길 중간에 놓인 이정표이다. 여기까지 오면 마음의 안심을 얻을 수 있으며 억지로 일하지 않아도 즐거움을 위한 몇 가지 소비도 가능해진다.

당신은 한 달에 의류비로 얼마를 지출하는가? 100달러? 500달러? 1000달러? 오락비로(영화, 콘서트 등) 지출하는 돈은 얼마인가? 외식비는? 당신은 외식과 오락비로 한 달에 200달러를 쓰는가, 2천 달러 이상을 쓰는가? 소소한 취미, 체육관 회원권 같은 작은 사치, 매니큐어, 마사지, 골프에는 매달 얼마를 쓰는가? 50달러? 500달러? 1000

달러 이상? 금액이 얼마이든 더는 억지로 일하지 않아도 이 금액의 절반이 이미 마련돼 있다면 아주 기분이 좋을 것이다. 그것이 바로 재무적 활력에 도착했을 때 느끼는 기분이다.

다음은 재무적 활력에 이르는 데 필요한 금액을 계산하는 방법이다.(앱을 사용해도 된다.)

1. 현재 매달 의류비로 지출하는 금액의 절반 월 ___________
2. 현재 매달 외식과 오락비로 지출하는 금액의 절반
월 ___________
3. 소소한 취미생활이나 작은 사치에 들어가는 금액의 절반
월 ___________
4. 활력을 얻기 위해 벌어야 하는 추가적인 월수입 총액
월 ___________
5. 앞에서 구한 매달 재무적 안전을 누리기 위해 필요한 금액
(바로 앞에 나온 금액 계산식에서 6번) 월 ___________
6. 재무적 활력에 필요한 매달 총수입 월 ___________
7. 6번 금액에 12를 곱하면 재무적 활력에 필요한 연간 총수입이 나온다. ___________ × 12 = 연 ___________

세 번째 꿈, 재무적 독립

샴페인을 터뜨리자! 재무적 독립에 도착해 더는 오늘과 똑같은 생활을 유지하기 위해 억지로 일하지 않아도 되기 때문이다. 저축과 투자에서 벌어들이는 연간 이자 수입이면 자는 동안에도 돈이 쌓이고 필

요한 생활비는 다 마련하게 된다. 진정한 재무적 독립에 이르렀다. 억지로 일하는 생활에서 독립했다. 얼마나 멋진가? 이렇게 되었을 때 가족과 당신이 얻게 될 마음의 평화는 얼마나 크겠는가?

재무적 독립이란 당신이 돈의 노예인 상황이 아니라 돈이 당신의 노예가 되는 것을 의미한다. 당신이 돈을 위해 일하는 것이 아니라 돈이 당신을 위해 일한다. 직장이 싫으면 상사에게 속 시원하게 퍼붓고 그만둬도 된다. 아니면 참고 일해야 하기 때문이 아니라 하고 싶어서 일하는 상황이기 때문에 일을 하는 중에도 저절로 미소가 지어지고 콧노래가 흘러나온다.

그렇다면 현재의 생활방식을 유지하기 위해 필요한 돈이 얼마인지 계산해보자. 계산은 전혀 어렵지 않다. 다행인지 불행인지는 모르지만 웬만한 사람들은 버는 만큼 쓰거나 벌이보다 더 쓰기 때문이다! 한 해에 10만 달러를 벌고 생활방식을 유지하기 위해 (세금까지 포함해) 그 해에 딱 10만 달러를 썼다면 재무적 독립에 필요한 연간 평생 수입은 10만 달러이다. 소득보다 지출이 낮다면 축하할 일이다! 안타깝게도 그런 사람은 일반이 아닌 예외에 속한다. 혹시 연봉이 10만 달러이고 지출은 8만 달러라면 재무적 독립을 위해 매년 필요한 금액은 8만 달러이다.

당신의 재무적 독립에 필요한 금액은 얼마인가?
앱에 적어 넣거나 바로 이 자리에서 적어보자: ____________.

명확하게 아는 것이 힘이다. 진짜 필요한 숫자가 뇌에 새겨진 순간, 의식적 마음은 그곳에 도착할 방법을 이해하게 된다. 이제 재무적 안전과 활력과 독립을 위해서는 얼마의 평생소득이 필요한지 알았다. 그렇다면 더 큰 꿈이 이뤄지는 순간 어떤 일이 생길지 알아보자.

스스로 꿈꾼 대로 살 수 있도록 용기를 내어라.

—랠프 월도 에머슨

론과 미셸 부부 이야기를 들려주고 싶다. 이 부부를 처음 만난 것은 내가 매년 피지의 리조트에서 개최하는 세미나에서였다. 부부는 30대 중반이고 어린 자녀가 둘 있다. 두 사람은 콜로라도에서 작지만 제법 잘 나가는 사업체를 운영하고 있다. 론은 사업은 잘하지만 부부 모두 가계에는 전혀 관심이 없다(두 사람이 내 '비즈니스 마스터리' 세미나에 참석한 것도 사업을 30~130퍼센트 키우기 위해서였다). 회계사는 매달 부부의 재무상황 보고서를 보내줬지만 두 사람은 보는 시늉도 하지 않았다! 당연히 두 사람은 자신들이 진정으로 어떤 삶을 원하는지 구체적으로 떠올리지도 못하고 있었다. 알고 보니 부부는 공헌하는 삶을 원했다.

앞에 나온 억만장자를 꿈꾸는 청년 기업가에게 물었듯이 나는 론에게 목표를 다 이루는 데 필요한 금액을 얼마라고 생각하는지 물었다. 론은 2천만 달러라고 대답했다. 나는 그것보다 훨씬 적은 금액이어도 론과 그의 가족이 원하는 특별한 삶을 유지하는 데 아무 문제가 없다는 사실을 보여주고 싶었다. 그래서 나는 두 부부의 실제 월 소비 패턴을 분석하게 했다(론과 미셸은 자기 사업을 하고 있고 부부의 연간 소득은 미국 평균 가구소득보다 훨씬 높은 편이다).

우리는 재무적 안전부터 시작했다. 그가 말한 5가지 기본생활비

내역은 이러했다.

제1주택 융자 상환	월 $6,000
공공요금	월 $1,500
교통비	월 $1,200
식료품	월 $2,000
보험료	월 $750달러
총계	$11,450 × 12 = 연 $137,400

이 부부가 재무적 안전을 이루는 데 필요한 연간 총소득은 13만 7400달러이다. 충분히 가능한 범위이다! 론은 노후자금(프리덤펀드)에 얼마의 돈을 모아놔야 하는지 알고 싶었다. 이럴 경우 재무설계사들은 대개 연소득에 10이나 15를 곱하라고 말한다. 그러나 오늘날 안전자산의 투자수익률이 대단히 낮아진 상황에서 이것은 현실에 맞지 않는다. 산에 오르는 중에는(누적단계) 7~10퍼센트의 수익을 내주는 공격적 투자를 포트폴리오에 집어넣어야 할 수 있다. 반대로 산을 내려올 때는(인출단계) 안전성이 높고 변동성이 낮은 투자를 원할 수밖에 없고 그러면 수익률은 자연히 낮아질 가능성이 높다. 그렇기에 보수적 관점에서는 5퍼센트 정도의 수익률을 잡는 편이 좋다. 연소득에 10을 곱할 때 가정하는 수익률은 10퍼센트이다. 20을 곱할 때 가정하는 수익률은 5퍼센트이다.

론이 보기에 재무적 안전은 충분히 달성 가능한 금액이었다(20×13만 7400달러=274만 8천 달러). 예상했던 2천만 달러보다 훨씬 적은 수치이다.

현재의 생활방식 수준을 유지한다고 가정했을 때 부부의 재무적 독립에 필요한 금액은 연 35만 달러였다. 제2주택과 여러 애호품들을 다 포함한 금액이었다. 미셸은 루이비통 상품에 열광했다. 따라서 보수적으로 따졌을 때 두 사람이 일하지 않고도 현재의 생활방식을 다 누리기 위해 임계량까지 모아야 하는 금액은 700만 달러(35만 달러×20)이었다. 론은 자신이 생각한 2천만 달러보다 거의 3분의 2나 적은 금액으로도 그것이 가능하다는 사실을 알고 깜짝 놀랐다. 따라서 저축해야 하는 액수가 1300만 달러나 줄었기 때문에 론은 목표에도 훨씬 빨리 도달하는 것이 가능해졌다!

네 번째 꿈, 재무적 자유

평생을 억지로 일해야 할지도 모른다는 걱정에서 해방된 다음 생활방식 역시 자유로워진다면 어떻겠는가? 재무적 자유란 돈 문제에서 독립하고 오늘 누리고 있는 것을 미래에도 다 누릴 수 있으며, 일하지 않아도 의미를 부여해주는 소소한 사치품 두세 개를 구입하기에 충분한 재무 상황을 의미한다. 재무적 자유에 이르려면 본인에게 이렇게 물어야 한다. "내가 원하고 그럴 자격이 충분하다고 느끼는 생활방식에 필요한 연소득은 얼마인가?" 그만한 소득을 원하는 이유는 무엇인가? 마음껏 여행을 다니고 싶어서? 더 큰 집이나 근사한 별장을 가지고 싶어서? 보트나 고급 승용차가 평생의 로망이었는가? 아니면 지역사회나 교회에 더 많이 공헌하고 싶어서인가?

론과 미셸의 예로 돌아가 보자. 둘은 자신들이 원하는 생활방식(연소득 35만 달러 필요)을 이미 누리고 있다. 그래서 나는 그들에게 재무적 자유를 원하는 이유가 무엇인지 물었다. 더 큰 집을 갖고 싶어서? 아스펜에 콘도를 갖고 싶어서? 보트가 갖고 싶어서?

론의 대답은 무엇이었을까? 그는 교회에 매년 10만 달러를 헌금할 수 있으면 재무적 자유를 느끼게 될 것 같다고 대답했다. 그리고 작은 배스Bass 낚시보트를 마련하고 스팀보트스프링스에 가족용 스키 콘도를 구입하고 싶다는 생각도 있었다.

감동적인 대답이었다. 공헌을 하고 싶다는 그의 목표에 감동한 나는 어떻게든 그가 방법을 찾을 수 있도록 도와주고 싶었다. 나는 그의 연소득이 50만 달러이고 지출은 35만 달러이므로 진심으로 원한다면 지금이라도 그만한 액수를 헌금으로 따로 빼둘 수 있다는 점부터 말했다. 하지만 일하지 않아도 같은 액수를 헌금할 수 있다면 론과 미셸이 얼마나 좋아하겠는가? 투자소득만으로도 그만한 액수가 가능하다면 어떻겠는가?

헌금 액수에 보트와 콘도를 마련하는 비용까지 더했더니, 그들이 재무적 자유를 이루기 위해서는 재무적 독립의 가격에 16만 5천 달러를 추가로 더해야 했다. 다시 말해 매년 51만 5천 달러가 필요하므로 그들만의 자동현금인출기에는 총 1020만 달러를 집어넣어야 했다. 다만 이 숫자는 지금보다 론이 훨씬 높은 생활방식을 누린다고 가정했을 때 금액이다. 또한 론이 재무적 독립에 필요하다고 생각했던 액수와 비교하면 여전히 절반 정도 수준이다.●

론과 미셸이 원하는 세상은 꽤 가까이 다가와 있었다. 그들이 깨닫지 못하고 있을 뿐이었다. 하지만 꿈의 가격을 이해하고 나면, 꿈에 더 빨리 다가갈 수 있는 방법을 찾을 수 있고 필요한 금액도 생각보다 적어질 수 있다.

● 론이 피상적으로 생각했을 때 그는 2천만 달러가 필요하다고 보았다.

당신이 재무적 자유에 올라서는 데 필요한 금액은 얼마일 것 같은가? 전체 생활비 금액에 더 추가하고 싶은 항목은 무엇인가? 스포츠카? 제2주택? 아니면 론과 미셸처럼 거액의 기부인가? 어떤 항목이든 종이에 적은 후 그 비용을 재무적 독립의 액수에 더하라. 그것이 재무적 자유의 가격이다. 너무 높은 금액이다 싶으면 잠깐만 기다리기 바란다. 곧 금액을 조정하는 방법을 배울 것이다.

다음은 론이 계산한 재무적 자유의 가격이다.

1. 매달 내는 현금 월 $8,333
2. 20피트 배스 낚시보트, 가격 $50,000, 5% 할부이자 적용 시 월 $530
3. 가족용 스키 콘도, 가격 $800,000, 담보대출 이자 4.5% 적용 시 월 $4,880

4. 재무적 독립에 필요한 월소득　월 $29,167

5. 재무적 자유에 필요한 월소득 총액　월 $42,910

6. 5번 결과에 12를 곱하면 재무적 자유에 필요한 연소득이 나온다.

$42,910×12 = $514,920달러

당신의 재무적 자유의 가격은 얼마인가?

1. 사치품 #1 ＿＿＿＿＿ 월 ＿＿＿＿＿

2. 사치품 #2 ＿＿＿＿＿ 월 ＿＿＿＿＿

3. 매달 기부액 ＿＿＿＿＿ 월 ＿＿＿＿＿

4. 재무적 독립에 필요한 월소득(앞서 구한 연간 금액을 12로 나눈 금액)

월 ＿＿＿＿＿

5. 재무적 자유에 필요한 월소득 총액 월 ＿＿＿＿＿

6. 5에 12를 곱하면 당신이 재무적 자유를 이루는 데 필요한 연소득이 나온다. 연 ＿＿＿＿＿

다섯 번째 꿈, 절대적인 재무적 자유

'절대적인' 재무적 자유를 달성한다면? 언제든 원하는 것을 다 할 수 있다면 어떤 기분일까? 당신과 가족이 다시는 물질적인 부족함을 느끼지 않게 된다면 어떤 기분일까? 마음대로 베풀 수 있고 남이 아닌 자신의 기준대로 풍족한 인생을 누릴 수 있고, 다시는 무언가를 갖기 위해 억지로 일할 필요가 없게 된다면? 잠을 자는 동안에도 발생하는 투자소득은 당신에게 무한한 생활방식을 선사해준다. 부모님에게 원하는 멋진 집을 사드릴 수도 있고 배고픈 사람들에게 음식을 나눠주는 재단이나 바다를 청소하는 재단을 세울 수도 있다. 자신이 할 수 있는 것을 상상해봐라.

나는 론과 미셸에게 가장 큰 꿈은 무엇인지 물어보았다. 두 사람은 절대적인 재무적 자유를 이루면 무엇을 하고 싶을까? 부부의 대답에 나는 다시 한번 크게 감동했다. 미셸은 목장을 사서 그곳에 교회 캠프를 세우는 것이 가장 큰 꿈이라고 대답했다. 비용은 얼마나 들까? 론은 목장을 사는 데 200만 달러, 개축에 100만 달러 이상이 들 것 같다고 추산했다.

예상 비용을 점검했더니 두 사람이 흥분하는 것이 확연히 드러났다. 대출을 받아 목장을 구입할 경우 매해 나가는 대출 이자는 12만 달러(300만 달러, 4퍼센트 이자)였다. 충분히 달성 가능한 금액이었다!

다른 꿈이 있다면? 론은 모험과 여행을 좋아했고 언젠가는 자기 비행기를 갖고 싶다고 했다. 그래서 나는 론에게 미래의 억만장자 청년에게 했던 것과 똑같은 연습문제를 풀게 하고 더불어 제트기를 임대하면 걸프스트림이나 세스나 사이테이션Cessna Citation을 소유하고 유지관리하는 비용보다 훨씬 적은 금액으로 똑같은 편리함과 만족을 얻을 수 있다는 사실을 알려주었다. 무슨 말인지 이해가 갈 것이다. 반드시 제트기를 소유해야만 여행과 모험을 즐기는 생활방식이 가능한 것은 아니다. 경기장의 스카이박스(최고급 전용 관람석)에 앉기 위해 반드시 구단 전체를 소유할 필요는 없다. 심지어 구단주가 되기 위해 구단 전체를 소유할 필요도 없다. 소유권을 일부만 가져도 그런 특권을 다 누릴 수 있다. 내 친구 매직 존슨Magic Jonson이 그랬다. 그는 내 친구인 피터 거버Peter Guber를 비롯해 다른 여러 사람들과 함께 구겐하임베이스볼매니지먼트Guggenheim Baseball Management의 로스앤젤리스 다저스구단 인수 작업에 파트너로 참여했다. 다저스구단과 경기장을 인수하는 대금은 21억 5천만 달러였다. 장담하건대, 매직은 인수대금 21억 5천만 달러를 다 대지는 않았지만 그럼에도 구단주가 누릴 수 있는 모든 기쁨과 자부심과 흥분과 영향력과 재미를 다 누리고 있다.

이런 생각의 전환은 당신과 사랑하는 사람들에게 그간 원하던 삶의 질을 만들어준다. 꿈을 꾸는 사람으로만 그치는가 아니면 꿈을 이루는 사람이 되는가를 가르는 차이는, 꿈을 꾸기만 하는 사람들은 꿈의 가격을 계산조차 하지 않는다는 데 있다. 몽상가들은 꿈의 가격을 너무 높게 잡기 때문에 여행을 시작하지도 않는다. 충분히 전념하고 충분히 창의적이라면 그리고 다른 사람들의 생활에 누구보다도 가치를 더 많이 더해주겠다는 각오가 있다면, 실현 못할 꿈은 없다.

대부분의 사람들은 그냥 재미 삼아 절대적인 재무적 자유의 가격을 계산한다. 나는 세미나에서 굉장히 원대한 꿈을 가지고 있고 꿈의 가격을 정확히 알고 싶어 하는 사람들하고만 이 연습문제를 푼다. 대다수 사람들은 절대적인 재무적 자유를 결코 이루지 못할 테지만 꿈을 꾸고 갈망을 옥죄는 고삐를 푸는 행동은 큰 힘을 발휘한다. 이 고옥탄가 꿈에 자극을 받아 소득을 늘려야겠다는 마음이 생겨 목표에 더 빨리 다가가게 될 수도 있다. 하지만 이 연습문제를 진행하는 이유는 또 있다. 재무적 안전을 이룬다면 억지로 일할 필요가 없어지고 그런 다음에는 파트타임으로만 일해도 원하는 것들을 얻을 수 있기 때문에 재무적 독립도 얻어진다. 아니면 투자소득과 파트타임 일자리를 통해 재무적 독립이 가능해지기 때문에 이제는 그렇게 얻은 소득으로 재무적 자유가 주는 사치를 경험하는 것도 가능해진다.

까짓, 한번 해보는 거다! 이런 즐거운 사치를 종이에 적거나 앱에 적어 보자. 자신의 욕구를 시원하게 털어놓을 때 빚어지는 결과는 당신의 상상을 넘어선다.

론이 계산한 절대적인 재무적 자유의 가격은 이렇다.

1. 교회 캠프용 목장의 구입 및 개축. 대출 $3,000,000, 이자 4% = 월 $10,000
2. 비치크래프트 보난자Beechcraft Bonanza기. $300,000. 대출이자 5% = 월 $3,181
3. 재무적 자유에 필요한 월소득 총액 = 월 $42,910
4. 절대적인 재무적 자유에 필요한 월소득 총액 = $56,091
5. 4번의 결과에 12를 곱하면 절대적인 재무적 자유를 누리는 데 필요한 연소득 총액은 $673,092이다.

20피트 낚시보트를 소유하고, 교회에 매년 10만 달러를 헌금하고 스키용 콘도와 개인 비행기를 사고 목장을 교회 캠프로 바꾸고, 더불어 일하지 않아도 지금의 생활수준을 그대로 누리려면 론과 미셸은 연수입이 67만 3092달러는 되어야 한다. 임계량에 도달하려면 두 사람은 여기에 20을 곱한 금액인 1350만 달러를 모아야 한다. 그래도 두 사람이 재무적 안전이나 독립에 필요하다고 생각한 2천만 달러보다 3분의 1이나 적다.

당신의 절대적인 재무적 자유의 가격은?
1. 사치품 #1에 매달 들어가는 비용 ____________ 월 ____________
2. 사치품 #2에 매달 들어가는 비용 ____________ 월 ____________
3. 사치품 #3에 매달 들어가는 비용 ____________ 월 ____________
4. 재무적 자유에 필요한 월소득(p. 306) 월 ____________
5. 절대적인 재무적 자유에 필요한 월소득 총액 월 ____________

6. 5번의 결과에 12를 곱하면 절대적인 재무적 자유에 필요한 연소득 총액이 나온다. 연 ___________

꿈의 성취를 불가능하게 만드는 요인은 딱 하나이다.
바로 실패에 대한 두려움이다.
— 파울로 코엘료

종이에 적은 이 모든 숫자들이 어떤 느낌으로 다가오는가? 재무적 꿈에 적힌 가격표가 생각보다는 훨씬 적은 금액이라는 사실을 알게 되었기를 그리고 단기와 장기를 포함해 목표로 삼을 세 가지 꿈을 골라냈기를 바란다. '남부럽지 않게 살기 위한 3단계 꿈'은 어떤 것인가? 대다수 사람들이 가장 중요하고 '반드시' 이뤄야 한다고 생각하는 세 가지는 재무적 안전, 활력, 독립이다. 더 높은 곳을 바라는 사람들은 재무적 안전, 독립, 자유를 원한다. 아직 정하지 못했다면 세 가지를 정하고 종이에 적으라. 중요한 꿈으로 삼고 앱에도 올려라. 독려용 메시지가 목표에 계속 매진할 수 있도록 도와줄 것이다.

베이비붐 세대이고 2008년의 금융 멜트다운 이후로 힘든 시간을 보낸 사람이라면 어떤 꿈을 절대적으로 중요하게 생각할까? 아마도 재무적 안전일 것이다. 좋은 뉴스가 하나 있다. 임계량까지 저축과 투자를 할 시간이 많지는 않지만 그래도 재무적 안전은 확실히 달성할 수 있다. 그 방법은 차차 보여줄 것이다. 재무적 안전을 이루지 못할지도 모르지만 그것을 '반드시 달성해야 할' 꿈으로 삼는다면 어쩌면 가능할 수도 있다. 이제 갓 사회생활을 시작했다면 앞길이 창창하다. 재무적 자유에, 심지어는 아무 스트레스도 받지 않고 절대적인 재무적 자유에 이를 수도 있다. 하지만 무엇보다도 자신에게 어떤 꿈이 가장 중요한지 결정하고 가격을 정확히 파악해야 한다는 점이다. 왜인가? 꿈과 가격을 알아야 몇 퍼센트의 연 수익률로 그리고 몇 년 동안 돈을 모아야 꿈을 이룰 수 있는지 계산할 수 있기 때문이다. 그런 다음에는 꿈을 이루기 위한 계획을 세울 것이다. 바로 여기서 꿈의 실현이 결정된다. 단계 하나하나를 자세히 확인하고 따르다 보면 모든 과정이 저절로 행해질 것이다. 계속 전진해야 한다. 그것이 절대적으로 중요하다.

여행을 계속할수록 힘이 더욱 솟고 활력이 샘솟기를 바란다.

당신은 당신 삶의 단순한 관리자가 아닌 창조자라는 사실을 깨달아야 한다. 우리는 살면서 이룬 것이 얼마나 많은지 가끔씩 잊곤 한다. 나는 당신이 누구인지는 모르지만 그래도 한 가지는 분명히 안다. 지금의 당신은 과거에는 불가능하고 허황된 꿈이나 목표라고 생각했던 여러 가지 것들을 누리고 산다. 예전에는 바라볼 수도 없다고 생각했던 일자리나 높은 직위를 성취했을지도 모르고 꼭 갖고 싶었던 자동차를 갖고 있을 수도 있고 한번은 꼭 가보고 싶은 장소에 여행을 갔다 왔을지도 모른다. 살고 싶었던 장소에 살고 있을 수도 있고 데이트 허락조차 받지 못할 거라고 생각했던 사람과 버젓이 결혼해 잘 살고 있을지도 모른다. 저 사람이 정말로 당신을 사랑해줄지 노심초사하면서 꿈을 꾸던 시절은 과거사가 되었고 지금은 그 사람이 당신 옆에 있다. 그렇다면 지금 당장 그 사람에게 가서 키스를 하고 지난날에는 불가능하다고 생각했던 그 사람과의 친밀한 관계를 이제는 이루었다는 사실을 기억하라.

한때는 꿈이었지만 지금은 누리고 있는 것은 무엇인가? 불가능하고 터무니없는 바람이라고 생각했지만 지금은 당신 인생에서 한 자리를 차지하는 것은 무엇인가? 당신이 단순히 자신의 주위 상황을 정리하기만 하는 관리자가 아니라 스스로 인생을 만드는 창조자라는 사실을 기억하려면, 자신이 창조한 것들을 의식적으로 되새김해야 한다. 잠깐만 짬을 내 그런 것들을 서너 가지 정도만 적으라. 목록에는 꼭 거창한 성취만 적을 필요는 없다. 어떤 때는 사소할지라도 불가능하거나 어렵다고 생각했던 것들을 정복하고 실현했던 경험이 원대한 목표를 성취하려면 어떻게 해야 하는지 핵심 교훈을 알려주기도 한다. 또한 한때는 아주 어렵거나 불가능하다고 생각했지만 지금은 당연하게 여기면서 누리고 있는 것이 있을지도 모른다. 친숙성 법칙law of familiarity에 따르면, 우리는 곁에 무언가나 누군가가 아주 오랫동안 있으면 그것들을 당연시하는 습성이 몸에 밴다. 그러니 감사하게 여겨야 할 부분을 새롭게 깨달으면서 목록으로 적어보자.

두 번째 작업으로, 그 꿈을 실현하기 위해 어떤 방법을 이용했는지 떠올려야 한다. 지금 당장 검토해야 한다. 이미 이룬 것들 중 아무거나 하나를 선택하라. 그것을 이루기 위해 처음 한 행동은 무엇인가? 종이에 적으라.

나는 말 그대로 수십만 명의 사람들에게 불가능하다고 생각했지만 지금은 인생의 한 부분으로 자리 잡은 것들을 이루기 위해 어떻게 했는지 물어보았다. 그들은 어떻게 그것을 이루었는가? 당신은 어떻게 했는가? 우리는 모두 어떤 공통된 과정을 거친다. 그리고 그것은 대개 3단계 과정으로 이뤄진다.

- **1단계** 갈망과 욕구가 분출하면서 레이저처럼 날카롭게 초점이 맞춰진다. 둘 중 한 가지가 당신 안에서 일어난다. 무언가에 영감을 받아 잔뜩 고무되어 욕구를 옥죄던 고삐를 벗어던진다. 그 욕구에 온 마음이 쏠리고 레이저처럼 강렬하게 초점이 맞춰진다. 상상력이 점

화된다. 그도 아니면 벽 혹은 문턱에, 자신 내부의 어떤 장소에 부딪치면서 더는 지금까지의 삶에 안주하지 않겠다고 다짐한다. 더는 과거로 돌아가지 않겠다는 다짐을 하고 자신이 바라는 새로운 삶이나 물건에 맹렬히 초점을 맞춘다. 그 대상은 직장의 변화일 수도, 관계의 변화일 수도, 생활방식의 변화일 수도 있다. 변화에 대한 갈망이 용솟음친다. 어디에 초점을 맞추든 에너지가 흘러나온다.

옷 또는 자동차를 샀더니 갑자기 그 옷이나 자동차가 가는 곳마다 눈에 들어오는 경험을 해본 적이 있는가? 왜 그런 일이 생기는 것일까? 망상활성계라고 하는 무의식적 마음은 이제 그 옷이나 자동차가 중요하다고 판단한다. 그래서 가는 곳마다 그 옷이나 자동차가 눈에 잘 들어오게 되는 것이다. 그 옷이나 자동차는 예전에도 주위에 많이 존재했다. 하지만 이제야 눈에 잘 띄는 이유는 무의식이 전에는 보지 않았던 것들을 의식하게끔 만들기 때문이다.

이 책을 읽는 당신에게도 그런 일이 벌어지고 있다. 당신은 뮤추얼펀드가 부과하는 수수료를 인식하기 시작했고 자산배분이라는 말이 귀에 들어오기 시작했다. 전에는 들리지 않았던 고빈도매매니, 적립식투자dollar-cost averaging●이니 하는 말들이 들리기 시작했다. 이런 말들이 당신의 인생에 다가오는 이유는 뇌가 그것을 중요하다고 판단하기 때문이다. 중요하다고 여기는 것, 초점을 맞추는 것에 에너지는 흘러간다. 그리고 그런 수준의 갈망과 욕구와 초점을 가지게 되는 순간 2단계가 시작된다.

- **2단계** 과감하고 효과적인 행동을 취한다. 욕구가 한없이 용솟음치

● 일정기간별로 정액을 매수해 평균매수단가를 낮출 수 있다.

면서 자신이 원하는 것에 오롯이 초점이 맞춰지면 꿈을 이루기 위해 필요한 행동은 무엇이든 하겠다는 각오가 생긴다. 원하는 꿈을 이루기 위해 당신이 발휘할 수 있는 에너지와 유연성에는 한계가 없다. 굳건하고 과감한 행동이야말로 만능해결사라는 사실을 당신은 가슴 깊이 이해하게 된다. 굳센 의지로 모든 노력을 쏟으면 목적지에 갈 수 있다. 전에도 그런 경험이 있지 않은가? 사랑하는 여자를 꼭 봐야 했고 그래서 차를 빌려 밤새도록 눈보라 속을 달리며 그녀가 다니는 대학까지 가서 그녀를 봤던 경험이 있을지도 모른다. 당신은 그녀가 원하기 때문에 아이를 최고의 학교에 입학시키려 백방으로 뛰어다닌 경험이 있을지도 모른다. 무언가가 '하면 좋은' 차원을 넘어 '반드시 해야 하는 것'이 되면 방법도 눈에 들어온다.

물론 한 가지 조심할 부분이 있다. 노력을 하되 효과적으로 노력을 해야 하지 않겠는가? 지도도 없이 눈보라 속을 달리다가 엉뚱한 도시로 가는 일은 없어야 한다. 미래를 위한 저축에 모든 노력을 다 쏟더라도, 그 퇴직저축계좌에 연결된 뮤추얼펀드가 수수료만 높고 수익률은 평균 이하라면 원하는 금액에는 결코 도달하지 못한다. 주식 종목 하나에 모든 것을 걸었는데 하루아침에 주가가 40퍼센트나 급락할 수도 있다. 따라서 무엇이건 할 각오가 돼 있더라도 주의 깊게 은퇴 설계를 실행해야 하며 접근법도 계속 수정해야 한다. 효과적으로 노력을 실행해야만 마법이 탄생하기 때문이다. 이 책은 당신을 지금의 재무적 위치에서 원하는 위치로 이동하도록 도와주는 지도이자 청사진이다. 꾸준히 과감하고 효과적으로 행동하고, 효과가 없으면 접근법을 수정하고 새로운 접근법을 시도해야 꿈을 향해 전진할 수 있다. 하지만 진짜로 꿈이 실현되려면 마지막으로 중요한 역할을 하는 특별한 요소가 더해져야 한다.

- 3단계 은총! 누구는 이것을 행운, 우연의 일치, 운명, 신의 뜻이라고 부른다. 나는 이것을 은총이라고 부른다. 이 말에는 세상에는 우리보다 더 큰 무언가가 존재한다는 사실과 더 고귀한 힘이 우리에게 지금의 인생을 누리는 특권을 주고 있다는 사실, 우리가 눈을 뜬 순간 그것이 우리에게 통찰과 인도라는 선물을 주고 있을지도 모른다는 사실을 인정한다는 의미가 담겨 있다. 우리가 신중하게 앞의 두 단계를 밟는 순간 신이나 우주나 은총이(뭐라고 부르건 상관없다) 가까이 다가와 우리를 도와준다는 생각만 해도 정말로 멋진 일이다. 할 일에 충실했을 뿐인데 세상 모든 것이 당신에게로 다가온다. 기대하지 않았던 큰 행운을 누구나 한번쯤은 겪어봤다. 뭐라고 설명하기가 힘들기 때문에 우리는 그런 행운을 우연의 일치라고 부른다. 기차를 놓쳤는데 바로 그 자리에서 평생 배필이 될 여자를 만난다. 친구 대신에 입사지원서를 작성했는데 그로 인해 당신의 꿈에 딱 들어맞는 일자리를 얻는다. 미리 짐작한 일도, 자의적으로 획득한 결과도 아니다. 저절로 그렇게 되었다. 그렇기에 나는 그것을 은총이라고 부른다. 당신의 삶에 이미 존재하는 은총을 인정하고 감사히 여기는 마음이 커질수록 지금까지의 인생보다 더 큰 선물을 받게 될 가능성도 높아진다. 나한테는 그런 일이 여러 번 일어났기 때문에 은총이 정말로 존재한다고 나는 확신한다. 또한 감사의 마음은 우리를 은총과 연결시켜준다. 감사하는 마음에는 분노가 들어서지 못한다. 감사하는 마음에는 두려움이 들어서지 못한다.

자신의 상황을 단순히 관리하는 사람에 그치지 않고 스스로의 인생을 창조하는 사람이 될 준비가 되었는가? 우리는 무엇을 위해 투자를 하는가? 평생소득을 만들기 위해서다! 꿈이 당신과 떼려야 뗄 수 없는 일부가 되었는가? 다시 말해 '반드시 이뤄야 할 것'이 되어 무의식 속에서도 밤낮으로 꿈을 이루는 데 초점을 맞추게 되었는가? 꿈을 실현하기 위해 무엇이든 할 각오가 섰는가? 그렇다면 이제 페이지를 넘겨 그토록 많은 사람이 실패하는 일을 행동에 옮기자.

이제 본격적으로 은퇴 설계를 짤 시간이다.

CHAPTER 2

자신에게 맞는 은퇴 설계를 하라

어디로 가야할지 모른다면 어느 길을 가도 성공하지 못한다.

—헨리 키신저

축하한다. 아주 많이 왔다. 재무적 자유를 향해 커다란 계단 세 개를 성큼 올라섰다. 가장 중요한 재무적 결정을 내렸다. 당신은 소득의 일정 부분을 프리덤펀드에 자동으로 집어넣기로 약속하고 저축 비율을 늘림으로써 투자자가 되었다. 또한 자유를 선사할 당신만의 현금인출기도 만들기 시작했다. 또한 돈을 투자자로부터 멀리 떨어뜨리기 위해 고안된 가장 큰 거짓말로부터 스스로를 보호하는 방법도 배웠다. 마지막으로, 꿈의 가격을 계산했다. 이제 당신은 재무적 안전과 독립을 이루는 데 필요한 평생소득이 얼마인지도 안다. 앞으로 우리는 지금껏 배운 복리의 힘을 적극 활용해 돈이 돈을 부르는 원칙을 가동하기 시작할 것이다. 우리는 같이 머리를 맞대고 당신과 당신의 가족이 너끈하게 실현할 수 있는 재무설계에 돌입할 것이다. 당신의 재무적 꿈이 안전이든, 활력이든, 독립이든, 충분히 실현할 수 있다.

시작하기 전에 한 가지 일러둘 점이 있다. 당신을 비롯해 웬만한 사람들은 돈에 대해 말하기를 싫어한다. 그러니까 이건 우리끼리만 하는 대화이다. 주위 사람들에게 공공연히 알리지 않는 이상, 그들은 당신이 정한 꿈의 가격을 알지 못한다. 가장 중요한 것은 자신에게 솔직해야 한다는 점이다. 대충 뭉뚱그려서는 안 된다. 진실을 왜곡해서도 안 된다. 자신에게 필요한 '금액'을 장밋빛 렌즈를 끼고 본다거나, 지금의 재무 상태를 실제보다 더 좋게 봐서도 안 된다. 마찬가지로 계획을 세우고는 지나치게 보수적으로 보면서 실현 자체가 불가능한 일이라고 스스로를 자책해서도 안 된다. 그냥 자신에게 솔직하고 지금 자신의 위치를 있는 그대로 파악하는 데 주력하라. 그것이 은퇴 설계를 '실현시키는' 비결이다.

게임 참가자는 오직 자기 자신뿐이다

최근에 내 친구 하나는 팜비치에 있는 내 집 근처에서 어린 시절 친구들과 동창 모임을 가졌다. 그들은 쉰 살 생일을 축하하기 위해 모였다. 그들은 같은 어린이집을 다녔고 고등학교 시절에는 뉴욕 롱아일랜드의 레빗 주택지구에서 서로가 한 집 건너 한 집 꼴로 살았다. 그들은 아버지가 전문직 종사자이거나 자기 사업을 했으며 어머니는 전업주부였고 집집마다 벌이도 비슷했다. 이 평생지기 친구들 모임에서 가장 놀라운 점은 그들의 인구통계 구조였다. 인격 형성기 동안 이 친구들의 생활은 거기서 거기였지만 대학에 들어가면서부터는 각자 다른 길로 갈라졌다.

한 친구는 월스트리트의 유명 금융회사에 들어갔다. 한 친구는 사진작가가 되어 맨해튼에 표구전문점을 차렸다. 한 친구는 동부 연안 주에서 주택건설 사업을 했다. 한 친구는 와인과 크래프트 맥주(소규모 독립 양조장이 만드는 고급 맥주—옮긴이)를 수입하는 회사를 차렸다. 한 친구는 엔지니어 교육을 받은 후 플로리다 남부에서 월급쟁이 공무원이 되었다.

이 평생지기 친구 다섯은 동창회에서 이런저런 말을 주고받았다. 소득수준도 은행 잔고도 서로 달랐지만 그들은 저마다 행복했다. 정확히 똑같은 의미의 행복은 아니었지만 어쨌든 그들은 모두 행복했다. 그들은 원하는 것을 충족시키며 살고 있었다. 희망과 꿈도 솔솔이 이룬 편이었다.

내 친구는 이 책의 초고에서 읽은 개념을 자신의 친구들에게 들려주었다. 맥주 몇 잔이 오고간 후 돈에 대한 주제로 넘어갔고 그들은 앞 장에서 당신이 답했던 질문을 서로에게 던졌다. 재무적 안전에 도착하거나 은퇴자금을 마련하려면 돈이 얼마나 있어야 하는가? 월스트리트에서 일하는 친구는 적어도 2천만 달러는 모아야 일하지 않고도 현재의 생활방식을 유지할 수 있다고 말했다. 맨해튼의 사진작가는 1000만 달러면 충분하다고 생각했다. 부동산 개발을 하는 친구는 아이들이 대학을 다 졸업했으니 500만 달러 정도는 모을 수 있을 것 같다고 말했다. 와인 수입상 친구는 최근에 재혼을 했다. 얼마 전 새로 아기가 생겼지만 그래도 노후자금으로 200만 달러 정도는 기대할 수 있을 것 같다고 말했다. 마지막으로, 월급에 맞게 생활하는 습관이 배 있고 은퇴 후에는 죽을 때까지 꾸준히 연금을 받을 공무원 친구는 연금이 나오기 시작하고 각종 사회보장 혜택을 받기 시작하면 별 걱정 없이 살 수 있게 된다.

이 다섯 명 중에서 꿈에 가장 근접한 친구는 누구인가? 목적지에 도착하기 위해 정확한 금액과 정확한 계획을 마련한 친구는 누구인가? 아주 까다로운 질문이다. 답을 결정짓는 요소는 돈이 아니다. 현금 다발을 산처럼 쌓아 놓거나 물질적인 것을 아주 많이 갖춘다고 해서 인생이라는 경주에서 '승자가 되는' 것은 아니다. 또한 순식간에 선두에 올라 수월하게 결승선을 통과한다고 해서 '승자가 되는' 것도 아니다. 이기려면 어떻게 해야 하는가? 자신이 정한 기준에서 그 기준을 충분히 충족시키는 삶을 최대한 오랫동안 누리는 삶을 사는 것이 이기는 것이다.

니즈를 충족시키고 꿈을 실현하는 데 도움이 되는 재무계획을 설계하고, 거기에 매진한다. 그것이 성공이다. 단순하고 명확한 이치이다. 갈팡질팡하면서 걸핏하면 남들이 생각하는 성공이나 재무적 독립을 보고 승부욕이 생겨 이루지도 못할 목표를 잡는다면, 결국은 뒤처지고 좌절감에 빠질 뿐이다. 또한 자기 것이 아닌 남의 목표를 추구해도 마찬가지로 지게 된다. 이웃의 재산이 얼마이고 무슨 차를 몰고 어디로 휴가를 가는지는 중요하지 않다. 이 계획의 주체는 당신이다. 오직 당신만이 뛸 수 있다. 어느 누구도 대신하지 못한다.

경주를 멈추는 날이 경주에서 승리하는 날이다.

—봅 말리

어드밴티지에 대한 착각

올림픽 육상 경기를 본 적이 있을 것이다. 출발을 알리는 총소리가 울리기 전 트랙을 보면 제일 바깥 레인을 배정받는 선수가 제일 앞에 나와 있는데 왜 그게 큰 어드밴티지가 아닌지 의문이 들기 십상이다. 우리는 모든 선수가 똑같은 거리를 달린다는 것을 머리로는 알지만 우리의 눈은 시각적으로 우리를 속인다. 타원형 트랙에서 모든 선수가 똑같은 거리를 달리도록 바깥 레인 선수일수록 앞쪽으로 나오게 배치하는 것을 스태거stagger라고 한다. 400미터 달리기의 경우 선수들의 배치 간격은 6미터이다.

물론 바깥 레인의 선수를 앞으로 나오게 하고 안쪽 레인 선수를 뒤에 배치하는 것에는 어떤 물리적인 어드밴티지도 없다는 사실을 모르는 사람은 없다. 어느 레인을 배정받건 달리는 거리는 똑같다. 그러나 어드밴티지를 가진 듯 보이는 것은 심리적으로 강력한 우위가 될 수 있다. 앞쪽에 배치된 선수는 자신이 선두에 있다고 생각할까? 그런 배치가 그의 자신감을 북돋는 역할을 할까 아니면 질주 의지를 빼앗는 역할을 할까? '뒤쪽'에 배치된 선수는 자신이 불리하다고 생각하고는 1등을 하기 위해 좀 더 힘을 내 달리게 될까?

조금 전에 나온 다섯 친구를 밖에서 안을 바라보는 시각에서 관찰해보자. 보기에는 공무원 친구가 트랙에서 가장 뒤쳐져 있다고 생각되고, 반대로 월스트리트에서 일하는 친구를 독보적인 우승 후보라고 생각할 수도 있다. 그러나 그것은 착각일 뿐 사실이 아니다. 아무도 앞서 있지 않다.

이 경주에는 1등도 꼴찌도 없다. 인생은 경쟁이 아니다. 사람들은 종종 돈이라든가 소유물을 자신의 지위를 나타내는 척도로 삼는다. 누가 더 근사한 집에 살고 더 좋은 차를 몰고 햄프턴에 여름 별장을 갖고 있는지가 지위의 척도이다. 그러나 진실은 다르다. 우리는 자신이 얼마나 오래 살지, 나이가 들어도 건강을 유지할지 알 수 없다. 그렇기에 지금의 출발선상은 중요하지 않다. 어떻게 결승선에 도달하는지가 중요하다. 이들 다섯 명은 각자의 조건에 맞게 나름의 속도를 유지하며 옳은 방향으로 달리고 있었다. 그것이 그들이 나름대로 행복하게 살고 있다고 느끼는 이유 중 하나였다. 그들은 까마득한 옛날인 어린이집 시절에 함께 경주를 시작했지만 나름의 규율과 선구안을 지키며 각자의 경주에서 우승에 도전하고 있었다.

당신도 이럴 수 있다. 친구나 가족, 동료, 고객과 비교해 지금 당신의 위치가 어디인지는 중요하지 않다. 가장 중요한 것은 당신 개인의 여행이다. 타인을 잣대 삼아 비교하면, 자신이 쭉 선두를 달리고 있는 것 같아 우쭐한 마음이 들거나 반대로 무리의 꼴찌인 것 같아 체념하는 마음이 들기 십상이다. 다시 말하지만 지금의 위치는 중요하지 않다. 인생은 단거리 경주가 아니라 마라톤이다. 내 앞에 놓인 길에만 집중해야 한다. 앞을 바라보고 자신만의 페이스를 만들라. 계속 앞으로 나아가라. 그런 다음 자신에게 맞는 계획을 설계하라.

> 당신이 앞지르기 위해 노력해야 할 유일한 사람은 어제의 당신이다.
>
> —익명

당신에게 맞는 계획

자신의 경쟁자는 자신뿐이라는 사실을 알았으니 이제는 재무계획을 세우고 청사진을 만들어야 할 때가 되었다. '당신의 돈이다It's Your Money' 앱에 나오는 질문 6개에만 대답하면 된다. 이 자산관리계산기를 이용하면 첫 번째 재무설계 버전을 몇 초 만에 만들 수 있다. 아직 앱을 내려 받지 않았다면 www.tonyrobbins.com/masterthegame에 들어가면 된다.

이 6개 질문은 지금 당신의 위치와 전진하기 위해 얼마나 많은 노력을 쏟아 부을 것인지를 묻는다. 대답하는 데 필요한 숫자는 그동안의 기록에서 가져와도 되고 즉석에서 떠올려도 상관없다. 약간의 준비작업이 필요할 수도 있지만 대부분의 숫자는 꽤 가까이에 있다. 혹시라도 당장 숫자가 떠오르지 않으면 대강 추측해도 상관없다. 일단은 한번 붙기 시작한 탄력을 계속 유지해야 한다.

앱은 이 숫자들을 이용해 딱 맞는 계획을 세워준다. 또한 소득이 얼마까지 늘어날지에 대한 예상 수치, 저축하기로 각오한 금액, 기대하고 있는 투자수익률 등 당신이 정한 여러 변수들에 따라 계획을 조정해준다. 공격적으로 수치를 추측하건 보수적으로 하건 상관없고 양쪽 모두를 대입한 다음 중간 숫자를 선택해도 상관없다. 일단 계산에 포함할 숫자를 추측해 집어넣기만 하면 알아서 다 해준다는 것이 이 앱의 장점이다. 당신의 재무적 미래를 위한 청사진과 확실하고 명확한 길이 만들어지는 것이다.

자신의 모험은 자신이 직접 선택하라

앱을 통해 내려 받은 자산관리계산기는 내가 30년이 넘게 워크숍과 세미나에서 이용해온 장치이다. 단순하면서도 유연성이 높은 이 장치는 수백만 명이 효과적인 재무설계를 세우도록 도와주었다. 전체적으로는 몇 가지 보수적인 가정을 기반으로 삼지만, 원한다면 마음껏 가정을 바꿔도 된다. 더 보수적인 가정을 전제해도 되고 더 공격적인 가정을 전제해도 된다. 주도권은 당신에게 있다. 따라서 당신의 생활방식과 지금의 상황, 그리고 미래의 꿈에 들어맞는 숫자를 대입하라. 결과로 나온 그림이 마음에 들지 않으면, 맘껏 숫자 놀이를 하면서 재무적 자유에 이르는 다른 길을 선택해도 된다. 3부의 뒷부분에서는 계획 이행의 속도를 높이고 확실한 성공을 보장해주는 구체적인 단계가 무엇인지 함께 고민할 것이다. 지금 당신이 만든 첫 번째 재무설계는 그냥 사과를 처음 한 입 깨문 것에 불과하다. 계속 진행하다보면 계획은 몰라보게 개선될 것이다.

시작하기 전에 몇 가지 유념할 점이 있다.

결과를 좌우하는 가장 큰 요인 중 하나는 세율인데 개개인마다 세율은 크게 다르다. 이 책은 전 세계의 독자가 읽는 만큼 우리는 세율을 복잡하게 계산하지 않고 최대한 단순화했다. 지금 어느 나라에 살고 있건, 세금 효율성을 크게 높여줄 여러 툴에 대한 사용법을 배우게 될 것이다. 또 가능하다면 세금우대 계좌에 돈을 모아야 더 높은 순수익률을 만들 수 있다는 사실도 알아야 한다.

그런 다음 자산관리계산기는 각기 다른 연간 수익률을 적용하는 3가지 가상 시나리오를 보여준다. 보수적 설계, 중도적 설계, 공격적 설계에 따라 4퍼센트, 5.5퍼센트, 7퍼센트의 수익률을 적용한다. 이 수익률이 지나치게 보수적이거나 공격적이라고 생각된다면 원하는 다른 수익률로 얼마든 조정할 수 있다.

애초에 위의 수익률을 적용한 이유는 무엇인가? 찰스슈워브는 공격적 투자의 수익률은 10퍼센트라고 정한다. 앱의 공격적 수익률은 7퍼센트이다. 3퍼센트가 차이 나는 이유는? 찰스슈워브에 따르면 1972년부터 2012년까지 40여 년 동안 시장의 평균 수익률은 10퍼센트였다. 그러나 우리의 계산기는 대략 30퍼센트의 세율을 적용하므로 수익률은 7퍼센트 미만이 된다. 미국의 장기투자에 따른 세율은 30퍼센트가 아니라 20퍼센트이다. 따라서 앱은 수익률이 아닌 세율 면에서 공격적 입장을 취하고 있다. 게다가 401(k)나 IRA(개인은퇴연금계좌), 연금보험 등 세금이연이 되는 계좌에 돈을 납입한다면 납세도 미래로 미뤄진다. 그렇기에 (찰스슈워브의 설명처럼) 수익률이 10퍼센트라면 인출 전까지는 세금으로 차감되는 금액 없이 복리 10퍼센트로 계좌가 계속 늘어나게 된다. 우리가 앱에서 4퍼센트, 5.5퍼센트, 7퍼센트로 더 낮은 수익률을 적용하는 이유는 실수를 하거나 바라던 공격적 수익률을 거두지 못할 경우에 대비해 완충장치를 마련하기 위해서이다.[7]

보수적인 수익률로 4퍼센트를 잡은 이유는 뱅가드가 말하는 세후 수익률이 4퍼센트이기 때문이다. 그러나 우리가 세금 문제를 바라보는 시각은 조금 다르다. 대다수 미국인은 401(k)나 IRA, 로스 401(k)로 돈을 투자한다. 최선의 선택은 무엇인가? 장차 세금이 내려갈 것이라고 절대적으로 확신하는 게 아니라면 로스 401(k)를 (또는 당신의 나라에 비슷한 계좌가 있다면 그것을) 권한다. 미국을 위시해 모든 나라의 정부는 돈도 없으면서 일단 지출부터 하는 추세이다. 그 돈을 갚으려면? 증세밖에 없다. 그렇기에 세금이 오를지 내릴지 100퍼센트 장담할 수 있는 사람은 없지만 나는 오른다는 데 돈을 걸겠다. 로스 401(k) 계좌는 투자수익이 100퍼센트 자기 것이 된다. 다시 말해 수익률이 7퍼센트면 그 7퍼센트를 고스란히 차지할 수 있다. 투자 계좌의 가치가 늘어나도 세무서에 한 푼도 내지 않아도 된다. 수익률이 10퍼센트

7 이 글을 쓰고 있는 지금, 저금리 기조가 아주 오랫동안 유지되고 있다. 그러나 금리가 상승하면 앱도 여기에 맞게 업데이트할 것이다. 자신의 상황에 딱 들어맞는 수익률과 현실에 맞는 투자수익 목표가 있다면 언제든 바꿔 기입할 수 있다.

면 10퍼센트가 전부 당신의 몫이다.

우리가 자산관리계산기로 3가지 잠재 시나리오를 보여주는 것도 이런 이유에서다. 이 계산기는 세후 순수익률 관점에서 계산을 하는 유연성을 발휘한다. 자신의 목적에 가장 적합하다고 판단되는 재무계획을 설계할 수 있게 되는 것이다.

자산관리계산기를 이용하면 어떤 선택을 하느냐에 따라 재무적 안전, 활력, 독립에 이르는 기간도 크게 달라진다는 사실이 금세 드러난다. 원하는 선택을 해서 기본적인 재무계획을 짠 뒤에는 세세히 다듬을 수 있다. 앞에서도 말했지만 스트롱홀드(www.StrongholdFinancial.com)가 개발한 기술 플랫폼은 당신이 가입한 모든 투자 계좌에 다 연결된다. 이 플랫폼은 당신의 투자 계좌가 지금까지 거둔 실질수익률이 얼마인지 알려준다(대다수 사람들은 실질수익률을 짐작조차 못한다!). 이것은 수익률이 가장 좋은 해와 가장 나쁜 해, 그리고 손실을 입은 시기가 몇 년이나 되는지도 알려준다. 또한 실제로 지급하는 수수료가 얼마인지, 그 수수료가 미래의 수익률에 미치는 영향이 얼마나 큰지도 알려준다. 앱에서 기본적인 재무설계를 다 마쳤다면 점검 차 이 사이트에도 들어가 보기를 권한다.

당연한 말이지만 이 앱에 기입한 숫자와 계획은 철저히 보안이 되며, 어느 장소에서나 어떤 기기로든 접속할 수 있다. 언제든 기대하는 수익률과 저축하려는 액수를 바꿔 적을 수 있고, 그럴 때 결과가 어떻게 달라지는지도 바로 확인할 수 있다.

재무적 목표를 향한 속도를 높이는 가장 강력하고 가장 고통이 적은 방법 중 하나는, '내일은 저축을 늘리자[SMarT]'를 실천에 옮기는 것이다. 이 프로그램은 1000만 명이 넘는 미국인들로 하여금 그들이 생각도 못한 방식으로 저축을 늘리도록 도와주었다. 앞에 나온 현금

인출기의 효과를 기억하는가? '내일은 저축을 늘리자' 계획에 따라 당신은 미래에 급료가 인상되면 그중 일정 부분을 프리덤펀드에 추가로 적립하기로 약속했다.

현재 프리덤펀드에 소득의 10퍼센트를 저축한다고 가정하자. 투자자가 되기는 했지만 계획이 실현되는 속도를 앞당길 방법을 찾고 싶다. '내일은 저축을 늘리자' 계획을 실천하겠다고 약속했을 경우, 10퍼센트 급료가 인상되면 그중 3퍼센트는 프리덤펀드에 적립되고 나머지 7퍼센트는 지금의 생활방식을 향상하는 데 쓸 수 있다. 10년 동안 이런 일이 세 번 일어나면 저축률은 지금의 거의 두 배에 달하는 19퍼센트가 된다. 게다가 미래의 소득 증가를 가정하고 세우는 계획이기 때문에 고통도 전혀 없다. 이렇게 함으로써 재무적 꿈을 실현하는 속도가 어마어마하게 달라질 수 있다.

우리의 앱에서 '내일은 저축을 늘리자' 옵션을 클릭하기만 하면 된다. 마지막으로 덧붙이고 싶은 점이 있다. 나는 주택의 가치는 방정식에 포함하지 않았다. 말도 안 된다고 소리 지르기 전에 잠깐 생각해 보자. 물론 대다수 사람들에게는 집이야말로 가장 큰 투자 대상이다. 집의 가격을 포함하고 싶다면 그래도 무방하지만, 내가 집을 뺀 이유는 또 다른 보수적인 완충장치를 마련하기 위해서이다. 어차피 우리한테는 살 집이 필요하다. 주택 가치에 의존해 평생소득을 창출하는 계획을 세워서는 안 된다. 10년 뒤 집을 팔아 큰 차익을 볼 수도 있기는 하다. 아니면 죽을 때까지 지금 사는 집에 계속 살 수도 있고, 반대로 예기치 않게 큰돈을 쓸 일이 생겨 집을 줄이고 따로 돈을 마련해 놔야 하는 처지가 될 수도 있다. 당신은 어떤 일이 생기든, 어떤 역경이 닥치든 항해를 계속하는 데 문제가 없는 계획을 세워야 한다.

내가 여러 가지 완충장치를 집어넣은 이유는 무엇인가? 당신이 재무설계를 하면서 적은 금액들은 지금 이 순간은 물론이고 장차 닥칠지도 모르는 온갖 방해 요소에도 아랑곳없이 언제나 실행 가능한 숫자여야 하기 때문이다. 나는 당신이 항로를 이탈하지 않도록 바람의 세기를 줄여주고 싶다. 또한 당신이 기대치 이상을 달성하도록 도와주고 싶다. 무엇보다도 나는 우리가 함께 구상한 계획이 진정으로 실현 가능한 목표라는 사실을 분명하게 알려주고 싶었다.

시작할 준비가 되었는가?

미래를 바라보았다. 너무 눈부셔서 눈을 뜰 수가 없었다.

—오프라 윈프리

두두두둥, 문이 열린다…

이번 단계의 진짜 가치는 지금의 현실은 무엇인지, 가능한 것은 무엇인지, 그리고 한번 덤벼볼 만한 가치가 있는 꿈은 무엇인지 알려주는 데 있다. 이번 단계에서는 다양한 결과를 시험 삼아 경험해 볼 수 있으며, 다른 그림이나 다른 결과를 원할 경우 여러 변수를 적용할 수 있다. 그러다보면 당신이 충분히 따를 수 있는 진짜 재무계획과 재무적 미래를 위한 청사진이 어느 샌가 등장한다.

이 앱을 개인 재무 트레이너라고 생각하라. 앱은 당신이 적은 '현실적인' 금액(소득 및 저축률)을 대입한 다음, 여러 예상 시나리오를 토대로 그 금액이 얼마로 불어날지 계산한다. 아직 구체적인 투자 전략은 생각하지 마라. 그 부분은 4부에서 다룰 예정이다. 여기서는 효과적으로 돈을 불리기 시작하면 얼마까지 불릴 수 있을지 이해하는 것이 중요하다.

지금 초점을 맞춰야 할 부분은 돈을 '어디에' 또는 '어떻게' 투자하는지가 아니다. 수정구를 들여다보면서 '무엇이 가능한지' 예측할 기회를 얻는 데 초점을 맞춰야 한다. 6퍼센트의 투자수익률이 실현된다면 당신의 미래는 어떤 모습일까? 7퍼센트 이상이라면? 10년 뒤, 20년 뒤 당신의 돈은 얼마나 많이 늘어나 있을까? 혹시 잭팟을 터뜨려 9퍼센트나 10퍼센트가 넘는 수익을 낼 방법을 찾는다면 어떨 것 같은가? 5부 1장에서 배울 자산배분 포트폴리오 중 하나는 지난 33년 동안 거의 10퍼센트에 이르는 평균수익률을 달성했고 손실이 난 적은 딱 네 해뿐이었다(게다가 그중 한 해의 손실은 고작 0.03퍼센트였다)! 따라서 지상 최고의 투자자들이 어떻게 행동하는지 배우고 터득한다면 많은 가능성이 열린다.

자신에게 딱 맞고, 건강한 자신감을 충전시켜주는 결과가 나올 때까지 앱 놀이를 계속하라. 들이는 시간은 잠깐이지만 수익률이 달라질 때마다 복리의 힘이 저축에 어떤 결과를 미치는지 확실히 배울 것이다.

어려운 것은 첫 걸음뿐이다.

—마리 드 비시-샹롱

첫 재무설계 계획을 가동한 것을 축하한다. 결과를 짐작하니 마음이 설레는가? 걱정되는가? 심란한가? 용기가 솟는가? 내가 오랜 세월 동안 세계 각지의 사람들을 만난 경험에 따르면, 그들이 도출한 결과는 대략 세 가지 범주 중 하나에 속했다.

1. 젊지만 빚이 많아서 재무적 안전을 달성할 날이 오기나 할지 걱정

하는 사람들. 그들은 방법을 찾아냈다!

2. 재무적 안전과는 수십 년이나 떨어져 있다고 생각하는 사람들. 하지만 재무적 안전이 돌 던지면 닿을 거리(5년, 7년, 기껏해야 10년)에 있다는 사실을 알고 소스라치게 놀랐다. 이미 재무적 안전에 도착했는데도 그것을 모르는 사람도 있었다.
3. 늦게 시작했기 때문에 허송세월을 결코 메울 수 없을 것이라고 걱정하는 사람들.

나는 이런 상황에 처한 사람들과 일했던 경험이 많다. 이제부터 각 상황에 해당하는 사람을 예로 들어서, 그들이 어떤 계획을 세워 재무적 안전과 활력, 더 나아가 독립과 자유에 도달했는지 보여주겠다.

내 학자금 대출은 언제 다 갚나

여기 빚을 안고 사회생활을 시작한 한 젊은이가 있다. 밀레니엄 세대가 흔히 그렇듯이 마르코도 졸업과 동시에 거액의 빚을 떠안았다. 서른세 살의 엔지니어인 마르코는 연소득이 7만 5천 달러지만, 그중 2만 달러는 학자금 대출을 갚는 데 쓴다. 대다수 미국인들처럼 마르코도 빚을 갚느라 인생을 허비하고 있다고 생각했다. 이러다가는 평생 빚만 갚다 끝나는 것은 아닌지 걱정이 되었다(사실 지금처럼 최소 상환만 하면 그럴 공산이 컸다). 그러나 마르코는 해마다 느리기는 해도 연봉이 3~5퍼센트 정도는 꾸준히 늘어나리라 예상했다. 마르코에게 맞는 새로운 재무계획을 함께 고심한 후 우리는 학자금 대출 상환용으로 소득의 5퍼센트를 할당했다. 그리고 마르코는 미래에 연봉이 인상

될 경우 3퍼센트를 프리덤펀드에 집어넣기로 약속했다.

새로운 계획은 그에게 어떤 결과를 안겨 주었을까? 7년 만에 빚에서 해방될 수 있다면? 게다가 빚을 다 털어내면 마르코는 그 5퍼센트를 저축으로 돌려서 프리덤펀드를 그만큼 더 복리로 불릴 수 있다. 이런 저축 및 투자 계획에 따르면 마르코는 20년 뒤에는 재무적 안전에 도착한다. 아주 먼 미래 같지만 20년 뒤라고 해봤자 고작 쉰세 살이다. 그리고 7년 더 뒤인 예순 살에는 재무적 독립에 이를 수 있다. 그가 꿈꾸는 은퇴 시기보다도 5년이나 앞당겨진 시기이며, 들어오는 연소득도 그의 짐작보다 더 많다! 마르코는 학자금 대출 상환이 결코 끝나지 않을 것이라는 걱정을 털어내고, 진정한 재무적 독립을 이루는 미래를 바라볼 수 있게 되었다. 게다가 5년 뒤인 예순다섯 살이 되어 그동안 불린 투자에다 사회보장혜택이 발동하기 시작하면 그는

자신만의 재무적 자유도 경험하게 된다. 새로운 계획을 세우기 전까지는 생각조차도 하지 못한 미래이다. 그가 아무 자산도 없이 빚만 잔뜩 진 상태에서 여행을 시작했다는 점을 기억하라!

두 번째 범주에 드는 사람들을 살펴보자. 그들은 계획을 살펴보고는 뭔가가 이상하다고 생각한다. 계산기가 고장 났다고 생각한다! 재무적 활력이나 독립이 그렇게 빨리 등장할 리가 없다고 생각한다. "그렇게 빨리 도착하는 건 절대로 불가능해요." 그들은 그렇게 생각한다. "5년이나 7년, 8년 내에는 재무적 독립을 이룰 수 없어요. 말도 안 돼요!" 그들은 적어도 20~30년은 쉬지 않고 죽어라 일해야 거기에 도착할 수 있다고 믿는다.

왜 다른 결과가 나왔을까? 그렇게 빨리 도착하는 게 왜 가능할까?

그 이유는 그들이 지레짐작해서 꿈에 터무니없이 높은 가격(1000만 달러, 2천만 달러, 3천만 달러)을 매겼기 때문이다. 이 가격은 현실을 반영하지 못했다. 이 금액은 그들이 재무적 독립을 이루는 데 필요하다고 생각하며 뜬구름잡기 식으로 매긴 숫자일 뿐, 실제로 필요한 금액은 아니었다.

내가 개최하는 '웰스 마스터리Wealth Mastery' 세미나에 참석한 캐서린이 좋은 예이다. 캐서린은 똑똑한 사업가였고 재무적 안전을 이루는 데는 매년 10만 달러가 필요했다. 웬만한 사람들 기준으로는 큰 금액이지만 그녀한테는 아니었다. 재무적 독립을 이루려면 매년 17만 5천 달러는 있어야 일하지 않고도 현재의 생활방식을 유지하는 것이 가능했다. 캐서린은 재무적 독립에 도착하려면 앞으로 20년도 더 넘게 남았다고 생각했다.

우리와 함께 정확히 금액을 계산했을 때 어떤 일이 일어났을까?

일단 캐서린이 운영하는 사업체는 매년 30만 달러가 넘는 순이익을 냈고, 해마다 거의 20퍼센트씩 증가하고 있었다. 우리 팀의 도움을 빌어 조사를 했더니, 캐서린이 사업체를 매각해 받을 수 있는 금액은 순이익의 6배인 180만 달러였다. 이 금액은 어떤 의미를 지니는가?

사업체를 180만 달러에 매각하고 그 돈으로 연간 5퍼센트의 수익이 나오면 연간 투자소득은 9만 달러가 된다. 다른 소소한 투자에서 나오는 1만 달러를 합치면 매년 버는 총 투자소득은 10만 달러이다. 결국 캐서린은 재무적 안전에 진즉 도착했다는 의미이다! 캐서린은 놀라기도 하고 혼란스럽기도 했다. "그런데요 토니, 나는 지금은 회사를 팔 생각이 없어요!" 당연히 나도 그러라고 부추길 생각이 없었고 그녀도 그럴 필요가 없었다. 하지만 그녀는 자신이 재무적 안전을 이미 이루었음을 깨닫고 승리를 선언해야 한다. 필요한 연소득을 창출해줄 자산을 이미 벌었기 때문이다. 더 신나는 점은 따로 있다. 현재 그녀의 회사는 연 20퍼센트로 성장 중이기 때문에 3년 반 뒤에는 가치가 두 배로 커진다. 혹여 지금의 성장률을 절반으로 줄여 10퍼센트 성장으로만 잡아도, 넉넉잡아 7년 뒤면 회사 가치는 360만 달러가 된다. 3년 반에서 7년 뒤의 어느 시점에 회사를 매각하면(360만 달러×5퍼센트=일하지 않아도 18만 달러의 연소득 창출) 재무적 독립이 가능해진다. 20년이 아니다! 게다가 다른 투자는 포함하지도 않았다!

나는 '비즈니스 마스터리' 세미나에 참석한 사업주들에게 별로 알려지지 않은 전략 몇 가지를 소개하는데, 이 전략을 이용하면 사업의 일부를(혹은 상당 부분을) 매각한 후에도 경영에 참여하고 이익을 나눠 가질 수 있다. 이렇게 되면 거액의 현금흐름이 생겨 오늘 당장 재무적 자유를 확보할 수 있고 동시에 애정을 기울인 회사가 커나가는 데서 즐거움과 충족감도 얻을 수 있다.

지각생도 이길 수 있다

내 친구 앤절라의 이야기를 다시 해보자. 앤절라는 절대 평범하지 않지만, 재무적 관점에서 보면 그녀는 평범한 미국인을 대표한다. 앤절라는 마흔여덟 살이다. 그녀는 자유로운 영혼으로 살면서 세계를 여행하고 항해를 다닌 터라 평생 저축이나 투자를 한 적이 없다. 1부를 다 읽고 난 후 그녀는 소득의 10퍼센트를 저축하기로 다짐했지만 여전히 큰 도전이 남아 있다. 그녀는 게임에 늦게 뛰어들었다(그녀가 한 말도 있다. "난 거의 오십이야!"). 남들에 비해 복리의 힘을 누릴 시간이 적은 편이다.

앤절라가 처음에 재무적 안전에 필요한 연간 수입을 계산해서 나온 금액은 3만 4천 달러였다. 재무적 독립을 얻으려면 5만 달러가 필요하다. 앤절라는 생각보다 낮은 금액에 처음에는 흥분했다. 0이 7개나 있는 금액이 아니라면 앤절라의 능력으로 충분히 가능한 금액이었다. 그러나 이 금액을 마련하는 데 걸리는 시간에 앤절라의 기분은 다시 땅으로 추락했다. 남들보다 늦게 소득의 10퍼센트만 저축하는 계획을 따를 경우 앤절라는 24년 후에나 재무적 안전에 도착할 수 있었다. 지금이 마흔한 살이라면 예순다섯에는 목적지에 도착할 수 있으니 꽤 괜찮은 승리가 된다. 그러나 앤절라는 출발이 늦었고 일흔두 살은 되어야 재무적 안전을 달성할 수 있다. 계획조차 세우지 않았을 때보다는 상당히 근사한 미래이고 목적지 도착이 망상은 아니라는 사실 자체만으로도 기뻤다. 그러나 앞으로도 먼 길을 느릿느릿하게 가야한다는 사실이 썩 달갑지만은 않았다.

목표에 이르는 속도를 높일 수 있는 방법은 무엇인가? 어떻게 해야 앤절라는 재무적 안전에 더 빨리 도착할 수 있을까? 한 가지 방법은 저축을 늘려 그 돈을 투자하는 것이다. 앤절라는 지금 10퍼센트를 저축한다. 처음 해보는 저축이기 때문에 10퍼센트도 꽤 많이 저축하는 것이라고 생각할 수 있다. 그러나 앤절라가 '내일은 저축을 늘리자' 계획을 실천하기로 다짐한다면 소득이 오를 때마다 일정 부분을 추가로 고통 없이 저축할 수 있고 덩달아 은퇴자금 마련의 속도도 빨라진다. 속도를 높이는 또 다른 방법은 위험을 조금 높여 수익률이 7퍼센트 이상인 투자를 늘리는 것이다. 물론 위험을 높이면 손실을 입을 가능성도 높아진다. 하지만 우리가 미처 보지 못한 훨씬 단순한 방법이 있었다.

운 좋게도 앤절라는 쓸 수 있는 무기가 하나 더 있었다. 그녀는 미래의 소득을 계산하면서 아주 큰 부분을 감안하지 않았다. 사실 많은 사람이 재무계획을 짤 때 이 부분을 쉽사리 무시하곤 하는데 바로 사회보장제도이다.

현재 마흔여덟 살인 앤절라는 14년만 지나면 사회보장을 일부 수령할 수 있고, 17년 뒤부터는 전액을 수령할 수 있다. 예순두 살이 되면 매달 1250달러씩 한 해 1만 5천 달러를 받는 자격을 얻는다. 재무적 안전을 위해 필요한 연간 수입이 갑자기 3만 4천 달러에서 1만 9천 달러로 확 줄었다. 앱에 이 금액을 대입했더니 시간이 족히 10년이 줄었다. 일흔두 살이 아니라 예순두 살이면 재무적 안전에 도착할 수 있다는 소리다! 14년 뒤에는 재무적 안전을 이룰 수 있다는 사실에 앤절라는 전율했다. 그때가 되면 충분한 소득이 들어오기 때문에 힘들게 일하지 않아도 주택융자와 공공요금, 식비, 교통비, 기본적인 건강보험이 다 해결된다. 진짜 해방감을 느끼게 되는 것이다.

불가능이 가능으로 바뀌었다. 그리고 또 무슨 일이 일어났을까? 재무적 안전이 멀지 않은 미래에 있다는 사실을 깨닫자 앤절라는 그 감정과 설렘과 여세를 이용해 더욱 밀어붙였다. "토니, 한번 끝까지 해보자. 예순두 살에 재무적 안전에 도착할 수 있으면 재무적 독립은 언제쯤 가능한지 보자. 70대나 80대가 아니라 60대에 재무적 독립에 이를 방법이 있는지 알아보고 싶어!" 앤절라가 재무적 독립을 하는 데 필요한 금액은? 5만 달러였다. 재무적 안전에 필요한 연 수입에서 1만 6천 달러만 더 있으면 된다.

앤절라는 한 단계 더 나아갔다. 3부 6장을 읽은 후 계획 이행의 속도를 높일 방법을 또 찾아냈다. 앤절라는 수익형 부동산을 소유하는 일에 관심이 아주 높았기 때문에 공모나 사모형 부동산투자신탁을 통해 노인주택에(또는 노인생활지원시설에) 투자하는 간단한 방법도 몇 가지 배웠다(이 부분은 4장에 나온다). 간단히 말해 수익형 부동산을 소유하는 방법 한 가지는 노인주택에 투자하는 것이다. 노인주택은 이른바 '인구통계적 필연성demographic inevitability'과 관련이 높은데, 7600만 명에 이르는 베이비붐 세대가 고령화를 앞두고 있어서 노인주택의 수요도 높아질 수밖에 없다. 20년 동안 매달 548달러씩(연 5265달러) 투자하고 여기서 버는 배당수입을 복리로 재투자한다고 가정하면 모이는 금액은 22만 8572달러가 된다(현재 다수의 노인주택부동산투자신탁이 지급하는 배당수입은 7퍼센트이므로 여기서도 같은 비율을 적용한다).

이렇게 모인 돈에서 나오는 연 수입은 1만 6천 달러이고(7퍼센트의 배당수입 가정) 원하지 않으면 원금은 한 푼도 건드리지 않아도 된다! 이 투자의 마지막 커다란 장점은? 감가상각에 따른 세금공제가 적용되기 때문에 앤절라는 이 배당수입 전액에 대해 소득세를 낼 필요가 없다.

당신과 나처럼 마르코, 캐서린, 앤절라도 현실 세계의 사람들이다. 당신의 재무계획은 충분히 달성 가능하며 그들처럼 당신도 생각보다 더 빨리 목적지에 도착할 수 있다. 처음 계획이 최종 계획이라고 생각하지 마라. 그보다는 꿈을 실현하기 위한 출발점이라고 생각하라. 다음 장에서 우리는 계획의 속도를 높여 훨씬 빨리 결승점에 도착하기 위한 5가지 방법을 배울 것이다.

연은 순풍이 아니라 역풍에 가장 높이 난다.

—윈스턴 처칠

계획으로 드러난 숫자에 희열을 느꼈을 수도 있고 먼 길을 걸어야 한다는 사실에 실망감을 느꼈을 수도 있다. 그래도 힘을 내라. 실망이 항상 나쁜 것만은 아니다. 실망감은 과감한 변화를 취하게 만드는 훌륭한 자극제이기도 한다. 우리의 삶을 결정하는 것은 조건이 아니라 결심이다. 실망감은 패배를 선사하기도 하지만 반대로 추진력을 선사하기도 한다. 나라면 추진력으로 삼겠다. 그리고 당신의 선택도 같기를 바란다. 어지간한 사람들은 재무계획을 세우는 일에서 이 지점까지 오지도 못한다. 혹시라도 재무적 목표의 금액을 계산하자마자 실망감부터 맛볼까봐 지레 겁먹기 때문이다. 그러나 당신은 이 책이 던진 도전과 약속을 받아들였다. 그러니 당신은 보통 사람과는 다르다. 당신은 다수 중 하나가 아니라 소수 중 하나가 되기로 결심했다.

20여 년 전 7월 4일 내 친구이자 콜럼비아 픽처스, 소니 픽처스 CEO를 역임하고 LA다저스의 공동구단주이기도 한 피터 거버를 비롯해 영화사 중역들과 함께 매사추세츠 주의 휴양 섬인 낸터킷과 마서즈빈야드로 갔던 당일치기 여행이 아직도 생생히 기억난다. 우리는 피터의 개인 요트로 여행을 했다. 그들은 영화계의 내로라하는 거물들이었고, 한쪽이 어떻게 영화 한 편으로 2천만 달러를 벌었는지 말하면 다른 쪽도 어떻게 2500만 달러를 벌었는지로 응수했다. 나는 입이 다물어지지 않았다. 나한테는 실감도 나지 않는 금액이었다. 당시 나는 30대였고 제법 잘 나간다고 자부하고 있었다. 요트 갑판에서 이 영화계 거물들과 시간을 보내기 전까지는 그렇게 생각했다. 그들의 생활방식은 상상도 못할 수준이었고 그런 생활방식에 내가 혹하는 마음이 들기까지는 그리 오랜 시간이 걸리지 않았다.

그 경험은 내게 큰 충격이었지만 동시에 다른 질문을 던지는 계기도 되었다. '나는 내 인생에서 정말로 무엇을 만들고 싶은 것일까? 그것을 만들 수는 있을까?' 그때만 해도 나는 내 핵심적인 코칭 기술을 이용해 다른 사람들에게 재무적 자유를 만들어주고 그들의 삶에 충분한 가치를 더하려면 어떻게 해야 하는지 감도 잡지 못하고 있었다.

물론 나 자신과 내 성취 수준을 이 거물들과 비교한다는 자체가 불공평한 일이었다. 나는 30대였지만 피터와 그의 영화계 친구들은 50대 초반에서 후반이었다. 피터는 자기 분야에서 최고를 달리는 사람이었고 나는 이제 막 커리어를 쌓기 시작한 사람이었다. 피터는 52개의 아카데미상 후보에 올랐고 그가 만든 할리우드 히트작도 수두룩했다. 물론 나도 나름 유명 인사이고 성공적인 사업체를 꾸리고 있고 사람들의 삶을 변화시키고 있지만 피터와 그의 친구들이 거둔 재무적 성공과 내 재무적 성공은 몇 광년이나 차이가 났다. 그렇기에 나는 그 보트에서 남들이 흔히 그렇듯 자신과 성공한 사람들을 비교하는 불공평한 비교를 하고 있었다. 나는 같은 수준에 놓을 수 없는 성취를 놓고 나 자신을 난타하고 있었다.

그러나 그날 그 순간 나는 전혀 새롭고 낯선 환경에 둘러싸였고, 내 안의 무언가가 움직였다. 나는 안락지대 밖으로 멀찌감치 벗어나 있었다. 그곳은 내가 있을 곳이 아니라는 느낌이 들었다. 그런 느낌을 경험한 적이 있는가? 일부러 그런 방향으로 의식하는 것도 아닌데 마음은 우리에게 정말 놀랍도록 큰 영향을 미친다.

그렇기는 해도 대조는 아름다운 행위이다. 차원이 다르게 인생 게임을 펼치는 사람들을 마주하면 괜히 우울해지거나 화가 나거나 아니면 영감을 얻는다. 그날 나는 확실히 깨달았다. 나는 요트는 갖고 싶지 않았지만 내 인생 게임을 더 다듬어야겠다는 마음은 들었다. 나는 훨씬 많이 행동하고 나눠주고, 훨씬 더 좋은 사람이 될 수 있다는 사실을 깨달았다. 최고의 순간은 아직 오지 않았다. 또한 그 순간 마음이 불편했다는 것, 나 자신은 최고도 뛰어나지도 않은 사람임을 느끼게 하는 상황에 처했던 것이 나한테는 이루 말할 수 없을 만큼 귀중한 경험이었다.

당연히 피터는 내 생각을 인정하지 않았다. 그는 그냥 애정의 표시로 친한 친구들을 7월 4일에 불러 모았을 뿐이었다! 하지만 그는 그날 무한한 가능성의 세상을 내게 보여주었다. 그 경험이 내 안의 진실을 깨웠다. 무엇을 꿈꾸건 이룰 능력이 내 안에 존재한다는 사실이 분명하게 다가왔다. 나는 그 어른용 장난감을 갖고 싶은 마음이 없었지만, 내 가족을 위해서는 하나쯤 장만하고 싶다는 마음이 들기는 했다. 지금 나는 50대 초반이고, 그날의 불가능해 보였던 비전은 지금 내가 사는 현실을 곰곰이 되돌아보게 하는 역할을 할 뿐이다. 그리고 나는 여전히 요트를 갖고 싶은 마음이 없다!

확실히 알아야 한다. 중요한 것은 돈이 아니다. 중요한 것은 선택이고 자유이다. 다른 누구도 아닌 스스로 정한 기준에 맞게 사는 것이 중요하다.

투덜대지 마라.

할 수 없다고 말하지 마라.

스토리를 지어서 말하지 마라.

지금 바로 선택하라!

당신의 재능을 찾아내고 최대한 많은 사람들에게 그 재능을 베풀어라. 지금보다 더 강해지고 똑똑해지고 동정심을 발휘하고 더 능력을 기른다면, 당신의 목표도 가치 있는 목표가 된다.

내 처음 멘토 중 하나였던 짐 론은 내게 항상 이렇게 가르쳤다. "가지고 있는 물건은 절대로 행복을 보장하지 않는다. 어떤 사람이 되는지에 따라 아주 행복해지기도 하고 아주 불행해지기도 한다."

매일 조금씩 발전을 하면 그 개인적 성장과 함께 기쁨도 찾아온다. 그러다보면 원대한 목표와 성취에 대해 내가 배운 가장 중요한 교훈을 당신도 터득하게 될지 모른다. 사람들 대부분은 자신이 1년 뒤 할 수 있는 일은 부풀려 추측하면서 10년 뒤 혹은 20년 뒤 이룰 수 있는 성취는 심각할 정도로 초라하게 예상한다.

사실을 직시하자. 당신은 자신의 환경을 관리하는 사람이 아니라, 직접 자신의 인생 경험을 만드는 건축가이다. 무언가가 눈에 보이지 않거나 손닿을 거리에 있지 않다는 이유만으로 해야 할 행동을 꿋꿋하게 할 때의 힘을 과소평가하지 마라.

복리의 힘이 발휘되면, 불가능해 보이는 것도 가능한 것이 된다. 지금 당장은 자신의 재무계획이 좋건 싫건, 힘이 솟건 두렵건 상관 말고 일단은 더 강력한 계획을 만들자. 속도를 높여줄 5가지 요소를 파악하고 가속이 붙게 하자.

CHAPTER 3

속도 높이기 1. 저축을 늘리고 그 차액만큼 더 투자하라

다 통제할 수 있다고 생각되면 충분히 빨리 가는 것이 아니다.

—마리오 안드레티

축하한다! 방금 재무적 자유를 향해 커다란 도약을 했다! 사람들 대부분은 재무적 그림을 완성하고 계획을 짜기 위한 시간조차 잘 내지 않는다. 혹여 그런다 해도 온갖 감정이 들끓는다. 너무 커다란 그림이라 겁부터 난다. 이해한다. 나도 그랬다. 하지만 당신은 도약을 했고, 잠시나마 승리를 음미해도 된다. 그런 다음 자신에게 물어라. '이 계획을 본 내 소감은 어떻지?' 자신과 가족에게 펼쳐질 미래를 생각만 해도 기분이 좋은가? 재무적 꿈이 생각보다 가까이 있다는 사실에 흥분되는가? 아니면 원하는 목적지에 절대 도달하지 못할 것 같아서 무서운가? 지금 빚을 잔뜩 지고 있기 때문에 밑 빠진 독에 물 붓는 식의 현재 상황에서 탈출하는 날이 과연 오기나 할지 의문인가?

지금 당신의 위치가 어디든 괜찮다. 먼 길을 왔고 많이 전진했다.

걷는 방법을 배웠으니 지금부터는 달리는 방법을 배울 차례이다. 이번 장의 목표는 생각보다도 훨씬 빨리 재무적 꿈을 실현하려면 어떻게 해야 하는지 고민해보는 것이다. 큰 꿈을 꾸고 그 꿈을 실현하기 위해 움직여라. 그런 다음 속도를 높여라. 꽁지가 빠지게 일하고 1분 1초라도 아껴 썼는데 생각보다 일이 빨리 끝났던 하루를 경험한 적이 있는가? 그 남은 한두 시간은 절대적인 선물이다. 세상이 당신의 편이라고 믿게 해주는 보너스다. 그 시간에 어떤 사람은 체육관에 가서 모처럼만에 몸을 풀고 누구는 친구들과 가볍게 한잔을 하고, 어떤 사람은 집으로 달려가 그 자투리 시간을 침대에 파묻는다.

나는 쉴 새 없이 출장을 다닌다. 여러 나라에 가보았고 안 가본 대륙이 없고 안 겪은 시차가 없다. 출장지에 빨리 도착하거나 혹은 주중인데도 아내나 가족과 함께 시간을 보낼 수 있는 틈이 생기면 나는 힘이 솟고 활력을 얻는다. '여분의 시간'을 얻었기 때문이다!

이 여분의 시간이 한두 시간이 아니라 더 길어진다면? 하루 잠깐 시간이 나는 것이 아니라, 재무 인생에서 2년 치의 시간을 아낄 방법을 찾는다면 어떻겠는가? 5년의 시간을 아낄 수 있다면? 힘들여 일하지 않아도 자유를 만끽할 시간을 10년 더 벌 수 있다면? 막상 계획을 세웠지만 목적지에 도착하는 것이 아득하게 느껴질지라도 이제부터 나올 내용은 여분의 돈과 시간, 궁극적인 자유를 얻으려면 계획을 어떻게 수정해야 하는지 알려줄 것이다.

시간을 얻는 사람이 모든 것을 얻는다.

—벤저민 디즈레일리

목표에 이르는 속도를 높이기 위해 사용할 수 있는 핵심 전략은

5개이다. 어느 하나만 사용해도 좋고 다 사용해도 좋다. 전략 하나하나는 재무적 안전, 독립, 자유를 향해 나아가는 속도를 크게 높여준다. 이 전략을 다 사용하면 속도를 늦추려 해도 늦출 수 없을 것이다.

필요한 것보다 가진 것이 많거나,
가진 것보다 필요한 것이 적으면 부자가 될 수 있다.
—짐 모트

전략 1. 저축을 늘리고 그 차액만큼 더 투자하라

계획 실현의 속도를 높이기 위한 첫 번째 방법은 저축을 늘리고 그 저축액만큼 더 복리로 투자하는 것이다. 듣고 싶은 말은 그런 말이 아니었을 것이다. 나도 잘 안다. 어쩌면 이런 생각이 들지도 모른다. "토니, 지금 벌이로도 빠듯하게 쓰고 있어요. 아무리 그래도 저축을 더 늘리는 건 불가능해요." 정말로 그렇다면 다음 내용으로 나아가기 전에 2부 8장에서 배운 가장 기본적인 전략을 떠올리자. 현재의 신념 체계를 극복하는 최선의 전략은 바로 새로운 신념을 만드는 것이다! 바위를 쥐어짠다고 물이 나오지는 않지만 자신의 스토리를 바꾸기는 어렵지 않다.

저축할 여유가 없다고 자신하더라도 리처드 탈러는 '내일은 저축을 늘리자'는 누구나 실행할 수 있음을 보여주었다. 저축이 힘들다고 말했던 공장 근로자들을 기억하는가? 불과 5년이 지나고 임금 인상이 세 번 이뤄졌을 뿐이지만 그들의 저축률은 14퍼센트였다. 심지어 19퍼센트나 저축을 하는 사람도 65퍼센트에 달했다. 당신도 할 수 있다.

이 전략을 이용하면 고통 없이 저축을 늘릴 수 있다. 이제 몇 가지 새로운 전략을 공략해 보자.

한 번의 간단한 행동으로 큰돈을 아껴서 재무적 자유를 향해 빨리 나아갈 수 있고 추가로 고통도 없다면, 어떻게 하겠는가? 괜찮은 아이디어 같은가? 당신한테 가장 큰 투자 대상은 무엇인지 점검해보자. 아마도 집일 것이다. 미국인에게 자기 집을 가진다는 것은 중요한 일이다. 아직은 꿈만 꾸는 상태이건, 집을 장만해 큰 자부심을 느끼고 있건 마찬가지이다. 지금 사는 곳이 메인 주의 포틀랜드이든, 오리건 주의 포틀랜드이든 어쨌거나 평범한 미국인의 월간 지출에서 집은 가장 큰 비중을 차지한다.

주택 구입 비용을 25만 달러, 50만 달러, 심지어 100만 달러까지 아낄 수 있다면 어떻겠는가? 불가능할 것 같은가? 주택융자를 더 낮은 이자로 갈아타라는 말이 아니다. 그 방법도 고통 없이 매달 수백에서 수천 달러를 아껴주기는 해도 지금 내 말의 요지는 그게 아니다.

은행이 감추는 비밀

모기지● 갚을 돈을 아끼기 위해 금리가 내리기를 기다릴 필요는 없다. 당신이 이 글을 읽을 때쯤에는 어쩌면 금리가 다시 오를지도 모른다. 하지만 은행을 바꾸거나 대출 조건을 바꾸지 않아도 당장 다음 달부터 모기지 상환 총액을 절반으로 줄일 수 있다. 어떻게? 간단한 질문 하나를 하겠다. 주택 대출을 신청한다면 어떤 조건을 고르겠는가?

● 조금 차이는 있지만 '모기지'를 주택담보대출로 생각해도 무난하다.

1번: 결합형모기지combined mortgage(원리금을 같이 갚아나가는 모기지와 이자만 내고 원금은 만기에 일시에 상환하는 모기지가 합쳐진 모기지—옮긴이)의 납입 금액 중 이자납입부 모기지 비중을 80퍼센트로 정한다.
2번: 6퍼센트 고정금리로 30년 동안 원리금을 상환한다.

어떤 방법이 더 좋을 것 같은가? 2번에 더 끌리는가? 1번은 어리석은 선택 같아 보이는가? 군중을 따라 2번을 선택하겠는가? 아니면 다수를 따르지 않고 1번을 선택하겠는가?

어느 것이든 상관없다. 어차피 똑같다. 6퍼센트 고정금리로 30년 만기 모기지 대출 서류에 서명을 하는 순간 매달 모기지 상환비용의 80퍼센트는 이자로 나가는 돈이 된다. 그럴 줄은 미처 몰랐는가? 대출을 다 갚을 때까지 나가는 이자비용을 다 합치면 얼마일 것 같은가? 대출금의 30퍼센트 이상? 40퍼센트 이상? 아니면 50퍼센트 이상? 그렇다면야 더 바랄 것도 없는 인생이다. 은행이 감추는 비밀을 알고 싶은가? 모기지의 이자비용을 다 합치면 원래의 대출액에 100퍼센트가 넘는 금액이 더해진다. 50만 달러짜리 집을 산다면, 결국 이자까지 합쳐 100만 달러 이상이 들어간다. 100만 달러짜리 집을 산다면 이자를 합쳐 200만 달러가 넘게 들어가는 것이다! 다음의 표를 보면 이자비용이 주택 구입 가격에 미치는 영향을 알 수 있다. 여기서는 100만 달러짜리 집을 예로 들었지만, 주택 가격이 얼마이든 영향력은 똑같다. 이자로 인해 그 비용은 장기적으로는 두 배가 된다!

대다수 사람들에게 모기지 상환은 가장 큰 지출 항목이다. 이자비용으로 나가는 금액이 상당하니만큼 평균 미국인은 신용카드와 자동차 할부 이자까지 다 합쳐서 가처분소득의 34.5퍼센트를 이자비용에 쓴다. 별로 놀라운 사실도 아니다. 게다가 이 비율은 평균에 불과하

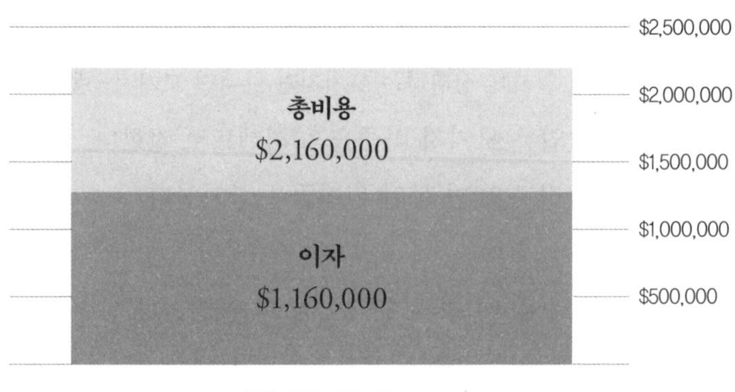

다. 더 쓰는 사람도 많다!

어떻게 해야 이 엄청난 이자비용을 줄일 수 있을까? 어떻게 해야 장기적으로 조금씩 이자비용을 줄이고 그 돈을 프리덤펀드에 저축할 수 있을까? 답은 어이없을 정도로 아주 간단하다.

전통적인 고정금리 모기지라면 대출이 끝나는 날까지 한 달 치 상환금액 중 원금 부분을 선지급하기만 하면 된다. 다음 달 내야 할 원금을 조기상환하면 30년 만기 모기지가 15년으로 줄어들 수 있다! 매달 상환 비용을 두 배로 올려야 한다는 뜻인가? 절대 아니다! 비결은 이렇다.

이 원금은 어쨌든 다음 달에 기필코 갚아야 하는 돈이다. 그러니 몇 주 더 일찍 갚아버리고 그 결과로 전체 비용이 크게 줄어드는 즐거움을 누리지 못할 이유가 없지 않은가? 조기 상환한 원금은 무려 80이나 90퍼센트, 어떤 경우에는 그것보다 훨씬 많은 부분이 어쨌든 이자가 붙을 금액이었다. 그리고 미국인들은 평균 5~7년 꼴로 모기지를 갈아탄다(그리고는 새 모기지에서 이 미친 과정을 처음부터 그대로 되풀이한다).

모기지 전문가이며 《은행이 감추는 비밀The Banker's Secret》의 저자 마크 아이센슨Marc Eisenson은 〈뉴욕타임스〉에서 이렇게 말했다. "딱한 일이다. 수백만 명의 사람들은 매달 날짜를 충실히 지키며 모기지를 상환한다. 푼돈을 조기 상환했을 때의 효익을 모르기 때문이다."

돈이 돈을 부르는 원칙 2

모기지 상환에 드는 비용을 절반으로 줄여라! 이번 달 원리금을 갚으면서 다음 달에 갚아야 할 원리금 중 원금 부분만 추가로 더 납입하라.

한 가지 예를 들어보자(다음의 표 참조). 미국의 평균 주택 가격은 27만 달러지만, 이 전략은 집값이 50만 달러일 때도 100만 달러일 때도 효과가 있다. 6퍼센트 고정금리, 30년 만기로 27만 달러를 대출받으면 첫 달에 내야 할 원리금 균등상환액은 1618달러이다. 조기 상환 전략을 이용할 경우 다음 달 내야 할 원금인 270달러를 추가로 미리 내야 한다. 전체 액수에서 따지면 비교적 적은 금액이다. 추가로 내는 이 270달러 만큼에 대해서는 앞으로 결코 이자가 붙지 않는다. 확실히 말하자면, 추가로 돈을 쓰는 것이 아니라 다음 달 치 원금을 아주 조금 앞당겨서 상환하는 것에 불과하다.

이 조기 상환 전략을 매달 이용하면 30년 만기 모기지를 15년 만에 갚을 수 있고 주택 구입에 들어가는 총 이자비용도 50퍼센트 가까이 줄어든다. 한 달 치 원금 270달러를 조기 상환하고 모기지 인생을

미국의 평균 주택 가격: $270,000

월	월별 납입액	원금	이자	대출잔액
1	$1,618.79	$268.79	$1,350.00	$269,731.21
2	$1,618.79	$270.13	$1,348.66	$269,461.08
3	$1,618.79	$271.48	$1,347.31	$269,189.60
4	$1,618.79	$272.84	$1,345.95	$268,916.76

반으로 줄이는 것이 어떻겠는가? 100만 달러짜리 집을 산다면 50만 달러가 고스란히 자신에게로 돌아오게 된다. 그리고 프리덤펀드로 향하는 여행에도 놀라운 가속이 붙는다!

이 차를 계속 몰아도 될까

돈을 크게 절약할 수 있는 부분은 주택융자만이 아니다. 내 아들 하나는 BMW를 몹시도 원했다. 수 년 동안 '최고의 자동차'를 갈망하기만 하던 아들은 마침내 매장으로 들어가 풀 옵션이 장착된 신형 비머(BMW의 애칭)를 리스로 구입했다. 꿈에 그리던 차를 구입한 내 아들의 기분은 하늘을 찔렀다. 아들은 그 차를 사랑했다. 그 차를 모는 방식과 그 차가 자신에 대해 말해주는 의미, 그 차가 나타내는 의미 모두를 사랑했다. 이 신형 BMW는 아들의 자부심과 꿈을 보여주는 상징이었고 목표에 도달했음을 알리는 상징이었다. 적어도 아들의 생각은 그랬다.

속을 파헤치면 이 BMW에 아들은 한 재산을 들였다! 그 차에 들이는 돈이면 매달 모기지 원리금을 갚고도 남았다. 한 해 두 해가 지나면서 차에는 조금 흠집이 생겼고 당연하지만 처음의 반짝이던 광택도 빛이 바랬다.

서른 살이 되었고 갓 약혼한 아들은 자신과 미래의 아내가 살 집을 알아보기 시작했다. 돈 계산을 해봤더니 탄식만 나왔다. BMW X6(게다가 트윈터보 V8였다)에 다달이 1200달러가 들어갔는데 아닌 말로 모기지 원리금을 다 충당할 수 있는 금액이었다.

아들은 값비싼 세단을 모는 데서 느끼는 우쭐대는 마음이 더는 필요 없었다. 결국 차는 교통수단에 불과했다. 아들은 폭스바겐 파사트나 미니쿠퍼를 몰아도 남부끄러운 일이 아니라는 사실을 깨달았다. 또한 그 차들이 더 좋고 더 새 것이고 연료효율성이 더 좋을 수도 있었다. 게다가 BMW를 몰면서 느낀 기쁨도 많이 사라진 상태였다.

아들은 다른 데서 즐거움을 발견했다. 새로운 삶을 만들고 사랑하는 여인과 뿌리를 내릴 준비를 하고, 집을 장만한다는 생각이 즐거움을 주었다.

BMW를 처분하는 것은 더 이상은 희생이 아닌, 다른 곳에 쓸 경비를 마련하고 재무적으로 안전한 미래를 만들기 위해 내리는 의식적인 결정으로 바뀌었다.

자동차 애호가이고 차를 사랑하는 마음을(나도 그렇긴 하다) 저버리고 무턱대고 더 저렴한 차를 몰고 다니라는 말이 아니다. 많은 남성에게 페라리나 포르쉐, 전기자동차인 테슬라는 거부하기가 아주 힘든 유혹이다. 계획대로 착착 진행되어 재무적으로 원하는 목적지에 도달했을 때 그때 가서 바라는 차를 몰면 된다. 그러나 목적지에 아직 도착하지 못했거나 충분히 빨리 전진하지 못한다면, 지금 자신의 차를 돌아보고 혹시 프리덤펀드에 넣을 저축을 크게 늘릴 만한 방법을 거기에서 찾을 수 있는지 한번쯤은 확인해봐야 한다.

앤절라를 기억하는가? 그녀는 이 책의 초고를 읽은 후 새 차를 몰고 우리 집에 왔다. 그녀 평생 처음 구입한 새 차였다! 앤절라의 바뀐 지출 내역을 보면 그녀는 고물차를 처분하고 한 달에 400달러씩 한 해에 거의 5천 달러를 아낄 수 있었고, 고스란히 저축에 투입된 그 돈은 당장 복리로 불어나기 시작했다.

또 뭐가 있을까

비용을 아낄 수 있는 부분은 집과 차만이 아니다. 더 이상 자신에게 가치를 주지 못하는 지출을 어디에서 또 중단할 수 있을까? 딱딱 예산대로만 사는 것은 웬만한 사람에게는 정말로 재미없는 일이다. 나는 예산에 얽매이고 싶지 않고 아마 당신도 그러리라고 본다. 그러나 소비 계획은 중요하다. 나는 어떻게 소비할지 계획을 세운다는 개념이 무척 마음에 든다. 그러면 그 지출에서 커다란 즐거움을 누릴 수 있는데다 장기적으로는 재무적 자유도 더 보장할 수 있기 때문이다.

이런 말이 절로 튀어나올 수도 있다. "그만해요. 나는 저축할 생각이 없어요. 그냥 소득을 늘리는 데만 집중할래요." 그렇다면 이 부분을 건너뛰고 소득을 늘리고 가치를 더하는 내용이 나오는 부분으로 직행해도 된다. 저축이라는 소리만 들어도 힘이 빠지거나 재미가 시들하다면 다른 네 가지 전략을 이용해 속도를 높일 수 있다. 그러나 저축에 흥미가 없다는 이유로 앞의 얘기들을 무시하지도 않길 바란다. 소비를 줄이고 싶은 마음이 있으면 내 말을 계속 듣기 바란다. 장담하는데, 작은 행동이 미래에 큰 차이를 만들 수 있다. 작은 티끌이 모이고 모여 깜짝 놀랄 만한 태산이 된다.

아마존에 들어가거나 오프라인 서점만 가도 저축을 늘리는 방법을 알려주는 책들이 수두룩하게 있다. 데이브 램지Dave Ramsey는 여러 책에서 저축과 관련한 사려 깊은 조언을 들려주고, 수즈 오먼Suze Orman의 책도 괜찮은 저축 방법을 궁리하는 독자로서는 읽어볼 만하다. 하지만 저축을 위한 가장 좋으면서도 간단한 전략 몇 가지를 여기서도 잠깐 소개하려 한다.

한 가지는 분명하다. 소비 계획을 짜면 오늘과 미래에 가장 높은 수익을 내기 위해 '어떻게' 그리고 '어디에' 돈을 쓸지 미리 결정을 내리는 데 큰 도움이 된다.

앞에서 말했듯, 친구들과 매주 외식을 하는 대신에 비싸지 않은 피자를 먹으면 한 주에 40달러씩 1년이면 2080달러를 아낄 수 있다. 이 돈을 8퍼센트의 수익률로 투자하면 40년 뒤에는 50만 달러가 된다. 100만 달러의 절반이다! 그 정도면 오늘날 대다수 미국인이 예상하는 것과는 다른 은퇴 그림이 그려진다. 그 돈 뿐이든 아니면 여기에 401(k)까지 더해지든, 50만 달러라면 오늘 그란데사이즈 저지방 라테를 주문하기 전에 한번쯤은 다시 생각해봐야 할지도 모른다.

재무 전문가이자 내 친구인 데이비드 바크David Bach는 20여 년 전 내 재무 세미나에 참석한 것을 계기로 그 일을 시작하게 되었다. 그는 사람들의 재무적 독립을 도와주겠다는 꿈을 추구하기로 결심했고, 몇 년 후 나는 그를 강연자로 초빙했다. 그의 첫 강연이었다. 그가 출간한 베스트셀러 《자동으로 부자되기The Automatic Millionaire: A Powerful One-Step Plan to Live and Finish Rich》를 통해 400만 명이 넘는 사람이 재무관리에 대한 지식을 익혔다. 이 책에는 이른바 '라테 요인Latte Factor'를 찾아내 부를 쌓도록 도와주는 개념이 담겨 있다. 라테 요인은 단지 커피하고만 관련이 있지 않다. 이 말은 자신이 돈을 낭비하고 있음을 의식조차 하지 못한 채 생각 없이 쓰는 모든 자잘한 구매 활동을 은유적으로 비유한다. 커피 중독자가 커피에 쓰는 돈은 얼마나 될까? 일반적인 '이용자'가 하루에 커피전문점에 쓰는 돈이 4달러라고 치자. 결국 20년간 연 6퍼센트 수익률을 가정할 경우 5만 6500달러를 날리고 있다는 말이 된다. 이건 단 한 잔일 때다! 현실적으로 말해보자. 스타벅스 애호가들은 하루에 한 번만 그곳에 가지 않는다. 하루에도 족히 두세 번은 가는 진짜 스타벅스 전도사라면? 하루 4달러짜리 습관도 모자라 10달러짜리 습관이 된다면, 20년 간 모을 수 있는 14만 1250달러를 꿀꺽 꿀꺽 마시고 있는 셈이다. 4년 치 대학 학자금에 맞먹는 금액이다!

카페인은 물론이고 몸에 나쁜 것은 입에 대지도 않는다고 치자. 그래도 파는 생수는 마실 것이다. 피지나 에비앙 예찬론자들도 심심찮게 많다. 코스트코에서 폴란드스프링을 한꺼번에 사 쟁여놓는다고 해도 1년 치를 다 합치면 생수에 쓰는 돈도 무시 못 할 수준이지 않겠는가? 나와 같이 일하는 젊은 여성 하나가 있는데, 괜찮은 여자이고 그녀 스스로도 사회적 의식 수준이 꽤 높다고 자부하는 편이다. 그녀와 결혼식을 앞둔 약혼자는 스마트워터 1.5리터들이 12병 묶음을 정기적으로 몇 개씩 구입한다. 그게 얼마나 스마트한 행동일까? 그는 한 번에 세 묶음씩 총 36병을 사는데, 보통 2주 정도 가고 비용은 75달러가 든다. 한 달에 물 값에 쓰는 돈이 150달러, 1년이면 1800달러이다. 수도꼭지를 틀면 콸콸 쏟아져 나오는 것에 브리타 정수기와 물병 몇 개만 있으면 1년을 펑펑 써도 50~60달러면 충분한 것에 그만한 돈을 쓰고 있다. 그는 우리의 행성은 물론이고 자신의 지갑도 죽이고 있는 셈이다. 1년에 1800달러를 저축계좌에 넣어 복리로 불린다면 내 직원의 약혼자의 미래는 훨씬 행복해질 것이다. 40년 동안 8퍼센트 수익률을 가정할 때 모을 수 있는 50만 3605달러가 말 그대로 소변으로 다 배출되는 것이다.

생수를 사먹지 말거나 당장 커피를 끊어야 한다는 소리가 아니라 저축할 여지가 어딘가에 분명히 존재한다는 뜻이다. 진지하게 그 여지를 찾아봐야 하지 않겠는가?

마지막으로 충동구매를 잊어서는 안 된다. 고가의 워크백이나 아름다운 에르메스 넥타이처럼 잠시 잠깐은 뿌듯한 기분이 들게 해주는 물건들에 대한 구매 말이다. 내슈빌에 사는 젊은 엄마인 리사는 예쁜 물건에 대한 욕심이 많다. 아내의 충동구매에 남편은 화가 날 대로 난 상태이다. 아내가 예쁜 새 드레스나 멋진 부츠 한 켤레를 사들고 오면 남편이 언제나 묻는 말이 있다. "세일가로 산 거 맞지?" "온라인에서 더 싸게 파는지 알아본 거 맞아?" 여러 번이나 입씨름을 한 끝에 리사 부부는 새로운 계획을 따르기로 합의했다. 리사가 예정에 없이 백화점이나 브랜드 매장에 갔는데 마음에 쏙 드는 상품을 발견하면 그 '머스트해브' 아이템 사진을 찍어 남편에게 보낸다. 남편이 2주 안에 온라인에서 더 싸게 파는 곳을 찾아내지 못하면 리사는 오프라인 매장에 전화를 걸어 소매가를 다 주고 그 상품을 구입한다는 계획이었다. 그러나 리사가 멋쩍어하며 내게 인정했다시피, 남편은 아내가 원하는 상품을 80퍼센트 이상은 온라인에서 찾아냈다. 심지어 20~30퍼센트 정도 가격이 더 싼 경우도 많았다.

리사 부부의 행동을 본받아 진짜로 돈을 모으게 해주는 온라인 보상 프로그램은 무엇이 있는지 알아보라. 유프라미스Upromise.com는 온라인 구매, 외식, 여행 예약에 이르기까지 모든 지출에 대해 일정 비율의 금액을 캐시백으로 돌려줘 학자금 마련을 도와주는 사이트이다. 이 적립금을 학자금 대출 계좌로 이체시켜도 되고, 아니면 다른 저축계좌나 529 학자금 저축계좌, 어린 자녀의 대학등록금 마련을 위해 부모가 마련해둔 세금이연 저축계좌로 입금시킬 수도 있다. 학자금 대출이 다 끝났거나 우선순위가 아니라면 엑스트라벅스Extrabux, 이베이츠Ebates, 미스터리베이츠Mr. Rebates 등 다른 캐시백 사이트도 많다. 이 사이트들 모두 수천 개의 온라인 쇼핑몰과 연결돼 있으며 구매 금액의 10~30퍼센트까지 적립이 가능하다. 리사 부부의 경우는 캐시백으로 받은 적립금 전액을 유프라미스 계정에 넣었고 두 사람 모두 새 하이힐을 훨씬 만족스런 기분으로 바라볼 수 있게 되었다.

하루를 마감하는 순간에 자신에게 한 가지 질문을 던져보자. "큰 소비든 작은 소비든 지금 내가 하는 지출이 예전과 똑같이 기분 좋은 만족감을 선사하는가?" 무조건 자제하라는 소리가 아니다. 자신의 핵심 가치를 반영하고 정말로 중요한 경험에만 돈을 쓸 수 있도록 소비습관을 조정해야 한다는 뜻이다. 이렇게 신중하게 소비활동을 계획함으로써, 지속가능한 삶의 질에 투자할 수 있고 즐거움도 얻을 수 있다. 투자할 수 있는 시간이 20년 남았는지 30년 남았는지 또한 지금의 위치가 어디이고 얼마나 저축할 수 있고 얼마나 오랫동안 저축해야 하는지는 중요하지 않다. 중요한 것은 복리라는 무적의 힘을 이용할 수 있어야 한다는 점이다. 재무적 안전이 목표이건, 재무적 독립이 목표이건, 돈이 우리를 위해 일할 때 목표에도 훨씬 빨리 도착할 수 있다.

요점은 생활방식이 아니라 타이밍이다. 간단한 몇 가지만 바꿔도 원하는 생활방식과 꿈에 쏟는 시간이 훨씬 늘어날 수 있다. 더 좋은 것을 가지는 데서 오는 즐거움을 포기하지 않더라도 주도권은 본인이 쥐어야 한다. 자산을 어떻게 배분할지, 가장 큰 수익을 내려면 어디에 투자해야 하는지는 스스로 결정해야 한다. 모기지 비용을 줄이고 싶든, 고급 세단을 처분할 생각이든, 온라인 구매로 적립금을 받기를 원하든, 좀 더 현명하게 지출을 할 생각이든, 방법은 다 존재한다. 당신이 찾아내 재투자해줄 날을 기다리는 무려 수십만 달러에서 100만 달러에 이르는 진짜로 의미 있는 적립금이 저 너머에 존재한다.

이제 내가 아는 한 가장 빠르게 계획에 가속을 붙이고 재무적 독립을 이루도록 도와주는 방법을 살펴보자. 이제 소득을 높일 방법을 배울 차례이다.

세심한 저축 계획

다음은 더 공격적으로 그리고 더 단호하게 저축을 하도록 도와주는 6단계 속성 실천법이다.

1. 반복적으로 발생하는 지출 내역 중 없애거나 줄일 수 있는 비용은 없는지 생각을 쥐어짜보라. 자동차 보험, 이동통신 요금, 점심값, 영화표 등 종류가 많을 것이다. 무엇을 바꿀 수 있는지 생각해보라.

빨리 시작할수록 노후를 위한 종잣돈도 커진다(연 복리수익률 10퍼센트 가정)

일일 투자액	한 달 투자액	10년	20년	30년	40년	50년
$5	$150	$30,727	$113,905	$339,073	$948,612	$2,598,659
$10	$300	$61,453	$227,811	$678,146	$1,897,224	$5,197,317
$15	$450	$92,180	$341,716	$1,017,220	$2,845,836	$7,795,976
$20	$600	$122,907	$455,621	$1,356,293	$3,794,448	$10,394,634
$30	$900	$184,360	$683,432	$2,034,439	$5,691,672	$15,591,952
$40	$1,200	$245,814	$911,243	$2,712,586	$7,588,895	$20,789,269
$50	$1,500	$307,267	$1,139,053	$3,390,732	$9,486,119	$25,986,586

2. 위의 항목이나 활동에 들어가는 비용은 얼마인가? 이 중 덩어리가 가장 큰 지출내역에 초점을 맞추고 여기에 드는 비용을 적으라. 다음으로 거기에 한 주 몇 번씩 돈을 쓰는지 현실적으로 꼼꼼하게 세보아라.
3. 각 항목에 0부터 10점까지 점수를 매기라(기쁨을 전혀 얻지 못하면 0점, 아주 큰 즐거움을 얻는다면 10점이다). 위의 항목은 각각 몇 점의

점수를 얻는가? 이렇게 각 항목이나 활동에 즐거움 점수를 매기면 비용과 자신의 삶을 연관해서 생각해볼 수 있다.

4. 다음으로 절대적인 재무적 자유를 이루면 어떤 기분일지 상상하라. 이 질문에 어떤 답을 했는지 떠올려보라. 어떤 기분일 것 같다고 대답했는가? 이와 동시에 그때는 추상적이고 이론적으로 떠오르는 기분을 대답했다는 사실을 잊지 마라. 지금 질문에는 훨씬 현실감이 느껴질 것이다. 절대적인 재무적 자유를 이룬다면 무엇을 즐길 수 있고 가질 수 있고 나눌 수 있을 것 같은가? 어떤 사람이 될 수 있고 무엇을 베풀 수 있을 것 같은가?
5. 목록에 적은 지출을 반복할 때 얻는 기쁨과, 절대적인 재무적 자유를 상상하면서 느낀 기분 중 어느 것이 더 중요한지 선택하라. 인생은 균형이다. 재무적 자유를 하루라도 빨리 느끼기 위해 목록에 적은 항목을 '다' 없앨 필요는 없다.

주도권을 잡으라: 세심한 저축 계획을 위한 속성 실천법

	항목/활동	항목/활동 비용	주당 횟수	총비용(비용 ×주당 횟수)	즐거움 수준 (1-10점)
1					
2					
3					
4					
5					
6					
총비용 합산(주간)					
총비용 합산(연간)					

6. 앞으로 없애겠다고 다짐한 지출을 적어도 세 가지 적으라. 이 지출을 없앨 경우 다음 1년 동안 모을 수 있는 돈이 얼마일 것 같은지 계산하라.

CHAPTER 4

속도 높이기 2. 소득을 올리고 그 차액만큼 더 투자하라

성공한 사람이 되기보다는 가치 있는 사람이 되려고 노력하라.

—알베르트 아인슈타인

기어를 2단으로 올리자. 저축이 속도를 높이는 한 가지 방법이라면 속도에 제한이 없는 훨씬 빠른 방법이 있다. 단, 그러기 위해서는 창의성을 풀어헤치고 초점을 맞추고 다른 사람들에게 그 누구보다도 가치를 더 많이 더해줄 방법을 찾아내는 일에 매진해야 한다. 그렇게 했을 때 소득이 늘어나고 자유를 향한 추월차선으로 갈아타게 된다.

재무적 자유를 향해 트럭을 몰다?

내가 어렸을 때 어머니는 나를 위해 큰 계획을 세웠다. 어머니는 내가 트럭운전사가 되기를 바랐다. 트럭마스터 운전학원의 TV 광고를 수도 없이 본 어머니는 내게 조금만 교육을 받으면 트럭운전사 면허를 따서 1년에 2만 4천 달러나 벌 수 있다고 말했다. 와우, 2만 4천 달러라니! 우리 아버지가 LA 시내에서 주차 보조원으로 일하며 버는 벌이의 두 배나 되는 돈이었다. 어머니는 트럭운전사야말로 내게 멋진 미래를 선사할 것이라고 생각했다. 어머니는 내가 탁 트인 길을 운전하는 자유를 누리게 될 거라며 혼자 지어낸 판매 상술에 흠뻑 빠져들었다. 확실히 나한테도 솔깃한 계획이었다. 음악을 틀고 신나게 달릴 수 있다니. 아직 운전면허도 없는 열네 살짜리 아이에게는 아주 멋진 계획이었다. 30년이 넘게 지하 주차장에 처박히는 신세에서 벗어나, 일어나 달릴 수 있는 기회가 생기는 것이었다.

그러나 그 모든 비참한 생활을 겪고 네 명의 아버지를 거치면서 온갖 수치심을 경험한 후 언제나 돈이 없어 옷과 식료품도 제대로 사지 못하는 나날이 이어진 후 나는 깨달았다. 아무리 오래 아무리 멀리 트럭을 몰아도 결코 그 고통스런 상황에서 탈출하지 못할 것이라는 깨달음이었다. 나는 앞으로는 절대 우리 가족이 그런 괴로운 삶을 살지 않게 할 것이라고 굳게 다짐했다. 단순히 생계유지를 넘어 나는 내 마음과 정신을 다 발휘하고 싶었다. 나는 인생이라는 게임을 다른 차원에서 펼치고 싶었다.

주위를 둘러보았다. 다른 사람들은 어떻게 했기에 나와는 그렇게나 다른 삶을 누리고 사는지 궁금했다. 왜 우리 가족은 먹고살 돈도 빠듯하고 요금 징수원만 보면 도망가기 바쁘고, 통조림 콩을 먹거나 아니면 토마토소스를 살 돈조차 없어서 케첩에 버무린 스파게티를 먹는 힘든 나날이 이어지는 것일까? 하지만 같은 도시에 사는, 우리 집과 멀지 않은 곳에 살고 나와 같은 고등학교를 다닌 아이들은 근사한 곳으로 여행을 갔다 오고 그림 같은 대학캠퍼스 생활을 만끽하고 있었다. 그들은 내가 아무리 상상해도 꿈도 꾸지 못하는 생활과 우리 가족이 경험하는 것과는 확연히 다른 삶을 살고 있었다. 그들은 알고 있고 우리 가족이 모르는 것은 무엇인가? 그들이 하는 일은 내 부모가 하는 일과는 어떻게 다른가?

그 답을 찾는 일이 내 마음을 사로잡았다. 똑같은 시간 동안 누구는 두 배를 버는 것이 과연 가능할까? 세 배는? 열 배 더 버는 것은? 미친 질문이었다! 그 때의 내 관점으로는 그것은 풀지 못할 수수께끼였다.

자신에게 투자하라

나는 야간 경비로 일했고 돈이 더 필요했다. 부모님과도 안면이 있고 아버지가 '패배자'라고 부르는 사람이 있었는데 짧은 기간에 꽤 큰 성공을 이룬 사람이었다. 적어도 금전적으로는 그랬다. 그는 남부캘리포니아에서 부동산을 구입해 고친 후 되파는 사업을 했고 주말 동안 가구 옮기는 일을 도와줄 아이가 필요했다. 비지땀을 흘리며 일하던 그 운명적인 주말의 우연한 만남이 내 인생을 영원히 바꾸는 계기가 되었다. 그 남자의 이름은 짐 한나Jim Hannah였다. 그는 내 마음속의 욕구와 갈망을 알아봤다. 잠시 짬이 났을 때 나는 그에게 물었다. "사장님은 어떻게 했기에 인생을 바꿀 수 있었나요? 그렇게 성공하신 비결이 뭔가요?"

"짐 론이라는 사람이 하는 세미나에 참석한 덕분이었지." "무슨 세미나였는데요?" 그가 대답했다. "한 남자가 10년에서 20년의 인생사와 거기서 배운 모든 교훈을 몇 시간 동안 농축해서 들려주는 세미나였어. 몇 년이 걸려야 배울 내용을 며칠 분량으로 압축해서 들을 수 있지." 와우. 듣기만 해도 근사했다. "비용은 얼마에요?" 그가 알려줬다. "35달러." 세상에나?! 내가 고등학교를 다니면서 야간 경비 아르바이트로 한 주에 버는 돈이 40달러였다. "저도 같이 갈 수 있을까요?" 그가 흔쾌히 대답했다. "그럼! 그런데 안 돼. 제대로 비용을 치르지 않으면 그 세미나의 소중함을 모를 수도 있거든." 낙담한 나는 우두커니 서 있었다. 그 전문가와 3시간을 보내는 대가로 35달러를 낼 만한 여유가 나한테 있을까? "잘 생각해봐. 투자할 가치가 없다고 생각하면 안하면 되잖니." 그는 으쓱 어깻짓을 하며 그렇게 대답했다. 나는 고민하고 또 고민했지만, 결국 가보기로 마음먹었다. 그것은 내 인생을 결정지은 가장 중요한 투자 가운데 하나가 되었다. 나는 주급을 털어 세미나에 갔다. 그리고 그곳에서 내 인생 최초의 멘토가 된 짐 론을 만났다.

나는 캘리포니아 주 어바인의 한 호텔 대연회장에 못 박힌 듯 앉아 있었다. 그 은발머리 남자가 던진 질문들이 메아리치며 내 마음을 활활 태우고 있었다. 그도 가난한 어린 시절을 보냈다고 한다. 그의 아버지는 좋은 분이긴 했지만 그는 주위 사람들은 다 잘 사는데 왜 아버지는 뼈 빠지게 일하는데도 가난에서 벗어나지 못하는지 그게 늘 궁금했다고 한다. 그러다 갑자기 그는 내 머릿속에서 몇 년 동안 머물던 질문의 답을 알려주었다.

"경제적 성공의 비결은 무엇일까요? 시장에서 더 가치 있는 사람이 되는 방법을 이해하는 것이 성공의 열쇠입니다."

"더 많이 가지려면 지금보다 가치 있는 사람이 되어야 합니다."

"더 쉬워지기를 바라지 말고 자신이 더 나은 사람이 되기를 바라세요."

"상황을 바꾸려면 자신이 바뀌어야 합니다."

"상황이 더 좋아지기를 바란다면 자신이 더 나은 사람이 되어야 합니다!"

"우리는 시장에 가치를 제공하는 것으로 돈을 법니다. 그러려면 시간이 걸리죠… 하지만 우리는 들인 시간을 대가로 돈을 버는 것이 아니라 제공한 가치를 대가로 돈을 법니다. 미국은 특별합니다. 오르기 위한 사다리가 있습니다. 제일 아래의 시작점은 시급 2.30달러입니다. 작년에 최고 소득은 얼마였을까요? 디즈니의 최고경영자입니다. 5200만 달러를 받았죠! 회사가 직원에게 5200만 달러를 지급하는 게 가능하냐고요? 물론이죠! 누군가가 회사에 10억 달러를 벌어주면 회사가 그 사람에게 5200만 달러를 주냐고요? 당연하죠! 새 발의 피에 불과하죠. 전체로 보면 그렇게 큰돈이 아니니까요."

"그만큼 가치 있는 사람이 되는 게 가능하냐고요? 물론 가능합니다!" 그런 다음 그는 최후의 비밀을 털어놓았다. "더 가치 있는 사람이 되려면 어떻게 해야 할까요? 일을 열심히 하는 것 이상으로 자신에게 더 열심히 매진하는 법을 배우는 겁니다."

"개인적으로 두 배로 가치 있는 사람이 되면 같은 시간을 일해도 두 배의 돈을 벌 수 있을까요? 열 배로 가치 있는 사람이 되면 똑같은 시간을 일해도 열 배의 소득을 버는 것이 정말로 가능할까요? 당연히 가능합니다!" 그러더니 그는 잠시 멈추고 내 눈을 똑바로 보며 말했다. "똑같은 시간을 일하더라도 더 많이 벌기 위해 당신이 해야 할 행동은 더 가치 있는 사람이 되는 것입니다."

바로 그거였다! 그것이 내가 원한 대답이었다. 답을 찾으니 내 인생이 완전히 달라졌다. 그 말에 담긴 명료함, 단순함, 지혜가 100킬로그램짜리 벽돌이 되어 나를 후려쳤다. 짐 론이 그 말을 하는 모습을

100번도 더 들은 것 같았다. 강연회 이후 나는 그의 명언을 언제나 가슴 깊이 담고 다녔고 2009년 그의 장례식에서 추모사를 읊는 순간에도 마찬가지였다.

짐 론, 그 세미나, 그 날의 경험. 짐 론은 내가 내 미래를 통제할 수 있는 위치로 나를 되돌려놔 주었다. 짐 론 덕분에 나는 내가 통제할 수 없는 것에(내 과거, 가난, 다른 사람의 기대, 경제 상태 등) 더는 매달리지 않고 내가 통제할 수 있는 것에만 정신을 집중할 수 있었다. 나는 나를 발전시킬 수 있었다. 도움을 줄 방법, 더 많이 행동할 방법, 더 좋은 사람이 될 방법, 시장에 가치를 더해줄 방법을 찾을 수 있었다. 나는 더 짧은 시간 안에 다른 사람들을 누구보다도 많이 도와줄 방법을 찾는 데 매진했다. 결코 끝나지 않을 것이고 지금도 진행형인 과정이 그 순간 시작되었다! 그때의 경험은 나를 가장 근본적으로 발전시킬 길을 알려주었고 그 길은 여전히 내 모든 행동과 모든 결정을 이끌고 있다.

성경에 나오는 단순한 교리에 따르면, 위대해지고 싶은 마음에는 아무 문제가 없다.[8] 위대해지기를 원한다면 많은 이의 하인이 되는 방법을 배워라. 다수를 섬길 방법을 찾으면 소득도 늘어난다. 수백만 명에게 도움을 줄 방법을 찾으면 수백만 달러를 벌 수 있다. 그것이 부가가치의 법칙이다.

어떤 사람은 성경 문구보다는 워런 버핏의 말이 와 닿을지도 모른다. 이 오마하의 현인이 했던 유명한 말이 있다. 그의 평생에서 가장 강력한 투자였으며 누구라도 할 수 있는 투자는 바로 자기 자신에 대한 투자이다. 그는 자기 발전에 도움이 되는 책과 자기 수양을 쌓는

8 "너희 중에 누구든지 으뜸이 되고자 하는 자는 너희의 종이 되어야 하리라."(마태복음 20:27)

일에 투자하라고, 그리고 데일카네기 코스가 그의 인생을 180도 바꿔 놓았다고 말한다. 그는 나와 함께 〈투데이〉쇼에 출연한 자리에서 내게 직접 그렇게 말했다. 나는 껄껄 웃으며 그 부분을 계속 말해달라고 했다. "그건 사업에도 큰 도움이 돼요." 내가 씩 웃으며 말했다.

나는 짐 론의 메시지를 진심으로 가슴 깊이 받아들였다. 나는 결코 성장을 멈추지 않기로, 베푸는 것을 중단하지 않기로, 베풀고 선행을 하는 능력과 영향력을 키우기 위한 노력을 결코 중단하지 않기로 마음먹었다. 그 결과 오랜 시간이 지난 지금 나는 시장에서 훨씬 더 가치 있는 사람이 되었다. 게다가 운도 아주 좋아서 재무 상태가 더는 내 인생의 중요한 문제가 되지 않는 수준에 이르렀다. 내가 특별한 사람이라서가 아니다. 누구나 그렇게 될 수 있다. 과거의 스토리를 내려놓고 현재에 대해 투덜대게 만들고 한계를 정하는 스토리를 부수고 나아간다면 그렇게 될 수 있다. 문제는 어디에나 있지만 기회도 어디에나 있다.

오늘날 미국의 소득 사다리income ladder는 어떤 모습일까? 2013년에 사다리 제일 아래의 소득은 시급 7.25달러인(연 1만 5080달러) 반면에, 제일 상단에 앉은 사람은 한 해에만 35억 달러의 개인소득을 올린, 애펄루사매니지먼트Appaloosa Management의 창립자이자 헤지펀드계 거물인 데이비드 테퍼David Tepper였다. 짐 론도 상상조차 못했을 것이라고 장담한다. 한 사람이 한 해 35억 달러는커녕 10억 달러를 버는 게 가능하기나 한 일일까? 왜 누구는 심각할 정도로 적게 벌고 누구는 그런 엄청난 고소득의 기회를 얻는 것인가? 답은 이렇다. 시장은 누구든 몇 시간만 배우면 맥도날드의 캐셔가(시급 7.77달러) 되는 데 필요한 기술을 익힐 수 있다고 판단해 그 일의 가치를 아주 낮게 평가하기 때문이다. 하지만 투자자의 재무수익을 크게 늘려주는 일을 성공적으로 잘해내는 것은 훨씬 귀중하고 드문 기술이라고 여긴다. 대다수 미국인들이 연 33bp(0.33퍼센트)도 안 되는 저축 수익률을 수령하는 시대에 데이비드 테퍼가 같은 기간 동안 투자자들에게 벌어준 수익률은 42퍼센트였다! 그는 투자자들의 경제생활에 얼마만한 가치를 공헌했을까? 그는 수익률 1퍼센트를 벌 때마다 300퍼센트 남짓한 가치를 더해주었다. 수익률이 42퍼센트이므로 그가 투자자들에게 더해준 경제적 가치는 1만 2627퍼센트였다!

당신은 어떠한가? 시장에 더 많은 가치를 제공하기 위해 당신은 무엇을 하겠는가? 먹고살기도 힘든 생활이 아니라 풍요로운 삶을 위해 당신은 어떻게 하겠는가? 삶을 근본적으로 바꾸고 재무적 자유라는 꿈 같은 자리로 옮겨가고 싶다면 자신의 가치를 높이는 것이야말로 목적지에 도달하는 가장 강력한 길이다.

반대의 슬로건을 소리 높여 외치기 전에 하나만 더 말하겠다. 오늘날은 상황이 많이 다르다. 나도 안다. 지금은 경제적으로 어려운 시기이다. 2008년 이후 200만 개의 일자리가 사라졌고 일터에 돌아오는 사람들도 대부분은 저임금 서비스직에 그친다. 게다가 1990년대 이후로 소득 수준이 정체 상태라는 사실도 잘 안다.

내가 막 경력을 쌓기 시작한 1978년의 금리와 실업률은 어느 정도였을 것 같은가? 2년도 지나지 않아 금리가 하늘로 치솟았다! 내 생애 첫 투자인 캘리포니아 주 롱비치의 4가구용 연립주택은 담보 이자가 18퍼센트였다. 집을 사기 위해 18퍼센트 이자로 대출을 받는 것은 오늘날 상상도 못할 일이다. 그랬다가는 백악관 잔디밭에서 시위가 벌어지고도 남는다. 그러나 역사는 돌고 돈다. 과거에도 그랬고 앞으로도 언제나 그럴 것이다. 소득이 정체 상태이기는 하다. 시장에 기하급수적으로 가치를 더해줄 방법을 찾아내지 못한다면 말이다. 그러나 가치를 창출할 방법을 찾는다면 소득은 한 방향으로, 어김없이 상승하는 방향으로 움직일 것이다.

대침체기 동안 880만 명이 일자리를 잃었다. 2008년 한 해에만 230만 명이 실직을 했다! 실업률은 10퍼센트까지 올랐다. 하지만 이 10퍼센트는 평균실업률이라는 점을 알아야 한다. 인구의 어떤 부분은 실업률이 25퍼센트를 넘었지만, 연소득이 10만 달러 이상인 사람들의 실업률은 얼마였을 것 같은가? 답은 1퍼센트 정도였다. 이 수치가 말해주는 교훈은? 현재의 시장이 필요로 하는 기술을 충분히 익히고 끊임없이 자신을 발전시키고 더 가치 있는 사람이 된다면 경제 상황이 어떻든 일자리는 얼마든 있다. 아니면 스스로 사업을 시작할 수도 있다. 시장에 가치를 더해주는 사람이 자기 사업을 시작해 효과적으로 가치를 전달할 때 소득 인상은 당연히 따라온다!

지금도 실리콘밸리에서는 전혀 다른 이야기가 펼쳐진다. 그곳에서는 능력만 되면 얼마든 일자리가 있다. IT 기업들은 결원이 생겨도 자격이 되는 사람을 찾기가 힘들어 빨리 충원을 하지 못한다. 일자리는 있지만 당신도 나도 새로운 시장에서 가치 있는 사람이 되려면 가진 기술을 그리고 우리 스스로를 재정비retooling해야 한다. 이것만은 장담할 수 있다. '옛날 직업'의 대부분은 되돌아오지 못한다.

역사를 살펴보자. 1860년대 미국인은 80퍼센트가 농부였다. 오늘날 미국 인구에서 농업 종사자는 2퍼센트인데도 전 세계에 식량을 공급한다. 신기술이 모든 것을 무너뜨렸다. 농부 500명이 하던 일을 농부 한 명이 다 할 수 있게 되었다. 많은 농부가 먹고살기도 힘들어졌고, 많은 농부가 일하던 터전을 잃었다. 적응하지 못한 사람들에게 산업혁명은 생각하기도 싫은 고통의 시간이었다. 하지만 증기력과 기계를 안겨주었고 삽시간에 사람들을 일터에서 쫓아낸 바로 그 기술은 수많은 사람들의 삶의 질을 몰라볼 정도로 향상시켰으며, 벌이가 더 좋은 일자리를 더 많이 만들어냈다.

현대의 신기술도 다시금 많은 것을 파괴하고 있다. 옥스퍼드 학자들의 연구에 따르면, 미국의 직종 거의 절반이 20년 안에 자동화될(즉, 대체될) 위기에 처해 있다고 한다. 당신도 나도 한 차원 높게 스스로를 재정비해야 한다. 150년 전만 해도, 소셜미디어 마케터, 줄기세포 과학자, 로봇 엔지니어라는 직업이 존재하는 날이 올 것이라고 짐작이나마 한 사람은 아무도 없었다. 전기기술자나 배관기술자가 연 15만 달러를 벌 것이라고, 공장 근로자가 기계 자동화를 위한 컴퓨터 작동법을 배워 10만 달러 소득을 올리리라고는 상상도 못했다. 그러나 아무도 상상하지 못했다고 해서 그런 날이 오지 않은 것은 아니었다.

나는 직업 시장이 얼어붙었다고, 정리해고를 당했다고, 다시는 일자리를 찾지 못할까 봐 무섭다고 말하는 사람들을 매일 만난다. 그러나 이 자리를 빌려 말하는데 중요한 것은 시장이 아니라 바로 당신이다. 당신은 그리고 어느 누구라도 자신의 소득 잠재력을 높일 수 있다. 당신은 시장에 가치를 더할 수 있다. 새로운 기술을 배울 수 있고 자신의 마인드를 바꿀 수 있으며, 성장하고 변화하고 발전할 수 있다.

그리고 당신이 필요로 하고 당신에게 딱 맞는 일자리와 경제적 기회를 찾을 수 있다.

앞으로 5년이나 10년 뒤에는 당신의 직업이 쓸모없어질지도 모른다는 불안감이 들면 축을 돌려 새로운 무언가를 시도해볼 고민을 해야 한다. 축을 돌린다는 말은 한 사업에서 커다란 실패를 겪은 후 다른 사업을 추진하는 경우를 빗대는 실리콘밸리식 표현이다.

지금 이 책을 읽고 있는 당신은 답과 해결책, 더 나은 길을 원하고 있는 사람일 것이다. 자신의 기술을 재정비할 수 있는 방법은 수백 가지가 있다. 이런 기술의 재정비는 대학 교육을 마친 후에 해도 되고 직업 교육이나 독학으로 해도 상관없다. 연소득 10만 달러 또는 100만 달러를 벌 수도 있지만 4년제 대학학위에 엄청난 돈을 쏟아 붓는다고 해서(그리고 10만 달러가 넘는 빚까지 진다고 해서) 다 되는 일은 아니다. 미국에서는 수백만 개의 일자리가 사람을 찾고 있지만 직종 간 요구되는 기술 격차도 크다. 디스커버리채널의 〈더티잡스Dirty Jobs〉 진행자인 마이크 로Mike Rowe에 따르면, 현재 350만 개의 일자리가 사람을 구하고 있지만 이 중 10퍼센트만이 4년제 대학학위를 요구한다. 다시 말해 나머지 90퍼센트는 다른 것을 요구한다는 의미이다. 훈련, 업무기술, 거친 일도 마다치 않겠다는 의지, 무엇보다도 새롭고 유용한 일을 배우겠다는 의지를 요구한다는 의미이다. 로는 이렇게 말한다. “일자리는 언제나 판매대에 올라있지만, [미국의] 설명과는 부합되지 않는 종류의 일자리이다.”

능력의 재정비는 흥분과 두려움을 동시에 안긴다. 배우고 성장하고 창조하고 변화할 기회라는 점에서는 흥분이 된다. “나는 소중한 사람이야, 나는 공헌할 수 있어, 나는 더 가치 있는 사람이야.”라는 사실을 깨닫는 순간 흥분이 밀려온다. 반대로 “그것을 어떻게 할 수 있지?"라는 생각이 들면서 두려운 마음이 든다. 짐 론의 말을 기억하라. "상황을 바꾸려면 자신이 바뀌어야 합니다. 상황이 더 좋아지기를 바란다면 자신이 더 나은 사람이 되어야 합니다!" 재정비하든가 바보가 되든가 둘 중 하나이다. 한계를 긋는 스토리를 없애고 고속기어로 바꿔야 한다.

사람들은 내게 흔히 이렇게 말한다. "토니, 자기 사업을 하거나 아니면 성장하는 회사에서 일하는 사람한테야 아주 좋은 방법이죠. 하지만 전통적으로 보수가 낮은 직종에 종사하고 그런데도 자기 일을 사랑하는 사람은요? 가령 교사라면 어떻게 해야 하는 건가요?" 한계에 갇힌 생각의 틀에서 한 발짝 벗어나자. 박봉에 시달리는 교사였지만 많은 학생들을 돕겠다는 열정과 바람 하나로 학생들에게 더 많은 가치를 더해주는 방법을 찾아냈고, 현재는 대다수 교사는 꿈도 꾸지 못하는 고소득을 올리는 남자를 소개하려 한다. 우리의 소득에 진짜 한계를 긋는 것은 직종이 아니라 우리가 발휘하는 창의력, 초점, 공헌의 정도이다.

창의성, 공헌, 한국의 스타강사

초등학교 3학년 담임선생님이 새로운 시도를 겁내지 말라며 용기를 불어넣어준 분이었다면, 중학교 2학년 담임선생님이 무조건 당신을 믿어준 분이었다면, 그 한 명의 역할 모델은 아이였던 당신의 삶에 굉장히 큰 힘을 발휘했을 것이다. 선생님은 우리의 가장 훌륭한 자산인 동시에, 가장 저평가되고 박봉에 시달리는 자산이기도 하다. 당신이 교사라면 또는 상방 가능성이 제한돼 있는 듯 보이는 직업에 종사한다면 어떻게 하겠는가? 교사로서 당신은 30명 남짓한 반 아이들에게 가치를 더하기 위해 어떤 방법을 쓰겠는가? 수백 명의 학생들에게, 수천 명 심지어 수백만 명의 학생들에게 가치를 더해줄 방법을 찾아낼 수 있겠는가?

이렇게 생각하는 교사들이 많다. "교사 일로는 돈을 많이 벌 수 없지." 우리는 교사의 가치를 높이 평가해야 마땅하지만 사회는 그렇지 못하다는 것이 전반적인 합의이다. 그러나 앞에서도 말했듯 그렇게 한계를 긋는 생각이 우리의 전진을 가로막는다. 김기훈이라는 한국의 강사는 그런 스토리에 휩쓸리기를 거부했다.●

대다수 교사들과 달리 김기훈은 한국에서 이른바 '록스타 선생님'으로 불린다. 김기훈은 한국에서 가장 성공한 선생님으로 손꼽힌다. 그는 어떻게 그런 성공을 거둘 수 있었는가? 그는 자기 일을 열심히 하는 것 이상으로 자신을 발전시키고 가르치는 능력을 기르기 위해 더 열심히 노력했다.

〈월스트리트저널〉에 의하면 60년 전만해도 한국인은 상당수가 문맹이었다. 국가적 차원에서 과감하고 극단적인 조치가 필요했다. 오늘날 한국의 선생님들은 배우고 혁신하고 같은 수업도 매일 새로운 방식으로 가르치라는 격려를 계속 받는다. 한국의 선생님들은 서로에게서 배우고 서로를 멘토 삼아 학생들에게 가치를 더해줄 최선의 교습 기술을 찾아다닌다. 그 결과는? 현재 15세 한국 학생들의 읽기 능력은 세계 2위이고 고등학교 졸업률은 93퍼센트이다. 이에 비해 미국의 고교 졸업률은 77퍼센트에 불과하다.

김기훈은 그 모델을 적극 수용하고 활용했다. 그는 최고의 선생님

● 2015년 현재 메가스터디 영어강사로 활동한다.

들을 찾고 그들의 패턴을 배우고 돌파구를 만드는 방법을 익히기 위해 무수히 많은 시간을 쏟았다. 그는 비단 그가 가르치는 학생만이 아니라 전국의 학생들이 수업 내용을 더 빨리 배우고 오래 기억하도록 도와줄 방법을 마침내 찾아냈다. 그런 다음 그는 생각했다. 굳이 30명만 도와주려고 노력해야 하나? 되도록 많은 학생을 돕는 것이 더 좋지 않을까? 신기술의 시대가 왔고 그는 수업내용을 온라인에 올리면 가르치고 배우는 것에 대한 자신의 열정을 모든 사람이 다 이용할 수 있다는 사실을 깨달았다.

지금 김기훈은 한 주에 60시간을 일하지만 강의에 들이는 시간은 3시간에 불과하다. 나머지 57시간은 자료를 연구하고 혁신하고, 커리큘럼을 개발하고 학생들에게 응답해주는 데 쓴다. "열심히 일할수록 내 소득도 늘어난다."라고 그는 말한다. 김기훈은 수업을 녹화해서 인터넷에 올리고 학생들은 시간당 4달러 정도의 요금을 내고 강의를 듣는다. 그는 이것이 성공적인 방법이라는 것을 어떻게 알았는가? 그는 자신이 누구보다도 더 많은 가치를 더하고 있다는 사실을 어떻게 알았는가? 시장은 언제라도 당신의 진짜 가치가 얼마인지 알려준다. 그의 수능 강의를 듣는 수강생은 얼마나 많을까? 2013년에 그가 번 개인소득은 거의 400만 달러였다! 김기훈이 온라인 강의로 더해주는 가치가 늘어날수록 인터넷 강의에 등록하는 학생도 늘어난다. 그리고 당연히 학생이 늘어날수록 소득도 늘어난다. 아주 많이 늘어난다.

학생을 가르치는 선생님의 소득이 400만 달러다. 당신이 아는 가장 훌륭한 선생님의 소득과 이 소득을 비교해보라. 김기훈의 스토리는 직종이 우리의 벌이를 제한한다는 믿음을 깨부순다. 그가 1퍼센트에 속하게 된 것은 운이 좋아서도, 때마침 괜찮은 시간에 좋은 장소에 있었기 때문도, 보수가 좋은 일을 선택했기 때문도 아니었다. 김기훈이 소득 상위 1퍼센트에 속하게 된 이유는 배움을 멈추지 않았고 성장하는 것을 멈추지 않았고 자신에게 투자하는 것을 멈추지 않았기 때문이다.

최종에는 승리한 멀티태스커

기업가가 아니라면? 창업에 눈곱만큼도 관심이 없는 사람이라면 어떻게 해야 하는가? 대기업에 혹은 규모가 조금 작은 회사에 근무한다면? 그래도 가치를 더하고 소득 잠재력을 높여줄 방법을 찾아낼 수 있을까? 여기 한 젊은 여성의 이야기가 있다. 마케팅 부서에서 미술 디자인을 담당하는 '다니엘라'로서는 승진을 할 만한 뾰족한 수를 찾아낼 수가 없었다. 그녀는 재능이 넘쳤고 거기에 못지않게 갈망도 컸다. 그녀는 더 열심히 일하고 더 많이 베풀려고 노력했다. 그건 그녀의 타고난 천성이기도 했다. 그래서 동료들의 비주얼 아트 작업을 자주 도와주었다. 본격적으로 마케팅을 배우고 싶어서 공부를 시작했고 이후에는 동료들의 마케팅 업무도 도와주었다. 그러고 나니 자신은 엄청난 기회로 넘쳐나는 소셜미디어에 대해 아는 게 하나도 없다는 사실을 깨달았다. 그래서 다니엘라는 소셜미디어도 혼자 공부하기로 마음먹었다.

몇 년 후 다니엘라는 동료들이 할 일을 도맡아 대신해주고 있었다. 동료들은 그녀가 선물을 나눠주고 있다는 사실을 잊고는 그녀의 도움을 당연시했다. 새로운 진풍경이 벌어졌다. 5시 마감 시한이 코앞으로 다가온 상황에서 해야 할 일이 다 끝나지도 않았는데 동료들은 하나둘씩 문밖으로 사라지고 그녀는 혼자 남아 일했다. 그녀도 야

근은 원하지 않았지만, 회사와 고객을 실망시키기는 더 싫었다. 동료들이 그녀의 일 욕심과 갈망을 이용하고 있다는 사실을 깨닫는 순간 그녀도 더는 참을 수 없었다. "나는 내 일에다가 다른 세 사람의 일까지 더 하고 있어!" 하지만 그녀는 화만 내는 대신에 이런 상황을 기회로 삼기로 했다.

그녀는 어떻게 했을까? 그녀는 CEO를 찾아가 담판을 지었다. "저는 지금 네 사람 몫을 하고 있습니다. 비주얼 아트, 마케팅, 소셜미디어를 배우기 위해 혼자 공부도 했고 따로 수업도 들으러 다녔습니다. 다른 직원들을 비난하려고 이 자리에 선 것은 아닙니다. 그렇기는 해도 저는 지금 당장이라도 회사의 마케팅 비용을 절반은 줄여줄 수 있고 그 세 사람이 없더라도 저 혼자 그 일을 다 할 수 있습니다. 더 잘할 자신도 있고요. 억지로 저를 믿어달라고는 하지 않겠습니다. 다만 저를 증명할 기회를 주세요. 앞으로 6개월 동안 그들에게 계속 업무를 맡기시고, 저한테는 그 세 사람의 일과 제 일을 동시에 진행하게 해주세요. 사장님은 두 가지 결과 중 더 좋다고 판단되는 것을 고르시면 됩니다."

다니엘라는 6개월 후에 자신이 만들어낸 결과가 더 좋으면 자신에게 더 큰 중책을 주고 월급도 두 배로 올려달라고 요청했다. 결과가 어땠을 것 같은가? 그녀는 해냈다. 그녀는 멋진 광고문안과 성공적인 소셜미디어 캠페인을 만들어 자신의 비주얼 아트와 마케팅 실력을 입증했다. 그녀는 자신이 일이 늘어도 잘해낼 수 있고 다른 동료들과 경쟁한다고 해도 훨씬 더 잘할 실력이 있음을 입증했다. 그녀는 가치를 탁월하게 더해주었고 회사는 그녀 한 사람의 월급을 두 배로 올려도 전체 비용은 절반으로 줄일 수 있다는 사실을 깨달았다. 시장이 모든 것을 말해준 셈이었다.

행복은 단순히 돈을 소유하는 데 있지 않다. 행복은 성취의 기쁨에,

창의적 노력을 통해 느끼는 희열 속에 존재한다.

—프랭클린 D. 루스벨트

기회는 어디에나 있다

세상에 가치를 더해주려면 어떻게 해야 하는가? 공헌과 소득을 늘리고 세상에 대한 영향력도 높이려면 당신은 어떻게 해야 하는가? 문제를 발견하고 조금 다른 시각에서 바라봄으로써 산업을 바꾸고 새로운 시장을 창조해 낸 평범한 개인의 사례는 수천까지는 아니더라도 적어도 수백 개는 찾을 수 있다. 그들은 처음부터 혁신적 기업가는 아니었다. 당신과 나처럼 평범한 사람들이었지만 안주를 거부한 사람들이기도 했다. 지금 우리가 사는 세계에서 면역력을 갖춘 산업이나 제품은 하나도 없다. 모든 것이 디지털을 통해 소셜미디어와 인터넷과 기술을 통해 서로 교차해 있으며, 지구상의 모든 사람과 모든 것이 상호연결되어 있다. 아무리 거대한 회사일지라도, 아무리 오래되고 안정된 기업일지라도 언제든 무너질 수 있다.

파도타기

20세기 사진 시장을 지배한 기업계의 거인 코닥이 디지털카메라의 공격에 맥없이 쓰러질 것이라고 누가 예상이나 했을까? 더 기가 막힌 것은 코닥이 디지털카메라를 처음으로 '발명했다는' 사실이다. 그러

나 2012년에 코닥은 124년 역사를 뒤로 하고 파산신청을 냈다. 이 신청은 경제 전체, 특히 뉴욕 주 로체스터 시 일대가 휘청거릴 정도로 엄청난 파장을 불러왔고 5만 명이 직장을 잃었다.

그러나 코닥을 무너뜨린 이 거대한 기술적·문화적 변화는 닉 우드맨Nick Woodman이라는 캘리포니아의 서퍼에게는 오히려 엄청난 기회로 다가왔다. 우드맨은 서핑광이었다. 서핑에 대한 우드맨의 절대적 사랑과 헌신, 추진력과 갈망은 그로 하여금 가치를 더할 방법을 찾게 해주었다.

닉 우드맨이라는 이름을 처음 들어봤을지도 모른다. 하지만 그는 파도를 타는 동안 손목에 방수 카메라를 장착하고 촬영한다는 번뜩이는 아이디어를 처음 생각한 주인공이었다. 우드맨은 서핑이 끝난 후에도 즐겁게 그때의 기억을 되살릴 방법이 없는지 궁리했다. 디지털카메라가 등장하기 시작하면서 그는 방수 기능을 강화하고 고화질 영상 촬영이 가능하도록 카메라를 어설프게나마 개조했다. 디지털카메라 기술이 발전했고 우드맨의 어설픈 카메라 개조도 계속되었다. 그리고 마침내 그는 크기도 작고, 방송에 내보낼 정도의 HD촬영이 가능하고 어디에나 쉽게 장착과 탈착이 가능한 디지털카메라인 고프로GoPro를 탄생시켰다.

오늘날 세계 어디서건 익스트림스포츠를 즐기는 사람의 머리에는 이 작고 멋진 기기가 달려 있다. 산악자전거를 타거나 급류 속에서 노를 저을 때, 스노보드를 타거나 파도를 잡을 때도, 고프로는 플레이어의 아드레날린이 치솟는 마법의 순간을 포착해 그 순간의 환희를 사랑하는 모두와 공유할 수 있게 해준다. 우드맨이 고프로를 발명한 타이밍도 절묘했다. 그가 고프로를 마케팅하기 시작한 시기에 맞물려 때마침 사람들은 동영상을 유투브와 페이스북에 업로드하기 시작했다. 우드맨 '본인이' 원해서 만든 제품이기는 하지만 그것을 필요로 하는 사람이 자기 혼자만은 아닐 것임을 그는 직감했다. 우드맨은 편리하고 재미있고 그러면서도 값도 싼 신기술을 만들어 수백만 명의 생활에 가치를 더해줄 방법을 이해하고 있었던 셈이다. 결과적으로 우드맨은 무엇이든 디지털을 통해 적극 공유하려는 트렌드를 이끄는 선봉장이 되었다. 부자가 되고 싶은 마음이 절실하다면 비밀 하나를 알려주겠다. 트렌드의 선봉장이 되어라. 이 캘리포니아 주 샌디에이고 출신 서퍼가 세운 회사의 매출은 현재 10억 달러가 넘는다.

새로운 '시장 카테고리'의 탄생

2010년에 〈투데이〉쇼의 맷 라우어Matt Lauer는 경제의 방향에 대한 특집 원탁토론회에 나를 게스트로 초대했다. 같이 출연한 사람은 워런 버핏과 세계 최연소 자수성가 여성 억만장자에 이름을 올린 세라 블레이클리Sara Blakely였다. 워런 버핏과 경제를 논할 기회를 얻었다는 것도 굉장한 영광이었지만 세라의 성공담이 나를 완전히 녹다운시킬 것이라고는 생각도 못하고 있었다.

블레이클리는 산업을 무너뜨린 것이 아니라 완전히 새로운 산업을 만들어냈다. 월트디즈니월드에서 일한 경력도 있던 세라는 파티에 가기 위해 몸에 착 달라붙는 근사한 흰색 바지를 장만했지만, 그 속에 받쳐 입을 마땅한 언더웨어가 없었다. 속옷을 포기하는 대신에 그녀는 직접 원하는 속옷을 만들기로 했다. 준비물은 가위 한 개와, 까짓것 해보자는 배짱이 전부였다. 그녀는 허리와 엉덩이 부분에 보정기능이 있는 팬티스타킹의 발목 아래를 싹둑 잘라냈다. 바야흐로 새로운 산업이 탄생하는 순간이었다.

물론 하루아침에 이룬 일도 아니었고 쉽지도 않았다. 세라는 어린 시절 아버지가 '실패'를 적극 권한 것이 그녀의 가장 중요한 성공 비결 가운데 하나였다고 말했다. 그녀의 아버지가 생각하는 진짜 실패는 결과에서의 실패가 아니라 시도조차 하지 않는 실패였다. 저녁 식사 자리에서 아버지는 딸인 세라에게 오늘 하루 무엇을 실패했는지 물어봤고, 딸이 시도했다가 실패했다고 말하면 무척이나 기뻐했다. 딸이 성공으로 향하는 길에 올라가 있음을 이해했기 때문이었다. 세라는 이렇게 말했다. "토니, 그 경험이 시도하는 것에 대한 내 두려움을 싹 날려 보냈어요."

당시 초라한 사무용품 외판원에 빈털터리나 다름없던 블레이클리는 있는 돈을 다 털어 겨우 마련한 5천 달러를 가지고 보디웨어(몸에 착 달라붙는 옷) 회사를 차렸고 결과는 대성공이었다. "처음에 '안 됩니다'는 소리를 천 번도 더 들었을 걸요."라고 그녀는 말했다. 하지만 그녀는 굴하지 않았다. 투자한 돈 5천 달러 외에도 그녀는 책을 보고 직접 특허출원서를 작성해서 법무수수료 3천 달러도 아낄 수 있었다(사실 누군가를 고용할 돈도 없었다).

결국 그녀가 세운 회사 스팽스Spanx는 '쉐이프웨어shapewear'라는 새로운 시장 카테고리를 만들어냈고 전 세계 여성들로부터 숭배와도 같은 추종을 받았다. 내 아내 말로는, 그 '작은 천 조각'에 몸을 밀어 넣으면 그 즉시 허리라인이 7센티미터는 가늘어진다고 한다.

오프라 윈프리의 축복 속에서 스팽스는 작은 회사에서 세계에 돌풍을 일으키는 기업으로 성장했다. 오늘날 스팽스의 매출은 10억 달러가 넘고, 여성의 몸매를 돋보이게 해주고 기분까지도 좋게 해주는 제품을 200개 넘게 생산한다. 언제나 낙관론자인 세라는 자신의 마법을 내게도 시험하려 했다. 〈투데이〉쇼에 같이 출연한 자리에서 새로 나온 스팽스 남성용 신제품을 입어보라고 권한 것이다. 나는 웃는 얼굴로 거절하고는 정중한 어조로 그녀가 여성 시장은 잘 알지만 남성 시장은 잘 모르는 것 같다고 말했다. 그렇긴 해도 그녀가 그때 내게 준 영감은 지금도 남아 있다. 어쨌든 스팽스는 내 거절에도 아랑곳없이 남성용 상품을 출시했다. 지금 블레이클리는 회사 지분을 100퍼센트 소유하고 있으며 채무는 전혀 없고 외부 투자자를 받아들인 적도 없다. 2012년 〈타임〉지는 그녀를 '세계에서 가장 영향력이 큰 100명' 중 한 명으로 선정했다.

닉 우드맨처럼 그녀는 시장의 니즈를 발견했고 그 니즈를 충족시키기 위해 움직였다. 그녀는 자신의 스토리가 그은 한계를 거부하고 시장에 가치를 더할 방법을 찾아냈다.

당신도 할 수 있다! 10억 달러짜리 회사를 차리거나 시장 하나를 완전히 무너뜨리거나 400만 달러를 버는 온라인 스타강사가 돼야 한다는 말이 아니다. 네 명이 할 일을 혼자 다 하라는 말도 아니다. 그러나 이 사람들이 할 수 있다면 당신도 한 달에 500달러나 1000달러를 더 벌 방법을 찾을 수 있지 않겠는가? 어쩌면 1년에 2만 달러, 5만 달러, 심지어 10만 달러가 넘게 소득을 늘릴 수 있지 않겠는가? '당신만의' 창의력과 공헌과 초점을 마음껏 발산할 방법을 찾아낸다면, 시장에 더 많은 가치를 제공해주고 그렇게 번 추가 소득을 프리덤펀드에 집어넣을 수 있지 않겠는가? 지금이 바로 시작할 시간이다.

한 달에 500달러, 1년에 6천 달러를 더 벌거나 저축할 방법을 찾아야 한다. 이 돈을 8퍼센트 수익률로 40년 동안 투자한다면 도합 150만 달러가 된다. 앞에 나온 피자의 예를 잊지 마라. 한 달에 1000달러씩 1년에 1만 2천 달러를 더 벌 방법을 찾으면 노후를 위해 모이는 종잣돈은 300만 달러나 된다. 한 달에 3천 달러, 1년에 3만 6천 달러를 더 벌거나 저축하면 900만 달러의 종잣돈이 모인다. 교훈은? 시장에 가치를 더해 소득을 높이고 이렇게 번 추가 소득을 투자하라. 그러면 그 어떤 수준이든 자신이 진정으로 원하는 재무적 자유를 이룰 수 있다.

CHAPTER 5

속도 높이기 3. 수수료·세금을 줄이고 그 차액만큼 더 투자하라

우리는 당신이 가진 것을 빼앗는 데 필요한 것을 가지고 있다.

—누구나 짐작하는 국세청 슬로건

"세금 납부는 의무입니다. 하지만 팁을 남겨야 한다고 정한 법은 없습니다."

—모건스탠리 광고 문구

본격적으로 달리기 시작했다. 저축을 늘리고 소득을 높여 재무적 자유로 향하는 속도를 높이기 시작했다. 이제 남은 것은? 이걸로 끝인가? 아니다. 내부자인 당신은 얼마만큼 버는지가 아니라 얼마만큼 지키는지가 중요하다는 사실을 잘 안다. 속도를 높이기 위한 세 번째 전략은 수수료와 세금을 줄이고 그 차액을 재투자함으로써 같은 투자로도 더 높은 수익을 올리는 것이다.

2부 3장에 나온 세 소꿉친구 이야기를 기억하는가? 세 사람 다 서른다섯 살에 10만 달러를 투자했고 수익률도 똑같이 7퍼센트였다. 하지만 세 사람은 각기 1퍼센트, 2퍼센트, 3퍼센트의 수수료를 냈고 이것이 결과적으로 수십만 달러의 차이를 만들어냈다. 수수료가 1퍼센트였던 테일러는 수수료가 3퍼센트였던 제이슨의 두 배나 되는 금액

"본 수수료는 제반 수수료에 대한 설명을 요청할 때 발생하는 수수료입니다."

을 모았다. 테일러의 투자는 57만 4349달러로 불어났지만 제이슨의 투자는 32만 4340달러가 되는 데 그쳤다!

뮤추얼펀드의 수수료는 숨겨진 부분까지 합하면 평균 3.17퍼센트나 된다. 고비용·고수수료 뮤추얼펀드에 투자하는가, 저비용 인덱스펀드에 투자하는가에 따라 10년 치 근로소득이 말 그대로 다 날아가고 재무적 자유에 이르는 속도가 그만큼 늦어질 수 있다! 상처에 소금을 뿌리는 말 같아 미안하지만 연구결과에 따르면 뮤추얼펀드가 부과하는 높은 수수료가 실적 향상으로 이어지는 일도 거의 없다.

과도하게 높은 수수료를 멀리하라. 언덕을 향해 달려라. 저비용 인덱스펀드를 찾아 투자하고 눈 감고 코 베어가는 고수수료는 미래의 종잣돈을 50에서 최대 70퍼센트까지 잠식할 수 있다고 말하는 잭 보글의 말을 귀 담아 들어라. 명심해야 할 주문은 단순하다. 수수료에 들어갈 돈을 아껴서 그 돈을 재투자해 복리로 불려라. 이 전략은 자유로 향하는 또 하나의 추월차선이다.

이제 저축에서 가장 큰 몫을 뚝 떼어가는 것이 무엇인지 알아야 한다. 미래의 종잣돈에서 가장 큰 몫을 떼어가는 단일 주범은 무엇이라고 생각하는가? 조사에 따르면 바로 세금이다!

보통의 미국인이 평생 소득세, 재산세, 판매세, 주유세 등등 온갖 명칭의 세금으로 내는 돈은 소득의 절반이 넘는다(다수 전문가들의 추산에 따르면 현재 1달러당 54.25센트를 세금으로 낸다고 한다). 대단한 미국

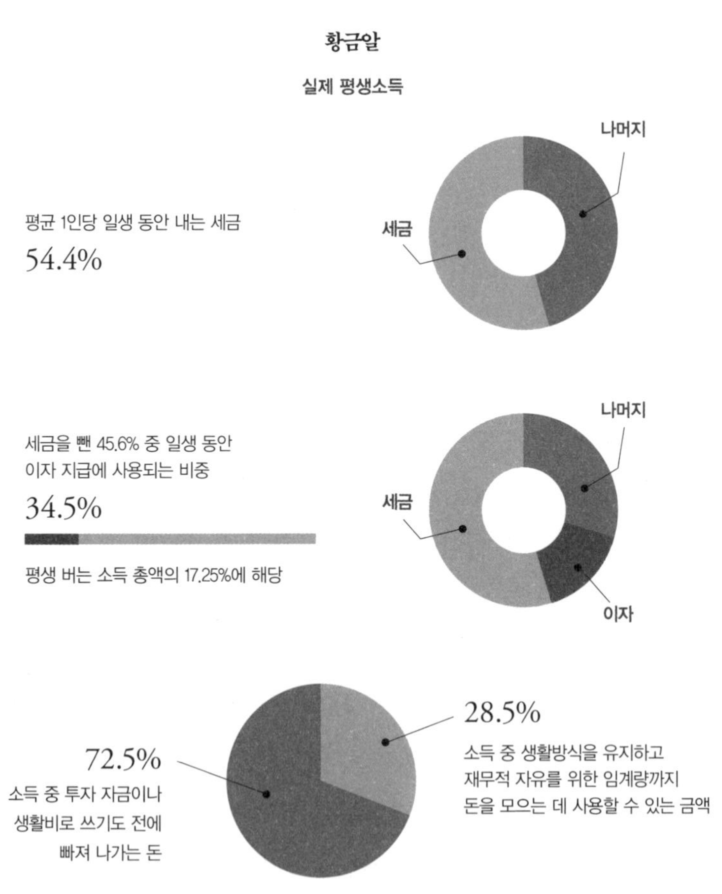

이다. 이걸로도 끝이 아니다.

54.25퍼센트의 세금을 세금징수원에게 바친 후에는 이자와 수수료에 대해 소득 1달러당 17.25퍼센트의 세금을 또 내야 할지도 모른다. 주택대출, 자동차대출, 신용카드대출, 학자금대출이 있는가? 2014년 미국 1가구의 평균 신용카드 대금은 1만 5천 달러가 넘었고, 학자금 대출은 3만 3천 달러 이상, 주택담보대출은 15만 달러가 넘는 것으로 드러났다. 국민 전체가 빚을 갚다가 끝나는 인생인 셈이다.

평균적으로 이자 지급에만 세후소득의 약 3분의 1을 사용하고 있는 것이다!

이것저것 다 제하고 실제로 수중에 남는 돈은 소득의 고작 (두두두둥) 28.5퍼센트밖에 안된다. 식품, 옷, 집, 교육, 의료, 오락은 물론이고 혹여 쇼핑몰이나 아마존에서 사고 싶은 것이 생기면 그 돈 안에서 다 해결해야 한다. 게다가 재무적 자유를 위한 저축이든 투자든 아니면 최소한의 노후자금 마련이든 다 그 돈 안에서 장만해야 한다.

이미 납부한 54퍼센트의 세금에서 일부라도 돌려받는 것이 세금 효율을 조금이라도 높이는 방법이다. 힘들게 일해서 번 돈을 조금이라도 더 많이 지키고 그 돈을 복리로 투자할 수 있어야 한다. 그래야 재무적 자유를 향한 비전을 더 빨리 실현할 수 있다.

고소득자이고 캘리포니아처럼 소득세가 높은 주에 산다면 소득세, 투자세, 급여세payroll tax(직원 급여의 일정 부분에 부과되는 세금. 고용주가 내는 형태와, 기금을 통해 직원이 내는 형태 두 가지가 있다—옮긴이), 오바마케어, 사회보장세 등을 다 합해 총 62퍼센트의 세금을 내야 한다. 효율적인 세금 전략을 사용하지 않으면 아무리 많이 벌어도 수중에는 소득의 38퍼센트만 남게 된다.

내야 할 세금보다 더 내야 할 이유는 없다. 내야 할 세금 이상으로 내지 않는 것은 국민의 당연한 권리이다. 시대를 아울러 가장 큰 영향력을 발휘한 판사 빌링스 러니드 핸드Billings Learned Hand(1872~1961)가 한 말이 있다.

> 어느 누구든 가능한 한 세금을 적게 내도록 조정을 할 권리가 있다. 국민은 재무부에 가장 많은 돈을 바쳐야 할 의무가 없다. 누군가의 세금을 올리는 것은 애국의 의무가 아니다. 법원이 거듭 밝혔듯이, 세금을 최대한 적게 내기 위해 모든 노력을 기울이는 것은 전혀 나쁜 행위가 아니다. 모든 사람은 부자건 가난하건 다 똑같은 권리가 있다. 그 누구도 법이 요구하는 이상으로 세금을 내야 할 사회적 의무가 없기 때문이다.

나는 핸드 판사의 말을 추앙한다. 나는 내가 당연히 내야 할 이상으로 세금을 내는 것이 싫고 당신도 그럴 것이다. 나는 합법적이고 윤리적으로 세금을 적게 낼 방법을 언제나 찾아다니며, 비과세로 내 종잣돈을 불려주는 정부 정책을 적극 활용한다. 나는 이 책을 위해 인터뷰한 대가들로부터, 세금효율이야말로 지금의 재무적 위치에서 원하는 위치로 나아가는 데 걸리는 시간을 단축해주는 직통 코스 중 하나라는 사실을 배웠다.

나는 미국에 세금을 내는 게 자랑스럽다.
다만, 그 돈의 절반만 자랑스럽다.
—아서 고드프리

오해하지 말기 바란다. 나는 애국자다. 나는 미국을 사랑한다. 나는 수백만 가지 아메리칸드림의 대표 인물 중 한 명이고 세금을 내서 행복하다(솔직히 행복하지는 않지만 그래도 자랑스럽게는 생각한다). 하지만 나는 매년 세금으로 수백만 달러를 낸다. 한 해는 고사하고 평생 벌 수 있을 거라고 생각했던 금액보다도 많은 액수이다. 그러나 나는 수익률을 가장 크게 키우는 방법은 딱 세 가지라는 사실을 데이비드 스웬슨으로부터 배웠다.

> **돈이 돈을 부르는 원칙 3**
> 세금효율은 포트폴리오의 실질수익률을 지속적으로 높여주는 가장 간단한 방법에 속한다. 세금효율이 재무적 자유를 훨씬 앞당겨준다.

1. 자산배분
2. 분산투자
3. 세금효율

데이비드 스웬슨은 비영리재단을 운영하므로 사정이 다르지만, 평범한 사람들도 현행 세법 하에서 수익률을 최대화하고 세금을 최소화할 방법을 찾을 수 있다. (세금에 대한 내용만 봐도 머리가 어지럽다는 느낌이 들 수 있다. 흐름을 잃지 않는 것이 중요하므로 그럴 경우 곧바로 다음 장으로 넘어가기 바란다. 하지만 언제라도 시간을 내 수임자나 세무전문가와 상담 시간을 잡고 가장 세금효율적으로 투자를 하는 방법이 무엇인지 배우기 바란다. 세금에 대해 조금이라도 배울 생각이 있다면 앞으로 나올 몇 페이지는 간단하게나마 세금의 종류를 이해하도록 도와준다. 또한 이 내용을 제대로 이해하기만 한다면 투자소득에서 더 많은 부분을 지키고 재무적 꿈에 더 빨리 다가가는 데 도움이 될 것이다.)

투자에는 어떤 세금이 따르는가?

세무 상식을 조금만 갖춰도 투자소득의 30퍼센트를 불필요하게 세금으로 내는 사태에서 벗어날 수 있다면 어떨 것 같은가? 그렇게 되면 재무적 목표에 다가가는 속도가 엄청나게 빨라질 수 있다.

투자자가 관심을 가지고 지켜봐야 할 세금의 종류는 3가지이다.

1. **경상소득세** 고소득자의 경우 연방소득세와 주소득세를 합치면 세율은 50퍼센트에 육박하거나 이를 초과한다.
2. **장기자본이득세** 1년 이상 보유한 투자자산을 팔 때 이득에 붙는 세금으로 세율은 20퍼센트이다.
3. **단기자본이득세** 1년 미만 보유한 투자자산을 판매를 할 경우 투자이득에 붙는 세금이다. 현재 단기자본이득세율은 경상소득세율과 똑같다. 윽!

지금쯤은 복리의 힘을 잘 이해하고 있을 것이다. 그렇다면 세금을 50퍼센트 낸 후에 복리로 불어나는 자산 가치와 20퍼센트를 낸 후의 자산 가치 증가가 얼마나 다른지도 확실히 이해하고 있을 것이다. 이 차이에 따라 10년 일찍 재무적 목표에 다다르느냐 아니면 평생 목표 지점에 도달하지 못하느냐가 결정될 수 있다. 세금이 얼마나 큰 영향을 미치는지 더 분명하게 이해하고 싶은가?

- 뮤추얼펀드의 총수익률이 8퍼센트이고 펀드 수수료로 평균 3퍼센트, 조금 보수적으로 따져서 2퍼센트를 지급한다고 가정하자.(한국의 경우 주식형 펀드는 1.8~3.0퍼센트 내외, 채권형 펀드는 0.7~1.5퍼센트 정도의 수수료를 부과한다—옮긴이)
- 수수료를 뺀 펀드의 순수익률은 6퍼센트이다. 여기서 끝이 아니다.
- 캘리포니아 주나 뉴욕에 사는 고소득자라면 50퍼센트의 경상소득

세를 내야 한다. 따라서 수수료와 세금을 다 제한 뒤에 남는 투자수익률은 3퍼센트 수준이다.●

수중에 남는 돈에 대해서만 증식이 가능하다. 그러므로 순수익률이 3퍼센트일 경우 돈을 두 배로 불리려면 24년이 걸린다.

똑같은 돈을 인덱스펀드에 투자하고 수익률도 8퍼센트라면 수수료는 10~50bp(0.10~0.50퍼센트)이다. 보수적인 입장에서 높은 쪽 수치를 적용하기로 하자. 그러면 수수료를 제한 수익은 7.5퍼센트이고(8퍼센트-0.5퍼센트=7.5퍼센트), 인덱스펀드는 매매가 빈번하지 않고 모든 세금이 차후로 이연되므로 7.5퍼센트가 고스란히 그 해의 순수익률이 된다. 즉, 세무서에 내는 돈 없이 수익으로 증가된 부분도 다 재투자해 놀라운 복리의 힘을 가동시킬 수 있다는 뜻이다.

세금효율을 최대한 살려 투자를 한다면, 7.5퍼센트 수익률을 가정할 경우 자산이 두 배로 불어나는 데 걸리는 시간은 24년이 아니라 9.6년으로 줄어든다! 이만하면 세금과 수수료 효율의 중요성을 절감하는가?

투자를 복리로 불리고 세금을 가능한 한 낮춰 이익을 최대한 유지해 꿈에 그리는 재무적 자유를 하루라도 빨리 이루려면 어떻게 해야 하는가?

- (401(k)건 IRA건 연금상품이건 정액수급연금이건) 될 수 있는 한 세금을 미래로 이연해주는 상품에 투자하면 비과세에 복리로 자산을 불

● 2015년 현재 국내 주식형 펀드에는 세금이 붙지 않는다(이자, 배당 제외). 왜냐하면 우리나라는 주식투자시 자본이득세를 과세하지 않기 때문이다(건당 0.3퍼센트 거래세만 적용).

릴 수 있고 펀드를 판 경우에만 세금을 내게 된다. 아니면 로스 IRA를 통해 투자하면 이미 세금을 다 냈으므로 추후 비과세 환경에서 자산을 증식할 수 있다.

- (IRA 같은) 세금이연 계좌에 연계되지 않은 투자자산을 팔 경우에는 적어도 1년 하루 동안은 자산을 보유한 다음에 파는 것이 좋다. 그래야 장기자본이득세율을 적용받을 수 있다(현재 이 세율은 20퍼센트이다).

한 가지 더! 뮤추얼펀드를 조심하라

웬만한 사람들에게 집을 파는 것은 10년에 한두 번 정도나 있는 일이고, 담당 회계사나 세무전문가도 가장 세금효율적인 주택 매도 방법이 무엇인지 쉽게 알려줄 수 있다. 그러나 뮤추얼펀드는 사정이 다르다. 우리가 투자하는 뮤추얼펀드의 매니저들이 매일 하는 일은 무엇일까? 그들은 매일, 매달, 매분기마다 주식과 채권을 사고판다. 이런 일을 금융계에서는 '회전율'라고 부른다.

CBS 마켓워치Market Wacth의 진행자 찰스 패럴Charles Farrell은 이렇게 말한다. "비록 마케팅 자료는 투자자들에게 사서 장기 보유하라고 권하지만, 펀드매니저들은 본인들의 말을 전혀 실천하지 않는다. 그들이 하는 말의 진짜 의미는, 자신들은 투자자의 은퇴저축을 미친 듯이 매매하더라도 투자자들은 뮤추얼펀드를 사서 묵묵히 보유하고 있어야 한다는 뜻이다."

전문가들의 말을 빌면, 뮤추얼펀드 대부분이 투자 포트폴리오를 보유하는 기간은 채 1년도 되지 않는다. 우리가 펀드에 투자하는 이유는 펀드매니저들이 포트폴리오 매매에서 우수한 실적을 거두기를 바라기 때문이다. 다른 이유가 또 있는가? 더 정확히 말해보자. 투자자의 뮤추얼펀드가 401(k)에 포함돼 있지 않다면 그는 모든 투자 이득에 대해 경상소득세를 납부해야 한다.[9]

즉, 지금 살고 있는 주와 소득 수준에 따라 투자자에게는 35퍼센트, 45퍼센트 심지어 최대 50퍼센트 이상의 소득세가 부과될 가능성이 크다. 뮤추얼펀드를 매도하지 않았는데도 이 모든 세금이 붙는 것이다! 아닌 말로 이득을 보전하고 세금이연된 부분을 계속 복리로 키우기는커녕 세금효율을 이해하면 충분히 피할 수 있는 파괴적인 충격파를 복리창출 능력에 고스란히 맞고 있는 것이다.

401(k)와 IRA에 최대치까지 돈을 집어넣었어도 세금이 이연되는 투자를 할 수 있다. 인덱스펀드는 개별 종목을 수시로 거래하지 않으며, 펀드가 추종하는 지수에 변화가 생길 경우에만 바스켓 안에 묶어놓은 종목을 바꾼다. 게다가 이런 일도 아주 드물게 일어난다.

결론적으로 말해 인덱스펀드에 장기적으로 투자하면 매년 세금을 내지 않아도 되며, 어떤 종목도 팔지 않았기 때문에 세금이연 효과도 동시에 누릴 수 있다. 고스란히 펀드에 유지되는 돈은 계속해서 주인인 당신에게 복리 수익을 창출해준다.

유능한 수임자나 세무전문가라면 당신의 프리덤펀드에 들어 있는 순자산이 크게 불어날 수 있도록 복리 창출 흐름을 최대한 활용하는 방법을 같이 궁리해줄 수 있다. 그러면 목표지점 안착이 몇 년에서 심지어 10년도 앞당겨질 수 있다는 사실을 잊지 마라!

9 그렇지라도 펀드가 1년 이상 포트폴리오를 보유하고 있었다면 투자이득에는 장기자본이득세가 부과된다.

마지막으로, 5부 5장에서는 누구나 쉽게 사용할 수 있는 전략을 소개한다. 국세청도 승인한 이 방법을 사용하면 복리로 투자를 불리는 동시에 비과세로 노후를 위한 종잣돈도 유지할 수 있기 때문에 아주 큰 차이를 불러온다. 이것은 재무적 목표에 다가가는 속도를 25~50퍼센트까지 높여주고 추가적인 투자 위험은 전혀 없다.

당신의 돈이고 당신의 인생이다! 남들이 그 돈을 가져가게 해서도, 엄한 데 써서도 안 된다! 속도를 높이고 머니 게임에서 승리할 수 있는 3가지 고속 전략을 정리하면 이렇다.

1. 저축을 늘리고 그 차액을 투자하라.
2. 소득을 올리고(시장에 가치를 더해주고) 그 차액을 투자하라.
3. 수수료와 세금을 줄이고 그 차액을 투자하라.

이제는 가장 핵심이라고 할 수 있는 부분으로 넘어갈 차례다. 투자수익률을 높이려면 어떻게 해야 하는지 알아보자.

CHAPTER 6

속도 높이기 4.
수익률을 높여 승리를 앞당겨라

준비가 되었고 무엇이 필요한지도 알았다면 위험하지 않다.
거기까지 가는 방법을 이해하기만 하면 된다.
그리고 그곳에 도달할 방법은 언제나 존재한다.
—마크 큐번, NBA 댈러스 매버릭스 구단주

수익률은 높이고 위험은 낮추려면 어떻게 해야 하는가? 대다수 사람들은 고수익에는 고위험이 당연하다고 생각한다. 그러나 위대한 투자자들은 전혀 그렇지 않다는 사실을 잘 안다. 2부 7장에 나온 카일 바스의 전략을 기억하는가? 그는 비대칭 위험/보상 시스템을 통해 고위험-고수익이라는 통념을 철저히 박살냈다.

비대칭 위험/보상. 아주 멋진 말이지만 개념은 꽤 단순하다. 카일은 1달러 수익에 대해 3센트만 위험에 걸면 되는 기회를 발견하고는 (더 정확히 말하면 1억 달러 상방에 대해 300만 달러만 위험에 노출했다) 이 위험/보상 비율을 수십억 달러로 확대했다.

그런 식으로 카일은 3천만 달러의 운용자산을 20억 달러로 키웠다. 그가 두 아들에게 5센트 동전은 상방 가능성이 높은 '무위험' 투자라고 가르쳤다는 것을 기억하는가? 이 비대칭 거래에서도 상방(보상)은 하방(위험)보다 훨씬 크다.

폴 튜더 존스가 거둔 가장 위대한 성공 중 하나는 자신은 틀릴 수 있어도 성공 가능성이 여전히 높다는 사실을 잘 안다는 데서 연유한다. 비대칭 위험/보상을 투자 결정의 가이드로 삼기 때문이다. 그는 이른바 5 대1 투자의 기회를 언제나 찾아다닌다. 다시 말해 그는 1달러를 위험에 노출하면 5달러를 벌 수 있다고 믿는다.

존스는 500만 달러를 벌 가능성이 높다는 리서치 결과가 나오면 기꺼이 100만 달러를 위험에 노출한다. 물론 그의 결정이 틀릴 수 있다. 그러나 다음 투자에서 이 5 대1 투자 공식이 성공을 거둬 500만 달러를 번다면, 앞서 투자에서 잃은 100만 달러를 빼도 400만 달러라는 투자 순익이 떨어진다.

비대칭 위험/보상의 기회가 나타날 때마다 이 5 대1 공식을 활용하면 존스는 다섯 번 중 네 번이 어긋나도 손익은 보전할 수 있다. 500만 달러를 벌려고 하다가 100만 달러씩 총 네 번을 잃으면 총손실은 400만 달러가 된다. 그러나 다섯 번째 결정이 성공하면 이 홈런 한 방으로 존스는 500만 달러를 다 회수할 수 있다. 위대한 투자자들은 수익률을 극대화하는 방법을 잘 안다. 이기기 위해 어떻게 게임을 세팅해야 하는지 잘 안다.

폴의 전략은 6부에 실은 인터뷰에 자세히 나온다. 여기서 그는 자신이 투자에 대해 배운 가장 귀중한 교훈을 들려준다. '10만 달러짜리 MBA 코스'에 버금가는 그의 설명을 통해, 우리는 잘못된 결정을 내릴 때에도 승리하려면 어떻게 해야 하는지 배우게 될 것이다.

비대칭 위험/보상은 수익률을 높이는 첫 번째 방법이었다. 두 번째 방법은 무엇인가?

이 방법은 4부 1장에 자세히 나오므로 여기서는 하나만 알고 넘어가자. 부동산 투자의 교리가 '입지! 입지! 무조건 입지다!'라면, 자산설계에서 위험을 줄이고 수익을 높이는 교리는 '분산투자! 분산투자! 무조건 분산투자하라!'이다. 효과적인 분산투자는 위험을 줄이는 동시에 수익을 극대화할 기회도 마련해준다.

내가 만난 세계 최고의 투자 전문가들이 하나 같이 입을 모으는 한 가지는, 자산배분이야말로 최종적으로 재무적 목표에 다다르게 해주는 핵심 요소라는 것이다.

자산배분은 가장 중요한 기술이지만 대다수 투자자가 잘 모르는 기술이기도 하다. 그렇기에 4부 1장에서 자산배분의 힘을 배운다면, 앞으로는 자신과 가족을 위해 올바른 자산배분을 실천에 옮길 수 있을 것이다. 또한 6부에서는 꾸준히 최고의 수익률을 올리는 세계 최고 투자자들의 자산배분도 엿볼 것이다.

그렇다. 당신은 이제 세계 최고의 투자자들이 쓰는 바로 그 투자 전략을 모델로 삼을 수 있다. 레이 달리오의 자산배분을 익힐 수 있다! 과거의 실적이 미래의 실적을 100퍼센트 보장하지는 않지만, 레이 달리오를 통해 우리가 익힐 전략은 역사상 최고의 투자자로 손꼽히는 사람이 쓰는 전략이며 최소의 위험으로 최대의 수익을 내는 것에 초점을 맞춘다. 레이 달리오는 지난 20년 동안 모든 종류의 시장을 추정하고 평가한 후 최적의 자산배분 비율을 찾아냈다. 그가 운용하는 자산은 1600억 달러가 넘으며 과거 22년 동안 손실이 난 해는 딱 3년뿐이었다. 이 책을 읽고 나면 레이가 세계 최고의 부유한 개인과 기관, 정부를 위해 썼던 획기적인 접근법을 토대로 최상의 전략을 익힐 수 있다.

속도는 얼마나 빨라지는가?

우리 모두는 높은 수익률을 원한다. 그거야 당연지사이다. 그러나 높은 수익률이 전체 투자 기간 동안 끼치는 엄청난 영향력은 눈에 잘 드러나지 않는다. '72의 규칙rule of 72'에 의하면, 1퍼센트 복리일 때 돈이 두 배로 불어나는 데는 72년이 걸린다. 1만 달러를 복리이자 1퍼센트로 투자한다면 아마도 눈을 감는 순간까지 돈은 두 배로 불어나지 않을 수 있다. 2퍼센트라면 두 배가 되는 기간은 절반으로 줄어들고 4퍼센트에서는 다시 또 절반으로 줄어든다! 그렇다면 10퍼센트 수익률과 4퍼센트 수익률은 얼마나 차이가 나는가? 10퍼센트 수익률에서는 7.2년마다 돈이 두 배가 되지만 4퍼센트 수익률에서는 18년마다 두 배로 불어난다! 계획을 전적으로 수정해서 18년이 아니라 8년 뒤에 재무적 자유에 이르고 싶다면 그럴 수 있다. 36년이 아니라 14년을 목표로 잡아도 그럴 수 있다! 그것이 수익률을 높이는 방법을 배운 후에 발생하는 차이이다. 가장 중요한 것은, 위험은 최소한도로만 높이고 수익률은 많이 높여야 한다는 점이다. 우리는 모든 위대한 투자자가 추구하는 비대칭 위험/보상을 찾아내야 한다. 찾아내기는 어렵지만 분명히 존재하는 것이고 꿈을 실현하기 위한 전진 속도를 높여주는 또 하나의 방법이기도 하다(수익률에 따라 돈이 두 배가 되는 기간을 알고 싶다면 뒤의 표를 보기 바란다).

아마도 이런 질문을 던지고 싶을 것이다. "나만의 비대칭 위험/보상 기회를 어디 가서 찾아야 하는 거죠?" 어떤 때는 전혀 짐작도 못한 장소에서 등장하기도 한다. 내 경우는 자란 곳이 남부캘리포니아여서 그런지 몰라도 부동산을 포트폴리오의 핵심 항목으로 집어넣어야겠다는 생각을 버린 적이 없었다. 한 번이라도 뉴스를 봤다면 미국의 인구 구성 변화를 알아채지 못하는 것이 더 이상할 정도이다. 현재 미국에서는 매일 1만 명이 65세를 넘어선다. 베이비붐 세대는 대대적으로 은퇴연령에 다가가고 있다. 내 마음속 깊은 곳에서는 자본의 일부를 털어 노령기에 접어든 사람들에게 훌륭한 전용주택을 제공하고 동시에 투자 이익도 누릴 방법이 분명히 있을 것이라고 굳게 믿고 있었다. 하지만 캐나다의 밴쿠버에 사시는 아내의 할머니를 방문하기 전까지 은퇴자 전용주택에 대한 투자는 막연한 생각으로만 그쳤을 뿐 구체적인 모습은 전혀 갖추지 못하고 있었다.

수익률에 따른 투자금액이 두 배로 불어나는 기간(일명 '72의 규칙')

수익률	두 배가 되는 햇수	수익률	두 배가 되는 햇수
25%	2.88	10%	7.20
20%	3.60	9%	8.00
19%	3.80	8%	9.00
18%	4.00	7%	10.20
17%	4.20	6%	12.00
16%	4.50	5%	14.40
15%	4.80	4%	18.00
14%	5.10	3%	24.00
13%	5.50	2%	36.00
12%	6.00	1%	72.00
11%	6.50		

내 아내이자 내 '현자'인 보니 펄은 내 일생의 사랑이다. 그녀의 가족은 내 가족이다. 그녀의 할머니 힐다는 내 할머니이기도 했다. 나

는 힐다를 아주 많이 사랑했다. 우리 모두는 58년의 결혼생활을 끝으로 할아버지와 사별한 그녀가 괴로워하는 모습을 지켜봐야 했다. 힐다 할머니는 10년 동안 울다가 잠이 들었다. 그런데도 그녀는 혼자 살았다. 독립심은 자랑스러워할 일이지만, 그녀는 가슴이 시리도록 외로웠고 세상을 떠난 평생의 동반자가 몹시 그리웠다. 우리는 할머니를 노인시설에 모실 용기가 차마 나지 않았다. 그러나 힐다의 치매가 심해지자 나의 장모님 샤론은 최고의 보살핌을 제공하는 노인시설을 찾아보기로 결심했다.

몇몇 은퇴자 전용주택이 꽤 훌륭하다는 평을 들은 바 있었기에 몇 주 동안 수소문을 한 후 샤론은 포시즌스Four Seasons에 관리를 위탁하는 단지를 찾아냈다. 그곳은 아주 멋진 곳이다. 나는 나중에 거기서 지낼 거라고 입버릇처럼 말했다. (분명히 밝히는데 내가 그렇게 말하는 장소는 많지 않다.)

새 장소로 옮긴 후 할머니의 삶이 어떻게 변했을 것 같은가? 근사한 현대적 설비를 갖춘 아름다운 새 아파트에서 24시간 보살핌을 받는 대가로 꽤 높은 돈을 치른다는 사실은 잠시 잊자. 그것은 빙산의 일각에 불과했다. 더 놀라운 점은 할머니가 제2의 삶을 시작했다는 사실이다! 여든여덟 살의 나이에 할머니는 다시 여자로 돌아가 사랑에 빠졌다. 아흔두 살의 이탈리아 남성이 할머니의 마음을 사로잡았다("아직은 진한 스킨십을 허락하지 않았지만 그 사람은 틈날 때마다 노리더군." 할머니는 씩 웃으며 그렇게 말했다). 그가 죽기 전까지 두 사람은 아름다운 4년을 함께 했고, 믿기 힘들겠지만 그의 장례식에서 할머니는 다음 번 남자친구를 만났다. 할머니는 마지막 10년을 과거라면 상상도 못했을 정도로 즐겁게 보냈다. 할머니는 행복과 기쁨, 사랑, 우정을 다시 찾았다. 할머니가 보여준, 예상을 빗나가는 인생의 마지막 장은 사랑이 가장 중요한 자산임을 다시금 일깨워 주었다. 사랑은 언제 어디서라도 불쑥 등장할 수 있다. 늦었다고 생각한 순간이 가장 빠른 순간이다.

할머니의 일은 유능한 직원이 늘 대기하고 아름다운 사람들이 거주하는 은퇴자 전용시설이 반드시 필요하다는 사실을 깨닫게 해주었다. 나는 그런 투자 기회를 어떻게 찾아야 할지 궁금했다. 무작정 그런 곳에 찾아가 투자를 받지 않겠냐고 묻는 것은 별로 효과적인 전략이 아니다. 그래서 나는 내 개인 투자자문인 스트롱홀드의 아자이 굽타를 찾아가 내 소신과 투자 의향을 털어놓았다. 그는 내가 투자할 만한 곳을 찾아냈다. 훌륭한 수익률만이 아니라 내 가치와 믿음에도 일치하고 시장의 큰 트렌드와도 부합하는 투자였다. 많은 전문가는 이 시장 카테고리를 '인구통계의 필연성'으로 생각하는데, 2010년부터 2030년 동안 75세 이상 노령인구는 80퍼센트 증가할 것이기 때문이다. 수요가 공급을 훨씬 웃돈다는 뜻이다!

아자이는 고급 노인주거시설을 짓고 투자하고 관리하는 투자회사와 그 회사를 운영하는 멋진 기업가를 발견했다. 그는 무일푼에서 시작해 회사를 30억 달러 가치로 키워냈다. 그는 부지를 발견하면 돈의 절반은 자신이 대고 나머지 절반은 소규모 투자자를 모집해 채운다. 내가 이 투자로 얻는 대가는 이렇다. 나는 해당 주거시설의 수익성을 기준으로 투자한 돈에 비례해 매달 소득을 배당받는 우선적 배분권preferred return을 가진다. 수익률은 대개 연 6~8퍼센트이고 부동산이어서 '감가상각'에 따른 세금혜택을 적용받기 때문에 배당소득 전액에 대해 소득세를 내지 않아도 된다. 또 있다. 내가 일부 소유한 이 부동산은 장기적으로는 가치가 상승할 것으로 여겨진다. 투자자 집단이 나중에 주거시설을 매각하면 그때 가서 출구 전략에 동참하면 된다. 아쉬운 점은, 이런 사모투자는 순자산/소득 조건을 충족하는 적격 투자자만 참여할 수 있다는 사실이다.[10] 그래도 너무 안타까워하지는 마라. 비적격 투자자는 미국 각지에서 고른 부동산 바스켓을 구성해 소유하는 일만 전문적으로 수행하는 상장 REITs real estate investment trusts (부동산투자신탁)에 투자하면 된다. 지금 이 글을 쓰는 시점에 REITs 주식은 25달러 선이면 살 수 있고 분기마다 배당소득도 제공한다. 혼자 철저히 조사해도 좋고 수임자에게 가장 적합한 곳을 찾아달라고 부탁해도 된다.

노인용 주거시설에 투자하는 것이 불가능해 보인다면 다른 부동산 투자 전략으로 제1신탁증서 first trust deed 를 담보로 받고 돈을 빌려주는 방법이 있다. 뒤에 자산배분을 설명하는 장에서는 돈이 필요한 투자자들이 어떤 식으로 고금리로 단기대출을 행하는지 사례도 같이 보여준다. 잠깐 예를 들면, 8~10퍼센트 이자로 1년 단기 대출을 해주는 대신에 제1신탁증서를 담보로 받는 방법이 있다. 10만 달러 주택에 5만 달러를 빌려주거나 100만 달러 주택에 50만 달러를 빌려줬는데 집값이 50퍼센트 떨어졌다고 치자. 그래도 처음부터 제대로 절차를 밟고 빌려줬다면 투자자한테는 아무 탈도 없다. 이렇듯 남들이 3~4퍼센트의 수익률을 거두는 동안 8~10퍼센트 대의 수익률이 가능해진다.

저축과 소득을 늘리고 수수료와 세금을 줄이고, 위험을 낮추고 수익을 높여줄 방법을 열정적으로 찾기 시작하는 순간, 놀랍게도 새로운 기회들이 눈앞에 속속 등장하기 시작한다. 다시 말하지만 훌륭한

10 적격 투자자 요건을 충족하기 위해서는 제1주택의 가치를 제외한 순자산이 미화 100만 달러 이상이거나, 지난 2년간 연소득이 20만 달러 이상, 또는 부부합산 소득이 30만 달러 이상이어야 한다.

수임자는 조언을 해주는 데 그치지 않는다. 그는 모든 성공적인 투자자들이 추구하는 마법의 비대칭 위험/보상이 제공되는 투자 기회를 함께 찾아준다.

이제 3부의 마지막 고지가 눈앞에 보인다. 이 마지막 단계는 가장 중요한 재무적 목표에 다가가는 속도를 무시무시할 정도로 높여줄 수 있다. 그리고 꿈을 꾸고 탐험하는 재미도 누릴 수 있다. 다음 장의 여정이 무척이나 마음에 들 것이다. 자, 출발하자.

CHAPTER 7

속도 높이기 5. 당신의 삶과 생활방식을 영원히 바꿔라

내가 인생에서 가장 소중히 여기는 것에는 돈이 전혀 들지 않았다.
아주 분명한 것은, 우리 모두가 가진 가장 귀중한 자원은 시간이라는 사실이다.
—스티브 잡스

아주 잠깐이라도 변화를 진지하게 고민하면 어떤 일이 일어날까? 다른 도시로 터전을 옮기는 것과 같은 아주 큰 변화를 고민한다면? 뉴욕 시나 샌프란시스코에서 드는 월세면 콜로라도 주의 볼더 시에서 커다란 집에 살 수 있다. 집이나 식료품, 세금 등에 드는 비용은 사는 장소에 따라 천차만별로 달라진다. 지금 당신이 사는 나라는(그리고 세상은) 누군가의 탐험을 기다리는 기회들로 넘쳐난다. 그러니 잠깐이라도 눈가리개를 벗어던지고 다른 도시로 옮겨가면 삶이 어떻게 달라질지 고민해 볼 가치가 있지 않겠는가?

중서부 겨울의 혹한에 엉덩이가 얼어붙거나 애틀랜타의 푹푹 찌는 여름을 겪다 보면 다 때려치우고 날씨 좋은 곳으로 옮겨가지 못하는 이유가 뭔지 스스로도 의아할 때는 없는가? 남부캘리포니아 토박이인 나로서는 북극의 툰드라처럼 미친 듯이 추운 미니애폴리스나 시카고에 사는 사람들을 보면 언제나 감탄이 나온다. 날씨는 그렇다 치더라도 생활비 문제도 있다. 어떤 주택이 워싱턴 D.C.에서 100만 달러라면 노스캐롤라이나의 주도인 롤리 시에서는 몇 분의 1만 들여도 같은 수준의 집을 구입할 수 있다. 〈포브스〉는 이 도시를 미국에서 세 번째로 기업하기 좋고 일하기 좋은 도시로 꼽았다. 그곳은 기술과 교육의 허브이고 기후도 아주 좋다. 아니면 샌프란시스코에서 샌디에이고로 비교적 근거리를 옮기는 것도 괜찮지 않을까? 위대한 캘리포니아 주에 사는 것은 같지만 주택비용은 32퍼센트나 줄어든다.

투자의 세금효율과 생활 속 세금효율은 별개이다. 어디서는 세금을 5퍼센트, 어디서는 10퍼센트 절감할 수 있다. 생활비가 덜 들거나 세금이 적은 지역으로 옮겨가 생활비 전체를 10~15퍼센트 이상 아끼는 것은 어떠한가? 집세와 식품비, 교통비를 줄이는 만큼 투자하고 나누고 기부할 돈이 추가로 더 늘어나게 된다. 그 한 번의 이동으로 미래의 소득이 10~30퍼센트 늘어날 수 있다. 현재의 저축률이 10퍼센트라면, 사는 곳만 옮겨도 씀씀이를 줄이지 않아도 20~40퍼센트까지 저축을 높일 수 있다. 저축률을 높이면 당신만의 현금인출기에 로켓 연료가 주입되고 그 결과 재무적 자유를 이루는 속도도 어마어마하게 빨라진다.

"다른 도시로 이사 간다고? 미쳤군요, 토니. 내가 원한다고 이사를 갈 수 있는 건 아니에요. 직장도 가족도 친구도 다 여기에 있어요. 나는 댈러스에서 평생을 살았다고요." 당연히 그런 말이 나올 것이다. 하지만 투자 인생을 10년 줄여서 재무적 자유라는 목표에 도착하는 속도도 10년 이상 앞당길 수 있다면 해볼 만한 가치가 있지 않은가?

어떤 세대건 꿈꾸는 은퇴생활은 비슷하다. 때가 되면 기후가 온화하고 생활비가 적게 드는 도시를 찾아 옮겨가거나 아니면 아이다호의 보이시 시나 사우스캐롤라이나의 그린빌처럼 아름답고 소박한 도시로 옮겨가 깨끗한 공기와 야외생활을 마음껏 즐기겠다는 꿈을 꾼다. 그것을 왜 은퇴 이후로 미뤄야 하는가? 지금 당신 집의 우편번호를 바꾸는 건 어떠한가? 조금이라도 젊을 때 생활비를 줄일 수 있고 삶의 질도 높일 수 있는 곳으로 옮겨가 당신과 아이들 모두 거주 이전의 보상을 하루라도 더 빨리 누리는 것이 좋지 않겠는가?

여전히 고개를 절레절레 가로젓는다고 해도 이해한다. 나도 예전에는 그랬다. 솔직히 말해 최근까지도 그랬다. 나는 캘리포니아에서 나고 자랐고 다른 곳에서 사는 것은 상상한 적도 없다. 세계 곳곳을 여행다니고 집을 구입하고 부동산을 사기 시작한 후에도 내 홈베이스는 변함없이 캘리포니아였다.

그러다 2012년에 캘리포니아 주는 최상위 소득군의 주세를 13.3퍼센트로 올렸다. 30퍼센트가 넘는 증세였다. 평생 동안 터무니없이 많은 주소득세를 낸 것으로도 모자라(역사적으로도 캘리포니아의 주세는 미국 내에서도 가장 심한 편이었다) 조세제도가 더욱 나빠졌다. 연방소득세, 주소득세, 사회보장세, 투자세, 급여세, 오바마케어세를 다 합치면 내 실질세율은 자그마치 62퍼센트였다. 결국 소득 1달러를 벌어도 내 수중에는 38센트만 남는다는 소리였다. 고작 38퍼센트! 게다가 이번 주소득세 증세는 소급 적용이기 때문에 나는 2012년 한 해 동안 번 소득에 대해 추가로 세금을 더 내야 했다. 그런 상황이 게임의 규칙을 바꿨다. 나는 한계에 다다랐고 분노했다. 여행을 다니고 다른 지역의 집에서 머무는 시간을 제외하면 내가 캘리포니아에 있는 시간은 1년 중 90일 정도밖에 되지 않았다! 90일 사는 대가로 수백만 달러의 세금을 내야 하는가? 캘리포니아는 더는 내가 살아갈 만한 장소가 되지 못했다. 나도 할 만큼은 했다! 나는 규칙을 따랐는데 그 규칙에 되레 발등을 찍혔다. 캘리포니아를 떠난 다른 수천 명의 사람들과 마찬가지로 나와 내 아내도 캘리포니아의 생활이 마냥 좋지만은 않았다. 결국 우리는 떠나겠다는 마음을 굳히고 새로운 장소를 물색했다. (실제로 캘리포니아 주는 네바다, 애리조나, 텍사스, 위스콘신 등의 주에 지난 20년 동안 연간 300억 달러가 넘는 소득세수를 잃었다. 세금이 높은 주에서 낮은 주로 옮겨가는 사람들이 얼마나 많은지 알고 싶으면 www.howmoneywalk.com에 들어가 보기 바란다.)

우리 부부는 일종의 보물 사냥에 나섰다. 우리는 산의 경치가 수려하고 계절이 다양하고 소도시의 생명력이 넘치는 레이크타호 같은 도시도 알아봤고, 음악과 에너지와 기술이 한데 어우러져 촘촘히 연결된 혁신 커뮤니티를 탄생시킨 텍사스 주의 오스틴도 고려 대상에 포함했다.

딱히 내키지는 않았지만 플로리다도 살펴봤다. 우리 부부가 플로리다에 대해 아는 것이라고는 악어와 노인이 전부였다. 그러나 그것은 고정관념일 뿐 실제가 아니었다. 오히려 우리는 팜비치에서 천국을 발견했다. 3주 동안 3개 주에서 88개의 부동산을 살펴본 후(나는 한 번 움직이면 끝장을 보는 사람이기는 하다), 팜비치 해안가에서 이제 막 완공된 새집을 찾아냈다. 8천 평방미터 대지에, 정면으로는 60미터 정도 바다와 맞닿아있고 대서양 연안내륙 수로와 인접한 반대쪽에는 15미터 길이의 보트 선착장이 딸린 집이었다. 마치 피지에 사놓은 집을 보는 것 같았다. 모든 것이 완벽했다. 아내가 원하는 조건도 충족되었다. 이곳 섬에서라면 최고급 레스토랑, 쇼핑, 대서양 연안과의 접근성, 사생활 보호와 조용한 생활이 전부 가능했다.

물론 가격은 내가 집 한 채 값으로 적당하다고 생각했던 수준보다 훨씬 높았다. 그러나 플로리다에는 주소득세가 없다. 우리는 주소득세가 13.3퍼센트인 캘리포니아를 떠나 주소득세가 0인 곳으로 이사했다. 기막힌 반전도 있었다. 매년 절감하게 된 주소득세를 모으면 6년 안에 집값을 다 상환할 수 있다! 황금의 주(캘리포니아)를 떠나 햇빛 비치는 주(플로리다)의 주민이 되면서 절감한 세금으로 집값 전체가 다 마련된다. 왜 더 일찍 옮기지 않았냐고 말하는 사람도 있을 것이다. 그래도 늦더라도 하는 것이 하지 않는 것보다는 낫다.

이게 다가 아니었다. 우리 가족은 삶의 질도 아주 많이 높아졌다. 매일 아침 우리를 반겨주는 멋진 날씨는 이게 꿈인가 싶을 정도이고, 언제라도 몸을 담글 수 있는 바다에서 불어오는 시원한 바람 덕분에 날씨는 섭씨 25도 정도로 딱 기분 좋게 따뜻하다. 이제 나와 아내는 우리의 새 고향을 열정적으로 선전하고 다니는 전도사가 되어 친구와 가족에게 팜비치로 옮겨와 이웃으로 지내자고 말할 정도이다. 막내아들은 벌써 이사를 왔다. 내 가장 친한 친구 둘도 각각 코네티컷과 뉴욕에서 내려와 이곳에 머무르고 있다. 혹여 두 친구가 이곳으로 옮기겠다는 결정을 내리지 않는다 해도, 우리는 절세한 돈의 일부를 꺼내 아주 행복한 마음으로 그 두 친구에게 이곳 파라다이스를 방문할 비행기표를 끊어줄 수 있을 것이다.

팜비치로 이주해 우리의 이웃이 되지 않는다 해도 당신한테 딱 맞는 새로운 장소가 존재할지도 모른다. 그곳으로 옮겨가기 위해 은퇴할 날까지 기다릴 필요는 없다. 테네시 주의 내슈빌, 오리건 주의 포틀랜드, 메인 주의 오거스타, 미시건의 앤아버 등 남녀노소 모두가 넉넉하게 누릴 수 있는 천국은 수백 곳이나 된다. 저축을 최대한 오래 유지하면서도 한편으로는 풍요롭고 보람 있는 생활방식을 누리기는 퇴직자들도, 이제 막 사회생활을 시작했거나 커리어를 일신하기를 꿈꾸는 젊은 전문가들도 다 마찬가지이다.

〈U.S.뉴스앤월드리포트〉 기사를 검색하면 하루 생활비가 75달러 이하이면서 살기에도 좋은 장소들을 물색할 수 있다(http://money.usnews.com/money/retirement/articles/2013/10/15/the-best-places-to-retire-on-75-a-day).

주소득세가 없는 알래스카, 플로리다, 네바다, 사우스다코타, 텍사스, 워싱턴, 와이오밍 주도 진지한 고려 대상에 올려라. 아니면 테네시와 뉴햄프셔도 괜찮다. 두 주는 배당과 이자소득에 대해서만 주 소득세를 부과한다. 테네시 주의 멤피스와 내슈빌은 음악의 본고장이고 생활비도 훨씬 적게 든다.

이래도 미친 소리 같은가?

지구의를 돌려라

이왕 말이 나온 김에 아예 '상자 밖으로 멀리 벗어나' 보는 것은 어떤가? 구매력을 고작 10퍼센트, 20퍼센트 높이는 차원을 넘어 생활비를 3분의 1 혹은 절반을 줄이는 것은 어떤가? 지구의를 꺼내 돌려라. 시야를 확대해 아름다운 (그리고 넉넉하고 멋진 삶이 가능한) 장소가 어디일지 생각해보라.

생활수준을 높이고 생활비를 낮출 수 있는 커다란 기회가 세상 곳곳에 존재한다. 발리, 피지, 우루과이, 코스타리카. 추진할 용기와 자유만 있다면 얼마든 기회를 발견할 수 있다.

미국 대도시에서 엘리베이터도 없는 성냥갑만한 집을 빌리는 돈의 몇 분의 1이면 아르헨티나 부에노스아이레스 외곽 산자락에 위치한 근사한 아파트를 빌릴 수 있다. 체코로 옮겨가 프라하 문화 공동체의 요충지인 뉴타운 바츨라프 광장에서 엎어지면 코 닿을 곳에 방을 얻을 수도 있다.

BMW를 숭배하던 내 아들 이야기를 기억하는가? 아들은 고급 승용차를 더 나은 생활방식과 맞바꾸기로 결정한 후 생각의 크기 자체를 훨씬 키웠다. 그는 코스타리카에 며칠 머물다가 그곳의 보기 드문 문화에 마음을 완전히 빼겼다.

알고 보니 코스타리카에는 커다란 영어권 공동체도 있었다. 많은 사람이 그곳에 아예 눌러 앉았다. 생활비도 미국보다 훨씬 적게 들어서 더 풍요로운 낮 생활과 더 신나는 밤 생활이 가능하기 때문이었다. 코스타리카는 휴양과 휴식의 적소만이 아니었다. P&G, 하인즈, 마이크로소프트, 인텔을 비롯해 꽤 많은 유수 기업이 이곳에 중요한 사업기지를 차렸다. 즉, 그곳에는 경력을 쌓을 기회도 무궁무진하게 흘러넘친다는 뜻이다.

인생은 즐거운 모험이 될 수 있다. 다음에 외국의 도시로 여행을 갈 때는 혹시 정착할 만한 곳인지 눈을 크게 뜨고 살펴봐라. 다음 휴가는 진상 조사를 위한 탐험 여행으로 삼고 여행 막바지에는 완전히 새로운 생활방식을 온몸으로 체험해봐라.

상자 속에 갇혀 매일 똑같은 일상을 되풀이할 필요가 없다. 마음의 문을 열고 변화를 취하겠다는 생각을 받아들인다면 집세나 생활비 걱정을 하는 신세에서 벗어날 수 있다. 안락지대에서 벗어나 60퍼센트, 70퍼센트 심지어 80퍼센트까지 돈을 적게 쓸 수 있다면 목표한 재무적 자유에 다다르는 속도로 그만큼 훨씬 빨라진다. 또한 삶의 질도 기하급수적으로 상승한다.

아예 다른 나라로 옮겨가는 것이 지금은 너무 뜬금없다고 생각할 수 있지만 장기적으로 바라봐야 한다. 5개년이나 10개년 계획 혹은 은퇴 계획의 관점에서 생각해야 한다. 아름답고 생활비도 적게 드는 장소들이 당신이 발견해줄 날을 기다리고 있다. 그런 생각을 받아들인다고 해서 해될 일은 없지 않은가? 우리의 세계는 역동적이고 쉼 없이 변한다.

이사가 아이들에게 악영향을 미칠 것이라는 생각은 구시대적 사고이다. 지금의 글로벌 경제에서, 세상을 보고 새 언어를 배우고 새 문화에 적응하는 것은 아이들에게 정말로 귀중한 경험과 기회가 될 수 있다. 가족 차원에서 내린 결정이 가족 전체에게 한 차원 높은 삶의 질을 제공해줄 수 있다.

인생은 자전거 타기와 비슷하다.
균형을 유지하려면 계속 움직여야 한다.
—알베르트 아인슈타인

지금까지의 내용을 종합해보자. 가장 중요한 것은 소득과 저축을 효율적으로 활용하고 효과적으로 높여야 한다는 사실이다. 그래야 재무적 자유에 이르는 속도가 빨라진다.

삶의 질을 향상시키고 동시에 생활비도 낮추는 방법은 얼마든 찾을 수 있다. 그것이야말로 최종적인 윈윈 전략이다. 그리고 마지막으로, 자기 자신에게 그리고 자신의 생활방식에 하는 투자야말로 당신이 할 수 있는 최고의 투자이다.

와우, 재무적 자유로 향하는 7단계 성공 계단 중 3개를 올라왔다.

첫 번째 계단. 인생을 좌우하는 가장 중요한 재무결정을 내렸다.

당신은 소비자에 머물지 않고 투자자가 되기로 결심했다. 소득의 일정 부분을 떼 프리덤펀드에 저축하고 투자하기로 다짐했으며 그 과정을 자동화했다.

두 번째 계단. 게임의 규칙을 아는 내부자가 되었다. 금융계가 마케팅으로 내거는 7가지 통념의 진실을 알았으므로 다시는 그런 거짓말에 이용당하지 않게 되었다.

세 번째 계단. 게임의 승리 가능성을 높였다.

- 재무적 안전, 독립, 자유에 이르려면 돈을 얼마씩 얼마나 오랫동안 모아야 하는지 정확히 알게 되었다. 남부럽지 않게 살기 위한 3단계 꿈인 단기목표, 중기목표, 장기목표를 파악했다.
- 최초의 재무계획을 설계했고 그것을 이루는 데 걸리는 시간을 알아냈다. 자신이 다짐한 재무적 목표를 달성하기까지 걸리는 시간을 어림짐작이나마 알게 되었다.
- 계획의 속도를 높여주는 5가지 방법을 검토했다. 아주 바람직하게는, 당신은 이렇게 얻은 통찰을 이용해 프리덤펀드에 더 많은 돈을 모으고, 모은 돈을 더 많이 지킬 수 있는 자신만의 방법을 궁리하기 시작했다. 그럼으로써 당신이 꿈꾸는 재무적 목표에 다다르는 시기도 훨씬 앞당겨질 것이다.

다음 내용이 궁금한가? 네 번째 계단은 당신의 마음속에 진즉부터 타오르고 있는 질문에 답을 해준다. "내 돈을 어디에 넣어야 하지? 상방 가능성을 최대화하고 하방위험에서 나를 보호할 수 있는 투자는 구체적으로 뭐가 있지?"

이제야말로 평생을 좌우할 가장 중요한 투자 결정을 내려야 할 때이다. 자산배분의 힘을 배울 시간이 되었다.

MONEY IS GAME.
MASTER THE GAM

평생을 좌우할 가장 중요한 투자 결정을 내려라

제 4 부

CHAPTER 1

궁극의 버킷리스트, 자산배분

절대로 두 발로 강의 깊이를 재려하지 마라.

—워런 버핏

생각도 못하고 있었는데 직장에서 1만 달러 상여금을 받았다. 아니면 갑자기 10만 달러의 유산을 받았다. 당신의 자동현금인출기가 찰캉찰캉 움직이기 시작했다. 이 돈을 어떻게 할 것인가? 저축통장이나 IRA에 넣겠는가? 온라인에서만 사용하는 가상화폐인 비트코인Bitcoin을 한 주머니 사겠는가? 이베이에서 빈티지 와인을 사겠는가? 라스베이거스로 날아가 주사위 한 번에 그 돈을 다 걸겠는가? 애플 주식 100주를 사겠는가? 이 돈을 한 군데 다 투자하겠는가, 아니면 골고루 나눠서 투자하겠는가?

마지막 질문에 대한 답이 재무적 미래를 결정하는 열쇠이다.

자산배분은 당신의 인생을 좌우할 가장 중요한 투자 결정이며, 주식이나 채권, 부동산 등 단순히 하나의 자산에 대한 투자 결정보다도 훨씬 중요한 행위이다. 하나의 자산에 대해 투자를 할지 아닐지 결정하는 것과 자산배분의 차이는 무엇인가? 당신은 소득의 일정 부분을 자동으로 투자 계좌로 이체하고 그 투자를 복리로 불리겠다는 재무 결정을 내렸다. 게임에 성큼 발을 들이밀었다. 일단 게임에 참여하기로 마음 먹었다면 가능한 한 오래 게임을 유지할 수 있어야 한다! 신중하지 못하게 '아무 데나' 무턱대고 돈을 넣으면 가진 돈을 다 잃을 수 있다. 누구나 부를 쌓을 수 있지만, 그 부를 유지하는 비결은 자산배분이다.

이건 내가 하는 소리가 아니다. 기관투자계의 록스타인 데이비드 스웬슨이 하는 말이니 귀를 기울여야 한다. 그는 30년 동안 강세장과 약세장을 통틀어 연평균 13.9퍼센트의 수익률을 달성했고, 그 결과 10억 달러 규모였던 예일대학의 기부금신탁펀드는 239억 달러로 불어났다. 누구도 낼 수 없는 성적이다. 코네티컷 주 뉴헤이븐에 위치한 예일대학 사무실에서 그를 만났을 때 나는 이렇게 물었다. "투자자들이 재무적 자유를 달성하기 위해 갖춰야 하는 가장 중요한 통찰은 무엇입니까?" 그는 위험을 줄이고 재무적 성공 가능성을 높여주는 도구는 단 3가지 밖에 없다고 대답했다.

1. **증권선택** 종목 선정
2. **시장타이밍** 시장의 향방을 예측해 매매시점을 노리는 단기 베팅
3. **자산배분** 분산투자를 위한 장기전략

처음의 두 가지를 자세히 설명해달라고 하기도 전에 그는 굉장히 단호하게 말했다. "이 3가지 중에서도 압도적으로 가장 중요한 것은 자산배분입니다. 그것만 잘하면 실제로 투자세계에서 100퍼센트 이

상의 수익률을 내는 것도 가능해집니다." 잠깐만. 100퍼센트 이상의 수익률이 가능한가? 세금, 수수료, 게다가 잘못된 종목 선정과 시장타이밍에서 비롯되는 손실까지 다 더하면 수익률은 한참이나 내려가지 않는가?

자산배분은 분산투자 이상의 의미를 지닌다. 그것은 자신의 목표나 니즈, 위험감수 수준, 인생 단계에 맞게 미리 구체적인 포트폴리오 비율을 정해 놓은 후 여러 자산군이나 유형이나 투자 종목(채권, 주식, 원자재상품시장, 부동산 등)에 돈을 나눠서 투자하는 것을 의미한다.

와우, 듣기만 해도 참 어렵다.

그러나 내가 이 책을 위해 인터뷰한 투자자와 트레이더를 비롯해 세계 최고의 금융 전문가들에게 있어 자산배분은 성패를 가르는 열쇠이다. 폴 튜더 존스는 자신의 자산배분 원칙을 절대 어기지 않는다. 월스트리트에서 가장 힘 있는 여성이라 해도 과언이 아닌 메리 캘러핸 어도스가 이끄는 2만 2천 명의 금융 전문가들도 자산배분을 얼마나 잘하는가에 생계가 걸려 있다. 세계 최대의 헤지펀드를 운용하고 있으며 본인 순자산만 140억 달러인 레이 달리오도 자산배분을 투자 철칙으로 삼는다.

이번 장은 일반 개인도 쉽게 실행해 수익률을 올리도록 도와주기 위해 자산배분이라는 복잡한 개념을 단순화해서 설명한다. 그러니 집중해서 잘 따라오기 바란다. 저축하고 투자할 돈이 1000달러 밖에 없는가, 100만 달러나 되는가는 중요하지 않다. 지금부터 배울 원칙은 즉시 실행에 옮겨야 하는 아주 중요한 원칙이다. 이미 알고 있다고 생각한다면, 이제는 한 차원 높은 수준으로 응용해야 한다.

자산배분이 투자 계획에 결정적 역할을 하고 실행한 순간부터 곧바로 효과를 내는 이유가 무엇인지 지금부터 설명할 것이다.

뭉치면 안전하다고 하는 사람은

증시 페이지를 한 번도 보지 않은 사람이다.

—아이린 피터, 미국의 작가

대형 마트에서 순번이 가장 빠를 것 같은 계산대에 섰는데 정작 줄이 줄어드는 속도가 제일 느렸던 경험이 있는가? 막히는 도로에서 그나마 제일 빠른 듯한 차선을 탔는데 느렸던 옆 차선이 더 빨리 뚫렸던 경험이 있는가? 둘 다 빠를 거라고 생각해서 갈아탔는데 오판이었다. 친밀한 관계도 예외가 아니다. 자신을 잘 이해하고 있고 서로의 신념과 가치도 잘 알고 있다고 생각했지만 결혼해보니 배우자와 '맞지 않는다는' 사실을 깨달은 적이 있는가? 그런 '오판'이 삶의 질에 얼마나 무지막지한 영향을 미치는지 우리 모두는 잘 안다.

투자에서도 똑같은 일이 일어날 수 있다. 다른 점은, 노후를 위한 종잣돈에 대한 실수는 너무 큰 실수라 되돌릴 수가 없다는 사실이다. 집을 잃을 수 있다. 일흔 살에도 일자리를 전전해야 할지도 모른다. 아이들의 학비가 없을지도 모른다. 그런 이유에서 이번 장은 굉장히 중요하다.

자산배분은 당신을 나머지 99퍼센트의 투자자와 다르게 만들어주는 핵심 기술이다. 게다가 이 기술을 사용하는 데는 돈도 들지 않는다. 데이비드 스웬슨은 해리 마코위츠Harry Markowitz의 말을 즐겨 인용하는데, 현대포트폴리오이론의 아버지라고 칭해지며 노벨경제학상을 수상한 마코위츠는 내가 인터뷰를 요청했던 사람이기도 하다. 마코위츠가 한 유명한 말이 있다. "분산투자는 유일한 공짜 점심이다." 왜인가? 다양한 투자로 돈을 분산하면 위험은 줄고 수익 상승 가능성은 날이 갈수록 느는 반면, 비용은 한 푼도 들지 않기 때문이다.

"달걀을 한 바구니에 담지 마라." 이 속담을 모르는 사람은 없다. 그렇다. 자산배분은 우리로 하여금 재무적 실수를 저지르지 않도록 예방해준다. 굉장히 기본적인 규칙이지만 이 기본 규칙을 위반하는 사람은 정말로, 정말로 많다.

내 친구 하나는 가진 돈을 다 털어 애플 주식을 샀고 자신의 결정에 매우 의기양양했다. 한동안 애플 주식은 세상에서 가장 성공적인 종목이었다. 몇 주 만에 40퍼센트가 무너지기 전까지는 그랬다. 윽. 또 다른 친구는 30대 중반에 방송국 중역으로 다니던 직장을 그만뒀다. 부동산 시장 거품이 최고조일 때 이 친구는 LA의 집을 팔고 그 돈으로 와이오밍에 시골풍 식당을 차렸다. 남은 돈으로는 고위험종목과 정크본드junk bond(실적 부진이나 경영 악화로 신용등급이 굉장히 낮아져 위험이 아주 높은 채권으로, 이율은 높지만 부도날 가능성도 높다. 요새는 순화해서 쓰레기채권이라는 말대신 하이일드채권이라고 하지만 의미는 똑같다—옮긴이)에 투자했다. 거기서 나오는 이자면 먹고살기에 충분할 거라는 계산에서였다. 한동안 높은 이자가 나오기는 했다. 그러나 2008년 증시 붕괴는 그녀가 모은 돈을 송두리째 앗아갔다. 그녀는 장사를 접고 전에 하던 일로 돌아갔지만 프리랜서로 버는 돈은 예전 소득의 몇 분의 1에 불과했다.

경제 멜트다운이 불러온 무시무시한 사연은 차고도 넘친다. 어떤 베이비붐 세대는 돈을 부동산에 다 묶어놨다가 시장이 바닥으로 가라앉았다. 어떤 부부는 401(k) 계좌에 상한까지 집어넣고 목표기간펀드도 만기가 가까워 은퇴할 날만 기다리면 되었다. 마음에 드는 RV 차량을 점찍어 두었고 집 앞에는 보트도 갖다 놓았다. 시간 나는 틈틈이 손자들 얼굴을 보러가겠다는 계획도 세웠다. 그리고는 금융 세상이 와르르 무너졌다. 그들의 순자산은 거의 절반으로 쪼그라들었고 은퇴

의 꿈이 있던 자리에는 20년이 추가된 근로생활이 대신 들어섰다.

가슴 아픈 사연들이다. 당신에게만은 절대로 이런 일이 일어나지 않기를 바란다. 좋은 소식이 있다. 당신에게는 절대로 그런 일이 없을 것이다. 당신을 보호하고 당신의 종잣돈도 더 빨리 불리도록 도와주기 위해 나는 이번 장을 썼다.

여기서 얻는 간단하고 핵심적인 투자 교훈 한 가지를 말한다면? 올라가는 것은 언젠가는 내려온다! 레이 달리오는 단도직입적으로 내게 이렇게 말했다. "살다 보면 무엇에 투자하든 50~70퍼센트까지 잃는 날이 오죠. 거의 확실한 사실입니다." 세상에! 어떤 투자를 고르든 가치가 절반 내지는 심하면 3분의 2이상 떨어질 수 있다는 말이다! 대다수 투자자가 어떤 유형의 투자를 선호한다면 그 분야를 '잘 안다고' 생각하기 때문이거나 현재 '짜릿한' 수익률을 보이고 있기 때문이 아닌가? 어떤 이들은 부동산에 가진 돈을 전부 걸고, 어떤 사람은 주식이나 채권, 원자재상품 등에 모든 돈을 건다. 충분히 분산하지 않으면 옷 한 벌 남지 않는 신세가 된다! 새겨듣고 있는가? 아무리 투자 계획을 잘 짜도 어떤 유형의 자산이든 손실을 볼 날이 있을지도 모른다는 것을 각오해야 한다. 분산투자하지 않으면 죽는다. 그러나 분산을 잘하면 이길 수 있다!

분산투자를 하지 않았을 때의 결과를 지금쯤은 명확히 이해했을 것이다. 그렇다면 '올바른' 분산투자가 미치는 믿기지 않는 영향에 대해서도 듣고 싶은가? 올바른 분산투자는 조폐권을 가지는 것과 비슷하다. 과장된 표현이기는 하다. 하지만 잠을 잘 때도 돈이 벌리고 더불어 어떤 경제 여건에서건 분산투자가 마음의 평화를 안겨준다면 어떤 기분일지 상상이 가는가?

실제에 바탕을 둔 가정을 한 가지 들어보자. 주식시장은 2조 달러가 증발하고 채권 가치는 무너지고 부동산은 바닥을 모르고 떨어지던 2008년의 대위기 상황에서, 당신은 자산배분을 잘해서 잃어봤자 3.93퍼센트의 손실만 발생했다. 기분이 어떻겠는가? 이것은 상상의 이야기가 아니다. 이것이야말로 내가 이 책에서 여러 번 언급했고 조금 뒤에 자세히 설명할 자산배분의 힘이다. 더욱 좋은 얘기가 있다. 지난 1984~2013년까지 30년의 투자 인생 동안 굉장히 강력한 자산배분을 행한 덕분에 손실을 본 해는 딱 4년이었고 평균 손실은 1.9퍼센트였으며 최대 손실이 3.93퍼센트를 넘은 적이 없다면? 그 30년 동안 다른 투자자들은 인플레이션과 디플레이션의 거센 파도에 휩쓸려야 했다. 최근 10년만 따져도 시장은 두 번이나 거의 50퍼센트 가까이 추락했다. 그동안 당신은 잠시도 멈추지 않고 폭풍우 속을 헤치고 나아갔으며 10퍼센트에 조금 못 미치는 연평균 복합수익률을 거뒀다고 치자. 가상의 사례를 말하는 것이 아니다. 내가 설명하려는 것은 레이 달리오가 설계한 실제 자산배분 포트폴리오이다. 조금 뒤에 나는 압도적인 실적을 낸 자산배분 공식을 보여줄 것이다. 그러나 이 공식을 사용하기 전에 우선 이번 장의 핵심 원칙부터 이해해야 한다.

> 제1규칙. 돈을 잃지 마라.
>
> 제2규칙. 제1규칙을 잊지 마라.
>
> —워런 버핏의 투자 원칙

훌륭한 사람들이 자주 실패하는 이유는 옳은 행동일지라도 하는 시기가 잘못 됐기 때문이다. 아무리 여러 번 말해도 또 말하고 싶은 사실이다. 집을 사는 것은 옳은 행동인가? 대다수 전문가는 그렇다고 말한다. 그러나 2006년이라는 시기는 잘못된 시기였다! 이제 질문에 답해보자. 우리 모두 가끔은 그릇된 판단을 한다면 돈을 어디에 투자하는 것이 옳은가? 바로 이 부분에 자산배분의 개념이 들어선다.

이 문제를 또 다른 방식으로 생각할 수도 있다. 우승 가능성이 높은 팀을 만들고 싶은 감독은 선수 각각의 능력을 정확히 파악해야 한다. 선수 하나하나의 강점과 약점을 알아야 한다. 상황마다 어떤 선수에게 기대를 걸어야 할지 결정해야 한다. 빗대 말하면 팀은 포트폴리오이고 선수는 자산군 하나하나에 대한 투자 결정이다. 자산배분은 포지션별로 누구를 선발로 내세울지 선택하도록 돕는다. 결국, 적절한 시간에 적절히 자산을 배합하는 것이 승리로 이끈다.

자산배분은 지침이 되어주는 원칙이자 프리덤펀드의 돈과 종잣돈을 어떤 비율로 어디에 집어넣어야 할지 결정하도록 이끌어주는 투자 철학이다.

가진 돈의 일부를 뚝 떼어 위험/보상 수준이 판이하게 다른 두 자산군 버킷에 투자한다고 가정해보자. 첫 번째 버킷은 안전하게 돈을 불려주지만 빠른 속도로 가치가 늘지는 않는다. 지루하겠지만 안전하기 때문에 필요한 순간에 그 자리에 있다. 두 번째는 훨씬 빠른 가치 증가의 기회를 제공한다는 점에서 섹시한 투자이지만 위험도 높다. 이 버킷에서는 건 돈을 모두 잃을 각오가 돼 있어야 한다!

각 버킷에 얼마씩 투자하겠는가? 그것은 본인의 투자를 몇 배로 불려야 하는지와 위험감수 수준이 얼마인지에 따라 달라진다. 스스로에게 이렇게 물어야 한다. "지금의 내 인생 단계에서 내가 감당할 수 있는 위험은 얼마나 되는가?" 분산투자의 이유가 단지 보호만은 아니라는 점을 명심해야 한다. 수익률을 올리기 위해서라도, 살아남는 차원을 넘어 순항하게 해줄 최적의 투자 배합을 찾기 위해서라도 분산투자를 행해야 한다. 물론 밤낮으로 투자 걱정을 하느라 시름을 보태지 않아도 우리는 일상에서 충분히 많은 스트레스를 겪는다. 그 점은 인정한다. 목표가 재무적 안전이건 자유이건, 더는 돈 걱정을 하지 않아도 되는 마음의 평화를 얻는 것이 가장 중요한 부분이다. 어쨌든 처음 자산군 버킷은 인간의 첫 번째 기본적 니즈인 확실성을 안겨준다. 그래서 나는 이 버킷에 안전/마음의 평화 버킷Security/Peace of Mind Bucket이라는 이름을 붙였다. 이 버킷에는 노후의 종잣돈 중 한 푼이라도 잃어서는 안 되고 또한 잃는다는 생각만으로도 자다가도 식은땀을 흘리며 깨게 하는 돈을 담아야 한다. 이 버킷은 단단히 걸어 잠그고 열쇠를 꽁꽁 숨겨놔야 하는 안전투자의 성역이다.

> 나는 도박을 하지 않는다. 100달러를 따도 얻는 기쁨은 크지 않지만 100달러를 잃으면 화가 치밀어 오르기 때문이다.
>
> —알렉스 트레벡, 〈제퍼디〉쇼 진행자

주머니 사정이 타격을 입으면 지갑이 가벼워지는 것은 물론이고 인생의 기쁨도 빼앗길 수 있다. 앞에 나온 원숭이에게 사과를 주었던 행동경제학 실험이 기억나는가? 처음부터 사과 한 개를 받은 원숭이는 행복해했다. 그러나 두 개를 받았다가 하나를 빼앗긴 원숭이는 사과 한 개가 남았는데도 크게 화를 냈다. 인간도 똑같다. 인간의 감정에 대한 연구에 따르면, 세계 어느 곳의 인간이든 미래에 손해가 발생했을 때 자신의 기분이 얼마나 나쁠 것인지 과소평가해서 짐작한다. 우리는 승리의 기쁨은 축소해서 느끼고 실패와 손해의 고통은 부풀려서 느낀다. 그렇기에 우리는 금전적으로 걸려 넘어지게 만들고 감정적인 비참함에 빠지게 하는 재무적 타격으로부터 자신을 보호하기 위해서라도 안전/마음의 평화 버킷을 마련해야 한다.

안전하다고 여길 만한 투자 유형에 익숙해지려면 안전 버킷에 들어갈 자격이 있는 8가지 기본적인 자산 유형(투자상품이건 자원이건)을 살펴봐야 한다. 여기서는 단지 표본만 제시할 뿐 안전 버킷에 들어갈 수 있는 모든 자산군을 다 보여주지는 못한다. 그러나 읽다보면 패턴이 드러난다. 여기에 속하는 투자 유형은 뒤에서 볼 위험/성장 버킷 Risk/Growth Bucket에 비교하면 변동성이 별로 심하지 않다. 다시 말해 가치가 큰 폭으로 오르락내리락하지 않는다. (그렇기는 해도, 역사적으로 보면 사실상 어떤 투자건 단기적이긴 해도 변동성이 증가하는 순간이 있다. 이런 사태에 대응하는 방법도 뒤에서 레이 달리오가 알려줄 것이다!) 이 속성 리스트를 세우는 이유는 미래의 투자를 고민해보고 어떻게 해야 할지 미리 파악하기 위해서이다. 다음의 질문에 대답해보자. "이것에 투자하면 위험이 높을까? 이 투자를 위험/성장 버킷에 넣으면, 또는 안전 버킷에 넣으면 내가 더 행복해질까?"

이 질문에서 무엇을 중점으로 봐야하는지 살펴보자. 우선은 제일 먼저 마련해야 하고 가장 중요하게 생각해야 하는 안전/마음의 평화 버킷부터 시작하자. 이 버킷에는 어떤 자산을 넣고 싶은가? 안전/마음의 평화 버킷은 재무적 자유를 향한 경주에서 느리지만 꾸준히 걷는 거북이이다. 그리고 다 알다시피 대개 거북이가 이긴다! 이 버킷을 저축과 투자의 신성한 사원이라고 생각해야 하는데, 일단 넣은 돈은 절대 빼서는 안 되기 때문이다.

이번 장을 시작하면서 자산배분의 기본 개념과 요소를 대략적으로 설명했다. 노련한 투자자라면 아래에 나올 8가지 투자 유형에 대해 잘 알고 있을 것이므로 시간을 아끼는 셈 치고 건너뛰어도 상관없다. 그러나 나는 어떤 독자도 열외로 남기고 싶지 않다. 잘 알고 있어도 뭔가 새롭게 발견하는 부분이 하나둘 정도는 있을지 모른다.

다음은 안전 버킷에 들어갈 자격이 있는 8가지 기본적인 자산 유형이다.

1. **현금/현금등가물**cash/cash equivalents 누구든 가끔은 비상 상황이나 갑자기 소득이 사라지는 경우에 대비해 기본 생활을 유지해줄 안전장치가 필요하다. 소득수준에 상관없이 우리는 즉시 현금을 확보하기 위한 유동성을 어느 정도는 마련해두어야 한다. 자산 자체는 많은데도 현금이나 유동성이 없어서 가난해지는 것이 가능할까? 2008년에 많은 사람이 이런 당혹스런 상황에 빠졌다. 은행은 문을 걸어 잠그고 대출을 동결했으며(심지어 은행간 대출도 멈췄다), 부동산은 팔릴 기미가 보이지 않았다. 2008년 연구에 따르면 미국인의 절반은 예상치 않게 의료비나 법무비, 주택이나 자동차 수리비가 필요할 때 2천 달러도 끌어 모으기 힘들다고 한다. 이것이 남 이야기가 되게 하려면 현금을 확보해두고 있어야 한다. 이런 식으로 생각하면 된다. 미국인 절반 이상

보다 더 행복한 삶을 사는 데는 많은 노력이나 많은 저축이 필요 없다!

현금을 얼마나 확보할지 정한 다음에는 어디에 넣어둘지 생각해야 한다. 사람들 대부분은 연방예금보험공사FDIC가 최대 25만 달러까지 원금을 보장하는 은행계좌를 선택한다. 안타깝게도 전통적인 은행들의 예금 금리는 거의 0에 가깝다. 지난 번 확인했을 때 어떤 예금은 0.01퍼센트였다! 온라인 은행의 경우는 이보다는 아주 조금 높았다. 이상적 금리는 아니지만 안전하고 언제든 꺼내 쓸 수 있다. 어떤 사람은 현금의 일부를 집에 혹은 집근처 안전한 장소에(이를테면 '매트리스 밑' 같은 곳에) 숨겨두기를 원한다. 지진이나 허리케인이나 다른 비상사태가 왔을 때나 ATM이 작동하지 않을 때를 대비해서다.

현금등가물로 활용할 수 있는 기타 금융 도구로는 '단기금융펀드money market funds, MMF'가 있다. 단기금융펀드의 종류는 세 가지이며 자세히 설명하면 아래와 같다.

안전성과 유동성을 위해 돈을 확보해야 한다면, 그중 절반 이상을 가지고 '현금등가물'이라는 초단기 투자 상품을 구입하는 것도 좋은 방법이다. 가장 잘 알려진 현금등가물이 바로 오랜 친구인 단기금융펀드이다. 이 펀드를 하나쯤 가지고 있는 투자자도 많다. 단기금융펀드는 저위험 초단기 채권과 기타 채무증권으로 이뤄져있다는 점에서 기본적으로는 뮤추얼펀드이다(자세한 내용은 조금 뒤에 나온다). 재미없는 기존 은행계좌보다 조금 높은 수익률을 제공하면서도 24시간 언제라도 즉시 인출할 수 있다는 것이 이 상품의 장점이다. 또한 당좌수표 발행이 가능한 단기금융펀드도 있다.

대다수 은행은 시장금리부 수시입출금식예금money market deposit accounts, MMDA● 을 판매한다. 이것은 단기금융펀드보다는 저축성 예금에 가까우며, 은행은 예금자가 맡긴 돈으로 단기채무에 투자하고 그 대가로 예금자에게 조금 더 높은 이자수익을 제공한다. 대개 최저한도가 정해져 있고 잔액이 낮을 경우에는 기타 제한 조건이 걸리거나 저금리이거나 수수료를 물 수도 있다. 그러나 FDIC가 예금 보험을 제공한다는 장점이 있다. 바로 이 점이 원금 보장이 되지 않고 잠재적인 가치 하락 위험이 있는 단기금융펀드와의 가장 큰 차이점이다.

혹시라도 안전과 유동성, 이자소득을 동시에 확보하고 싶다면 확실하게 검증된 미국채 MMF도 하나의 방법이 될 수 있다. 솔직히 이 펀드는 FDIC의 원금 보장을 받지는 못한다. 하지만 미국 국채하고만 연계되어 있고 부도 위험이 있는 기업이나 은행 채권과는 관련이 없기 때문에, 이 펀드에 손실이 나는 경우는 미국 정부가 단기 상환 의무를 지키지 못할 때뿐이다. 만약 그런 일이 생기면 미국 정부도 없을 것이고 투자한 돈도 다 사라질 수밖에 없다!

2. **채권** 채권이 무엇인지는 다 안다. A는 B에게 채권을 판매하면서 돈을 갚겠다는 약속을 한다. B가 A의 채권을 산다면 A는 B에게 정해진

● 국내에선 증권사의 종합자산관리계좌(CMA)가 인기다. 2015년 5월말 기준 1125만 계좌에 약 50조 원이 예치돼 있다. 단 하루만 넣어도 은행 정기예금 금리 수준을 받을 수 있다.

기간이(만기가) 지난 후 정해진 이자를 붙여 돈을 상환하겠다고 약속해야 한다. 이런 특징 때문에 채권을 '확정이자부투자fixed-income investments' 라고도 부른다. 채권으로 버는 수입은 매수 시점에 확정되며 보통은 만기까지 남은 보유기간이 얼마나 되는가에 따라 달라진다. 그리고 채권의 정기적인 이자 지급을 만기 시까지의 고정 소득으로 볼 수도 있다. 그런 점에서는 참 장점이 많은 증권 같다. 하지만 세상에는 셀 수도 없이 많은 종류의 채권과 채권펀드가 존재하고, 전부는 아니지만 대다수 채권은 위험수준에 따라 신용평가사에 의해 신용등급이 매겨진다. 이번 장의 마지막 부분에서는 채권이 언제 재무건강에 나쁠 수 있고 언제 아주 훌륭한 투자 수단이 될 수 있는지 간단한 브리핑을 듣게 될 것이다.

채권은 조금 혼란스러운 부분이 있다. 마치 시소처럼, 금리가 내리면 채권 가격은 올라가고 금리가 오르면 채권 가격은 내려간다. (시중 금리와 채권 이자율이 같은 상황에서 기존 금리가 오를 경우 투자자들은 채권 투자를 꺼리게 된다. 이미 발행한 채권의 이자율을 바꾸는 것은 불가능하므로 대신에 액면가보다 할인된 가격에서 채권이 거래된다. 시중 금리가 채권 이자율보다 낮아지면 채권에 투자자가 몰리게 되므로 채권은 액면가보다 할증되어(프리미엄) 거래된다—옮긴이)

한마디로 말해, 더 높은 이자를 지불하는 반짝반짝한 새 채권이 시장에 나오면 누가 이자율이 낮은 기발행 채권을 사려고 하겠는가? 채권 가격 변동에 대한 근심걱정을 더는 한 가지 방법은 수수료가 낮은 채권인덱스펀드bond index fund를 분산해서 매입하는 것이다.

채권이라고 다 똑같지는 않다. 그리스 국채는 독일 국채만큼 우량하지 않다. 디트로이트 시가 발행한 지방채는 미 재무부가 발행한 국채만큼 튼튼하지는 않다. 솔직히 일부 투자상담사들은 미국 정부의

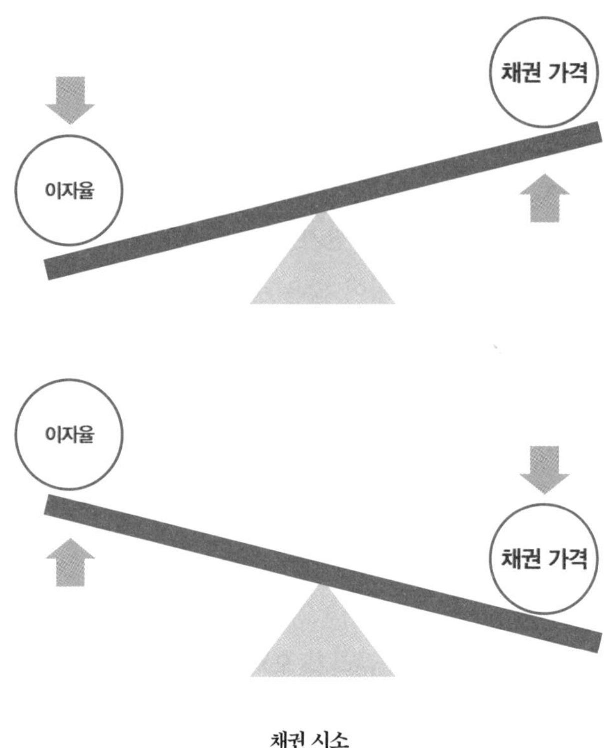

채권 시소

모든 신뢰와 신용을 담보로 하는 채권만이 완전히 안전한 채권이라고 말한다. 이밖에 소비자물가지수의 인플레이션에 연동해서 가치가 상승하는 물가연동국채Treasury inflation-protected securities, TIPS라는 채권도 있다. TIPS에 대해서는 뒤에 채권 브리핑에서 자세히 다루기로 한다. 또한 채권펀드를 독특한 방식으로 배합하는 놀라운 포트폴리오의 예도 보여줄 것이다. 자세한 설명을 듣기 전에 안전 버킷에 들어갈 자격이 있는 또 다른 확정이자부투자에는 무엇이 있는지 살펴보자.

3. 양도성예금증서CD 앞에서도 말했듯 CD는 은행에 돈을 빌려주고 받

은 증서인 셈이다. 은행은 돈을 빌리는 대가로 고정된 이자를 약속하고, 일정 기간이 지나면 이자와 원금을 돌려준다. FDIC에 예금보험이 들어있기 때문에 CD는 저축성 계좌만큼 안전한데다, (이 글을 쓰는 시점에서는) 저축보다 짜릿한 투자이다. 그러나 나는 이 책을 한두 계절 안에 다 완성한 것이 아니다. 그리고 계절은 계속 변한다. 당신이 어느 계절에 이 책을 읽고 있는지는 모르겠지만 한 가지는 말해줄 수 있다. 내가 스물한 살이던 1981년에 6개월물 CD의 이자는… 17퍼센트였다! 하지만 알맞은 투자 환경에서 일부 CD의 수익률이 얼마나 우수한지 알기 위해 굳이 그렇게 오래전까지 거슬러오를 필요도 없다. 스트롱홀드의 내 친구 아자이 굽타가 2009년에 확정금리부 CD를 약간 구입했다는 이야기는 기억날 것이다. 그 CD는 주식시장 성장과 연동하는 시장연동 CD였고 결과적으로 그가 받은 이자는 평균 8퍼센트였다! 이렇게 좋은 상품은 찾아보기 힘들지만 그래도 시장연동 CD에 투자해 (원금 손실의 위험 없이) 돈을 크게 불릴 방법은 여전히 존재한다(시장연동 CD의 작동 원리가 기억나지 않으면 2부 7장 내용을 다시 보기 바란다).

안전자산 팀에 속할 선수를 간추리면 이렇다. CD, 현금, 단기금융펀드, 채권은 누가 뭐라 해도 안전 버킷에 포함할 선수들이다. 이 선수들을 언제 게임에 투입해야 하는가? 같은 선수라도 어떤 때는 좋은 성적을 내지만 어떤 때는 형편없는 성적을 낸다. 현금 선수의 장점은 무엇인가? 현금은 언제라도 게임에 투입할 수 있다는 장점이 있다. 안전하게 돈을 보관하고 있다가 투자 적기가 오면 언제든 게임에 내보낼 수 있다. 반대로 현금 비율이 너무 높으면 구매력이 늘지 못한다. 솔직히 인플레이션으로 인해 매년 줄어든다고 봐야 한다. 하지만 2008년과 같은 디플레이션에서는 동일한 현금으로 더 많이 살 수 있다. 2008년에 현금을 가지고 있고 어느 정도 배짱이 있었다면 똑같은 집을 전년도보다 거의 40퍼센트 싼 가격에 구입할 수 있었다. (상당수 헤지펀드들은 그렇게 했다. 헤지펀드들은 대침체기 동안 수만 호의 주택을 구입해 수리하고 임대를 주었고, 그런 다음 2011~2014년에 주택을 매도해 두둑한 차익을 거뒀다.) 상당수 주식 종목도 2008년에는 40퍼센트 혹은 훨씬 더 싼 가격에 매수가 가능했다.

채권 선수의 장점은 무엇인가? 채권 유형에 따라 수익률이 다르긴 하지만 다른 자산군의 가격이 하락하는 상황에서도 이자가 보장되므로 안정감을 준다는 것이다. 2014년 현재 일반 CD는 누구에게도 이자를 한 푼도 제공하지 않는다. 그러나 CD는 고금리 환경에서는 높은 성적이 가능하다. 또한 시장연동 CD는 증시가 호황일 때는 높은 수익을 내주는데다 원금 손실의 염려가 없기 때문에 어떤 환경에서도 바위처럼 단단히 버텨준다. 물론 채권에도 단점은 있다. (투자 원금과 이자를 수취하는) 만기가 되기 전에 채권을 팔아야 한다고 치자. 그런데 금리가 치솟았고 이자율이 더 높은 새 채권이 나오면 부득이하게 할인된 가격에 채권을 내놓을 수밖에 없다.

지금까지 소개한 선수들의 얘기가 복잡하게 들릴 것이다. 그런데 희소식이 있다. 레이 달리오가 만든 올시즌스All Seasons 전략은 채권, 주식, 원자재상품, 금을 어떤 경제 계절에서건 적절히 배합해 성공적인 투자수익률을 거두는 방법을 알려준다.

채권에서 제일 먼저 이해해야 할 부분은, 안전성이 높은 채권은 명기하거나 약속한 이자를 제공하고 원금 상환도 보장한다는 점에서 원금과 수익률이 보장되지 않는 다른 투자보다 안전하다는 사실이다. 그러나 이런 약속의 신뢰도는 채권 발행자의 신뢰도에 비례한다. 결국 우리는 시즌에 따라 좋은 성적을 낼 선수를 적절한 비율로 적당한 타이밍에 투입해야 한다.

다음에 소개할 자산군이 안전 버킷 팀에 속할 것이라고는 짐작도 하지 못했을지도 모른다.

4. 집 그렇다. 집도 안전 버킷에 들어갈 선수이다. 이유는? 건드리지 말아야 할 성역이기 때문이다. 집은 '소비의 대상'이 되어서는 안 된다! 미국인들은 ATM을 이용하듯 쉽게 집을 사고팔고 하다가 집의 무서움을 최근 몇 년 동안 아주 뼈아프게 배웠다. 집은, 특히 본인이 거주하는 집이라면 절대 투자 대상으로 보지 말아야 하며 집으로 한몫 단단히 챙길 수 있다고 기대해서도 안 된다. 잠깐, 우리는 집값은 떨어지는 법이 없으므로 집이야말로 가장 훌륭한 투자 대상이라는 말을 귀에 박히도록 듣지 않았던가?

정말 그런지 답을 찾기 위해 나는 노벨경제학상을 받은 로버트 실러Robert Shiller를 만났다. 그는 부동산 시장 전문가이며 주택가격 동향을 추적하는 케이스-실러 주택가격지수Case-Shiller home price index의 창시자이기도 하다. 그는 번뜩이는 통찰력을 발휘해 아래와 같은 도표를 만들었다. 실러가 발견한 사실에 따르면, 미국의 주택 가격 상승을 인플레이션에 맞게 조정했더니 한 세기 동안 주택 가격은 거의 움직이지 않았다! 그는 '주택가격은 계속 오른다'는 우리 시대의 가장 커다란 통념 한 가지를 깨부순 것이다. 그리고 그는 이렇게 덧붙였다. "그렇지 않다면 거품이 존재하는 것이다." 거품이 어떤 결말을 맞이하는지 우리는 아주 잘 안다.

다른 한편, 집을 살 때 고정금리 모기지로 대출을 받는 것은 나름의 인플레이션 헤지 방법이며 세금 우대도 받을 수 있다. 더욱이 소유한 집의 일부나 전체를 임대해주면, 안전하게 추가 소득도 벌 수 있다.

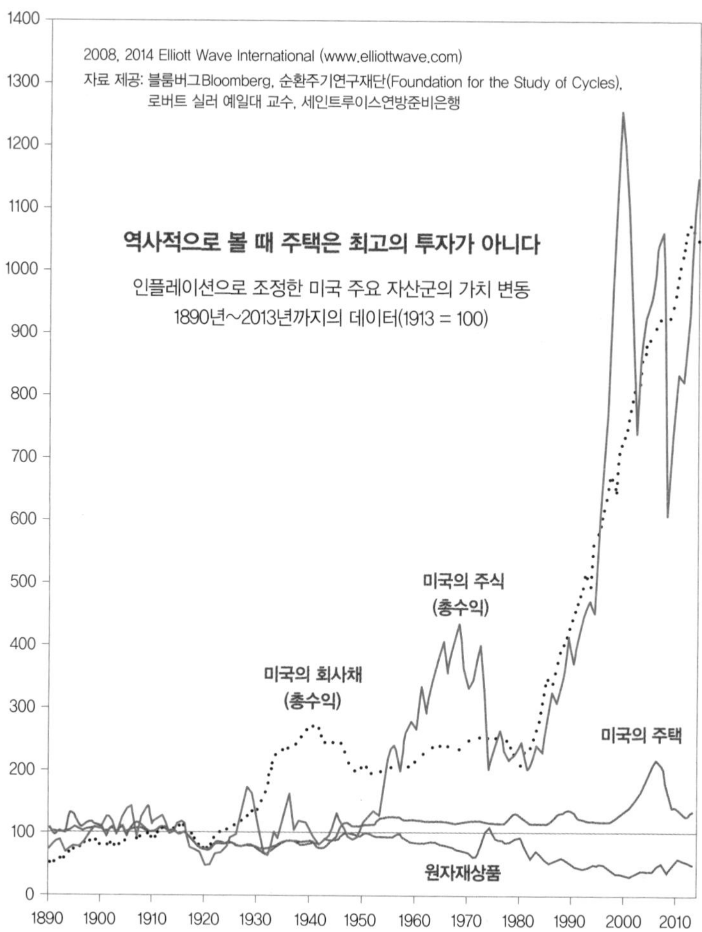

뒤에서도 배우겠지만 제1신탁증서, REITs(부동산투자신탁, 이하 리츠), 노인전용주거시설, 수익형 부동산 등 괜찮은 부동산 투자 방법이 몇 가지가 있다. 부동산에 투자하고 싶다면 그걸 말릴 사람은 아무도 없다! 하지만 부동산 투자는 안전 버킷보다는 다음 장에 나올 위험/성장 버킷에 집어넣는 편이 낫다. 이밖에 또 어떤 자산을 안전 버킷에 포함할 수 있을까?

5. 공적연금 연금에 가입한 사람이라면 이 자산도 안전 버킷에 포함할 수 있다. 보스턴대학 은퇴연구소의 알리샤 머넬Alicia Munnell은 연금을 해지하고 그 돈을 미리 다 받았다. 자신이 이 돈을 직접 투자하면 직장이었던 연방준비은행보다 더 높을 수익률을 벌 수 있다고 생각해서였다. 그녀는 은퇴 후를 위한 평생소득 설계를 걸고 모험을 해서는 안 된다는 뼈아픈 교훈을 얻었다. 그리고 그녀는 다른 사람들이 자신의 경험담을 반면교사 삼기를 바란다.

6. 연금보험 아직 젊다면 연금보험은 본인에게는 별로 중요하지 않다고 생각할 수 있다. 과거에 연금보험 상품은 비쌌고 정해진 연령 이상이 되어야만 이 상품에 가입이 가능했다. 그러나 5부 3장에서 배우겠지만 젊은 사람도 갖출 수 있는 새로운 연금보험 상품들도 등장했다. 연금보험은 노후의 수입을 보장하는 보험상품이라는 사실을 잊어서는 안 된다.

제대로 투자하기만 한다면 이것은 사적으로 장만하는 공적연금과 비슷하다. 하지만 시중에 나와 있는 연금보험은 수수료와 위약금만 터무니없이 높은 끔찍한 상품들이 대부분이다. 변액연금 광고에는 비아그라 광고보다 경고문을 더 많이 달아야 한다! 그럴지라도 소수의 아주 좋은 연금보험도 있다(5장에 자세히 나온다). 이 상품들은 안전하고 수수료도 높지 않기 때문에 많은 전문가가 은퇴 소득 솔루션의 성배라고 부를 정도이다. 이 특별한 연금상품들은 안전 버킷의 안전함을 누리면서 동시에 위험/성장 버킷에 버금가는 고수익의 즐거움도 누릴 수 있게 해준다. 죽을 때까지 이어지고 가치도 절대 내려가지 않는 소득이 보장된다!

7. 안전 버킷에는 적어도 하나의 생명보험이 포함되므로 이 보험을 부주의하게 다뤄서는 안 된다 이유는? 가족이 있는가? 가장인 당신이 죽은 후에도 가족은 먹고 살아야 한다. 일반적인 가족에게는 정기보험term life insurance(보험 기간이 1~30년까지 일정 기간에 한정된 보험. 보험료가 저렴하고 보장액도 고액이지만, 계약 기간 중 생존자는 보험의 현금 가치에 대한 혜택을 받지 못한다—옮긴이) 정도면 충분하다. 다른 형태의 생명보험도 있는데, 5부에서 설명할 이 보험은 가입자가 살아 있는 동안에도 죽을 때까지 소득을 비과세로 제공해준다! 잘만 설계하면 엄청난 세금 효율도 누릴 수 있다. 대기업들과 슈퍼리치들도 IRS가 허락한 이 접근법을 수십 년 동안 사용했다. 5부 5장에서 이 보험 상품의 사용법을 상세히 익히기 바란다. 그러면 세율구간에 따라 달라지기는 하지만 재무적 목표에 이르는 시간을 25퍼센트에서 최대 50퍼센트까지 단축할 수 있을 것이다.

8. 구조화채권 투자자들에게 구조화채권의 별명은 '조정된 안전'이다. 구조화채권은 시장연동 CD와 비슷하지만 FDIC의 예금 보험을 받지 못한다는 점이 다르다. 구조화채권의 작동 원리는 이렇다. 투자자는 은행에(대개는 세계 최대 규모의 은행 중 하나) 돈을 빌려주고, 은행은 투자자에게 정해진 기간이 지나면 돈을 갚기로 약속한다. 물론 특정 지수(이를테면 S&P 500(배당 제외), 원자재상품, 금, 리츠, 또는 이들의 결합)에서 번 이득의 일부도 같이 제공한다. 한 예로, J.P.모건이 판매하는 7년 만기 구조화채권은 투자자의 원금 손실 위험이 전혀 없도록 100퍼센트 하방보호를 제공하고, 또한 S&P 500이 상승할 경우에는 그 이득 중 90퍼센트를 투자자에게 준다. 2부 7장에서 말했다시피 슈퍼리치들이 이 투자 상품을 자주 애용하는 것도 당연한 일이다. 적절히 잘

고르기만 하면 구조화채권은 시장의 하방위험에 대한 걱정을 털어내고 상방에 동참할 수 있는 훌륭한 투자 수단이 되어준다. 커다란 변동성 위험을 감당하지 못하는 연령대의 투자자에게는 더할 나위 없이 좋은 투자이다.

2조 5천억 달러의 자산을 운용하는 J.P. 모건애셋매니지먼트의 CEO인 메리 캘러핸 어도스를 인터뷰했을 때, 그녀는 2008년 금융 멜트다운 이후 그 어떤 것에도 투자를 꺼리는 사람에게는 구조화채권이 가장 안성맞춤인 투자가 될 수 있다고 말했다. 또한 여기에는 어떤 속임수 장치도 없다. "대부분의 경우, 사람들은 구조화채권을 보고는 이렇게 말하죠. '너무 좋은 걸. 진짜일 리가 없어.' 그러나 이 상품을 철두철미하게 이해해야 합니다. 속임수도 술책도 없습니다. 그냥 시장의 계산법만 존재하죠. 투자자가 유동성을 필요로 하지 않는 기간이 길면 길수록 시장은 거기에 대해 더 높은 대가를 지불합니다. 7년 동안이나 돈을 묶어두어야 한다면 거기에 상응하는 만큼의 상방 효과를 누릴 수 있어야 합니다."

구조화채권을 안전 버킷에 집어넣는 것이 옳은 선택인가? 구조화채권의 안전성은 채권을 발행하는 은행의 안전성에 직결된다. 어도스는 J.P. 모건이 세계 최대의 은행이라는 사실을 못 박듯 설명했다. 일부 수임자들은 캐나다왕립은행Royal Bank of Canada, RBC을 비롯해 몇몇 캐나다 은행들을 추천한다. 캐나다 은행들은 안전성과 신용도 면에서 세계 최고 등급을 자랑하기 때문이다(미국에서는 대공황 때 9400개가 넘는 은행이, 대침체기에는 거의 500개에 달하는 은행이 도산했다. 캐나다에서는 단 한 곳도 도산하지 않았다!). 모든 결정이 그렇듯 구조화채권도 이득과 위험의 경중을 따져서 스스로 선택을 내려야 한다. 또한 수수료라든가 까다로운 계약 조건도 잘 살펴봐야 한다. 앞서 2부 7장에서 말했듯이 구조화채권도 이런저런 수수료가 많이 붙으면 뮤추얼펀드처럼 하나마나한 투자가 될 수 있다. 발행자의 회계 상태가 건전하면 돈을 잃지는 않는다. 그러나 타이밍을 잘못 잡으면 수익을 전혀 못내는 결과가 나올 수 있다. 결국 이런 모든 점에서 구조화채권은 돈을 안전하게 보호하기 위한 전략에 더 가까운 편이다. 이 상품에 투자하기 전에 담당 수임자나 투자 전문가에게 조언을 구하기 바란다.

시간은 당신 편이다

휴, 꽤 많이 공부했다. 혹시 무엇을 골라야 할지 몰라 머리가 터지기 직전이라면 혼자 고민할 필요가 없다. www.strongholdfinancial.com에 들어가 자산배분에 대해 보완책을 찾거나 전체 포트폴리오를 점검받아도 되고, 아니면 담당 투자상담사의 자문을 받아도 된다.

그렇지라도 투자 포트폴리오에 자신만의 재무 목표와 위험감수 수준을 제대로 반영하기 위해서는, 자산배분의 개념을 명확히 이해하고 각각의 투자상품을 두 버킷 중 어디에 넣을지 파악할 수 있어야 한다. 그것이 계속 쇼를 진행할 수 있는 비결이다! 투자 결정을 내릴 때마다 스스로에게 물어야 한다. "위험을 얼마나 감당해야 하고, 안전은 얼마나 유지해야 하지?" 바로 이 지점에서 게임에 이기는가와 지는가가 갈라진다!

게다가 잘 알고 있겠지만 오늘날 안전 버킷이 마주하는 가장 큰 도전은 '진짜로 안전한 투자가 무엇이지?'라는 물음이다. 세상은 변했고, 완강하게 저축만 고집했던 사람들도 지금 같은 정신 나간 저금리 세상에서는 점점 더 위험도가 높은 투자를 하지 않을 수 없게 되었다. 높은 수익을 얻고 싶은 마음이 굴뚝같다. 특히 증시가 활황일 때는 그런 마음이 더 심하다. 슬금슬금 이런 생각이 든다. "이곳에서는 내가 원하는 목적지에 결코 도달하지 못할 거야." 하지만 아주 오랫동안 경기장에 머물 각오를 한다면 가능하다(원금 손실의 위험 없이 수익이 보장되는 투자를 찾아낸다면 가능성은 더 높아진다. 이런 투자 상품에 대해서는 잠시 뒤에 보기로 한다).

재산을 불리는 일에 관해서라면 오래 전 롤링스톤스의 노래처럼 시간은 당신 편이다. 그리고 시간이야말로 명실공히 안전 버킷의 가장 큰 자산이며 늦깎이 투자자에게도 예외가 아니다. 어쨌든 우리 중 많은 사람이 여든이나 아흔 살 너머까지 살 것이고, 그 옆에서 우리의 투자도 함께 무르익을 것이기 때문이다. X세대, Y세대, 혹은 포스트밀레니엄 세대인 Z세대가 지금 시작한다면 굉장히 유리하다! 아주 적은 돈만 가지고도 복리의 마법이 크게 발휘되어 훨씬 빨리 목적지에 도착할 수 있기 때문이다.

안전 버킷에 넣은 돈이 불어나는 방식을 쉽게 설명하면 이렇다. 한 늙은 도박꾼이 골프 코스에서 내기 액수를 늘이기 위해 트릭을 부린다. 도박꾼이 상대에게 말한다. "골프 좀 치시는가 보죠? 난 풋내기라서 별로 잘 못 쳐요. 우리 한 홀마다 10센트씩 내기할까요?" 상대가 말한다. "좋죠!" 1번 홀로 가는 길에 도박꾼이 말한다. "그런데 10센트 내기는 좀 시시하죠. 재미를 더할 겸 홀이 늘어날 때마다 내기 돈도 두 배로 늘리는 건 어떨까요?" 내기 금액은 1번 홀은 10센트, 2번 홀에서는 20센트, 3번 홀에서는 40센트가 된다. 5번 홀에 도착했을 때 내기 금액은 1.60달러가 돼 있다. 6번 홀에서는 3.20달러이다. 18개 홀 중 아직 3분의 1밖에 안 끝냈다. 18번 홀까지 가면 내기 금액은 얼마가 돼 있을까? 1만 3107달러이다! 이건 도널드 트럼프라고 해도 쉽게 수긍할 금액이 아니다. 그것이 바로 복리의 마법이 움직이는 방식이다. 그리고 안전 버킷에 속한 자산을 충분히 오랫동안 투자했을 때 생기는 결과이기도 하다. 이자까지 재투자하며 한참이나 지났는데도 수익은 여전히 제자리걸음인 것 같다. 그러나 13번 홀에 가고, 14번 홀에 이르고, 16번 홀에 도착한 순간 갑자기 수익이 폭발한다. 다음 페이지에 나오는 도표에서도 보듯, 어느 순간부터 수익의 폭발적 증가가 당신에게 일어난다.

물론 오늘날 세대에게는 가만히 지켜보기만 하는 것이 더 어려운 일이다. 사회 전체가 우리로 하여금 즉각적인 보상을 추구하도록 부추긴다. 그렇기에 안전 버킷에 속한 자산의 가치 증가를 지켜보기만 하는 일은 처음에는 잔디가 자라는 모습을 지켜보는 것처럼 답답하기 짝이 없다. 그런 이유에서 우리는 가진 돈 중 상당 부분을 위험/성장 버킷의 자산군에 투자하려 한다. 하지만 안전 버킷의 자산이라고 무조건 재미없고 답답하게만 구성할 필요가 없다. 유능하고 인맥도 다양한 투자상담사를 만난다면, 따분한 증권 상품 중에서도 수익률이 조금 더 높거나 혹여 운때가 맞으면 훨씬 높은 수익이 가능한 상품을 고르는 방법을 배울 수 있을지도 모른다.

스트롱홀드의 내 투자상담사 친구는 대다수 사람들이 안전 버킷에 일반적으로는 잘 집어넣지 않는 자산의 대표적인 예로 주거용부동산대출을 꼽았다.

한 남자가 캘리포니아 주의 인디언웰스에 집을 짓고 있다. 그는 재무 사정에 문제가 생겨 투자자 집단에게 집을 팔아야 했다. 인디언웰스 카운티에 대해 조금 설명이 필요할 듯하다. 그곳은 팜스프링스의 베벌리힐스로, 미국에서 1인당 소득수준이 가장 높은 도시 중 하나이다. 아름다운 경관에 기후도 좋고 주위에는 골프 코스와 리조트가 많다. 눌러 살기에도 좋고 별장을 소유하기에도 나무랄 데 없는 곳이

홀	$
1번	0.10
2번	0.20
3번	0.40
4번	0.80
5번	1.60
6번	3.20
7번	6.40
8번	12.80
9번	25.60
10번	51.20
11번	102.40
12번	204.80
13번	409.60
14번	819.20
15번	1,638.40
16번	3,276.80
17번	6,553.60

홀마다

10센트씩 겁시다

18번 홀

13,107.20달러

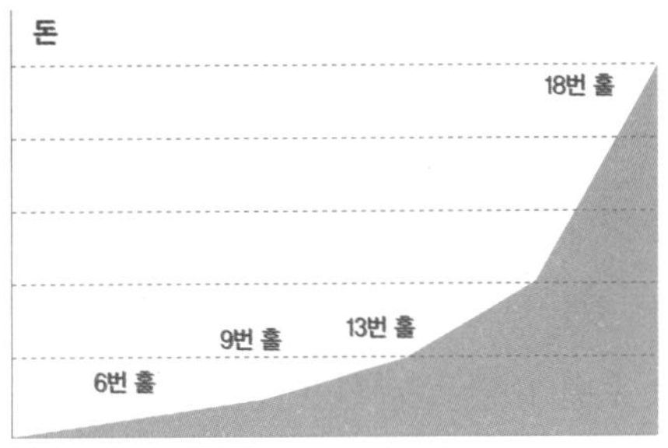

골프 내기

다. 남자의 집을 매입한 투자회사는 이곳 말고도 수십 개의 부동산을 매입했기 때문에 현금이 많이 필요하다. 하지만 장기 대출은 필요 없다. 집을 수리해서 가능한 한 빨리 되팔 생각이기 때문이다. 자금 흐름을 유지하기 위해 회사는 자사가 보유한 부동산에 대해 제1신탁증서를 받는 대가로 단기 대출을 제공해줄 투자자를 모집해야 한다.

제1신탁증서를 떠올려보자. 어떤 사람이 모기지를 얻어 집을 산다면, 이 말은 금융기관이 그 사람에게 집을 살 돈을 꿔준 것이고 그 사람은 원금에 정해진 이자를 붙여 상환하겠다는 채권을 금융기관에 제공한 것이다. 그러나 약속을 어겨 원리금을 제때 갚지 못하면 모기지 권리를 소유한, 다시 말해 신탁증서를 받은 주체는 그 집을 강제

처분할 권리가 있으며 또한 새 인수자가 나타날 때까지 이자를 계속 받을 권리도 있다. 투자자 입장에서야 나는 안전하면서도 보상은 최대로 높여주는 투자를 원한다. 체계를 잘 잡아 움직이기만 하면 제1 신탁증서는 이런 내 목적에 완벽하게 들어맞을 수 있다.

담당 상담사와 내가 발견한 바로는, 그 부동산투자회사는 100만 달러를 빌리는 대가로 앞서 나온 인디언웰스에 소재한 주택의 제1신탁증서를 담보로 내걸고 있었다. 이자는 10퍼센트, 기한은 1년이었다. 1명의 투자자가 전액을 다 감당해주면 좋겠지만, 안되면 최대 25명을 모아 4만 달러씩 투자를 받는 방법도 수용할 생각이었다. 고민 끝에 나는 혼자 100만 달러를 다 빌려주기로 결정했다. 이렇게 말하는 사람이 있을지도 모른다. "와, 그거 괜찮은 투자인데요. 딱 1년만 돈을 묶어두면 10만 달러를 버는 거잖아요. 그런데요 토니, 위험은 얼마나 되죠?" 우리가 철저히 조사를 한 이유도 위험을 알아보기 위해서였다. 두 차례 감정평가를 받아보니 현재 그 주택의 가치는 200만 달러였다. 100만 달러를 빌려주면 주택담보대출비율loan-to-value ratio, LTV(주택담보대출 시 담보물 가격에 대비해 인정해주는 금액의 비율. 담보인정비율이라고도 한다—옮긴이)은 50퍼센트가 된다. 혹여 이 부동산투자회사가 파산해도 내가 신탁증서를 가진 부동산의 가치는 200만 달러이므로 내 100만 달러는 무사하다.

꽤 괜찮은 투자였고 나는 크기가 작은 주택들의 신탁증서도 매입했다. 한 예로 시가 8만 달러인 소형 신축주택을 발견했다. 주택담보대출비율을 50퍼센트 적용해 4만 달러에 모기지를 제공할 수 있다면 투자할 용의가 있었다. 인디언웰스의 주택도 규모가 클 뿐 비슷한 조건이었다. 그래서 투자를 결심했고 그 투자를 내 안전 버킷 자산으로 분류했다. 이렇게 묻는 소리가 내 귀에 들린다. "토니! 가격이 떨어지면요? 그 투자는 위험/성장 버킷으로 분류해야 하지 않나요?"

좋은 질문이다. 우리는 바로 얼마 전에 역사상 최악으로 손꼽히는 부동산 추락을 경험하지 않았던가! 물론 표면상으로 이 투자는 위험 버킷에 더 들어맞을지도 모른다. 하지만 내가 이 투자를 안전하다고 생각하는 이유는 다른 데 있지 않다. 2008년 부동산 시장이 바닥을 모르고 추락하고 세상이 뒤집어졌을 때 미국 대부분 지역의 집값은 30에서 최대 40퍼센트까지 떨어졌다. 더한 곳도 있었다. 라스베이거스, 피닉스, 마이애미 등 일부 지역의 주택가격은 50퍼센트 이상 내려갔다. 그리고 이 지역들 모두 거품이 터지기 직전까지도 가격이 어마어마하게 상승했다. 인디언웰스 지역은 그 정도로 거품이 크지는 않았다. 2008~2010년까지 이 카운티의 주택가격은 31퍼센트 하락했고(50퍼센트보다는 훨씬 양호한 편이다) 가장 크게 추락한 해에도 13.6퍼센트만 추락했다(2008~2009년). 게다가 지금 우리가 말하는 주제는 1년짜리 대출이다. 2008년에 인디언웰스의 주거용부동산이 50퍼센트 하락이라는 타격을 입지 않았다면, 올해에도 그렇게 될 가능성은 없다.

그런 이유에서 나는 이 투자를 안전 버킷에 집어넣기로 결정했다. 안전 버킷은 아주 신중하게 다뤄야 하는 버킷이다. 그렇다고 무조건 재미없게만 투자할 필요도 없다. 철저히 조사하고 준비만 잘한다면 가끔은 흥미진진한 수익률도 가능하다(대다수 사람들이 안전 버킷에서 1~4퍼센트 수익만 내고 있을 때 8~10퍼센트의 수익률을 벌 수도 있다).

내가 보기에 이솝은 거북이들을 위해 글을 쓴 것이 분명하다.
토끼는 읽을 시간도 없다.
—애니타 브루크너, 영국의 작가

지루함은 지루한 마음에서 나온다.

—'마음속의 싸움The Struggle Within', 메탈리카

이번에는 똑같은 부동산투자회사가 저 200만 달러 부동산에 대해 100만 달러가 아닌 150만 달러를 투자해달라고 하고, 대신에 수익률은 12퍼센트를 제시한다고 치자. 그럼 주택담보대출비율은 75퍼센트가 된다. 위험 감수를 높이는 대가로 수익은 더 높아진다. 이럴 경우 시가가 25퍼센트 이상 하락하면 투자 원금에 손실이 발생한다. 가능성이 높지는 않지만 혹시 모르는 일이다. 내가 수익률 증가를 위해 추가 위험을 기꺼이 용납하는 성향이라면 진지하게 고민해볼 만한 투자이다. 그러나 이 투자는 안전 버킷 자산으로 분류되지 못한다. 이 자산은 다음 장에서 배울, 겉에 노란색 경고 테이프를 덕지덕지 붙이고 오븐용 장갑을 낀 채 만져야 하는 버킷에 속해야 한다. 잘못 접근했다가는 아차 하는 순간 화상을 입기 때문이다! 그러나 효과적으로 잘 다룬다면 이 위험/성장 버킷은 재무적 자유로 향하는 여행의 속도를 아주 높여줄 수 있다.

지금쯤 자산배분이 왜 과학이 아니라 예술인지 이해가 됐을 것이다. 안전한 투자라는 개념은 전적으로 주관적이다. 어떤 사람은 안전한 투자는 전혀 없다고 생각한다! 또 어떤 사람은 약간의 위험을 감수하면서도 안전하다고 느낀다. 결국 개인의 주관에 따라 투자를 바라보는 시각도 달라질 수밖에 없다.

안전 자산으로 묶어 놓을 비중과 더 높은 보상을 얻고 빠른 성장 잠재력을 얻기 위한 자신의 위험 감수 수준을 파악해 적절히 잘 배합할 때 자산배분의 진가가 발휘된다. 투자에서 자산배분은 죽느냐 사느냐, 성공하느냐 실패하느냐를 좌우한다. 당신의 안전 버킷에는, 다

시 말해 안전 자산에는 몇 퍼센트를 투자하는 것이 합당하다고 생각하는가? 3분의 1? 2분의 1? 3분의 2? 힘들게 번 돈에서 상당 부분을 안전 버킷에 넣지 못한다면 훗날 끔찍한 재무적 재앙이 발생할 수 있다. 반대로 이 버킷의 비중이 너무 높아도 돈의 증식 속도가 늦어질 수 있다. 적절한 균형은 어떻게 찾아야 하는가? 우리가 찾으려는 것도 바로 그 균형이다. 지금까지 안전을 위해 기초를 튼튼히 쌓았다면 이제부터는 정말로 게임에 뛰어들 때이다. 이기기 위해 판을 짜야할 시간이다.

그 전에 잠깐. 채권은 안전 버킷에서 잠재적으로 굉장히 중요한 자산이기 때문에 아래의 채권 브리핑 내용을 읽고 지나가는 것도 도움이 된다. 이 브리핑은 참고용이므로 지금은 내키지 않는다면 다음 장으로 곧장 넘어가도 상관없다. 여세를 계속 몰아가는 것이 중요하다. 이제 우리 앞에는 위험이 크지만 잠재적으로 보상은 더 많은 투자가 기다리고 있다.

채권 브리핑

신사는 채권을 좋아한다.

—앤드류 멜론, 뉴욕멜론은행 창립자

얼마 전만 해도 채권은 자타가 공인하는 가장 안전하고 듬직한 투자 수단이었다. 채권은 슈퍼리치들의 포트폴리오에서 굉장히 중요한 무기였고, 평범한 투자자들의 안전/마음의 평화 버킷에서는 든든한 받침대였다. 하지만 최근 몇 년 동안 채권은 심각한 타격을 입었다. 그러는 것도 당연했다. 미국 정부는 이해가 안 될 정도로 금리를 낮게 유지하고 있으며 채권을 발행하는 기업과 도시, 심지어 국가 중 일부는 벼랑 끝에서 있거나 심하면 파산을 선언한 곳도 있다. 채권이 더는 매력적인 투자상품으로 여겨지지 않는 것도 무리가 아니다.

하지만 대다수 전문가들의 말에 따르면, 채권은 여전히 투자 배합에서 아주 중요한 부분을 차지한다(실제로 채권은 어떤 경제 여건에서도 놀라운 포트폴리오 수익률을 내기 위한 토대이다. 자세한 내용은 5부 1장에서 배운다). 어떤 채권이 매력적인 투자가 될 수 있는지 그리고 어떤 채권을 피해야 하는지 알아보기 위해 대표적인 채권 유형을 하나씩 살펴보자.

• **미국채(미재무부채권)** 예일대의 자산배분 마법사 데이비드 스웬슨을 포함해 상당수 투자자들은 오랜 지기인 미국채야말로 가장 안전한 채권이라고 입을 모으는데, 미국 연방정부가 가진 모든 신뢰와 신용이 이 채권의 담보물이기 때문이다. 데이비드 스웬슨은 내게 이렇게 말했다. "미국채는 정말로 포트폴리오의 닻으로 그 자리에 있어줍니다." 하지만 미국채는 채무불이행 위험에서 안전하기 때문에 다른 채권들보다 수익률이 떨어진다. 그리고 안전성이 덜한 다른 채권들처럼 미국채도 외부 사건에 반응해 가격이 변동할 수 있다. 특히 매입 순간

인플레이션이나 디플레이션이 얼마나 심한가는 채권 가격에 큰 영향을 미친다. 따라서 폭탄에도 끄떡없다고 생각했던 투자가 갑자기 돌변해 코앞에서 터져버릴 수도 있다!

미국채는 상환 기한에 따라 네 종류로 나뉘며 각기 붙는 이름도 달라진다.

1. **미단기국채**T-bill 미 정부가 12개월 이내에 채무를 상환해야 하는 채권을 의미한다. 대다수 단기채권인덱스펀드와 단기금융펀드를 이루는 기본 요소이다.

2. **미중기국채**T-note 만기가 1~10년인 채권이며 '표면이자coupon' 라고 알려진 고정이자를 지급한다. 이자 지급은 6개월에 한 번씩 이뤄진다.

3. **미장기국채**T-bond 만기가 10~30년인 채권을 의미하며 이자 등의 기본 사항은 중기국채와 동일하다.

4. **물가연동국채**TIPS TIPS는 인플레이션의 영향에서 채권 보유자를 보호한다는 취지에서 1997년에 처음 탄생했다. 인플레이션을 반영한 소비자물가지수가 증감할 경우 TIPS의 원금('채권발행액면par value')도 여기에 연동해 같이 오르거나 내려가며 반기마다 지급하는 이자에도 인플레이션이 반영된다. 액면가가 1만 달러, 고정이자가 1.5퍼센트인 TIPS를 매입했고 6개월 동안 소비자물가에 변화가 없다면, 발행액면은 처음과 똑같으며 수령 이자는 150달러이다. 그럼 TIPS만의 아름다움은 무엇인가? 물가가 2퍼센트 오르면 발행액면도 물가상승을

반영해 1만 200달러가 되고 반기 이자는 153달러가 된다는 점이다. TIPS를 많이 보유하고 있고 물가가 크게 올랐다면 그만큼 많은 돈이 누적된다! 아래 도표는 TIPS의 원리를 보여준다.

레이먼드 제임스 TIPS 도표(Raymond James TIPS Chart)

년	표면 이자	발행 액면	물가상승 여부	소비자물가 변화	물가 조정된 원금	지급 이자
1	1.5%	$1,000	인플레이션	+2%	$1,020	$15.30
2	1.5%	$1,020	디플레이션	−1%	$1,010	$15.15
3	1.5%	$1,010	인플레이션	+3%	$1,040	$15.60
4	1.5%	$1,040	인플레이션	+2%	$1,060	$15.90
5	1.5%	$1,060	인플레이션	+1%	$1,070	$16.05

인플레이션 여부에 따라 채권 가치가 내려갈 수도 있다. 따라서 경기 침체나 불황이 또 왔는데 당장 채권을 처분해 그 돈을 현금으로 마련해야 한다면 원금의 일부를 잃을 가능성도 존재한다.

TIPS에 투자한다는 것은 기본적으로는 인플레이션이 온다는 데 돈을 건다는 의미이다. 인플레이션이 올지 안 올지 확신이 서지 않는다면(물론 완전히 확신할 수 있는 사람은 아무도 없다) 데이비드 스웬슨이 자신의 이상적 포트폴리오로 추천한 행동을 따를 필요가 있다. 금리가 오르면(금리 상승은 대개 인플레이션 때 발생한다) TIPS의 가격도 '오른다'. 따라서 금리가 상승할 때 가격이 '내려가는' 전통적인 국채에도 같은 금액을 투자해 균형을 이루면 인플레이션에서건 디플레이션에서건 다 완벽한 방어가 가능하다!(처음의 TIPS는 최초발행액면을 보장해주지 않았지만 몇 년 전부터 미국 정부만이 아니라 한국 정부도 디플레이션을 방어하기 위해 최초발행액면을 보장해주는 TIPS를 발행하기 시작했다. 또한 인플레이션에 따른 발행액면의 증가는 반기마다 지급되지 않고 물가상승분이 누적 적용되어 만기 시에 한꺼번에 지급된다—옮긴이)•

국가를 운영할 자금을 마련하기 위해 채권을 발행하는 정부는 미국 정부만이 아니다. 그리고 경기가 순항을 했던 몇 년 전만 해도, 주권국가가 모든 신뢰와 신용을 담보로 거는 채권은 아주 안전한 투자라고 여겨졌다. 하지만 그리스와 스페인이 국가 부도 직전으로 치달았고 아르헨티나를 비롯한 몇몇 나라가 벼랑 너머로 추락 중인 상황에서 다른 나라 정부의 채권은 미국채보다는 위험성이 높아졌다. 또한 미국이 아닌 다른 나라의 채권은 인플레이션 위험에 더 취약하기 때문에, 가치가 안정적이지 않은 통화로 채권을 매입한다면 나중에 그 채권을 달러로 교환할 때 큰 곤란을 겪을 수도 있다. 대다수 투자 상담사들은 이런 해외채권 투자는 전문 트레이더와 헤지펀드에게 맡기라고 조언한다.

그러면 조금 재미없는 미국채보다는 수익률이 높을 만한 채

• 다만, 국내의 경우 2015년 1월 1일 이후 발행분에 대해 표면금리와 원금증가분 모두에 과세한다.

권에는 무엇이 있을까? 뒤에 설명하는 채권들이 그나마 다른 종류의 채권보다는 안전한 편이다. 신용평가 시스템은 투자자가 부담할 위험 수준에 따라 채권의 신용등급을 분류하는데 이 시스템을 이용하면 채권의 전반적인 투자 전망이 어떤지 대충 가늠할 수 있다.

무디스Moody's, 피치Fitch, S&P를 비롯해 국제적으로 공신력을 갖춘 신용등급 평가기관은 여러 곳이 있다. 신용평가사들은 특별한 공식을 이용해 채권 발행자의 신용등급을 평가한다. 자동차 대출이나 신용카드를 신청한 개인에 대해 신용등급을 심사하는 것과 비슷하다고 보면 된다. S&P를 예로 들면 제일 높은 신용등급은 트리플 AAAA로, 발행 회사나 국가가 채무불이행에 빠질 위험이 없다는 의미이다. 트리플 BBBB까지가 '투자적격등급investment grade'에 속하며 그 아래는 모두 투기나 투자부적격으로 취급된다. 제일 아래의 신용등급은 D로 이것은 사실상 채권 발행자가 파산했다는 의미이다. 발행자의 신용등급이 낮을수록 채권 투자자가 감수하는 위험도 올라가므로 발행자는 더 높은 이자를 지불해줘야 한다. 정크본드는 뭔가 전문성이 풍기도록 하이일드채권high-yield bond(고수익채권)이라는 이름으로 개명했지만 결국은 신용등급이 트리플 B보다 낮은 '투자적격이하등급subinvestment grade'의 채권을 의미한다.

• **회사채**corporate bond 기업은 사업 확장, 인수합병, 배당지급, 손실 충당 등 여러 이유에서 돈을 조달해야 할 때 채권을 발행

한다. 회사채를 구입해도 괜찮은가? 답은 기업의 위험도 수준에 따라 달라진다. 회사를 잘못 고르면 투자한 돈을 거의 또는 전부 잃을 수 있다. 트랜스월드항공TWA이나 코닥처럼 아이콘이었던 기업도 파산을 선언했다. 코닥이 파산을 신청하고 1년이 지난 후, 이 회사의 채권은 안전성이 전혀 없는 탓에 액면가 1달러당 14센트에 거래되었다. 하지만 미국의 대기업이 발행하는 채권 대부분은 꽤 안전하다고 여겨진다. 애플(신용등급이 더블 A+(AA+))이 발행한 우량등급 채권에 매입자들은 열렬히 반응해주었지만, 이 채권의 이자율은 미국채보다 겨우 1퍼센트만 더 높다! 그렇기에 데이비드 스웬슨 같은 투자자들은 이렇게 말한다. "그 회사의 주식을 사면 더 높은 수익이 나는데 굳이 회사채를 살 필요가 있습니까?"

그러나 채권에서 더 높은 수익을 원한다면 선택의 범위는 넓다. 단, 이런 고수익채권 투자는 안전 버킷이 아니라 위험/성장 버킷으로 분류해야 한다. 한 예로 모두가 정크본드에 눈살을 찌푸리고 외면하는 것은 아니다. 하나하나를 꼼꼼히 살펴보고 위험을 걸 가치가 있는지 잘 판단해야 한다. 2014년 5월에 오스트레일리아 최대 항공사인 콴타스Qantas는 투자적격이 하등급인 8년 만기 채권을 발행했다. 액면은 오스트레일리아 달러로 표시돼 있었고 표면금리는 7.75퍼센트였다. 콴타스는 근래의 손실과 채무 문제로 인해 신용등급이 강등되었다. 이 투자를 외면할 것인가? 더 극단적인 예도 있다. 2013년 이집트의 혼돈이 정점에 달했을 때 일부 투자자들은 14.4퍼센트의 수익률을 '보증하는' 1년 만기 이집트단기국채를 매입했다(불안정한 정부가 내건 별로 굳건하지 못한 보증이기는 했다). 투자자들은 미국과 사우디아라비아 정부가 이집트의 안정과 지불능력을 유지해줄 것이라는 데 베팅했다고 봐야 한다.

보상 수준이 채무 불이행의 위험을 감당해도 좋을 정도로 높은 수준인가? 정크본드에 투자하기 전에 반드시 그에 대한 판단부터 내려야 한다.

물론 우리는 경험도 없고 세세히 사전 조사를 행할 시간도 없다. 바로 이 부분에서 해당 분야를 잘 아는 유능한 수임자가 큰 역할을 할 수 있다. 그렇긴 해도 국내와 국외의 하이일드 채권 인덱스펀드에 투자하는 방법도 있다. 그러면 높은 수익을 내면서 위험을 여러 채권으로 분산시킬 수 있다.

- **지방채**municipal bond 주정부, 시정부, 군정부는 대규모 공공사업(상하수도, 병원, 대중교통 등)의 자금을 조달해야 할 때 채권을 발행해 돈을 차입한다. 지방채가 모두에게 윈윈의 결과를 가져온다고 여겨지던 시절도 있기는 했다. 지방채가 지급하는 이자는 주세와 연방세의 세액공제 대상이기 때문이었다. 하지만 미국 전역의 시와 카운티에 벌어진 사건들을 생각해 보자. 캘리포니아 주의 샌버너디노와 스톡턴, 앨라배마 주의 제퍼슨카운티, 시카고, 디트로이트. 이들 시와 카운티는 모두 파산했거나 부도 직전이며, 이들 지방정부가 발행한 채권의 보유자들은 사실상 원금을 다 잃었다고 봐야 한다. 거의 기정

사실이나 다름없다. 게다가 시중 금리가 떨어지면 간혹 채권 발행자는 싼 이자로 자금을 조달해 '콜옵션call option(채권에서 콜옵션은 발행자가 채권보유자의 채권을 바로 회수할 수 있는 옵션이고, 반대로 풋옵션은 채권보유자가 채권을 원금에 발행자에게 즉시 팔 수 있는 권리를 의미한다. 주식의 콜/풋옵션과는 성격이 약간 다르다—옮긴이)'을 행사해 만기 전에 원금을 상환할 수 있다. 그러면 투자자가 기대한 보장 수익률은 날아가게 된다. 그러나 이런 위험을 모두 인지한 후 어느 부분을 살펴봐야 하는지 파악하면 지방채는 훌륭한 투자 기회가 될 수 있다. 또한 세금 우대 효과도 누릴 수 있다.

귀가 솔깃할 만한 실례 한 가지를 들려주겠다. 내 친구 하나는 최근에 뉴욕 정부가 발행하는 채권을 샀다. 이자율은 4퍼센트이고 비과세이다. 고소득군에 속한 투자자에게는 수익률이 7퍼센트이고 과세대상인 채권을 보유하는 것과 거의 비슷한 투자이다! 그는 위험은 걱정하지 않는다. 그 이유는? 미래 세수에 대한 선취특권lien(법률이 정한 특수 채권을 가진 자가 다른 채권자보다 먼저 채무자의 재산에서 채권을 변제받을 수 있던 권리—옮긴이)이 이 채권의 담보물이다. 따라서 뉴욕 시가 채권 원리금 지급에 문제가 생기면, 채권의 권리에 따라 보유자는 시의 세수 중에서 자신이 받을 몫을 먼저 챙겨올 수 있다. 내 친구는 마음을 푹 놓아도 되는 투자라고 판단해 이 채권을 안전 버킷으로 분류한다!

정리하면, 수익 창출에 도움이 되는 지방채는 많다. 그러나 공부를 많이 해야 하고 지방채를 잘 아는 등록투자상담사나 기타 투자 전문가에게도 조언을 구해야 한다.

자신의 포트폴리오에 맞는 적절한 채권 배합을 선택하려면 어떻게 해야 하는지 알고 싶은가? 뱅가드의 창립자 잭 보글은 저비용, 저수수료의 채권인덱스펀드에 투자하라고 권한다. 그러면 위험이 분산되고 동시에 채권시장 전체를 소유한 효과를 누릴 수 있기 때문이다. 보글이 이 개념을 그 자신의 포트폴리오에서 어떻게 활용하는지는 6부에서 확인할 수 있다.
이제 위험이 크지만 보상 잠재력도 더 높은 투자로 옮겨가자.

CHAPTER 2

승리를 위한 판, 위험/성장 버킷

가장 빠른 차를 가진 사람이 이기는 것이 아니다.
패배를 거부하는 사람이 이긴다.

—데일 언하트 1세

위험/성장 버킷은 누구나 참여하고 싶어 하는 게임이다. 섹시하고 짜릿하기 때문이다! 여기서는 훨씬 높은 수익률이 가능하다. 키워드는 '가능하다'이다. 또한 저축과 투자를 몽땅 날릴 '가능성'도 있다. 그렇기에 위험/성장 버킷에 어떤 자산을 포함하든, 적절한 보호장비 없이 뛰어든다면 돈을 일부 심지어 전부 다 잃을 각오를 해야 한다. 왜 그런가? 시장을 포함해 모든 인생사는 돌고 돌기 때문이다. 올라갈 때가 있으면 내려갈 때도 있다. 특정 자산의(부동산이건, 주식이건, 채권이건, 원자재상품이건) 파티가 벌어지는 동안 그 자산에 투자한 사람은 '이번에는 다르므로' 파티가 영원히 계속될 것이라고 착각한다. 그러나 언제든 된서리를 맞을 마음의 준비를 해야 한다. 이 책을 위해 인터뷰한 자리에서 잭 보글은 "시장은 언제나 평균으로 회귀한다."라는 교리를 거듭 강조했다. 올라가는 것은 언젠가는 내려오고 그 반대도 마찬가지라는 의미이다. 레이 달리오가 한 말도 여전히 뇌리에 남아 있을 것이다. 그는 투자자가 어떤 종류의 자산을 선호하건 살다 보면 투자 자산의 가치가 50~70퍼센트까지 떨어지는 때가 반드시 찾아온다고 말했다. 이 버킷에 속한 자산의 상방 잠재력은 무한하지만 전부를(아니면 적어도 상당 부분을) 잃을 수 있다는 사실도 절대 잊지 말아야 한다. 그런 이유에서 나는 이 두 번째 버킷을 성장/위험이 아니라 위험/성장 버킷이라고 부른다. 성장은 장담할 수 없지만 위험은 반드시 존재하기 때문이다!

위험/성장 버킷에는 어떤 투자를 분류해 넣어야 하는가?

다음에 표본으로 제시한 7가지 주요 자산군이 대표적인 예이다.

1. **주식** 개별 회사의 주식을 소유하는 것도 주식 투자에 속하고 뮤추얼펀드나 인덱스펀드, 상장지수펀드exchange-traded fund, ETF처럼 다수 종목을 보유한 펀드에 투자하는 것도 주식 투자에 속한다.

상장지수펀드는 인기가 치솟으면서 주식시장의 '잇걸'이라고 불린다. 2001~2014년까지 상장지수펀드는 2000퍼센트 이상 증가했고 보유한 운용자산도 2조 달러가 넘는다. 상장지수펀드란 정확히 무엇인가? 상장지수펀드는 분산해서 투자한 자산을 보유한다는 점에서는 뮤추얼펀드나 인덱스펀드와 체계가 비슷하지만 개별 주식 종목처럼 거래가 가능하다는 점이 두 펀드와의 차이이다. 상장지수펀드는 대부분 테마를(소형주, 지방채, 금 등) 좇거나 지수를 추종한다. 인덱스펀드나 뮤추얼펀드 투자자는 장이 끝날 때까지 기다려야 하지만 상장지수펀드는 장 중 언제라도 매매할 수 있다. 인덱스펀드의 개념 자체는 마음에 들지만 장이 열리는 동안 가격이 떨어지면 매수를 하고 가격이 올라가면 매도를 하고 싶은 투자자에게는 상장지수펀드가 괜찮은 선택이 될 수 있다. 하지만 상장지수펀드는 투자가 아니라 트레이딩이고 시장타이밍을 노리는 것은 아주 심각하고 커다란 위험을 초래할 수 있다.

앞서 두 펀드와 상장지수펀드의 차이점은 또 있다. 상장지수펀드의 주식을 산다는 것은 그 펀드에 꾸러미로 묶인 실제 주식이나 채권, 원자재, 혹은 다른 자산을 산다는 의미가 아니다. 그보다는 이런 자산을 보유한 '투자펀드'의 주식을 산다는 것이 정확한 의미이다. 펀드회사는 직접 투자할 때와 똑같은 재무적 결과를 얻을 수 있다고 투자자에게 약속한다. 착각하지 말기를. 속을 파헤치면 훨씬 복잡하다.

많은 투자자가 상장지수펀드를 선호하는 이유는 저비용으로 광범위한 분산투자가 가능하기 때문이다. 실제로 대다수 상장지수펀드는 전통적인 인덱스펀드보다도 수수료가 낮으며 최소 투자 요건의 문턱도 낮은 편이다. 또한 단기 자본이득을 발생시키는 거래를 빈번하게 행하지 않기 때문에 세금 면에서도 효율적이다(그렇긴 해도 시장에는 적극운용 상장지수펀드로 옮겨가려는 움직임이 등장하고 있다. 그러면 세금효율이 더 낮아진다).

상장지수펀드에 투자해야 하는가? 뱅가드의(이 회사도 여러 종류의 상장지수펀드를 판매한다) 창립자인 잭 보글은 스펙트럼이 넓은 인덱스형 상장지수펀드를 보유하는 것에는 전혀 문제가 없다고 말한다. 다만 몇몇 펀드는 개인투자자에게는 지나치게 전문적이라고 경고한다. "투자 대상은 시장만이 아닙니다. 여러 국가, 온갖 산업 부문도 투자 범위에 포함될 수 있습니다. 그렇기에 투자자의 선택은 맞을 수도 틀릴 수도 있습니다." 데이비드 스웬슨은 개인투자자는 상장지수펀드를 고민할 필요조차 없다고 말한다. "나는 매수해서 장기 보유하는 것의 신봉자입니다. 상장지수펀드에 투자하는 가장 큰 이유는 트레이딩인데, 나는 트레이딩의 열혈 팬은 아니거든요."

2. 하이일드채권 이 채권의 다른 이름은 정크본드이고, 정크(쓰레기)라는 이름이 붙은 데는 그만한 이유가 있다. 하이일드채권은 안전 면에서 최하등급이며 따라서 위험도 굉장히 크기 때문에 안전한 채권에 비해 훨씬 높은 표면이자가 제시된다. 아직도 개념이 낯설다면 앞 장의 채권 브리핑을 다시 읽기 바란다.

3. 부동산 부동산은 잘만 되면 큰 수익을 안겨준다. 이 분야에 대해서는 이미 많은 지식을 쌓았을지도 모르지만 부동산 투자 방법은 한두 가지만 있는 것이 아니다. 임대수익을 벌 목적으로 주택에 투자하는 것도 한 방법이고 부동산을 매입해 고친 다음 빨리 되팔아 단기 차익을 얻는 것도 한 방법이다. 아니면 제1신탁증서에 투자하는 방법도 있다. 상업용 부동산이나 아파트 투자도 있다. 앞에서도 말했지만 내가 선호하는 부동산 투자는 노인주거시설에 투자해 소득과 잠재적인 가치 상승 효과를 동시에 누리는 것이다. 혹은 리츠의 주식을 사도 된다. 리츠는 덩치가 큰 상업용 부동산(또는 모기지)을 소유하며 뮤추얼펀드처럼 투자자들에게 주식을 판매한다. 리츠 주식도 일반 주식처럼 거래되므로 리츠인덱스펀드 주식을 사면 여러 리츠에 분산투자하는 셈이 된다.

경제학자 로버트 실러는 자산 증식에는 직접 집을 소유하는 것보다(이 투자는 안전 버킷에 속한다) 리츠 투자가 더 도움이 된다고 말했다. "내 생각에는 직접 주택을 사기보다는 아파트 리츠에 투자하는 쪽이 더 괜찮은 투자입니다. 아무래도 임대 쪽으로 추가 기울고 있으니까요." 물론 상황은 변할 수 있다. 부동산 투자는 물론이고 어떤 투자건 잠시 멈추고 "나는 무엇에 돈을 걸고 있는가?"를 생각해야 한다. 여기서는 시간이 지날수록 부동산 가격이 오른다는 데 돈을 걸고 있는 것이다. 그러나 장담은 못하기 때문에 위험/성장 버킷으로 분류해야 한다. 가격이 오르면 수익률이 아주 괜찮지만, 가격이 떨어지면 수익은커녕 원금을 전부 잃을 수 있다. 주택에 직접 투자한다면 주택 가격이 오를 것이라는 데 돈을 건다는 뜻이 된다. 실러의 지적에 따르면, 소득 창출과 연계된 부동산에 투자한다면(임대용 집이든, 아파트이든, 상업용 부동산이든, 리츠이든, 여러 부동산의 지분을 보유하는 인덱스펀드이든) 두 가지 방법으로 이길 수 있다고 한다. 별도의 수입이 들어오고, 더불어 부동산 가치가 상승할 경우에는 오른 값에 팖으로써 차익 실현의 기회도 챙길 수 있다.

4. 원자재상품 금, 은, 석유, 커피, 면 등 여러 원자재상품이 다 이 범주에 속한다. 오랫동안 금 투자는 최후의 안전한 보루이자 안전 버킷의 필수품이라는 인식이 강했으며, 불확실한 시기에도 금값은 오르기만 하고 내려가지는 않는다는 생각이 지배적이었다. 그런데 2013년에 금값이 25퍼센트 이상 폭락했다! 금에 투자하는 이유가 뭐겠는가? 포트폴리오에 금 투자를 조금 집어넣고는 이렇게 말한다. "혹시라도 종이돈이 사라지면 이게 약간이나마 내 안전을 지켜줄 거야." 지옥의 빗장이 풀리고 좀비의 침공에 정부가 함락되면 금이나 은이라도 있어야 하우스보트를 사서 바다로 도망칠 수 있다(여기서 든 생각. 좀비도 헤엄을 칠 수 있지 않을까?). 그게 아니라면 금은 위험/성장 버킷에 속해야 맞다. 인플레이션 방어나 포트폴리오의 균형을 위해 금에 투자한다면 거기에 따르는 위험도 수용해야 한다. 그러니 자신을 속여서는

안 된다. 금을 산다면 금값 상승에 대한 기대에 돈을 건다는 뜻이다. 다른 투자와 달리 금 투자로 얻는 별도의 소득은 전혀 없다. 주식처럼 배당이 들어오지도 않고 수익형부동산처럼 임대료가 들어오지도 않고 채권처럼 이자가 들어오지도 않는다. 결국 금 투자에 따른 위험은 괜찮은 위험일 수도 있고 나쁜 위험일 수도 있지만 위험/성장 버킷에 집어넣어야 한다는 점만은 분명하다. 금 투자를 비난할 생각은 없다. 솔직히 경제적 시기를 잘 타면 금은 슈퍼스타와 같은 실력을 보여준다! 5부 1장을 읽으면, 포트폴리오에 약간의 금 투자를 포함하는 것이 놀라운 가치를 선사하는 이유를 알게 될 것이다.

5. **통화** 투자 목적으로 엔화를 산 적이 있는가? 모든 통화는 '종이'에 불과하므로 환투자는 빼도 박도 못하는 투기이다. 환투자로 떼돈을 번 사람도 있고 떼돈을 잃은 사람도 있다. 간이 어지간히 큰 사람이 아니라면 환투자는 생각도 하지 마라.

6. **수집품** 미술품, 와인, 자동차, 골동품 등 여러 가지가 여기에 포함된다. 거듭 말하지만, 이 자산군에는 고도의 전문지식이 필요하거나 이베이에서 많은 시간을 보내야 한다.

7. **구조화채권** 구조화채권은 왜 두 버킷에 양다리를 걸치고 있는가? 구조화채권의 종류가 많기 때문이다. 어떤 구조화채권은 100퍼센트 원금 보호가 되므로 안전 버킷으로 분류된다. 단, 발행 은행의 재무 상태가 건전하다는 조건이 붙어 있다. 어떤 종류의 구조화채권은 잠재적 수익률은 더 높은 편이지만 지수가 하락할 경우에는 원금을 일부만 보호해준다. 예를 들어 25퍼센트 하방보호가 되는 구조화채권을

샀다고 가정하자. 주식시장이 25퍼센트 떨어지기 전까지는 손해가 나지 않는다. 시장이 35퍼센트 하락하면 10퍼센트의 원금 손실이 발생한다. 위험 감수가 느는 만큼 상방 참여의 기회도 늘어난다. 어떤 채권은 연동된 지수의 최대 150퍼센트까지 이득에 참여할 수 있다. 이럴 경우 시장이 10퍼센트 올라가면 채권보유자가 얻는 수익률은 15퍼센트가 된다. 따라서 더 큰 이익을 거둘 가능성이 있지만, 반대로 위험 노출도 단연코 늘어난다. 다시 당부하는데, 구조화채권은 등록투자상담사를 통해 매입해야 한다. 그래야 불필요한 수수료가 덜어져 수익률이 훨씬 올라갈 수 있다.

안전은 우연한 사고로는 얻어지지 않는다.

—플로리다 고속도로 표지판

위험/성장 버킷의 분산투자에 집어넣을 수 있는 투자상품과 자산 몇 가지를 살펴봤다. 여기에 더 위험하고 모험적인 투자상품이라고 칭해지는 콜/풋 옵션, 부채담보부증권CDO을 비롯해 트레이더들이 사용하는 온갖 이국적인 금융상품들을 집어넣지 않은 이유가 무엇인지 궁금할 것이다. 돈을 빨리 모으고 싶은 욕심에 투자상담사에게 이런 금융상품들을 알아봐달라고 부탁하려는 마음이 들 수도 있다. 그러나 이런 투자상품들을 가지고 게임에 참가하는 순간 당신은 단순한 투자자가 아니라 투기꾼이 된다. 이 게임을 모멘텀 트레이딩momentum trading이라고 하는데, 게임을 잘못하는 순간 모든 것을 심지어 그 이상을 잃을 수도 있음을 명심해야 한다. 이 책은 저축과 투자를 복리로 불려 재무적 자유로 나아가는 길을 주된 교리로 삼는다. 따라서 모멘텀 트레이딩에 대한 논의는 훗날을 기약하기로 한다.

게임을 시작하자

이제 두 자산배분 버킷에 들어갈 선수 명단을 알았고 승리하는 팀을 짜기 위한 열쇠가 무엇인지도 알았다. 열쇠는 물론 첫째도 분산투자, 둘째도 분산투자이다! 안전 버킷과 위험/성장 버킷 사이에서 고루 분산투자를 하는 것은 물론이고 각 버킷 안에서도 분산투자를 행해야 한다.

버튼 맬킬은 내게 이렇게 강조했다. "여러 증권과 여러 자산군, 여러 시장에 걸쳐 그리고 여러 시기에 걸쳐 분산투자를 해야 합니다." 그것이 바로 어떤 풍파도 이기는 포트폴리오를 구축하는 비결이다! 그가 든 예에 따르면, 주식과 채권 양쪽에 투자해야 할 뿐 아니라 다양한 유형의 주식과 투자에, 세계 여러 곳에 있는 다양한 시장의 주식과 투자에도 투자해야 한다(여러 시기에 걸친 분산투자는 4부 4장에서 자세히 다룬다).

그리고 대다수 전문가가 동의하다시피, 개인투자자의 최종적인 분산투자 도구는 저비용 인덱스펀드이다. 가장 낮은 비용으로 가장 많은 종류의 증권에 가장 넓게 노출될 수 있기 때문이다. 데이비드 스웬슨도 이렇게 말했다. "가장 좋은 분산투자 방법은 인덱스를 소유하는 것입니다. 이런저런 수수료가 들지 않는데다가 세금효율도 누릴 수 있기 때문이죠."

다시 말해, IRA와 401(k)와 무관하게 투자를 해야 할 경우 일반 뮤추얼펀드는 수시로 행해지는 거래마다 세금을 내야 하지만 인덱스펀드에서는 그런 세금 문제가 애초부터 발생하지 않는다.

즐기자!

물론 프리덤펀드를 위한 현금인출기가 총 가동 중이고 더 욕심이 생긴다면, 위험/성장 버킷 중 일부를 따로 떼어 직접 주식을 고르고 데이트레이딩을 하는 것에는 아무 문제도 없다. 버튼 맬킬은 이렇게 말했다. "소중한 돈은 인덱스에 투자하고 그 다음에는 즐기십시오. 그것이 경마장에 가는 것보다는 낫습니다." 하지만 그는 이런 투자는 총자산이나 포트폴리오의 5퍼센트 이내로 제한해야 한다고 경고했다.

자신에게 딱 맞는 최적의 포트폴리오 배합에 대한 아이디어가 떠오르는가? 결정을 내리기 전에 한 가지 알아두어야 할 점이 있다. 우리 인간은 최고의 승리를 안겨줄 것이라고 생각되는 투자에 몰리는 경향이 있다. 남들은 다 승리를 거두는 것 같다. 왜일까? 시장 환경마다 어차피 투자에 따른 보상도 달라지는데 말이다.

부동산 열기가 뜨겁다고 가정해보자. 부동산에 투자했던 당신은 투자 천재이다. 증시가 호황인가? 그전부터 주식에 투자한 당신은 스스로를 천재라고 자찬한다. 채권시장이 호조인가? 이번에도 이미 채권을 보유하고 있었다면 자신을 투자의 대가라고 자부한다. 어쩌면 그냥 때와 장소가 맞아떨어졌던 것일 뿐인지도 모른다. 과잉확신에 빠지지 말아야 한다. 그래서 자산배분이 아주 중요하다. 세계 최고의 투자자들은 하나같이 "나는 틀릴 수 있다."고 말한다. 그렇기에 그들은 단기적으로 잘못된 판단을 내릴지라도 여기에 영향을 받지 않고 장기적으로는 돈을 벌 수 있도록 자신들만의 이상적인 자산배분을 설계한다.

시험 시간

앞으로 몇 페이지에 걸쳐 최고의 투자자라고 칭해지는 대가들이 설계한 자산배분(포트폴리오)을 보여줄 것이다. 제일 먼저 앞에서 거듭 언급한 인물부터 예로 들어보자. 짐작하겠지만, 운용자산이 239억 달러가 넘는 예일대 기부금신탁의 CFO이며 자산배분의 진정한 대가인 데이비드 스웬슨의 자산배분이다. 그가 직접 추천하는 포트폴리오를 엿보고 싶은가? 나도 그렇다!

나는 예일대학에 있는 스웬슨의 사무실로 인터뷰를 하러 갔을 때 그에게 굉장히 핵심적인 질문을 던졌다. "당신 자녀들에게 돈은 한 푼도 물려줄 수 없고, 대신에 포트폴리오와 몇 가지 투자 원칙만 남길 수 있다면 무엇을 남겨주겠습니까?"

스웬슨은 시간의 풍상을 거뜬히 이길 수 있다고 생각하는 자산배분 방법을 개인투자자들에게 추천했다. 또한 그는 이 포트폴리오를 예일, 스탠포드, 하버드, 프린스턴을 제외한 다른 모든 기관에도 추천한다. 이 네 학교를 제외한 이유는 어차피 그들도 최고 애널리스트 군단을 거느리고 있기 때문이다.

그의 포트폴리오 목록은 굉장히 명쾌하고 단순했다. 보는 순간 내가 깜짝 놀랄 정도였다. 나는 총 15가지 유형의 자산을 보여주었는데 그는 단지 6가지 자산 범주만 이용했고 전부 인덱스펀드를 통한 투자였다. 더욱 놀라운 점은, 그는 한 가지 버킷에 아주 많은 비중을 두고 있었다. 어느 버킷일지 짐작이 가는가? 안전 버킷과 위험/성장 버킷에 대해 지금까지 배운 내용을 다 떠올리고 해당 자산이 어느 버킷에 들어갈지 짐작해보자.

다음의 표를 보고 각 자산이 속하는 버킷에 체크 표시를 하라. 어느 자산이 안전 버킷에 들어가기에 알맞을지 표시를 하라. 수익률은 낮지만 대신에 위험도 낮은 자산이 여기에 속한다. 반대로 상방 가능성은 높지만 하방위험도 똑같이 높다고 생각하는 자산은 위험/성장 버킷에 체크 표시를 하면 된다.

데이비드 스웬슨의 포트폴리오

자산군(인덱스펀드)	포트폴리오 비중	어느 버킷인가?	
		위험/성장	안전
국내 주식	20%		
해외 주식	20%		
이머징 주식시장	10%		
REITs(부동산투자신탁)	20%		
장기 미국채	15%		
TIPS(물가연동국채)	15%		

위의 네 자산군부터 시작하자. 첫 번째는 광의의 미국내 주식지수로, 뱅가드 500지수나 윌셔 5000 전체시장지수Wilshire 5000 Total Market Index(윌셔 5000지수)와 비슷하다. 이 자산군은 어느 버킷인가? 위험이 따르는가? 당연하다. 수익이 보장되는가? 완전히는 아니다. 전액 손실의 가능성이 있는가? 가능성은 희박하지만, 크게 떨어질 수는 있고 가끔은 전액을 잃을 수도 있다! 장기적으로 놓고 보면 미국 증시는 훌륭한 성적을 보인다. 부동산 보유와 주식 투자 시의 실적을 비교한 내용을 기억하라. 주식은 장기적으로는 훌륭한 수익을 내주지만 단기적으로는 변동성이 가장 심한 자산군 중 하나이다. 2013년까지 과거 86년 동안 S&P는 24번이나 심각한 폭락을 기록했다. 주식형 인덱스

펀드는 어느 버킷에 속할까? 맞다. 위험/성장 버킷이다.

해외 주식은 어느 버킷인가? 데이비드 스웬슨은 포트폴리오의 다양성 확대를 위해 해외 주식에 많은 비중을 투자한다. 미국 경기가 슬럼프여도 유럽이나 아시아는 호황일 수 있다. 그러나 모두가 데이비드와 같은 생각인 것은 아니다. 해외의 통화는 오랜 친구인 미국 달러화만큼 안정적이지 않기 때문에 해외 주식 투자에는 '통화 위험'이 따른다. 뱅가드의 창립자이며 64년 동안 성공 투자를 이어온 잭 보글의 말을 빌리면, 미국 기업에 대한 투자가 곧 글로벌 기업에 대한 투자이기도 하다. "토니, 미국 대기업들 중 국내 영업만 하는 곳은 하나도 없어요. 다 전 세계에서 영업활동을 합니다. 맥도날드, IBM, 마이크로소프트, 제너럴모터스를 생각해봐요. 결국 국제적인 포트폴리오를 갖게 되는 셈이죠." 해외 주식은 어느 버킷에 속하는가? 위험/성장 버킷으로 분류한다는 데 이견이 없으리라고 본다.

이머징 마켓은? 데이비드 스웬슨은 브라질, 베트남, 남아프리카공화국, 인도네시아 등 변동성이 큰 신흥도상국 주식에 대한 투자를 꺼리지 않는다. 짜릿한 수익을 벌 수도 있고 반대로 원금을 다 까먹을 수도 있다. 위험/성장 버킷이 당연하지 않겠는가?

리츠는 어디에 속할까? 데이비드는 이렇게 말했다. "나는 시내 중심가의 대규모 사업지구에 있는 사무 건물이나 주요 지역의 쇼핑몰, 산업용 건물을 보유한 부동산투자신탁에 즐겨 투자하는 편입니다. 대체적으로는 고수익을 내주는 항목이거든요." 리츠 인덱스펀드는 고수익을 창출하지만 상업용 부동산 시장의 경기 순환과 같이 움직이는 편이다. 어느 버킷인지 짐작이 갈 것이다. 위험/성장 버킷이다.

마지막 두 항목인 미국채와 TIPS를 분류해보자. 수익률은 낮은 편이지만 다른 자산에 비해 안전한 편인가? 바로 맞혔다! 그럼 어느 버킷인가? 물을 것도 없이 안전 버킷이다.

축하한다! 6가지 주요 자산군을 해당되는 자산배분 버킷에 집어넣는 시험을 무사히 마쳤다. 길거리에 지나다니는 사람의 99.9퍼센트가 잘하지 못하는 일을 해낸 것이다! 그것만으로도 어깨를 우쭐댈 만한 일이다. 여기서 멈추지 말고 데이비드 스웬슨이 왜 이 배합을 선택했는지 그리고 이 배합이 당신에게 적합할지 아닐지 이해하기 위해 조금 더 깊이 파고들자.

제일 먼저 안전 버킷으로 분류한 두 자산군을 살펴보자. 데이비드는 다른 채권이 아닌 미국채만을 택했다고 말한다. "미국 정부의 모든 신뢰와 신용이 이 채권의 담보라는 점에서 이 투자에는 순수함이 존재하기 때문이죠." 그런데 그는 전통적인 미국채와 TIPS에 각기 절반씩 투자한다(각 15퍼센트). 그가 이 특별한 조합으로 채권 펀드에 투자한 이유는 무엇인가?

나는 이렇게 운을 띄었다. "안전한 투자를 원한다면 인플레이션과 디플레이션 모두로부터 자신을 방어할 수 있어야 한다는 뜻인 것 같네요."

"정답입니다. 바로 알아봤군요! 채권형 인덱스펀드에 투자하는 사람들은 대부분 두 개를 같이 하죠. 2008년과 같은 디플레이션 상황에서는 (전통적인) 미국채가 유리합니다. 그러나 전통적인 미국채를 샀는데 인플레이션이 시작되면 포트폴리오의 원금 손실이 불가피합니다. TIPS를 매입하면 인플레이션이 발생해도 방어할 수 있습니다."

데이비드 스웬슨이건 다른 최고의 투자자들이건 경기가 인플레이션으로 향할지 디플레이션으로 향할지는 알 수 없다. 그래서 스웬슨은 양쪽에 대비한 시나리오를 모두 준비한다. 여기서 한 가지 질문이 생길지도 모른다. "흠. 50퍼센트는 인플레이션을, 50퍼센트는 디플레이션을 준비한다는 거네요. 그러면 본전 아닌가요?" 계산이 그렇게 단순하지는 않지만 생각해볼 필요가 있는 질문이다. 스웬슨은 주식 투자나 부동산 투자가 하락할 경우에 대비한 보호 수단으로 안전 버킷을 이용한다. 투자 위험의 일부를 상쇄해주는 대응 투자를 준비함으로써 하방위험을 낮추는 것이다. 그렇기에 그는 안전 버킷에서도 돈을 벌 수 있다고 확신한다. 게다가 그가 운용하는 안전 버킷은 원금 손실이 발생할 위험이 없는 똑똑한 버킷이다. 손해가 나지 않지만, 인플레이션이나 디플레이션이 생기면 추가 수익도 가능해진다. 아주 현명한 접근법이다.

다소 놀라웠던 부분은, 안전 버킷으로 배분되는 자산은 30퍼센트에 불과하고 나머지 70퍼센트의 자산은 위험/성장 버킷에 속한다는 사실이었다! 일부 투자자에게는 꽤 공격적으로 보일 소지가 있는 전략이었다. 그래서 나는 스웬슨에게 이 전략이 일반투자자한테도 효과가 있을지 물어보았다.

"정곡을 찔렀네요, 토니. 주식이야말로 장기적인 포트폴리오의 핵심입니다. 그러니까 최근의 장기 시황을 보면(10년, 20년, 50년, 100년) 주식 수익률이 채권 수익률보다 높다는 것을 알 수 있습니다."

역사적 데이터는 그의 이론을 단단히 뒷받침한다. 옆의 표는 과거 100년과 200년 동안 주식과 채권의 수익률을 추적한 표이다. 역사적으로 미국의 주식은 연간복합수익률 측면에서 채권의 실적을 앞질렀다. 예를 들어 1802년에 투자한 1달러가 연 8.3퍼센트의 연간복합수익률로 증가한다면 뉴밀레니엄에는 880만 달러가 된다.

결론적으로 말해, 스웬슨이 부를 증식하기 위해 설계한 이상적 포트폴리오는 다양성을 크게 키움으로써 안정성을 강화한다. 그의 자산배분은 장기적 관점에서 하는 투자이므로 주식시장의 주기적인 하락

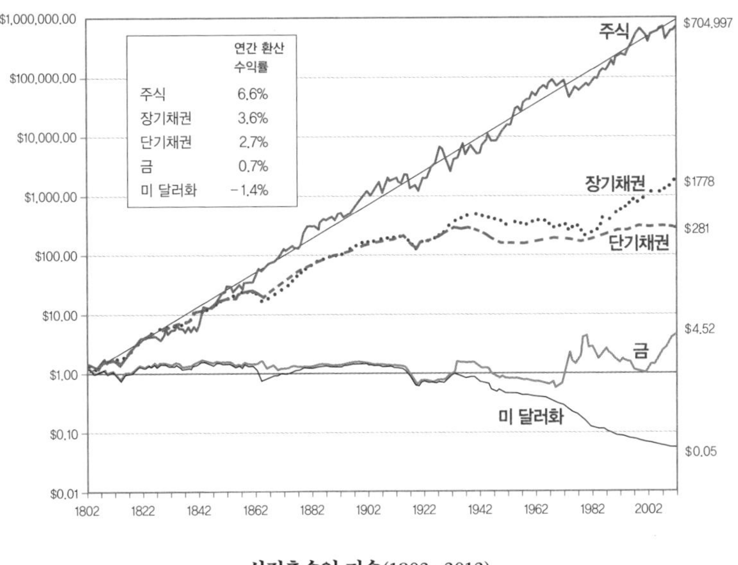

실질총수익 지수(1802~2012)

도 시간을 갖고서 이겨내야 한다.

나는 TIPS가 세상에 처음 등장한 1997년 4월 1일부터 2014년 3월 31일까지, 변동성이 높았던 이 17년의 기간을 스웬슨의 자산배분이 얼마나 훌륭히 이겨냈는지 알고 싶었다. 이 17년 동안 S&P 지수는 로데오의 황소처럼 거침없이 달리기도 했고 51퍼센트나 폭락하기도 했다. 그래서 나는 재무 전문가 팀으로 하여금 스웬슨의 포트폴리오가 거둔 실적과 시장의 실적을 비교해보게 했다. 놀라운 결과가 나왔다. 스웬슨의 포트폴리오는 주식시장보다 연수익률을 7.68퍼센트나 앞질렀다!

2000년부터 2002년까지 침체장이 계속되면서 S&P 500은 거의 50퍼센트 떨어졌지만, 그 처참했던 3년 동안 스웨슨의 포트폴리오는 불과 4.572퍼센트의 총손실만 보이며 상대적으로 안정세를 유지했다! 주식 비중이 높은 다른 투자자들의 포트폴리오처럼 스웬슨도 2008년에 맹타격을 입었지만, S&P 500보다는 6퍼센트 포인트 정도 나은 성적을 기록하다가(스웬슨은 31퍼센트의 하락을, S&P 500은 37퍼센트의 하락을 기록했다) 나중에 반등했다(이 장의 끝에서 구체적인 수익률 계산법을 보여준다. 단, 과거의 실적이 미래의 실적을 보장하지는 않는다).

신사숙녀 여러분, 이만하면 데이비드 스웬슨은 주식시장을 장기적으로 꾸준히 이긴 진귀한 유니콘 중 하나라고 말할 근거가 충분하지 않은가?

그는 이 포트폴리오 운용에 있어서 오직 자산배분의 힘만 이용해 시장을 이긴다! 여기에 더해 당신은 최고인 그가 알려주는 조언도 지금 당장 들을 수 있다. 혹여 이번 장에서 얻은 교훈이 그게 전부일지라도 읽을 만한 가치는 크다고 본다. 그러나 가장 중요하게 이해해야 할 부분은 따로 있다. 스웬슨의 포트폴리오가 전체 시장에 비해서는 성적이 좋고 안정성이 높은 편이라고 해도, 두둑한 배짱을 필요로 하는 공격적인 포트폴리오인 것도 사실이다. 노후자금의 35퍼센트를 날릴 각오를 하고 겁 없이 덤빌 수 있는 사람은 거의 없다. 이 전략이 당신에게 맞는가? 아직 젊다면 돈을 잃어도 만회할 시간이 있다고 생각하기 때문에 이런 공격적인 투자 배합에 흥미가 동할지도 모른다. 당신이 은퇴를 바라보는 나이라면 스웬슨의 포트폴리오는 위험이 클 수 있다.

하지만 걱정하지 마라. 앞으로 다른 포트폴리오 사례도 여러 가지 보여줄 것이고, 이 중에서도 나는 레이 달리오가 알려준 포트폴리오를 보고 하마터면 의자 뒤로 벌러덩 넘어갈 뻔했다! 이 자산배분은 굉장히 멋지고 특별하기에 다음 5부에서 한 장을 통째로 할애해 설명했다. 여기서는 약간 힌트만 주겠다. 달리오의 투자 배합은 스웬슨보다는 덜 공격적이지만, 똑같은 장기적인 시간 틀을 놓고 봤을 때 달리오의 포트폴리오가 연간 수익률은 더 높았고 변동성은 훨씬 낮았다. 이만큼 순탄한 여행이 또 있을까 싶을 정도이다. 어쩌면 진정한 포트폴리오 구축의 성배일 수 있다. 그것은 내가 본 모든 포트폴리오를 통틀어 위험이 가장 낮으면서도 상당한 자산 증가의 기회를 제공하고 있었다!

> 결단의 순간에 당신이 할 수 있는
> 가장 훌륭한 행동은 옳은 결정을 내리는 것이고,
> 두 번째로 훌륭한 행동은 틀린 결정을 내리는 것이고,
> 최악의 행동은 아무 결정도 내리지 않는 것이다.
> —시어도어 루스벨트

전체 그림으로 돌아가 가장 기본적인 숫자를 어떻게 결정해야 하는지부터 생각하자. 자산의 몇 퍼센트는 위험에 노출시키고 몇 퍼센트는 안전하게 굴릴 것인가? 선택을 하기 전에 세 가지 요소를 고민해야 한다.

- 지금의 인생 단계
- 본인의 위험 감수 수준
- 본인의 유동성

부를 쌓는 여행길에 올라 본격적으로 수익을 내기 전에 투자에 실패하는 사태를 몇 번까지 감당할 수 있을 것 같은가? 젊은 나이일수록 손실을 만회할 시간도 남들보다 많기 때문에 훨씬 공격적인 방

법을 사용해도 괜찮다(하지만 패배가 제2의 천성처럼 되어버리는 사태를 원할 사람은 아무도 없을 것이다!).

자산배분의 비율은 현재의 소득이 얼마인지에 따라서도 달라진다. 소득이 높으면 실수를 해도 보충할 여력이 있기 때문이다.

내가 감당할 수 있는 위험은 얼마인가

위험 감수에 있어서는, 사람마다 감당할 수 있다고 생각하는 수준이 천차만별이다. 어떤 사람은 굉장히 안전 지향적이다. 인간의 6가지 니즈를 기억하는가? 그중 으뜸가는 니즈는 확실성이었다. 반대로 어떤 사람은 불확실성과 다양성을 갈망하면서 아슬아슬한 삶을 사랑한다. 위험 감수 수준을 고민하기 전에 자신의 기질부터 파악해야 한다. 게임을 펼친다고 가정하면 다음 중 어떤 결과를 좇겠는가?

- 현금 1000달러를 딴다.
- 50퍼센트의 확률로 5천 달러를 딴다.
- 25퍼센트의 확률로 1만 달러를 딴다.
- 5퍼센트의 확률로 10만 달러를 딴다.

문제는 또 있다. 벼르고 별렀던 여행을 갈 돈을 다 모았다. 여행 3주 전에 직장에서 해고된다. 당신이라면 어떻게 하겠는가?

- 여행을 취소한다.
- 훨씬 저렴한 여행으로 대체한다.

• 구직 전에 시간을 가져야 한다고 생각하면서 예정대로 진행한다.
• 어차피 일등석 여행은 이번이 마지막이므로 여행 기간을 더 길게 잡는다.

뉴저지 주 소재 럿거스대학이 5분이면 풀 수 있도록 온라인에 올린 20문항 퀴즈는 당신의 위험 감수 크기가 어느 정도인지 알아내도록 도와준다(http://njaes.rutgers.edu/money/riskquiz). 하지만 진짜 답은 당신의 본능 속에 존재한다.

지난 30년 동안 웰스 마스터리wealth-mastery 세미나를 진행하면서 나는 100여개 나라에서 온 사람들의 재무 인생을 변화시키기 위한 과정의 일환으로 4일간의 '부 정복하기' 프로세스에 흠뻑 빠져들게 한다. 그때 나는 그들과 함께 '돈 건네주기money pass'라는 짧은 게임을 진행한다. 게임을 시작하기 전에 나는 "돈을 교환하십시오."라고 딱 한 마디만 말해준다. 대개는 잠시 말없이 어리둥절하다는 표정만 짓다가 사람들은 돈을 교환하기 시작한다. 1달러를 꺼내는 사람도 있고 20달러를 꺼내는 사람도 있고 100달러를 꺼내는 사람도 있다. 그 다음은 짐작이 갈 것이다. 사람들은 방을 이리저리 기웃하면서 서로를 살피다가 어떤 방법으로 돈을 교환할지 결정한다. 어떤 사람은 협상을 하고 어떤 사람은 가진 돈을 다 주고, 어떤 사람은 100달러 지폐를 받고 자신은 1달러를 내준다. 사람들은 당연히 놀래서 눈이 휘둥그러져있다. 돈을 교환하기 시작한 지 3~4분 정도가 지나면 나는 "여기서 끝내죠. 자리에 앉으세요."라고 말하고는 다음 주제로 넘어간다.

이렇게 말하는 사람은 꼭 있다. "잠깐만요! 제 100달러 돌려받고 싶은데요!" 그럼 내가 말한다. "당신의 100달러인 게 정말 맞는가요?" 남자가 말한다. "물론이죠. 게임 중이었잖아요." 나는 이렇게 답한다.

"그렇죠. 게임이 끝났다고 생각하는 이유는 뭐죠?" 그러면 그 사람은 혼란스러워하면서 자리에 앉지만 얼굴에는 100달러에 대한 미련이 역력히 남아 있다. 결국 그들은 여기서 중요한 통찰을 얻는다. 스스로가 생각하는 자신의 위험 감수 수준과 실제의 위험 감수 수준은 다른 우주에 존재한다는 통찰이다. 이 남자는 본인이 높은 위험을 감당할 능력이 있다고 생각하지만 100달러를 잃은 일에도 쉽사리 좌절감을 겪는다. 나는 매번 보면서도 매번 놀란다. 잃은 돈이 1만 달러, 10만 달러, 50만 달러라고 생각해보자. 공격적인 투자자들이 비교적 단기간에 잃기도 하는 금액이다. 사람들은 진짜로 거액을 잃는 경험을 한 후에야 본인의 진정한 위험 감수 능력을 깨닫는다.

나도 지독하게 쓰라린 손해를 본 적이 있다. 무려 수백만 달러나 되는 금액이었다. 그 당시 나는 그만한 돈을 잃어도 괜찮을 만한 상태가 아니었고, 내 전 재산보다도 더 큰 금액이었다. 당신 역시 지금의 상태를 잠깐만 점검해도 정신이 번쩍 들 것이다! 하지만 금액이 얼마인지는 중요하지 않다. 잃은 돈이 100달러이든 1000달러이든 좌절감을 느끼긴 마찬가지이다. 패배의 고통은 승리의 기쁨을 훨씬 상회한다. 그런 이유에서 우리는 올시즌스 포트폴리오와 같은 무기를 쥔다면 훨씬 훌륭하게 게임을 펼칠 수 있다. 오직 자산배분만이 거액의 손해를 볼 위험을 크게 줄여줄 수 있기 때문이다.

과학이 입증했다시피 인간은 손실을 극도로 싫어하는 성향을 타고 태어나며 또한 자신의 성공 가능성을 평가하는 일에도 서투르다. 몇 번 투자에서 성공을 하면 인간은 이렇게 생각한다. "와아, 난 투자의 귀재야. 어떤 투자든 다 성공할 수 있어!" 인간의 본성이 개입해 시스템을 이길 수 있다고 착각한다. 이것을 심리학 용어로 동기적 편향 motivational bias이라고 한다. 우리 인간은 자신의 패턴 예측 능력을 실제보다 더 부풀려 평가하고 가능성이 희박한 잭팟에서는 자신이 남들보다 훨씬 운이 좋은 편이라고 생각한다. 아니라면 복권 구입자가 그토록 많은 이유를 달리 어떻게 설명하겠는가? 스톡홀름대학이 1981년에 시행한 유명한 연구에 따르면 미국 운전자 중 93퍼센트는 자신의 운전 능력이 평균 이상이라고 생각한다. 심지어 이 현상에는 풍자소설가 개리슨 케일러Garrison Keillor의 소설에 나오는 '모든 아이가 평균 이상의 능력을 가진' 가상의 마을 이름을 본떠 '워비곤 호수 효과Lake Wobegen Effect'라는 명칭도 붙었다. 확실히 하자. 자신이 평균 이상은 한다고 생각하지 않을 사람은 없다! 하지만 돈 문제에 있어서만큼은 자신의 능력이 남들보다 낫다는 착각은 스스로를 망칠 수 있다.

남자의 경우 생화학적 요인 때문에 이런 편향이 생길 수 있다. 테스토스테론 호르몬은 과잉확신을 불러온다. 여러 연구가 거듭 입증한 사실에 따르면, 여성은 자신의 미래 예측 능력을 과대평가하지 않기 때문에 그나마 더 유능한 투자자이다. 때로 자신감은 역효과를 일으키기도 한다. 꼬맹이 남자아이들이 좋은 예이다. "나는 슈퍼맨이다! 나는 하늘을 날 수 있어! 지붕에서 뛰어내릴 수 있어!" 당신이 여자라면 그 사실만으로도 장점이 될 수 있다!

시장이 오르고 또 오를 때는 투자자들은 수익률에 의해 최면이 걸린다. 모두가 성장할지도 모른다는 '가능성'에 현혹되어 그것을 확실한 성장 '확률'이라고 착각한다. 바로 그 순간부터 그들은 문제를 자초한다. 가진 돈의 대부분이나 전부를 위험/성장 버킷으로 분류되는 투자에 쏟아 붓는다. 70퍼센트를 넘어 80퍼센트, 90퍼센트 심지어 100퍼센트를 투자한다. 어떤 사람은 시장이 영원히 오를 것이라고 믿으며 빚까지 내 투자하지만 결과는 빤하다. 잘못된 자산배분하에서 경주마 한 마리에 거액을 베팅했다가 그들은 빈털터리가 되고 심지

"저 둘이 갈라지는 속도가 흥미롭군요."

어 빚더미에도 올라앉는다. 그들이 돈을 잃는 이유는 또 있다. 주식시장이(또는 금 시장이건, 부동산이건, 원자재상품 시장이건) 재미를 보기에 좋은 투자라는 말을 들을 때쯤에는 대부분은 거품이 이미 막바지에 이른 상태이다. 그렇기에 어느 한 시장이나 자산군 또는 위험/성장 버킷에 지나치게 많은 돈을 투자하고 싶은 유혹을 막기 위해서라도 반드시 적절한 시스템을 가지고 있어야 한다.

너무 기본에 충실한 소리처럼 들릴 수 있다. 만회할 수단을 다 갖췄다고 자신하는 노련한 투자자들은 더 그렇게 생각할지도 모른다. 그러나 최고 수준의 투자자일지라도 연이은 성공에 우쭐해 항로를 이탈할 수 있다. 그들은 펀더멘탈을 망각한다.

당연한 말이지만 이성에 귀를 기울이지 못하고 '비이성적 과열 irrational exuberance'에 지배되는 투자자는 언제 어디에나 있다. 그들은 "이번에는 다를 거야."라는 투자의 가장 커다란 거짓된 통념을 믿어야 한다고 스스로에게 되뇐다. 나는 그런 결말을 수도 없이 들었고 전부 슬픈 결말이다. 한 예로 조너선이라는 친구가 있다(그의 사생활 보호를 위해 가명을 사용했다). 조너선은 사업으로 꽤 큰돈을 벌었지만 호황기를 맞은 라스베이거스 부동산에 투자하기 위해 하던 사업을 정리했다. 처음 몇 번의 투자가 성공하자 조너선은 판돈을 두 배로 불리고 거액의 돈까지 빌려 계속 콘도를 지었다. 그는 내 재무 세미나에 올 때마다 번 돈의 일부를 안전 버킷에 집어넣어야 하며 지금의 수익률이 아무리 유혹적이어도 계란을 한 바구니에 담아서는 안 된다는 말을 누누이 들었다. 그는 나와 비즈니스 마스터리에서 배운 내용 덕분에 자신이 사업을 1000퍼센트 이상 키워 부동산 투자를 할 자금을 마련할 수 있었다고 말했다. 그가 회사를 매각해 번 돈은 1억 5천만 달러가 넘었다. 하지만 그는 이렇게 번 돈의 일부를 반드시 안전 버킷에 집어넣어야 한다는 말은 귀담아 듣지 않았고, 안타깝게도 대가를 치렀다. 지금이야 그도 인정하지만 그때는 그의 자존심이 고막을 틀어막고 있었다. 조너선은 억만장자를 꿈꾸었고 경로를 정확히 잡았다고 생각했다. 하지만 라스베이거스의 부동산 시장이 무너지면서 어떤 일이 일어났는지 다들 잘 기억할 것이다. 주택 가격은 끝없이 주저앉았다. 2007년부터 2012년 사이에 무려 61퍼센트가 떨어졌다. 조너선이 전 재산만 잃었다면 차라리 나았을 것이다. 그는 빌린 돈 5억 달러도 다 잃었다.

이 모든 교훈을 새겨듣기를 진심으로 바란다. 이번 장의 내용 중 절대 잊지 말아야 할 교훈을 하나로 정리하면 이렇다. 위험/성장 버킷에 모든 돈을 다 집어넣는 것은 죽음을 부르는 키스이다. 많은 전문가가 투자자의 95퍼센트는 거의 10년 뒤에는 가진 돈을 다 잃는다고 추산하는 것도 이런 이유에서다. 투자자들은 처음에는 상승세 물살을 타다가 물살이 사라지면 바윗덩이처럼 가라앉는다. 그리고는 시장 추락이라는 불가피한 사태가 발생하는 동안 재무적 손실에 온몸을 두들겨 맞는다.

충고에 전혀 귀를 기울이지 않는 사람은 결국 뼈아픈 경험으로 교훈을 얻는다. 그러나 쓰라린 교훈을 피하고 자신에 맞는 투자 선택을 하고 싶다면 이해관계의 충돌이 없는 독립적인 투자상담사의 조언을 구하는 것도 한 방법이다. 각 분야에서 수위를 달리는 프로선수들은 최고 성적을 내기 위해 코치를 둔다. 그들이 왜 그러겠는가? 코치는 선수가 경기에서 어떤 부분을 잘못했는지 알려주고 선수는 그런 작은 부분들을 고침으로써 훗날 큰 보상을 거둘 수 있기 때문이다. 당신의 재무관리에도 같은 원칙이 적용된다. 훌륭한 수임자는 당신이 10대처럼 철없이 수익률만 좇기 시작한 순간 궤도를 벗어나지 않도록 이끌어준다. 훌륭한 수임자는 당신이 치명적인 투자 결정을 내리려하는 순간 제정신을 차리도록 도와준다.

숫자 놀이

자, 이제 숫자 놀이를 할 시간이다! 상여금 1만 달러를 고스란히 가지고 있다고 치자. 아니면 10만 달러, 20만 달러, 50만 달러, 또는 100만 달러 이상의 투자 자금을 모았다고 치자. 당신은 그 돈을 전액 투자하기로 결심했다. 지금껏 배운 내용에 따르면 어떻게 쪼개는 것이 좋을까? 당신의 '새로운' 투자 철학은 무엇인가? 몇 퍼센트를 안전한 환경에서 불리고, 몇 퍼센트를 잠재적으로 더 큰 성장을 노리고 위험한 환경에 투자하겠는가?

잭 보글이 '미가공 방법crude method'이라고 부르는 오래된 경험 법칙이 있다. '나이대로 채권에 투자하라'는 법칙이다. 100에서 지금 자신의 나이를 뺀 값이 주식에 투자하는 비율이다. 지금 마흔 살이라면 60퍼센트는 위험/성장 버킷에 투자하고 40퍼센트는 안전 버킷의 채권에 투자해야 한다. 예순 살이라면 주식 비중은 40퍼센트, 채권 비중은 60퍼센트가 된다. 하지만 오늘날의 현실에 이 비율은 별로 도움이 되지 못한다. 채권과 주식 모두 변동성이 올라갔고 인간의 수명은 훨씬 길어졌다.

그러면 어떤 비율이 적당한가? 데이비드 스웬슨처럼 안전 자산에 30퍼센트, 위험한 자산에 70퍼센트를 거는 다소 위험하고 공격적인 전략에 마음이 끌리는가? 그러면 상여금 1만 달러 중 30퍼센트인 3천 달러는 안전 버킷에 넣고 나머지 7천 달러는 위험/성장 버킷에 투자한다는 뜻이 된다(투자 자금이 100만 달러라면 안전 버킷에 넣는 돈은 30만 달러이고 위험/성장 버킷에 넣는 돈은 70만 달러가 된다). 그런 식으로 쪼개도 정말 괜찮겠는가? 현금은 넉넉한가? 시간은 충분한가? 지금의 나이는 몇 살인가? 혹시 대다수 연기금이 그러듯 60/40의 더 보수적인 전략을 구사해야 하지는 않을까? 아니면 50/50이 적당할 수도 있지 않은가? 은퇴할 나이가 가까우므로 안전한 자산에 80퍼센트를 투자하고 위험한 자산에는 20퍼센트만 투자해야 할 것 같은가? 중요한 것은 남들이 어떻게 하는가가 아니다. 자신의 재무와 감정적 니즈를 충족시키는 투자를 해야 한다는 점이 중요하다.

물론 투자는 지극히 개인적인 선택이고, 금융계의 가장 똑똑한 별들도 어떤 전략이 자신과 가족에게 들어맞는지 알아내기 위해 오랜 시간을 고민한다. 나는 J.P.모건의 메리 캘러핸 어도스를 인터뷰했을 때 이렇게 물었다. "자산배분을 짤 때 이용하는 기준이 있나요? 당신의 자녀를 위해 자산배분 전략을 짜야 한다면 어떤 전략을 고안하겠습니까?"

"저는 딸이 셋이에요. 아이들은 나이도 다르고 가진 능력도 달라요. 아이들의 능력은 시간이 지나면서 변할 거고 장차 어떤 능력으로 발전할지는 저도 알 수 없죠. 씀씀이가 더 큰 아이도 있겠고 돈벌이가 좋은 분야에서 일하고 싶어 하는 아이도 있겠죠. 박애정신이 투철한 아이가 있을 수도 있고요. 살다 보면 큰 문제를 겪을 때도 있겠죠. 이를테면 건강 문제 같은 거요. 결혼을 할지 안 할지, 아이를 낳을지 아닐지는 모르는 거죠. 딸아이들마다 각기 다른 변화를 겪을 거예요. 그렇기 때문에 내가 혹여 아이들이 태어난 첫날부터 곧바로 자산배분을 짜기 시작했다고 해도 필요할 때마다 바꿀 수밖에 없어요."

"그러니 딸아이 각각의 위험 수준에 따라 자산배분도 변해야 해요. 결국 장본인이 자산배분을 완벽히 마음에 들어 하는 경우라면 모를까, 누군가에게 완벽한 자산배분을 마련해주기는 불가능하죠. 하루 일과가 끝나고 누군가가 내게 와서 '그냥 저는 밤잠을 설치지 않도록 미국채면 충분해요.'라고 말한다면 그게 그 사람에게 최상의 답일 수 있어요."

내가 말했다. "그러니까 감정적 니즈를 충족시키는 것이 중요하다는 말이죠? 돈을 목표로 두는 게 아니라요."

"맞았어요, 토니. 내가 포트폴리오의 절반을 주식시장에 투자하는 바람에 딸아이들의 스트레스가 늘어나 아이들의 행복에 피해가 간다면, 굳이 그럴 필요는 없잖아요?"

내가 물었다. "투자의 목적은 무엇입니까? 자신과 가족을 위한 경제적 자유를 확보한다는 게 가장 중요하다고 생각하는데요?"

"바로 그거예요. 원하는 것을 할 수 있게 되는 거죠. 하지만 그 대가로 잘못된 시장 환경에 머물면서 생기는 스트레스, 고통, 불안감까지 함께 치러서는 안 되죠."

세계 최고의 금융전문가로 손꼽히는 그녀가 주는 교훈은 무엇인가? 부를 쌓는 것도 중요하지만, 마음의 평화를 주는 방법으로 부를 쌓는 것이 훨씬 중요하다는 교훈이다.

어떤 방법이 마음의 평화를 주는가? 자산배분을 할 숫자를 적고 실천에 옮겨라! 퍼센트만 봐도 마음에 딱 드는가? 그 비율 안에서 걸어라. 그 숫자 안에서 살아라. 그 비율을 소유하라! 이 자산배분 비율이야말로 당신에게 확실한 재무적 미래만이 아니라 마음의 평화도 안겨줄 열쇠이기 때문이다.

다했는가? 방금 인생에서 가장 중요한 투자 결정을 내렸다. 일단 자산배분의 비율을 결정한 다음에는 새로운 인생 단계에 접어들거나 주위 상황이 극적으로 변하지 않는 이상 새로 바꿀 필요가 없다. 자신의 결정을 충실히 따르면서 포트폴리오의 균형을 유지해야 한다. 균형 있는 포트폴리오를 만드는 방법에 대해서는 조금 뒤에 자세히 설명할 것이다.

맞는 선택을 내렸는지 여전히 걱정되는가? 당신을 도와줄 담당 수임자가 있다는 사실을 잊지 말기 바란다. 게다가 굳이 수만 달러, 수십만 달러, 수백만 달러가 있어야만 자산배분을 시작할 수 있는 것은 아니다. 오늘날의 온라인 금융 서비스 환경에서는 아주 적은 돈으로도 얼마든지 시작할 수 있다.

이게 전부라고 생각하지 말기 바란다! 각 버킷 안에서 수익률을 늘릴 방법이 존재하고, 이제는 그 내용으로 넘어갈 것이다.

자산배분의 원칙을 이해했고 위험 버킷과 안전 버킷에 각기 몇 퍼센트씩을 투자할지 정한 당신에게 최고의 뉴스를 알려주겠다. 세계에서 가장 성공적이고 현명한 투자자들 50명을 인터뷰한 후 나는 안전 버킷의 보호와 위험 버킷의 수익률을 동시에 누리는 방법이 존재한다는 것을 알게 되었다. 내가 인터뷰를 한 투자자들이 입을 모아 외친 가장 중요한 조언은 "돈을 잃지 마라!"였다. 그러나 대다수 투자자에게 이 원칙은 안전 버킷의 소소한 수익률에 만족하는 수밖에 없다는 뜻이기도 하다. 앞으로 몇 장에 걸쳐 나는 하방위험 없이 상방만 누리는 방법을 알려줄 것이다. 큰 위험 없이 커다란 성장을 누리는 비결을 알려줄 것이다. 미친 소리 같지만, 이 설레는 방법은 진짜로 존재한다.

다음 장에서는 쉽고 순수한 즐거움을 주는 내용이 소개된다. 내가 지금껏 입을 꾹 다물고 말하지 않았던 세 번째 버킷은 당신의 마음에 쏙 들 것이다. 이 버킷은 재미있고 많은 영감을 주며 10년 뒤가 아니라 오늘 당장 삶의 질을 높여줄 것이다. 이제부터 드림 버킷에 무엇을 집어넣을지 같이 생각해보자.

데이비드 스웬슨은 각 자산군에 자산을 몇 퍼센트씩 배분했는지는 밝혔지만 그런 자산군을 대표하는 구체적인 지수는 알려주지 않았다. 내가 별도로 고용한 독립적인 분석가들은 각 자산군을 대표하는 지수로 아래의 지수를 이용했으며 포트폴리오는 분기별로 재조정한다고 가정한다. 단, 과거의 실적이 미래의 실적을 보장하지는 않는다. 여기서는 기본 원칙을 보여주고 설명하기 위해 과거의 데이터를 제시하는 선에서 그치기로 한다.

20% 윌셔 5000 시장지수

20% FTSE/NAREIT 리츠 지수

20% MSCI ACWI Ex USA GR 지수(미국에 본사를 둔 기업을 제외한 해외 주식 지수)

15% Barclays US Long Credit TR 지수(바클레이즈 장기채권 지수)

15% Barclays US Treasury TIPS TR 지수(바클레이즈 TIPS 지수)

10% MSCI EM PR 지수(이머징시장 지수)

CHAPTER 3

오늘을 위한 부,
드림 버킷

꿈을 꾸기를 멈추면 삶도 멈춘다.

—맬컴 포브스

드림 버킷이란 무엇인가? 부를 쌓는 동안에도 당신과 당신이 사랑하는 사람들이 인생을 즐길 수 있도록 따로 돈을 모으는 버킷이다. 내일이 아니라 오늘을 즐기기 위한 버킷이다! 더 많이 벌고 더 많이 공헌할 수 있도록 당신의 인생에 활력과 흥분을 제공해주기 위한 버킷이다. 드림 버킷에 저축을 해 마련하는 항목을 일종의 '전략적 낭비strategic splurges'라고 생각하라.

지금 당신이 갖고 싶은 것은 무엇인가? 명품 구두 한 켤레를 장만하거나 NBA 마이애미 히트 경기의 가장 비싼 자리일 수도 있다. 또는 아이들을 위한 디즈니랜드 VIP 관광일지도 모른다. 어쩌면 정기입장권이라는 더 큰 보상을 위해 드림 버킷에 돈을 모으기 시작할 수도 있다. 여름 등정을 떠나거나 겨울에 스노보드를 타러 가고 싶을 수 있다. 실용성과는 거리가 먼 미니 쿠퍼나 머스탱 한 대를 장만하고 싶을지도 모른다. 아니면 휴가용 콘도나 별장을 장만하고 싶을 수도 있다.

내가 아는 한 백만장자는 1달러라도 아끼기 위해 이코노미석을 타고 다니는데 그의 아내는 그것이 항상 불만이었다. "우리는 돈이 많아요. 그럼 좀 누리고 살아도 되잖아요?" 부부는 출장을 많이 다녔기 때문에 매번 그 문제로 다퉜다. 내 웰스 마스터리 세미나에 참석한 후 이 백만장자는 가족과 비행을 할 때는 비즈니스석을 이용하기 위해 드림 버킷을 따로 마련하기로 결정했다. 그랬더니 출장이 훨씬 편해졌고 (더 중요하게는) 가족과의 사이가 훨씬 원만해졌다. 불꽃이 타오르기 시작한 것이 보인다. 언젠가는 그는 일반 여객기를 이용하는 대신 전세기를 빌리면서 이게 돈이 더 싸게 든다고 생각하는 날이 올지도 모른다.

돈이 많은데도 생활을 즐기지 못하는 사람이 많다. 그들은 평생을 은행 잔고가 쌓이는 것만 바라보다가 돈을 모으는 동안에도 만들고 나눌 수 있는 즐거움과 기쁨을 놓치고 만다.

커리어 초반쯤이던가 내 성장 버킷이 처음으로 안타를 쳤다. 내가 꿈꾼 포상은 멘스 웨어하우스라는 남성복점에서 세일 중인 양복 두 벌을 사거나 하와이로 휴가를 떠나는 것이었다. 당시의 나에게 그것은 생각만 해도 기분 좋은 포상이었다.

피지의 내 리조트는 감히 엄두도 못 낼 정도로 굉장히 큰 꿈이었다. 이제야 말하지만 나는 스물네 살 때 남태평양 섬의 터키석 색깔의 바다를 보고는 첫 눈에 사랑에 빠졌다. 나는 나 자신과 가족과 친구를 위한 피난처를 갖고 싶었다. 시간을 들여 천천히 증축을 하면서 남태평양 최고의 휴양지 중 하나로 변모시킨 덕분에 지금 나말 리조트 앤스파는 그냥 자산 규모만 놓고 봐도 꽤 큰 크기가 되었다. 그러나 규모는 보너스에 불과하다. 그곳은 10년이 넘도록 피지 최고의 휴양지이며 오프라 윈프리는 이곳을 말년을 보내기에 가장 좋은 장소로 손꼽았다. 피난처를 만든다는 꿈에 잭팟이 터졌다.

꿈을 설계하는 목적은 재무적 보상을 얻기 위해서가 아니라 더 높은 삶의 질을 얻기 위해서이다. 재무적 보상의 달성은 앞의 두 버킷을 먼저 실현하는 것만으로도 얻을 수 있다. 그러나 드림 버킷을 실천할 때도 몇 가지 제한사항을 지켜야 한다. 가진 돈을 전부 드림 버킷에만 배분한다면 싱어송라이터 윌리 넬슨처럼 파산을 피할 수 없다. 그렇기에 균형이 중요하다. 드림 버킷의 포상이 자신만을 위한 결과물이 되어서는 안 된다. 최고의 포상은 남들과 나눌 수 있는 것이어야 한다.

꿈은 우리 인격을 보여주는 시금석이다.

—헨리 데이비드 소로

당신도 나처럼 선물 주기를 좋아하는 사람일지도 모른다. 말할 나위 없이, 최고의 선물은 기대하지 않은 깜짝 선물이다.

내 어머니는 젊은 시절 돈이 쪼들리지 않는 날이 없었고 우리 가족은 LA 동부의 허름한 주택가에서 먹고살기도 힘든 나날을 보냈다. 뉴스에서 스모그 경보를 거의 매일 발령하다시피 하는 그곳은 산책마저도 안전하게 할 수 있는 장소가 아니었다.

훗날 내 사업이 본격적인 궤도에 오른 어느 날 나는 어머니에게 헌팅턴 해변의 바닷가에 있는 콘도 한 채를 살 생각이므로 같이 살펴봐 달라고 부탁했다. 나는 어머니와 함께 콘도 주변을 걸으며 멋진 바닷가 풍경을 감상했다. 그런 다음 바다로 들어가 짠 공기를 들이켰다.

"저는 이곳이 아주 마음에 들거든요. 그래도 결정은 어머니가 하셨으면 해요. 이곳이 마음에 드세요?"

"물으나마나지! 정말 멋진 곳이구나! 전에 살던 곳에서 벗어난다는 상상만 해도 좋다. 여기가 앞으로 네가 살 곳이니?"

"어머니 마음에 드신다는 거죠?"

"마음에 들다 뿐이니!"

나는 어머니에게 열쇠를 건넸다.

"이게 뭐니?"

"어머니 거예요."

그날 어머니가 보인 놀란 표정과 기쁨의 눈물은 평생이 가도 잊지 못할 것이다. 지금 어머니는 돌아가셨지만 내 인생에서 가장 벅차게 기뻤던 그 순간을 나는 아직도 생생히 기억한다.

기다릴 필요가 없다. 당신도 지금 당장 할 수 있다. 차곡차곡 꿈을 채울 수 있다. 간절히 원하면 길이 열린다.

어머니에게 콘도를 사드리고 얼마 후에 나는 텍사스 주 휴스턴에서 빈민가에 사는 5학년 아이들 100여 명을 만나게 되었다. 아이들 대부분은 이대로라면 대학은 문턱 근처에도 가지 못할 것이 뻔했다. 그래서 나는 그 자리에서 아이들과 계약을 맺기로 결심했다. 아이들이 평점 B를 유지하고 탈선에 빠지지 않으면 4년간 대학 학비를 대주겠다는 계약이었다. 평균 점수를 넘는 아이에게는 내가 멘토가 되어 주겠다는 점도 분명히 밝혔다. 대신에 나는 두세 가지 조건을 내걸었다. 첫째는 교도소에 가는 일이 없어야 한다는 것이었고, 둘째는 고등학교 졸업 전에는 임신을 해서는 안 된다는 조건이었다. 가장 중요한 부분은, 그들이 사는 지역의 자선단체에 매년 20시간씩 봉사활동을 해야 한다는 조건이었다. 나는 왜 이 조항을 추가했을까? 대학도 좋지만 나는 무언가를 받기만 하는 것이 아니라 무언가를 나눌 수 있다는 사실을 배우는 것이 그 아이들의 인생에 훨씬 중요하다고 생각했다. 아이들의 학비를 마련해줄 뾰족한 방법도 없는 상태였지만 나는 굳게 약속을 했고, 장학기금을 전달하지 않는 일이 생기지 않도록 법적 구속력이 있는 계약서에도 날인을 했다. 재미있게도 전진 외에 다른 선택의 여지가 없는 순간에는 그런 상황이 커다란 동기부여가 될 수 있다. 내가 항상 하는 말이 있다. 섬을 차지하기를 원한다면 보트를 불태워야 한다! 그렇기에 나는 계약서에 사인을 했다. 그 5학년 아이들 중 23명은 나와의 계약을 충실히 지켜 대학에 진학했다. 몇몇은 대학원에도 진학했다. 심지어 로스쿨에 들어간 아이도 있었다! 나는 그 아이들을 나의 챔피언들이라고 부른다. 현재 그들은 사회사업가로, 회사 운영자로, 부모로 열심히 살고 있다. 우리는 몇 년 전에 모임을 가졌고 나는 그 자리에서 어린 시절 남들에게 베풀었던 경험이 평생 지속되는 행동패턴이 되었다는 가슴 설레는 이야기를 들었다. 베풂의 경험은 그들로 하여금 살아갈 가치가 있다는 사실을 믿게 해주었다. 그 경험은 그들에게 베풂의 기쁨이 얼마나 큰지를 알려주었고 자신의 아이들에게도 똑같은 가르침을 줄 수 있게 되었다.

내가 이 일을 말하는 이유는 모든 준비를 다 마친 후까지 기다렸다가 꿈을 완성하는 작업에 들어갈 필요가 없다는 사실을 알려주기 위해서이다. 지금 당장 시작한다면 길이 보이고 은총이 당신에게 다가온다. 단지 자신만이 아닌 더 많은 존재를 도와줄 무언가를 위해 열심히 노력하는 순간 은총은 찾아온다. 누군가는 은총을 행운이나 우연의 일치라고 말할지도 모른다. 어떻게 믿건 그건 본인의 선택이다. 다만 자신의 모든 것을 줄 때 무한대의 보상이 주어진다는 사실을 알아야 한다. 동기도 무척 중요하기는 하다. 하지만 그 동기가 당신에게 아무 이득도 주지 못한다는 뜻은 아니다. 그렇지 않은가?

드림 버킷의 포상은 더 큰 부를 이루도록 도와줄 것이다. 창의성을 마음껏 발휘하면서 남들에게 그 누구보다도 더 많은 도움을 줄 방법을 찾는 것이야말로 부를 창출하는 열쇠이기 때문이다. 누구보다도 가치를 더할 방법을 찾는다면 개인적으로 번영할 길도 찾을 수 있다. 타인의 인생이건 자신의 인생이건 다 적용될 수 있는 진실이다. 은퇴 계획의 속도를 높이는 방법을 논하면서, 훌륭한 사람이 되고 싶다면 다수의 종복이 되는 법을 배워야 한다고 했던 것을 기억하는가? 삶이라는 것은 더 많은 사람의 삶에 보탬이 되는 인생을 적극 지지한다. 더 많은 사람의 인생을 도와줌으로써 당신은 더 높이 오르게 되고 더 많은 보상이 당신을 찾아온다.

스스로에게 마음의 평화를 안겨주어라.

당신은 행복할 자격이 있다. 기뻐할 자격이 있다.

—한나 아렌트

드림 버킷을 채워 넣을 방법은 무엇인가? 세 가지 방법을 말할 수 있다. 첫 번째, 앞서 언급한 것처럼 기대하지도 않았다가 1만 달러의 상여금이라는 거금을 쥐는 경우이다. 두 번째, 위험/성장 버킷의 자산군이 안타를 쳐서 제법 높은 수익을 내는 경우이다. 라스베이거스 식으로 말하면 카드판의 리스크를 없앨 시간이 온 것이다. 내 수강생들 대다수는 이 차익을 쪼개 정해진 비율로 재투자하는 방법을 즐겨 사용한다. 이를테면 안전 버킷에 3분의 1, 위험/성장 버킷에 3분의 1, 드림 버킷에 3분의 1을 투자하는 것이다. 1만 달러의 상여금을 받았다면 드림 버킷에는 3333달러를 넣는다는 뜻이 된다. 위험/성장 버킷에서 번 이익의 3분의 1을 안전 버킷에 넣는다면 게임에서 얻은 돈을 이용해 가장 안전한 투자의 성장 속도를 높이고 더불어 마음의 평화도 얻는다는 뜻이 된다. 3분의 1은 위험/성장 버킷에 남겨 두었으므로 상방 잠재력이 더 높은 투자를 계속할 수 있다. 위험 감수는 여전하지만 번 돈으로 하는 것이니만큼 큰 타격은 없을 수 있다. 나머지 3분의 1은 오늘 당장 즐길 수 있는 포상을 만들어줄 드림 버킷에 집어넣는다. 이것은 자극제와 흥분제가 되어 당신으로 하여금 더 많이 벌고 더 많이 저축하고 훨씬 효과적으로 투자하겠다는 마음을 갖게 할 것이다. 미래 언젠가 얻을 보상이 아니라 오늘 당장 보상이 눈에 보이기 때문이다.

드림 버킷을 불릴 세 번째 방법은 꿈을 살 수 있는 금액이 다 모일 때까지 소득의 일정 부분을 저축하고 절대 꺼내 쓰지 않는 것이다. 드림 버킷의 꿈은 첫 집일 수도 있고, 자동차나 휴가나 아니면 오늘 당신의 인생을 밝혀 줄 재미있고 작은 물건일 수도 있다. 그것이 무엇이건, 이 돈은 프리덤펀드에 모으는 돈에서 꺼내오는 돈이 아니라는 사실을 명심해야 한다. 프리덤펀드는 절대 건드리지 말아야 할 성역이다! 그럴지라도 프리덤펀드와 드림 버킷의 자산을 동시에 불릴 방법은 얼마든 찾을 수 있다. 앞의 '속도 높이기' 부분에 나온 내용을 참고하면 된다.

- 저축을 늘리고 그 차액만큼 더 투자하라.
- 소득을 높이고 그 차액만큼 더 투자하라.
- 수수료와 서비스를 줄이고 그 차액만큼 더 투자하라.
- 수익률을 높여라.

• 생활방식을 바꿔라.

마지막 방법에 따르면, 저축의 일부는 착실하게 프리덤펀드를 위해 투자하고 일부는 오늘이나 가까운 미래에 꿈을 실현하기 위한 돈으로 따로 모을 수 있다.

당신은 어떤 전략을 택해 드림 버킷을 채워 넣겠는가? 상여금이나 주식시장에서 대박이 터지기를 기다리겠는가, 아니면 내 친구 앤절라처럼 소득의 일부를 따로 저축하겠는가? 처음에 앤절라는 재무적 자유를 위한 저축마저도 불가능하다고 생각했다는 사실을 기억하기 바란다.

그러나 이 책을 읽으면서 그녀는 플로리다로 이사를 가면 주소득세가 줄어들어 수입의 10퍼센트는 프리덤펀드에 저축하고 드림 버킷에도 따로 8퍼센트씩 돈을 모을 수 있다는 사실을 깨달았다. 세금징수원이 그녀의 드림 버킷에 넣을 돈을 마련해주는 셈이었다. 얼마나 멋진가? 게다가 덤으로 화창한 날씨도 얻을 수 있다! 그녀는 저축계좌를 찬찬히 살피면서 세금을 더 절약할 방법을 찾아냈다. 그녀는 추가로 2퍼센트를 더한 12퍼센트를 프리덤펀드를 위해 모은다. 물론 꿈을 이루기 위한 8퍼센트의 저축도 부지런히 하고 있다.

처음부터 수입의 20퍼센트를 저축할 방법이 있다는 말을 들었다면 앤절라는 현실에 전혀 맞지 않는다고 코웃음을 쳤을지도 모른다. 그러나 지금 그녀는 안전한 재무적 미래를 위해서만이 아니라 삶의 흥분제가 되어줄 중요한 단기 꿈을 위해서도 저축을 한다. 그녀는 히말라야 하이킹과 작은 보트로 하는 대양 횡단을 꿈꾼다. 또한 인류학 학위를 가진 앤절라는 세계적 권위의 고생물학자 루이스 리키Louise Leakey의 케냐 연구소에서 일하는 것이 평생 꿈이었다. 심지어 연구소에 초빙도 받았지만 당장은 돈이 없다. 하지만 앤절라가 건전한 재무 계획을 착실히 이행한다면 언젠가는 그곳으로 갈 수 있다. 재무적 안전과 독립을 이루고 동시에 모험이 가득한 인생도 살 수 있다. 그녀에게 그보다 더 멋진 일은 없다. '내일은 저축을 늘리자' 프로그램을 기억하는가? 다음에 월급이 오르면 3퍼센트는 프리덤펀드에 넣고 1.5퍼센트나 2퍼센트는 드림 버킷에 집어넣자. 생애 첫 주택 구입 계약금이나 근사한 휴가비 마련 등 이 순간 자신에게 중요한 꿈을 실현하기 위해 저축을 하는 중이라면 이 프로그램을 반드시 따라야 한다. 꿈을 실현할 방법은 많다!

굉장히 중요한 비밀이 있다. 꿈을 실현하기 위해서는 꿈의 목록을 작성하는 것이 가장 중요하다. 중요한 순서대로, 큰 꿈에서 작은 꿈 순으로, 단기적인 꿈에서 장기적인 꿈 순으로 목록을 작성하라. 그 꿈을 왜 이뤄야 하고 경험해야 하는지 이유를 적어라. 자신이 무엇을 위해 저축하는지 제대로 파악하지도 못한 채 일정 부분을 저축한다면 아무 꿈도 실현되지 못한다. 자신이 진정으로 무엇을 그리고 왜 원하는지 알고서 그 꿈에 열정을 불태우는 것이 비밀이다. 그러는 순간 갑자기 창의성이 샘솟으면서 소득과 저축을 늘릴 방법과 가치를 더 많이 제공할 방법, 아울러 세금효율을 높이고 더 훌륭한 투자자가 될 방법과 생활방식을 바꿀 방법이 눈에 들어온다. 그 결과 당신의 삶의 질이 개선되고 미래가 아니라 오늘 당장 몇 가지 꿈이 실현된다. 목록 작성이 꿈을 실현하는 가장 중요한 열쇠이다.

결정을 나중으로 미루지 마라! 지금 시간을 들여 꿈의 목록을 작성하라. 꿈이 절실해지도록 종이에 적어라. 그 꿈들을 위해 얼마씩 저축할 수 있는가? 부푼 마음으로 시작하라!

모든 위대한 꿈은 몽상가로부터 시작한다.

—해리엇 터브먼, 남북전쟁 당시의 인권운동가

결국 당신의 드림 버킷에는 총자산의 몇 퍼센트를 넣어야 한다고 생각하는가? 금액의 크기는 중요하지 않다. 5퍼센트여도 좋고 10퍼센트여도 좋다. 하지만 자신에게 보상을 주어야 한다는 사실만은 잊지 말아야 한다. 돈을 안전하게 지키고 많이 불리는 것도 중요하지만 재무적 자유에 이르는 동안에도 즐겁게 살고 베풀고 충실하게 사는 것도 중요하다는 사실을 절대 잊어서는 안 된다. 그것이 가장 중요하다. 드림 버킷은 '비오는 날'을 위해 저축하는 돈이 아니다. 지금 당장 밖에 나가 화창한 날을 만끽하는 것도 좋지 않겠는가?

할 수 없다고 생각한다면 내 친구가 말해준 어느 부부와 같은 결말을 맞이할 수 있다. 이 부부는 평생을 짠돌이로 살며 열심히 저축을 했고, 마침내 멋진 카리브 해 유람선 여행을 떠나도 좋을 만큼 충분히 돈을 모았다는 결론을 내렸다. 거대한 유람선을 타고 카리브 해의 섬들을 둘러보는 1주일간의 여행이었다. 상상해 보라. 배에는 수영장, 암벽등반, 수십 개의 레스토랑과 나이트클럽 등 유흥거리가 수두룩하게 마련돼 있다. 부부는 생각만 해도 가슴이 설렜지만 은퇴 생활을 위해 지금까지 열심히 모은 돈이 아까워 비용을 한 푼이라도 절약하고 싶었다. 그들은 사치스런 식사에 돈을 낭비하고 싶지 않았다. 크루즈 여행을 간다는 것 자체가 그들로서는 큰맘 먹고 부리는 사치였다. 그래서 돈을 아끼기 위해 부부는 여행 가방에 치즈와 크래커 여러 상자를 쟁여 넣었다. 크루즈 여행 동안 그걸로 끼니를 때우고 비싼 식사에는 절대 돈을 쓰지 않기로 다짐했다.

날씨는 완벽했고 부부는 선상에 마련된 모든 시설을 다 즐기며 근사한 시간을 보냈다. 그러나 다른 승객들이 점심과 저녁때마다 거대한 뷔페 테이블에 차려진 새우, 가재, 최고급 갈비, 산더미 같은 디저트, 세계 각지의 고급 와인 등 진수성찬을 신나게 먹고 마시는 동안 부부는 선실로 돌아가 치즈와 크래커를 먹었다. 그들은 신경 쓰지 않았다. 평생에 한 번 뿐인 여행을 충분히 즐기고 있었고 근검절약하는 자신들이 못내 뿌듯하기도 했다. 하지만 마지막 날 부부는 결심을 깨고 딱 한 번 위로 올라가 성대한 저녁식사를 사먹는 돈 낭비를 해보기로 했다! 화려한 요리가 차려진 뷔페식당으로 들어간 부부는 앞으로 먹기 힘든 최고급 요리를 접시에 듬뿍듬뿍 담았다.

디저트를 몇 접시나 먹고 와인을 신나게 마신 후 부부는 웨이터에게 요금 청구서를 가져다 달라고 했다. 웨이터는 깜짝 놀라는 표정을 지으며 물었다. "청구서요?" 부부가 대답했다. "디저트며 와인이며 이렇게 거나하게 먹었으니 돈을 치러야죠."

웨이터가 충격을 감추지 못한 표정으로 부부를 보며 반문했다. "크루즈 비용에 식사 값이 포함돼 있는 거 모르셨어요?"

식사가 제공되는 여행이었던 것이다. 이 일화는 무엇을 비유할까? 이번 (재무적) 여행에서 치즈와 크래커에 안주하지 말라는, 여행에 따르는 모든 것을 다 즐기라는 비유이다.

한 가지 더 당부하고 싶은 것은 우리를 부자로 만들어주는 것 중 대부분은 공짜라는 사실이다. 부에 이르는 비밀은 감사라는 존 템플턴 경의 말을 기억하라. 노력해서 이루거나 성취하는 것만이 부의 비밀이 아니다. 감사하는 것도 부의 비밀이다. 크루즈 여행으로 얻는 모험만이 아니라 거기서 얻을 수 있는 모든 즐거움을 시간을 갖고 다 누려야 한다. 당신이 사랑하는 사람들에서도, 아이들의 흥겨워하는 눈동자에서도, 사랑하는 사람의 기쁨에 찬 표정에서도 모험과 즐거움을 발견할 수 있다. 오늘 누리는 인생의 아름다움에 눈을 뜬다면 포상은 어디에건 존재한다. 언젠가는 결핍된 생활을 넘어설 것이라고 맹세하지 마라. 지금 당장 넘어서라. 당신이 얼마나 행운아인지, 사랑과 기쁨, 기회, 건강, 가족 안에서 당신이 얼마나 부유한 사람인지 깨달아라. 부자가 되는 것이 아니다. 당신은 처음처럼 부자이다.

지금까지 자산 유형과 자산군에 따라 적절히 투자를 배분하는 방법과, 안전/마음의 평화 버킷과 위험/성장 버킷에 각기 몇 퍼센트씩 돈을 넣어야 하는지를 배웠다. 또한 부를 쌓는 과정에서 인생에 즐거움을 더하고 자신과 타인의 인생에 더 큰 도움을 주는 금일봉을 마련하기 위해 드림 버킷에 별도로 돈을 넣어야 한다는 사실도 배웠다. 이제 4부의 마지막으로, 연수익률을 1~2퍼센트씩 올려주고 더 중요하게는 많은 투자자가 시장타이밍을 노리다가 흔히 저지르는 실수를 피하게 해줄 세 가지 간단한 기술을 배울 것이다. 아는 것이 힘이라는 사실을 절감하게 될 것이다.

CHAPTER 4

타이밍이 전부인가?

적을 만났는데, 그 적은 바로 우리야.

—포고Pogo, 게임 〈라이브 어 라이브Live a Live〉 원시편의 캐릭터

투자자와 스탠딩 코미디언의 성공 비결은 무엇인가?

타이밍이다. 그것이 비밀의 전부이다.

최고의 희극배우는 정확히 언제 허를 찔러야 하는지 잘 안다. 그리고 가장 현명한 투자자는 언제 시장에 진입해야 하는지, 언제 진입하지 말아야 하는지 잘 안다! 최고 중의 최고일지라도 매번 성공하는 것은 아니다. 코미디언이 타이밍을 잘못 잡으면 장내에는 당혹감이 서린 쥐죽은 듯한 침묵이 감돈다. 어쩌면 무대를 향해 물건이 날아올 수도 있다. 하지만 투자자가 타이밍을 잘못 잡으면 은퇴를 위한 종잣돈이 날아갈 수 있다. 그렇기에 우리에게는 미래를 읽는 능력이 없어도 타이밍을 잡게 해줄 솔루션이 필요하다.

다들 잘 알고 있듯이, 여러 자산군과 시장에 고루 포트폴리오를

분산하면 변동성이 높은 경제에서 우리 자신을 보호할 수 있다. 그러나 우리는 때와 장소가 잘 맞아떨어졌던 경험도 있고 반대로 때와 장소가 부적절했던 경험도 있다. 지금쯤은 이런 의문이 들지도 모른다. "좋아요 토니, 분산투자를 하는 방법은 이제 알았어요. 그런데 타이밍이 안 맞으면 어떡해야 하죠?"

나 자신에게도 같은 질문을 던졌었다. 꼭대기일 때 주식시장에 진입했는데 그러자마자 증시가 떨어지기 시작하면? 또는 채권펀드를 매입했는데 금리가 치솟기 시작한다면? 시장은 언제나 변동하고, 그런 변화가 언제 일어날지 꾸준히 성공적으로 예측할 수 있는 사람은 한 명도, 단 한 명도 없다.

시장의 모든 부침으로부터 우리 스스로를 보호하고 진정한 성공을 거두려면 어떻게 해야 하는가?

대다수 투자자는 군중심리에 휩싸여 승리한 주식을 추종하고 패배한 주식을 기피한다. 뮤추얼펀드 매니저들도 같은 행동을 한다. 무리를 따라 어느 것도 놓치지 않고 싶어 하는 심리는 인간의 본성이다. 프린스턴대학의 경제학자 버튼 맬킬은 내게 이렇게 말했다. "감정이 우리를 지배하고 투자자로서 우리 인간은 아주 어리석은 행동을 하는 성향이 있습니다. 우리는 부적절한 타이밍에 시장에 진입하거나 시장에서 빠져 나옵니다."

맬킬은 21세기 초 기술주 거품 때 어땠었는지를 상기시켰다. "2000년 1/4분기 동안 더 많은 돈이 시장으로 몰려들었죠. 그 당시는 어느 때보다도 인터넷주의 거품이 심하던 때였죠. 그러다 2002년 3/4분기까지 시장은 쭉 하강세였고 돈은 썰물처럼 빠져나갔습니다." 하강을 견디지 못하고 도망친 투자자들은 그 10년 동안 있었던 최고의 반등 기회 중 하나를 놓쳐버렸다! "그런 다음 2008년 3/4분기에 이르러 공

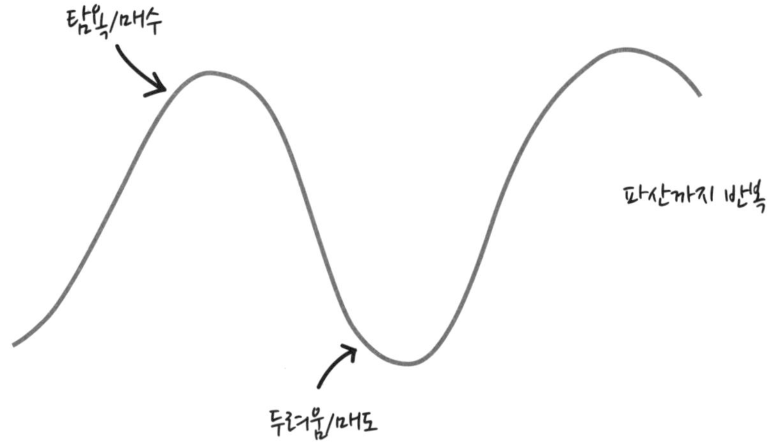

교롭게도 금융위기가 최고조에 달했고 시장에서는 유례가 없을 정도로 엄청나게 많은 돈이 빠져나갔죠. 이렇듯 감정은 우리를 지배합니다. 겁에 질리는 거죠."

모든 것이 무너져 내리는 상황에서 두려움에 지배받는 사람을 어떻게 비난하겠는가! 주식시장에서 2조 달러 이상의 가치가 사라지고 한 달이 멀다하고 미국에서 수십만 개씩 일자리가 사라지던 2009년 10월, NBC 〈투데이〉쇼의 맷 라우어Matt Lauer가 내 사무실로 전화를 걸어왔다. 그는 내게 다음날 아침 방송에 출연해 시청자들이 위기를 극복하는 데 도움이 될 말을 해달라고 부탁했다. 맷과는 오래 알고 지낸 사이인데다 그의 방송에도 여러 번 출연했던 터라 나는 흔쾌히 수락했다. 다음 날 스튜디오에 도착했을 때 프로듀서가 내게 말했다. "한 4분 정도 시청자들의 기분을 돋궈주는 말을 하시면 됩니다."

'이 사람이 농담하나?' 그런 생각이 들었다.

"시청자의 기분을 돋궈주는 건 제가 할 일이 아닌 듯싶은데요. 저는 진실을 말할 겁니다." 그리고 나는 진실을 말했다. 나는 〈투데이〉쇼 시청자들에게 두 가지 이유에서 주식시장의 멜트다운이 아직 끝나지 않았고 더 최악의 상황이 올 수도 있다고 경고했다. 그런 마당에 시청자들의 기분을 달래주는 게 가당키나 하겠는가?

"얼마 전만 해도 50달러에 거래되던 주식들이 지금은 10달러나 5달러에 거래되고 있습니다. 그게 진실이죠, 심지어 1달러로 내려가는 종목도 있을 겁니다." 앵커인 앤 커리Ann Curry의 눈이 휘둥그레졌다. 하지만 나는 이성을 잃고 달아나지 말고 두려움과 맞서 싸우라고, 힘든 시기에 훌륭한 성적을 거뒀던 사람들을 교훈으로 삼으라는 말도 덧붙였다. 시장이 추락한 대공황 시절에 큰돈을 벌었던 존 템플턴 경을 본보기로 삼으라고 말했다. 나는 70년대와 심지어 30년대에도 그랬듯이 역사를 공부하면 커다란 기회를 찾을 수 있을 것이라고 말했다. 1달러 선으로 추락한 주식이 조만간 반등할지도 모르는 일이었다. 한참 동안은 50달러 선까지 회복하지는 못하겠지만 몇 달 만에 1달러에서 5달러로 반등한 사례는 역사적으로도 많았다! 6개월 만에 400퍼센트의 수익률을 낼 수도 있다는 뜻이었다! "여러분이 충분히 강하고 현명하다면 그리고 시장의 회복세가 이어진다면 1000퍼센트가 넘는 수익도 가능합니다! 평생에 다시 만나기 힘든 위대한 투자 기회가 될 수 있습니다!"

〈투데이〉쇼의 기대에 딱 맞아떨어지는 메시지는 아니었지만 결과적으로는 아주 적절한 메시지였다. 시장이 계속 추락할지도 모른다는 사실을 나는 어떻게 짐작했을까? 내가 아주 똑똑하기 때문에? 아니다. 그렇다면 나도 바랄 것이 없겠다. 사실은 내 친구이며 고객인 폴 튜더 존스가 금융위기 1년 전부터 시장의 조짐이 이상하다고 내게 경고를 해주었다. 그는 아주 꾸준하게 정확한 시장타이밍을 파악하는 능력이 있는 진귀한 유니콘 중 한 명이다. 그가 역사상 가장 성공적이며 전설적인 투자자 가운데 하나로 손꼽히게 된 것도 그런 타이밍 예측 능력 덕분이다. 그는 1987년의 검은 월요일 사태를 예견했고 당시 모두가 우왕좌왕하며 도망을 치는 동안 고객에게 1개월 만에 60퍼센트의 수익을 내주었고 그 한 해 동안 200퍼센트의 수익률을 벌어주었다.

폴의 통찰력은 내게도 큰 도움을 주었다! 2008년 초 폴은 내게 조만간 주식시장과 부동산시장이 추락할 것이라고 경고했다. 걱정스런 마음에 나는 내 배타적 고객집단이며 1년에 서너 차례씩 만나 인간관계와 사업과 재무 측면의 혁신을 위해 강도 높은 회의를 여는 플래티넘파트너스Platinum Partners에게 연락을 했다. 나는 2008년 4월 그들에게 두바이로 날아와 긴급회의를 열자고 전화를 걸었다. 그들에게 다가올 위기를 경고해주고 대응 방안을 마련하도록 도와주기 위해서였다. 예측 능력은 힘이라는 사실을 기억하자. 4개월 내지 6개월에 걸쳐 시장이 반등하면서 내 고객 중 상당수는 역사상 최악의 경제 위기로 손꼽히는 상황에서도 이익을 낼 수 있었다.

말할 필요도 없이 2008년 마지막 분기 내내 주가는 곤두박질쳤다. 2009년 3월까지 시장 상황은 아주 나빴고, 한 예로 꼭대기 가격이 57달러이던 시티그룹의 주가는 내가 경고했던 대로 0.97달러로 떨어졌다. 아닌 말로 은행 ATM에서 돈을 인출할 때 내는 수수료보다도 적은 금액으로 시티그룹의 주식 1주를 살 수 있었다!

이런 특별한 상황을 만나면 투자자는 어떻게 해야 하는가? "최고의 기회는 비관주의가 최고로 커졌을 때 온다."라는 존 템플턴 경의 슬로건을 믿거나 "남들이 탐욕을 부릴 때 두려워하고 남들이 두려워할 때 탐욕을 부려라."라는 워런 버핏의 신조를 믿는다면 그때야말로 염가 할인된 주식을 퍼 담기에 좋은 시기였다. 왜인가? 현명한 장기 투자자는 언제나 계절이 바뀐다는 사실을 알기 때문이다. 그들은 겨울이 매수의 적기라고 말한다. 그리고 2009년의 첫 두세 달은 끔찍할 정도로 추운 겨울이었다! 그렇게 추운 때가 부를 모을 수 있는 시기이다. 아주 오래 기다리기는 해야 하지만 그래도 봄은 언제나 오기 때문이다.

하지만 시장이 무너질 때 두려움에 사로잡혀 팔지 않으면 안 될 것 같은 감정에 사로잡힌다면? 이런 생각이 저절로 들 수 있다. "토니, 2008년에 내가 실직을 하고 다른 소득원이 전혀 없는 상황이었다면요? 아이들 등록금을 내야 하고 은행 대출도 되지 않는 상황이라면요?" 2008년에 당신이 주식을 팔아야 했다면 나로서는 그 심정을 이해한다고 말할 수밖에 없겠지만 그럴지라도 생활비를 마련할 다른 방법을 찾았다면 더 좋았을 것이라는 말도 덧붙이고 싶다.

시장이 추락했을 때 펀드를 환매한 개인투자자들은 뼈아픈 교훈을 얻었다. 그들은 반등의 물결에 올라타지 못하고 손실 상태에 영원히 갇혔다. 혹여 주식시장으로 다시 돌아온 투자자들은 훨씬 높은 가격을 치러야했다. 알다시피 시장이 폭등하면서 원상태를 회복했기 때문이다.

그 짧은 기간 동안 많은 사람이 엄청난 손실을 입고 크게 고통스러워하는 모습을 보면서 나는 가장 중요한 투자의 혜안을 대중에게 알려주고 싶다는 강박증 비슷한 것에 사로잡혔다. 그리고 그 강박증이 이 책을 탄생시킨 촉매제가 되었다.

여기서 더 나아가 나는 고빈도매매를 탄생시킨 것과 같은 수준의 금융 지혜를 일반투자자들도 유리하게 활용할 만한 방법은 없는지도 알아보고 싶었다. 실제로 고빈도매매 매니저들은 하방 없이 상방만 누린다고 말해도 과언이 아니다. 그들은 사실상 돈을 벌기만 하고 잃는 경우는 거의 없다.

그렇다면 희소식은 무엇인가? 다음 5부에서 시장을 빠져나오지 않아도 결코 손실을 보지 않는 방법이 있다는 사실을 배울 것이다. 어떻게 그럴 수 있는가? 타이밍 걱정을 전혀 할 필요가 없는 금융 도구가(구체적으로 말하면 보험이) 있기 때문이다.

시장이 올라갈 때는 돈을 벌고 시장이 10퍼센트, 20퍼센트, 30퍼센트, 심지어 50퍼센트 떨어지더라도 (보험회사의 보장에 따라) 단 한 푼도 잃지 않는다. 그렇게 좋은 것이 정말로 있겠냐는 의문이 들겠지만 사실이다. 그것이야말로 마음의 평화를 주는 포트폴리오를 만들기 위한 가장 중요한 지식이다. 지금부터 나는 전통적인 형태의 투자에 있어서 위험을 크게 줄이고 수익률을 최대화해주는 세 가지 금융 툴을 보여주려 한다.

미래는 예전의 미래가 아니다.

—요기 베라

예측은 어렵다. 특히 미래를 예측하기는 더더욱 어렵다.

—닐스 보어

2009년 3월 2일 폴 튜더 존스는 내게 시장이 완전히 바닥을 치고 있으며 조만간 가격이 오를 것이라고 말했다. 봄이 오고 있었다. 그래서 나는 다음처럼 트윗을 날렸다.

"감사는 모든 감정의 어머니이다. 그것은 인간의 의식 안에 존재하는 감정을 가장 숭고하게 표현하는 것이다." 힘든 시기에도 감사하는 마음을 잊지 않기를.

"화염 위에서 춤을 추는 동안에도 먼 미래를 주시하는 것이 위기관리의 비결이다!"
– 필립 행든 경

"시장은 절대 틀리지 않는다. 틀린 것은 사람들의 의견이다." 악명 높은 트레이더 제시 리버모어
– 나는 시장 타이머가 아닙니다. 행운을 빕니다, 토니!

공부를 하고 투자 결정은 본인이 직접 내리고, 감당할 수 있는 투자만 해야 한다. 이건 아무렇게나 말하는 충고가 아니라 조심하라는 경고이다.

나는 세계 최고의 금융 트레이더 중 한 명을 코치한다. 올해로 17년째이다. 트레이딩에 대한 조언이 아니라 어떤 결론을 내리는지 관찰하고 그것을 알게 해주는 것이 내 역할이다.

여러분의 질문에 대한 답. 나는 내 아내를 보호하기 위해서라면 당장이라도 죽을 수 있고 내 아이들을 위해 목숨도 바칠 수 있다. 사랑을 위해서라면 기꺼이 죽을 수 있다!

내가 주식시장의 향방에 대한 정보를 트위터에 올린 것은 그 때가 처음이었다. 이미 드러났듯이 불과 7일 후인 3월 9일 미국 증시는 그 말 그대로 움직였다. 바닥을 때리고 반등했다. 가격이 조금씩 오르는가 싶더니 이륙하기 시작했다. 2009년 3월 9일 1.05달러이던 시티그룹의 주가는 같은 해 8월 27일에는 5달러까지 올랐다. 400퍼센트나 올랐다![11] 두려움을 극복하고 남들이 다 팔 때 이 종목을 매수했다

11 주식 차트 대부분에는 시티그룹의 2009년 3월 9일 거래가는 10.50달러, 2009년 8월 27일의 거래가는 50.50달러라고 적혀 있다. 이것은 정확하지 않다. 대부분의 차트는 2011년 3월 6일에 시티그룹이 행한 액면병합(reverse stock split: 여러 주를 하나로 합쳐 액면가격과 시장가격을 조정해 다시 주식을 발행하는 행위. 주식분할의 반대 개념—옮긴이)을 반영해 여기에 맞게 다시 그려진 것들이다. 4월 5일에 1주당 4.48달러이던 주식을 10개씩 묶어 1주가 되면서 거래가는 주당 44.80달러가 되었고, 같은 날 종가는 조금 올라간 45.20으로 마감했다. 이렇게 해서 290억 주이던 시티그룹의 주식 수는 주당 가격을 끌어올리기 위해 29억 주로 병합되었다. 〈월스트리트저널〉은 2011년 5월 10일자 기사에 이렇게 적었다. "시티그룹은 2007년 이후 처음으로 주당 40달러 선에 올랐다. 금요일 종장 이후 주당 가격이 850퍼센트 이상 오른 때문이었다. 단, 여기서 투자자들이 번 이득은 한 푼도 없었다."

면 떼돈을 벌 수 있었을지도 모른다!

시장의 과거 패턴으로 미래의 패턴을 예측할 수 있으며, 폴 튜더 존슨이건 아니면 내가 아닌 누구건 계속해서 성공적으로 시장의 변동을 예측하는 것이 가능하다고 말할 수 있다면 얼마나 좋겠냐만 불가능한 일이다. 시장이 지나치게 팽창되어 있어서 또 한 번 조정 작용이 일어날 가능성이 높아 보이던 2010년 10월 나는 동영상을 통해 다시 경고 신호를 내걸었다. 가능성이 높은 거대한 충격으로부터 사람들이 자신을 보호할 수 있도록 신중하게 결정을 내리기를 바라는 마음에서였다. 그러나 이번에는 우리가 틀렸다. 그 누구도 미국 정부가 인류 역사상 어떤 정부도 하지 않았던 조치를 취할 것이라고는 짐작하지 못했다. 미국 정부는 이른바 시장 부양을 위해 4조 달러를 '찍어내기로' 결정하고는 경제가 회복될 때까지 양적 완화를 무한정 계속

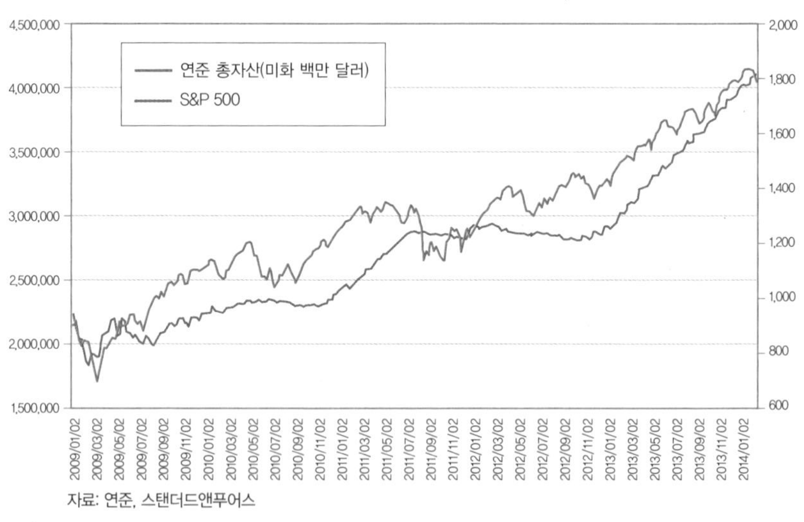

자료: 연준, 스탠더드앤푸어스

연준 총자산(단위: 미화 백만 달러)과 S&P 500 주간 지수

할 것이라고 세계에 발표했다. 대차대조표에 0을 늘리는 마법을 부림으로써 연방준비위원회는 금융계에 현금을 펌프로 퍼 나르고 그 돈으로 대형 은행들로부터 채권(주택담보부채권과 미국채)을 되살 수 있었다. 이렇게 하면 비정상적인 저금리 기조가 유지되고 저축자나 어느 정도의 수익을 노리는 투자자들은 주식시장으로 눈을 돌릴 수밖에 없다. 그리고 연준은 그런 조치를 몇 년이나 취했다. 미국 증시가 그런 설탕 중독에 취해 위에서 내려오지 않는 것도 당연한 결과였다!

시장을 예측할 수 있다고 생각하면 오판이다. 시장에는 예측 불가능한 요소가 언제나 도사리고 있기 때문에 세계 최고일지라도 매번 시장을 예측하기란 불가능하다. 종목 선정과 마찬가지로 시장타이밍을 맞추는 문제 역시 애널리스트 군단을 보유한 대가들에게 일임하는 것이 최상이다. 이를테면, 시장의 여러 방향에 걸쳐 다양하게 베팅을 했기 때문에 한두 번쯤 오판을 해도 큰 타격이 없는 폴과 같은 대가들에게 일임해야 한다. 하지만 그렇다고 시장타이밍의 '개념' 자체를 이용할 수 없다는 뜻이 아니다. 앞으로 배울 단순하지만 강력한 원칙 몇 가지를 적절히 활용하면 일반투자자들도 시장의 오르막과 내리막이 제공하는 기회를 이용할 수 있다. 오르막이건 내리막이건 자신의 감정을 배제하고 투자 스케줄을 자동화해야 한다. 버튼 맬킬이 내게 한 말이 있다. "시장을 통제할 수는 없지만 당신이 치를 대가는 통제할 수 있습니다. 감정에 고사당하지 않기 위해서는 자동 파일럿에 올라타야 합니다."

투자자들은 정작 시장의 조정이 진행되었을 때보다
조정을 준비하거나 조정을 예상하는 과정에서 훨씬 많은 돈을 잃었다.
—피터 린치

기법 중 한 가지는 워런 버핏의 최초 스승이며 현대 투자의 아버지라고 할 수 있는 벤저민 그레이엄Benjamin Graham 시절까지 거슬러 올라간다. 20세기 중반에 컬럼비아 비즈니스스쿨의 교수였던 그레이엄은 '적립식투자'라는, 이름은 고리타분하지만 내용은 상당히 강력한 기법의 선구 주자였다. (실제로 버핏은 투자의 제1원칙 "돈을 잃지 마라!"를 처음 생각한 사람이 그레이엄이었다고 말한다.) 적립식투자는 모두가 두려워하는 실수를 범할 가능성을 줄이기 위해 고안된 방법으로, 가격이 떨어지기 직전에 사고 가격이 오르기 직전에 투자에서 발을 빼는 기법이다.

자산배분의 두 가지 열쇠인 '여러 자산군에 나눠 분산투자를 하라'와 '다양한 시장에 분산투자하라'는 앞에서 이미 배웠다. 마지막으로 세 번째 열쇠가 있다. 바로 '여러 시간에 나눠 분산투자를 하라'는 것이다. 세 번째 열쇠는 자산배분 계획을 활성화하는 방법이라고 생각하면 된다. 자산배분이 이론이라면, 적립식투자는 이론을 실천하는 방법이다. 지금은 시장이 너무 높은 것 같아서 시장이 떨어진 직후에 진입하고 싶은 마음에 투자를 뒤로 미룬다거나 혹은 당장은 수익률이 높지 않은 펀드를 손절매하거나 무시하는 등 감정에 지배되는 순간 애써 마련한 훌륭한 자산배분 계획이 망가진다. 적립식투자는 바로 이렇게 감정에 지배되는 것을 피하도록 도와준다.

적립식투자 애호가들의 말을 빌리면(여기에는 잭 보글과 버튼 맬킬 같은 대가도 포함돼 있다) 이 방법이야말로 밤잠을 푹 잘 수 있는 비결이다. 자신의 투자가 불안정한 시장에서 무사히 살아남을 뿐 아니라 경제 여건에 상관없이 장기적으로는 계속 성장할 것임을 알기 때문이다. 듣기만 해도 좋다. 방법도 간단하다. 매달이건 매분기이건 시간을 정해놓고 매번 같은 금액을 투자하면 된다.

아주 쉽다.

다만 두 가지 주의 사항을 경고하고 싶다. 첫째, 적립식투자는 반직관적이기 때문에 수익에는 별 도움이 되지 않을 것 같다고 생각하기 십상이다. 그러나 조금 뒤에 설명하겠지만 이 반직관적인 방법이 오히려 우리에게는 득이 된다. 적립식투자의 목표는 투자에서 감정을 배제하는 것이다. 탐욕이건 두려움이건 감정이야말로 성공 투자를 망치는 지름길이기 때문이다. 둘째, 적립식투자의 장기 효과에 대해 최근 의견이 분분한데 나는 양쪽의 의견을 모두 보여줄 것이다. 그럴지라도 일단은 투자자들이 가장 일반적으로 사용할 수 있는 적립식투자와 잠재적 영향부터 알고 넘어가자.

가령 Q라는 투자자가 매달이든 매주든 시간을 정해놓고 자산배분비율에 따라 각 자산군에 정액을 투자한다면, 시장의 변동성은 Q의 이득을 줄이기는커녕 늘려주는 역할을 한다. 매달 1000달러를 쪼개 위험/성장 자산에 60퍼센트, 안전 자산에 40퍼센트를 투자한다면 각 자산군의 현재 가격이 얼마이든 Q는 600달러와 400달러씩 똑같은 금액을 투자하는 것이다. 시간이 지나며 생기는 변동성은 투자자 Q의 편을 들어주는 친구가 되어준다. 언뜻 보기에는 직관에 전혀 부합되지 않지만 버튼 맬킬이 보여준 훌륭한 예는 그 직관을 뒤집고도 남는다.

잠깐 문제 하나를 풀어보자. 정답은 조금 뒤에 알려주겠다. 한 해에 1000달러씩 5년 동안 인덱스펀드에 투자한다면 다음 두 지수 중 어느 쪽의 수익률이 더 높을 것 같은가?

지수 1

- 첫 1년 동안 지수가 주당 100달러에 머물러 있다.
- 다음 해에 지수는 60달러로 떨어진다.
- 3년째에는 60달러에 머물러 있다.
- 4년째에 갑자기 140달러로 치솟는다.
- 5년째에는 첫 해와 똑같은 수준인 100달러로 마무리된다.

지수 2

- 첫 1년의 시장 지수는 100달러이다.
- 2년째는 100달러이다.
- 3년째는 120달러이다.
- 4년째는 130달러에 머무른다.
- 마지막 5년째는 140달러가 된다.

5년이 지난 뒤 어떤 지수가 더 높은 수익률을 낳아줄 것이라고 생각하는가? 본능적으로는 2번 시나리오가 꾸준히 상승하기 때문에 수익률이 더 좋을 것 같지만 아니다. 변동성이 높은 시장에서는 규칙적으로 정액을 투자하는 것이 실제로는 수익을 더 높일 수 있다.

이렇게 생각하면 된다. 주기적으로 정액을 투자한다는 가정에 따르면, 1번 시나리오의 경우는 지수가 60으로 떨어지면 매수하는 주식 수가 더 많아진다. 따라서 주가가 다시 올랐을 때는 보유한 시장도 더 많아진다는 소리가 된다!

버튼 맬킬은 왜 그런지를 설명한다.

5년 동안 꾸준히 오름세인 시장에 투자할 경우 5천 달러는 5915달러가 된다. 나쁘지 않다.

광범위한 분산투자를 행하는 펀드 포트폴리오 vs. 미국 주식에만 투자하는 포트폴리오

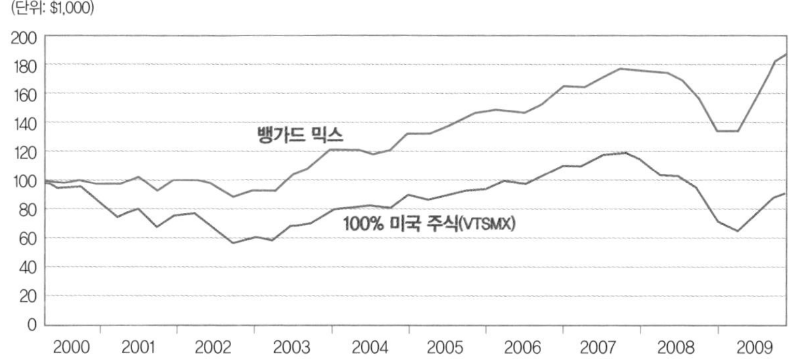

채권 33%(VBMFX), 미국 주식 27%(VTSMX), 선진 해외 시장 14%(VDMIX), 이머징 시장(VEIEX), 부동산투자신탁 12%(VGSIX)

자료: 모닝스타, 뱅가드

상호 이익

하지만 변동성이 높은 시장에 투자할 경우에는 6048달러가 되어 수익이 14.5퍼센트나 더 많아진다. 버튼 맬킬은 대다수 투자자가 1번 시나리오의 효과를 제대로 활용하지 못한다는 데 문제가 있다고 말했다. "시장이 떨어지면 그들은 '맙소사! 팔아야겠어!'라고 외치죠. 냉정함을 잃지 않고 꾸준히 길을 걷는 게 중요합니다."

투자자들은 2000년대 첫 10년인 잃어버린 10년의 금융위기 동안 혹독한 교훈을 치렀다. 2000년대 처음 몇 년 동안 미국 주식에 직접 투자했던 투자자들은 폭삭 망했다. 1999년 12월 31일 S&P 500에 투자한 1달러는 2009년 말에 90센트가 되었다. 그러나 버튼 맬킬이 말하기를, 같은 기간 동안 적립식투자로 여러 시간에 걸쳐 꾸준히 같은 금액을 투자했다면 거꾸로 수익이 났다!

〈월스트리트저널〉에 실린 "'사서 보유하라'는 여전히 승리 기법이다"라는 제목의 칼럼에서, 버튼 맬킬은 미국 주식, 해외 주식, 이머징

시장 주식, 채권, 부동산 시장을 아우르는 인덱스펀드 바스켓에 2000년 초부터 2009년 말까지 분산투자했을 때의 수익률을 설명했다. 초기 투자금이 10만 달러라면 19만 1859달러로 늘어난다. 잃어버린 10년 동안 무려 6.7퍼센트가 넘는 연수익률이 나는 것이다.

"적립식투자는 시장의 변동성을 유리하게 활동할 수 있게 해주는 비결입니다."라고 맬킬은 말했다.

워런 버핏의 멘토인 벤저민 그레이엄도, 버튼 맬킬을 비롯해 가장 존경을 받는 학자들도 정해진 소득에서 일정 비율을 투자할 때는 적립식투자를 이용해야 한다고 단호히 주장한다. 그러나 목돈을 한 번에 투자할 때는 가장 적절한 접근법이 아닐 수 있다. 돈의 흐름에 맞는 상황에 투자를 원한다면 이 장의 맨 뒤에 따로 소개한 '적립식투자와 거치식투자lump-sum investing의 비교'를 참조하기 바란다.

적립식투자는 주식만이 아니라 포트폴리오에 속한 모든 자산군에 미리 정해놓은 비율대로 체계적으로 정해진 금액을 투자하는 것을 의미한다.

변동성은 적립식투자의 친구가 될 수 있으며 또한 포트폴리오를 계속 추적하면서 시기적절하게 '재조정rebalancing'을 하는 것도 가능하게 해준다.

적립식투자의 효과를 가장 높일 수 있는 방법은 무엇인가? 401(k)나 403(b)(미국의 교육기관이나 비영리재단 근무자들이 이용하는 401(k)와 비슷한 은퇴저축계좌—옮긴이)를 통해 정해진 날짜에 정액을 자동적으로 펀드로 투자하는 사람들은 이미 적립식투자의 효과를 누리고 있는 셈이다. 일반 직장인이 아니라 이러한 자동이체 계좌를 마련하지 않았다면 지금이라도 마련할 수 있다. 자영업을 하는 내 친구 하나는 뱅가드에 세금우대 은퇴저축 계좌를 개설해 거기에서 매달 1000달러를 여러 인덱스펀드 계좌로 자동 이체한다. 그녀는 시장이 너무 높다고 생각될 때건 너무 낮다고 생각될 때건 투자를 한다는 원칙을 지킬 자신이 없어서 투자 행동에 감정이 개입될 여지를 제거했다. 그녀는 이제 더는 타이밍을 고민하지 않는 장기 투자자이다. 시스템이 자동화된 탓에 공이 그녀의 손을 떠났기 때문이다.

적립식투자를 훨씬 쉽게 하는 방법이 있다. 스트롱홀드에 계좌를 만들면 이 모든 작업을 알아서 자동으로 행해준다.

또한 다음 5부에서는 변동성이 높은 시기에 원금 손실을 막아줄 아주 특별한 툴을 보여줄 것이다. 이 도구를 사용하면 주식시장에서 타이밍을 잘못 잡아도 원금 손실이 전혀 없다. 반대로 타이밍을 잘 잡으면 굉장히 큰 수익이 가능하다. 하지만 이 툴로 넘어가기 전에 오랫동안 효과가 입증된 투자 패턴을 살펴보자. 진정한 부를 향해 나아가는 동안 저축을 보호해주고 프리덤펀드를 최대한 키우도록 도와줄 패턴이다.

피해야 할 투자 패턴

데이비드 스웬슨과 버튼 맬킬은 가끔씩 서로 차이나는 금융 접근법을 취한다. 하지만 두 사람을 비롯해 내가 인터뷰를 했던 다른 전문가들도 한 가지 교훈에는 동의했다. 성공적인 투자자가 되려면 포트폴리오를 주기적인 간격으로 재조정해야 한다는 교훈이다.

자산배분 버킷을 관찰하면서 지금의 자산배분 비율이 여전히 적절한 것인지 검토해야 한다. 어떤 때는 포트폴리오의 한 자산이 같은 버킷의 다른 자산군에 비해 균형이 안 맞을 정도로 크게 성장한 것을 보고 균형 감각을 상실할 수 있다.

예를 들어, 위험/성장 버킷에 60퍼센트를 투자하고 안전 버킷에는 40퍼센트를 투자했다고 치자. 6개월 후 투자 계좌를 확인했더니 위험/성장 버킷의 자산이 하늘을 날고 있다. 이제 이 버킷의 비중은 60퍼센트가 아니라 75퍼센트가 되었다. 결과적으로 안전 버킷의 비중은 40퍼센트가 아닌 25퍼센트로 줄었다. 포트폴리오를 재조정해야 한다는 뜻이다!

적립식투자와 마찬가지로 포트폴리오 재조정도 보기에는 간단하지만 많은 의지력이 필요할 수 있다. 또한 이익을 최대화하고 손실을 예방하는 데 포트폴리오 재조정이 얼마나 중요하고 큰 영향을 주는지 이해하지 못한다면, 그 순간은 괜찮아 보이는 모멘텀 투자를 좇는 사태가 생길 수도 있다. 투자자는 현재의 성공이 영원히 이어질 것이고 지금의 시황이(주식시장이건, 부동산시장이건, 채권이건, 원자재상품 시장이건) 상승이라는 한 방향으로만 계속될 것이라고 착각하는 최면에 걸린다.

이런 감정과 심리 패턴으로 인해 사람들은 한 투자에 지나치게 오래 머무르다가 결국에는 처음에 그토록 뿌듯해했던 투자 이익을 전부 날려버린다. 가격이 여전히 가파른 오름세인 자산을 팔고 그 돈을 가격이 떨어졌거나 성장세가 느린 다른 자산에 투자하기 위해서는 여간한 의지력이 필요한 것이 아니다. 그리고 이런 의지력이야말로 평범한 사람을 위대한 투자자로 만든다.

나는 이 원칙의 강력한 사례를 투자계의 아이콘인 칼 아이컨을 방문했던 날에 직접 목격했다. 아이컨이 넷플릭스Netflix 주식으로 거의 8억 달러에 달하는 차익을 거뒀다는 발표가 나간 직후였다. 그는 전년도에 주당 58달러에 넷플릭스 주식을 다량 매입했고 이제 341달러에 주식을 매도할 생각이었다. 처음에 넷플릭스 투자를 건의했던 아들 브렛은 아버지의 주식 매각에 반대를 표했다. 브렛은 넷플릭스 주식이 앞으로도 더 크게 성장할 것이라고 확신했다. 칼도 아들의 생각에는 동의했지만, 포트폴리오 자산을 재조정할 필요가 있었다. 자산을 조정하지 않으면 그 막대한 차익의 일부를 잃는 사태가 벌어질지도 모르는 일이었다. 칼은 잠재적 성장에 대비해 넷플릭스 주식 2퍼센트는 팔지 않았지만 나머지는 매각해 487퍼센트의 차익을 냈고, 이 이익을 포트폴리오의 다른 자산에 투자했다. 이 돈 중 일부를 가지고 여전히 저평가된 것으로 보이는 다른 회사의 주식 23억 8천만 달러어치를 샀다. 바로 애플 주식이었다. 칼은 비쌀 때 팔았고 쌀 때 샀다. 그 과정의 핵심은 바로 포트폴리오 재조정이었다.

억만장자가 하면 우리도 해야 한다

포트폴리오가 균형을 잃었다면 어떻게 해야 하는가? 위험/성장은 60퍼센트, 안전 버킷은 40퍼센트로 정했는데 앞에서도 말했듯 주가가 치솟아서 현재 비율은 75/25가 되었다. 이럴 경우, 25퍼센트가 다시 40퍼센트로 올라갈 때까지 위험/성장 버킷에 집어넣는 주기적인 적립금을 안전 버킷으로 돌려서 집어넣는 재조정 행동이 필요하다. 아니면 위험/성장 버킷에서 번 차익이나 오름세인 투자의 일부를 정리해 채권이나 제1신탁증서 혹은 안전 버킷의 다른 자산군에 재투자해야 한다. 그러나 리츠나 해외 주식 등 위험 자산군의 가격이 갑자기 하늘 높은 줄 모르고 치솟는 상황에서 이렇게 하기란 결코 쉽지 않다. 하늘을 나는 로켓에서 뛰어내리고 싶은 사람이 누가 있겠는가? 더 많은 이익을 거두고 싶은 마음이 굴뚝같다. 하지만 위험 노출을 줄이고 지금까지 번 가치 상승이나 차익을 일부라도 확실히 지키기 위해서는, 판에서 손을 털고 일어나 그 자산을 정리해야 한다.

적립식투자를 할 때와 마찬가지로 자산 재조정에서도 감정을 배제해야 한다. 포트폴리오 재조정은 마음이 가는 방향과 정반대로 움직이라고 강요한다. 투자에 있어서는 대체로 그 정반대 방향이 맞는 방향이다.

실제 사례를 하나 보여주겠다. 2013년 여름, S&P 500 지수는 신기록 갱신을 향해 질주하고 있었지만 채권은 여전히 빈약한 수익률만을 토해내고 있었다. 이 와중에 주식을 팔고 채권을 사고 싶겠는가? 절대 아닐 것이다. 재조정 규칙은 처음의 자산배분 비율로 돌아가야 한다고 말하고 있지만 마음속 목소리는 이렇게 외쳐댄다. "이봐, 멍청아! 왜 느림보한테 돈을 걸려고 해?"

재조정의 규칙이 무조건적인 승리를 장담하지는 못한다. 그러나 재조정의 규칙을 따를수록 더 많이 더 자주 승리할 수 있다. 포트폴리오 재조정은 성공 확률을 높여준다. 그리고 장기적으로 따졌을 때는 이 성공 확률이 우리가 하는 투자의 성패를 좌우한다.

현명한 투자자는 심지어 같은 시장과 자산군 내에서도 재조정이 필요하다는 사실을 잘 아는데 이것은 훨씬 고통스러운 일일 수 있다.

2012년 7월 애플 주식을 여러 주 보유하고 있었다고 가정해보자. 앞서 두 분기 동안 최대 44퍼센트가 치솟아 614달러까지 오른 주식을 판다는 것은 바보짓이라고 치부되기 십상이다. 하지만 애플 주식이 포트폴리오를 좌우하는 상황이라면(44퍼센트가 올랐다면 포트폴리오의 균형이 아주 크게 무너졌을지도 모른다) 재조정 규칙에 따라 애플 주식을 일부 팔고 원래의 비율로 돌아가야 한다. 왜 그래야 하는가? 애플 주식이 롤러코스터를 타듯 널뛰었기 때문이다. 2012년 9월에는 정점까지 치솟아 주당 705달러가 되더니만 다음 해인 2013년 4월에는 385달러로 곤두박질쳤고 같은 해 7월에는 조금 오른 414달러였다. 재조정을 하지 않아 41퍼센트나 손해가 났다.

포트폴리오의 재조정은 얼마나 자주 해야 하는가? 대다수 투자자들은 1년에 한두 번 정도 한다. J.P. 모건의 매리 캘러핸 어도스는 재조정은 굉장히 강력한 도구이기 때문에 '항상' 한다고 말한다. '항상'의 의미는 무엇인가? "원래 세운 자산배분 계획에 따라, 아니면 세상이 돌아가는 상황에 맞춰 수정한 계획에 따라 포트폴리오를 수시로 충격파로부터 보호해줘야 합니다. 또한 하나로만 딱 정해놔서도 안 됩니다. 포트폴리오를 지속적으로 평가해야 합니다. 그렇다고 강박적으로 평가에만 매달려서도 안 됩니다."

반대로 버튼 맬킬은 강세장의 모멘텀을 타는 것에 긍정적이다. 그는 1년에 한 번만 포트폴리오를 재조정하라고 충고한다. "나는 거래를 남발하는 투자자가 되고 싶지도 않고 자산 가격이 올랐다고 해서 그것을 팔고 싶지도 않습니다. 나는 훌륭한 자산군에는 적어도 1년 정도는 뛰어놀 시간을 줍니다."

얼마나 자주하는가에 상관없이 재조정은 우리를 높은 위험에서 보호해줄 뿐 아니라 수익률을 극적으로 높여줄 수도 있다. 적립식투자와 마찬가지로, 재조정 규칙은 실적이 저조한 자산을 가격이 낮을 때 매입하게 해줌으로써 훗날 가격이 오를 자산을 더 많이 보유할 수 있게끔 해준다. 차익을 포트폴리오의 다른 선수들에게 골고루 나눠주는 것이라고 생각하면 된다. LA 레이커스의 공격 포지션 선수가 공을 다른 선수에게 넘겨 포지션을 바꾸거나 혹은 결승선을 향해 달리던 주자가 다음 선수에게 배턴을 넘겨 승리를 거머쥐게 하는 것과 비슷하다고 보면 된다.

다만, 재조정의 빈도는 세금에 큰 영향을 미친다는 사실을 명심해야 한다. 세금이연이 가능한 투자가 아니거나 1년 미만 보유한 자산을 매도해야 할 경우에는 그나마 낮은 장기투자세가 아니라 높은 경상소득세를 내야 한다!

포트폴리오 재조정이 다소 어렵고 힘들게 느껴진다면 스트롱홀드나 다른 전문 수임자를 선정해 의뢰를 하면 대신해서 자동적으로 그 일을 행해준다. 그들은 재조정의 효력을 고스란히 누리면서 동시에 세금효율도 가능한 방법을 알려줄 것이다.

지금까지 자산배분만 가지고 위험을 줄이고 수익률을 높여주는 두 가지 확실한 방법을 배웠다. 마지막으로 손실의 위험을 덜어줄 수 있는 방법이 또 하나 있다. 바로 세금이다!

수확의 시간

포트폴리오를 재조정하려고 하는데 401(k)에 연계되지 않았거나 세금우대가 되지 않는 계좌의 주식을 처분해야 한다면 어떤 일이 벌어질까? 엉클 샘이 당신의 이익 중 자기 몫을 가져가겠다고 손을 내민다. 자본이득세를 낼 생각만 해도 아찔한가? 포트폴리오 재조정 과정에서 발생하는 세금을 낮춰주는 완벽하게 합법적인 방법이 있는데 자본손실수확tax-loss harvesting● 이라는 것이다. 자본손실수확은 세금은

● 일반적으로 세금은 자본이득에 붙는다. 따라서 자본손실이 있을 경우 이를 재조정하면서 일정 부분 절세효과를 얻을 수 있다.

줄여주고 순수익률은 높여주는 효과를 발휘한다! 본질적으로 이것은 불가피한 손실을 활용해 순수익을 극대화하는 방법이다.

버튼 맬킬은 자본손실수확은 연수익률을 최대 1퍼센트까지 높이는 효과가 나기도 하므로 알아볼 가치가 충분하다고 믿는다.

억만장자와 대형 기관들은 이 방법으로 순수익률을 높이지만, 일반투자자 중에서는 이 강력한 기법을 활용하는 사람이 거의 없다. 아는 사람도 드물뿐더러, 안다고 해도 재조정과 자본손실수확을 너무 어렵게만 보고서 시도할 생각조차도 하지 않는다! 걱정하지 마라! 담당 수임자에게 처리를 맡겨도 되고 혹은 소프트웨어에 접근하면 온라인으로 피자를 주문하거나 페이스북 보안 설정을 업데이트하는 것 못지않게 쉽게 할 수 있다.

내가 이 책을 쓴 목적은 모든 개개인에게 간단한 투자 방법을 소개하기 위해서이고 아마도 이 책을 통틀어 4부가 독자의 머리를 가장 많이 테스트하는 부분일 것이다! 지금까지 나를 따라온 것을 축하한다. 대다수 사람들은 4부에 나오는 내용을 굉장히 어렵게 생각하고는 전염병을 피하듯 기피한다. 자산배분, 적립식투자, 재조정, 자본손실수확 등의 개념에 머리가 핑핑 돌 지경이라면 이 모든 것이 자동으로 실행되도록 아예 환경을 바꿔버리는 것도 괜찮다. 그럴지라도 이런 전략들의 의미가 무엇이고 왜 효과가 있는지를 알아야 본인의 자산관리에도 큰 도움이 된다.

이번 4부에 나오는 4가지 내용은 절대 잊어서는 안 된다.

1. 자산배분이 가장 중요하다! 안전 버킷과 위험/성장 버킷에 분산투자를 해야 하며 여러 자산군과 여러 시장, 여러 시간에 걸쳐 분산투자를 해야 한다.

2. 완벽한 타이밍만 기다리면서 시장 진입을 주저해서는 안 된다. 적립식투자를 이용하면 변동성을 친구로 삼을 수 있다. 시장이 내려갔을 때 싸게 투자할 수 있는 기회가 생겨나기 때문이다. 적립식투자를 실행하면 시장이 올라가는 순간 그동안 투자한 포트폴리오의 가치도 따라서 올라간다.
3. 감정적 즐거움과 흥분을 선사해줄 드림 버킷을 마련하라. 자신의 투자 결과에 대해 미래의 먼 훗날이 아니라 단기와 중기에 포상을 받을 수 있을 것이다.
4. 수익률을 최대화하고 손실을 최소화하기 위해 포트폴리오 재조정과 자본손실수확을 이용하라.

내가 이 책에서 자산배분을 비롯해 포트폴리오를 정교하게 다듬을 추가 전략 몇 가지를 알려줄 생각이라고 했을 때, 금융계의 친구들은 이렇게 말했다. "미쳤어! 그건 너무 복잡해. 일반인들은 이해도 못할 거고, 심지어 그걸 읽을 시간이 있는 사람도 거의 없을 거야." 내 대답은 단순했다. "나는 행동하는 소수의 사람과 말만 하는 다수의 사람을 대조하기 위해 이 책을 쓰는 거야." 새로운 분야를 지배하려면 스스로를 채찍질하는 갈망이 필요하다. 하지만 투자 원칙을 정복하기 위해 노력하는 것은 그럴만한 가치가 충분한 일이다. 제대로 이해하기 위해 두세 번은 곱씹어 읽어야 할지라도 그만큼 막대한 보상을 얻을 수 있다. 싫은데 일하지 않아도 되는 시간을 몇 년은 더 앞당길 수 있다. 더 중요한 사실은, 투자 원칙을 정복하면 자신의 역량이 강화되었음을 느끼면서 마음의 평화를 얻는다는 사실이다.

투자 원칙을 배우는 것은 수동변속기가 달린 자동차의 운전법을 처음 배우는 것과 비슷하다. 액셀, 브레이크, 클러치, 기어 레버, 후방

거울, 핸들을 조작하면서 동시에 길에서도 눈을 떼지 말아야 한다. 처음에는 죽을 맛일 수 있다. 그러나 시간이 지나 몸에 익숙해지면 편안한 마음으로 운전을 하게 된다.

벌써 재무적 자유를 향한 7단계 성공 계단의 반 이상을 올랐다. 지금까지 우리가 밟고 올라온 계단을 확인해 보자.

1. 소득의 일정 부분을 프리덤펀드에 저축하고 이 돈을 자동으로 투자 계좌로 옮겨 복리로 불린다는, 평생을 좌우할 가장 중요한 재무 결정을 내렸다. 혹시 아직도 계좌에 자동 이체를 설정해두지 않았는가? 그렇다면 당장 하기 바란다!
2. 투자 규칙과, 월스트리트가 떠들어대는 7가지 가장 큰 마케팅/투자의 통념을 피하는 방법에 대해 배웠다. 당신은 체스의 말에서 체스 선수로 변신했다.
3. 재무적 자유를 향한 세 번째 계단에 올라 게임의 승리 가능성을 높였다. 이 계단에는 세 가지 단계가 존재한다. 첫째, 자신이 목표로 하는 세 가지 재무적 꿈의 금액을 계산했다. 대다수 사람들은 재무적 안전, 활력, 독립을 가장 중요하게 꼽는다. 둘째, 계획에 현실적인 숫자를 대입했다. 셋째, 보상의 즐거움을 누리는 시간을 앞당기기 위해 계획 실천의 속도를 높이는 방법을 찾아보고 실행에 옮기기 시작했다.
4. 4부에서는 세 개의 버킷(안전, 위험/성장, 드림)에 각기 몇 퍼센트씩 투자할 것인지 포트폴리오의 자산배분 비율을 정함으로써 평생을 좌우할 가장 중요한 투자 결정을 내렸다. 재무적 꿈이 시들지 않도록 계속 연료를 공급해줄 분산투자 계획을 마련했다.

자신의 재무 상태를 이해하고 돈을 관리하는 문제에서 여러분은 대다수 투자자들보다 몇 광년은 앞서게 되었다. 어쩌면 당신은 평생 모을 투자 소득에 수십만, 심지어 수백만 달러를 더 보탤 수 있다는 사실을 알고는 기뻐 펄쩍펄쩍 뛰면서 자신이 배운 방법을 자랑하기 위해 친구들의 팔을 붙잡고 놔주지 않을지도 모른다. 그렇기에 앞으로 배울 내용에 소스라치게 놀랄지도 모른다. 지금까지 본 것은 아무것도 아니다! 나는 최고는 아직 꺼내지도 않았다. 게다가 뒤에서 배울 내용은 이번 4부보다 훨씬 쉽다!

내부자처럼 생각하고 행동하게 된 당신을 위해 나는 진짜 내부자처럼 투자하려면 어떻게 해야 하는지 보여줄 것이다. 금융 환경에 상관없이 성공 투자를 이루려면 어떻게 해야 하는지, 하방위험 없이 상방의 힘만 활용하면서 죽을 때까지 이어질 평생수입원을 마련하려면 어떻게 해야 하는지 지금부터 함께 살펴보자.

적립식투자와 거치식투자

목돈을 투자할 경우 적립식투자는 최상의 접근법인가?

앞에서 말한 1만 달러의 상여금처럼 갑자기 목돈이 생긴다면 어떻게 해야 하는가?

보험배당금으로 5만 달러를 받는다면? 그래도 다달이 혹은 매년 금액을 정해 투자하는 적립식투자를 해야 하는가, 아니면 목돈을 한꺼번에 투자해야 하는가?

이 부분에서는 많은 논란이 있다. 일부 투자상담사들은 만약 주식시장이 계속 오르기만 할 경우 적립식투자는 크게 생산적인 투자 전략이 되지 못한다고 말하며 이 방법에 반대를 표하기도 한다. 버튼 맬킬도 그 의견은 인정한다. 대침체기 후에 이어진 최근 몇 년의 주식 시황이 좋은 예이다.

5년에 걸쳐 조금씩 돈을 나눠 투자하는 것보다는 강세장 초기에 '전부' 투자하면 수익을 더 많이 낼 수 있다. 말할 필요도 없는 사실이다. 2012년 뱅가드가 수행한 연구를 포함해 여러 연구가 보여주듯이, 10년 동안 계속해서 랠리 장세가 이어진 80년대 미국, 영국, 오스트레일리아의 주식시장에서는 목돈을 한꺼번에 넣는 거치식투자가 적립식투자에 비해 그 기간 중 3분의 2 동안 더 높은 실적을 달성했다.

왜 그런가? 더 이르게 시작하므로 더 오랫동안 돈을 굴릴 수 있고, 거래 수수료도 그만큼 줄일 수 있기 때문이다.

그러나 한 번에 돈을 다 넣는 거치식투자는 성장 잠재력이 훨씬 크지만 반대로 시장이 하락할 때는 손실의 크기도 훨씬 커진다.

연구 결과에 따르면, 성공적으로 분산투자를 한다고 가정할 경우 거치식투자는 장기적으로 수익이 더 많이 난다. 얼마나 더 많이 날까? 상회하는 수익률은 많아봤자 2.3퍼센트였다. 또한 버튼 맬킬이 우리에게 보여준 것은 잃어버린 10년인 2000~2010년까지의 통계 수치였다는 사실을 기억해야 한다. 1999년 12월 31일 S&P 500에 1달러를 투자했다면 10년 뒤 그 자산의 가치는 90센트였다. 하지만 적립식투자를 행했다면 같은 기간에도 오히려 돈을 벌었다. 어느 쪽을 선택해야 하는가? 1만 달러를 몽땅 넣었다가 진입하자마자 폭락하는 사태를 맞이하겠는가? 아니면 돈을 안전하게 보유하고 있으면서 10개월에 걸쳐 매달 1000달러씩 투자하겠는가? 5만 달러를 2년에 걸쳐 나눠서 투자하겠는가?

적립식투자를 하는데 시장이 계속 오르기만 한다면 약간의 자본 이득을 놓칠 수는 있다.

그러나 행동경제학자들의 말을 빌리면, 목돈을 투자했다가 이틀 후에 폭락을 경험하는 것보다는 이득을 조금 놓치는 것이 후회의 감정도 훨씬 적다.

결정은 전적으로 당신의 몫이다. 나는 최고 전문가들이 알려주는 최고의 혜안을 전해줄 뿐이지 내 생각을 강요할 생각은 없다.

사실 대다수 사람들은 그만한 목돈이 있지도 않기 때문에 거치식투자는 고민할 필요도 없는 문제이다! 혹여 목돈이 생긴다면 분산투자 포트폴리오에 적립식투자로 돈을 넣는 것이 투자수익률을 최대화하는 방법이다.

MONEY IS GAME.
MASTER THE GAM

번영만 존재하는 평생소득 계획을 설계하라

제 5 부

CHAPTER 1

완전무결한 올웨더 투자 전략

이길 수 없을 때는 방어하고 이길 수 있을 때는 공격하라.

—《손자병법》

살다 보면 세계관을 영원히 바꾸는 사건을 만나게 된다. 이번 여행의 길목 길목에 놓인 이정표는 우리도 인지하지 못하는 사이에 세상을 투과시키는 렌즈 역할을 한다. 그리고 이런 사건들의 의미를 받아들이기로 선택하는 순간부터 그 선택은 평생 잔물결처럼 우리의 행동과 결정으로 퍼져 나간다.

광란의 1920년대에 성장기를 보낸 사람의 인생을 좌우한 결정적 요소는 번영과 화려함이었다. 그때는 위대한 개츠비의 시대였다. 그러나 대공황 시절에 성장기를 겪은 사람에게 삶이란 먹고살기도 힘든 두려운 것이었다. 그는 혹한의 경제 '겨울'에서 성장해야겠기에 살아남는 것에 온 신경을 집중해야 했다.

오늘날의 세대는 그때와는 완전히 다른 세상을 경험하고 있다. 지금의 청소년들은 믿기지 않는 번영 속에서 성장했다. 상위 1퍼센트에 속하지 않는 사람들도 마찬가지이다. 오늘의 세상은 주문만 하면 모든 것이 다 배달된다. 식료품을 집으로 배달시키고 잠옷 차림으로 편하게 앉아 통장에 돈이 입금되었는지 확인하며 수천 개의 TV 채널 중 마음에 드는 것을 언제 어디서나 시청할 수 있다. 내 손녀딸은 신발끈은 매지 못하지만 나 못지않게 아이패드를 잘 다루며 궁금한 것이 있으면 구글에서 즉시 답을 찾을 수 있다는 사실도 알고 있다. 오늘날은 직원 수가 50명 정도에 불과한 왓츠앱WhatsApp 같은 신생회사가 산업을 무너뜨리고 190억 달러에 매각되는 것이 현실이 되는 가능성의 시대이기도 하다!

살면서 겪는 풍파와 사건이 인생을 결정한다는 사실에는 의심의 여지가 없다. 하지만 더 중요한 영향을 미치는 것은 우리가 그런 사건에 부여하는 의미이다. 이 의미야말로 최종적인 인생 궤도를 결정한다.

1970년대

현재 예순 중순을 넘은 레이 달리오는 1970년대에 성년기를 맞이했다. 당시는 과격할 정도로 변화가 심했고 대공황 이래 최악의 경기 침체라고 해도 좋을 상황이었다. 실업률은 높았고 인플레이션은 손이 덜덜 떨릴 정도였고 금리는 10퍼센트대 후반까지 치솟았다. 앞에서 내가 한 말을 기억할 것이다. 하이퍼인플레이션인 1970년대에 내가 첫 집을 장만하면서 지불한 모기지 이자는 자그마치 18퍼센트였다! 1973년에는 '오일쇼크'도 있었다. OPEC의 기습적인 원유 감산과 가격 인상에 미국은 허를 찔렸고 유가는 배럴당 2.10달러에서 10.40달러로 폭등했다. 어느 누구도 준비하지 못한 위기였다. 불과 몇 년 후 미국 정부는 짝홀제를 시행했다. 사람들을 기름을 사려고 몇 시간이나 줄을 서는 것도 모자라 차량 번호판의 홀짝 여부에 따라 짝수일이나 홀수일에만 휘발유를 구입할 수 있었다. 베트남 전쟁과 워터게이트 사건으로 정부에 대한 신뢰가 바닥으로 추락하면서 반정부 시위도 잇따랐다. 1974년 리처드 닉슨 대통령은 탄핵을 당해 사임을 표했고 부통령이었다가 후임 대통령이 된 제럴드 포드가 나중에 닉슨의 모든 부정행위를 사면해 주었다.

1971년에 대학을 졸업한 레이 달리오는 뉴욕증권거래소의 서기로 취직했다. 그는 순식간에 벼락처럼 찾아온 강세장과 약세장이 여러 자산군에 어마어마한 변동성을 야기하는 모습을 직접 목격했다. 레이는 커다란 기회를 인식했지만 주식시장에는 기회 못지않은 혹은 그것보다 훨씬 거대한 위험도 존재한다는 것을 깨달았다. 그래서 그는 시장의 모든 시나리오와 움직임이 서로 어떻게 얽혀있는지 이해하기 위해 맹목적으로 파고들었다. 더 큰 경제 '기계'가 움직이는 방식을 이해할 수만 있다면 그토록 많은 투자자를 파멸로 이끄는 파국적 손실을 피할 방법을 알아낼 수 있을 것이라는 생각에서였다.

이런 모든 사건이 젊은 레이 달리오를 세계 최고의 헤지펀드 매니저로 만드는 계기가 되었다. 그러나 레이의 투자 철학에 가장 큰 획을 그은 것은 1971년 8월 15일 열대야속에 발생한 사건이었다. 그날, 닉슨 대통령은 아무 통보 없이 달러와 금의 태환을 정지한다. 그리고 이 발표는 금융계를 영원히 뒤집어버렸다.•

• 이후 미국 달러는 세계기축통화가 됐고 미국연방준비제도이사회는 '세계의 중앙은행'이 된다.

대형 뉴스네트워크 3사의 정규 방송이 예고도 없이 일제히 중단되더니, 미국의 대통령이 미국 전역의 거실에 갑자기 얼굴을 드러냈다. 심각하고 침통한 어조로 닉슨은 이렇게 선언했다. "저는 [존] 코널리 재무장관에게 달러의 금태환을 잠정 중단하도록 지시했습니다." 몇 단어 안 되는 이 짧은 문장 하나로 닉슨 대통령은 그전까지의 달러와 앞으로의 달러가 영원히 다를 것이라는 사실을 세상에 대고 선언한 셈이었다. 달러 가치가 더 이상은 금에 연계되지 않는다는 의미였다. 포트녹스Fort Knox를 아는가? 그곳은 미국이 달러화를 찍어낼 때마다 똑같은 금액에 상당하는 금궤를 안전하게 보관하는 곳이었다. 닉슨의 금태환 중지 선언으로 달러화는 그냥 종이돈으로 전락했다. 금이 가득 든 보물 상자를 갖고 있다고 생각했는데, 어느 날 뚜껑을 열어보니 누렇게 빛이 바래고 얼룩이 묻어 끈적끈적한 '차용증'이 나온다면 기분이 어떻겠는가?

닉슨의 선언으로, 미국 달러화의 가치는 고스란히 시장의 평가에 맡겨지게 되었다. 아무 때건 금으로 바꾸는 옵션을 행사할 수 있다고 믿으며 달러화를 무더기로 쟁여놓고 있던 외국 정부들에도 날벼락 같은 소식이었다. 닉슨은 하룻밤 만에 그 옵션을 판에서 제거해 버렸다('교활한 딕Tricky Dick'이라는 별명에 딱 어울리는 행동이었다). 또한 그는 미국의 경쟁력을 유지한다는 명목으로 모든 수입품에 10퍼센트의 관세도 부과했다. 10월 말의 눈보라처럼 닉슨의 발표는 금융계의 계절 주기가 대대적으로 바뀔 것임을 의미했다.

레이는 자신의 아파트에서 닉슨의 대국민 담화를 시청했다. 들으면서도 자기 귀를 의심했다. 닉슨의 금본위제 철회 결정은 어떤 영향을 미칠 것인가? 시장에는 무슨 의미를 지니는가? 미국 달러화와 그 것이 세계에서 가지는 위상에는 또 어떤 변화가 생길 것인가?

레이는 하나는 확실하다고 생각했다. "돈의 정의가 달라진다는 뜻이야. 내 생각에 이건 위기 같아!" 그는 다음 날 거래소의 입회장으로 출근한 순간부터 시장이 급락할 것이라고 확신했다.

그가 틀렸다.

놀랍게도 다음 날 다우존스지수는 거의 4퍼센트 올랐고, 주가는 1거래일 상승으로는 사상 최고치를 기록했다. 금값도 같이 폭등했다! 대다수 전문가가 직관적으로 생각했던 예측과는 정반대인 행보였다. 어쨌든 간에 닉슨의 행동은 죽은 대통령들의 얼굴이 그려진 이 종잇조각이 실제로 귀중한 가치를 지닌 것이라는 신성한 약속을 파기해 버리는 행동이었다. 금태환 철회가 미국 경제나 정부의 신뢰도를 제고해줄 리 만무했다. 그런데도 나타난 결과는 여러모로 머리를 긁적이게 만들었다. 이때의 시장 호황에는 '닉슨 랠리Nixon rally'라는 이름까지 붙었다.

하지만 다 좋은 소식만 있지는 않았다. 달러의 가치를 '시장의 평가에 고스란히 내맡기기로' 결정한 덕분에 인플레이션 폭풍의 조짐이 수평선에 드리워졌다. 레이는 이렇게 설명한다. "돌이켜보면 1973년에는 1차 오일쇼크가 일어날 모든 재료가 다 갖춰져 있었죠. 그전에는 오일쇼크란 것이 한 번도 없었고 인플레이션을 걱정할 필요도 없었죠. 그런데 갑자기 이 모든 것이 예고도 없이 갑자기 찾아오더군요. 그래서 나는 돌발 사태를 예상하기 위해 내 나름의 절차를 개발했죠." 그가 말하는 돌발 사태란 우리가 감당할 수도, 버틸 배짱도 없는 사건을 말한다. 또 다른 2008년을 말한다. 시장을 대대적으로 뒤집을 또 다른 충격파를 의미한다.

닉슨 랠리는 레이에게는 촉매제였다. 그때부터 어느 곳에서 튀어나올지 모르는 미지의 사건에 대비해야 한다는 평생의 집착이 시작되었다. 그는 생각할 수 있는 모든 시장 환경을 다 분석하고 그것이 특정 투자에 미치는 영향을 파악하는 것을 자신의 사명으로 삼았다. 세계 최대의 헤지펀드 운용이 가능한 것도 이런 핵심적인 운영 원칙이 있기 때문이다. 그가 전부를 다 안다고 생각하지 말기 바란다. 그 반대이다. 자신이 아직 잘 모르는 부분을 끊임없이 찾아내려는 갈망에 그는 언제나 굶주려 있다. 확실하다고 여겨지는 것은 확실하게 틀린 생각이기 때문이다. 세간에 널리 퍼진 생각은 대개가 틀린 생각이다. 그리고 세상은 끝없이 변하고 진화하므로 미지의 것을 파헤치려는 레이의 여행에 종착역은 없다.

꿈에도 그리는 투자

지금부터 읽을 내용은 이 책을 통틀어 가장 중요한 내용이 될지도 모른다. 아, 앞에서도 그런 말을 하기는 했다. 게임의 규칙을 모르면 만신창이가 되는 것도 사실이다. 내부자처럼 생각하지 않으면 일반적인 통념에 현혹되어 군중과 똑같은 운명을 걷게 된다. 소득의 일정 비율이 자동으로 저축이 되게끔 만들어놓지 않으면 재무적 꿈을 향한 비행은 이륙조차 하지 못한다. 그렇긴 하지만, 이 책에서 최소의 위험으로 최대의 수익률 가능성을 높여주는 레이의 전략에 필적하는 내용은 없다고 나는 진심으로 믿는다. 이 전략은 레이만의 특별 조리법이다. 레이의 이름이 전 세계에 알려지게 된 비결이다.

이제부터 배우게 될 포트폴리오는 다음과 같은 성과를 냈다.

1. **아주 특별한 수익률** 지난 40년 동안 거의 10퍼센트에 달하는 연간수익률(정확히는 수수료를 제외하고 9.88퍼센트)
2. **아주 높은 안전성** 지난 40년 중 정확히 85퍼센트의 기간 동안 수익을 냈다! 손실이 난 기간은 딱 6년이었고 평균 손실은 1.47퍼센트였다. 여섯 번 중 두 번은 0.03퍼센트 이하의 손실을 냈다. 본전치기는 했다고 말해도 충분한 숫자이다. 따라서 현실적인 시각에서 보면 40년 중 손실이 난 경우는 딱 네 번 뿐이다.
3. **아주 낮은 변동성** 지난 40년을 다 종합해 최악의 손실이 난 해라고 해봤자 -3.93퍼센트에 불과했다.

워런 버핏의 투자의 제1원칙과 2원칙을 기억하는가? "제1원칙. 돈을 잃지 마라. 제2원칙. 제1원칙을 잊지 마라."이다. 이 규칙을 응용하는 모습에서 레이의 위대한 천재성이 드러난다. 그가 투자계의 레오나르도 다 빈치인 이유이기도 하다.

과감히 위험을 걸었다면 큰 보상이 가능했을지도 모르는 포트폴리오를 (상황이 다 끝나고 때늦게) 만드는 일은 누구나 가능하다. 포트폴리오가 50~60퍼센트 떨어진 순간에 종이봉투를 구겨버리듯 포트폴리오를 처분하지 않는다면 커다란 수익률을 거둘 수 있었을 것이다. 이런 조언은 마케팅용으로는 쓸 만하지만 대다수 사람들에게는 현실성이 없다.

나로서는 (나와 당신 같은) 개인투자자가 주식시장이건 다른 시장에서건 수익을 내고 또한 동시에 상상 가능한 거의 모든 경제 환경에서 손실의 빈도와 규모를 크게 줄이기 위해 사용할 수 있는 전략이 정말로 있다고는 상상하기도 힘들다. 세상이 무너져 내리고 시장이 꼭대기에서 50퍼센트나 추락했던 2008년에 겨우 3.93퍼센트만 내려간 포트폴리오 모델이 있다고 말하면 믿을 수 있겠는가? 생각만 해도 오싹한 붕괴가 발생해 미국인의 저축 수조 달러가 날아가는 상황에서도 마음이 푹 놓이는 안전한 포트폴리오가 있다면 믿을 수 있겠는가? 바로 이런 안심과 안전함이 뒤에서 나올 내용이 주는 선물이다. (물론 과거의 실적이 미래의 수익률을 보장하지는 못한다. 대신에 여기서는 역사적 데이터를 이용해 기본 원칙을 설명하고 보여줄 것이다.)

깊이 파고들기 전에 그리고 레이의 전략이 발산하는 정교함과 힘을 감상하기 전에 이 행성에 살고 있다고 믿기 힘든 위대한 자산배분가가 걸어온 발자취부터 되짚어보자. 정부와 세계 각국의 대기업들이 수익률을 최대화하고 손실을 최소화하기 위해 단축번호에 레이의 번호를 저장해두는 이유가 무엇인지부터 알아보자.

맥도널드의 치킨 너겟 전략, I'm Lovin' It

1983년은 닭의 비운이 시작된 해였다. 그 해 맥도널드는 '치킨 맥너겟'을 출시했고 상품은 큰 성공을 거두었다. 맥너겟의 선풍적인 인기로 인해 필요한 닭을 충분히 확보하기가 힘들어지면서 공급망을 안정시키는 데도 몇 년이 걸렸다. 그러나 레이 달리오의 천재성이 아니었다면 치킨 맥너겟은 시장에 출시조차 못했을지도 모른다.

금융계의 하이파이낸스high finance(투자금융과 기업금융 산업을 통칭하는 의미—옮긴이)와 패스트푸드를 파는 어릿광대 사이에 무슨 접점이 있다는 것인가? 맥도널드는 신제품 출시를 결정하면서 닭 원가가 상승해 제품 가격이 올라갈 수 있다는 점을 염려했다. 빠듯한 생활비로 살아가는 사람들이 주 고객층인 회사로서는 달갑지 않은 상황이었다.

하지만 공급업체는 정해진 공급가에 닭을 제공할 생각이 없었다. 비싼 것은 닭 값 자체가 아니라 닭에게 먹이는 옥수수와 대두 가격이기 때문이었다. 사료 값이 오르면 공급업체는 손해를 볼 수밖에 없었다.

맥도널드는 레이에게 전화를 걸었다. 상방을 최대화하고 위험을 없애거나 줄이는 문제에 있어서는 레이의 능력이 세계 최고 중 하나라는 사실을 잘 알기 때문이었다. 그리고 그는 해결책을 생각해냈다. 개별 선물계약을 조합해 상징화하는 커스텀 선물계약custom futures contract ●을 만들었다. 이 선물계약으로 가격 상승에 대비해 옥수수와 대두를 미리 확보할 수 있게 되었고 공급업체는 안심하고 정해진 가격에 닭을 제공할 수 있게 되었다. 맛있게 너겟을 즐기는 일만 남았다!

레이의 전문성은 대기업 이사회실을 넘어 멀리 뻗어 나간다. 그의 지혜는 전 세계에서 얼마나 멀리 울려 퍼지고 있을까? 1997년 미국 재무부는 인플레이션을 방어하는 채권을 발행하기로 결정하면서(현재의 물가연동국채TIPS를 말한다) 레이의 회사인 브리지워터에 전화를 걸어 채권 구성에 대한 자문을 구했다. 브리지워터의 자문이 현재의 TIPS 설계를 만들었다고 해도 과언이 아니다.

레이는 단순한 머니매니저가 아니다. 그는 시장과 위험의 대가이다. 그는 자신과 고객의 승리 가능성을 극적으로 높이기 위해 조각을 짜 맞추는 방법을 잘 안다.

레이는 어떻게 그런 일을 해내는가? 그의 비결은 무엇인가? 이 경제 대가의 수제자가 되어 그의 여행담을 들어보기로 하자!

● 옥수수 가격이 오르면 맥도널드는 선물계약을 통해 얻은 이익으로 원가를 절감하고 옥수수 가격이 하락하면 선물계약에서 손실을 보지만 원가 비용이 떨어지기에 이를 상쇄할 수 있다.

지능형 네이비실

1장에서 레이가 정글을 비유했던 것이 기억나는가? 레이가 말하다시피, 진정으로 원하는 것을 얻으려면 우리는 정글을 헤치고 나아가 반대편에 도착해야 한다. 정글은 뭐가 튀어나올지 모르는 위험한 장소이다. 한 고비를 넘는 순간 또 다른 고비가 나타나 크게 다칠 수 있다. 그렇기에 목적지에 무사히 도착하려면 우리는 존경할 수 있는 아주 똑똑한 가이드들과 동행해야 한다. 레이의 브리지워터는 그의 개인적인 '정글 마스터' 팀이다. 그의 휘하에 있는 1500명 직원들 역시 수익률을 극대화하고 위험을 최소할 방법을 찾아내기 위해 레이만큼이나 온 정신을 기울인다.

앞에서도 말했듯이 브리지워터는 운용하고 감독하는 자산이 거의 1600억 달러에 이르는 세계 최대의 헤지펀드이다. 대다수 '대형' 헤지펀드의 운용자산이 150억 달러 안팎인 오늘날 예상을 뛰어넘는 금액이다. 일반투자자는 레이 달리오라는 이름을 들어보지도 못했을지 모르지만, 이 이름은 금융계 가장 상층부의 전당에서 매일 메아리친다. 중앙은행의 수장과 해외 정부, 심지어 미국 대통령 등 금융계에 가장 강한 영향을 끼치는 사람들은 그의 일별보고서에 나온 말을 열심히 탐독한다.

세계 최대의 연기금이나 해외의 국부펀드sovereign wealth fund(정부가 직접 소유하고 운영하는 기관펀드—옮긴이)에 이르기까지 세계 최대의 금융 참가자들이 레이에게 투자하는 데는 이유가 있다. 단서는 그가 '전통적 지혜'를 말하지 않는다는 점이다. 그는 상자를 벗어나 생각한다. 아니, 그는 상자를 깨부순다. 전통적 지혜를 배우고 여기에 도전하면서 '진실'을 찾으려는 그의 탐욕스러울 정도의 노력이야말로 그를 첫 사무실(그의 아파트)에서 코네티컷에 방대하게 펼쳐진 사옥으로 끌어 올린 추진력이었다. 그는 브리지워터의 정글 탐험팀을 일컬어 '지능형 네이비실intellectual Navy SEALS'이라고 부르기도 했다. 이 말에는 브리지워터에서 일하기 위해서는 레이와 함께 손에 손을 잡고 정글을 헤쳐 나가야 한다는 뜻이 담겨 있다. 이 회사의 문화는 창의성과 통찰력, 용기를 요구하며 언제든 자신의 생각을 모두에게 가감 없이 변론할 수 있는 능력을 요구한다. 또한 레이는 직원들에게 아니라고 생각되는 부분은 기탄없이 질문하고 공격할 수 있는 의지도 요구한다. 진실을 찾아내고 그 진실을 다룰 최상의 방법을 이해하는 것이 직원들의 최대 임무이다. 이런 접근법에 따라 그들은 '급진적 개방성, 급진적 진실, 급진적 투명성'을 갖춰야 한다. 회사 전체의 생존이(그리고 성공도) 거기에 달려 있다.

알파 도그

레이 달리오의 퓨어알파전략Pure Alpha Strategy 펀드가 압도적인(그리고 지속적인) 성공을 거두면서 그는 투자 지도에 단단히 각인되었다. 1991년에 출시되었고 현재 운용자산이 800억 달러인 이 전략 펀드는 연평균 21퍼센트라는 믿기 힘든 (수수료 차감 전) 수익률을 달성했고 위험은 상대적으로 낮은 편이다. 이 펀드의 투자자는 세계의 내로라하는 부자들, 정부, 연기금이다. '클럽' 가입자는 1퍼센트의 1퍼센트의 1퍼센트이며, 오래 전부터 신규 투자자를 받지 않고 있다. 퓨어알파는 레이와 그의 팀이 지속적으로 투자 기회를 모색하는 적극 운용 전략을 취한다. 그들은 적시 진입과 적시 퇴장을 노린다. 그들은 시장의 조류에 휩쓸리지 않는다. 상당수 헤지펀드 매니저들이 아예 거래를 중단하거나 투자자들에게 환매를 삼가달라고 애원하던 2008년에 그들이 거둔 17퍼센트의 가치 상승(수수료 차감 전)이 그 사실을 입증한다. 퓨어알파의 투자자들은 큰 보상을 원하고 위험도 기꺼이 감수하지만 그럼에도 이 펀드는 능력이 되는 한 위험을 크게 제한한다.

아이들과 자선기관

퓨어알파 펀드 운용이 대단히 큰 성공을 거두면서 레이는 개인의 자산도 크게 불릴 수 있었다. 당시는 90년대 중반이었고, 레이는 자신이 남기고 싶은 유산과 펀드에 대해 고민을 했다. 그는 스스로에게 이렇게 물었다. “내가 더 이상 펀드를 적극적으로 운용하지 못하게 된다면 어떤 종류의 포트폴리오를 이용해야 할 것인가?” 그가 직접 결정을 내리지 못하게 되더라도 계속 살아남아 그의 아이들과 자선활동에 수십 년은 넉넉히 돈을 대줄 수 있는 포트폴리오는 무엇인가?

전통적 지혜와 전통적인 포트폴리오 운용 방식을 따르다가는 변변치 않은 포트폴리오 모델을 만들게 될 것이 뻔했다. 그런 모델은 시황이 어려워지는 순간 생존 자체가 힘들 수 있었다. 그래서 그는 미래에 어떤 경제 상황도 이겨낼 포트폴리오(자산배분)를 조합할 수 있는지 탐구하기 시작했다. 또 다른 2008년과 같은 혹독한 겨울이건, 침체건, 불황이건 다 이겨낼 수 있는 포트폴리오를 알아내야 했다. 20년이나 30년 뒤는 고사하고 5년 뒤에 무슨 일이 벌어질지 아무도 모르기 때문이다.

결과는?

자산배분을 완전히 새로운 시각에서 바라보는 방법이 탄생했다. 새로운 규칙이 만들어졌다. 1925년까지 거슬러 올라가 포트폴리오를 시험하고 여러 경제 여건에서 레이의 가족 신탁에 직접 응용해 빛나는 실적을 거둔 후에야 그는 소수의 선별집단에게 이 방법을 선보였다. 선별집단은 물론 최소 1억 달러의 투자 자본을 가진 사람들을 의미했다. 올웨더All Weather(전천후)라는 이름의 이 새로운 전략은 1996년에 정식으로 데뷔했고 불과 4년 후 대대적인 시장 조정과 함께 시험대에 올랐다. 전략은 우수한 성적으로 합격했다.

질문이 답이다

"구하라, 그러면 얻을 것이다."라는 격언을 모르는 사람은 없다. 그러나 현명한 질문을 던질수록 더 좋은 답이 나온다! 훌륭한 질문은 최고로 성공을 거둔 사람들의 공통분모이다. 빌 게이츠가 던진 질문은 "세계 최고의 소프트웨어를 만들려면 어떻게 해야 하지?"가 아니었다. "어떻게 해야 모든 컴퓨터를 제어할 수 있는 지능[운영시스템]을 만들 수 있을까?"였다. 두 질문의 차이야말로 마이크로소프트가 성공적인 소프트웨어 회사를 넘어 컴퓨팅 산업의 지배자로 우뚝 서게 된 결정적 이유였다. 이 회사는 여전히 세계 PC 시장의 거의 90퍼센트를 장악하고 있다! 하지만 게이츠는 컴퓨터 내부에만 초점을 맞췄기 때문에 웹 시장을 장악하는 일에서는 굼뜨게 굴었다. 반대로 '구글 보이즈'인 래리 페이지Larry Page와 세르게이 브린Sergey Brin은 이런 질문을 던졌다. "세상의 정보를 다 조직해 그 정보에 접근성과 유용성을 부여하려면 어떻게 해야 하는가?" 이 질문을 바탕으로 두 사람은 기술과 개인의 삶, 비즈니스에 존재하는 훨씬 강력한 힘에 초점을 맞췄다. 한 차원 수준 높은 질문은 그들에게 한 차원 높은 대답과 거기에 따른 보상을 안겨주었다. 진정한 결과를 얻으려면 단순히 질문을 던지는 데 그쳐서는 안 된다. 가장 위대한 답을 찾는 일에 몰두해야 한다.

평범한 사람은 "어떻게 이겨내야 하지?"나 "왜 이런 일이 나한테 생기는 것일까?"라는 질문을 던진다. 어떤 사람들은 의욕을 꺾는 질문을 던지고는 해결책이 아니라 장애물을 찾는 데만 모든 초점을 맞춘다. "어째서 나는 살을 빼지 못하는 걸까?"나 "왜 나는 만날 돈이 없을까?"와 같은 질문은 스스로를 제한하는 길로 깊숙이 들어서게 만들 뿐이다.

내가 매달린 질문은 "어떻게 해야 삶을 좋게 만들 수 있을까? 사람들의 삶의 질이 훨씬 좋아지도록 도와주려면 나는 어떻게 해야 하는가?"였다. 여기에 초점을 맞추며 나는 즉각적인 차이를 이끌어낼 전략과 도구를 찾고 만들기 위해 38년 동안 나 자신을 채찍질했다. 당신의 초점은 무엇인가? 당신에게 그 어느 것보다 중요한 질문은 무엇인가? 가장 자주 초점을 맞추는 질문은 무엇인가? 인생에서 가장 중요하게 매달리는 것은 무엇인가? 사랑을 발견하는 것인가? 차이를 만드는 것인가? 돈을 버는 것인가? 모두를 기쁘게 해주는 것인가? 고통을 피하는 것인가? 세상을 바꾸는 것인가? 당신이 가장 크게 초점을 맞추는 부분이 무엇인지, 당신의 인생에서 가장 중요한 질문이 무엇인지 자각하고 있는가? 그것이 어떤 질문이건 그 질문은 당신이 살아갈 인생의 틀과 모양과 방향을 정한다. 이 책이 답을 구하려는 질문은 이것이다. "가장 성공적인 투자자들은 지속적인 성공을 위해 무엇을 하는가?" 아무것도 없이 시작했지만 가족에게 부와 재무적 자유를 만들어주는 데 성공한 사람들은 어떤 결정을 내리고 행동을 하는가?

금융계에서 레이 달리오는 양질의 질문을 찾는 일에 무섭게 몰두했다. 올웨더 포트폴리오를 탄생시키도록 이끌어준 질문들이었다. 조금 뒤에 당신도 그의 접근법을 배워 재무 생활을 한 차원 영원히 발전시킬 수 있게 될 것이다.

"좋을 때건 나쁠 때건, 어떤 경제 환경에서건 실적이 좋을 것이라고 절대적으로 확신하려면 어떤 종류의 투자 포트폴리오를 마련해야 하는가?"

굉장히 명쾌하고 단순한 질문이다. 실제로 상당수 '전문가'와 재무 상담사들은 그것을 목표로 분산투자하는 자산배분 계획을 마련한다고 말한다. 그러나 이 질문에 대한 답을 전통적 지혜에서 구했기 때문에 2008년에 그토록 많은 전문가의 실적이 30~50퍼센트나 떨어졌다. 우리는 투자자들의 은퇴 연령이 가까울수록 보수적으로 설정되어야 할 목표기간펀드들이 이 기간 동안 수두룩하게 학살당하는 모습을 목격했다. 158년의 탄탄한 역사를 가진 리먼브라더스가 며칠 만에 무너지는 모습을 목격했다. 그 때, 대다수 재무 상담사들은 책상 밑으로 숨어 고객의 전화를 피하기에 바빴다. 내 친구는 "내 401(k)가 201(k)가 되었어(반 토막이 났다는 뜻—옮긴이)."라는 자조적인 농담을 했다. 금융산업이 이용하는 '몬테카를로 시뮬레이션Monte Carlo simulation'이라는 이름의 멋들어진 소프트웨어는 미래의 모든 가상 시나리오를 다 계산한다고 표방했지만 정작 1987년의 추락, 2000년의 붕괴, 2008년의 전멸을 예측하지도, 그런 사태들로부터 투자자를 보호하지도 못했다.

2008년에 일반적으로 말하는 대답은 다들 똑같았다. "전에는 없었던 사태이다." "우리는 미지의 바다를 항해하고 있다." "이번 사태는 전과는 다르다." 레이는 그런 대답에 눈이 멀지 않는다(그렇기 때문에

2008년 글로벌 금융위기를 예측하고 돈을 벌 수 있었다).

헷갈리지 마라. 레이가 말하는 '돌발 사태'는 언제나 전에는 없었던 사건이다. 대공황, 1973년 석유 위기, 1970년대 하이퍼인플레이션, 1976년 영국의 파운드화 위기, 1987년 검은 월요일, 2000년의 닷컴 거품, 2008년의 부동산시장 폭발, 2013년 금값 18퍼센트 추락. 이 모든 돌발 사태는 대다수 투자 전문가의 허를 찔렀다. 그리고 다음 번 돌발 사태 역시 투자자들을 휘청거리게 만들 것이다. 그 점만은 장담할 수 있다.

하지만 2009년 들어 붕괴의 먼지가 가라앉고 시장이 반등 조짐을 보이기 시작하자, 전통적 접근법을 따르는 자산배분과 위험관리가 첫 단추부터 잘못 끼워졌을지도 모른다고 잠시라도 의문을 품은 머니매니저는 거의 없었다. 그들은 먼지를 툭툭 털고 일어나 다시 장사 가판대에 앉아 시장이 조속히 '정상으로' 돌아가기를 기원했다. 레이의 교리인 "돌발 사태를 기대하라."와 그를 움직이는 핵심 질문인 "내가 모르는 것은 무엇인가?"를 잊지 말아야 한다. 이 질문이 얻으려는 답은 또 다시 추락이 발생할지 아닐지가 아니라 언제 발생할 것인가이다.

해리 마코위츠와 수익률 최대화의 비밀

해리 마코위츠는 현대포트폴리오이론의 아버지이다. 그는 이 이론의 근본 개념을 설명한 공로를 인정받아 노벨경제학상을 수상했다. 간단히 말해 이 이론은 포트폴리오에 속한 투자는 하나하나 따로 보지 말고 전체로서 바라봐야 한다고 설명한다. 위험과 수익 사이에 트레이드오프 관계가 존재하므로 악기 하나가 아니라 오케스트라가 내는 소리 전체에 귀를 기울여야 한다. 전체 투자가 얼마나 잘 분산이 되어 있고 종합적으로 얼마나 우수한 실적을 내는지가 최후에 얻게 될 보상을 좌우한다. 지금이야 들으면 바로 납득이 가지만 1952년에는 굉장히 파격적인 사고였다. 이러한 깨달음은 뉴욕에서 홍콩에 이르기까지 거의 모든 포트폴리오 매니저에게 어느 정도 큰 영향을 끼쳤다.

여느 위대한 투자자들처럼 레이도 마코위츠의 어깨에 올라서 있다. 레이 역시 마코위츠의 핵심 통찰을 근본적인 사고 토대로 삼아 포트폴리오나 자산배분을 설계한다. 하지만 그는 마코위츠의 이론을 한 차원 더 높게 끌어올리고 싶었다. 그는 차별화된 특징 몇 가지를 추가해 결정적인 레버를 당기면 자신만의 획기적인 발견을 이룰 수 있을 것 같다는 확신이 들었다. 그는 40년의 투자 경험을 끌어 모았고 자신의 전문가 군단을 동원해 이 일을 해결하는 데 머리를 쥐어짜게 했다. 레이는 자산배분에 대한 완전히 새로운 접근법을 찾을 때까지 몇 년이고 리서치 결과를 정리하고 또 정리했다. 최종 목표는 수익률의 최대화와 위험의 최소화였다. 그리고 마침내 발견한 결과는 그에게 새로운 차원의 경쟁우위를 선사했다. 조금 뒤에 당신의 것이 될 그 경쟁우위이다.

이 책이 출간되기 전까지 인생을 바꾸고 게임을 뒤집을 만한 레이의 접근법은 오직 그의 고객들만이 효익을 누려왔다. 정부, 연기금, 억만장자들은 레이의 올웨더 전략을 통해 탁월한 투자 우위를 향유했다. 앞에서도 말했듯 레이 역시 게임에 발을 깊숙이 담그고 있다. 그는 가족의 돈과 자선재단에 유산으로 남길 돈 전액을 세계에서 가장 보수적이고 정교한 기관의 '안전 버킷'에 투자한다. 나도 현재 가족의 돈 일부와 재단 기금의 일부를 이 접근법으로 투자하고 있다. 지난 85년 동안 모든 경제 환경에서 우수한 성적을 거둔 것이 입증된 접근법이기 때문이다. 불황이건 침체이건, 인플레이션이건 디플레이션이건, 시황이 좋건 나쁘건, 레이의 올웨더 전략은 기회를 극대화할 방법을 찾아냈다. 역사적으로 통틀어도 내가 죽은 후에도 오랫동안 내 소원을 이뤄줄 아주 훌륭한 접근법이다.

결전의 날

우리 시대의 위대한 투자의 전설을 또 한 명 인터뷰할 수 있다는 것은 진정으로 커다란 선물이었다. 레이와의 인터뷰를 준비하고 연구하기 위해 나는 15시간 정도를 쏟아 모을 수 있는 자료를 다 모아 정리했다(그는 좀처럼 언론에 얼굴을 비추지 않는 사람이기 때문에 자료를 찾는 것도 쉽지가 않았다). 몇 번 되지는 않지만 다보스와 외교문제평의회에 참석한 세계 지도자들 앞에서 레이가 한 연설이 있어서 그것을 파고들었다. 〈60분〉의 찰리 로즈Charlie Rose와 했던 인터뷰도 찾아봤다(그의 유일한 미디어 출연이었다). 그가 교육용으로 제작한 30분 애니메이션 영상인 〈경제 기계는 어떻게 작동하는가How the Economic Machine Works – In Thirty Minutes〉(www.economicprinciples.org)도 봤다. 세계 경제가 어떻게 작동하는지 이해하고 싶다면 이 재기 넘치는 동영상을 꼭 보기 바란다. 모든 백서와 기사도 다 찾아 읽었다. 나는 그가 자신의 인생과 경영 원칙을 직접 적어 직원들에게 배포한 저 유명한 지침서 《원칙Principles》을 한 페이지도 빠뜨리지 않고 다 읽었다. 평생 한 번 있을까 말까한 기회였고 나는 어수룩하게 준비한 상태로 인터뷰 장소에 들어서고 싶지 않았다.

1시간으로 예정된 인터뷰는 훌쩍 거의 3시간으로 이어졌다. 나는 레이가 내 책의 팬이며 지난 20년 동안 내 오디오 프로그램들을 열심히 들었다는 사실은 모르고 있었다. 아주 큰 영광이었다! 우리는 심도 높은 대화를 나눴다. 투자에서 세계의 경제 기계가 어떻게 작동하는지에 이르기까지 다방면의 주제에 대해 의견을 주고받았다. 나는 간단한 질문으로 인터뷰를 시작했다. "개인투자자가 게임에서 이길 가능성이 아직 있습니까?"

"있습니다!" 레이는 힘차게 대답했다. 하지만 브로커 친구의 말에 귀를 기울여서는 게임에서 절대로 이길 수 없다. 시장타이밍을 시도해서는 절대로 이길 수 없다. 시장타이밍을 노린다는 것은 거의 무한한 자본을 가지고 24시간 내내 포커 게임을 벌이는 세계 최고의 선수들과 싸운다는 뜻이나 다름없다. 포커판에는 아주 많은 칩이 올라온다. "그것은 제로섬 게임입니다." 레이와 같은 카드 플레이어에게서 칩을 빼어올 생각을 한다면 헛된 소망이다. 망상이다. "세상에서는 게임이 계속 벌어지고 있지만 소수만이 돈을 법니다. 아주 많이 법니다. 다 능숙하지 못한 참가자들에게서 따는 칩이죠!" 포커판에 오래 앉아 있어도 누가 돈을 잃는지 여전히 알아채지 못한다는 격언이 있다. 누구겠는가? 바로 당신이다!

레이는 시장을 이기거나 타이밍을 노리려는 시도에 대해 마지막 경고의 일침을 놓는다. "그런 게임에는 참가하지 말아야 합니다!"

"좋습니다, 레이. 세계 최고의 참가자들을 이기려고 애써서는 안 된다는 것을 알겠어요. 당신에게 물을 질문이 하나 있습니다. 이 책을 위해 제가 인터뷰를 한 모든 사람에게 했던 질문이죠. 아이들에게 재무적 부는 전혀 남겨줄 수 없고 구체적인 자산배분 포트폴리오와 몇 가지 원칙을 담은 목록만 남길 수 있다면 무슨 내용을 적겠습니까?"

레이는 의자에 상체를 깊숙이 기댔다. 그는 잠시 대답을 망설였다. 말하고 싶지 않아서가 아니라 우리가 사는 세상이 위험과 기회가 극도로 복잡하게 얽힌 곳이기 때문이었다. "토니, 너무 복잡한 질문이군요. 평범한 개인을 위해 짧은 시간 안에 답을 알려주기가 나로서는 참 힘드네요. 게다가 세상도 휙휙 변하고 있고요." 충분히 일리가 있는 말이었다. 47년의 경험을 3시간짜리 인터뷰에 다 구겨 넣을 수는 없는 법이다. 그래도 나는 조금 강하게 나갔다.

"그렇긴 하죠, 레이. 그래도, 개인투자자가 전통적인 자산운용자를 이용하면 왜 성공할 수 없는지 방금 전에 말했잖아요. 게임에서 성공하기 위해 우리가 할 수 있는 것이 무엇인지 알려주세요. 자산배분이 성공에서 가장 중요한 부분이라는 건 알고 있어요. 그렇다면 최소의 위험으로 최대의 보상을 거두기 위해 당신이 이용하는 투자 원칙은 무엇인가요?"

바로 그 순간부터, 레이는 놀라울 정도로 멋진 비밀과 통찰 몇 가지를 털어놓기 시작했다. 그는 제일 먼저 내가 믿고 있던 '전통적 지혜'를 산산조각내고는, 전통적 지혜가 말하는 이른바 '균형 잡힌' 포트폴리오가 실제로는 전혀 균형이 맞지 않는다는 사실을 입증했다.

확실하지 않은 것을 조직하는 것이 모든 승리의 비결이다.

—마르쿠스 아우렐리우스

대다수 투자상담사들은(그리고 광고도) '균형 잡힌 포트폴리오'를 갖춰야 한다고 말한다. 균형. 듣기만 해도 안심이 되는 단어이다. 균형이라는 말을 들으면 위험이 높지 않을 것만 같다. 위험이 다소 높은 투자도 보수적인 투자로 위험을 상쇄할 수 있을 것만 같다. 그런데 마음에 걸리는 질문이 있다.

전통적 지혜에 충실해 균형을 잡았다는 포트폴리오 상당수는 왜 시장이 바닥으로 떨어진 순간 25~40퍼센트나 가치가 급락했는가?

전통적인 포트폴리오 균형은 주식과 채권을 50/50으로 나눈다. 다소 공격적인 편이라면 60/40, 많이 공격적이라면 70/30까지 나누기도 한다. 이번 예에서는 50/50을 유지한다고 가정하자. 투자 자본이 1만 달러가 있다면 주식에 5천 달러, 채권에 5천 달러를 투자한다는 뜻이다.

이 균형 잡힌 포트폴리오 접근법이라는 것을 이용하면서 우리는 세 가지를 희망한다.

1. 주식시장이 호황이기를 '희망'한다.
2. 채권시장이 호황이기를 '희망'한다.
3. 다음 번 증시 붕괴가 와도 둘 다 동시에 내려가지는 않기를 '희망' 한다.

이 일반적인 접근법의 기본 토대가 '희망'이라는 사실은 쉽게 알아챌 수 있다. 그러나 레이 달리오 같은 내부자는 희망에 기대지 않는다. 가족의 행복이 걸린 문제에 있어서 희망은 전략이 되지 못한다.

고위험 사업

사람들은 돈을 주식에 50퍼센트, 채권에 (또는 이와 비슷한 다른 자산에) 50퍼센트씩 나눠 투자하면서 자신이 분산투자를 하고 있고 위험을 고루 분산한다고 생각한다. 하지만 실제로 위험은 생각보다 훨씬 높

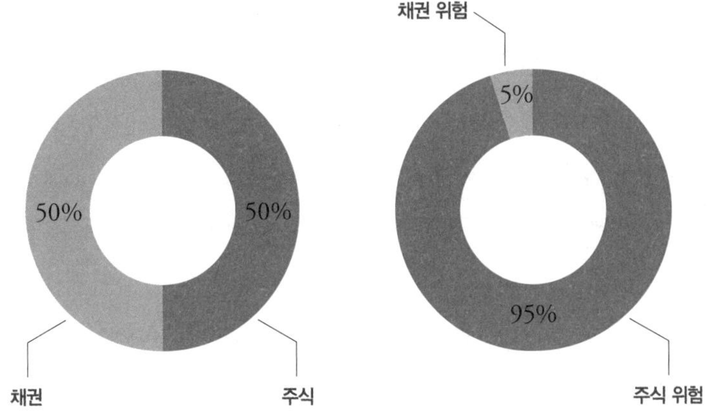

다. 왜인가? 레이가 인터뷰 내내 몇 번이나 강하게 지적하는 바에 따르면, 주식은 채권보다 위험이(즉, 변동성이) 3배나 되기 때문이다.

"토니, 50대 50의 포트폴리오를 가진다면 주식에 95퍼센트 이상의 위험을 몰아버리는 것과 다름없어요!" 위는 50/50 포트폴리오의 원그래프이다. 왼쪽은 '금액적인 비율'에서 주식과 채권의 배분비율을 보여주는 포트폴리오이다. 오른쪽은 '위험 분산 비율'에서 두 자산을 나눈 포트폴리오를 보여준다.

'돈'의 50퍼센트를 주식에 투자하면 '보기에는' 비교적 균형이 잡힌 포트폴리오이다. 그러나 앞에서도 설명했듯이 주식 비중과 변동성으로 인해 실제 감당하는 '위험'은 95퍼센트에 가깝거나 그 이상이 된다. 따라서 주가가 떨어지면 포트폴리오 가치도 급락하고 균형도 왕창 무너진다!

이 개념을 실제에 적용하면 어떤 결과가 나올까?

1973년부터 2013년까지 S&P 500은 9번의 손실이 있었고 누적 손실은 총 134퍼센트였다! 같은 기간 동안 (바클레이즈채권종합지수

Barclays Aggregate Bond Index가 대표하는) 채권이 손실을 본 기간은 단 3번이었고 누적 손실은 6퍼센트였다. 따라서 50/50 포트폴리오로 투자했다면 S&P 500에서 입은 손실이 총손실의 95퍼센트를 차지한다!

레이가 말했다. "토니, 대다수 포트폴리오는 아주 뚜렷한 성향을 보여요. 시황이 좋으면 성적이 좋고 시황이 나쁘면 성적도 나빠지죠." 결국 주가 상승을 '희망'하는 것이 사실상의 전략이 되어 버린다. 분산투자에 대한 이런 전통적 접근법은 분산투자를 하나도 하지 못하게 한다.

나는 균형과 위험의 개념에 대한 이토록 간명한 설명은 맹세코 처음이었다. 나는 그 자리에 앉아 잘못된 전제 위에서 한 투자가 있는지 되짚어 보았다.

당신에게도 질문을 던지고 싶다. 이 개념을 이해하고 나니 당신의 '균형 잡힌' 포트폴리오에 대해 지금 어떤 생각이 드는가?

분산투자의 의미를 생각하는 관점이 바뀌는가? 그러기를 바란다! 대다수 투자자는 정해놓은 자산에 '금액별로' 나눠서 분산투자를 하면 위험에서 스스로를 보호할 수 있다고 생각한다. "돈의 50퍼센트는 '위험한' 주식에 넣고(시장이 좋으면 상방 잠재력이 더 좋아질 수 있다) 50퍼센트는 '안전한' 주식에 넣으면 나를 보호할 수 있어." 레이가 우리에게 보여주다시피, 돈을 똑같이 나눌지라도 두 투자의 위험 수준이 동등하지 않으면 그것은 결코 균형 잡힌 포트폴리오가 아니다! 돈의 대부분이 여전히 위험에 노출된다! 모든 투자에 똑같은 금액을 투자하는 것이 아니라 위험/보상 수준에 따라 돈을 분산해야 한다.

지금 이 내용은 개인투자자의 99퍼센트가 모르는 사실이고, 대다수 전문가들도 모르거나 실천하지 않는 사실이다. 기분 나빠하지 말기를. 레이의 말을 빌리면, 수천억 달러를 보유한 대형기관의 전문가들 상당수도 똑같은 실수를 저지른다!

비를 부르는 주술사

레이는 본론에 들어가 내가 수년 동안 배우고 믿고 있던 모든 것을 체계적으로 해부하기 시작했다.

"토니, 균형 잡힌 포트폴리오 '이론'에는 중요한 문제점이 또 있어요. 그것은 안타깝게도 아주 거대하고 부정확한 기본 가정을 토대로 삼아요. 바로 상관관계correlation와 인과관계의 차이이죠."

몇 가지가 동시에 일어나는 것을 일컬어 투자계는 '상관관계'라는 근사한 명칭으로 부른다. 원시 문화의 사람들은 비가 내리기를 기원하며 함께 춤을 추곤 했다. 가끔은 정말로 비가 내렸다! 그래서 그들은 춤추는 것이 비를 내리게 한다고 생각했다. 그들은 '인과관계'와 '상관관계'를 착각했다. 다시 말해, 원시 문화의 사람들은 펄쩍펄쩍 뛰면서 춤을 추면 비가 내린다고 생각했지만 그것은 그냥 우연의 일치였다. 이런 일이 자주 일어날수록 원시 부족 사람들은 자신들이 비와 군무의 '상관관계'를 예측하는 능력이 있다는 헛된 자신감을 가지게 된다.

투자 전문가들도 종종 똑같은 미신에 빠져든다. 그들은 어떤 투자는 상관관계가 있고(즉, 같이 움직이고) 어떤 투자는 상관관계가 없다고 말한다(예측 가능한 관계가 존재하지 않는다는 뜻). 여기서도 간혹 상관관계가 존재할 수는 있지만 비를 기원하는 주술사처럼 공교로운 우연의 일치일 때가 많다.

레이와 그의 팀이 역사적 데이터를 통해 입증한 바에 따르면, 상당수 투자는 단순히 임의의 상관관계를 지니고 있을 뿐이다. 2008년 시장 붕괴 때 거의 모든 자산군이 일제히 추락하면서 상관관계에 대한 휘황찬란한 가정도 파괴되었다. 여러 자산군은 같이 움직일 때도 있고 아닐 때도 있다. 그렇기에 투자자가 포트폴리오 균형을 맞추는 과정에서 주식이 채권과 반대 방향으로 움직이기를 희망한다면 그것은 굉장히 위험한 도박이다. 하지만 대다수 금융전문가는 이 가짜 논리가 '진짜 북쪽'을 가리킨다고 철석같이 믿으며 따르고 있다.

레이는 전통적 자산배분 모델의 커다란 구멍 몇 가지를 아주 확실하게 밝혀냈다. 혹시 그가 아이비리그 대학의 교수이고 자신의 연구 결과를 정식으로 발표했다면 노벨상 후보에 올랐을지도 모른다! 그러나 레이는 정글의 참호 속에서 사는 쪽을 택했다.

사계절

예일의 최고투자책임자인 데이비드 스웬슨은 나와 인터뷰를 할 때 이렇게 말했다. "관습에 얽매이지 않는 지혜가 성공할 수 있는 유일한 방법입니다." 군중을 따르면 승리의 기회를 얻지 못한다. 매번 똑같은 조언이나 생각을 접하면 사람들은 그것을 진실로 착각한다. 그러나 우리를 진실로 나아가도록 이끌고 경쟁우위를 더 자주 가져다주는 것은 관습에 얽매이지 않는 지혜이다.

그리고 바로 여기에서 전통에 얽매이지 않는 레이의 두 번째 지혜가 구멍을 부수고 들어온다. "역사를 살펴보면 절대적으로 확실한 한 가지를 알 수 있어요. 모든 투자마다 성공할 수 있는 이상적 환경이 존재한다는 거죠. 그러니까 모든 투자에는 어울리는 계절이 존재합니다."

부동산을 예로 들어보자. 2000년 초 미국인들은 매물로 나온 집은 무엇이든 다 사들였고 개중에는 돈이 별로 없는 사람들도 상당수 있었다. 그러나 그들이 집을 사는 이유가 '이자가 싸기' 때문만은 아니었다. 오히려 금리는 2009년이 훨씬 낮았지만, 그때는 집을 팔고 싶어도 팔리지가 않았다. 그 부동산 호황 동안 사람들이 집을 산 이유는 주택 가격이 가파르게 상승하기 때문이었다. 주택 가격은 다달이 최고치를 경신했고 사람들은 가치 상승을 놓치고 싶지 않았다. 투자의 아이콘인 억만장자 조지 소로스George Soros는 이렇게 지적했다. "미국인들은 모기지가 시장에 존재한 그 전까지의 기간보다 [2007년까지] 6년 동안 받은 더 많은 모기지 대출을 받았다." 맞다. 주택담보 대출의 역사 전체보다 그 6년 동안 이뤄진 주택담보 대출이 더 많았다.

플로리다 남부의 마이애미와 상당수 지역에서는 예치금만 넣으면 완공되지도 않은 콘도를 구입할 수 있었다. 조금 후에 가격이 올라 상당한 시세 차익을 거두고 팔 수 있기 때문이었다. 사람들은 그 주택 지분을 어떻게 사용했을까? 그들은 주택 지분을 마치 ATM처럼 이용하고 소비했고 그들의 엄청난 소비는 기업의 수익성과 경제 성장을 자극했다. 소로스는 보고도 믿기 힘든 숫자를 인용했다. "대통령경제자문위원회의 위원장을 지낸 마틴 펠드스타인Martin Feldstein이 추산하기로는, 1997년부터 2006년까지 소비자들은 자신들의 주택 지분에서 9조 달러가 넘는 현금을 인출했다."• 이런 관점에서 바라보면, 미국인들이 6년 동안(2001~2007년) 모기지 채무에 추가한 액수가(약 5.5조 달러) 100년의 모기지 역사 동안 발생한 액수보다도 더 많다는 결론이 나올 수밖에 없다. 물론 이런 범국민적 행태는 지속 가능한 생계

• 대출을 통해 소비를 행했다는 의미이다.

수단이 아니다. 주택 가격은 쿵 소리를 내며 추락했고 소비와 경제도 같이 추락했다.

어떤 계절이나 환경이 주택 가격을 강하게 끌어올리는가? 인플레이션이다. 그러나 2009년은 가격이 떨어진 '디플레이션'의 계절이었고 상당수 모기지 대출자들에게는 집값이 대출액보다도 낮은 이른바 '깡통주택home underwater'만 남았다. 디플레이션은 주택 자산군의 가격을 떨어뜨린다.

주식은 어떨까? 주식 역시 인플레이션일 때 실적이 좋다. 인플레이션에는 물가가 상승한다. 물가 상승은 기업들의 매출이 늘어날 기회가 높아진다는 뜻이고 매출 증가는 주가를 끌어올린다. 오랜 시간 동안 입증된 사실이다.

채권은 다른 종의 동물이다. 미국채를 예로 들어보자. 디플레이션 시즌에는 금리 하락이 동반하고 채권 가격은 오른다.

그런 다음 레이는 가장 단순하면서도 중요한 특징을 보여주었다. 아래에 적은 단 4가지 요소만이 자산 가격을 움직인다는 특징이다.

1. 인플레이션
2. 디플레이션
3. 경제성장률 증가
4. 경제성장률 하락

레이의 접근법은 투자 자산의 증감에 최종적으로 영향을 미치게 되는 환경을 단 4개로 압축한다. 즉, 경제 계절이 4개가 존재하는 것이다. (자연계의 계절과 달리 경제 계절이 찾아오는 순서는 정해져 있지 않다.) 경제의 4계절은 아래와 같다.

	경제 성장	인플레이션
증가 ⬆	기대 경제성장률보다 더 오름	기대 인플레이션보다 더 오름
하락 ⬇	기대 경제성장률보다 더 내려감	기대 인플레이션보다 더 내려감

1. 기대 인플레이션보다 더 오른다(물가 상승).
2. 기대 인플레이션보다 더 내려간다(디플레이션).
3. 기대 경제성장률보다 더 올라간다.
4. 기대 경제성장률보다 더 내려간다.

오늘날의 주가나 채권 가격에는 미래에 대한 우리의(시장의) 기대가 이미 담겨 있다. 레이는 내게 이렇게 말했다. "오늘 보게 되는 가격은 미래가 그대로 담겨 있어요." 다른 말로, 오늘 애플의 주가에는 이 회사가 특정 속도로 계속 성장할 것이라고 믿는 투자자들의 '기대심리'가 합쳐져 있다. 이런 이유로 인해 미래 성장(순이익)이 당초 예상보다 낮을 것이라는 회사의 발표가 나온 순간 주가가 하락했다는 소식이 들려오기도 한다.

"어느 자산군이 실적이 좋을지 최종적으로 좌우하는 것은 돌발 사태입니다. 경제성장이 호조라는 돌발 사건이 생기면 주식에는 아주 좋고 채권에는 좋지 않습니다. 채권의 경우에는 인플레이션의 속도가 갑자기 둔화되는 것이 희소식이죠."

레이는 펼쳐질 수 있는 경제 환경(경제 계절)이 단 4개라면 이 4계절 범주에 위험을 25퍼센트씩 분산해야 한다고 말한다. "모든 자산군마다 좋은 환경이 있고 나쁜 환경이 있습니다. 그리고 각 자산군마다 평생에 한 번 정도는 파국적 손실이 불가피한 환경이 불거지기도 합니다. 역사적으로 입증된 사실입니다."

금융계에 존재하는 계절이 4개이고 다음에 어떤 계절이 올지는 아무도 알 수 없다는 의미에서 레이는 자신의 접근법을 올웨더 전략이라고 부른다. 이 접근법을 취하면 4분면을, 다시 말해 4계절을 내내 방어할 수 있으므로 투자자는 위험에서 자신을 보호할 수 있다. 레이는 더 자세히 설명한다. "나는 각 계절마다 위험을 똑같이 분산한 4개의 포트폴리오를 구상합니다. 그러면 어떤 특별한 환경이 찾아와도 위험에 노출되지 않게 되죠." 얼마나 근사한가? 미래가 어떤 모습일지는 아무도 알지 못하므로 미래를 예측하려는 노력도 소용이 없다. 그나마 아는 것이라고는 투자에는 잠재적으로 4계절만 존재한다는 사실이다. 이 투자 전략을 사용하면 우리는 방어를 자신할 수 있다. 단순히 희망에 기대는 것이 아니라 안전한 피난처에 거주하면서 어떤 계절이 와도 잘 막아낼 수 있다고 자신할 수 있게 된다.

브리지워터의 공동 최고투자책임자인 밥 프린스Bob Prince의 설명은 올웨더 접근법의 특별함을 단적으로 보여준다. "지금 우리는 2022년에 좋은 실적을 내줄 포트폴리오를 구성할 수 있습니다. 그때의 세상이 어떤 모습일지는 전혀 알 수 없지만요."

나는 벌어진 입이 다물어지지를 않았다. 그토록 간단하면서도 우아한 솔루션을 보여준 사람은 지금껏 아무도 없었다. 위험을 고루 분산한 투자 포트폴리오를 구성하면 어떤 계절에든 좋은 실적을 낼 수 있다는 말에 완벽히 수긍이 갔다. 그러나 가장 중요한 관건은 그런 포트폴리오를 실천하는 '방식'이었다.

"4개의 잠재적 계절이 있다는 건 알겠어요. 그러면 각 투자의 계

	경제 성장	인플레이션
증가 ⬆	주식 회사채 원자재상품/금	원자재상품/금 물가연동채권(TIPS)
하락 ⬇	미국채 TIPS	미국채 주식

절마다 좋은 실적을 내주는 투자는 무엇입니까?" 레이는 각 계절별로 알맞은 투자 유형을 범주로 묶어 주었다. 위는 이해하기 쉽도록 범주별로 묶은 도표이다.

만루홈런을 터뜨리다

레이가 설명한 원칙을 이해하더라도 자산배분을 여전히 복잡하게 느낄 수 있다. 나는 한 가지만은 분명히 안다. 복잡성은 실행의 적이다. 당신과 내가 레이의 접근법을 따르고 거기에서 실제로 보상을 얻기 위해서라도 나는 그의 조언을 간단히 정리할 방법을 찾아야 했다.

그래서 나는 레이에게 말했다. "당신은 우리에게 값으로 따질 수 없는 조언을 해주셨습니다. 자산배분을 바라보는 전혀 새로운 시각을 알려 주셨죠. 이제는 자산배분이 모든 성공 투자의 가장 중요한 열쇠 중 하나라는 사실을 분명히 알게 되었습니다. 그래도 평범한 투자자뿐만 아니라 심지어 지식을 갖춘 투자자에게도 이 원칙을 실행에 옮겨 자산군을 가장 효과적으로 배분한 실제 포트폴리오를 구성하는 것은 쉽지 않은 일입니다. 99퍼센트에 해당하는 사람들에게는 너무 복잡해서 이해하기가 힘듭니다. 일반투자자는 각 자산군마다 구체적으로 몇 퍼센트씩 투자하는 게 좋은지 알려주시면 정말로 감사하겠습니다. 그러면 모든 계절에 위험을 균등하게 분산할 수 있을 테니까요."

레이가 나를 응시했다. 아주 중요한 말이 나올 것임을 직감할 수 있었다. "토니, 그게 그렇게 간단하지가 않아요." 레이는 올웨더 전략은 굉장히 정교한 투자 수단을 다 활용하는데다 수익률 극대화를 위해 레버리지도 이용한다고 설명했다.

나는 레이가 무엇을 고민하는지 이해했기에 질문을 조금 더 간단히 정리했다. "평범한 투자자가 레버리지 없이 최소의 위험으로 최대의 수익을 낼 수 있는 자산배분 비율을 알려주실 수는 없나요? 이 자리에서 불쑥 꺼낸 부탁이니 완벽한 자산배분 비율을 만들기가 힘들다는 건 저도 잘 압니다. 그래도 레이, 당신이 최대한 어림짐작해서 생각한 비율이 웬만한 사람이 세운 최고의 계획보다는 훨씬 나을 게 분명해요. 독자가 혼자서도 할 수 있거나 수임자의 도움을 받아 해볼 수 있을 만한 간단한 올웨더 포트폴리오 전략을 알려주시면 정말로 고맙겠습니다."

레이는 지난 10년 동안 신규 투자자를 거의 받지 않았다. 가장 마지막으로 투자자를 모집했을 때도 투자 가능한 자산이 50억 달러인 기관투자자여야 한다는 조건이 붙어 있었다. 게다가 초기 투자금이 최소 1억 달러는 되어야 레이의 투자 자문을 받을 수 있었다. 이만하면 내 부탁이 얼마나 엄청나고 염치없는 부탁인지 짐작이 갈 것이다. 하지만 나는 그가 약자한테 약한 사람이라는 사실을 알고 있었다. 뉴욕 시 퀸즈의 가진 것 없는 가정에서 태어나 자수성가한 이 억만장자는 자신의 뿌리를 절대 잊지 않는다.

"레이, 당신은 도움을 베풀고픈 열망이 굉장히 큰 사람인 걸로 압니다. 이 기회에 평범한 사람들에게도 성공의 비법을 알려주세요. 어차피 50억 달러를 가진 사람이 문을 두드려도 당분간은 신규 투자자를 받지 않을 생각이잖아요. 골고루 도와주면 좋잖아요."

그리고 마법이 일어났다.

나는 레이의 눈을 똑바로 쳐다보았다. 그의 얼굴에 미소가 번져나갔다. "좋아요, 토니. 정교하지도 완전하지도 않지만, 평범한 투자자도 쉽게 실천할 수 있는 표본 포트폴리오를 알려드리죠." 그리고 그는, 자신의 경험이 효력을 입증한 바로 그 자산배분 방법을 서서히 털어놓기 시작했다. 우리의 생이 다하는 날까지 어떤 시장 환경에서건 최저의 위험으로 최고의 수익률을 낼 가능성을 높여줄 수 있는 자산배분 비율이었다.

기대 이상의 성과

지금부터 당신은 지구상에서 최고의 자산배분가라고 칭송 받는 남자가 구성한 자산배분을 보게 될 것이다. 그는 무일푼에서 시작해 140억 달러가 넘는 개인 재산을 모았고 연간 1600억 달러의 자산을 운용하며, 투자자들에게는 매년 21퍼센트의(수수료 차감 전) 수익률을 벌어준다. 그런 사람이 우리를 위해 어떤 종류의 자산군에 몇 퍼센트씩 투자해야 하는지 알려준다! 많은 사람이 레이의 인터뷰를 바탕으로 그의 포트폴리오를 모방하려고 노력 했었다. 심지어 레이의 혁신적 접근법을 모방한 '리스크 패러티Risk Parity(위험균등배분)'이라는 새로운 투자상품 범주가 생겨났을 정도이다. 많은 펀드나 전략이 레이의 접근법에서 '영감을 얻었다'고 말하지만, 레이가 직접 구체적인 배분 비율을 알려준 사람은 하나도 없었다. 이 복제품들 대부분은 2008년에 30퍼센트 이상 하락했다. 굳이 이름을 붙인다면 '올웨더'가 아니라 '한두 계절용'이라고 붙이고 싶다. 가짜 롤렉스 시계는 절대 진짜 롤렉스가 될 수 없다. (당부 사항: 물론 뒤에 나올 전략도 레이의 올웨더 전략과 완전히 똑같지는 '않다'. 그도 말했다시피, 그의 펀드는 더 정교한 투자 도구를 이용하고 레버리지도 사용한다. 하지만 핵심 원칙은 그대로이며 자산배분 비율도 다른 누구도 아닌 레이가 직접 설계해준 비율이다. 그런 이유에서 이 포트폴리오에는 '올시즌스'라는 이름을 붙이기로 했다.)

올시즌스 자산배분 비율

"기대됩니다, 레이. 당신이라면 주식에 몇 퍼센트를 투자하겠어요? 금에는요? 다른 자산은요?" 그는 너그러운 태도로 하나씩 비율을 설명하기 시작했다.

그의 말을 빌리면, 첫째로 우리는 주식에 30퍼센트를 투자해야 한다(이를테면 S&P 500이나 또는 이 바스켓 안에서 더 분산투자가 가능한 다른 지수). 너무 낮은 비율이라고 생각됐지만 생각해보니 주식은 채권보다 위험이 3배나 높다. 게다가 자산배분 세계의 요다(스타워즈에서 제다이들을 올바른 길로 이끌고 미래를 예견하는 현자 제다이—옮긴이)에게 옳다, 그르다 토를 달 생각도 없다!

"그 다음에는 장기 정부채에 투자해야 합니다. 중기채[7~10년물 미국채]에 15퍼센트, 장기채[20~25년물 미국채]에 40퍼센트입니다."

"채권 비중이 굉장히 높은 걸요?"

"주식시장의 변동성을 방어하기 위해서입니다." 나는 포트폴리오는 금액이 아니라 위험의 균형을 맞춰야 한다는 사실을 금방 기억했다. 이 자산배분은 (만기가 오래 남은) 장기채에 투자함으로써 고수익 가능성이 더 높아진다.

마지막으로 그는 금에 7.5퍼센트, 원자재상품에 7.5퍼센트를 배분했다. "고인플레이션 기간에도 좋은 실적을 낼 자산군을 포트폴리오에 포함시켜야 합니다. 그렇기에 금과 원자재상품에도 일부 투자를 해야 하는 거지요. 이 두 자산은 변동성이 높거든요. 게다가 인플레이션 속도가 빠른 환경에서는 주식과 채권 모두가 악영향을 받을 수 있습니다."

마지막으로, 포트폴리오 재조정의 문제가 남아 있다. 한 자산군에서 실적이 좋으면 그 자산군을 일부 매각해서 원래의 배분 비율에 맞게 돈을 다시 할당해야 한다. 1년에 적어도 한 번 정도는 해야 하며 적절한 재구성은 세금효율도 높여준다. 내가 전문 수임자를 찾아 자산배분 재조정이라는 중요하고 지속적인 과정을 맡기라고 말하는 것도 이런 이유 때문이다.

감사의 마음

와우! 그의 조언을 책에 글자로 담았다. 레이는 수백만 사람들의 삶에 큰 영향을 미치고 게임의 판도를 바꿀 비법을 대가다운 넉넉한 태도로 풀어놓았다. 레이가 당신과 나에게 얼마나 넉넉하고 관대한 도움을 베푼 것인지 실감할 수 있겠는가? 레이는 가슴속에서부터 진심으로 베풀 줄 아는 사람이다. 그렇기 때문에 나는 나중에 그와 그의 아

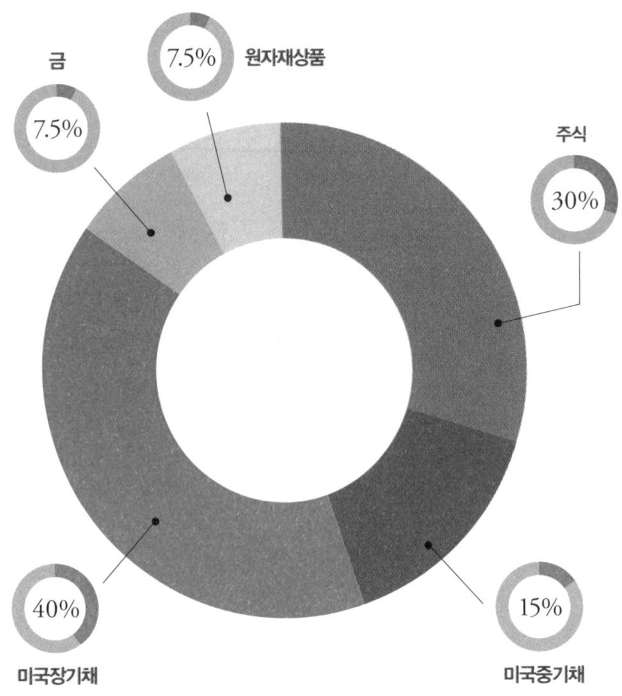

내 바버라가 기부서약Giving Pledge에 서명했다는 소식을 들었어도 전혀 놀라지 않았다. 기부서약은 세계 최고의 부자들이 자선활동에 재산 대부분을 기부하겠다고 약속하는 서약으로, 빌 게이츠도 워런 버핏도 여기에 서명했다.

관심이 생기는가

내 자산을 투자하는 팀이 올시즌스 포트폴리오에 대한 백테스트backtest(과거의 시장 흐름에 매매 전략을 대입하는 테스트. 유의미한 과거 데이터에 전략을 시뮬레이션해 효과성을 테스트한다—옮긴이)를 행한 후 그

실적을 보여줬을 때 나는 놀랐다. 절대로 잊지 못할 결과였다. 아내와 저녁 외식을 하는 중에 내 개인 투자상담사인 아자이 굽타가 문자를 보내왔다. 이런 내용의 문자였다. "레이 달리오가 알려주었던 포트폴리오의 백테스트 결과를 이메일로 보냈는데, 보셨나요? 믿을 수가 없어요!" 나한테는 여간해서는 밤에 문자를 보내지 않는 아자이가 그 시간에 문자를 보냈다면 한시라도 빨리 알리고 싶었다는 뜻이었다. 나는 아내와 저녁 데이트를 끝내자마자 전화기를 집어 메일을 열어 봤다.

CHAPTER 2

폭풍우를 이긴 수익률과 탁월한 결과

실수를 하지 않았는데도 지고 있다면…
다른 게임을 해야 한다.

—요다

반박할 수 없는 증거

과거 80년 동안 우리는 겪을 수 있는 모든 경제적 계절을 경험했고 대공황과 대침체 그리고 그 사이의 수많은 사건 등 온갖 돌발 사건을 수도 없이 겪었다.

올시즌스 포트폴리오의 실적은 어떠했을까? 앞에서도 말했지만, 나는 내 분석가 팀에게 1925년까지 거슬러 올라가 모든 기간을 다 테스트해 보라고 말했다! 결과에 우리 모두 놀랐다.

올시즌스 접근법의 지난 40년 동안 실적이 어떠했는지는 앞 장에서 봤으므로 여기서는 좀 더 자세히 파고들어가 보자. 더 자세히 봐야 할 부분은 내가 '현대기'라고 부르는 1984~2013년 동안의 성과이다.

포트폴리오는 바위처럼 굳건했다![12]

- 거의 10퍼센트의(정확히는 수수료 차감 후 9.72퍼센트) 연평균 수익률을 냈다(인플레이션 조정 수치가 아닌, 실제 수익률이라는 사실이 중요하다).
- 이 기간에서 수익이 난 기간의 비율은 86퍼센트이다. 수익률이 마이너스로 떨어진 해는 4년에 불과했다. 평균 손실은 1.9퍼센트에 불과했고 그중 한 번은 0.03퍼센트였다. 본전이라고 말해도 좋은 숫자이다. 따라서 실질적으로는 30년 동안 단 3년만 돈을 잃었다고 봐야 한다.
- 최악의 손실이 난 해는 2008년으로 −3.93퍼센트였다(S&P 500은 37퍼센트 떨어졌다!).
- 의심하는 사람들을 위한 한 마디! 표준편차는 7.63퍼센트였다(위험과 변동성이 대단히 낮다는 뜻이다).

현대기의 시작을 1984년부터 잡은 이유는 무엇인가? 이 해에 401(k)가 시장에 모습을 드러내면서 모든 미국인이 투자자가 되었고 주식시장은 더 이상 일부 정교한 투자자들만의 전유물이 아니게 되었기 때문이다. 몇 가지를 더하면 30년 전에는 월드와이드웹이 없었다. 최초의 '이동용' 휴대전화는 1984년에 등장했다. 벽돌 크기의 베이지색 모토롤라 다이나텍DynaTac 가격은 거의 4천 달러였다. 기본요금은 한 달에 40달러였고 분당 통화요금은 50센트였으며 배터리가

12 매년 포트폴리오를 재조정한다는 전제가 붙는다. 과거의 수익률이 미래의 결과를 보장하지는 못한다. 하지만 앞에서 말한 것처럼 기본 원칙을 설명하고 보여주기 위해 여기서는 역사적 데이터를 제시한다.

다 충전된 상태에서의 최대 통화 시간은 30분이었다. 내가 그렇게 자세히 아는 이유는 나도 으스대며 이 전화기를 들고 다닌 초기 가입자 중 하나였기 때문이다.

긍정적인 부분만 강조할 생각은 없다. 올시즌스 포트폴리오가 최악의 시기에, 다시 말해 경제적 겨울에 얼마나 잘 버텼는지도 관찰해야 한다. 이런 분석을 업계에서는 스트레스 테스트stress test라고 부른다.

내가 '역사기'라고 부르는 1939~2013년까지의 75년을 살펴볼 때는 이 놀라운 통계수치를 잘 확인하기 바란다. (더 오래 전까지 테스트를 해보기 위해 우리는 다른 '지수'를 이용해 각 자산군을 대표해야 했다. 1983년 전에는 시장에 존재하지 않는 지수도 있었다. 방법론에 대한 자세한 설명은 이 장 마지막에 나온다.)

S&P vs. 올시즌스(75년의 역사)

S&P	올시즌스
75년 동안 S&P는 18번 돈을 잃었다.•	같은 기간 동안 올시즌스 포트폴리오는 10번만 돈을 잃었다(평균적으로는 10년에 1번보다 약간 많은 횟수)••
단일 최대 손실은 −43.3%였다.	단일 최대 손실은 −3.93%에 불과했다.
평균 손실은 −11.40%였다.	평균 손실은 −1.63%였다.

• 배당재투자 포함

•• 손실이 난 10년 중 두 해의 손실은 0.03%였다(본질적으로는 이익도 손해도 나지 않은 셈이다. 따라서 현실적 관점에서 보면 75년의 역사 동안 이 포트폴리오는 단 8년만 손실이 났다).

더 과거인 1927년까지 올라가보자. 여기에는 경제 역사상 최악의 10년인 대공황이 포함된다.

시간의 시험과 최악의 폭풍우를 모두 이겨낸 집만이 어떤 위협도 잘 견뎌낼 튼튼한 집이다. 다음의 도표는 1935년 이후 7번에 걸친 최

S&P vs. 올시즌스(1928년부터)

S&P	올시즌스
87년 동안(1928~2013) S&P는 총 24번 돈을 잃었다(대략 27%).*	올시즌스 포트폴리오는 같은 기간 동안 14번만 돈을 잃었다 (나머지 73년은 정(+)의 수익률을 기록했다).
대공황이 한창일 때 4년 연속한 S&P의 손실은 64.40%였다.	같은 4년 연속한 기간 동안(1929~1932) 올시즌스 포트폴리오의 총 손실은 20.55%였다 (S&P보다 59퍼센트 높다).
평균 손실은 13.66%였다.	평균 손실은 3.65%에 불과했다.

* 배당재투자 포함

악의 추락을 보여준다. 올시즌스 포트폴리오는 이 7번의 '겨울' 중 두 번이나 사실상 가치가 상승했다. 게다가 다섯 번의 손실도 미국의 주식시장 전체와 비교하면 상대적으로 적은 편이었다. 역발상 투자를 떠올리게끔 만드는 부분이다. 겨울에는 모두가 세찬 바람에 얼어붙었지만 올시즌스 포트폴리오를 가지고 있었다면 스키와 스노보드를 즐

1935년 이후 최악의 하락

연도	S&P*	올시즌스
1937	-35.03%	-9.00%
1941	-11.59%	-1.69%
1973	-14.69%	3.67%
1974	-26.47%	-1.16%
2001	-11.89%	-1.91%
2002	-22.10%	7.87%
2008	-37%	-3.93%

* 배당재투자 포함

자료: Jemstep

긴 후 따끈한 핫초콜릿을 마시며 언 몸을 녹일 수 있었다.

더 최근 기간 동안 올시즌스 포트폴리오가 거둔 실적을 시장과 비교하면 차이는 훨씬 커진다! 2000년 1월부터 2014년 3월 31일까지, 올시즌스 포트폴리오는 시장(S&P 500) 수익률을 가뿐히 무찔렀다. 이 15년 정도의 기간 동안 우리는 레이가 '서프라이즈'라고 말한 돌발 사건들을 종류별로 다 겪었다. 기술주 붕괴, 신용 위기, 유럽 채무 위기, 단일년도로는 역사상 최대의 금값 추락(2013년에 28퍼센트 하락) 등 무수히 많다. 여기에는 S&P 500이 보합세를 유지한, 전문가들이 잃어버린 10년이라고 부르는 2000년 초부터 2009년 말까지의 기간도 포함돼 있다. 레이가 설계해준 포트폴리오의 실적을 표로 나타내면 아래와 같다.

증가(%)

화형식

우리는 미디어가 '최고'라고 부르는 사람들을 갈기갈기 분해할 기회를 호시탐탐 노리는 시대에 살고 있다. 매력적이면서도 꽤나 슬픈 일이기도 하다.

문화는 최고인 사람들을 완벽이라고 써진 발판에 올린 후 그 발판이 무너져 내리기를 바란다. 미디어는 운동선수나 CEO나 머니매니저가 한 번의 잘못된 행보를 보이거나 그들의 갑옷에 미세한 균열이 생긴 순간 득달같이 달려들어 공격한다. 텔레비전과 인터넷의 광장에서 그들은 돌팔매질을 당한다.

30년이 넘게 빛나는 수익률을 거뒀던 레이의 올웨더 전략이 2013년 약 4퍼센트가 떨어졌을 때 그에게 강도 높은 비난이 쏟아지는 것을 보고 나는 놀랐다. 4퍼센트. 몇 년 전 S&P가 보인 37퍼센트의 대폭락이 아닌 4퍼센트의 하락이었다. 역사를 바탕으로 할 때 올시즌스 접근법도 손실을 볼 때가 있을 것이다. 그러나 파국적인 하락을 최소화하는 것이 이 접근법의 목표이다. 솔직히 말해 당신도 이 포트폴리오를 이용했다가 첫 해부터 손해가 날지도 모른다. 이 포트폴리오는 단기에 우수한 실적을 노리지 않는다. 이것은 최대한 순탄하게 파도를 타기 위한 장기적 접근법이다. 단 1년만으로 판단을 내리는 것은 실수이다.

다른 투자도 그렇지만 올시즌스 접근법도 장기적인 전체 실적을 놓고 평가해야 한다. 현재 이 부분을 쓰는 시점에(2014년 중반) 레이의 올웨더 펀드가 6월에만 11퍼센트 상승하자 미디어는 다시 레이를 칭송하는 태도로 돌아섰다.

4퍼센트 하락에 언론의 관심이 일제히 쏟아진다? 그들은 2009년부터 2013년까지 5년 동안 올웨더가 단 1년의 하락을 포함해 평균 11퍼센트가 넘는 실적을 냈다는 사실은 기억에서 잊은 듯했다. 그러나 시장이 올라가는데도 그가 약간의 손실을 낸 것에 언론의 대대적 관심이 쏟아졌다는 사실은 그의 믿기 힘든 성적에 거는 기대가 얼마나 컸는지를 반증한다. 금융 미디어는 타자의 '먼젓번 타석'의 성적만을 기억한다. 그들은 〈뉴요커〉지가 2011년 '금융 기계를 지배하는 펀드'라는 제목으로 브리지워터에 대해 쓴 기사에서 레이의 고객들이 수십 년 동안 한결같이 높은 수익률을 거뒀다고 설명한 것은 까맣게 잊었다.

"2007년에 달리오는 주택과 대출 시장의 호황이 비극으로 끝날 것이라고 예측했다. 그해 말 달리오는 부시 행정부에 세계 최대의 은행 중 상당수가 지불 불능의 벼랑에 서게 될 것이라고 경고했다. 브리지워터의 라이벌 펀드 대부분에게 재앙이 되어버린 2008년 동안, 이 회사의 플래그십펀드(대표펀드)인 퓨어알파 펀드는 수수료를 제하고 9.5퍼센트의 가치 상승을 이뤘다. 지난 해 퓨어알파 펀드는 45퍼센트 치솟았다. 어떤 대형 헤지펀드보다도 높은 수익률이었다."

한 마디로, 당신이 어떤 전략을 사용하든 뒷짐 지고 앉아 이리저리 트집을 잡을 전문가는 수도 없이 많다. 내가 즐겨 인용하는 데이비드 배블 박사의 말이 생각난다. "그들이 비난하건 말건, 우리는 잠이나 자련다."

좋은 질문입니다

올웨더 접근법에 대해 블로거가 가장 중요하게 생각하는 질문은 이것이다. 금리가 올라가면 수익률이 어떤 영향을 받는가? 채권 비중이 큰 편인데 국채가 떨어져 포트폴리오에 손실이 발생하지는 않을까?

좋은 질문이다. 뒷짐 지고 앉아 이렇다저렇다 트집을 잡는 말이라고 치부할 수만은 없는 질문이다. 첫째로, 채권에 자산을 많이 배분하기는 했지만 이 포트폴리오는 채권에만 베팅하지 않는다. 이것은 경제의 잠재적 사계절에 걸쳐 위험을 고루 분산한다.

레이가 설명했듯이, 어느 특정 계절만을 준비하거나 다음에 어떤 계절이 올지 예측하려고 해서는 안 된다. 우리를 가장 크게 휘청거리게 만드는 것은 돌발 사건임을 잊지 말아야 한다.

실제로 다음 계절에는 가파른 금리 상승이 있을 것이라고 예상하면서 많은 사람이 투자를 갈아타려고 노력하고 있다. 어쨌든 유례없는 초저금리가 한참을 이어졌기 때문이다. 하지만 《다우지수 이기기Beating the Dow》의 저자 마이클 오히긴스Michael O'Higgins는 대중은 금리가 크게 오르기까지 오랫동안 기다려야 할지도 모른다고 말한다. 대출금리를 낮게 유지하기 위해 연준이 장기간 억지로 금리를 억누른 전력도 있으니만치 그의 말에도 일리가 있다. "다음 해(2014년)에는 반드시 금리가 오를 것이라고 믿는 상당수 투자자들은, 미국 연준이 1934년부터 1956년까지 22년 동안이나 금리를 3퍼센트 아래로 유지했다는 사실을 기억해야 한다."

연준은 2008년부터 저금리 기조를 유지하고 있고 이자가 싼 시대가 얼마나 오래 갈지 확실하게 말할 수 있는 사람은 아무도 없다.

2014년에 모두는 금리 상승을 예상했지만 연준이 다시 기준금리를 인하하면서 미국채 가격은 급등했다(금리가 내려가면 채권 가격은 올라간다).

금리가 오르는 시장 환경에서 올시즌스가 거둔 성적

열기구가 하늘로 오르듯 금리가 상승하는 계절에 올시즌스 포트폴리오가 어떤 영향을 받았는지 살펴보기 위해 역사를 되짚어 보자. 수십 년 동안 이어졌던 저금리 시대가 끝나고 1970년대부터 가파른 인플레이션이 찾아왔다. 금리는 하늘 높은 줄 모르고 치솟았지만 올시즌스는 1970년대 중 단 1년만 손해가 났고 그 10년 동안 연 9.68퍼센트의 수익률을 거뒀다. 여기에는 두 해 연속 주식시장이 떨어진 1973년과 1974년도 포함돼 있다. S&P 500은 각각 14.31퍼센트와 25.90퍼센트씩 40.21퍼센트의 누적 손실을 냈다.

다음에 어떤 계절이 올 것인지 예측할 수 있다고 말로만 떠드는 사람에게 현혹되지 마라. 우리 앞에 펼쳐질 모든 계절과 잇따른 돌발 사건들을 다 철저히 준비해야 한다.

현실 점검

마지막으로 올시즌스 포트폴리오의 중요한 장점은 인간적 요소를 훨씬 많이 반영한다는 점이다. 많은 비평가는 배짱을 두둑하게 발휘해 위험을 많이 감당하면 올시즌스 접근법을 이길 수 있다고 말할 것이다. 그들의 말이 옳을지도 모른다. 그러나 올시즌스 포트폴리오가 중요시하는 원칙은 수익률을 극대화하고 변동성과 위험을 최소화하는 것이다!

젊고 은퇴까지 남은 시간이 많거나 겁 없이 위험을 더 많이 감당할 수 있다면 올시즌스 접근법을 이용하되 수익률을 조금 더 높이기 위해 주식과 채권의 비율을 살짝 조정할 수 있다. 그러나 명심할 것이 있다. 주식을 늘리고 채권을 줄이면 위험/변동성이 늘어나 특정 계절에 더 집중적으로 베팅하는 포트폴리오가 만들어진다(그리고 주가가 오르기를 희망하는 처지가 된다)는 사실이다. 과거에는 이런 전략도 효과가 좋았다. 스트롱홀드 웹사이트에 들어가면, 포트폴리오의 주식 비중을 늘릴 경우 장기적인 관점에서 봤을 때 수익률이 커지기는 했지만 특정 해에는 하강이 훨씬 컸다는 사실도 확인할 수 있다. 그런데 굉장히 흥미롭게 봐야할 점이 있다. 일반적인 60/40으로 균형을 잡은 포트폴리오와 비교할 때(60퍼센트는 S&P 500에 투자하고, 40퍼센트는 바클레이채권종합지수에 투자) 처음보다 주식 배분을 조금 높인 올시즌스 접근법이 가뿐히 더 나은 성적을 거뒀다는 점이다. 전통적인 60/40 포트폴리오는 거의 80퍼센트가 넘는 위험을 감수해야 하지만 그럼에도 주식 비중을 늘린 올시즌스에 조금 못 미치는 실적을 달성했다.

스스로에게 솔직해지자. 우리의 간담은 생각만큼 튼튼하지 않다. 리서치회사인 달바의 조사는 위험에 대한 인간의 탐욕이 얼마나 큰지 보여준다. 1993년 12월 31일부터 2013년 12월 31일까지 20년 동안 S&P 500의 연수익률은 9.2퍼센트였지만 일반 뮤추얼펀드 투자자의 평균 수익률은 2.5퍼센트 남짓에 불과했다. 인플레이션도 따라잡지 못하는 수치였다.[13] 그럴 바에야 차라리 3개월물 미국채(거의 현금등가물에 준하는 자산이다)에 투자했더라면 조금이라도 나은 수익을 벌고 속이 쓰린 하락도 면했을 것이다.

13 자료: Richard Bernstein Advisors LLC, Bloomberg, MSCI, Standard & Poor's, Russell, HFRI, BofA Merrill Lynch, Dalbar, FHFA, FRB. 미화 기준 총수익률.

평범한 투자자들이 판돈을 그렇게 많이 잃은 이유는 무엇인가?

달바의 루이스 하비Louis Harvey 사장은 이렇게 설명한다. "투자자들은 잘못된 시기에 시장에 돈을 넣거나 뺀다. 그들은 열기에 빠지거나 패닉에 사로잡혀 스스로를 해친다."

피델리티Fidelity가 자사 플래그십펀드인 마젤란펀드Magellan Fund의 실적에 대해 수행한 연구는 더 놀라운 결과를 보여준다. 마젤란은 1977~1990년 동안 연평균 29퍼센트라는 놀라운 수익률을 낸 투자의 전설 피터 린치가 운용하는 펀드였다.[14] 그러나 피델리티의 조사 결과 마젤란 투자자들은 평균적으로 돈을 잃었던 것으로 드러났다!!! 왜 이런 일이 생긴 것일까? 마젤란펀드가 내려가면 투자자들은 손실이 더 커질 것을 염려해 현금을 인출했다. 그리고 펀드가 올라가면 그들은 마치 돌아온 탕아처럼 다시 돈을 싸들고 돌아왔다.

사실대로 말하면, 대다수 투자자들은 또 다른 2008년이 왔을 때 투자 자산의 일부나 전부를 팔지 않고 버틸 정도로 담이 크지 못하다. 그것은 인간의 본성이다. 그렇기에 사람들은 우수한 실적을 말할 때 강철 신경과 두둑한 배포를 가진 허구의 투자자를 언급한다. 단적인 예가 있다. 최근에 마켓워치MarketWatch를 읽다가 마크 헐버트Mark Hulbert의 금융 관련 글을 접하게 되었다. 마크는 시황에 따라 어떻게 거래해야 하는지 투자자들에게 알려주는 정기구독 뉴스레터의 실적을 추적했다. 지난 20년 중 가장 좋은 성과를 낸 뉴스레터는 16.3퍼센트의 연 수익률을 기록했다. 굉장히 좋은 실적이다. 하지만 상승 다음에는 하락이 찾아온다. 마크는 이렇게 설명한다. "고공비행의 실적을 보이던

14 나는 피터 린치가 연속해서 위대한 승리를 거두던 시기에 그의 핵심 투자 원칙을 주제로 인터뷰를 할 수 있었다. 그는 1990년대 초에 내 '웰스 마스터리' 세미나에서 강연을 하기도 했다.

투자가 하루아침에 가슴을 움켜쥐어야 할 투자가 될 수 있다. 2000년 이후 세 번의 시장 사이클이 있었고, 하강기 동안 (뉴스레터대로 투자를 한) 투자자는 최악의 성과를 냈다. 예를 들어 약세장이던 2007~2009년에 (앞에서 최고의 성적을 낸) 뉴스레터 서비스의 포트폴리오 모델은 거의 3분의 2에 해당되는 가치를 잃었다." 3분의 2?! 66퍼센트라는 소리다! 10만 달러를 투자했는데 월간 실적보고서에 남은 잔액이 3만 3천 달러라면 믿을 수 있겠는가? 은퇴계좌에 모은 100만 달러의 저축이 고작 33만 3천 달러로 줄어 있다면 기분이 어떻겠는가? 보고서를 든 손이 부들부들 떨리지 않겠는가?

마크는 그 뉴스레터 발행인에게 투자자들이 롤러코스터 장세를 잘 이겨내는지 물어봤다. 발행인은 긴 말 없이 그의 접근법은 '걱정이 생긴 순간 분산투자한 포트폴리오부터 제일 먼저 내던지는' 투자자에게는 맞지 않는다는 간명한 설명을 적은 이메일을 보내왔다.

66퍼센트의 하락은 그냥저냥 '걱정'이 아니다. 이 발행인의 설명을 들으면 모든 인간은 과잉행동을 보이는 성향이 있는 것 같다. 엔진 점검등이 깜빡거리면 달리는 차에서 무작정 뛰어내리는 식으로 행동한다는 것이다. 하지만 66퍼센트의 손실을 만회하려면 거의 200퍼센트의 수익을 내야 한다. 평생 저축을 해도 잃어버린 종잣돈의 일부도 회복하지 못할 수 있다!

손실	만회에 필요한 수익	손실	만회에 필요한 수익
5%	5%	35%	54%
10%	11%	40%	67%
15%	18%	45%	82%
20%	25%	50%	100%
25%	33%	75%	300%
30%	43%	90%	900%

내가 이 책을 위해 인터뷰한 '돈의 대가들'은 한 명도 빠짐없이 돈을 잃지 말아야 한다는 것을 절대 원칙으로 삼는다. 그들은 돈을 잃으면 출발점으로 돌아가기 위해서는, 즉 손익분기 상태로 돌아가기 위해서는 더 많은 돈을 벌어야 한다는 사실을 이해하고 있다.

솔직히 인정하자. 우리는 투자와 관련해 감정적으로 결정을 내린다. 우리 인간은 감정의 동물이며 세계 최고의 트레이더들도 언제나 내부의 두려움과 싸운다. 올시즌스 포트폴리오는 어떤 잠재적 환경만이 아니라 자기 자신으로부터도 당신을 보호해준다!!! 올시즌스 포트폴리오는 잘못된 결정을 내리지 않도록 막아주는 '감정 교수대'를 제공한다. 지난 75년 동안 최악의 손실이라고 해봤자 3.93퍼센트에 불과했다면 이성을 잃고 모든 투자를 다 처분할 가능성이 얼마나 되겠는가? 2008년에 세상이 전소되고 다른 모든 투자자가 무너져 내리고 있었을 때 당신의 올시즌스 포트폴리오는 3.93퍼센트만 내려갔다면 굉장히 큰 마음의 평화를 느끼지 않았겠는가?

당신한테 그 수단이 주어졌다! 마스터 셰프 레이 달리오가 만든 올시즌스 레서피가 당신 손에 주어졌다. 50억 달러의 순자산을 가지지 않았어도, 이 책을 읽음으로써 당신은 그 방법을 손에 넣었다. 그는 레버리지를 배제하고 더 수동적인 접근법을 취하는 (그리고 시장을 이기기 위해 최고의 종목 발굴가나 시장 예측자가 되려고 노력하지 않아도 되는) 단순화된 레서피를 제공해주었다. 직접 포트폴리오를 실행에 옮겨보기 바란다. 다만 그 전에 몇 가지 주의 사항이 있다.

- 저비용 인덱스펀드나 ETF(상장지수펀드)를 고르면 실적이 달라진다. 어떤 상품에 투자하건 가장 효율적이고 비용 효과적인 펀드를 고르는 것이 중요하다.
- 포트폴리오를 계속 모니터링하고 1년에 한 번 정도는 재조정을 해야 한다.
- 가끔은 포트폴리오의 세금효율이 높지 않을 때가 있다. 비과세 계좌나(IRA나 401(k) 계좌) 아니면 세금우대를 제공해 세금효율을 최대화해주는 투자상품을 골라야 한다. 뱅가드나 티아크레프가 제공하는 저비용 변액연금도 괜찮다(전문가들은 변액연금 중 이 두 가지만이 비용에 합당한 가치를 제공한다고 말한다).

올시즌스 + 평생수입

스트롱홀드의 팀www.strongholdfinancial.com이 현재 고객들에게 권하는 투자방법에는 올시즌스 포트폴리오도 포함돼 있다. 직접 이 포트폴리오를 실행에 옮겨도 좋고 스트롱홀드와 같은 전문지식을 갖춘 수임 상담사를 이용해도 좋다. 어떤 형태건 자신에게 가장 도움이 될 방법을 이용하라.

결정을 했으면 행동에 옮겨라

공은 당신에게 넘어왔다. 하방을 최소화하고 상방을 최대화해주는 효과가 있다고 입증된 포트폴리오 전략을 갖췄다면 이것은 자신만의 헤지펀드를 운영하는 것과 같다. 당신은 이제 필요한 정보로 중무장했다. 직접 운용을 해도 상관없고 종합적인 노후 준비의 일환으로 수임자에게 맡겨서 주기적으로 모니터링을 하는 것이 낫다 싶으면 그렇게 해도 상관없다.

자신만의 투자 계획을 5분만에 다 설계하고 싶으면 위에 적은 스트롱홀드 웹사이트로 들어가기 바란다. 이 사이트에 들어가면 현재 이용 중인 포트폴리오 접근법을 올시즌스를 비롯해 다른 여러 전략과 비교해볼 수 있다.

브로커를 시험하라

스트롱홀드의 보완 분석을 이용하면 '이면을 파헤쳐' 현재 투자 중인 펀드의 진짜 수수료와 진짜 수익률이 얼마인지 파악할 수 있다. 또한 두 번이나 50퍼센트의 시장 하락이 있었던 지난 15년 사이에(2000~2002, 2008~2009) 당신이 투자했던 펀드의 진정한 실적뿐 아니라 현재 위험이 얼마나 되는지도 알려준다.

행동하기로 결심했다면 온라인으로 계좌 이체를 설정해 오늘 당장 실행에 옮길 수 있다. 스트롱홀드의 서비스를 이용하지 않더라도 필요한 정보를 공짜로 전부 얻을 수 있을 것이다.

내 401(k)는 알맞게 설계돼 있는가

앞에서 추천했던 투자상품들이 연계 목록에 포함돼 있다면 지금 이용하는 401(k) 계좌로 올시즌스 접근법을 실행할 수 있다. 직접 운용을 해도 되고 전문가의 도움을 받아도 된다. 스트롱홀드를 이용하면 당신의 401(k) 계좌에 연결된 모든 펀드를 자동으로 조회해 401(k) 포트폴리오 계획이 적절히 설계돼 있는지를 확인해준다. 물론 아메리카스베스트 401(k)도 올시즌스 전략을 제공해준다.

투자소득이 결과를 말한다

휴우! 두 장에서 엄청나게 많은 내용을 다뤘다. 왜 그랬는지 이해가 갈 것이다. 현재 당신이 이용 중인 투자 계획은 거의 제로나 다름없는 '수수한' 수익률 성적을 기록하고 있다. 잠깐만 시간을 투자하면 앞으로 더 이상은 시장의 부침을 걱정하며 살지 않아도 된다. 물론 미래가 어떤 모습일지는 아무도 모른다. 그러나 우리가 제시한 포트폴리오를 실행에 옮긴다면 어떤 경제 환경에서건 높은 실적과 든든한 방어를 제공할 방책이 마련된다. 그 사실은 역사적 데이터가 말해준다.

이쯤해서, 투자를 '에베레스트 등정'에 비유했던 것을 다시 떠올려보자. 올시즌스 전략을 이용하면 정상까지 순탄하고 쉼 없이 올라갈 수 있는 가능성이 최대한 높아진다. 돌발 사건도 곳곳에 숨어 있지만 장기적으로는 성공을 거둘 수 있다. 투자 가치가 충분히 쌓여 충분한 재무적 자유가 가능한 임계량에 도달하고 나면, 그때부터는 종잣돈(투자로 모은 노후자금)을 안정적인 소득원으로 바꾸는 작업이 필요하다. 더는 억지로 일하지 않아도 생활비를 걱정하지 않게 해줄 평생 수입이 들어올 계획을 세워야 한다. 그것이 궁극적인 의미의 재무적 자유이다. 이제 페이지를 넘겨 왜 '올시즌스 + 평생의 소득 = 진정한 재무적 자유'가 되는지 배우자. 죽는 날까지 계속 소득을 창출할 수 있는 방법을 배우자!

레이는 어떻게 하는가

레이 달리오는 어떻게 특별한 수익률을 계속 유지하는 것일까? 그는 이 거대한 경제가 하나의 큰 기계이며 경제 안의 모든 요소가 어떤 식으로든 다 연결돼 있다는 것을 깨달았다. 확 드러나게 연결된 곳도 있지만 대부분은 그 연결이 잘 드러나지 않는다. 그는 경제 기계를 관찰하면서 그 안에 존재하는 예측 가능한 패턴을 이용할 수 있다는 사실을 깨달았다. 그는 경제 기계를 관찰하면서 발견한 사실을 30분짜리 동영상 한 편에 담았다. 투자에 관심이 있는 사람은 이 동영상을 반드시 봐야 한다! 레이는 사회에 좋은 영향을 미치고 우리의 세계를 돌아가게 만드는 경제 기계를 사람들이 쉽게 이해하도록 도와주고 싶다는 단순한 이유에서 이 동영상을 제작했다. 잠시 시간을 내 이 동영상을 꼭 보기 바란다. 절대 후회하지 않을 것이다. www.economicprinciples.org

올시즌스의 수익률 산출법

올시즌스 포트폴리오가 만든 실적의 정확성과 신뢰성을 입증하기 위해 분석가 팀은 실제로 시장에 존재하는 광범위한 저비용 분산투자 인덱스펀드의 연수익률을 이용해 이 포트폴리오를 테스트했다. 이렇게 한 데는 중요한 이유가 있다. 인위적으로 지수를 구성해 이론적 데이터를 이용하는 대신에 실재한 펀드 실적을 이용하면, 수수료에 따른 손실과 인덱스펀드가 해당 지수를 정확히 따라잡지 못하는 오류를 반영한 현실성 있는 수익률을 보여줄 수 있기 때문이다. 이렇게 했기에 올시즌스가 보여주는 과거 수익률은 다른 백테스트가 가끔씩 이용하는 이론적 수익률이 아니라 실제 수익률이라는 장점이 있다. 이 포트폴리오의 백테스트는 수백억 달러를 운용하는 월스트리트의 대형 기관만이 아니라 평범한 남녀 누구나가 접근할 수 있었고 지금도 접근 가능한 투자상품과 숫자들을 이용한다. 인덱스펀드가 존재하지 않았기에 대입이 불가능했던 시절에는, 대신에 각 자산군별로 광범위하게 분산된 지수 데이터를 이용했고 수익률에도 펀드 수수료를 반영했다. 또한 이 계산에는 매년 포트폴리오를 조정했고 거래비용이 없으며 비과세 계좌에 투자하고 있었다는 전제가 붙어 있다. 마지막으로, 올시즌스의 심층 분석과 코디네이션을 행해준 스트롱홀드자산운용의 아자이 굽타, 젬스텝Jemstep의 클리프 슈먼Cliff Schoeman, 사이먼 로이Simon Roy를 비롯한 팀원 모두에게 감사의 말을 전한다. (당부의 말: 과거의 실적이 미래의 결과를 보장하지는 않는다.)

CHAPTER 3

자유를 위해 평생소득을 설계하라

평생의 소득 흐름이야말로 행복한 은퇴 생활의 열쇠이다.

—〈타임〉 2012년 7월 30일자

나는 여생을 안락하게 보낼 돈이 충분히 있다.
문제는 내가 내일 죽어야 한다는 것이다.

—익명

1952년 에드먼드 힐러리Edmund Hillary는 모두가 불가능하다고 여겼던 에베레스트 산 등정에 최초로 성공했다. 영국 여왕은 그의 놀라운 등반 위업을 기려 기사 작위를 서훈했다. 그는 에드먼드 힐러리 '경'이 되었다. 그러나 많은 사람은 에베레스트 산 정복에 최초로 성공한 사람은 에드먼드 힐러리가 아니었을지도 모른다고 믿는다. 조지 맬러리George Mallory가 힐러리보다 30년 앞서서 에베레스트 정상 정복에 최초로 성공했을 것이라고 생각하는 사람도 많다!

조지 맬러리가 1924년 에베레스트 정상에 오른 것이 정말 사실이라면 에드먼드 힐러리가 모든 명예를 다 차지하고 기사 작위까지 받은 이유는 무엇인가?

에드먼드 힐러리는 에베레스트 등정만이 아니라 산을 '내려오는 일도' 무사히 마쳤기 때문이다. 조지 맬러리에게는 그런 운이 따르지 못했다. 에베레스트에서 죽은 산악인들 대다수가 그랬듯이, 맬러리에게도 산을 내려오는 것은 목숨을 걸어야 하는 위험한 일이었다.

정확히 무엇을 위해 투자를 하는가

나는 사람들에게 자주 묻는다. "무엇을 위해 투자를 합니까?" 각양각색의 답이 나온다.

"투자 수익을 보려고요."

"성장을 위해서요."

"자산 증식을 위해서요."

"자유를 위해서요."

"재미를 위해서요."

가장 중요한 목적은 소득인데, 그 중요한 답을 말하는 사람은 거의 없다. 우리 모두는 먹고살려면 소득이 필요하다. 시계처럼 정확하게 매달 통장에 또박또박 지속적으로 현금이 들어와야 한다. 청구서 요금을 내야 할 걱정이나 돈이 떨어질 걱정이 없는 삶을 상상해보라. 아니면 걱정 없이 세계 여행을 다닐 기쁨과 자유를 누릴 수 있다면 어떻겠는가? 매달 실적보고서를 열어볼 때마다 시장이 올랐기를 빌지 않아도 된다면? 넉넉히 베풀면서도 계속 소득이 들어올지 아닐지 걱정하지 않아도 되고 마음의 평화도 누릴 수 있다면? 소득은 자유이다! 우리는 직관적으로 그 사실을 잘 안다.

영화 〈브레이브하트〉의 멜 깁슨처럼 언덕 꼭대기에 올라 크게 외쳐라. "소득은 자유이다!" 그리고 소득의 부족은 스트레스이다. 소득 부족은 고생길이다. 소득 부족은 자신과 가족이 받아들이기 힘든 결과이다. 큰 소리로 그렇게 선언하라.

은퇴 전문가이며 백악관 자문인 제프리 브라운 박사는 최근 〈포브스〉 기사에 평생의 수입을 더할 나위 없이 적절한 말로 표현했다. "은퇴 보장에 있어서 가장 중요한 결과는 소득이다."

부자들은 (주식이건, 채권이건, 금이건) 자산 가치가 언제라도 변할 수 있다는 사실을 잘 안다. 그러나 자산을 '지출할' 수는 없다. 지출은 오직 돈으로만 가능하다. 2008년에 많은 사람은 자산 가치가 크게 떨어졌지만(특히 부동산의 추락이 심했다) 팔고 싶어도 팔리지가 않았다. 그들은 자산 '부자'이고 현금 '거지'였다. 이런 등식은 곧잘 파산으로 이어진다. 소득이야말로 가장 중요한 결과라는 사실을 절대 잊지 마라.

5부 끝에서는 소득 흐름을 단단히 묶어주는 도구를 얻게 될 것이다. 이렇게 단단히 묶어 두는 소득을 나는 '소득보험income insurance'이라고 부른다. 나이 들어 일거리를 전전하지 않아도 먹고살 생활비 걱정을 할 필요가 없고 통장 잔고가 떨어지는 사태가 생기지 않을 것이라고 자신할 수 있는 확실한 소득 창출 방법이기 때문이다. 또한 이런 평생소득의 흐름을 언제부터 시작할지 직접 결정을 내릴 수 있다.

골을 넣는 방법은 한두 가지만 있는 것이 아니다. 그러므로 우리는 당신에게 딱 맞는 소득보험을 만들 수 있도록 여러 방법을 고루 점검할 것이다.

소득 흐름을 단단히 묶어주는 아주 흥미로운 상품 중 하나는 소득 외에 강력한 부수 효익도 발휘한다. 오직 이 금융 수단만이 지구상에서 유일하게 아래와 같은 효익을 만들어준다.

- 원금 100퍼센트 보장[15](원금 손실이 없으며, 자신이 통제권을 유지할 수 있다.)
- 하방위험 없이 상방만 존재한다. 계좌의 가치 증가가 시장과 연동하기 때문에 시장이 오르면 상방 이득에 동참할 수 있다. 반대로 시장이 떨어져도 원금 손실은 없다.
- 가치 증가에 대한 세금이연(72의 규칙이 기억나는가? 세금효율에 따라 계좌 잔액은 2만 8466달러가 될 수도 있고 100만 달러가 될 수도 있다!)
- '자신이' 통제할 수 있고 언제부터 인출할지 결정할 수 있는 보장된 평생소득 흐름
- 적절히 구성할 경우 해당 수입은 비과세를 적용받을 수 있다.
- 연간 운용수수료가 붙지 않는다.

2천 년이나 된 금융 도구의 현대판 버전을 이용함으로써 이 모든 효익을 다 누릴 수 있다! 정말로 가능한 것일까? 너무 좋아서 사실이라고 믿기 힘들겠지만 나를 믿어주기 바란다. 거짓이 아니다! 나도 이 접근법을 이용하고 있다.

책의 내용을 종합하면 알겠지만 당신이 꿈꾸는 재무적 미래는 에베레스트 산 등정과 무척이나 닮아 있다. 당신은 임계량까지 돈을 모으기 위해(정상까지 오르기 위해) 수십 년을 일해야 하지만 그것은 이야기의 절반에 불과하다. 임계량을 달성한다고 해도 그 임계량을 남은 평생 이어질 소득 흐름으로 바꾸려면 어떻게 해야 하는지 계획과

15 보험회사가 지불불능이 되거나 채무를 수행할 능력이 없을 경우, 보험보증협회insurance guaranty association는 해당 보험회사가 발행한 보험 증권의 보유자와 수혜자를 보호해준다. 모든 주, 워싱턴 D.C., 푸에르토리코에는 보험보증협회가 존재한다. 보험회사는 사업 면허를 발급받은 해당 주의 보증협회에 가입해야 할 법적 의무가 있다. 보험보증의 최대 금액은 각 주마다 다르다. 대개는 30~50만 달러 사이이다.

전략을 세워야 한다. 그렇지 않으면 조지 맬러리와 같은 신세가 되어 산을 내려오는 도중에 죽을 수 있다.

새로운 세대

의심할 여지없이 우리는 해도도 없는 바다에 떠 있다. 30년 전과 지금의 은퇴는 개념부터 완전히 달라졌다. 비교적 최근인 80년대 말만 하더라도 미국인 근로자의 62퍼센트 이상이 연기금에 가입해 있었다. 그 시절을 기억하는가? 마지막으로 출근하는 날 주인공인 퇴직자는 기념 금시계와 함께 보장된 평생소득의 첫 연금액을 수령했다. 현재 공무원이 아닌 사람 모두에게 공적연금은 과거의 유물이다. 재무 세계의 공룡이다. 좋건 나쁘건 당신이 직접 배의 선장이 되어야 한다. 죽는 날까지 돈을 유지해야 하는 모든 책임은 당신에게 있다. 시장의 변동성, 과도한 수수료, 인플레이션, 의학적 '돌발 사태'에 내던져진 순간, 당신은 그토록 많은 사람이 거대한 은퇴 위기에 내몰리는 이유를 순식간에 이해하게 된다. 우리의 이웃과 동료를 포함해 많은 사람은 늙어서 돈이 없을 가능성이 아주 높아지고 있다. 그 어느 때보다 높아진 기대수명도 여기에 톡톡히 한 몫을 보태고 있다.

지금의 여든 살은 과거의 쉰 살?

두세 세대 전만 해도 오랫동안 기다린 보람 찬 은퇴 생활의 개념이 가능했다. 앞에도 말했듯이, 프랭클린 루스벨트 대통령이 사회보장제도를 창안한 1935년의 평균 기대수명은 62세였다. 연금은 65세부터 지급되었기 때문에 실제로 사회보장 연금을 수령하는 사람은 극히 일부에 불과했다.

그때만 해도 사회보장제도는 재무적으로도 합리적인 방안이었다. 연금을 수령하는 은퇴자 1명을 떠받쳐주는 근로자는(즉, 납입자는) 40명이기 때문이었다. 다시 말해 40명이 마차를 끌고 있고 좌석에는 1명만 앉아있다는 뜻이다. 2010년이 되어 퇴직자 1명당 마차를 끄는 사람의 수는 2.9명으로 확 떨어졌다. 아무리 펜대를 굴려도 계산이 맞지를 않는다. 워싱턴은 언제부터 머리가 굳은 것일까?

오늘날 남성의 평균 기대수명은 79세이고 여성은 81세이다. 부부 중 배우자 한 쪽이 97세까지 살아 있을 확률도 25퍼센트나 된다.

할 말이 더 있다!

어쩌면 위의 추산보다 기대수명이 더 늘어날 수 있다. 지난 30년 동안 이뤄진 기술 발전을 생각해봐라.

플로피디스크가 사라지고 나노기술이 등장했다. 현재 과학자들은 3D 프린팅을 이용해 새 장기를 만들어낸다. 과학자들은 인간의 피부에서 아주 조금 긁어낸 세포를 가지고 귀나 방광, 호흡기관을 '프린트'한다.[16] 공상과학이 현실이 되었다.

책의 뒷부분에서 구글 엔지니어링 이사이며 현대판 토머스 에디

16 웨이크포레스트재생의학연구소Wake Forest Institute for Regenerative Medicine의 앤서니 아탈라Anthony Atala 박사는 10여 년 전부터 이 방법으로 장기를 만들어 이식하고 있다.

슨이라고 불리는 레이 커즈와일이 미래의 기술을 자세히 설명해줄 것이다. 생명과학의 발달이 인간 수명에 끼칠 영향을 질문 받았을 때 그는 이렇게 답했다.

"2020년대에 인간은 유전자를 바꿀 방법을 알아낼 것입니다. '맞춤아기designer baby'가 가능해집니다. 이뿐만이 아닙니다. 맞춤아기 세대는 피부 세포를 이용해 젊은이나 다름없는 다른 종류의 세포를 만들어낼 수 있고 모든 조직과 장기에 대해서도 젊음을 되살릴 수 있게 될 것입니다. 신체의 생화학 구조를 '재프로그래밍'해서 질병과 노화를 막고 기대수명도 극단적으로 늘어날 것입니다."

우리 베이비붐 세대에게는 아주 신나는 소식이다!!! 주름살을 없앨 수 있다! 동화에서나 나오는 젊음의 분수를 만끽할 날이 얼마 남지 않았을지도 모른다.

그러나 이것이 우리의 은퇴 생활에 미치는 영향은 분명하다. 처음 예상보다도 훨씬 오랫동안 돈이 있어야 한다. 레이의 말대로 110세나 120세까지 산다면 어떻게 될까? 밀레니엄 세대의 수명을 늘릴 온갖 기술을 상상해보라. 확실한 평생소득 보장보다 더 중요한 것은 없게 된다.

생이 다하는 날까지 고정적으로 꼬박꼬박 들어오는 돈이야말로 우리의 가장 큰 자산이 된다.

젊은 시절에 나는 돈이 인생에서 가장 중요하다고 생각했다.
나이든 지금도 나는 그렇다는 것을 잘 안다.
—오스카 와일드

무너진 4퍼센트의 규칙

1990년대 초 캘리포니아의 한 재무설계사는 이른바 '4퍼센트 규칙'이라는 개념을 생각했다. '균형 잡힌 포트폴리오(주식에 60퍼센트, 채권에 40퍼센트)'에서 매년 4퍼센트씩만 인출하면 평생 돈이 떨어질 일이 없다는 규칙이었다. 물론 인플레이션을 감안하면 그 4퍼센트에 해당하는 금액은 매년 늘어날 수 있다.

2013년 〈월스트리트저널〉은 '4퍼센트 규칙에 작별을 고하다'라는 제목의 기사에서 "돈이 지속되는 동안에는 아름다운 규칙이었다."고 일축한다. 이 규칙은 왜 돌연사했는가? 규칙이 세상에 나온 시기에 정부 채권의 표면이자율은 4퍼센트가 넘었고 주식은 강세장 랠리였기 때문이다! 2000년 1월에 은퇴를 해 4퍼센트 규칙을 따랐다면 2010년까지 잃은 돈은 33퍼센트에 달했을 것이다. 게다가 투자회사인 T. 로프라이스그룹T. Rowe Price Group의 말에 따르면 평생 돈을 유지할 가능성은 29퍼센트에 불과하다고 한다. 우리 대다수가 절대로 경험하고 싶지 않은 파산과 늙음이 동시에 찾아오는 것이다.

지금은 세계 전체가 강제적 저금리 기조이고 이것은 저축자들에게는 전쟁이다. 특히나 노인들에게는 굉장히 버거운 전쟁이다. 금리가 거의 0퍼센트인 상황에서 안전한 은퇴 생활을 누리려면 어떻게 해야 하는가? 수익률을 높이기 위해 불안전한 땅으로 모험을 떠나는 수밖에 없다. 물을 마시기 위해 악어 떼가 득시글대는 물가로 다가가는 모험을 할 수밖에 없는 목마른 영양의 신세나 다름없다. 곳곳에 위험이 도사리고 있다. 먹고살 생활비를 마련하기 위해 조금이라도 더 높은 수익률을 내야하는 사람들은 위험에 점점 더 취약해지고 있다.

아무리 그럴싸하게 말하며 상품을 판매할지라도 그 어떤 포트폴리오 매니저나 브로커나 재무상담사도 우리가 여생 동안 돈을 계속 유지할 수 있도록 원천적 요인을 통제해줄 수는 없다. 극소수 전문가들만이 이 치졸한 비밀을 알고 있고 혹여 안다고 해도 그것을 입 밖으로 꺼내 말하지 않는다. 투자의 전설 잭 보글과 마주한 자리에서 나는 평소의 직설적인 화법을 발휘해 그 문제를 정면으로 끄집어냈다.

잭 보글은 세계 최대 뮤추얼펀드 회사인 뱅가드의 창립자이며 가감 없이 말하기로 유명한 사람이다. 펜실베이니아에 있는 그의 사무실에서 4시간 동안 인터뷰를 하면서 나는 그 치졸한 비밀을 언급했고 보글은 자신의 의견과 생각을 포장하려는 시도조차도 하지 않았다. "마냥 기분 좋게 말할 수는 없는 것들이 있지만 그 모든 것은 일종의 복권 뽑기와 같습니다. 자신이 태어난 시기, 은퇴할 시기, 아이들이 대학에 가는 시기 등이 그것이죠. 그런 일들은 전혀 통제할 수가 없죠."

그가 말하는 복권은 무엇인가?

복권에는 뽑기 운이 크게 작용한다. '당신이' 은퇴하는 시기의 시황은 어떠한가? 1990년대 중반에 은퇴한 사람은 '행복한 야영객'이 될 수 있었지만, 2000년대 중반의 은퇴자는 '집 없는 야영객'이었다. 보글은 2013년 초 CNBC와의 인터뷰에서 앞으로 10년 동안 최대 50퍼센트의 시장 하락을 '두 번'은 각오해야 할 것이라고 말했다. 빌어먹을! 하지만 놀랄 것도 없는 예측이었다. 우리는 이미 2000년대에 50퍼센트에 가까운 시장 추락을 두 번이나 경험했다. 잊지 말기 바란다. 50퍼센트의 손실이 나면 100퍼센트의 수익이 나야 손익분기를 회복할 수 있다.

그들이 치졸하게 숨기고 있는 위험은 '수익률 순서sequence of returns' 라는 파괴적 개념이다. 어려운 개념 같지만 절대 아니다. 핵심을 설명하면, 은퇴한 후의 초년이 후년을 좌우한다는 개념이다. 은퇴 생활 초년에 투자 손실이 날지 아닐지는 순전히 운에 달린 문제지만 초년에 손실이 날수록 벌어진 거리를 메꿀 가능성은 점점 희박해진다.

모든 것을 다 잘했다. 믿음직한 수임 상담사를 찾아냈고 수수료도 줄였고 세금효율을 살려 투자를 했고 프리덤펀드도 다 채웠다.

이제 스키를 타고 산을 내려와야 할 시간이 왔다. 즉, 포트폴리오에서 조금씩 돈을 꺼내 수입으로 삼아야 하는 시기가 왔다. 그런데 은퇴 첫 해에 손실이 나면 모은 돈이 줄어드는 속도에 순식간에 가속이 붙는다. 이런 손실이 몇 해 이어지면 다시 일자리를 찾아야 하거나 별장으로 마련한 집을 팔아야 할 수 있다. 너무 과장된 설명 같은가? 가상의 예를 보면 수익률 순서 위험이 시간이 지날수록 얼마나 막강한 위력을 발휘하는지 금세 드러난다.

존이 개를 물다

존이 개를 물다. 개가 존을 물다. 똑같은 세 단어를 사용했지만 순서를 뒤집었더니 의미도 180도 달라졌다. 특히 존한테는 그 영향이 더욱 크다!

존은 예순다섯 살이다. 그는 50만 달러를 모았고(일반 미국인이 모을 수 있는 액수보다 훨씬 크다) 조만간 은퇴한다. 은퇴 시기가 가까운 미국인이 흔히 그렇듯 존도 주식과 채권 비중이 60/40인 '균형 잡힌' 포트폴리오로 투자하고 있다. 앞에서 레이 달리오에게 배웠지만 이것은 절대 균형 잡힌 포트폴리오가 아니다! 금리가 대단히 낮기 때문에 4퍼센트 규칙은 도움이 되지 않는다. 존은 기본적인 생활수준을 유지하기 위해 종잣돈인 프리덤펀드에서 매년 5퍼센트를(2만 5천 달러) 인출하기로 결정한다. 여기에 사회보장제도의 수령액까지 더하면 존은 먹고사는 데 지장이 '없어야' 한다. 그리고 같은 금액으로는 재화와 서비스에 대한 구매력이 줄어들기 때문에 존은 물가상승에 맞춰 매년 인출액을 조금씩(3퍼센트씩) 늘려야 한다.

존은 운이 나빠 은퇴하고 초기 몇 년 동안 손실이 발생한다. 이른바 황금기가 시작되자마자 3년 내내 투자 손실이 발생했다.

첫 5년 만에 존의 50만 달러는 절반으로 줄었다. 게다가 증시가 침체일 때 돈을 인출한 것이 상황을 더욱 악화시켰는데 혹시 시장이 반등하더라도 가치 성장을 노릴 잔액 자체가 적게 남아 있기 때문이다. 그러나 삶은 계속되고 생활비는 들어가야 한다.

존이 일흔 살이 되는 해부터 시장이 올라 정(+)의 수익이 났지만 이미 손쓸 수 없는 피해가 발생한 후이다. 회복으로 가는 길은 가파른 벼랑이다. 70대 후반 무렵이 되어 존은 돈이 다 떨어질 것을 알리는 불길한 징조를 알아챘다.

여든세 살이 되어서 존의 잔고는 바닥이 났다. 그가 50만 달러가 든 은퇴계좌에서 인출한 총액은 58만 963달러에 불과하다. 은퇴를 한 후에도 18년 동안 계속 투자를 유지했지만 존의 계좌에 추가로 불어난 돈은 고작해야 8만 달러 남짓이었다.

하지만 여기서 도저히 납득할 수 있는 점이 한 가지 있다. 존이 비틀대며 산을 내려오는 동안 시장이 연간 8퍼센트 이상씩 성장했다는 사실이다. 어느 모로 따져도 아주 훌륭한 수익률이다!

우리는 이 트릭에 조심해야 한다. 시장은 매년 똑같은 평균 수익률을 벌어주지 않는다. 우리가 버는 것은 실제 수익률이고, 이것을 다 더해 평균을 낸 것이 평균 수익률이다. (2부 4장에서 실제 수익률과 평균

존의 예

나이	주식시장의 가상 손익	연초 인출액	연초 종잣돈
64			$500,000
65	-10.14%	$25,000	$500,000
66	-13.04%	$25,750	$426,839
67	-23.37%	$26,523	$348,766
68	14.62%	$27,318	$246,956
69	2.03%	$28,318	$251,750
70	12.40%	$28,982	$228,146
71	27.25%	$29,851	$223,862
72	-6.56%	$30,747	$246,879
73	26.31%	$31,669	$201,956
74	4.46%	$32,619	$215,084
75	7.06%	$33,598	$190,084
76	-1.54%	$34,606	$169,090
77	34.11%	$35,644	$131,429
78	20.26%	$36,713	$128,458
79	31.01%	$37,815	$110,335
80	26.67%	$38,949	$95,008
81	19.53%	$40,118	$71,009
82	26.38%	$36,923	$36,923
83	-38.49%	$0	$0
84	3.00%		
85	13.62%		
86	3.53%		
87	26.38%		
88	23.45%		
89	12.78%		
평균 수익률 8.03%			인출 총액 $580,963

수익률의 차이를 설명한 내용을 기억하라.) 돈을 잃어서는 안 되는 기간에 손실이 나지 않기를 '희망'하는 것은 안전한 재무적 미래를 위한 효과적 전략이 되지 못한다.

뒤집기

수전도 예순다섯 살이고 마찬가지로 50만 달러를 모았다. 존처럼 수전도 여기서 매년 5퍼센트씩 2만 5천 달러를 꺼내 생활비로 쓸 생각이며, 인플레이션에 맞춰 인출 금액을 매년 조금씩 늘릴 예정이다. 수익률 순서의 위험을 보여주기 위해 우리는 똑같은 투자수익률을 사용하되, 발생 순서를 거꾸로 뒤집었다. 존의 첫 해가 수전의 마지막 해 수익률이고, 존의 마지막 해 수익률이 수전의 첫 해 수익률이다. 수익률이 발생한 순서만 뒤집었을 뿐인데 수전의 은퇴 생활은 존과는 완전히 다르다.

수전은 여든아홉 살까지 90만 달러가 넘는 돈을 수입으로 꺼내 썼지만, 계좌에는 아직도 167만 7975달러가 남아 있다! 그녀는 먹고 살 걱정이 전혀 없다!

두 사람은 노후자금도 똑같고 인출 전략도 똑같았지만 한 사람은 궁핍해졌고 한 사람은 절대적인 재무적 자유를 누리고 있다. 훨씬 놀라운 부분은, 존과 수전의 25년 동안 평균 수익률이 똑같이 8.03퍼센트라는 사실이다!

왜 이런 차이가 벌어지는가? '평균 수익률'은 수익률을 총합해 연수로 나눈 수치이기 때문이다.

다음에 어떤 사건이 우리를 놀라게 할지 예측할 수 있는 사람은 아무도 없다. 시장이 언제 상승하고 언제 내려갈지 아는 사람은 아무도 없다.

수전의 예

나이	주식시장의 가상 손익	연초 인출액	연초 종잣돈
64			$500,000
65	12.78%	$25,000	$500,000
66	23.45%	$25,750	$535,716
67	26.38%	$26,523	$629,575
68	3.53%	$27,318	$762,140
69	13.62%	$28,318	$760,755
70	3.00%	$28,982	$832,396
71	-38.49%	$29,851	$827,524
72	26.38%	$30,747	$490,684
73	19.53%	$31,669	$581,270
74	26.67%	$32,619	$656,916
75	31.01%	$33,598	$790,788
76	20.26%	$34,606	$991,981
77	34.11%	$35,644	$1,151,375
78	-1.54%	$36,713	$1,496,314
79	7.06%	$37,815	$1,437,133
80	4.46%	$38,949	$1,498,042
81	26.31%	$40,118	$1,524,231
82	-6.56%	$41,321	$1,874,535
83	27.25%	$42,561	$1,712,970
84	12.40%	$48,383	$2,125,604
85	2.03%	$45,153	$2,339,923
86	14.62%	$46,507	$2,341,297
87	-23.37%	$47,903	$2,630,297
88	-13.04%	$49,340	$1,978,993
89	-10.14%	$50,820	$1,677,975
평균 수익률 8.03%			인출 총액 $911,482

존도 수전도 소득보험●을 가지고 있다고 가정해보자. 존은 계좌 잔액이 줄어들더라도 보장된 소득이 무지개 끝에 존재한다는 사실을 알기 때문에 위궤양을 피할 수 있다. 수전은 잔액이 훨씬 더 불어나 있어서 굉장히 기쁘다. 여행을 더 많이 다닐 수 있고 손자들에게도 유산을 더 많이 남겨줄 수 있으며, 자선 단체에도 기부를 더 많이 할 수 있다. 소득보험의 가치는 아무리 강조해도 지나치지 않다! 이것이 올 시즌스 포트폴리오와 합쳐지는 순간 굉장히 강력한 조합이 탄생한다.

6개의 학위

와튼의 데이비드 배블 박사는 내가 여태껏 만난 사람 중 가장 학식이 뛰어나며 다정하고 자상한 영혼과 굳건한 신념의 소유자이다. 그는 '박사님'이나 '교수님'이라는 호칭보다는 '데이비드'로 불리는 것을 더 좋아한다.

데이비드가 이룬 학업 성취는 놀라울 정도이다. 그는 학위가 6개나 있다! 그는 경제학 박사학위, 국제금융 MBA, 재무학 박사, 식품자원경제학 박사 부전공, 열대농업 박사학위, 라틴아메리카학 박사학위의 소지자이다. 그는 30년이 넘게 버클리와 와튼스쿨에서 투자학을 가르치고 있다. 골드먼삭스의 연기금보험 부서의 리서치 이사로도 일했다. 세계은행에서 근무한 적도 있고 미국 재무부와 연방준비은행, 노동부에 자문을 제공했다. 데이비드가 자기 분야를 잘 아는 사람인지 궁금해 하는 것은 마이클 조던이 농구를 잘하는지 궁금해 하는 것

● 이 책에서는 연금보험으로 생각하면 된다.

과 같다.

데이비드가 본인의 은퇴 계획을 직접 설계해 작성한 보고서는 반응이 극과 극으로 갈린다. 은퇴 시기가 가까워오자 그는 마음의 평화와 보장된 평생소득을 모두 안겨줄 전략을 세우고 싶었다. 그는 '소득이 결과이다.'를 기억했다. 그리고 그는 나이가 들면 복잡한 투자 결정을 피하고 싶은 심리 등 다른 여러 요소들도 두루 감안했다. 그는 위험과 시장에 대해 그간 쌓은 방대한 지식을 총동원해 자신이 내릴 만한 투자 선택을 모두 따져봤다. 전략을 비교하기 위해 친구들과 월스트리트의 과거 동료들에게도 의견을 구했다. 그리고 결론을 이렇게 내렸다. 힘들게 모은 은퇴자금을 넣어 둘 최상의 장소는 바로 연금보험이었다!

어? 조금 이상하다.

월스트리트의 친구들이 '연금자살annuicide'이라고 부르는 상품에 데이비드는 돈을 넣어두기로 결정했다는 말인가? 연금자살이라는 말을 처음 만든 사람은 주식중개인들이다. 그들은 고객이 안정적인 평생소득을 마련하기 위해 주식을 처분해 그 돈을 전통 깊은 보험회사에 넣으려 할 때 그 말을 사용한다. 중개인들은 이 돌이킬 수 없는 결정으로 인해 투자 수익이 더 이상 창출되지 못할 것이라고 생각한다. 하지만 실제로 죽는 것은 '그들의' 이익이다.

한번 생각해보자. 주식중개인이 평생을 위한 소득계획을 마련해야 한다고 말한 적이 언제였는가? 그런 적 자체가 없을 것이다. 월스트리트는 인출을 부추길 만한 생각이나 행동에는 아무 관심이 없다. 그들에게 '인출'이라는 단어는 '젠장'과 똑같은 의미이다. 웃지 못할 현실이지만 당신이 오래 붙잡혀 있을수록 주식중개인의 평생수입도 오래 보장된다.

미국인들은 은퇴 저축의 적어도 절반을 연금보험으로 전환해야 한다.

—미국 재무부

평생소득 설계에 대해 제프리 브라운 박사만큼 정통한 사람은 없다. 그는 재무부와 세계은행의 자문이며 중국이 앞으로의 사회보장제도 전략을 평가하기 위해 도움을 요청한 전문가 중 하나이다. 또한 미국 대통령에 의해 사회보장자문위원회의 7인 위원 중 한 명으로 위촉된 인물이기도 하다.

브라운 박사는 평생소득을 창출할 방법을 연구하는 일에 거의 평생을 바쳤다. 그가 찾아낸 해결책은 무엇인가? 그는 연금보험이야말로 가장 중요한 투자 상품 가운데 하나라는 결론을 내렸다.

3시간 동안 진행된 인터뷰에서 그와 나는 평생소득 설계를 주제로 멋진 대화를 나눴다. 그가 보기에 재무설계 상담에서 소득에 대한 내용이 배제되는 것은 무척 당혹스러운 일이다. 대다수 재무설계사들의 상담에서든, 미국인의 가장 중요한 은퇴 설계인 401(k)와 연동할 투자 옵션을 고를 때든, 소득보험을 제외하고 어떻게 제대로 된 상담이 가능하겠는가?

내가 질문했다. "과거보다 수명이 늘어난 시대에 진정한 평생소득 수단을 마련해 우리 자신을 보호하려면 어떻게 해야 할까요? 사람들은 보통 65세 쯤에는 은퇴를 하고 그후 20~30년 정도를 은퇴 소득으로 살아가야 합니다. 하지만 그들이 마련한 재무계획은 그렇게 오래 버티지를 못합니다. 해결 방법이 있겠습니까?"

"토니, 솔직히 말해 우리는 이 문제를 어떻게 해결해야 하는지 실제로는 잘 알고 있습니다. 우리는 은퇴자금 마련에 대한 사람들의 인식을 바꿔야 합니다. '경제학자의 땅'에는 우리가 연금보험이라고 부르는 상품이 있습니다. 연금보험이란 우리가 보험회사에 '이거 보세요. 당신에게 맡기려고 제 돈을 들고 왔습니다. 당신은 이 돈을 관리하고 키워 주세요. 그리고 내가 죽을 때까지 매달 내게 일정 소득으로 되돌려주시면 됩니다.'라고 말하는 것이죠. 사회보장제도를 생각하면 연금보험을 쉽게 이해할 수 있습니다. 사회보장제도에 따라 우리는 근로 기간 내내 은퇴 후를 위한 돈을 납입합니다. 그리고 은퇴한 후부터는 평생 매달 연금을 받게 되는 거죠. 사회보장제도에만 만족해서는 안 됩니다. 자신만의 은퇴 설계를 마련해 평생소득을 늘려야 합니다."

제프리와 그의 팀은 연금보험이 어떤 방식으로 설명되고 '틀'이 제시되는지, 그리고 상담 내용에 따라 연금보험의 필요성에 대한 사람들의 인식이 어떻게 바뀌는지를 비교 분석하는 연구를 수행했다.

첫째, 주식중개인들은 연금보험을 수익률이 상대적으로 낮은 '저축' 계좌 내지는 투자로 설명하는 편이었다. 당연하지만 이럴 경우 고객의 20퍼센트만 연금보험을 매력적인 금융상품으로 생각했다. "연금보험은 나쁜 투자입니다!" 주식중개인들은 곧잘 그렇게 말한다.

그러나 단어 몇 개를 바꿔 연금보험의 '실질적' 효익을 설명한 순간, 인식이 바뀌었다. 연금보험을 살아있는 내내 보장된 소득을 제공해주는 금융 도구라고 설명하면 고객의 70퍼센트 이상은 연금보험에 매력을 느꼈다! 저축을 다 소진하더라도 소득보험의 효과를 누릴 수 있다면 누군들 그런 것을 원하지 않겠는가?

생활비가 생각보다 더 많이 들 수도 있다. 예상치 못하게 거액의 의료비가 나갈 수도 있다. 혹은 시장이 수익률 순서 측면에서 협조를 해주지 않을지도 모른다. 전화 한 통화만으로 보장될 수 있는 미래의 소득은 커다란 선물이다.

오늘날 혁명적으로 변한 금융계는 새로운 종류의 연금보험을 무더기로 쏟아냈다. 개중에는 주식시장과 비슷한 실적을 내주지만 하방 손실은 전혀 없는 상품들도 있다. 연금보험은 더 이상 할아버지를 위해서나 들어야 할 금융상품이 아니다. 페이지를 넘겨 당신의 인생을 바꿔줄 다섯 가지 연금보험에 대해 알아보자.

CHAPTER 4

소득이 결과이다

문제는 내가 몇 살에 은퇴하고 싶은지가 아니라
얼마의 소득으로 은퇴할 수 있는가이다.

—조지 포먼, 은퇴한 미국 권투선수

금융계에서 연금보험은 오랫동안 찬밥 신세였다. 나도 몇 년 전 연금보험을 활용해야 한다는 말을 들었을 때 코웃음을 쳤다. 내 머릿속에는 연금보험이 나쁜 것이라는 믿음이 단단히 박혀 있었다. 하지만 왜 그렇게 생각하게 되었는지 곰곰이 따져봤지만 뚜렷한 이유는 찾을 수 없었다. 나 역시 다른 사람과 마찬가지로 자신만의 아집에 빠져 무조건 반대를 부르짖고 있었다.

이제는 대화의 흐름이 바뀌었다. 2011년에 나온 〈배런스〉지를 건네받고 나는 깜짝 놀랐다. 거기에는 커버스토리 제목이 큼지막하게 적혀 있었다.

"최상의 연금보험에 대한 특집 취재. 안정적인 수입을 보장해주는 연금보험, 인기 급상승!"

〈배런스〉지? 전통 있는 투자 전문지가 연금보험을 커버스토리로 내걸었다! 하늘이 무너지고 있나? 나는 얼른 페이지를 넘겼다. 기사에는 이런 말이 적혀 있었다.

"베이비붐 세대가 엄청난 시장 손실이라는 새로운 기억을 떠안은 채 은퇴를 향해 가는 지금 현명한 재무상담사들은 소득 설계의 중요한 일부로 연금보험을 추천하고 있다."

와우. 요새 들어 연금보험을 추천하는 성향이 강해졌다는 소리이다. 벽장 속에 넣어둔 할아버지의 연금보험에서부터 명민한 재무상담사들이 추천하는 인기 상품에 이르기까지 연금보험이 뜨고 있다. 연금보험은 더 이상 은퇴자들만을 위한 상품이 아니다. 젊은 세대에서도 연금보험 가입이 늘기 시작했는데 이들은 S&P 500 같은 시장 지수에 연동되어 가치가 성장하는 상품에 주로 가입한다. 이른바 대안적인 '세이프 머니safe money'인 셈이다.

명확히 말하면 연금보험은 주식 투자의 대안이 아니고 시장을 이기려는 시도도 아니다. 어느 누구도 시장을 이길 수 없다는 사실은 이미 거듭 강조했고 책 보글을 비롯해 많은 전문가가 말하다시피 최상의 주식시장 접근법은 저비용 인덱스펀드이다. 반면에 시장 수익률과 '연동하는' 일부 연금보험은 CD, 채권, 국채와 같은 다른 세이프머니 투자를 하면서도 더 높은 수익률을 제공할 수 있다.

너무 과장된 설명은 아닐까? 확인을 위해서라도 오늘날 이용할 수 있거나 조만간 등장할 연금보험에는 무엇이 있는지 간단히 살펴보자.

첫째, 연금보험은 크게 두 가지 범주로 나눌 수 있다. 즉시연금immediate annuities과 거치연금deferred annuities이다.

즉시연금

즉시연금[•]은 은퇴 연령을 넘어선 사람들에게 가장 유용하다. 아직 그 나이가 되지 않았다면 거치연금에 대한 설명으로 곧장 건너뛰어도 좋지만, 계속 읽다보면 조부모님과 부모님 같은 소중한 사람들에게 도움이 될 내용을 발견할 수도 있을 것이다.

즉시연금이 평생소득을 제공하는 다른 모든 잠재적 금융 도구를 뛰어넘는 이유 한 가지를 간단히 설명하면 '사망률 크레딧mortality credits'의 개념 때문이다. 어감 자체는 좋지 않지만 그렇게 생각할 필요가 없다. 2천 년 전 카이사르 시대에 연금보험이 탄생하게 된 경위를 기억해보자. 보험회사들은 수백 년 동안 수백만 명의 사람들에게 성공적으로 평생소득을 보장해 주었다. 즉시연금 가입자 중 오래 산 사람도 있고 일찍 죽은 사람도 있기 때문이다. 일찍 죽은 사람들은 돈을 남기고 떠나지만 장수하는 사람들이 오랫동안 연금의 혜택을 누리는 것은 '위험 풀'이 형성돼 있기 때문이다. 돈을 다 받지 못하고 죽을지도 모른다는 생각으로 연금보험을 외면하기 전에, 적절히 활용된 연금보험의 힘이 얼마나 큰지부터 살펴볼 필요가 있다.

27배가 넘는 소득 수령

내 아들 조시는 사회에 발을 내디딘 이후 죽 금융서비스 산업에 종사

• 국내에서 판매되는 즉시연금은 크게 사망할 때까지 연금을 수령하는 종신형, 일정기간 받는 확정형, 이자만 받다가 사망후 원금을 상속하는 상속형이 있다. 이 중에서 종신형은 비과세, 확정형과 상속형은 2억 원까지 비과세 혜택을 받을 수 있다.

해왔다. 조시는 내게 은퇴 연령이 된 한 고객의 이야기를 들려주었다. 예순다섯 살이 된 이 고객이 평생 모은 돈은 50만 달러 정도였다. 그에게는 안전한 소득 흐름이 필요했다. 그런데 안타깝게도 그의 담당 주식중개인이 매우 공격적으로 포트폴리오를 운용한 탓에 이 고객은 2008년에 거의 절반이나 되는 돈을 잃었다. 꼬박 10년은 열심히 일해야 모을 수 있는 수십만 달러가 단번에 날아가 버렸다. 다른 투자자들과 마찬가지로 이 고객 역시 원금을 만회하지 못했고, 그는 또 다시 돈을 잃을 가능성은 생각하기도 싫었다.

이 고객은 곧바로 일정액씩 수령할 수 있는 상품을 원했고 조시는 그와 함께 몇 안 되는 투자 선택을 검토하기 시작했다.

- 은행에서 CD를 구입하면 매년 0.23퍼센트(23bp)의 수익률이 나온다. 50만 달러를 예금한다면 매달 수령액은 95.80달러이며 전액 과세소득이다. 한 해 총액을 따지면 세전 1149달러이다. 한 달 생활비로도 모자란 금액이다!
- 채권에 투자하면 연간 수익률은 거의 3퍼센트이며 금액으로 따지면 세전 약 1만 5천 달러이다. 하지만 채권 투자에는 금리 상승이라는 위험 요소가 깔려 있다. 금리 상승은 채권 가치(즉, 원금)가 하락하는 한 가지 요인이다.
- 조시는 평생소득을 지급하는 즉시연금에 50만 달러를 예치할 때의 결과를 보여주었다. 오늘부터 시작해 그는 매달 2725달러씩, 매년 3만 2700달러를 평생 수령하게 된다.[17] CD보다는 2750퍼센트, 채

17 즉시연금의 실효세는 미국 국세청의 '배제비율(exclusion ratio)'에 따라 달라진다. 연금 수령액의 일부는 원금에 대한 수익으로 간주되어 과세 계산에서 '제외' 된다.

권보다는 118퍼센트가 많은 금액이다. 물론 위험도 전혀 없다.

오늘날의 길어진 기대수명을 감안하면 이 고객은 최소 14년은 더 살 것이고, 레이 커즈와일의 예측이 맞는다면 훨씬 오래 살 수도 있다. 이 보장된 소득을 사회보장 수령액과 합치면 생활수준을 유지하는 데 충분한 수준 이상의 돈이 나오고, 따라서 자신이 가장 중요하게 여기는 손자들과 낚시에만 관심을 집중할 수 있다.

연금보험의 힘을 알아챘는가? 다른 어떤 '확실한' 상품에 투자하건 십중팔구는 죽기 전에 돈이 다 떨어지게 된다. 하지만 소득보험인 즉시연금을 구입하는 순간 그는 평생 보호받을 수 있다.

비평가들은 이렇게 말한다. "좋기는 한데, 일찍 죽으면 보험회사만 좋지 않습니까! 돈을 남겨두고 가게 되는 셈이잖아요." 내가 데이비드 배블에게 이 문제를 물어봤을 때 그는 재빨리 단호한 어조로 대답했다. "죽으면 무슨 상관입니까?! 소득도 없이 오래 사는 게 훨씬 고통스럽죠. 그러면 말년이 정말로 비참해지잖아요." 혹시 생각보다 일찍 죽을 것이 걱정된다면, 예치금을 상속인에게 유산으로 물려주는 약정을 선택할 수 있다(하지만 이럴 경우 본인의 매달 수령액이 줄어든다. 얻는 것이 있으면 잃는 것도 있다). 또는 데이비드가 권하는 것처럼 보험료가 높지 않은 정기보험을 이용하는 방법도 있다. 충분히 오래 장수한다면 소득보험의 혜택을 받으며 잘살 수 있다. 반대로 신이 뜻한 바 있어 일찍 세상을 떠난다면 자녀에게 생명보험을 물려줄 수 있으므로 그들에게도 도움이 된다.

통제에 대한 착각

우리 모두는 통제를 사랑한다. 그러나 통제는 대개 착각이다. 우리는 건강과 재무상태, 아이들을 통제할 수 있다고 생각한다. 뭐, 아이들에 대한 통제는 진즉 포기할 수도 있기는 하지만 말이다. 하지만 잘 알다시피 눈 깜짝할 사이에 뜻하지 않은 사건이 생길 수 있다. 폭우로 집이 물에 잠길 수 있다(내가 플로리다에 장만한 집에 이런 일이 생겼다. 들이퍼붓는 폭우에 나와 아내는 새벽 3시에 30센티나 잠긴 집안을 헤치고 빠져나와야 했다). 정기 건강 검진을 했을 뿐인데 병원에서 재검사를 받으러 오라는 전화가 올 수 있다. 요점은 이렇다. 통제는 실제라기보다는 착각에 가까운 것이다.

주식중개인들은 고객이 평생수입을 대가로 보험회사에 돈을 맡기는 순간 원금에 대한 '통제권을 잃을 것'이라고 경고한다. 이 말의 의미를 신중하게 검토해 볼 필요가 있다. 어떤 고객이 현재 예순 살이고 100만 달러의 노후자금을 모았다고 가정하자. 주식중개인은 주식과 채권에 투자하는 전통적 접근법을 권하고 고객 본인은 4퍼센트 규칙에 따라 돈을 인출하기로 한다(그러면 매년 인출액은 4만 달러이다). 생활을 위해서는 4만 달러 전액이 다 필요하다. 그는 투자를 해야 한다는 것은 알지만 원금을 잃을 경우 감당을 할 수가 없다. 혹시라도 시장이 하락하면 큰일이지 않겠는가? 바닥에서 팔고 싶지도 않을 뿐더러 예순이라는 나이에 손실을 입으면 회복할 수 없을 것 같다. 이럴 수도 저럴 수도 없다. 이 고객은 자신이 통제를 한다고 생각하지만 착각이다. 변덕스런 시장의 파도에 둥둥 떠다니면서 자신이 원하는 대로 물살이 움직여주기를 희망하는 것은 재앙을 부르는 지름길이 될 수 있다.

기억하라. 우리의 초점은 단순한 자산 증가가 아니다. 우리의 주제는 평생 보장되는 소득이다!

매력적인 사람이 되기보다는 영구적인 소득을 마련하는 것이 더 낫다.

—오스카 와일드

거치연금

연금보험은 크게 나눠 두 가지가 있고 그중 하나인 즉시연금은 보험회사에 돈을 맡기면 그 순간부터 죽을 때까지 소득을 제공받는다는 사실을 알았다.

두 번째 유형의 연금보험은 거치연금이다. 보험회사에 한 번에 거액을 맡기건 아니면 몇 년에 걸쳐 일정액씩 보험료를 내건, 보험회사는 즉시 가입자에게 소득을 제공하는 것이 아니라 수익을 세금이 이연되는 환경에 계속 재투자한다. 그리고 고객은 언제부터 소득을 수령하고 싶은지 그 시점을 택해 그때부터 소득을 수령할 수 있다. 고객은 자신이 받을 수령액과 받기 시작하는 시점을(40세이든, 50세이든, 60세이든) 미리 계획할 수 있다.

즉시연금이 보험회사에 따라 상품 종류도 다양하고 조건과 보상도 여러 가지가 있듯이, 거치연금도 굉장히 많은 종류가 있다. 하지만 어렵게 생각할 것 없다. 가장 중요한 거치연금의 종류로 딱 세 가지만 알아두면 된다. 즉시연금과 세 종류의 거치연금을 이해하면 어떤 종류의 상품을 선택해야 하는지 근본적으로 이해할 수 있고 또한 이 세이프머니 금융상품의 힘도 제대로 활용할 수 있다.

거치연금의 세 종류를 간단히 설명하면 다음과 같다.

1. **정액연금**fixed annuity 이름 그대로 (주식시장의 등락과 상관없이) 매년 정해진 수익을 보장받는 연금이다. 수취하는 수익이 고정돼 있다는 점에서 CD나 채권과 흡사하지만, 수익률은 차이가 난다.
2. **지수형연금**indexed annuity 연금보험의 수익률이 증시 실적과 연동하지만 시장의 상방 중 (전체가 아닌) 일부에 참여할 수 있고 하방과 손실 가능성은 전혀 없다.
3. **하이브리드 '지수형' 연금**hybrid 'indexed' annuity 지수형연금의 장점과 '평생소득'을 제공하는 상품의 장점이 혼합된 연금이다. 이 상품이 가진 평생소득의 기능이 우리의 노년 생활비 걱정을 덜어준다!(전문적으로 말하면 '하이브리드'라는 명칭을 가진 연금상품은 없다. 하지만 전문가들은 평생소득을 제공하는 기능을 가진 연금보험을 설명할 때 흔히 하이브리드라는 명칭을 사용한다.)

연금보험은 얼마나 안전한가? 소득보험의 파워

연금보험의 보장성 여부는 보험회사가 얼마나 튼튼한가에 달려 있고, 그렇기 때문에 신용등급이 높은 보험회사를 선택하는 것이 가장 중요하다. 최고의 보험회사들은 경제 공황과 침체, 양차 대전을 이겨내면서 100년 동안 성공적으로 사업을 영위해왔다. 하지만 미국에만도 1000개가 넘는 보험회사가 있고 그중 최고 등급에 속하는 보험사는 소수에 불과하다. 나는 제프리 브라운 박사에게 연금보험이 정말로 안전한지 그리고 혹여 보험회사가 파산하면 어떻게 해야 하는지를 물어봤다.

그도 인정했다. "많은 사람이 걱정하는 문제이긴 합니다. 내가 제일 먼저 하는 일은 사람들을 안심시키는 것입니다. 아시다시피 저는 이 분야를 15년이 넘게 연구했습니다. 내가 아는 한 연금보험에 가입해서 돈을 잃었다는 사람은 한 명도 없습니다. 이유는 여러 가지가 있습니다. 각 주마다 주의 보험부서가 운영하는 보험보증협회가 있는데, 이곳은 가입자가 구매한 상품에 대해 일정액까지 보증을 해줍니다. 관할 주에서 영업활동을 하는 보험회사는 기본적으로 모든 보험상품에 대해 협회의 보장을 받는다는 데 동의하는 것입니다."

주마다 보증에는 상한선이 있지만, 보험회사 부도라는 아주 드문 사건이 일어날 경우 가입자는 최대 50만 달러까지 보증을 받을 수 있다. 하지만 실제로 그런 일이 생길 가능성은 아주 낮다. FDIC(연방예금보험공사)의 추산에 따르면 2009년 한 해에만 140개의 은행이 문을 닫았지만 파산한 대형 보험사는 한 곳도 없었다.

변액연금

나는 일부러 한 가지 거치연금은 언급하지 않았다. 바로 변액연금이다. 이 책을 위해 인터뷰한 거의 모든 전문가가 변액연금은 가입을 피해야 한다는 데 동의했기 때문이다. 변액연금은 수수료도 굉장히 높은 데다 기초자산인 예치금을 (이른바 특별계정이라고 알려진) 뮤추얼펀

"열심히 일하고 현명하게 투자하면
여든 살 생신 때에는 여유 있게 은퇴하실 수 있습니다."

드에 투자한다.

결국 변액연금 구입자는 종목을 선정하는 뮤추얼펀드 수수료는 물론이고 보험 수수료도 같이 지급한다는 말이 된다(뮤추얼펀드는 시장을 이기지 못하며 연간 수수료는 평균 3퍼센트가 넘는다. 보험 수수료는 연 1~2퍼센트 사이이다). 독이나 다름없지만 그럼에도 중개인들이 모집하는 신규 변액연금 판매액은 연간 거의 1500억 달러에 달한다. (변액연금에 대한 설명은 2부 6장에서 자세히 설명했으니 참고하기 바란다.)

이제 세 가지 거치연금을 하나씩 자세히 살펴보기로 하자.

정액연금

정액거치연금은 약정된 기간 동안 약정된 수익률을 지급하는 연금보험이다. 수익에 대한 세금은 이연되며 약정된 기간이 끝나면 가입자는 몇 가지 선택지를 받게 된다. 돈을 다 찾아가거나 새로운 연금보험에 가입해 '돈을 굴리거나' 계좌 잔액을 보장된 평생소득으로 전환할 수 있다. 정액거치연금에는 연간 수수료가 붙지 않는다. 또한 계약 기간이 끝났을 때 돈이 얼마로 불어날지 미리 확인이 가능하다.

꽤 간단하다. 오늘날의 시장 환경에서 정액연금은 멋진 수익률을 제공한다고는 말할 수 없지만 금리에 따라 수익률은 달라진다. 또한 정액연금은 세금효율이 높기 때문에 적절히만 활용하면 순수익률을 상당히 높일 수 있다.

여기서 우리가 알아야 하는 꽤 중요한 사실이 있다.

오래 기다릴수록 받는 돈도 늘어난다

이제 막 재무적 미래를 설계하기 시작한 젊은 세대이거나 지금은 다른 소득이 필요하지 않은 나이지만 훗날 투자 소득으로 노후를 잘 버틸 수 있을지 걱정이 된다면 어떻게 하는 것이 좋을까? 어쨌든 65세에 은퇴를 한 후에는 20~30년 정도 꾸준한 소득이 필요하다. 그렇게 오래 안정적으로 돈을 마련할 방법을 찾기란 굉장히 어려운 일이다. 그렇기에 장수연금보험longevity insurance●이라는 새로운 접근법이 점차 인기를 끌고 있다.

이 상품을 이용하면 이를테면 80~85세부터 시작해 죽을 때까지 일정 소득이 보장되는 소득보험을 만들 수 있다. 그 나이부터 별도의

● 2015년 7월 현재 국내에선 출시되지 않았지만 '고연령거치연금'이란 이름으로 금융당국에서 도입 논의가 진행중이다.

소득이 확실히 보장된다면 20~30년이 아니라 15년 정도에 해당하는 은퇴 계획만 설계해도 되는 자유를 얻을 수 있다. 한 가지 예를 살펴보자.

2012년 〈월스트리트저널〉에 실은 '연금 수입을 창출하는 방법'이라는 글에서 앤 테저슨Anne Tergesen은 (65세 남성이) 10만 달러를 거치정액연금에 넣을 때의 장점을 설명한다. 이 남자는 85세까지는 다른 저축과 투자에서 소득이 나와 안전하게 산을 내려올 수 있을 것이라고 생각한다. 그리고 85세가 넘으면 65세 때 넣어둔 돈과는 비교가 안 될 정도로 높은 금액의 소득연금이 나오기 시작한다.

"65세 남성이 10만 달러를 즉시정액연금에 넣으면 평생 수령액은 연간 7600달러이다. 하지만 85세부터 보험금이 지급되기 시작하는 장수보험[이른바 장기거치정액연금이라는 긴 이름의 보험]에 같은 돈을 넣으면 뉴욕라이프의 추정으로는 매년 6만 3900달러를 받는다."

와우. 65세에 10만 달러를 일시불로 예치하면 85세부터 연간 6만 4천 달러에 가까운 돈이 나온다는 말이다!

왜 이렇게 많이 받는 것일까? 85세부터 돈을 받기 때문이다. 매년 6만 4천 달러씩 10~15년만 수령해도 총 수령액은 초기 예치금과는 비교도 안 될 정도로 많아진다. 가장 좋은 점은 다른 저축과 투자로 30~35년이 아니라 20년만 버티면 된다는 것이다. 시장의 변동성과 수익률 순서라는 피할 수 없는 위험을 감안하면 웬만한 사람에게는 30년 이상은 버티기가 힘들다.

이 수치를 나 자신에게 대입해 보았다. 나는 지금 쉰네 살(1960년생)이므로, 오늘 10만 달러를 한 번에 목돈으로 넣어두면 85세부터 해마다 8만 5천 달러를 받는다(물론 꼭 10만 달러를 넣어야 하는 것은 아니다. 적게 넣고 나중에 더 적게 받아도 상관없다). 내가 아흔다섯 살까지 산다면 예치한 10만 달러 원금에 대해 총 83만 달러(10년×8만 3천 달러)를 받을 수 있다.

85세까지 기다렸다가 돈을 수령해야 하는 것은 아니다. 돈을 예치할 때, 가입자는 언제부터 돈을 수령할지 시기를 정하면 거기에 따른 연간 수령액 계산표를 받는다. 65세나 75세부터 돈이 필요할 것 같으면 그때부터 나오는 돈은 얼마인지 정확히 알 수 있다.[18]

소득보험을 체계적으로 잘 짜서 전체 재무계획의 일부로 삼을 경우, 예상보다 훨씬 오래 살아 가족에게 부담을 지울 위험이 사라지거나 오히려 보탬이 될 수도 있다. 보스턴대학의 은퇴연구소 소장인 얼리샤 머넬도 나와 만난 자리에서 똑같은 생각을 밝혔다. "나와 함께 연구를 하는 사람들은 고연령거치연금advanced-life deferred annuity을 무척이나 환호하면서 긍정적으로 생각하고 있습니다. 그것은 본질적으로 장수보험입니다."

나는 아이다호의 선밸리에서 매년 여는 재무세미나에서 〈포브스〉 발행인인 스티브 포브스Steve Forbes를 인터뷰했다. 그에게 어떤 방식으로 개인재무를 설계하는지 물어보았고 그 역시 장수보험을 재무계획에 포함시킨다고 답했다!

더 멋진 사실이 있다. 국세청도 거치연금에서 나오는 수입을 굉장히 긍정적으로 본다. 그렇기에 수령자는 거기서 나오는 수입 전액에 대해 세금을 내지 않아도 된다(수령액의 대부분을 원금에 대한 수익으로 간주하기 때문이다).

18 물론 85세가 아니라 65세나 70세에 보험금을 수령하기 시작하면 나오는 돈도 줄어든다.

평생소득을 위한 결정적 솔루션

어떤 사람에게 망치를 주면 그의 눈에는 모든 것이 다 못으로 보인다는 말이 있다. 지금부터 설명할 재무 솔루션은 만능 솔루션이 아니며 모든 사람과 모든 상황에 다 맞는 방법도 아니다. 전체 자산배분 계획의 일부일 뿐이다. 지금부터는 하이브리드연금이라는 강력한 금융 상품을 소개한다. 이것은 우리가 자산을 누적하는 동안에는 훌륭한 상방 잠재력을 제공하고 인생의 '2막'이 시작되어 산을 내려오는 동안에는 평생소득을 보장해준다. 그것의 이름은 보장성지수형연금보험FIA이다.

1990년대 초에 출시되어 인기가 급상승하고 있는 비교적 새로운 거치연금에는 두 종류가 있다.

1. **지수형연금** 수익률이 주가지수와 연동되는 연금보험
2. **하이브리드연금** 1번보다 훨씬 인기가 있는 상품으로, 고정 수익률을 제공하면서 동시에 주가지수 연동과 평생소득 보장에 대한 옵션이 딸려 있는 보험이다. 이 하이브리드연금의 더 일반적인 이름은 보장성지수형연금보험(이하 FIA)이다. 여기에는 평생소득 라이더rider(옵션)와 최소금액인출보증guaranteed minimum withdrawal benefit이 제공된다. 뭔가 어려운 말 같지만 전혀 그렇지 않다.

2013년 한 해에만 신규 모집된 FIA 예치금은 350억 달러였다. 이 책을 쓰는 2014년 상반기에만도 FIA 모집액은 신기록을 경신해, 2013년 동기간보다 41퍼센트 증가한 240억 달러가 모였다. 이렇게 급성장하는 이유는 무엇인가?

- 가입자 본인이 FIA 예치금 전액을 통제할 수 있다. 원할 때 언제라도 자신의 현금에 접근할 수 있다.
- CD와 채권 같은 다른 세이프머니 금융상품에 비해 잠재적으로 월등히 높은 연수익률을 제공한다.
- 원금이 100퍼센트 보호되므로[19] 원금 손실의 걱정이 없다.
- 가치 증가분에 대한 세금이 이연되므로 프리덤펀드를 최대의 복합 성장률로 늘릴 수 있다.
- 평생소득을 옵션으로 선택할 경우에는 소득보험 기능을 제공해 평생소득이 보장된다.

앞에서 언급했듯이 FIA는 상방만 제공하고 하방은 없다. 이익은 나지만 손실은 없다. 여러 면에서 수익률 순서 위험의 해독제이다.

FIA의 작동 원리를 살펴보자.

FIA라는 이름 그대로 계좌의 가치가 절대로 하락하지 않도록 보장을 받는다. 어떤 사건이 벌어져도 원금 손실이 발행하지 않는다. 그것만 해도 문제의 반은 해결된다! 하지만, 정해진 수익률에 따라 일정액을 수령하는 전통적인 정액연금과 달리, FIA의 '기본계정base account'은 S&P 같은 연동된 주식시장의 지수가 올라가면 따라서 가치가 상승하게 된다. 한 예로, 어떤 해에 S&P가 8퍼센트 올라가면 가입자는 상한이 정해져 있기는 하지만 이득의 일정 부분을 가져올 수 있다(즉, 이득에 동참할 수 있다). 상한이 5퍼센트라면 가입자의 기본계정은 5퍼센트가 추가된다.[20] 이런 식으로 대다수 연금보험에는 시장 상승에서

19 보험회사만이 아니라 주 역시 보험보증을 제공한다.

20 참여율과 상한 수준은 각각의 상품에 따라 다르다.

자기 몫으로 가져올 수 있는 '상한' 내지는 '천장'이 정해져 있다. 반대로 시장이 하락하면 그 하락에 동참하지 않으므로 한 푼의 손해도 보지 않는다.

최근 몇 년 사이에 시장/지수 이득에는 100퍼센트 동참하지만 하락에는 동참하지 않아도 되는 특별한 상품들이 몇 가지 출시되었다! 상방 참여에 상한이 없다. 조건이 있다면? 보험회사는 가입자의 연수익에 상한을 두지 않는 대신에 수익의 일정 부분(보통 1.5퍼센트)을 가져간다. 어떤 해에 지수/시장이 8퍼센트 오른다면, 가입자의 계좌 금액은 6.5퍼센트 상승하고 보험회사는 나머지 1.5퍼센트를 갖는다. 시장이 폭등해 14퍼센트가 올랐다면 가입자가 가져가는 수익은 12.5퍼센트이다. 내가 인터뷰를 한 대다수 전문가들은 앞으로는 이런 상한이 없는 연금보험이 대세가 될 것이라고 예상한다.

반대로 시장이 떨어지면 어떻게 되는가?

폭락장세로 인해 시장 지수가 20퍼센트, 30퍼센트, 심지어 50퍼센트까지 떨어져도 FIA 가입자의 원금은 줄어들지 않는다. 그는 시장 불황은 전부 피할 수 있고 시장 지수가 올라가는 해에만 시장에 동참한다.

지금쯤 의아하다는 생각이 들 것이다. 나도 처음에 FIA에 대해 들었을 때 이상하다고 생각했다. "보험회사가 가입자에게 하방 없이 상방만 제공하는 게 도대체 어떻게 가능하다는 거지?"

그 질문에 배블 박사는 "여기에 마법 같은 건 없습니다."라고 말했다. 그의 설명에 따르면, 보험회사는 가입자가 맡긴 원금의 상당 부분을 주식시장에 투자하지 않고 지불준비금으로 안전하게 묶어 둔다. 이렇게 해서 회사는 원금 지급을 보증한다. 나머지 금액으로는 주식시장의 '옵션'을 매입하거나 기타 비용을 충당한다. 따라서 시장이 올라가면 가치 상승의 일부가 가입자에게 돌아간다. 시장이 하락해 옵션이 '소멸'할지라도 가입자는 손해를 보지 않으며 보험회사도 마찬가지이다. 윈윈이다.

수익의 잠금 현상

하방 없이 상방만 제공한다는 장점 외에 FIA에는 훌륭한 장점이 또 하나 있다. 주식계좌의 잔액이 올라갔다는 실적보고서를 받고 좋아하지 않을 사람은 아무도 없다. 이 상승분이 정말로 우리 것인지 혹시 나중에라도 다시 시장이 추락해 상승했던 부분이 다시 내려가는 것은 아닐지 자신할 수가 없다.

FIA의 커다란 장점 중 하나는 매년 발생한 가치 상승이나 상방이 락인lock in(잠금)되고 이것이 새로운 기준금액(원금)이 된다는 것이다.●

내가 10만 달러를 예치한 계좌가 6.5퍼센트 상승한다면 새롭게 락인되는 원금은 10만 6500달러이다. 증가분 6500달러를 잃을 걱정은 하지 않아도 된다. 시장 손실에는 참여하지 않는다는 보증을 받았으므로 매년 계좌 잔액은 최소한 전년과 똑같든가 아니면 올라가게 된다.

위로 올라가기만 하는 승강기처럼 매년 발생하는 수익을 락인해주는 이 특별한 기능이야말로 세이프머니가 진가를 발휘하게 해주는 강력한 도구이다.

● 즉, 상승이 지속된다면 복리효과를 누릴 수 있다는 뜻이다.

소득! 소득! 소득!

FIA는 세이프머니이면서도 수익을 제공한다는 점에서 강력한 재무 도구이지만, 이것을 가장 돋보이게 만드는 장점은 평생소득 흐름을 보증한다는 것이다. 나는 FIA의 여러 특징(원금 보장, 세금효율, 하방 없이 상방만 제공)이 다 마음에 들지만 내가 이 상품을 사랑하게 된 계기는 평생소득 보장이다. 이것을 보장받기 위해서는 계약 시에 평생소득보장 라이더(옵션)를 추가해야 한다. 쉽게 설명하면 이렇다.

계좌 잔액이 매년 거의 그대로이건 조금씩 올라가건 상관없이, 평생소득보장 라이더 계약을 추가하면 소득을 받기로 한 시기부터 매년 확실하게 소득이 들어온다. 기본계정의 증감과는 무관하게 들어오는 돈이다.

한 가지 예를 들어보자. 내가 가입한 한 연금보험의 소득계정income account은 20년 동안 연 7퍼센트 증가를 보장하며 시장 위험 노출은 없다. (기본계정과 소득계정에 대한 설명은 조금 뒤에 나온다.) 보험을 구입한 날 나는 소득계획표를 받았고 소득 수령 시기를 언제로 정하건 계획표를 토대로 얼마의 수입이 보장되는지 확실하게 알 수 있다. 더 늦게 받기 시작할수록 소득계정의 돈은 더 많이 불어나고 그 결과 다달이 또는 매년 받는 소득도 더 높아진다. 이 계정은 내 안전 버킷의 중요한 자산이다. 정말이지 믿기 힘들 정도로 좋은 상품이었다. 그래서 나는 내 담당 수임자에게 더 자세히 알아봐달라고 부탁했고 그가 알아본 결과 100퍼센트 사실이었으며 이미 나와 같은 베이비붐 세대들은 매년 이 상품에 수십억 달러를 예치하고 있었다.

소득계정에 매년 7퍼센트의 수익이 보장되고 시장 위험과 수익률 순서 위험도 동시에 피할 수 있는 상품을 원하지 않을 사람이 어디 있겠는가?

내가 상품에 가입한 시기는 시장이 무너지고 있던 2009년 초였다. 그만큼 안전한 투자는 또 없어 보였다. 거기에 비교하면 CD같은 안전자산은 아주 초라한 수익률만 제공했다. 패닉 분위기가 시장에 팽배해 있었고, 사람들은 허둥대며 재무적으로 안전한 투자를 찾아 헤매고 있었다. 나중에 알고 보니 이 특별한 상품은 지구상에서 판매 속도가 가장 빠르게 증가하는 연금보험이었다.

이 보험을 구입한 후에는 이런 생각이 들었다. "내 아이들과 손자들도 이 상품에 가입할 수는 없을까? 이렇게 좋은 보험은 또 없잖아."

여기서 단점이 드러났다. 보험회사들은 50세 이상에게만 이 상품을 판매하고 있었다. 그들로서는 최대 20년 동안 7퍼센트 수익을 보장하는 것만도 무리였다. 젊은 사람이 보험 가입을 원한다고 해도 보험회사 입장에서는 그 사람의 소득계정에 언제까지나 7퍼센트 수익을 보장해줄 수는 없었다.

또한 이 상품은 상당 금액을 한꺼번에 예치해야 한다는 조건이 있었다. 당혹감과 실망감이 들었다. 내 나이대의 사람에게 그토록 강력한 효과를 발휘하니만치 예치금을 오랫동안 복리로 불릴 수 있는 20대, 30대, 40대에게는 훨씬 커다란 도움이 될 것은 말하지 않아도 뻔했다.

그날 나에게는 새로운 사명이 생겼다. 나는 젊은 사람도 부담 없이 같은 혜택을 누릴 수 있는 상품을 만들고 싶었다. 그만큼 안전한 평생소득 계획을 그들이 또 어디에서 마련할 수 있겠는가? 그것을 이용하면 젊은이들도 시장의 모든 스트레스와 변동성을 피하면서 재무적 자유로 향하는 길을 탄탄하게 닦을 수 있게 된다.

평생소득 설계의 잭팟

코디 포레스트Cody Forest, 데이비드 캘러넌David Callanan, 데릭 톰슨Derek Thompson은 자수성가 스토리의 전형이다. 2005년에 이 세 친구는 캔자스 주의 조용한 도시 토피카에 있는 코디의 집 부엌 식탁에 둘러앉았다. 세 사람은 저축을 다 털어 마련한 13만 5천 달러를 가지고 어드바이저스엑셀Advisors Excel이라는 회사를 차렸다. 웬만한 사람들은 어드바이저엑셀이라는 회사를 들어보지 못했을 것이다. 이 회사는 일류 재무상담사에게만 서비스를 제공하고 일반 소비자에게는 상담을 제공하지 않기 때문이다. 솔직히 '서비스'라는 말로는 그들이 하는 일을 다 표현할 수 없다. 어드바이저스엑셀은 재무상담사들이 가장 혁신적이고 안전한 연금보험에 접근할 수 있도록 최상위 보험회사들과 일한다. 상담사들을 위한 상담사가 이 회사가 하는 일이라고 생각하면 이해가 빠를 것이다.

9년 후인 2014년으로 빨리감기를 하자. 어드바이저스엑셀은 현재 미국 최대의 연금보험 도매회사이고 연간 예치금은 거의 50억 달러이다. 수십 년의 역사를 가진 회사들이 수두룩한 분야에서 어드바이저스엑셀은 시장을 지배하고 있다. 무려 다섯 번이나 더 넓은 사무실로 옮겨가야 했다는 것은 이 회사가 짧은 기간에 얼마나 급성장했는지를 잘 보여준다! 첫 사무실은 치과 지하실이었고 창립 멤버들은 종이상자를 간이 책상 삼아 써야 했다. 지금 그들은 700평방미터가 넘는 최신식 사옥에서 일한다. 그들이 언제 또 사무실을 넓히게 될지는 모르는 일이다.

코디를 본 사람들은 토피카 출신의 이 수수한 남자가 수십억 달러짜리 회사의 소유주라고는 짐작조차 하지 못한다. 그는 훌륭한 인격의 소유자이며, 자신의 뿌리와 그를 성공으로 이끌어준 신의 은총을 결코 잊지 않는다. 나는 캘리포니아 산호세 호텔에서 어느 날 아침 그를 처음 만났다. 그는 6천 명이 참석하는 '네 안에 잠든 거인을 깨워라' 세미나에 참석했던 참이었다. 내 아들 조시가 우리 둘의 만남을 주선했다. 원래는 1시간 정도로 예정되었던 대화가 이내 3시간으로 이어졌다(나로서는 드물지 않은 일이다!).

나는 열정적으로 본론을 꺼냈다.

"코디, 나한테 수백만 명의 삶을 바꿀 만한 아이디어가 있어요. 그들이 스트레스와 시장 위험을 훨씬 적게 받으면서 재무적 목표에 더 빨리 도착하도록 도와줄 수 있는 아이디어예요."

"계속해 보세요." 그가 예상했다는 듯이 말하며 의자 앞으로 조금 당겨 앉았다.

"투자할 돈이 많지 않은 젊은 사람들도 부유한 노년층만 가입할 수 있는 상품에 접근할 기회를 가질 수 있다면 어떨까요? 젊은 층도 401(k) 계좌에 돈을 넣듯이 매달 보장성지수형연금보험에 돈을 넣는 거예요. 납입금에 대해 확실한 평생소득 흐름이 보장된다는 것을 알기 때문에 개인만의 연금계획이 완성되는 거죠."

코디는 뒤로 물러나 앉았다. 그는 회의적인 표정을 지었다.

예상에서 벗어나도 한참이나 벗어난 주제이기는 했다.

나는 내 평소의 '세미나 스타일' 공격법을 전격 가동했다. 나는 이 상품이 게임의 규칙을 바꾸게 될 이유를 최대한 열정적으로 설명했다. 밀레니엄 세대와 일하는 것은 금융서비스 산업에서는 성배 찾기나 다름없다. 그들은 독립적이고 자기주관이 강한데다 쉽게 속을 내보이지 않기로 유명하기 때문이다. 게다가 여러 연구에 의하면, 밀레니엄 세대는 주식시장의 팬이 아니다. 시장에 살짝 발을 담그자마자

2008년 시장 붕괴가 일어나 그들이 가진 얼마 안 되는 저축도 다 무너져 버렸다. 설상가상으로, 생명보험과 금융서비스 산업 분야에 대한 최대 연구기관인 LIMRA의 연구 결과, X세대는 2005~2010년 사이에 순자산의 55퍼센트를 잃었다는 사실이 드러났다! 이제 그들은 보증을 원한다! 보호를 원한다. 안정적인 소득을 원한다. 그리고 복잡하지 않은 투자를 원한다.

코디가 고개를 끄덕이기 시작했다. 내 생각에 공감은 했지만 만만치 않은 문제였다. 어쨌거나 그는 대학을 졸업한 후 계속 연금보험 분야에서 일해 왔기 때문에 세계 최대 생명보험 회사들의 한계와 강점을 속속들이 파악하고 있었다.

"토니, 당신이 원하는 것이 무엇인지는 알겠지만 이 분야에 대해서는 잘 모르는 것 같군요. 보험회사들은 [FIA 같은] 연금보험을 젊은 사람들에게는 팔지 않아요. 평생소득 성격의 연금을 지원하면서도 보험업이 굴러갈 수 있는 이유는 보험회사들이 사망률에 대한 이해를 바탕으로 움직이기 때문이에요. 55세의 고객이라면 남은 수명을 대략이나마 파악해 거기에 따라 재무 결정을 내릴 수 있어요. 하지만 45세나 35세, 25세의 고객에 대해서는 그러기가 힘들어요."

나도 충분히 예상한 답이었다. 그래서 그에게 한 가지를 제안했다.

"만약 당신이 젊은 고객에게 무슨 일이 있어도 원금 손실이 없을 거라고 보장할 수 있다면 어떻겠어요? 그들은 미래 소득을 위해 보험을 들면서 더 높은 비용을 치르잖아요. 그러니 그들에게 조금 낮은 연간 수익을 보장하고 거기에 주식시장의 지수 상승을 더해주는 건 어떨까요? 그러면 수익률은 7퍼센트로 끝나지 않을 수도 있어요. 20대나 30대, 40대의 젊은 층은 복리로 투자를 불릴 시간이 훨씬 많으니까요. 장기적으로 따지면 주식시장이 가장 높은 수익을 내준다는 건

웬만한 사람들이 다 압니다. 문제는 생각하기도 끔찍한 시장 하락의 위험이죠! 젊은 사람들에게 예치금에 대해 하방위험 없이 상방만 제공하고, 평생소득도 보장할 수 있어요."

"한 번에 목돈을 거치하는 것이 아니라 본인이 정한 소액을 다달이 납입해도 되고 젊은 사람도 쉽게 가입할 수 있는 보험을 만들어야 합니다. 이런 접근법을 취하면 보험회사는 기대수명이 크게 늘어나는 것에 걱정하지 않아도 되고, 고객은 미래 소득의 큰 부분이 시장 상방에 연동하기 때문에 훨씬 높은 금액의 소득 흐름이 가능해지게 되는 거죠."

코디도 내 아이디어를 마음에 들어는 했다. 장기간 놓고 보면 주식시장은 투자자들에게 높은 수익을 제공해준다. 특히 시장 상승에만 참가한다면 아주 높은 수익이 가능해진다. 그렇지만 한 가지 커다란 장애가 여전히 남아 있었다.

"토니, 내가 알기로 이 연금보험은 효율적으로 군더더기 없이 운용해야 해요. 하지만 연금보험의 가격 결정에서 전통적으로 가장 높은 비용을 차지하는 것은 수수료예요. 보험회사는 고객의 계정에서 차감하는 게 아니라 자사 돈으로 미리 수수료를 지불합니다. 당신이 말한 것과 같은 접근법을 취하면 보험회사들은 판매수수료를 감당할 수가 없고, 그러면 전통적인 보험 대리인들에게 상품을 팔게 하기가 어려워요. 쉽게 해결하기 힘든 문제예요."

이번에도 나는 반격할 준비가 돼 있었다.

"선지급수수료를 주지 않는 방법도 있지 않겠습니까?" 내가 물었다. "일반적인 판매 방식을 벗어나 생각해 보는 겁니다. 50년 전만 해도 생명보험은 방문 판매를 통해 판매되었죠. 오늘날은 온라인에 들어가면 대리인을 통할 필요가 전혀 없습니다. 게다가 훨씬 간편하고 비용도 적게 들죠. 제가 말하는 새로운 연금도 그런 판매 방식을 취하면 됩니다. 젊은 세대는 판매사원이랑 직접 말을 섞는 것을 좋아하지 않아요! 중간상을 배제하는 거죠!"

"방식은 아주 간단합니다. 온라인에 들어가 매달 얼마를 납입할지 결정하고 그 금액을 자동이체로 설정해 놓으면 됩니다. 한 번 설정해 놓고 그냥 잊어버리는 거죠. 납입할 수 있는 금액에 따라 미래에(50세이건, 55세이건, 60세이건) 수령하게 될 금액을 사이트에서 정확히 알 수 있어요. 개인 혼자서도 클릭 몇 번이면 평생소득 계획을 설계할 수 있는 겁니다. 그 혜택을 누리기 위해 꼭 부자이거나 노년층이 아니어도 되는 거죠. 게다가 스마트폰에 앱을 설치하면 고객 혼자서 수익 추적도 가능해지죠."

코디의 머릿속에 그림이 그려지고 있었다. 그래서 내가 물었다. "코디, 이 상품이 실제로 나오면 얼마나 많은 사람이 영향을 받을까요? 당신들이 보험회사를 설득해 누구나 접근할 수 있는 [FIA] 상품을 만들어 고객에게 훨씬 안전한 재무적 미래를 제공할 수 있다면 얼마나 많은 사람들의 삶이 달라질 것 같습니까?"

코디가 미소를 지었다. "장기적으로 볼 때요? 수백만, 수천만 명이죠! 미국인 대부분이죠!" 내 말은 넉넉하지 않은 서민 가정에서 자라난 소도시 농장 소년의 심금을 울렸다. 코디는 자선활동에 돈을 아끼지 않으며 모든 사람에게 정당한 기회가 돌아가기를 원한다. 무엇보다 그는 모두가 재무적 자유를 위한 정당한 기회를 얻기를 원한다.

이제 그에게는 사명이 생겼다. 그는 자신의 영향력을 총동원해 세계 최대 보험회사들을 설득할 생각이었다. 예치금 기준이 내려가고 더 젊은 세대도 가입할 수 있는 '평생소득 계획'을 위한 연금보험을 탄생시키는 것이 그의 사명이 되었다.

빨리감기

몇 년 전만 해도 대다수 FIA는 최저 50~55세 이상만 가입할 수 있었고, 회사에 따라 다르지만 최저 예치금은 2만~2만 5천 달러였다. 혹여 가입할 수 있다고 해도 50세 이하의 비교적 젊은 세대는 평생소득보장 라이더를 선택하기가 사실상 불가능했다. 나는 이제 자랑스럽게 보고할 수 있다. 어드바이저스엑셀과 내가 열심히 공동으로 노력한 결과 세계 최대 보험회사 중 몇 곳은 연령과 소득 수준에 상관없이 누구나 가입이 가능한 새롭고 혁신적인 FIA를 출시하기 시작했다.

새로운 FIA가 제공하는 혜택은 다음과 같다.

- 원금보장: 투자한 금액이 얼마이건 전액이 보장된다.
- 하방위험 없이 상방 가능성만 제공: 주가 지수 성장에 100퍼센트 참여한다. 하방에는 참여하지 않고 상방에 100퍼센트 참여하므로 손실 가능성이 없고 이익에는 상한이 없다. 보험회사는 작은 '스프레드'를 떼어가는 식으로 이익을 나눠 가진다(보통 1.25~1.75퍼센트 사이이다). 시장이 10퍼센트 오르면 보험회사가 1.5퍼센트를 가지고 나머지 8.5퍼센트는 가입자의 계좌에 추가된다. 반대로 시장이 하락하면 보험회사가 가져가는 몫은 없고 투자자는 손실을 입지 않고 수수료도 내지 않는다! 계좌에 이익이 날 경우에만 스프레드를 지급한다.

이런 구성이 얼마나 강력한 효과를 발휘하는지 설명하기 위해 나는 라스베이거스의 윈앙코르에서 친구와 저녁을 먹는 중에 한 가지 비유를 생각해냈다. 카지노 플로어를 내려다보면서 나는 친구에게 말했다. "이 카지노가 VIP만을 위한 특별한 게임 테이블을 마련한다고 가정해볼게. 밤새도록 도박을 해도 1달러도 잃지 않는다는 것이 이 테이블의 규칙이야. 어떤 일이 있어도 윈앙코르의 소유주이자 카지노 재벌인 스티브 윈이 VIP 도박꾼에게 본전은 보장을 해주는 거지. 그러니까 원금을 보전해주는 거야."

"그 손님은 게임에서 딴 돈의 1.5퍼센트를 하우스에 떼어주고 나머지는 다 자기가 가져갈 수 있어. 너라면 얼마를 걸겠어? 돈을 잃을 염려가 없고 이길 경우 딴 돈에서 약간의 돈만 비용으로 지불한다면, 넌 몇 시간이나 게임을 할 거야?"

그가 씩 웃으며 대답했다. "최대한 오래, 최대한 많이 걸어야지." 나는 하하 웃었다. "나도 그래!" 이것이 보장성지수형연금보험의 효과이고, 이제 그 상품은 더 이상 돈 많은 노년층만의 전유물이 아니다.

- 계좌에서 빠져나가는 연간 운용수수료나 판매수수료가 없다.
- 평생소득 보장을 원할 경우에는 소득 라이더를 옵션으로 선택할 수 있다. 이럴 경우 가입자는 서로 경쟁을 벌이는 두 개의 계정을 보유하게 된다. (1) 기본계정에는 앞에서 설명했듯이 주가지수 성장에 따른 수익률이 매년 락인된다. (2) 보험회사에 따라 다르기는 하지만 소득계정에는 보장수익률 또는 보장수익률과 시장수익률을 조합한 금액이 들어간다. 훗날 받게 될 소득은 그 소득을 받기로 결정한 시기에 금액이 큰 계정을 기준으로 지급된다.

가장 반가운 소식은 따로 있다. 코디는 어느 누구나 이 보험에 가입할 수 있도록 일시불지급 거치 조건을 없애달라고 보험회사를 설득할 수 있었다. 적어도 2만 5천~5만 달러는 있어야 FIA를 구입할 수 있던 시절은 지나갔다. 지금은 초기 예치금 300달러만 있으면 이 보험에 가입할 수 있다. 편리하게 자동 이체를 설정하는 것도 가능하다. 그러면 매달 조금씩 프리덤펀드가 자라나 '개인연금' 성격의 평생소득이 마련될 수 있다.

다른 투자는 소액만 하거나 전혀 하지 않는 사람에게도 FIA는 아주 훌륭한 출발점이 될 수 있다. 이 상품은 주가지수의 상방만 제공하고 하방은 제공하지 않기 때문이다. 지금 불입하는 금액이 훗날의 평생소득 흐름을 보장해준다는 든든한 믿음이 생겨난다. 넣는 돈이 클수록 훗날 받는 금액도 늘어난다. 게다가 원금 보호도 확실하다!

소득을 지급하는 연금보험 상품은 수천 가지가 있고 나오는 금액도 천차만별이다. 그래서 코디와 그의 팀은 자신의 상황에 맞는 적절한 연금보험을 찾고 구입하려는 소비자들에게 제대로 정보를 알려주고 힘이 되어줄 웹사이트를 개설했다(www.lifetimeincome.com).

라이프타임인컴 사이트를 방문해 몇 단계 절차만 받으면 쉽고 빠르게 평생소득 계획을 설계할 수 있다. 단 몇 초면 현재의 납입 가능 금액을 기준으로 미래의 소득을 계산할 수 있다. 이 사이트는 연령대에 상관없이 최고의 접근법과 가장 경쟁력이 있는 소득 지급 상품을 알려준다. 매달 소액을 납입하고 금액 변경도 가능한 상품을 원하는 비교적 젊은 나이대의 고객이건 아니면 목돈이 있고 장수보험을 원하는 50세 이상의 고객이건, 이 웹사이트는 최고의 소득 솔루션을 안내해준다. 온라인으로 가입해도 되고, 전문가와 전화 상담을 해도 되고, 인근의 연금보험 상담사에게 상담을 받아도 된다. 라이프타임인컴은 50개 주에서 500명이 넘는 연금보험 스페셜리스트 네트워크를 구축하고 있다. 비과세 때문에 다른 보험회사에 계좌를 보유해야 하거나 이체를 해야 하는 고객에게는, 그 조건 안에서 알아봐야 할 연금보험을 무료로 리뷰해주고 분석해준다.

몇 번이고 말했지만 올시즌스 포트폴리오와 결합된 평생소득 상품은 아주 강력한 금융 도구이다! 라이프타임인컴은 스트롱홀드의 독점 연금보험 상담 제공사이다. 따라서 연금보험이 전체 자산배분의 일부이거나 안전 버킷의 일부라면 스트롱홀드를 통해서도 같은 상품에 접근할 수 있다. 스트롱홀드는 적절한 연금보험 스페셜리스트를 연결해준다.

0.001퍼센트의 도구

정말 먼 길을 왔다! 우리는 내부자의 마인드를 갖추었고 내부자의 도구를 얻었다! 5부에서 우리는 투자의 아이콘 레이 달리오가 설계한 강력한 포트폴리오 모델을 배웠다. 이 모델은 1925년부터 모든 경제 계절 내내 회복력과 반탄력을 발휘했다. 1억 달러의 투자 자본이 있어야 얻을 수 있는 그의 투자 혜안을 공짜로 얻었다! 그의 포트폴리오 모델은 모든 경제 환경에서 살아남아 장기적으로 성공을 거둘 것이다.

또한 올바르게 구성한 소득보험(즉, 연금보험)은 훗날 우리가 일을 하지 않게 될 때 평생 꼬박꼬박 수입을 제공해줄 것이라는 사실도 배웠다. 평생소득이라는 혜택만이 아니다. 훌륭한 FIA 상품에 돈을 예치하면 우리는 시장/지수 상승에는 100퍼센트 참여하는 반면에 시장 하락에 따른 손실은 피할 수 있다! 안전 버킷으로도 신나는 투자가 가능해지는 것이다. 재무적 자유에 이르는 접근법은 여러 가지가 있지만, 올시즌스 포트폴리오와 확실한 평생소득 보장이라는 원투펀치야말로 마음의 평화를 얻게 해주는 강력한 조합이다.

자신의 부를 쌓은 후에는 위험으로부터 본인과 가족을 보호해야 한다. 슈퍼리치들은 아주 현명한 상담사 군단의 도움을 받아 자신들의 부를 훌륭하게 방어한다. 그렇다면 그들은 누구로부터 그리고 무엇으로부터 부를 보호하려 하는가? 다음 5장에서는 슈퍼리치들의 비밀을 파헤칠 것이다!

자주 묻는 질문들

내가 '일찍' 죽는다면?

평생소득 흐름이 시작되기 전에 가입자가 사망할 경우 계좌 잔액은 전액 상속인에게 상속된다. 이것은 전통적인 연금보험을 뛰어넘는 훌륭한 장점이다. 평생소득 흐름으로 전환하기로 결정한 후에 사망을 해도 계좌 전체가 보험회사로 넘어가는 것은 아니다. 상속인은 그때까지 가입자가 수령한 소득 금액을 제외한 전액을 상속받는다.

급히 돈이 필요할 경우 인출할 수 있는가?

대다수 FIA는 위약금이나 해약공제금 없이 계좌의 10~15퍼센트를 인출할 수 있게 해준다. 59.5세 전에 돈을 인출할 경우 미국 국세청은 10퍼센트의 수수료를 부과하는데, 가치 증가에 대해 그동안 세금이연을 해주었기 때문에 당연한 것이다. 돈을 전액 인출할 경우에는 연금보험을 해약하고 돈을 전액 돌려받을 수 있다(가치 증가분도 같이 받는다). 하지만 인출액에는 해약공제금이 부과되며, 그 금액은 가입 기간에 따라 달라진다. 해약공제금은 돈을 예정보다 일찍 꺼내는 데 대해 자기 스스로 부과하는 위약금이라고 생각해야 한다. 해약공제금은 보통 10퍼센트부터 시작하며 매년 1퍼센트씩 줄어든다. 예를 들어, 5년 동안 연금보험에 가입했는데 보험을 해약하고 전액 인출할 경우 물게 되는 해약공제금은 5퍼센트이다. 연금보험에 투자할 때는 반드시 장기 투자를 염두에 두고 돈을 넣어야 한다.

FIA의 수수료는?

계좌 원금에 직접 부과되는 연간 운용수수료는 없다. 하지만 평생소득보장 라이더를 선택할 경우 연간 수수료는 매년 0.75~1.25퍼센트 사이이다. 이것은 회사별로 그리고 상품별로 다르다.

IRA(개인은퇴연금계좌)와 FIA를 연계할 수 있는가?

물론이다. IRA 계좌(또는 로스 IRA 계좌)의 돈으로 납입해도 되고 세금 공제 후 소득을 이용해 FIA에 납입을 할 수 있다. 전자를 적격연금qualified annuity이라고 하고 후자를 비적격연금nonqualified annuity이라고 한다. 둘 다 이용이 가능하다.

계좌 가치 증가의 상한은 무엇이며, 어떻게 결정되는가?

가입자가 지수 상승에서 가져올 수 있는 상한은 일반적으로 금리와 연동한다. 금리가 높으면 상한도 높고 금리가 낮으면 상한도 낮다. 일부 새로운 상품은 상한 없이 100퍼센트 상방을 제공하지만, 회사는 상방/이익 중에서 정해진 몫을 가져간다. 시장이 10퍼센트 오르면 계좌에는 8.75퍼센트가 들어오고 보험회사는 1.25퍼센트의 스프레드를 가져가는 식이다. 하지만 시장이 하락하면 보험회사가 가져가는 몫은 없으므로 가입자에게는 원금 하락이 발생하지 않는다. 나는 상한이 없는 연금보험을 선호하는데, 그러면 어떤 해에는 상방 잠재력이 최고에 이르기 때문이다.

내 보험 계좌는 어떤 '시장'과 연동하는가?

일반적으로 가장 많이 연동되는 지수는 S&P 500이지만, 새로운 지수들이 추가되는 경우도 많다. 예를 들어 어떤 계좌는 주식과 채권의 혼합 지수인 바클레이즈다이나믹균형지수Barclays Dynamic Balanced Index나, 12부문을 혼합한 지수인 모건스탠리다이나믹배분지수Morgan Stanley Dynamic Allocation Index에 연동한다. 원자재상품 시장 지수와 연계된 상품도 있다.

내가 수령할 소득에 영향을 미치는 요인은 무엇이 있는가?

연금보험에 불입하는 금액, 소득 지급이 발생하기 전의 시간, 소득 지급이 시작되는 나이 등이 훗날 수령하게 되는 소득액의 크기에 영향을 미치는 주요 요인이다. 하지만 어떤 연금보험을 선택하는지가 가장 큰 영향을 미친다. 연금보험마다 계약서상에서 보장하는 평생소득의 금액이 다르다. 따라서 보험에 가입하기 전에 꼼꼼히 알아봐야 한다.

FIA의 세금은?

FIA 계좌 내에서 증가하는 금액은 세금이 이연된다. 소득 흐름으로 전환하는 시기의 평생소득 수령액에 따라 경상소득세가 부과된다. 세금이연이 되는 보험이기 때문에, 59세 전에 돈을 인출할 경우에는 세금을 내야 한다. 로스 IRA 계좌 내에서 FIA를 보유하고 있다면 세금을 미리 다 낸 것과 같으므로 자본이득이나 평생소득 흐름에 대해 세금이 발생하지 않는다.

FIA를 구입할 경우 피할 수 있는 위험은?

월스트리트 붕괴의 역사를 살펴본다면, 상방에만 참여하고 하방 위험에는 노출되지 않는다는 것은 놀랍도록 강력한 장점이다. 투자자들이 손실을 만회할 수 있을 정도로 시장이 회복되기까지 얼마나 오랜 기간이 걸렸는지 알면 무척 놀랄 것이다. 이 자리에서 주식시장이 붕괴했던 역사를 재미삼아 간단하게라도 살펴보자. FIA 같은 상품에 투자하면 시장 붕괴의 위험을 다 피할 수 있다.

1901-1903

- 다우지수 46퍼센트 추락
- 1905년 7월에 회복
- 회복에 걸린 기간: 2년

1906-1907

- 다우지수 49퍼센트 추락
- 1916년 9월에 회복
- 회복에 걸린 기간: 9년

1916-1917

- 다우지수 40퍼센트 추락
- 1919년 11월에 회복
- 회복에 걸린 기간: 2년

1919-1921

- 다우지수 47퍼센트 추락
- 1924년 11월에 회복
- 회복에 걸린 기간: 3년

1929-1932

- 다우지수 89퍼센트 추락
- 1954년 11월에 회복

- 회복에 걸린 기간: 22년

1939-1942

- 다우지수 40퍼센트 추락
- 1945년 1월에 회복
- 회복에 걸린 기간: 3년

1973-1974

- 다우지수 45퍼센트 추락
- 1982년 12월에 회복
- 회복에 걸린 기간: 8년

2000-2002

- 다우지수 36퍼센트 추락
- 2006년 9월에 회복
- 회복에 걸린 기간: 4년

2008-2009

- 다우지수 52퍼센트 추락
- 2011년 4월에 회복
- 회복에 걸린 기간: 2년

CHAPTER 5

우리도 이용할 수 있는 슈퍼리치들의 비밀

그것은 부자들을 위한 내부자의 비밀이라고 여겨진다.
합법적인 투자 방법이며 이득에는 세금이 붙지 않는다.

—〈뉴욕타임스〉 2011년 2월 9일자

세계 신기록

2014년 초《세계 기네스북》은 세계 신기록 갱신을 발표했다. 갱신된 기록은 세계에서 가장 키가 큰 남자도 아니고 세계에서 가장 긴 손톱도 아니었다. 그 기록 갱신에 주목한 사람은 많지 않았다.

"익명의 억만장자가 2억 1000만 달러의 생명보험에 가입하며 신기록을 갱신하다."

억만장자가 생명보험을 구입한 이유는 무엇인가? 자기가 일찍 죽으면 아이들이 가난하게 살 것 같아서? 혹시 미디어가 요점을 놓친 것은 아닐까?

믿건 믿지 않건 슈퍼리치들은 실제로 천문학적인 금액의 생명보험을 구입하지만 가장 거액의 구입자는 억만장자들이 아니다. 최대의 생명보험 구입자는 월마트와 웰스파고Wells Fargo 같은 대기업과 은행이다. 한 예로 웰스파고의 대차대조표를 보면, 기본자본(Tier 1 Capital: 은행의 재무건전성을 나타내는 핵심 척도로, 보통주와 사내유보 등의 핵심 자본으로 이뤄지지만 우선주가 포함되는 경우도 있다—옮긴이) 중 187억 달러의 현금이 생명보험에 예치되어 있다(2014년 3월 27일 기준). 다른 것은 차치하더라도 기본자본은 은행의 재무건전성을 나타내는 핵심 척도이지 않은가!

미디어의 발표와 달리 기업과 슈퍼리치들이 생명보험에 가입하는 이유는 사망을 통해 이득을 얻기 위해서가 아니다! 그들이 원하는 것은 미국 국세청이 허락한 비과세 투자로 자신들의 현금을 안전하게 투자할 수 있는 상품이다.

정말 그런지 의심스러운가? 사실대로 말하면 생명보험은 세금 처리에 있어서는 로스 IRA와 비슷하다. 근로소득이 들어올 때는 세금을 내지만, 세후소득을 특정 유형의 생명보험에 넣어둔 후에는 국세청은 거기서 발생하는 이득에는 세금을 부과하지 않는다. 따라서 적절히 설계를 잘하면 생명보험에서 돈을 꺼낼 때는 세금을 낼 필요가 없게 된다(자세한 내용은 뒤에 나온다). 이 상품은 이름은 생명보험이지만, 실제로는 가입자가 살아 있는 동안 그것을 이용해 돈을 불릴 수 있도록 설계돼 있다!

억만장자와 세계적인 대기업들에게 좋은 상품이라면 평범한 서민들에게도 좋은 상품일 공산이 크다! 이 강력한 세금효율 도구를 이용해 재무적 자유에 이르는 속도를 높이는 방법은 무엇인지 자세히 알아보자.

부자의 은퇴 설계

〈뉴욕타임스〉는 지금부터 소개할 사모생명보험private placement life insurance, PPLI을 '부자들의 비밀'이라고 불렀다. 거기에는 그럴 만한 이유가 있다. 나는 지인 중 가장 부자인 두 명으로부터 이 상품을 소개받았다. 그러나 슈퍼리치가 되어야만 이 보험에 가입할 수 있는 것은 아니다. 앞으로 소개할 내용은 의사, 변호사, 중소기업 소유주 등의 고소득자에게도 도움이 되지만 투자 가능 자본이 몇 천 달러밖에 되지 않는 사람도 자신에게 적절한 방식으로 설계하기만 한다면 부자들과 똑같은 혜택을 누릴 수 있다. 다음은 이 상품이 가진 놀라운 장점이다.

- 예치금액에 제한이 없다(따라서 소득에도 제한이 없다).
- 투자 이득이 비과세이다.
- (적절히 계획을 세워) 돈을 인출하면 세금이 붙지 않는다.
- 상속인이 물려받는 금액도 비과세를 적용받을 수 있다.

괜찮은 전략이라는 생각만으로 그쳐서는 안 된다. 이것은 노후 종잣돈에서 세금을 기본적으로 완전히 제거해주는 상품이다! 투자 이득에 대해 혹은 이 보험상품에서 인출하는 돈에 대해 다시는 세금을 내지 않아도 된다. 언론이 PPLI를 '부자의 은퇴 설계'라고 부르는 것도 이런 이유 때문이다. 다음은 〈월스트리트저널〉에 실린 기사의 일부이다.

> 가장 큰 매력은 이것이다. 보험이라는 틀 안에서 투자가 이뤄지기 때문에 이 보험에서 발생하는 이득은 소득세 부과 대상이 아

니고 사망시 보험금 역시 마찬가지이다. 더욱이 보험가입자는 약관에 따라 달라지기는 하지만 보험에서 일정액을 인출하거나 차입을 하는 방법을 이용해 생존한 동안에도 그 돈에 비과세로 접근할 수 있다… 한 가지 커다란 이유에서 이 상품은 가치 증대가 가능하다. 몇 년 전 미국 국세청은 사모생명보험과 연금보험에서 세금우대가 가능한 부분과 불가능한 부분을 명시한 규정과 규제 조항을 발표했다. 그 결과 보험과 투자자의 불확실성이 제거되었다.

등식에서 세금이라는 요소를 제거하면 임계량과 재무적 독립에 다다르는 데 걸리는 시간이 엄청나게 줄어든다. 가입자는 국세청에 세금을 내고 나서 자기 손에 떨어지는 돈이 얼마인지 더는 고민하지 않아도 된다. 솔직히 말해 미래에 필요한 수입을 계산할 때 가장 어려운 부분은 장차 세율이 어떻게 변할지 모른다는 점이다. 어느 날 갑자기 세율이 올라 가처분소득이 크게 줄어들지도 모른다. 50퍼센트의 세율로 계산을 했는데 훗날 부유층의 세율이 70퍼센트로 오른다거나, 현재의 소득군에서 30퍼센트인 세율이 50퍼센트로 오른다면 애초에 계산한 금액으로는 재무적 자유라는 목표에 도달할 수 없게 된다.

이 도구를 사용할 경우 절반도 안 되는 시간에 어떻게 재무적 안전이나 독립에 도달할 수 있는지 한 가지 예를 통하면 쉽게 이해가 간다. 혹은 같은 시간을 투자할 경우 가용 금액이 두 배로 늘어난다.

의사, 변호사, 중소기업 소유주 등 고소득군에 속하는 A라는 사람을 가정해보자. 이 사람의 세전소득은 연 25만 달러이다. 고소득자이기 때문에 세금을 떼고(연방세와 주세를 합쳐 50퍼센트 가정) 순수하게 남는 소득은 대략 12만 5천 달러이다. 이 12만 5천 달러는 A가 현재의 생활수준을 유지하기 위해 필요한 금액이자 총가용소득이다. 전통적 재무설계에 의하면 A는 은퇴 후에 25만 달러의 세전소득이 들어오려면 현재의 소득에 20배를 곱한 500만 달러를 임계량에 모아야 한다(5퍼센트씩 인출한다고 가정). 하지만 소득세를 내지 않아도 될 경우 세금을 제외하고 필요한 실소득은 12만 5천 달러이므로, 이 금액에 20배를 곱한 250만 달러만 임계량에 모으면 된다. 목표에 도달하는 속도가 50퍼센트나 빨라진다. 혹은 똑같은 시간 동안 투자를 한다면 임계량에는 두 배의 돈이 모이고 따라서 가용소득도 두 배로 늘어난다.

연소득이 5만 달러인 B는 이렇게 말할지도 모른다. "그래서? 그건 부자한테나 도움이 되는 상품이잖아?" 계속 나를 따라와주기 바란다. 나는 부자들이 이 상품에서 어떤 혜택을 보는지 설명한 다음에, 재무적 목표에 도착하는 속도를 30~50퍼센트 높이고픈 사람들을 위해 이 전략을 어떻게 사용하면 되는지 보여줄 것이다. 미국 국세청의 전폭적인 지지가 따르는 전략이며 401(k)와 로스와도 연계가 가능하다.

생명보험은 보험료가 비싸지 않습니까

내 변호사가 처음에 PPLI를 알려주었을 때 나는 '생명보험'이라는 말 자체에 즉시 거부감이 들었다. 나 역시 많은 사람들처럼 비싼 '소매' 생명보험을 구입했던 적이 있고 다시는 그 상술에 넘어가고 싶지 않았다.

변호사는 이런 내 생각을 바꿔주었다. "토니, 이건 당신이 가입했던 일반적인 소매 생명보험이 아니에요. 머리를 말쑥이 빗어 넘기고 롤렉스 시계를 찬 보험회사 영업사원의 상품 목록에는 올라있지 않은 상품이에요. 이 보험은 제도적으로 가격이 정해진 보험입니다. 수수료, 해약공제금, 혹은 소매보험 대리인을 상대하면 보게 되는 말도 안 되는 조항들이 여기에는 전혀 없어요. '무늬만 보험'인 투자상품을 구입하는 것이라고 생각하세요. 수십 년 동안 구체적인 세제 조항이 정해져 있기 때문에 이 무늬만 보험인 상품에 넣어둔 예치금 전액은 세금으로부터 완벽하게 보호를 받아요. 투자할 수 있는 금액도 다양하고 적절히 운용하면 이득이나 현금 인출에 대해 세금을 내지 않아도 됩니다."

비과세와 복리의 결합

장기 복리효과가 결합된 PPLI는 깜짝 놀랄 만한 장점을 보여준다. 똑같은 금액을 PPLI라는 포장지로 감싸 투자할 때와 매년 세금을 내는 일반적인 접근법으로 투자할 때 결과가 어떻게 달라지는지 이해하기 위해 한 가지 예를 살펴보자.

45세의 건강한 남성이 있고, 그는 4년 동안 1년에 25만 달러씩 총 100만 달러를 예치한다. 이 투자상품의 수익률이 10퍼센트이고 매년 세금을 낸다면 40년 후 계좌의 총액은 700만 달러가 된다. 나쁘지는 않다. 이와 대조적으로 그가 PPLI라는 무늬만 보험인 투자상품에 투자를 하고 비교적 소액의 보험 수수료를 지불할 경우, 40년 후 계좌에 쌓이는 돈은 3천만 달러가 넘는다! 똑같은 기간이고 똑같은 투자 금액이지만 세제를 유리하게 활용함으로써 그와 그의 가족을 위해 모인 돈은 4배 이상 차이가 난다(주의 사항: 이 투자상품은 규칙이 굉장히 엄격하므로, 가입자 본인보다는 제3의 투자 전문가를 통해 관리해야 한다).

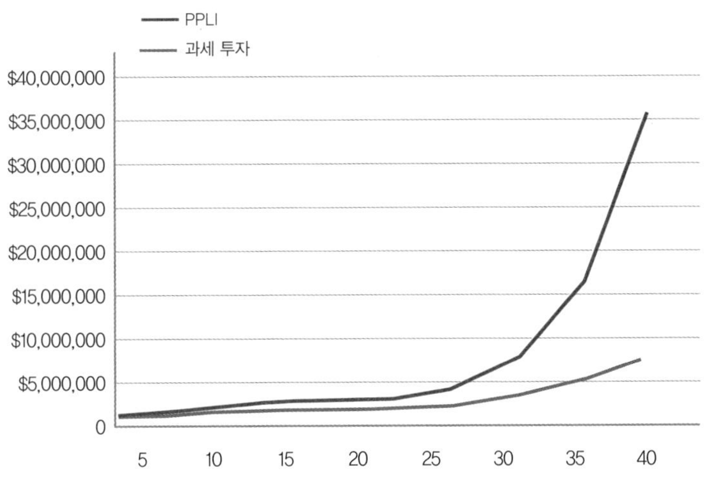

그런데 이 강력한 장점을 소액의 투자에도 그대로 적용할 수 있다. 비과세와 복리를 결합할 수 있다. 그러다가 나는 한 가지 궁금한 점이 생겼다. "돈을 빼내고 싶을 때는 어떻게 해야 하지?"

인출

PPLI의 최대 강점은 미래의 세율을 걱정하지 않아도 된다는 점이다. 이 보험을 유지하고 있는 동안 발생한 이득에는 세금을 내지 않아도 된다. 하지만 갑자기 현금이 필요해진다면? 정부가 세금이연을 허용해주는 여타 투자상품이 그렇듯, 이 보험에서 돈을 인출할 경우에는 세금을 내야 한다. 하지만, 보험을 해약하는 대신에 '대출'을 선택하면 된다. 다시 말해 보험회사에 전화를 걸어 인출 가능한 현금을 빼내면 된다. 법적으로 아무 문제가 없는 행동이며 이렇게 빼는 돈은 사실상 대출이다. 그리고 대출에는 세금이 붙지 않는다. 미래에 대출금을 상환해도 되고 아니면 본인이 사망한 후 대출금을 제외하고 상속인에게 나머지 금액을 생명보험금으로 물려주게 해도 된다. 합법적인 대출이며 알아서 상환이 되는 대출이다. 자녀들이 받게 되는 생명보험의 사망보험금에는 소득세가 부과되지 않는다.

비적격투자자를 위한 안내

PPLI에 접근하려면 적격투자자여야 하며[21] 4년 동안 1년에 최소 25만 달러씩은 예치를 해야 한다. 하지만 예치 가능한 돈이 수천 달러에 불과한 비적격투자자도 이용할 수 있는 이른바 '유사' PPLI가 있다. 1918년 앤드루 카네기가 교사들을 돕기 위해 설립한 일종의 교직원 공제회인 티아크레프는 "회사나 주주들의 이익 도모를 위해 움직이지 않는다." 현재 티아크레프는 일반 대중에게도 금융 서비스를 제공하지만, 이 기구만의 독특한 비영리적 성격은 판매수수료나 해약공제금이 없는 생명보험상품 제공을 가능하게 만든다. 보험에 속한 기본적인 투자 옵션에는 여러 전문가들이 그 유용성을 몇 번이고 강조했던 (디멘져널펀드어드바이저스 등의) 저비용 인덱스펀드가 포함돼 있다. 또한 세제 혜택도 앞서 나온 PPLI의 혜택과 전혀 다르지 않다. 판매수수료가 없는 노로드 보험이기 때문에 일반 보험대리인에게 의뢰해서는 이 상품을 구입할 수 없으며 직접 웹사이트(www.tiaa-cref.org/

21 사모생명보험은 적격투자자만이 가입 자격을 얻는다. 적격투자자는 순자산이 적어도 100만 달러 이상이거나(1거주지의 가치는 포함하지 않는다), 최근 2년 동안 연소득이 20만 달러 이상이어야 한다(배우자와의 합산 소득은 30만 달러 이상).

public)로 들어가 보험을 구입하거나 담당 수임 상담사에게 보험 가입을 도와달라고 부탁해야 한다.

수임자는 이 상품에서는 수수료를 받을 수 없다. 담당 수임자가 사모생명보험 분야를 통한 세금효율 전략을 짜는 방법을 잘 안다면 고객에게 귀중한 서비스를 제공해줄 수 있다.

세율에 따라 달라지기는 하지만, 이 보험을 잘 활용하면 추가 위험 없이 재무적 목표에 이르는 속도를 30~50퍼센트 높일 수 있다. 물론 스트롱홀드의 고객은 전문가 팀으로부터 상품에 대한 자세한 정보를 안내받을 수 있다.

억만장자의 플레이북

지금까지 얼마나 먼 길을 걸었는지 실감이 나는가! 우리는 레이 달리오와 동행해 정글을 정복했고 모든 계절에 대비하도록 설계한 포트폴리오가 거의 75년 동안 얼마나 순탄한 여행길을 이끌어줬는지도 배웠다. 평생소득을 보장하는 재무계획을 설계하는 방법을 배웠고 소득보험을 이용해 하방 없이 상방만 누리는 방법도 배웠다. 마지막으로, 판매수수료가 없는 생명보험이 소득과 예치금의 제한 없이 비과세 효과를 제공한다는 사실도 배웠다.

이제는 자리에 앉아 금융의 세계에서 가장 빛나는 대가들로부터 직접 한 수 들을 시간이 되었다. 무엇이 지금의 그들을 만들었는지 그리고 그들이라면 자녀들을 성공적인 투자자로 이끌기 위해 어떤 가르침을 물려줄 것인지 직접 들을 시간이 되었다. 대가들을 만나자.

생전신탁

가족을 보호할 수 있는 간단하지만 중요한 조언이 하나 더 있다. 부자들은 가족을 위해 재산을 보호하는 일에 게으름을 피우지 않는다. 가족을 보호하기 위한 가장 간단한 방법은 취소가능revocable 생전신탁living trust(설정자가 생존하고 있을 때 해놓는 신탁을 생전신탁이라고 한다. 생존 중에는 설정자가 계속 재산을 관리한다. 취소나 변경이 가능한 경우를 취소가능 생전신탁, 불가능한 경우는 취소불가능irrevocable 생전신탁이라고 한다—옮긴이)을 설정하는 것이다.

핵심 자산(집, 주식계좌 등)을 생전신탁에 걸어놓을 때 가장 큰 장점은, 설정자 사망 후 공증 과정을 거치지 않는다는 것이다. 법원을 통해 재산을 나누고 기록을 남기는 과정은 비용과 시간이 만만치 않게 소요된다. 또한 유언이 아니라 생전신탁을 걸어놓으면 본인이 살아 있는 동안 자신과 가족을 보호할 수 있다. 본인이 아프거나 운신이 힘들어질 경우를 대비해 가족 중 하나를 설정해 대신 재산관리와 비용관리를 맡기는 운신불능 조항incapacity clause을 포함할 수 있다.

생전신탁을 설정하는 데는 굳이 수천 달러의 전문가 비용을 들이지 않아도 된다. http://getyourshittogether.org에 들어가서 무료 양식을 다운로드 받으면 된다. 이 비영리 사이트 개설자는 셔넬 레이놀즈Chanel Reynolds라는 여성이다. 그녀는 남편이 오토바이 사고로 갑자기 죽은 후 자신이 아무 준비 없이 겪었던 힘든 경험을 누구도 되풀이하지 않기를 바라는 마음에서 이 사이트를 만들었다. 생전신탁의 간편함과 중요성을 자세히 이해하고 싶으면 이 사이트를 참조하기 바란다.

또한 법률 자문을 원한다면 비싼 변호사를 찾아가도 되지만 리걸줌LegalZoom에 들어가면 250달러의 적은 비용으로 변호사들의 조언을 받을 수 있다(www.legalzoom.com/living-trusts/living-trusts-overview.html).

내가 이 내용을 적은 이유는, 유산상속 계획은 이 책과 상관없을지라도 남겨줄 재산이 많건 적건 가족이 법적인 과정을 처리하는 데 그 재산을 조금이라도 소모하지 않고 고스란히 물려받을 수 있게 해주는 것도 우리의 중요한 책임이기 때문이다. 성공이 눈앞에 보인다면 유산상속을 계획할 때 유능한 법률 자문을 구해야 하지만, 더불어 생전신탁을 설정해두는 것도 잊지 말아야 한다. 생전신탁은 모두에게 필요하다.

MONEY IS GAME.
MASTER THE GAM

0.001퍼센트처럼 투자하라

| 제 6 부 |

CHAPTER 1

부의 거인들을 만나다

색은 오색에 지나지 않지만 오색의 배합으로
변화하는 것은 무궁하여 눈으로 볼 수가 없다.
—《손자병법》

4년 전에 나는 여행을 시작했다. 개인투자자들이 불이익을 당할 수밖에 없어 보이는 시스템 속에서 그들이 자신의 돈을 통제하려면 어떻게 해야 하는지 그 방법을 찾아 떠난 여행이었다. 나는 세계 최고의 지식과 영향력을 갖춘 전문가들로부터 얻을 수 있는 최선의 정보를 얻어내기로 결심했다. 대장정이었다! 그때를 시작으로 나는 자수성가한 억만장자, 노벨상 수상자, 투자계의 거인, 베스트셀러 작가, 교수, 금융계의 전설 등 50명이 넘는 사람들을 인터뷰했다. 나는 일반 투자자가 가장 궁금해할만 한 질문들을 그들에게 던졌다.

"투자에서 당신의 경쟁우위는 무엇입니까? 무엇이 당신을 남다르게 합니까? 수십 년째 당신이 시장을 지배하도록 만들어준 당신만의 통찰은 무엇입니까?"

"여전히 게임에서 승리할 수 있습니까? 개인투자자가 변동성이 극심한 오늘날의 경제에서 성공하려면 어떻게 해야 합니까?" "오늘날 투자자들이 직면한 가장 큰 도전과 기회는 무엇입니까?"

가장 중요한 질문은 이것이었다. "당신의 자녀들에게 돈은 남겨줄 수 없지만, 대신에 그들의 성공을 도와줄 포트폴리오나 재무관리 원칙은 남겨줄 수 있다면 무엇을 남겨주겠습니까?"

그들의 대답에 나는 흥이 나기도 하고 충격을 받기도 하고 때로는 껄껄 웃기도 했다. 어떤 때는 감동을 받아 눈물을 흘리기도 했다. 어떤 대학교육도 따라잡지 못할 내용을 들었다. 현장에서 직접 수료하는 투자 박사학위였다. 나를 1 대 1로 가르치는 동안에도 이 '교수님들'은 시장을 움직이고 세계 경제를 만들어가고 있었다.

나한테는 그들이 나눠준 통찰 중에서 최고를 고르고 골라 간명한 7단계 재무 청사진으로 통합해야 한다는 임무가 주어졌다. 지금의 위치에서 진정으로 원하는 목표로 나아가려는 사람 누구나가 실제로 사용할 수 있는 명쾌한 청사진을 마련해야 했다.

내가 인터뷰한 사람들을 직접 만나게 해줄 수는 없지만 나는 그 대신에 그들의 목소리를 이 책에 전부 담았다. 폴 튜더 존스처럼 지기이자 고객으로 20년을 알고 지낸 사람도 있고 워런 버핏처럼 20분 동안 비공식적인 대화만 나눈 사람도 있다. 버핏과는 〈투데이〉쇼를 촬영하는 동안 대기실에서 짧게나마 대화의 기회를 얻을 수 있었다.

원래 계획은 1시간짜리 인터뷰였지만 대부분은 3~4시간으로 이어졌다. 이들 금융의 거인들은 내가 피상적인 질문만 던지기 위해 이 자리에 오지는 않았다는 사실을 안 후에는 깊은 대화를 나누는 데 흥미를 보였다. 평범한 개인투자자를 돕고 싶다는 내 사명감이 그들의 마음을 움직였다. 그들은 아주 관대하게 시간을 할애해 주었다.

나는 그들과 굉장히 다채로운 대화를 나누었다. 나는 금융 세계에서 가장 빛나는 사람들 중 몇몇의 생각을 한 자리에 모으는 특권을 얻었다. 아이다호 주 선밸리에서 개최한 내 금융 세미나에서는 무척이나 흥미로운 일도 있었다. 재무부 장관을 지냈고 국가경제위원회 위원이며 세계 경제 위기가 한창일 때 오바마 대통령의 참모진을 지낸 래리 서머스(로렌스 서머스)와 인터뷰를 했다. 우리는 미국 경제의 전환점을 위해 지금까지 무엇이 행해졌고 앞으로 무엇을 행해야 하는지를 주제로 대화를 나눴다. 출판인이며 공화당 대선 후보이기도 했던 스티브 포브스는 서머스의 말을 한 자도 빼지 않고 듣고는 손을 번쩍 들며 질문을 했다. 그들 사이에 튀었던 점잖은 '불꽃'이 가히 짐작이 갈 것이다.

인상적인 순간은 또 있었다. 알고 보니 칼 아이컨은 오랫동안 잭 보글의 팬이었지만 실제로 만난 적은 한 번도 없었다. 그래서 나는 두 거인을 소개시켜주는 영광을 얻었다. 그들 둘의 투자 경험을 합치면 한 세기가 넘는다. 잭은 둘이 만나는 자리에 나도 불렀지만 공교롭게도 나는 다른 나라에 출장 중이었다. 그들의 만남을 몰래 카메라로라도 촬영했다면 좋았을 걸, 하는 아쉬움이 남는다.

사실 이들과 인터뷰를 마치고 보니 한 사람당 녹취록이 평균 75페이지나 되었다. 하지만 당신은 몇 페이지 정도로 압축해서 볼 수 있다. 9천 페이지짜리 기록을 6부에 다 담기 위해 나는 11명의 인터뷰만 농축해서 실었다. 아, 11명에 한 명이 더 있다. 지금은 타계했지만 고금을 통틀어 가장 위대한 투자자이자 가장 특별한 영혼의 소유자 중 하나였던 존 템플턴 경과 가졌던 인터뷰는 뺄 생각이 전혀 없었다.

모든 전문가가 다 그렇듯이, 이제부터 나올 돈의 대가들은 가까운 미래를 바라보는 관점이 서로 다르고 각자 선호하는 투자 도구에 대해서도 의견이 다르다. 누구는 단기 트레이딩을 선호하고 누구는 장기 보유를 선호한다. 누구는 인덱스펀드만이 유일한 성공 방법이라고 주장하고, 누구는 차익거래arbitrage(동일 상품일지라도 두 개 이상 시장에서 약간씩 가격 차이가 나는 것을 이용해 수익을 내는 거래. 이를테면 현물시장과 선물시장의 가격 차이를 이용해 수익을 내는 식이다—옮긴이)로 더 많은 수익을 낼 수 있다고 주장한다. 비록 이들 돈의 대가들은 이따금 서로 상충하는 전술을 사용하고 다른 길을 걸을지라도 결국에는 같은 목표를 향해 가고 있다는 사실에는 이견을 달 수 없다.

한 가지는 분명하다. 그들 모두는 뛰어난 리더이다. 가장 훌륭한 예는 메리 캘러핸 어도스다. 그녀는 최고로 우수한 포트폴리오 매니저들을 포함해 2만 2천 명의 금융전문가를 이끄는 리더이며 그녀가 J.P.모건애셋매니지먼트에서 총괄하는 자산 규모는 무려 2조 5천억 달러이다. 개인투자자들을 도와주고 보호하겠다는 뚝심과 의지만으로 금융산업을 일신한 찰스 슈워브도 예외가 아니다. 그의 회사에 주식계좌를 개설한 고객 수는 820만 명에 달하며 세계 300개 지점에서 2조 3800억 달러의 자산에 서비스를 제공한다.

앞으로 펼쳐질 페이지는 오늘 우리가 사는 세상에서 재무적으로 성공하고 부자가 되는 데는 여러 길이 있음을 보여줄 것이다. 금융의 전설들이 취하는 접근법은 각자 다를지라도 그들은 다음의 4가지 원칙만은 절대 허투루 다루지 않았다.

1. 돈을 잃지 마라. 내가 인터뷰한 모든 대가들은 높은 수익률을 좇아 움직이지만, 그럼에도 절대로 돈을 잃지 않는다는 원칙을 훨씬 중요하게 여겼다. 세계 최대 규모의 헤지펀드 매니저들은 겉으로는 큰 위험을 아무렇지 않게 감수하는 듯 보이지만 실제로는 하방위

험을 막는 데 레이저처럼 날카롭게 초점을 맞춘다. 레이 달리오, 카일 바스, 그리고 폴 튜더 존스에 이르기까지 돈을 잃지만 않으면 싸울 기회는 얼마든 또 있다는 사실을 잘 안다. 폴은 이렇게 말했다. "나는 돈을 버는 것을 정말로 좋아합니다. 하지만 내가 돈을 잃지 않을 것이라는 확신부터 서야 합니다… 방어는 공격보다 10배는 더 중요합니다. 나한테는 그것이 가장 중요합니다… 어떤 상황에서든 하방 가능성을 유심히 관찰해야 합니다." 28년 연속해서 고객에게 돈을 벌어준 사람이 하는 말이다. 말은 간단하지만, 강조하고 또 강조해도 모자랄 정도이다. 이유는 분명하다. 50퍼센트의 손실이 난다면 100퍼센트의 수익률을 내야 처음 상태로 회복할 수 있기 때문이다. 게다가 여기에 들어가는 '시간'은 누구라도 절대로 되돌릴 수 없다.

2. 적은 위험으로 큰 수익을 내라. 대다수 투자자들은 '좋은' 수익률을 낼 방법을 찾으려 노력하지만 투자계의 명예의 전당에 오른 대가들은 전혀 다른 것을 원한다. 그들은 홈런을 원한다! 그들은 적은 위험으로 큰 수익을 낼 수 있는 투자를 찾아다닌다. 그들은 그런 투자를 비대칭 위험/보상이라고 부른다.

 우리는 존 템플턴 경이 적은 위험으로 큰 수익을 내기 위해 걸었던 길에 주목해야 한다. 그는 시장 가격에 산 것이 아니라 싸게 산 다음에 시장이 되살아나기를 기다렸다. 템플턴은 18세기 영국의 로스차일드 남작이 말한 "시장에 유혈이 낭자하고" 모두가 필사적으로 팔자 행렬에 동참한 순간에 매입을 했다. 그때야말로 최저가로 할인되는 주식을 골라 담을 시기이다. 반대로 폴 튜더 존스는 시장 트렌드를 따른다. 하지만 인터뷰에서도 밝혔듯이 폴은 1달러의 위험 대비 5달러의 수익 가능성이 존재한다는 확신이 들 때만 투자를 행한다. 이것은 한 문장으로 요약해서 듣는 10만 달러짜리 MBA 강좌이다! 카일 바스의 인터뷰에서는 100퍼센트의 수익률을 위해 3퍼센트만 위험에 거는 그만의 비결을 배울 것이다. 또한 600퍼센트가 넘는 승리를 거둔 비결도 배우게 될 것이다.

3. 예상하고 분산하라. 최고 중의 최고는 예상을 하고, 비대칭 위험/보상 기회를 찾아다닌다. 그들은 자신들이 옳다는 본능적인 확신이 들 때까지 준비하고 또 준비하며 확신이 들지 않으면 움직이지 않는다. 최고의 투자자는 자신을 보호하기 위해 분산투자를 하고 실패를 예상한다. 아무리 위대한 투자자일지라도 결국에는 제한된 정보를 가지고 결정을 내려야 하기 때문이다. 내가 카일 바스의 파트너였던 마크 하트Mark Hart를 인터뷰했을 때 그는 이렇게 말했다. "똑똑한 사람들 상당수는 형편없는 투자자입니다. 제한된 정보를 가지고 결정을 내릴 능력이 그들에게는 없기 때문이죠. 정보를 다 알 때쯤이면 남들도 다 알게 되고 더 이상은 우위를 가지지 못합니다." T. 분 피컨스가 한 말이 있다. "대다수 사람들은 '준비, 조준! 조준!'을 외칩니다. 하지만 결코 발사하지 못합니다."

4. 끝이라고 말하지 않는다. 대다수 사람들의 생각과 정반대로 뛰어난 투자 업적을 이룬 이들은 끝이라고 말하지 않는다! 그들의 배움에는 끝이 없고 수익을 내는 일에 끝이 없으며, 성장에 끝이 없고 베푸는 데도 끝이 없다! 지금까지 얼마나 훌륭한 실적을 냈건 앞으로 얼마나 높은 실적을 거두건 그들의 굶주림은 계속된다. 그리고 그 굶주림이야말로 그들로 하여금 천재성을 발휘하게 만드는 원동

력이다. 웬만한 사람들은 "이만큼 벌면 멈춰야지. 계속 일할 필요가 없잖아?"라고 생각한다. 영혼 어딘가에 "많이 받은 자에게는 많이 요구할 것이다."(누가복음 12:48)라는 생각이 깔려 있기 때문이다. 하지만 이들 대가들에게는 일이 사랑이다.

이들 돈의 대가들은 투자 방식도 다르고 베푸는 방식도 다르다. 그들은 시간을 나눠주고 돈을 나눠주며 재단을 세우고 타인에게 투자한다. 그들은 베풂에서 삶의 진정한 의미가 얻어진다는 것을 깨달았다. 그들은 자신의 재능을 이용해 타인을 도와야 한다는 책임감을 느낀다. 윈스턴 처칠의 말마따나 "우리는 우리가 얻는 것으로 생계를 유지하고, 주는 것으로 삶을 만든다." 궁극적인 진실이 그들을 하나로 묶는다. 삶에서 가장 중요한 것은 얼마나 많이 가지는가가 아니다. 가장 중요한 것은 얼마나 베푸는가이다.

억만장자의 플레이북은 투자자로 거듭날 당신에게 많은 도움이 될 것이다. 차분히 앉아 금융계의 가장 위대한 투자자 12명과의 인터뷰 내용을 읽다보면, 재무적 자유에 이르기 위해 어떻게 자신만의 길을 찾아야 할지 깨달을 수 있다. 그들이 어떻게 해서 금융계 각 분야의 대명사가 되었는지 그리고 당신도 명민함을 유지하고 모든 사건에 대비하려면 어떻게 해야 하는지 혜안을 얻을 수 있다. 모든 계절을 다 준비할 수 있는 투자 전략을 배움으로써 인플레이션도 디플레이션도, 전쟁 때도 평화 시에도, 또는 잭 보글의 표현처럼 '슬픔의 시기도 즐거움의 시기도' 이겨낼 수 있을 것이다.

CHAPTER 2

'칼 아이컨' 우주의 지배자

월스트리트가 가장 경외하는 남자

질문: 170억 달러짜리 트윗이 뜬 시기는?
답: 칼 아이컨이 애플이 저평가되었다고 말하며 주식을 매수하는 중이라고 발표했을 때.

2013년 여름에 아이컨의 트윗이 뜨고 1시간도 지나지 않아 애플 주가는 19포인트 올라갔다. 시장은 메시지를 받았다. 억만장자 사업가가 어떤 회사에 관심을 보이는 때가 그 주식을 매입할 시기라는 메시지였다. 4개월 후 〈타임〉지는 표지에 '우주의 지배자'라는 권두 제목과 함께 아이컨의 사진을 올렸다. 이어서 기사는 아이컨을 일컬어 '미국에서 가장 중요한 투자자'라고 설명했다. 정확한 표현이었다. 지난 40년 동안 아이컨은 또 하나의 투자 아이콘인 워런 버핏보다 50퍼센트나 높은 수익을 올렸다.

최근 미국의 투자 월간지 〈키플링어스 퍼스널파이낸스Kiplinger's Personal Finance〉에 따르면, 대다수 사람들은 버핏이 역사상 가장 높은 수익률을 올렸다고 생각하지만 1968년 아이컨에게 자본을 맡긴 투자자는 2013년까지 31퍼센트의 연간복합수익률을 거뒀을 것이라고 한다. 같은 기간 버핏의 회사인 버크셔헤서웨이에 투자한 사람이 올린 연간 수익률은 20퍼센트에 '불과'했다.

아이컨은 탁월한 사업 솜씨로 세계에서 가장 부자인 사람 중 하나가 되었다. 〈포브스〉가 마지막으로 확인했을 때 그의 순자산은 230억 달러가 넘었다. 또한 그는 그의 지주회사인 아이컨엔터프라이즈Icahn Enterprise LP(나스닥: IEP)에 투자한 일반 주주나 그가 목표로 삼은 기업의 주식을 보유한 주주들에게 수십억 달러를 벌어주었다. 그의 성공 비결은 무엇인가? 그의 행동을 비난하는 사람들조차도 똑같은 답을 말해줄 것이다. 칼 아이컨은 사업 기회를 찾는 데 만족하지 않고 사업 기회를 만드는 사람이다.

대다수 외부자들은 아이컨을 월스트리트를 대표하는 캐리커처로 희화해 표현한다. 개인의 이익을 위해 기업을 약탈하는 무자비한 날강도가 세상에 묘사되는 그의 모습이다. 구글에 '기업 사냥꾼corporate raider'이라는 말을 치면 검색창에 칼 아이컨의 이름이 자동으로 같이 올라온다.

그러나 칼 아이컨은 낡고 귀에 거슬리는 고정관념에 도전장을 내민다. 아이컨은 스스로를 '주주 행동가shareholder activist'라고 생각한다.

주주 행동주의란 무엇인가? "우리는 주주들에게 마땅한 가치를 전달하지 않고 있는 상장기업을 찾아가 그들을 일깨워 줍니다." 아이컨은 내게 그렇게 말했다. 아이컨의 말을 빌리면, 그는 주주 이익의 침해를 중단하기 위해 기업 지배구조와 책임성을 개선하는 데 골몰한다. 그럼으로써 미국의 기업들이 더 튼튼해지고 나아가 미국 경제가 더 탄탄해진다는 것이다.

〈뉴욕타임스〉는 이렇게 평한다. "기업 이사회에 경종을 울리고, 경영권 인수 시도를 시작하고, 기업의 변화를 큰 목소리로 촉구함으로써 아이컨은 수십억 달러의 부를 쌓았으며 그 과정에서 최고경영진에게는 두려움을, 그리고 동료 투자자들에게는 감탄을 불러일으켰다."

아이컨은 경영진이 비대하거나 실적이 낮은 기업의 주식을 매집한 다음 그들에게 게임이 시작될 것임을 알린다. 아니면 이사회를 장악하기 위해 위임장 싸움을 제시한다.

아이컨은 회사 자금을 이용해 자신들을 살찌우고 주주 이익을 희생시키는 사람들과 일전을 치르는 투사라고 스스로를 생각한다. "토니, 사람들은 자신들이 크게 악용당하고 있다는 것을 전혀 모릅니다." 그렇게 말하면서 아이컨은 평범한 투자자는 이사회의 문 건너편에서 벌어지는 이익 착취의 실태를 깨닫지 못한다고 덧붙였다. 그러나 주주들 본인이 스스로를 오너라고 생각하지 않기 때문에 상황을 바꿀 힘이 있다는 사실도 믿지 못한다는 데 일부 문제가 있다. 하지만 아이컨은 레버리지의 힘을 잘 알고 있으며 그 힘을 이용하는 데 거리낌이 없다.

코카콜라 경영진에게 240억 달러의 인센티브를 주는 것이 말이 되는가

아이컨이 상장회사 이사회에 분노해 거리낌 없이 힘을 사용했던 단적인 예는 바로 코카콜라를 비난하면서 취한 행동이었다. 코카콜라는 종전보다 낮은 가격에 신주를 발행하기로 했고 그러면 주식 가치가 희석될 것은 불을 보듯 빤한 일이었다. 최고경영진에게 거액의 보상금을 주기 위한 재원 마련이 신주 발행의 이유였다. 대다수 사람들의 은퇴계좌 포트폴리오에는 코카콜라 주식이 포함돼 있기 때문에, 신주를 발행할 경우 교사와 소방관 같은 평범한 투자자들이 보유한 은퇴계좌의 투자 가치가 낮아지게 된다.

아이컨은 〈배런스〉 사설에서 코카콜라의 계획을 맹렬히 비난하는 한편, 이 회사의 단일 최대주주이며 이사회 일원이기도 한 워런 버핏에게 반대표를 행사해 달라고 지원을 요청했다. 아이컨은 사설에 이렇게 적었다. "이사회를 경영진의 심기를 거스르지 말아야 할 협회나 클럽쯤으로 생각하는 이사들이 너무 많다. 이런 태도는 썩 훌륭하지 않은 경영진을 더욱 단단히 옹호해줄 뿐이다."

버핏은 표결에는 기권했지만 계획 자체에는 반대 입장이며 경영진에게도 과도한 보상액을 줄여달라고 조용히 말을 전했다는 답을 보내왔다. 하지만 버핏은 신주 발행을 놓고 코카콜라와 '전쟁을 벌일' 생각은 없었다.

이와 대조적으로 칼 아이컨은 언제라도 전쟁을 치를 준비가 돼 있다. 아이컨은 과거에도 최전방에 서서 US 스틸, 클로락스Clorox, 이베이, 델, 야후 등 여러 회사들과 전쟁을 벌였다. 하지만 이번의 선봉장은 다른 사람이었다. 아이컨보다 비교적 젊은 펀드매니저인 데이비드 윈터스David Winters가 앞에 나서서 주식을 매입하고 코카콜라 경영진과의 싸움을 이끌었다. 과도한 보수를 받는 CEO들에게는 당혹스러운 일이지만 아이컨이 수십 년 전 시작한 싸움의 배턴을 이제 새로운 '행동주의 투자자activist investors' 세대가 이어받고 있다.

칼 아이컨은 기업계 거물들을 무수히 공격했고 그러다 보니 언론에 영향력이 큰 사람들을 적으로 삼게 되었다. 아이컨을 비난하는 사람들은 그가 오직 돈을 위해서만 움직이며 '펌프 앤 덤프pump and dump(가격이 떨어진 주식을 매집해 허위 정보 등으로 주가를 띄운 뒤 파는 행동—옮긴이)'를 일삼고 단기 이익을 위해 기업의 장기 목표를 희생시킨다고 말한다. 그러나 아이컨은 말도 안 되는 비난이라고 일축한다. 그는 사람들이 생각하는 기간보다(10년, 15년, 또는 30년) 훨씬 오래 전부터 같은 입장을 고수해 왔다고 말한다. 게다가 그는 자신이 회사 경영권을 장악하면 주가가 계속 오르며 심지어 그가 떠난 후에도 마찬가지라고 주장한다. 하버드 로스쿨의 루시안 베브처크Lucian Bebchuk 교수가 1994~2007년 사이에 행동주의 투자자들이 벌인 2천 건의 싸움을 분석한 연구 결과도 아이컨의 주장을 입증해 주었다. 베브처크는 "행동주의 투자자의 개입 이후 영업 실적이 개선된다."라는 결론을 내렸다. 또한 회사의 장기 목표에 아무 해도 끼치지 않으며 오히려 5년 후에도 회사가 계속 우수한 실적을 달성했다는 결과도 나왔다.

칼 아이컨이 미국 내 모든 CEO의 머리 사냥에 나서는 것은 아니다. 그는 회사 자원을 극대화하고 경제의 탄력성을 높여주는 훌륭한 리더십과 경영진이 존재한다는 사실을 자주 인정했다. 그러나 그는 주주에 대한 경영진의 책임을 더 높일 방법을 없는지 언제나 찾아다닌다. 가장 인기 있고 운영 상태가 훌륭한 기업들도 예외는 아니다.

애플 주식에 대한 트윗을 예로 들어보자. 그는 내게 자신은 애플 주가를 끌어올린 후 되팔 생각은 없었다고 말했다. (실제로 인터뷰가 있었던 날 그는 애플 주식을 또 한 번 대량 매수했다.) 또한 견고한 경영 상태를 굳이 간섭하려는 시도도 하지 않았다. 트윗은 그냥 애플에게 현금준비금 중 1500억 달러를 주주에게 배당금으로 돌려주라는 압박 캠페인의 일환이었다. 결국 애플은 2014년 4월에 자본환급capital retrun(당기손익이나 사내유보가 아닌 불입자본금에서 지불하는 것으로 간주되는 배당으로, 주주에게 배당시 과세 대상이 아니다—옮긴이) 규모를 1300억 달러 이상으로 확대했다. 여기에는 종전에 발표한 600억 달러 수준의 자사주 매입을 900억 달러로 늘리는 것도 포함되었다. 이와 동시에 애플은 분기별 배당금을 늘리고 7:1의 주식 액면 분할을 발표했다. 현재 애플 주가는 아이컨이 트윗을 날렸을 때보다 50퍼센트 이상 올랐다.

아이컨 본인도 상장회사인 아이컨엔터프라이즈의 CEO이자 주식 88퍼센트를 소유한 오너이다. 이 회사는 지난 잃어버린 10년 동안에도 놀라운 실적을 기록했다. 만약 2000년 1월 1일에 아이컨엔터프라이즈에 투자했다면 2014년 7월 31일을 기준으로 총수익률은 1622퍼센트가 넘는다. 같은 기간 S&P 500가 거둔 73퍼센트와 비교된다!

칼 아이컨은 원래부터 부자로 태어난 사람은 아니었다. 그는 자신이 뉴욕 시 파로커웨이의 '거리'에서 자랐다고 말한다. 어머니는 교사였고, 법학도였으며 실패한 오페라 가수였던 아버지는 유대교 회당의 성가대 선창자로 일하는 데 만족해야 했다. 칼은 프린스턴대학에서 철학을 전공했고, 포커로 생활비를 마련했다. 잠깐 의대 진학을 시도하고 군에도 잠시 복무하고 포커판도 자주 돌아다녔지만 결국 돈을 버는 것이야말로 자신의 가장 큰 재능이라는 사실을 깨달았다. 이후 주식회사 미국은 결코 똑같은 모습을 유지하지 못했다.

지금 여든을 바라보는 아이컨은 자신만의 유산을 진지하게 고민 중이다. 그는 투자자와 주주의 권리에 대한 신문 칼럼을 쓰고 선별 인터뷰를 하며 바쁘게 지내고 있다. 그렇기는 해도 자신에 대한 앞뒤 가리지 않는 오해와 비난에 염증이 난 것도 사실이다. 그래서 그는 나와 인터뷰를 허락할 때도 촬영은 안 되고 "몇 분만 시간을 낼 수 있습니다."라고 말했다. 내가 누구인지, 내 의도가 무엇인지도 모르기 때문이었다.

참으로 다행스럽게도 처음에는 조금 어색하기도 했지만 이내 아이컨의 태도는 호의적으로 변했고 2시간 반 후에는 그와 함께 통로를 걷던 중에 15년 동안 그와 행복한 결혼생활을 하고 있는 아내인 게일을 소개받기도 했다. 칼의 본모습은 공식적으로 비춰지는 모습과는 딴판이다. 그는 재미있고 호기심이 왕성하며 할아버지처럼 푸근하다. 그의 친구들 말로는 나이를 먹으면서 많이 부드러워졌다고 한다. 하지만 그의 말투에는 여전히 퀸즈 억양이 배어 나오고 태도에도 뉴욕 거리에서 한가락 하던 날카로움이 남아 있다. 아이컨은 자신은 포기를 모르는 사람이라고 말한다. 특히 싸울 가치가 있는 일을 발견하면 더더욱 그런 편이라고 한다.

토니: 당신은 넉넉하지 않은 가정 출신이고 학교도 퀸즈의 험한 구역에 있는 공립학교를 다녔습니다. 처음 이 일을 시작할 때부터 최고의 투자자 중 하나가 되야겠다는 목표를 세웠습니까?

칼: 나는 승부욕이 굉장히 강합니다. 열정일 수도 있고 집착일 수도 있죠. 뭐라고 부르건 좋습니다. 뭐든 한번 하면 최선을 다하는 것이 내 천성이니까요. 대학 원서를 넣을 때 선생님들이 "아이비리그는 생각도 하지 마라. 그 학교들은 이 지역 아이들을

합격시키지 않아."라고 말하더군요. 그래도 나는 응시를 했고 다 합격했습니다. 내가 선택한 건 프린스턴이었죠. 아버지는 처음에 돈을 다 대준다고 하시더니 생각을 바꿔 학비만 대준다고 하시더군요. 그때는 1년 학비가 750달러였습니다. "그러면 저는 어디서 자요? 밥은 무슨 돈으로 먹죠?"라고 물었더니 부모님이 그러더군요. "너는 똑똑하잖니. 네가 알아서 방도를 마련하렴."

토니: 그래서 어떻게 했습니까?

칼: 바닷가인 로커웨이스 거리의 클럽에서 비치보이 일자리를 얻었습니다. 나는 유능한 비치보이였죠! 호텔 오두막의 투숙객들이 나를 초대하곤 했죠. "이봐 꼬맹이, 우리랑 포커 한 판 같이 치지. 이참에 한 주 동안 번 팁도 날려보고." 처음에는 게임을 하는 법도 몰라서 그 사람들한테 다 잃었어요. 그래서 두 주 동안 포커 책 세 권을 읽었더니 그 후에는 그 사람들보다 10배는 잘 쳤죠. 나한테는 굉장히 큰 판이었습니다. 그렇게 해서 여름마다 2천 달러를 벌었습니다. 50년대에 그 돈이면 지금 가치로는 5만 달러죠.

토니: 이쪽 일은 어떻게 시작하게 되었습니까?

칼: 대학을 졸업하고 군에 들어갔습니다. 포커는 계속 쳤죠. 제대할 때쯤 2만 달러 정도 모았고 그걸로 월스트리트에서 투자를 시작했습니다. 벌이가 꽤 좋았습니다. 아름다운 모델 여자친구도 사귀었고 하얀색 갤럭시 컨버터블도 샀습니다. 그러다 1962년에 시장이 폭락했고 나는 다 잃었습니다. 잃은 것이 여자친구가 먼저인지 차가 먼저인지 잘 모르겠네요.

토니: 다시 시장에 돌아와 옵션을 거래하고 그 다음에는 차익거래를

시작하셨다고 들었는데요.

칼: 나는 뉴욕증권거래소에 자리 하나를 사기 위해 돈을 빌렸습니다. 나는 꽤 유능했습니다. 시장에서 트레이딩을 하는 것은 꽤 위험한 일이고 특정 분야의 전문가가 되려면 내 수학 능력을 활용하는 편이 훨씬 낫다는 사실을 나는 경험으로 배울 수 있었습니다. 은행은 차익거래에 필요한 돈의 90퍼센트를 빌려줬어요. 그 당시에는 무위험 차익거래는 잘만 하면 돈을 잃을 일이 없었으니까요. 그 다음부터는 큰돈을 벌기 시작했습니다. 1년에 150~200만 달러 정도였습니다.

토니: 비대칭 수익에 대해 이야기를 나누고 싶은데요. 저평가된 기업의 경영권을 인수하는 일을 시작했을 때도 비대칭 수익 기회를 노렸습니까?

칼: 나는 그런 회사들을 유심히 관찰하면서 아주 꼼꼼하게 분석했습니다. 토니, 그건 차익거래랑 비슷합니다. 그런데 아무도 그렇게는 생각을 안 하죠. 기업을 산다는 건 실제로는 그 기업의 자산을 사는 겁니다. 따라서 자산을 관찰하고 속으로 이렇게 물어야 합니다. "이 회사는 왜 제대로 된 좋은 실적을 못 내는 것일까?" 90퍼센트의 경우 원인은 경영진에 있습니다. 그렇기 때문에 운영 상태가 나쁜 회사를 발견했고 나한테 돈이 충분하면 가서 이렇게 말하죠. "당신들이 변하지 않으면, 아니면 이사회가 이런저런 행동을 취하지 않는다면 나는 당신네 회사를 인수할 겁니다." 대다수 이사회는 "그렇게 하죠."라고 말합니다. 가끔은 경영진이 우리와 싸우면서 법정까지 가는 경우도 있습니다. 나처럼 끈질긴 사람도, 돈을 잃어도 좋다는 각오가 단단히 선 사람도 거의 없었습니다. 당신이 보기에는 우리가 큰돈

을 위험에 노출시키고 있다고 생각하겠지만, 전혀 아닙니다.

토니: 당신은 자산의 실질가치를 알기 때문에 위험하다고 생각하지 않았던 거군요?

칼: 당신도 위험과 보상의 기회를 찾아다니고 있겠죠? 모든 것은 위험이자 보상입니다. 그렇지라도 무엇이 위험이고 무엇이 보상인지 이해해야 합니다. 대다수 사람들은 나보다 위험을 훨씬 많이 인식했습니다. 그렇긴 해도 그들은 수학은 거짓말을 하지 않는다는 것을 전혀 이해하지 못했죠.

토니: 어째서죠?

칼: 변수도 많고 애널리스트도 너무 많다 보니 생각이 갈팡질팡하게 되는 거죠.

토니: 그런 사람들 때문에 요새는 당신이 그들을 이기기가 더 힘들어지고 있겠군요.

칼: 딱히 그런 건 아닙니다. 시스템에 결점이 많다 보니 경영진을 밀어내기가 힘들 수 있습니다. 한 가지 예를 들죠. 내가 경치가 아름다운 곳에 위치한 좋은 포도밭을 상속으로 물려받았다고 칩시다. 6개월 뒤에 나는 채산성이 낮아서 그곳을 팔고 싶어 합니다. 그런데 문제가 있습니다. 포도밭을 운영하는 사람이 농장 일은 딴전인 거죠. 걸핏하면 골프만 치러 다닙니다. 그러면서도 포도밭을 운영하는 자리는 결코 내놓지 않으려 합니다. 팔리게 놔둘 생각이 없어서 누구한테도 포도밭을 보여주지 않습니다. 사람들은 이렇게 말할지도 모릅니다. "왜 그냥 놔두는 거죠? 경찰을 불러서 쫓아내요!" 그게 바로 상장회사들의 문제입니다. 아주 힘든 싸움을 각오해야 하는 거죠.

토니: 제도로 인해 CEO를 당신의 재산에서 몰아내기가 힘들다는 거

군요.

칼: 그게 문제죠. 기업의 주주들은 자기 목소리를 내기가 굉장히 힘들지만 우리 IEP(아이컨엔터프라이즈)는 맞서 싸우고 자주 이깁니다. 경영권을 쥐고 난 후에 보면 CEO가 아주 형편없지는 않습니다. 결국 이 나라 상장회사들이 운영되는 방식에 아주 큰 문제가 있다는 결론이 나오는 거죠. 행동주의 투자자들의 움직임을 막는 규정은 많습니다. 경영권을 장악하는 데는 장애가 많지만, 일단 우리가, 그러니까 주주가 경영권을 장악하면 전체적으로 회사가 훌륭하게 개선된다는 건 기록이 보여줍니다. 게다가 우리가 하는 일은 경제에도 큰 도움이 됩니다. 회사들의 생산성이 높아지고 그게 단기로 끝나지 않기 때문이죠. 우리는 15~20년 동안 회사를 보유하고 있을 때도 있습니다!

토니: 해결방법은 무엇입니까?

칼: [기업이 적대적 M&A 공격을 받을 때 특정 주주가 다량의 주식을 헐값에 살 수 있도록 전환사채나 우선주 등을 배부하는] 독소조항poison pill●을 없애야 하고, 주주들이 원하는 방식대로 기업이 운영될 수 있도록 이사회의 차등임기제staggered boards system(매년 전체 이사 중 일부만 재선출함으로써 이사회 전체가 한꺼번에 바뀌지 않게 하는 제도—옮긴이)를 없애야 합니다. 기업의 책임성을 높이고 진정한 이사 선출제를 만들어야 합니다. 정치에서도 국민이 원할 경우 심각한 잘못을 저지른 대통령을 하야시킬 수 있습니다. 게다가 미국 대통령의 한 번 임기는 4년에 불과합니다. 하지만 기업의 CEO는 일을 형편없이 해도 몰아내

● 일명 '포이즌 필'제도이다. 2015년 7월 현재 국내에는 도입되지 않았다.

기가 힘듭니다. 이른바 대학 동아리의 회장 같은 성격에 힘입어 기업의 최고 자리에 오르는 CEO들도 자주 있습니다. 동아리 회장은 제일 똑똑해서 그 자리에 오르는 건 아니죠. 사교성이 높고 호인이기 때문에 그 자리에 오르는 거죠.

투자 하이라이트

■ IEP 주식투자 실적은 모든 비교대상을 크게 앞질렀다.

총주식 투자수익률

기간	IEP	버크셔	루카디아	로우스	S&P 500	다우존스	러셀 2000
2014년 7월 31일까지 3년	164%	69%	-22%	8%	59%	47%	47%
2014년 7월 31일까지 5년	215%	94%	8%	45%	117%	106%	115%
2014년 7월 31일까지 7년	37%	71%	-29%	-7%	55%	52%	59%
2009년 4월 1일(1) ~2014년 7월 31일	382%	117%	78%	97%	171%	151%	184%
2000년 1월 1일 ~2014년 7월 31일	1622%	235%	264%	372%	73%	104%	168%

연평균 수익률

기간	IEP	버크셔	루카디아	로우스	S&P 500	다우존스	러셀 2000
2009년 4월 1일(1) ~2014년 7월 31일	34.3%	15.6%	11.5%	13.6%	20.5%	18.8%	21.6%
2000년 1월 1일 ~2014년 7월 31일	21.5%	8.7%	9.3%	11.2%	3.8%	5.0%	7.0%

(1) 2009년 4월 1일은 경제회복이 어느 정도 시작된 시기이다.
자료: 블룸버그. 배당재투자 포함. 2014년 7월 31일 주가 기준.

토니: 기업의 경영 방향을 바꾸기 위해 위임장 싸움을 벌일 필요가 없을 때도 있을 것 같은데요. 당신은 최근에 넷플릭스 주식을 거의 10퍼센트나 대량 매수해서 2년 동안 20억 달러를 벌었더군요.

칼: 그건 내 아들인 브렛과 아들의 동료가 한 겁니다. 나는 기술에 대해서는 잘 모릅니다. 그러나 그 주식이 왜 멋진 투자인지 아들의 설명을 20분간 들은 후 나는 "살 수 있는 대로 다 사!"라고 말했죠. 그건 행동주의 투자가 아니었습니다.

토니: 어떤 점을 눈여겨본 거죠? 그 20분 동안 브렛이 무엇을 보여줬기에 저평가된 주식이라고 판단하게 되었나요?

칼: 간단합니다. 훌륭한 전문가들 대부분은 엉뚱한 것을 두고 걱정하더군요. 그 당시에 넷플릭스는 매년 들어오는 구독료만 20억 달러였습니다. 하지만 대차대조표에는 오르지 않는 구독료였죠. 그것만 보고는 전문가들은 이렇게 말했습니다. "이 회사는 무슨 돈으로 콘텐츠 비용을 치를 거지?" 20억 달러라는 돈이 있었는데 말입니다! 게다가 대다수 구독자들은 생각보다도 훨씬 오랫동안 충성 고객이었습니다! 무언가 일이 생겨서 그렇게 거대한 현금흐름이 막히는 데는 생각보다 훨씬 긴 시간이 걸립니다.

토니: 넷플릭스에 대해서는 경영권 인수를 시도하지 않았죠?

칼: 넷플릭스는 위임장 싸움이 벌어질 것이라고 생각했습니다. 그래서 나는 이렇게 말했습니다. "리드(리드 헤이스팅스는 넷플릭스의 창업자 겸 CEO이다), 나는 자네와 위임장 싸움을 벌일 생각이 없어. 자네는 이미 100점 만점이야!" 나는 넷플릭스에 아이컨 룰이 무엇인지 아느냐고 물어봤죠. 그들은 "그게 뭐죠?"라고 묻더군요. 그래서 대답해줬죠. "3개월 동안 8억 달러를 벌게 해준 사람한테는 펀치를 날리지 않는다는 규칙입니다."

토니: [웃음] 2013년 말까지 넷플릭스 주식 일부를 처분해 차익을 실현하셨더군요.

칼: 주가가 350달러로 오른 것을 보고 일부는 처분하기로 결정했습니다. 그래도 다 팔지는 않았습니다.

토니: 당신에 대한 가장 큰 오해는 무엇입니까?

칼: 사람들이 내 동기를 이해하지 못하고 있는 것 같습니다. 어쩌면 내가 잘못 알고 있는 것인지도 모르지만요. 진부한 소리긴 하지만, 이 나이가 되고 보니 나는 우리 미국을 계속 위대한 나라가 되게 해줄 무언가를 하려고 노력하고 있습니다. 잘못 경영되고 있는 훌륭한 기업이 그토록 많다는 것이 제 신경을 거스릅니다. 나는 CEO와 이사회가 진정으로 주주에게 책임을 질 수 있도록 규칙을 바꾸고 싶습니다.

토니: 기부서약에 서명했다고 들었습니다. 그것 말고 특별히 관심을 기울이는 자선활동이 있다면 무엇입니까?

칼: 나는 기부를 많이 하지만 내가 특별히 좋아하는 기부가 있습니다. 얼마 전에도 차터스쿨**charter school**(대안학교의 성격을 지닌 공립학교—옮긴이)에 3천만 달러를 기부했습니다. 차터스쿨의 교장과 교사는 책임감이 높습니다. 올바르게 운영되는 차터스쿨은 대체적으로 아이들에게 공립학교보다 훨씬 양질의 교육을 제공합니다. 우리 미국은 위대한 나라이지만, 슬프게도 기업이나 교육 제도가 돌아가는 모습을 보면 상당히 몰기능적입니다. 내 재산이 이런 몰기능을 바꾸는 하나의 힘이 되기를 바랍니다. 변하지 못하면 우리는 2류 국가나 그보다 훨씬 못한 나라로 전락할 겁니다.

- **아이컨은 적절히 행동하기만 한다면 지금이야말로 행동주의 투자에 딱 알맞은 시기라고 믿는다.**
  - 이렇게 생각하는 데는 몇 가지 이유가 있다.
    1) 저금리로 인수합병 비용이 크게 줄어 매력도가 많이 올라갔기 때문이다.
    2) 현금 보유가 넉넉한 기업은 인수합병의 시너지로 여러 효익을 누릴 수 있다.
    3) 높은 실업률을 낮추고 국제 경쟁력을 갖추기 위해서라도 상당수 미국 기업에 포진해 있는 무능한 경영진과 주주이익에 관심이 없는 이사회 문제를 해결해야 한다고 생각하는 기관투자자가 많아졌다.
  - 하지만 인수합병이 행해지기 위해서는 행동주의라는 촉매가 필요할 때가 많다.
  - 우리 IEP는 행동주의 모델에 따라 움직이고 있으며, 이 모델이야말로 크게 늘어나고 있는 M&A와 병합 활동을 자극하는 데 필요한 촉매제라고 믿는다.
  - 당연한 결과이지만, 저금리 기조 하에서 IEP가 경영권을 가진 기업들은 우리의 행동주의 전문 능력을 이용해 우호적/적대적 인수합병을 신중하게 행하는 능력이 크게 향상될 것이다.
- **기록으로 드러난 높은 수익률**
  - IEP가 2000년 1월부터 거둔 총주식투자수익률은 1622퍼센트이다.[1]
    - 같은 기간 동안 S&P 500, 다우지수, 러셀 2000 지수의 대략적인 수익률은 각각 73퍼센트, 104퍼센트, 168퍼센트이다.
  - 2004년 11월 출범 이후 아이컨인베스트먼트펀드의 실적
    - 총수익률은 대략 293퍼센트이고[2] 연평균 복합수익률은 대략 15퍼센트이다.[2]
    - 2009년 33.3퍼센트, 2010년 15.2퍼센트, 2011년 34.5퍼센트, 2012년 20.2퍼센트[3], 2013년 30.8퍼센트, 2014년 현재까지는 10.2퍼센트[4]
- **최근의 재무실적**
  - 2014년 6월 30일까지 6개월 동안 아이컨엔터프라이즈의 조정순이익은 6억 1200만 달러
  - 2014년 6월 30일 기준 아이나브(iNAV, 지표순자산가치)는 약 102억 달러이다.
  - 2014년 6월 30일까지 아이컨엔터프라이즈의 LTM(과거 12개월) 조정된 에비타(EBITDA, 세금과 이자 및 감가상각 차감 전 이익)는 약 22억 달러
- **연 배당 6달러(2014년 7월 31일, 5.8퍼센트 수익률)**

1 자료: Bloomberg, 배당재투자 포함, 2014년 7월 31일 주가 기준.

2 2014년 6월 30일을 기준으로 계산.

3 위의 수익률 계산은 IEP가 전체 기간 동안 CVR 에너지의 지분을 계속 보유하고 있었다고 가정한다. IEP는 2012년 5월에 CVR 주식을 다량 매입했다. CVR 에너지가 연결법인이 된 후에 여기에서 발생한 수익률을 제외할 경우, 아이컨인베스트먼트펀드의 수익률은 대략 6.6퍼센트였다.

4 2014년 6월 30일까지 6개월.

행동주의 투자자가 이사회 일원일 때 창출되는 가치

행동주의 투자자가 지명한 이사가 상장회사의 이사회에 속하는 것이 도움이 되는지 의문을 표하는 사람들에게 보여주기 위해 아이컨엔터프라이즈는 아래의 도표를 작성했다.

2009년 1월 1일부터 2014년 6월 30일까지 아이컨은 자신이 지명한 이사를 아래에 적은 23개 회사 이사회에 합류시켰다. 아이컨의 지명이사가 이사회에 합류한 날 그 회사의 주식을 매수했고 지명이사가 이사회를 떠난 날 주식을 판 사람이 있다면(혹은 지명이사가 이사회를 떠나지 않았을 경우 2014년 6월 30일까지 주식을 보유하고 있다면), 그는 27퍼센트의 연평균 수익률을 거뒀을 것이다.

	회사	이사회 합류일	이사회를 떠난 날 (이사회에 계속 있을 경우는 2014/6/30 기준)	지명이사가 이사회에 있는 동안 가상의 투자자가 거둔 연평균 수익률
1	애밀린제약(Amylin Pharmaceuticals, Inc.)	2009/6/9	2012/8/8	38%
2	바이오젠(Biogen Idec, Inc.)	2009/6/10	2004/6/30	43%
3	체서피크에너지 (Chesapeake Energy Corp.)	2012/6/21	2014/6/30	33%
4	CIT 그룹(CIT Group, Inc.)	2009/12/18	2011/5/10	38%
5	다이네지(Dynegy, Inc.)	2011/3/9	2012/10/1	-81%
6	이베이	2014/6/17	2014/6/30	76%
7	엔존제약 (Enzon Pharmaceuticals, Inc.)	2009/5/21	2014/6/30	-10%
8	포레스트랩스 (Forest Laboratories, Inc.)	2012/8/5	2014/6/30	77%
9	젠자임(Zenzyme Corp.)	2010/6/16	2011/4/11	61%
10	허벌라이프 (Herbalife International, Ltd.)	2013/4/15	2014/6/30	60%
11	홀로직(Hologic, Inc.)	2013/12/9	2014/6/30	28%
12	멘토그래픽스 (Mentor Graphics Corp.)	2011/5/18	2014/6/30	13%
13	MGM 스튜디오 (MGM Studios)	2012/4/25	2012/8/15	96%
14	모토롤라모빌리티 (Motorola Mobility, Inc.)	2011/1/3	2012/5/22	22%
15	모토롤라솔루션스 (Motorola Solutions, Inc.)	2011/1/4	2012/3/1	23%
16	내비스타인터내셔널 (Navistar International Corps.)	2012/10/8	2014/6/30	33%
17	뉘앙스커뮤니케이션즈(Nuance Communications, Inc.)	2013/10/7	2014/6/30	2%
18	탤리즈만에너지 (Talisman Energy, Inc.)	2013/12/1	2014/6/30	-15%
19	테이크투인터랙티브소프트웨어 (Take-Two Interactive Software, Inc.)	2010/4/15	2013/11/16	12%
20	하인셀레셜그룹(The Hain Celestial Group, Inc.)	2010/7/7	2013/11/19	52%
21	트랜스오션(Transocean, Ltd.)	2013/5/17	2014/6/30	-10%
22	볼타리(Voltari Corp.)	2010/6/17	2014/6/30	-62%
23	웹MD 헬스 (WebMD Health Corp.)	2012/7/24	2013/8/5	124%
	총계 27%			

투자별로 동등한 가중치를 가정한 수익률.
수익률 자료 = 블룸버그 총수익률 함수, 배당재투자 포함.
위의 표는 IEP의 투자 세그먼트의 실제 수익률을 반영하지 않으며, IEP 각 투자 세그먼트의 미래 수익률을 암시하는 것은 아님.

CHAPTER 3

'데이비드 스웬슨' 239억 달러짜리 봉사활동

예일대학 최고투자담당자, 《비상식적 성공》 저자

데이비드 스웬슨은 굉장히 유명한 투자자이지만 일반인들은 그 이름조차 들어보지 못했을지도 모른다. 그는 일명 기관투자계의 워런 버핏이다. 그가 예일대학 최고투자담당자로 일하는 축복된 기간 동안 예일대 기부금신탁 자산 규모는 10억 달러에서 239억 달러로 늘어났으며 연간 수익률은 13.9퍼센트였다. 지난 27년 동안 그를 따라잡으려고 노력하며 꽤 괜찮은 실적을 거뒀던 헤지펀드 대다수와는 비교도 안 되는 기록이었다.

스웬슨을 직접 만나보면 그가 돈 때문에 그 자리에 있는 것이 아니라는 사실을 금세 알 수 있다. 그는 게임을 사랑하고 위대한 대학에 이바지하는 것이 좋아서 그 자리에 앉아 있다. 이것은 그가 받는 보수에서도 알 수 있는 사실이다. 그가 예일이 아니라 민간부문에 종사했다면 지금보다도 훨씬 높은 보수를 받았을 것이 분명하기 때문이다.

스웬슨의 깊숙한 곳에는 발명가와 파괴자가 공존한다. 그는 동료이자 제자인 딘 다카하시Dean Takahashi와 함께 현대포트폴리오이론을 응용해 기부금운용모델endowment model이라고 알려진 예일 모델Yale model을 개발했다. 예일 모델은 포트폴리오를 5~6개 정도로 균등하게 나눠서 각기 다른 자산군에 투자하는 것이다. 예일 모델은 광범위한 분산투자를 행하고 주식 비중이 높으며 채권이나 원자재상품 같은 비교적 저수익의 자산군에는 비중을 적게 둔다. 스웬슨은 유동성에 대해 혁명적 입장을 취하는데, 유동성을 좇기보다는 피하기 때문이다. 그의 주장에 따르면, 다른 곳에 훨씬 효율적인 투자가 가능함에도 유동성을 좇으면 수익률이 오히려 낮아질 수 있다.

그는 기관투자계의 록스타가 되기 전에 월스트리트의 채권 중개회사인 살로먼브라더스Saloman Brothers에서 일했다. 많은 사람은 그가 세계 최초의 통화 스와프를 구성한 주인공이라고 말한다. IBM과 세계은행 사이의 이 스와프 거래는 결국 오늘날 시장 규모가 1조 달러가 넘는 금리 및 신용부도스와프 시장을 탄생시키는 계기가 되었다. 그렇다고 그를 적대시해서는 안 된다!

나는 스웬슨의 예일대 사무실에서 직접 그와 대면하는 영광스런 기회를 얻었다. 나는 기관투자계의 살아 있는 전설을 만나는 모험을 강행하기 전에 여느 모범생이 할 만한 일을 했다. 나는 밤을 새서 벼락치기 공부를 했다. 준비가 미흡한 채로 그를 만나고 싶지는 않았기 때문에 개인투자와 분산투자에 대한 그의 메니페스토라고 할 수 있는

400페이지 분량의《비상식적 성공》을 읽었다. 4시간에 걸친 인터뷰를 다 담을 수는 없어서 여기에는 편집해서 실었다.

토니: 당신은 미국 최대 기관 중 한 곳의 자산을 운용하고 있지만 개인투자자에게도 깊은 관심과 애정이 있는 걸로 알고 있습니다.

스웬슨: 나는 기본적으로 낙관적인 사람이지만 개인투자자가 만나는 세상은 혼란이라고밖에 말할 수 없군요.

토니: 왜 그렇죠?

스웬슨: 뮤추얼펀드 산업은 이익을 지향하고, 그런 탓에 개인투자자는 당연히 누려야 할 선택의 폭을 누리지 못하고 있다는 것이 가장 근본적인 이유입니다. 나는 자본주의자이고 이익을 신봉합니다. 그렇지만 이익 추구 동기와 수탁자 책임 사이에는 근본적인 갈등이 존재합니다. 서비스 제공자의 이익이 커질수록 투자자에게 돌아가는 수익률은 줄어들기 때문이죠.

토니: 수탁자의 책임을 논하다 보면 그 뜻을 모르는 투자자도 많습니다. 우리가 정말로 논해야 하는 부분은, 수탁자는 투자자의 이익을 본인의 이익보다 우선시해야 한다는 것이겠죠.

스웬슨: 자산을 많이 모집하고 높은 수수료를 부과할 때 뮤추얼펀드 매니저는 돈을 더 많이 번다는 데 문제가 있습니다. 고수수료는 고수익률 창출이라는 목표와 정면충돌합니다. 게다가 회사의 이익이 승리하고 수익률을 원하는 투자자는 지는 사태가 연거푸 발생합니다. 그런 갈등이 존재하지 않는 조직은 딱 두 군데 뿐입니다. 뱅가드와 티아크레프 뿐입니다. 두 곳 모두 영리추구를 목표로 삼지 않습니다. 두 조직은 투자자의

이익을 우선하는 강력한 수탁자입니다. 그리고 수탁자 책임이 언제나 승리를 거둡니다.

토니: 뮤추얼펀드가 시장에 보기 좋게 패한다는 데서도 이유를 찾을 수 있겠군요. 일전에 자료를 읽었는데 1984년부터 1998년까지 [운용자산이 1억 달러 이상인 펀드 중] 단 4퍼센트의 펀드만이 뱅가드 500을 이겼더군요. 그리고 그 4퍼센트에 오른 명단도 해마다 달랐고요. 더 간단히 말하면 뮤추얼펀드의 96퍼센트는 시장을 이기지 못한다는 거죠.

스웬슨: 통계치는 빙산의 일각에 불과합니다. 현실은 훨씬 심각합니다. 과거 실적은 지금까지 살아남은 펀드들의 실적만 보여주니까요.

토니: 생존자들이죠.

스웬슨: 맞아요. 그런 통계수치는 생존 편향survivorship bias(생존에 성공한 사람들의 과거만 보여주고 실패한 사람들의 수치는 보여주지 못하기 때문에 비교성이 떨어지게 되는 문제—옮긴이)에서 자유롭지 못합니다. 지난 10년 동안 실적 부진으로 퇴출된 뮤추얼펀드는 수백 개나 됩니다. 당연한 말이지만, 업계는 수익이 높은 펀드를 수익이 형편없는 펀드에 합치지는 않아요. 수익이 낮은 펀드를 처분하고 그것을 수익이 높은 펀드에 병합하죠.

토니: 96퍼센트라는 수치는 정확한 겁니까?

스웬슨: 더 심하죠.

토니: 와우.

스웬슨: 당신이 인용한 수치보다 투자자의 현실이 더 나쁘다고 말하는 데는 또 다른 이유가 있어요. 개인으로서 투자할 때 나타나기 마련인 행동상의 실수가 원인이죠. 개인투자자는 실적

이 우수한 펀드를 삽니다. 그들은 실적을 추종하죠. 그러다 펀드 실적이 나빠지면 펀드를 팝니다. 비쌀 때 사고 쌀 때 판다는 결론이 나오죠. 돈이 벌릴 수가 없는 투자 방법입니다.

토니: 수익률 추종의 현실은 무엇입니까?

스웬슨: 마케팅과 관련이 아주 많습니다. "나는 별점 1개나 2개짜리 펀드에 잔뜩 투자했어."라고 말하기를 원하는 사람은 아무도 없습니다. 모두 다 별점 4개나 5개인 펀드를 보유하기를 원하죠. 직장에서 그걸 자랑삼아 말하는 거죠.

토니: 그렇겠죠.

스웬슨: 하지만 별점 4개나 5개짜리 펀드는 '지금까지' 우수한 실적을 냈다는 것이지 '앞으로' 우수한 실적을 낸다는 것이 아닙니다. 지금까지의 실적이 좋은 펀드를 사고 지금까지의 실적이 나쁜 펀드를 파는 투자 체계를 유지한다면 결국 저조한 수익률을 거두게 됩니다. 그러니 통계수치를 판단할 때는 90퍼센트 이상의 펀드가 시장을 이기지 못했다는 사실과 사람들의 행동방식 자체가 시장보다 수익률을 더욱 떨어뜨리는 결과를 불러온다는 사실을 추가해야 합니다.

토니: 수익률 추종 행동이 오히려 수익률을 떨어뜨리거나 손실을 내는 확실한 행동이라는 거죠?

스웬슨: 높은 실적을 거두게 했던 임의적인 요인들이 오히려 역작용을 불러와 지금까지의 고실적을 저조한 실적으로 바꾸는 원인이 될 수도 있습니다. 그것을 평균회귀reversion to the mean라고 합니다.

토니: 그렇군요. 그러면 투자자들은 수익을 높이기 위해 무엇을 해야 할까요?

스웬슨: 투자자들이 수익을 거두기 위해 이용할 수 있는 도구 내지 지렛대는 딱 세 가지입니다. 첫째는 자산배분입니다. 포트폴리오에 어떤 자산을 보유할 것이고 한 자산 당 몇 퍼센트씩 보유할 것인가를 결정해야 합니다. 둘째는 시장타이밍 포착입니다. 다른 보유 자산군에 비해 단기적으로 수익률이 더 높을 만한 자산군을 골라 거기에 베팅을 시도하는 거죠.

토니: 채권이나 주식, 부동산 등 어느 하나를 고른다는 말이군요?

스웬슨: 그렇죠. 단기적인 매매 시점을 노려 베팅을 하는 거죠. 세 번째는 증권 선택이죠. 채권과 주식 포트폴리오를 어떻게 구성할 것인가가 증권 선택입니다. 이 세 가지 도구가 우리가 가진 전부입니다. 그중에서도 가장 중요한 것은 자산배분입니다.

토니: 당신의 책에도 그렇게 적혀 있더군요. 꽤 충격적이었습니다.

스웬슨: 내가 예일대 학생들에게 가장 강조해서 하는 말이 자산배분이야말로 100퍼센트 수익률보다도 더 의미가 있다는 것입니다! 왜 그럴까요? 시장타이밍을 노리는 투자는 비용이 듭니다. 공짜로는 할 수 없죠. 사건 팔건 중개인에게 비용을 지불해야 합니다. 새어나가는 수수료와 비용이 생기면서 전체 수익률의 하락을 불러옵니다. 그건 증권 선택도 마찬가지입니다.

토니: 그래서 인덱스펀드를 골라 수동적인 접근법을 취해야 한다는 거군요.

스웬슨: 맞습니다. 액티브 매니저들은 시장을 이기겠다고 약속하면서 높은 수수료를 부과하지만, 다 알다시피 그것은 대부분 거짓된 약속입니다. 수동적인 접근법을 취하면 시장 전체를 소유할 수 있습니다. 굉장히 낮은 수수료로 전체 시장을 매

수할 수 있게 되는 셈이죠.

토니: 얼마나 낮은가요?

스웬슨: 20bp 이하입니다. 뱅가드의 펀드를 통하면 인덱스펀드에 투자할 수 있습니다. 수동적으로 운용하는 저비용 인덱스펀드에 투자하면 승리자가 될 수 있습니다.

토니: 수수료를 내서도 안 되고 시장을 이기려고 노력해서도 안 된다는 거죠.

스웬슨: 장점은 또 있습니다. 세금도 낮아집니다. 그건 굉장히 큰 이점입니다. 뮤추얼펀드 산업은 원래도 심각한 문제투성이이지만 그중에서도 더 심각한 문제는 거의 대부분의 펀드매니저들은 세금은 신경 쓰지 않는다는 거죠. 하지만 세금은 중요합니다. 굉장히 중요한 문제입니다.

토니: 우리 인생에서 세금보다 더 거액의 청구서가 있나요?

스웬슨: 없습니다. 그렇기 때문에 세금우대 투자의 장점을 누릴 수 있는 대로 다 누리는 것이 중요합니다. 401(k)이건 비영리단체 직원을 위한 403(b)이건 계좌에 최대한 많은 돈을 불입해야 합니다. 세금이연이 되는 투자 기회는 다 활용해야 합니다.

토니: 가장 효율적인 자산배분을 설정하려면 어떻게 해야 합니까?

스웬슨: 초급 경제학을 수강한 사람이라면 누구나 들어봤음직한 말이 있습니다. "공짜 점심은 없다."라는 말이죠. 하지만 현대포트폴리오이론의 아버지라고 불리는 해리 마코위츠는 "분산투자는 공짜 점심이다."라고 말합니다.

토니: 왜입니까?

스웬슨: 같은 수익률이라고 쳤을 때, 분산투자를 하면 더 낮은 위험으로 똑같은 수익을 얻을 수 있기 때문입니다. 아니면 위험

수준이 똑같을 경우 분산투자 시에 더 높은 수익률을 얻을 수 있습니다. 그러니 공짜 점심인 거죠. 분산투자는 포트폴리오의 실적을 높여줍니다.

토니: 최소한도의 분산투자를 정한다면요?

스웬슨: 분산투자는 두 가지 차원에서 바라볼 수 있습니다. 하나는 증권선택과 관련이 있죠. 인덱스펀드 투자를 결정한다면 시장 전체를 보유하는 셈이기 때문에 최대한도로 분산투자를 하는 것이 됩니다. 그것이 인덱스펀드가 지닌 장점 중 하나이자 잭 보글이 미국의 투자자들에게 준 멋진 선물 중 하나입니다. 그는 투자자들에게 저비용으로 시장 전체를 살 기회를 주었습니다. 그러나 자산배분 관점에서 분산투자를 바라보면, 여러 자산군에 투자하는 것이 분산투자입니다. 내가 중요하게 생각하는 6가지 자산군은 미국 주식, 미국 국채, 미국 물가연동국채TIPS, 해외 선진시장 주식, 해외 신흥시장 주식, 그리고 부동산투자신탁(리츠)입니다.

토니: 이렇게 6가지를 선택한 이유는 무엇입니까? 그리고 당신의 포트폴리오는 어떻게 자산을 배분합니까?

스웬슨: 장기적 관점에서 포트폴리오의 핵심은 주식입니다. 주식은 분명 채권보다 위험이 높습니다. 세상이 삐걱대지 않고 잘 돌아가기만 한다면야 주식은 훌륭한 수익률을 창출해줍니다. 매일을 기준으로 삼거나, 한 주나 심지어 연 단위를 기준으로 삼는다면 그렇지 못한 것이 현실입니다. 그러나 충분히 장기적인 시각에서 바라보면 주식은 더 높은 수익을 내줍니다. 나는 내 책에 작은 포트폴리오의 예를 하나 실었죠. 자산에서 주식은 [또는 주식과 비슷한 것] 70퍼센트였고, 채권은

30퍼센트였습니다.

토니: 포트폴리오의 주식 배분부터 이야기를 나누죠. 70퍼센트군요. 당신의 분산투자 규칙 중 하나는 특정 자산군에 30퍼센트 이상 비중을 두지 않는다는 건데, 맞나요?

스웬슨: 맞습니다.

토니: 처음 30퍼센트는 어디에 투자합니까?

스웬슨: 미국 내 주식입니다. 내가 정말로 중요하게 생각하는 한 가지는, 미국 경제의 회복력을 결코 과소평가해서는 안 된다는 겁니다. 미국 경제는 아주 강합니다. 정치가들이 아무리 경제에 방해되는 행동을 해도 미국 경제의 바탕은 튼튼합니다. 그렇기에 나는 미국 내 증시 하락에 베팅하지는 않습니다.

토니: 그래서 증시가 성장할 거라고 보고 70퍼센트라는 높은 비중을 두는 거군요. 미국 경제만이 아니라 세계 전체의 산업도 그렇지 않을까 싶은데요.

스웬슨: 그렇기 때문에 나는 신흥시장에 10퍼센트, 해외 선진시장에 15퍼센트, 부동산투자신탁에 15퍼센트를 투자합니다.

토니: 채권에는 30퍼센트를 배분하더군요.

스웬슨: 전부 미국채에 투자합니다. 절반은 전통적인 채권에 넣고, 나머지 절반은 인플레이션 방어 기능이 있는 TIPS에 투자합니다. 전통적인 미국채를 샀는데 고인플레이션이 시작되면 손실을 보게 되니까요.

토니: 안타깝게도 사람들은 그 부분을 혼란스러워하는 것 같습니다.

스웬슨: 내가 처음 월스트리트에서 일할 때 일이었습니다. 처음 고객 미팅을 하러 가면서 나는 "금리가 오르면 채권가격이 떨어져."라고 속으로 수도 없이 되뇌었습니다. 잘못 말하는 사

태가 있어서는 안 되니까요. 아직도 많이 당혹스러운 부분입니다.

토니: 오늘날의 시장 상황에서 개인투자자가 돈을 벌 수 있을까요?

스웬슨: 그것이 장기적인 매수 후 보유buy and hold 전략의 아름다움입니다. 그것이 분산투자의 이유입니다. 시장의 향방을 예측하는 것은 내 머리로는 불가능한 일입니다. 90년대 말 사람들은 이렇게 말했죠. "왜 굳이 포트폴리오를 분산하는 어려운 방법을 택하는 거지? 그냥 S&P 500에 전부 다 걸면 되잖아." 그들은 최고의 자산군을 찾아 거기에 투자한다는 생각이었고 그 생각에 맞아떨어지는 것이 미국의 주식시장이었습니다. 그들은 "당신이 하는 일은 다 시간낭비야."라고 말하더군요. 그것이 미국이 치른 경험이었고, 크게 보면 미국만이 치른 경험은 아니었죠. 한 예로 1990년대 초 일본 증시에 모든 돈을 다 건 일본 투자자는 90년대 말에 비참한 상황에 처했죠. 최고 수익률을 내는 개별 자산군에 필적하는 수익률을 거둔다는 것은 불가능한 일이고, 사실 어떤 자산군이 최고인지는 막상 닥치기 전에는 결코 알 수 없습니다.

토니: 베이비붐 세대는 은퇴가 멀지 않았습니다. 그들에게 해주고 싶은 말은 무엇입니까?

스웬슨: 안타까운 일이지만 내가 보기에 대다수 개인은 은퇴 전에 돈을 얼마나 저축해야 하는지 잘 모르는 것 같습니다. 그들은 401(k) 계좌 잔고를 보고는 "50만 달러/100만 달러를 모았어. 이만하면 많이 모았지."라고 말합니다. 걱정스러운 일입니다. 막상 노후에 필요한 돈을 다 따져보면 그건 별로 많은 액수가 아닙니다.

토니: 많은 사람은 은퇴를 하고 싶은 순간이 와도 은퇴를 할 수가 없는 실정이죠.

스웬슨: 원하는 목표 지점에 무사히 도착할 수 있는 유일한 방법은 스스로 배우는 것입니다. 나는 당신이 사람들에게 현명한 결정을 내리는 데 도움이 될 지식을 전달하기 위해 애쓰는 모습을 보고 감동을 받았습니다.

토니: 건강이 좀 안 좋으셨다고 들었습니다. 앞으로의 계획은 무엇인가요?

스웬슨: 1년 전에 암 확진을 받았습니다. 나는 버킷리스트는 세우지 않았었죠. 일을 그만두고 세계 여행을 떠나는 건 내가 원하는 일이 아니었습니다. 나는 일을 계속하면서 대학 운영에 지속적인 도움을 주고 싶었습니다. 할 수 있는 한 오랫동안 예일대의 포트폴리오를 운용하고 싶었습니다. 그리고 그것이 앞으로의 내 계획입니다. 나는 내 일을 사랑합니다.

토니: 정말 존경스럽습니다.

스웬슨: 예일은 세계 최고의 교육기관 중 한 곳입니다. 그곳을 더 굳건하고 더 좋은 교육처로 만드는 일에 작은 힘이나마 보탤 수 있다면 차이를 만들어내리라고 생각합니다.

토니: 멋진 인터뷰를 해주신 데 대해 진심으로 감사드립니다. 예일에 입학해 포트폴리오 구성에 대한 강의를 듣고 싶다는 생각이 절로 드는군요.

스웬슨: 지금 들었잖습니까.

CHAPTER 4

'존 C. 보글' 투자계의 선봉장

인덱스펀드의 창시자, 뱅가드그룹 창립자 겸 전 CEO

잭 보글의 책을 읽은 적도 없고 지극히 합리적인 그의 TV 논평을 들어본 적도 없는 사람은 미국이 가진 훌륭한 보물을 접할 기회를 놓친 셈이다. 〈포천〉은 20세기를 빛낸 4명의 투자 거인 중 한 명으로 잭 보글을 지명했다. 발명가 정신과 시민정신에 있어서 그는 벤저민 프랭클린에 비견된다. 어떤 사람은 보글이야말로 비즈니스 역사상 그 누구보다도 개인투자자에게 많은 도움을 주었다고 말한다.

그가 준 도움은 무엇인가? 잭 보글이 뱅가드그룹을 창업한 1974년 당시 인덱스펀드는 학술적으로나 가능한 이론에 불과했다. 그러나 보글은 주식시장 전체의 실적을 추종하는 저비용, 저수수료 인덱스펀드가 장기적으로는 적극 운용되는 펀드를 이길 것이라는 아이디어 하나에 회사의 사활을 걸었다. 그가 그렇게 생각한 이유는 무엇인가? 집단 전체로 보면 투자자는 시장을 이길 수 없다. 어차피 투자자 전체가 시장이기 때문이다. 그는 교란자였다! 처음에 그의 인덱스펀드는 '보글의 바보 같은 작품Bogle's Folly'이라고 불리며 조롱을 받았다. 경쟁사들은 미국적이지 못한 아이디어라고 비웃기까지 했다.

하지만 보글은 비난에도 아랑곳없이 자신의 생각을 계속 밀고 나갔다. 현재 뱅가드는 운용자산이 2조 8600억 달러에 이르는 세계 최대의 뮤추얼펀드 운용사로 발전했다. 얼마만한 규모인지 짐작이 되는가? 나라 경제에 비교한다면 영국의 경제 규모와 같은 수준이다! 모닝스타의 발표에 따르면, 미국의 인덱스펀드는 모든 주식형 펀드 투자의 3분의 1 이상을 차지한다.

잭 보글은 대공황이 시작된 1929년에 뉴저지에서 태어났다. 부유한 집안은 아니었지만 성적이 좋았던 보글은 장학금을 받고 프린스턴대학에 입학했고, 입학해서는 생활비를 벌기 위해 학생식당에서 식사를 나르는 아르바이트를 했다. 그는 뮤추얼펀드를 주제로 경제학과 졸업 논문을 썼는데, 그것은 그가 훗날 투자계에 남길 발자취를 암시하고 있었다. 그리고 그는 여름방학에 매매 주문을 입객장에 전달해 주는 스톡 러너stock runner로 일하는 동안 친구가 해준 말을 절대 잊지 않았다. "보글, 주식시장에 대해 너는 한 가지만 알면 돼. 어느 것이 확실한지는 아무도 모른다는 거야."

우등으로 학교를 졸업한 보글은 1951년 필라델피아 소재의 웰링턴매니지먼트Wellington Management Company에 입사를 했고 승승장구하며 사장 자리까지 올랐다. 하지만 1960년대 중반 경제 성장이 지속되던 '고고go-go' 시기에 보글은 사업 확장에 큰 도움이 될 것이라는 기대를 품고 일단의 자산운용 집단을 합류시켰다. "내 인생 최악의 실수였습니다." 그는 내게 그렇게 말했다. 새로운 파트너들은 펀드를 엉망으로 운용했고, 자신들의 이사회 자리를 이용해 보글의 해고를 도모했다.

보글은 어떻게 대응했을까? 패배를 받아들이는 대신에 보글은 그 실패를 위대한 승리를 위한 전화위복의 기회로 삼았다. 투자계의 모습을 영원히 바꿀 위대한 승리였다. 뮤추얼펀드의 법적 구조로 인해 보글의 위치는 여전히 웰링턴의 펀드를 책임지는 자리였지만, 펀드의 실제 운용은 회사와는 별도로 굴러가고 있었고 펀드의 이사회도 제각기였다. 보글은 펀드회사의 회장이면서도 '운용'은 허락받지 못했다. 인터뷰에서 그가 말했다. "투자를 운용하는 매니저가 되지 않고도 투자운용을 하려면 어떻게 해야 할까요? 당신은 답을 짐작하고 있을 것입니다. 운용이 필요 없는unmanaged 펀드를 시작하는 거죠. 사람들은 그것을 인덱스펀드라고 불렀고 나는 뱅가드(선구자, 선봉장이라는 뜻)라는 이름을 붙였습니다. 처음에는 모두가 농담이라고 생각했습니다." 믿기 힘든 사실이었다. 잭 보글이 그런 실수를 겪지 않았다면 뱅가드가 탄생하지 않았을 것이고, 수백만 명의 투자자들은 과도한 수수료를 내지 않고 수십억 달러의 총수익률을 높일 수 있는 기회도 얻지 못했을 것이다.

겨울의 폭풍우가 동부해안을 휩쓸고 지나간 어느 겨울 날, 나는 펜실베이니아 주 맬번에 있는 뱅가드 사옥에서 살아 있는 전설과 마주 앉았다. 2000년 일선에서 물러나 명예회장에 앉은 후에도 보글은 자신이 이끄는 뱅가드 연구소에 매일 출근한다. 잭은 자기 나이의 반쯤 되는 남자가 할 법할 정도로 힘차게 악수를 했다. 어쩌면 1996년에 받은 심장이식 수술이 이른바 '투자자에게 공평한 기회를 주기 위한 십자군운동'을 계속 이어나갈 수 있도록 그에게 새로운 생명력을 주었는지도 모르겠다.

다음은 4시간가량 이어진 인터뷰를 편집하고 축약한 내용이다.

토니: 잭, 당신의 원동력은 어디에서 나오나요?

잭: 기억해보니 나는 아주 어린 시절부터 일을 해야 했습니다. 아침 9시부터 동네를 돌며 신문을 배달했습니다. 그 일이 꽤 좋았습니다. 나는 조금 내성적인 편입니다. 게다가 하루 종일 일하고 나면 한가하게 이야기꽃을 피울 일도 별로 없지요. 게다가 나는 승부욕이 있는 편입니다. 좋은 승부를 갈망하는 그런 성격이 많은 것을 채워주지요. 심지어는 싸울 필요가 없을 때조차도 말입니다.

토니: 꽤 젊은 시절부터 펀드운용회사에서 일했다고 들었습니다.

잭: 어렸죠. 꼭 알아야 할 역사의 교훈을 배워서 행동으로 옮겨야 했는데 그럴 정도로 현명하지는 못했습니다. 언제까지나 훌륭한 실적을 내는 투자매니저가 존재할 거라고 생각했지만 그렇지 않았죠. 좋을 때도 있고 나쁠 때도 있다는 것을 몰랐죠.

토니: 왜 그런가요?

잭: 실력에 비해 운이 굉장히 많이 작용하기 때문입니다. 투자는 95퍼센트가 운이고 5퍼센트가 실력입니다. 그게 아니면 98퍼센트와 2퍼센트일 수도 있고요.

토니: 액티브 매니저들이 들으면 기분 나빠하겠는 걸요!

잭: 그게 현실입니다. 방에 1024명을 몰아넣고 그들에게 동전 던지기를 시켜보세요. 그들 중 한 명 정도는 10번 연달아 앞면이 나오게 하는 데 성공하는 사람이 있습니다. 그러면 우리는 "저 사

람, 운이 좋네!"라고 말하지 않습니까? 그런데 펀드 세계에서는 "저 사람, 천재야!"라고 말합니다. [웃음] 고릴라한테 동전 던지기를 시켜도 결과는 똑같게 나옵니다!

토니: "똑똑한 사람과 좋은 투자자 사이에는 커다란 차이가 있다."라고 말씀하신 걸로 압니다. 무슨 뜻입니까?

잭: 무엇보다도, 투자자들은 평범합니다. 그 부분부터 설명해야겠군요. 간단한 이치입니다. 그런데 대다수 개인투자자들은 평범해지는 특권을 얻기 위해 지나치게 높은 대가를 치릅니다.

토니: 어째서죠?

잭: 적극 운용되는 펀드는 수수료로 대략 2퍼센트 정도의 총수수료를 부과합니다(1.2퍼센트의 비용비율, 거래비용, 현금보유분의 기회손실비용, 판매수수료 등을 포함). 시장이 7퍼센트 올라도 투자자에게 가는 수익률은 5퍼센트라는 뜻이 됩니다. [인덱스펀드 수수료는 0.05퍼센트이기 때문에 투자자에게는 6.95퍼센트의 수익률이 돌아간다.] 수익이 6.95퍼센트라면, 1달러는 50년 뒤에 약 30달러가 됩니다. 하지만 5퍼센트일 경우 그 1달러는 30달러가 아니라 10달러가 되는 데 그칩니다. 그게 무슨 뜻이겠습니까? 투자자가 현금을 100퍼센트 다 대고 위험도 100퍼센트 다 감당하는데, 보상은 30퍼센트만 거둔다는 뜻입니다. 그것이 장기적인 관점에서 바라보는 수익률 결과입니다. 사람들은 장기적으로 보지를 못합니다. 하지만 그런 시각을 길러야 합니다.

토니: 사람들은 비용과 수수료의 복합적 성격을 이해하지 못하죠.

잭: 투자자들은 자신이 왜 주식에 투자하는지 이해해야 합니다. 배당수익과 순이익 성장을 바라보고 하는 투자입니다. 장기적으

로 보면 주식시장에서 거두는 수익의 절반은 배당에서 나옵니다. 펀드의 비용도 다 거기서 나오고요. 이렇게 생각하면 됩니다. 주식형 펀드의 평균 총수익률은 2퍼센트이고 평균 비용비율은 1.2퍼센트입니다. 펀드는 그 비용을 수익에서 가져갑니다. 따라서 투자자에게 가는 몫은 0.8퍼센트입니다. 펀드매니저가 투자자에게 돌아갈 배당의 절반을 자기 몫으로 챙기는 거죠! 펀드 산업은 배당의 60퍼센트를 소비합니다. 심지어 100퍼센트이거나 100퍼센트 넘게 챙겨가는 경우도 있습니다. 이 산업을 내가 왜 그렇게 불쾌해하는지 이해가 갈 겁니다.

토니: 그런데도 적극 운용 펀드에 투자하는 사람은 여전히 1억 명이나 됩니다. 그게 어떻게 가능한 거죠?

잭: 마케팅의 힘을 얕잡아보면 안됩니다. 2000년에 〈머니〉에 광고를 실은 펀드의 평균 연수익률은 41퍼센트였습니다. 이 펀드들 중 상당수가, 어쩌면 대부분이 지금은 존재하지 않습니다. 투자자들은 똑똑한 펀드매니저는 영원히 똑똑하게 굴 것이라고 기대하지만 그런 일은 생기지 않습니다. 투자자들은 지금까지 20퍼센트 수익을 낸 매니저는 앞으로도 20퍼센트의 수익을 낼 거라고 기대합니다. 말도 안 되는 기대죠. 지금까지도 불가능했고 앞으로도 불가능합니다.

토니: 뱅가드는 실제로 회사의 주인이라고 할 수 있는 펀드 주주들의 이익을 위해서만 운용됩니다. 당신은 보편적 수탁자 기준을 지지합니까?

잭: 지지를 넘어 강력히 주창합니다. 어쩌면 내가 제일 먼저 주창한 사람 중 하나일지도 모릅니다. [뮤추얼펀드 로비 집단인] 투자기업연구소Investment Company Institute는 "수탁자 책임에 대한 연

방 기준은 필요 없다. 우리가 수탁자이다."라고 말합니다. 그렇다면 첫째로는 그들은 왜 수탁자 기준에 반대하는 걸까요? 생각해 볼만한 질문이죠.

둘째로, 그들은 수탁자 의무에 충돌이 있다는 것을 이해하지 못합니다. 한 예로 상장 투자운용회사인 블랙록BlackRock은 서로 별개인 두 개의 수탁자 책임을 져야 합니다. 하나는 블랙록 뮤추얼펀드 주주들에게 최대의 수익률을 안겨줘야 하는 수탁자 책임입니다. 또 하나는 블랙록의 상장 주식을 보유한 오너들에게 최대의 이익을 안겨줘야 하는 수탁자로서의 책임입니다. 결국 블랙록의 CEO인 로렌스 D. 핑크Laurence D. Fink는 그 완전한 딜레마에 처해 있습니다. 뮤추얼펀드 주주들의 수익을 최대화하려면 수수료를 낮춰야 하지만 블랙록 오너들의 수익을 위해서는 수수료를 높여야 합니다. 회사는 양쪽 모두의 이익을 위해 노력하고 있고 지금 어느 때보다도 높은 이익을 내고 있습니다.

토니: 아이러니군요.

잭: 미국이 위대한 나라라는 것이지요.

토니: 당신이 보기에 다음 10년은 매력적일 것 같습니까, 도전적일 것 같습니까?

잭: 주식회사 미국은 계속 성장할 것입니다. 주식시장은 일종의 파생상품이라는 것을 기억해야 합니다. 기업이 창출하는 가치의 파생상품이지요. 기업은 돈을 벌고 있고, 앞으로도 돈을 벌 겁니다. 돈을 적게 벌지도 모르지만 그렇지라도 더더욱 커지고 더더욱 효율적이 될 것입니다. 미국의 기업은 계속 성장할 것입니다. 우리가 익숙했던 것보다는 속도가 느릴지도 모르지만 그래도 여전히 건전한 비율로 성장할 것입니다.

토니: 그건 인구통계 구조의 변화로 인한 소비 감소나 대출금이 너무 많아서 집을 정리해야 할지도 모른다는 것에서 이유를 찾을 수 있겠죠?

잭: 우리는 빚을 줄여야 합니다. 나라 전체에 빚이 너무 많습니다. 기업의 차입은 실제로 별로 높지 않습니다. 기업의 대차대조표는 꽤 건강합니다. 하지만 연방정부나 주정부, 지방정부도 대차대조표가 한쪽으로 너무 기울어져 있습니다. 그 부분에 대해 무언가 조치를 취해야 합니다. 커다란 위험 중 하나이자 큰 의문이기도 한 것은 연방정부의 현재 준비금이 대략 4조 달러라는 점입니다. 평소보다 3조 달러나 많은 데다 그 3조 달러는 최근 5~6년 사이에 마련된 것입니다. 그 돈을 풀기는 해야 합니다. 그게 어떤 경위로 이뤄질지 정확히 아는 사람은 없습니다. 하지만 조만간 행해질 것이라는 점은 다 압니다.

토니: 또 한 차례의 금융위기를 걱정해야 할까요?

잭: 일반투자자가 아니라 큰 그림으로 생각하는 사람이라면 역사 감각을 잃어서는 안 됩니다. 역사는 되풀이되지 않는다고 생각해서는 안 됩니다. 마크 트웨인이 말했죠. "역사는 되풀이되지 않을 수 있지만 리듬은 있다."라고요. 그러니 우리는 심각한 세계 금융위기의 가능성에 직면해 있습니다. 어쩌면 세계적 공황도 각오해야 합니다. 세계적 공황이 생길 가능성은 얼마나 될까요? 내 짐작으로는 10분의 1 정도입니다. 분명한 것은 1000분의 1의 가능성은 아닙니다. 반드시 일어난다고 말할 수도 없지만 "일어나지 않을 거야."라고 말하는 사람들은 틀린 겁니다.

토니: 그런 사람들은 역사를 인식하지 못하는 거죠.

잭: 맞습니다. 우리는 신이 주신 상식을 활용해야 합니다. 순간의

유행과 조류에 휩쓸려서는 안 됩니다. 주식시장이건 채권시장이건 시장의 순간적인 회전에 휩쓸려서는 안 됩니다.

토니: 64년이나 이 분야에 있었으니 온갖 유형의 시장을 다 겪어 봤겠군요. 당신은 투자에서 감정적 요소를 어떻게 배제합니까?

잭: 그게 가능한 사람이 있을까요? 나도 물론이고요. 나는 노력은 합니다. "시장이 50퍼센트 떨어지면 기분이 어떻습니까?"라고 사람들이 물으면 나는 아주 끔찍한 기분이라고 솔직하게 말합니다. 창자가 꼬이는 느낌입니다. 그럴 때 내 해결책은 내가 쓴 책을 꺼내 '하던 대로 계속하라.'라고 적인 부분을 또 읽는 겁니다!

토니: 자녀나 손자에게 돈은 남겨줄 수 없고 몇 가지 원칙만 남겨줄 수 있다면 어떤 원칙을 남겨주겠습니까?

잭: 제일 먼저, 어느 자산에 투자할지에 관심을 집중하라고 말할 겁니다. 본인의 위험 감수와 목표에 맞춰 자산배분을 선택해야 합니다. 둘째로는, 분산해야 합니다. 저비용 인덱스펀드를 통해 분산투자를 해야 합니다. 고비용 펀드들은 굉장히 많습니다. 그 점을 잊지 말아야 합니다. 그리고 트레이딩을 해서도 안 됩니다. 무언가를 할 생각은 하지 말고, 그 자리에 서 있어야 합니다! 무슨 일이 있어도요! 그러면 원래 생각했던 수준보다 채권에 자산이 조금 더 많이 배분되었을지라도 움직이고 싶은 마음을 쉽게 뿌리칠 수 있습니다.

토니: 투자자들에게 해주고 싶은 다른 충고가 있다면요?

잭: 〈월스트리트저널〉을 펼치지 마십시오! CNBC를 보지 마세요! 그냥 무시해야 합니다. 나도 CNBC 인터뷰를 많이 하는 편이지만, 그 사람들이 왜 자꾸 나에게 인터뷰를 요청하는지 모르겠습니다. 한 40~50초가량은 나도 짐 크레이머처럼 할 수 있

습니다. 고함을 치고 소리를 지르면서 이 종목을 사라 저 종목을 팔라고 말하는 거죠. 그건 오히려 투자의 집중도를 떨어뜨립니다. 우리는 결과가 어떨지 빤히 알면서도 투자와 관련된 모든 일에 너무 많은 시간을 허비하고 너무 많은 에너지를 쏟습니다. 어차피 시장 수익률은 플러스가 되거나 마이너스가 되거나 둘 중 하나입니다. 대개는 마이너스죠. 그런데도 왜 우리는 처음 ETF(상장지수펀드)가 등장했을 때의 마케팅 캠페인이 그랬던 것처럼 하루 종일 실시간으로 S&P 500을 매매하는 데 모든 시간을 쏟아 붓고 있는 것일까요? 그렇게 행동하는 사람은 일상생활로 돌아가야 합니다. 아이들을 데리고 공원에 가고 아내와 함께 저녁 데이트를 나가야 합니다. 이도저도 안 되면 좋은 책을 읽든가요.

토니: 당신에게 돈은 무슨 의미입니까?

잭: 돈은 목적이 아니라 목적을 위한 수단입니다. 작가인 커트 보니것Kurt Vonnegut과 조지프 헬러Joseph Heller의 일화가 그걸 잘 말해줍니다. 그들은 셸터 섬에서 열린 한 파티에서 만나게 되었습니다. 커트가 조를 보며 말하죠. "이봐요, 파티 주인이 저기 있네요. 저 사람은 오늘 10억 달러를 벌었어요. 당신이 《캐치-22Catch-22》 한 권으로 번 돈보다도 저 사람이 하루에 벌어들인 돈이 더 많아요." 그러자 헬러가 보니것을 보며 말합니다. "상관없어요. 저 사람이 결코 갖지 못할 것을 나는 가지고 있거든요. 그거면 충분합니다." 나는 자식과 손자들이 원하는 것을 할 수 있을 만큼 넉넉히 물려줄 테지만, 아무것도 하지 않아도 될 정도로 많이 물려주지는 않을 겁니다. 나는 그들에게 자주 말합니다. "내가 누렸던 장점을 너희들도 누리면서 자랐다면

좋았을 텐데 말이다." 처음에 그들은 이렇게 반응했지요. "불리한 점이겠죠?" "아니, 그게 아니야. 그건 장점이야. 세상을 겪으면서 끝까지 해내는 건 장점이야."

토니: 인덱스 투자의 개념이 자리를 잡기까지 꽤 오랜 시간이 걸렸지만, 이제 인덱스펀드는 큰 성공을 거두고 있습니다. 그걸 보니 기분이 어떤가요?

잭: 사람들은 나보고 자랑스러울 거라고 말하더군요. 대단한 일을 해냈다고요. 그럼 나는 그들에게 언젠가는 그런 날이 오겠지만 아직은 아니라고 말합니다. "하루가 얼마나 눈부셨는지 만끽하기 위해서는 저녁이 올 때까지 기다려야 한다."라고 소포클레스는 말했죠. 고백하고 싶은 말이 있습니다. 당신도 잘 알겠지만 나는 죽었어도 벌써 죽었을 사람입니다. 여덟 번의 심장마비가 일어난 후 나는 새 심장을 얻었습니다. 원래의 내 심장은 멈췄습니다. 나는 살아있을 권리가 없습니다. 그러나 살아있다는 것은 정말로 멋진 일입니다. 나는 그 부분에 대해서는 별로 고민하지 않습니다. 하지만 나는 인덱스 투자의 승리를 목격하고 있습니다. 투자자 선호도의 진정한 혁명을 목격하고 있습니다. 거기에는 의문의 여지가 없습니다. 인덱스펀드는 월스트리트를 바꿀 겁니다. 월스트리트는 훨씬 작아지고 있습니다. 상황을 완전히 이해한다고는 자신할 수 없지만, 그래도 내가 죽은 목숨이었다면 지금의 현상을 보지도 못했겠죠.

토니: 혹시 은퇴를 계획하고 계신가요?

잭: 그건 나보다는 신의 뜻에 달린 문제입니다. 나는 지금 즐기고 있고, 투자자들에게 공정한 기회를 준다는 내 사명을 즐겁게 수행하고 있습니다.

잭 보글의 포트폴리오 핵심 원칙

1. 위험 감수와 목표에 맞게 자산을 배분한다.
2. 저비용 인덱스펀드를 통해 분산투자한다.
3. 채권 펀드의 보유 비중은 연령대에 맞춘다. 잭 보글은 이것을 '미가공' 배분이라고 부른다.

현재 잭은 80대이고 전체 포트폴리오 중 40퍼센트를 채권에 투자하고 있다. 하지만 사회 초년생인 젊은 사람들은 주식 비중을 100퍼센트로 정해도 무방하다.

따라서 나(잭 보글)는 개인계좌와 은퇴계좌를 포함해 포트폴리오의 전체 자산 중 60퍼센트를 뱅가드의 주식형 인덱스펀드를 통해 주식에 투자하고 있다. 나머지는 뱅가드 채권시장 인덱스펀드Vanguard Total Bond Market Index Fund와 비과세 [지방채] 펀드에 쪼개서 투자한다. 지방채 보유 비중을 보면, 뱅가드 중기채권비과세펀드Intermediate-Term Tax-Exempt Fund에 3분의 2를 넣었고 한시성비과세채권펀드Limited-Term Tax-Exempt Fund에 3분의 1을 넣었다.[여기서 한시성이라 함은 단기와 중기 사이의 기간을 의미하며, 별도의 수익률을 약간 더 오래 누리게 된다.]

나는 과세가 되는 포트폴리오에서 돈을 인출할 필요가 없다. 사실 그러기를 희망한다. 게다가 비과세 수준은 3퍼센트 정도로 높은 편인데 이 정도면 같은 세금 구간에 있는 사람이 5퍼센트의 수익률을 얻는 것과 비슷하므로 더 이상의 수익률이 필요하지도 않다. 그만하면 됐다.

물론 지방채 시장의 건전성이 조금 걱정스럽기는 하지만 뱅가드에는 최고 분석가들이 있으므로 문제 없을 것이라고 판단했다. 포트폴리오에서 가장 큰 비중을 차지하는 것은 채권이며 주로 뱅가드 채권시장인덱스펀드를 통해 투자했고 세금 이연이 된다. 여기에는 장기, 중기, 단기 채권이 다 포함돼 있다. 미국채, 저당채권, 기업채를 망라한다.

나는 포트폴리오 총수익률에 매우 만족한다. 2008년에 무려 17퍼센트나 하락하기는 했지만(같은 해 S&P 500의 하락은 두 배가 넘는 37퍼센트였다) 이후로는 연간 거의 10퍼센트에 달하는 수익률을 꾸준히 달성했다. 나는 '하던 대로 계속하라.'를 지키며 힘든 시기를 무사히 이겨낸 것이 기쁘다.

CHAPTER 5

'워런 버핏' 오마하의 현인

투자의 비밀을 다 말한 전설, 버크셔헤서웨이의 CEO

나는 〈투데이〉쇼 촬영이 시작되기를 기다리는 동안 대기실에 앉아 있었다. 그때 '그 사람'이 대기실로 들어왔다. 20세기 가장 위대한 투자자로 손꼽히며 676억 달러의 자산을 가진 '세계 3위 부자'라는 수식어가 붙는 워런 버핏이었다. 우리는 맷 라우어가 진행하는 가운데 (스팽크스의 창립자인 세라 블레이클리와 훗날 주택도시개발부 장관에 내정되는 줄리언 카스트로Julian Castro와 함께) 경제적 성공에 대해 그리고 미국 경제의 향방에 대한 원탁 토론을 벌이기로 돼 있었다. 나는 버핏의 열렬한 팬이었다. 세계 수백만 명의 투자자들이 그랬듯이 나 역시 네브래스카 출신의 보잘 것 없던 주식중개인이 다 쓰러져가는 뉴잉글랜드의 섬유회사 버크셔헤서웨이를 세계 5위의 상장 지주회사로 변모시킨 이야기에 큰 영감을 얻었다. 지금 이 회사의 자산 규모는 거의 5천억 달러이며 가이코Geico 보험회사에서 시즈캔디즈See's Candies에 이르기까지 무수한 자회사들을 거느리고 있다. 버핏의 투자 성공 비결은 비밀이랄 것도 없다. '가치 투자value investing'가 그의 비밀이라면 비밀이다. 버핏은 벤저민 그레이엄으로부터 가치 투자를 배우고 자신이 완성시켰다. 가치 투자는 저평가된 기업을 찾아내 장기적인 가치 상승을 기대하고 싼 값에 주식을 사는 기법이다. 가장 간단한 형태의 비대칭 위험/보상 투자이지만 동시에 방대한 분량의 조사와 실력과 현금이 필요한 투자이기도 하다. 버핏이 거대한 현금흐름과 더불어 투자 기회를 만들어내는 보험지주회사를 추구하는 데는 이런 이유도 바탕에 깔려 있다.

버핏의 경이로움은 사업적 성공에 그치지 않는다. 그는 역사상 가장 후한 독지가이며, 빌앤멀린다재단Bill & Melinda Gates Foundation을 통해 전 재산의 99퍼센트를 기부하기로 약속했다. 또한 그는 인용할 가치가 가장 높고 실제로도 그 누구보다도 가장 많이 인용되는 비즈니스 리더이며, 당신은 돈으로 따질 수 없는 그의 지혜로운 충고를 이 책 곳곳에서 몇 번이나 읽었다.

마침내 그와 같은 방에 자리한 순간 나는 내 책에 대해 그에게 말을 꺼낼 기회를 놓치고 싶지 않았다. 혹시라도 이 변동성이 심한 경제에서 개인투자자가 승리하려면 어떻게 해야 하는지 그와 심도 높은 인터뷰 자리를 마련할 수 있을지도 모르는 일이었다.

버핏이 나를 쳐다보았다. 그의 눈이 반짝이고 있었다. "토니, 나도 도움을 주고 싶지만 그 주제에 대해 내가 할 말은 이미 예전에 다 했기 때문에 힘들 것 같군요."

반박하기 힘든 말이었다. 1970년 이후부터 그는 매년 주주들에게 보내는 편지를 발표했고, 쉽고 평범한 말로 투자에 대한 조언과 충고가 가득 담긴 이 편지를 사람들은 손꼽아 기다린다. 게다가 표지에 그의 이름을 언급하며 출간된 책도 거의 50권이나 된다. 심지어 버핏 본인이 저술에 참여한 책도 있다!

그래도 나는 포기하기가 싫었다.

"당신은 거의 전 재산을 자선단체에 남길 것이라고 발표했습니다. 그렇다면 당신의 가족이 투자를 보호하고 키울 수 있도록 그들에게는 어떤 포트폴리오를 권할 생각입니까?"

그는 미소를 지으며 내 팔을 움켜잡았다. "아주 간단합니다. 인덱스펀드가 답입니다. 펀드매니저에게 높은 수수료를 지급하지 않으면서 미국의 위대한 기업들에 투자하고 그 회사들을 계속 보유하는 겁니다. 그러면 장기적으로 승리할 수 있습니다!"

와우! 세계에서 가장 위대한 종목 발굴가가 가장 훌륭하고 비용효과적인 투자 도구로 인덱스펀드를 추천했다.

나중에 스티브 포브스와 레이 달리오는 나를 위해 워런과의 심층 인터뷰 자리를 주선해주려고 했지만, 그는 그럴 필요가 없다고 알려주었다. 워런은 자신이 투자에 대해 하고 싶은 중요한 말은 이미 책으로 다 나와 있다고 말해 주었다. 그가 개인투자자들에게 권하는 투자 방법은 간단하다. 세계 최고의 기업들을 두루 보유할 기회를 안겨주는 인덱스펀드에 투자하고 그것을 장기적으로 보유하는 것이다. 나는 반복이야말로 실력의 어머니라고 생각한다. 확실히 알아들었습니다, 워런! 2014년 주주들에게 보내는 편지에서 워런은 똑같은 충고를 또 한 번 강조했다! 그의 자산배분은 무엇인가? 워런은 자신이 죽은 후

아내와 신탁기금에 다음과 같은 지시를 남길 것이라고 한다.

"10퍼센트는 단기 정부채권에 투자하고, 90퍼센트는 저비용의 S&P 500 인덱스펀드에 투자하십시오. (나는 뱅가드의 인덱스펀드를 권합니다.) 나는 이런 투자 정책을 따를 경우 이 신탁은 고비용 매니저를 이용하는 대다수 투자자들보다(연기금이건, 기관이건, 개인이건) 장기적으로는 더 우수한 실적을 거두게 될 것이라고 믿습니다."

잭 보글은 버핏의 충고에 아주 흡족해한다! 미국에서 가장 존경받는 투자자가 잭이 40년 동안 몸 바쳐 일군 투자 전략을 보증해주고 있지 않은가!

앞에서도 말했지만 버핏은 뉴욕 소재의 프로테제파트너스와 100만 달러 내기를 했다. 프로테제가 S&P 500 지수를 10년 연속해서 이길 헤지펀드 매니저 5명을 찾아내지 못할 것이라는 데 건 내기였다. 2014년 2월 현재 S&P 500은 43.8퍼센트 올랐지만 프로테제가 고른 5개 헤지펀드의 상승은 12.5퍼센트에 그쳤다.

오마하의 현인이 이겼다!

CHAPTER 6

'폴 튜더 존스' 현대판 로빈 후드

튜더인베스트먼트와 로빈후드재단 창립자

역사상 가장 성공적인 트레이더로 손꼽히는 폴 튜더 존스는 원자재 상품 '피트pit(거래소)'에서 면화 거래로 첫 신고식을 치른 후 스물여섯 살에 자신의 투자 회사를 차렸다.

폴은 중력의 법칙을 거부하며 28년 내리 승리를 거두었다. 1거래일 동안 증시가 22퍼센트나 추락했던 1987년의 검은 월요일 사태를 예견한 그의 예측은 아직도 전설로 회자되고 있다(이 수치는 단일 거래일로는 여전히 증시 최대의 낙폭으로 기록돼 있다). 세상이 무너지고 있는 동안 폴과 그의 고객은 60퍼센트의 월수익률을 거두었고 그 한 해 동안 거의 200퍼센트나 되는 수익을 냈다!

폴은 나와는 가장 가까운 친구인 동시에 나의 영웅이다. 나는 1993년부터 그가 최고의 성과를 거두도록 코치하는 특권을 누렸다. 나는 그의 28년 연전연승 기간 동안 21년을 함께하면서 그의 위대한 트레이딩 실적 대부분을 옆에서 지켜볼 수 있었다. 폴의 엄청난 재무적 성공보다 나를 더 감동시킨 부분은 그가 나눔을 베풀고 세상을 바꿀 방법을 찾기 위해 변함없이 혼신의 노력을 다하고 있다는 점이다. 로빈후드재단의 창립자인 폴은 뉴욕 시의 빈곤과 맞서 싸우기 위해 세계의 내로라하는 부자들과 똑똑한 투자자들을 재단에 합류시키고 그들에게 영감을 불어넣었다. 폴과 로빈후드재단 팀은 억만장자 헤지펀드 매니저들이 금융 투자를 준비할 때와 똑같은 분석적 엄밀함을 발휘해 자선사업을 펼친다. 1988년부터 로빈후드는 도시의 사회사업에 14억 5천만 달러가 넘는 돈을 투자했다. 폴이 금융 투자에 있어서 철저하게 비대칭 수익을 추구하듯이(그의 5:1 규칙은 조금 뒤에 나온다) 재단도 마찬가지로 비대칭 수익을 추구한다. 로빈후드는 운영비와 관리비 전액을 이사진이 대는 돈으로 충당하며 기부자들은 지역사회 기부에 대해 15:1의 투자수익률을 번다! 구글 최고경영자인 에릭 슈미트Eric Schmidt는 이렇게 말하기도 했다. "결단코 여기보다 더 효과적인 재단도, 사회활동도 없다!"

폴은 스스로를 전통적 투자자가 아니라 트레이더라고 말하지만 그가 말을 하면 과거 직장인 증권사 E. F. 허튼E. F. Hutton이 그랬듯 사람들은 귀를 기울인다. 매크로 트레이더로서 폴은 펀더멘털, 투자심리, 기술분석, 자금 흐름, 세계적 사건의 영향과 그것들이 자산 가격에 미치는 영향을 광범위하게 분석한다. 그는 개별 종목에 초점을 맞추는 대신에 미국 시장과 중국 시장, 화폐와 원자재, 금리에 이르기까지 세계를 형성하고 바꿔나가는 트렌드에 베팅한다. 각국의 재무부장관, 중앙은행 관료, 싱크탱크 등 세계 경제를 좌우하는 리더들이 그에게 조언을 구한다.

나는 이번 인터뷰를 위해 코네티컷의 그린위치에 소재한 튜더인베스트먼트 사옥에서 그와 마주앉았다. 인터뷰 내내 우리는 그가 개인투자자들에게 나눠줄 수 있는 값진 투자 원칙들을 원 없이 논했다. 이제부터 '10만 달러짜리 비즈니스 강의'가 펼쳐진다. 그의 트레이더 군단과 매년 운 좋은 소수의 대학생들만이 들을 수 있었던 투자 메시지가 여기 몇 페이지에 다 담겨 있다.

토니: 폴, 당신이 투자에서, 실제로는 트레이딩이지만 어쨌건 거기서 거둔 실적은 놀랍습니다, 28년 연전연승입니다. 28년 동안 한 해도 손실이 없었어요. 이게 어떻게 가능하죠?

폴: 우리는 모두 환경의 산물입니다. 나는 1976년에 원자재상품 트레이더로 이 일을 시작했습니다. 면화건 대두건 오렌지주스건, 상품 트레이더가 알아야 할 중요한 사실은 시장이 날씨에 굉장히 많은 영향을 받는다는 점입니다. 한 3~4년 정도 일하면 커다란 강세장과 대대적인 약세장을 다 겪어봅니다. 나는 강세장과 침체장의 심리학을 아주 빨리 터득했고 시장이 얼마나 휙휙 변하는지도 배웠습니다. 시장의 감정은 저점일 때처럼 아주 무기력했습니다. 순식간에 돈이 벌리고 순식간에 잃어지더군요. 1980년에 벙커 헌트Bunker Hunt가 은에 건 4억 달러 포지션이 100억 달러로 늘어나면서 그는 지구상에서 가장 부자가 되었습니다. 그러다 그 100억 달러가 5주 만에 다시 4억 달러로 내려앉았지요.

토니: 와우!

폴: 돈이라는 것이 얼마나 쉽게 사라질 수 있는지, 수중에 가진 돈이 얼마나 귀중한 것인지 그 때 생생하게 배웠습니다. 그 일을 목격하면서 나는 가장 중요한 교훈을 얻었습니다. 수비가 공격보다 10배는 더 중요하다는 교훈이지요. 수중에 부가 있어도 눈 녹듯 사라질 수 있습니다. 언제라도 하방에 단단히 대비해야 합니다.

토니: 맞는 말입니다.

폴: 괜찮은 포지션을 마련하면 거기에는 공들여 신경을 쓰지 않아도 됩니다. 알아서 잘 굴러가니까요. 돈을 잃고 있는 부분이 있다면 그 부분에 초점을 맞춰야 합니다. 하지만 사람들은 그런 일이 생기면 실제로는 쳐다보기도 싫어합니다. "계좌 잔고가 내려가고 있어. 열어보고 싶지도 않아."라고 말하죠. 그래서 나는 매일 사무실에 들어갈 때마다 내가 무엇보다도 가장 크게 집중해야 할 사안이 위험 통제라는 것을 상기시켜주는 프로세스를 만들었습니다. 나는 내가 손해 보고 있지 않다는 사실을 확인해야 마음이 놓입니다.

토니: 당신이 보기에 일반 대중이 투자에 대해 가지는 가장 큰 통념은 무엇입니까? 무엇이 그들을 가로막는다고 생각합니까?

폴: 장기 투자는 괜찮지만, 그렇다고 장기적으로 반드시 부자가 된다는 것은 아닙니다. 모든 것에는 나름의 가격과 중앙값이 존재합니다. 매번 가치평가를 이해하는 것은 평범한 투자자에게는 꽤나 까다로운 일입니다. 모든 자산군에 대해 필요한 정보를 다 알고 있는 사람이 아닌 이상 자신을 보호하는 방법은 포트폴리오를 분산하는 것입니다.

토니: 물론이죠.

폴: 내가 죽을 때까지 잊지 못할 일이 하나 있었습니다. 1976년에, 근무 6개월 차이던 시절에 나는 내 상사이며 면화 트레이더인 엘리 툴리스Eli Tullis에게 가서 말했습니다. "트레이딩을 하고 싶습니다. 트레이딩을 해야겠어요." 그랬더니 그가 이렇게 대답하더군요. "아직 자네는 트레이딩을 할 때가 아니야. 6개월 정도 뒤에는 허락해줄지도 모르지만 말일세." "아뇨, 당장 트레이딩을 하고 싶습니다." 그는 단호하게 말했습니다. "이봐, 시장은 30년 뒤에는 다시 지금의 자리로 돌아올 거야. 자네는 그럴 수 있나?"

토니: 완벽한 질문이군요.

폴: 그래서 거북이가 경주에 이긴다는 거 아니겠습니까? 일반 개인이 할 수 있는 단 한 가지 가장 중요한 것은 포트폴리오의 분산입니다. 분산투자가 열쇠이고 방어가 열쇠입니다. 그리고 물론, 가능한 한 오랫동안 게임을 유지하는 것이 비결입니다.

토니: 분산투자에 대해 말해보죠. 수비를 중시하는 자산배분은 어떻게 해야 합니까?

폴: 이 투자 배합을 5년 또는 10년 동안은 반드시 유지해야 한다고 [절대적으로] 확실하게 장담할 수 있는 때는 결코 오지 않습니다. 세상은 아주 빠르게 변합니다. 지금 당장 주위를 돌아보면 미국의 주식과 채권은 헛웃음이 나올 정도로 고평가돼 있고 현금 가치는 떨어져 있습니다. 그러면 돈을 어디에 투자해야 할까요? 보유해야 할 시기가 있고 접어야 할 시기가 있습니다. 돈을 벌 수 있는 커다란 기회를 만나는 상황이 언제나 찾아오는 것은 아니니까요.

토니: 그러면 어떻게 해야 합니까?

폴: 때로는 이렇게 말할 줄도 알아야 합니다. "됐어! 여기에는 아무

가치가 없어. 투자 매력이 전혀 없어. 큰 기대 없이 그냥 방어적으로만 포트폴리오를 운용할래. 다치지 않을 만한 포지션이나 유지해야지. 혹시 알아. 그러다가 가치가 오르면 행동을 취할 만한 화력이 생길 수도 있지." 이렇게 말입니다.

토니: 그렇군요. 당신은 포트폴리오를 보호하기 위한 무슨 특별한 전략이 있습니까?

폴: 나는 버지니아대학의 학부에서 강의를 하는데 학생들에게 이렇게 말합니다. "나는 여러분에게 비즈니스스쿨에 가지 말라고 말할 겁니다. 여러분은 이제부터 10만 달러짜리 수업을 들을 겁니다. 나는 여러분에게 두 가지 생각을 전할 겁니다. 비즈니스스쿨에 갈 필요가 없습니다. 여러분은 두 가지만 기억하면 됩니다. 첫째는, 지배적인 트렌드를 언제나 명심해야 한다는 것입니다. 역발상 투자자가 될 필요가 없습니다. 미국의 부자 1위와 2위인 빌 게이츠와 워런 버핏이 돈을 어떻게 벌었을 것 같습니까? 빌 게이츠는 마이크로소프트 주식이 800배 올랐고 그가 트렌드에 올라탔기 때문에 슈퍼리치가 되었습니다. 워런 버핏은 이렇게 말했죠. '좋아. 나는 위대한 기업들을 살 거고 그 회사들을 계속 보유하고 팔지 않을 거야. 빈틈없이 잘만 운영하면 팔지 않아도 복리와 복리의 법칙이 내게 돈을 벌어줄 거야.'라고 말이죠."

토니: 게다가 버핏은 보험회사에서 나오는 현금흐름 덕분에도 수익을 많이 냈죠.

폴: 그는 문명사회 역사상 최대 강세장 중 하나를 처음부터 끝까지 고스란히 이겨냈습니다. 그는 이익의 고통을 잘 이겨냈습니다.

토니: 놀랍군요. 다음 질문으로 넘어가죠. 트렌드인지 아닌지 어떻게 판단합니까?

폴: 나는 내가 관찰하는 모든 것에 대해 종가의 200일 이동평균200-day moving average 측정법을 적용합니다. 나는 증시에서도 상품시장에서도 많은 것이 0으로 내려앉는 것을 목격했습니다. "모든 것에서 손실을 보는 사태를 피하려면 어떻게 해야 하지?"가 가장 중요한 투자 트릭입니다. 200일 이동평균을 이용하면 발을 뺄 수 있습니다. 수비 위치로 옮겨가 퇴장을 할 수 있습니다. 기술분석에 대한 강의를 하면서 나는 이것을 연습문제 삼아 제시합니다. 아래와 같은 가상의 도표가 있습니다. 그것은 백지처럼 아무것도 없는 화이트보드 위에서 계속 위를 향해 올라갑니다.

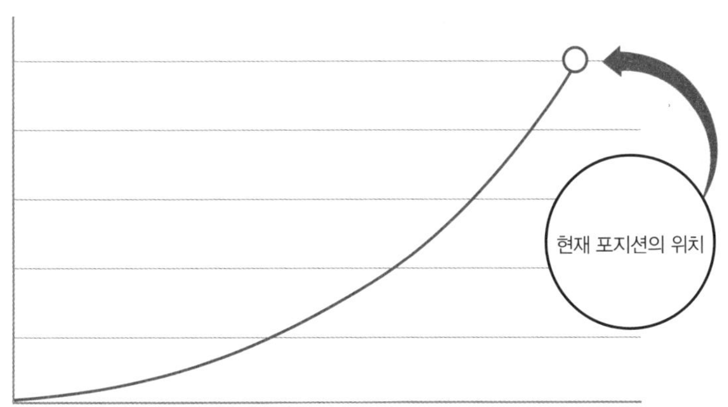

그런 다음 학생들에게 묻습니다. "여기 보이는 것이 여러분이 당장 알 수 있는 전부입니다. 이 도표에서 계속 오랫동안 머물고 싶은 사람이 있으면 손을 들어보세요."

한 60퍼센트 정도가 손을 듭니다. 그러면 투자를 처분하고 팔기를 원하는 사람은 몇일까요? 나머지 40퍼센트 정도는 시장에서 퇴장하겠다고 말합니다. 그러면 저는 말하죠. "여러분 40

퍼센트는 앞으로 평생 동안 절대로 투자 같은 것은 하지 말아야 합니다.● 여러분은 역발상 투자 방식에 따라 팔겠다고 하는데, 어쩌면 그것이야말로 투자를 망치는 가장 커다란 지름길일 수도 있기 때문입니다. 그런 행동은 이것저것 다 산다는 뜻입니다. 바닥으로 내려앉을 것은 사고, 무한정 오를 것은 판다는 뜻입니다. 그러다 언젠가는 죽고 말 겁니다."

토니: 머리에 딱 와 닿네요. 당신이 거둔 가장 위대한 승리 몇 개가 당신의 터닝포인트가 되었다고 말했었죠. 당신은 그때 남들과 많이 달랐죠.

폴: 맞습니다. 1987년 증시가 폭락한 날(검은 월요일)에 나는 돈을 벌었습니다.

토니: 그 일을 좀 자세히 이야기해 주세요. 그것은 트레이딩 역사를 통틀어 3대 거래에 속합니다! 연수익률이 20퍼센트만 되어도 대다수 사람들은 기뻐 날뛸 겁니다. 그런데 당신은 그 한 달 동안 그 트레이딩으로 60퍼센트의 수익을 올렸습니다. 200일 이동평균 가설이 당신에게 무언가 경고를 해주었나요?

폴: 그렇습니다. 그것은 200일 이동평균에서 밑으로 내려앉고 있었습니다. 증시가 한창 무너지고 있을 때 나는 평온함을 유지했습니다.

토니: 그래서 되살아날 때까지 기다렸나요?

폴: 물론이죠.

토니: 정말 놀랐습니다. 그러면 당신은 스스로를 위험 감수자로 생각하지 않는다는 거군요. 당신은 계속해서 자신을 보호하고 트렌

● 국내 증시에도 '달리는 말에 올라타라'는 격언이 있다.

드와 발맞춰 움직일 방법을 찾는 데 집중하는 거군요. 다음으로 학생들에게 가르친 두 번째 투자 사고는 무엇입니까?

폴: 5 대 1입니다.

토니: 비대칭 위험/보상인가요?

폴: 그렇죠. 5 대 1은 5달러를 벌기 위해 1달러를 위험에 건다는 뜻입니다. 5 대 1 전략에서는 타율이 2할만 돼도 됩니다. 바보처럼 굴어도 됩니다. 내 위험 통제 수준이 적절하기만 하다면 80퍼센트가 틀려도 손실이 나지 않습니다. 다섯 번 중 한 번만 맞추면 되니까요. 다만 그렇게 투자하기가 힘들다는 게 문제죠. 인간 본성이 그래서인지 몰라도 우리는 진입부에 대해서는 결코 계산을 따지지 않죠. 우리는 어디에서 항복을 해야 하고 실제로 무엇을 위험에 걸고 있는지 신중하게 생각하지 않아요.

토니: 그런데요 폴, 당신은 80퍼센트나 틀리지는 않잖아요! 자산배분은 굉장히 중요한 문제이니만큼 한 가지 질문을 하고 싶습니다. 당신이 아이들에게 돈은 한 푼도 남겨줄 수 없고 구체적인 포트폴리오와 그 포트폴리오의 운영 원칙만 남겨줄 수 있다면 어떤 원칙을 남겨주겠습니까? 내가 이 질문을 던지는 이유는 평범한 사람도 당신과 같은 눈으로 투자를 바라보고 올바른 포트폴리오 모델을 세우도록 돕고 싶기 때문입니다.

폴: 평범한 소매 투자자들이 이 방법을 쓸까 봐 사실은 매우 걱정됩니다. 이건 정말로 굉장히 어려운 방법이거든요. 이게 쉬운 방법이고 딱 하나로 정형화된 공식이 존재한다면 누구나 수조 달러를 가진 부자가 될 것입니다. 확실하게 지켜야 할 원칙은 200일 이동평균 이하로 내려가는 것은 그 무엇이든 발을 빼야 한다는 겁니다. 5 대 1 원칙에 집중하면서 체계적으로 움직이는

것은 또 다른 문제입니다. 그래도 나는 한 가지는 자신 있게 말할 수 있습니다. 레이 달리오를 인터뷰하세요. 그 사람이야말로 가장 정통합니다. 그 사람이야말로 자산배분에 대해 가장 훌륭한 답을 알려줄 겁니다.

토니: 다행히도 다음 인터뷰 상대가 레이 달리오입니다! 이제 주제를 바꿔보죠. 당신은 눈부신 성공을 거두었고 전설적인 존재인데도 그걸 내세우고 싶어 하지 않죠. 이제 나눔에 대해 이야기를 나눠보죠. 당신의 그 모든 엄청난 자선사업을 이끄는 추진력은 무엇입니까? 그토록 많은 사람들의 삶에 변화를 가져다주기 위해 노력하도록 당신을 추진시키는 힘은 무엇입니까?

폴: 어렸을 때 멤피스에 있는 대규모 노천 채소 시장에 간 적이 있었습니다. 위를 올려다보니 엄마가 어디에도 없더군요. 네 살짜리 꼬맹이한테는 엄마가 세상의 전부이죠. 그 순간 흑인 장신 남자가 내게 다가오더니 다정하게 말했습니다. "걱정하지 마렴. 우리가 엄마를 찾아줄게. 울지 마라. 우리가 엄마를 찾아줄 거야. 조금 있으면 다 괜찮아질 거다." 그는 내 손을 잡고 길을 걸었고 마침내 내 어머니를 발견했습니다. 내가 울고 있는 모습을 보고 어머니는 웃기 시작했습니다.

토니: 우와.

폴: 그런 경험은 결코 잊히지 않는 법입니다. 신의 모든 행동은, 그 작은 행동들은 점점 커지다가 이윽고 증식을 합니다. 우리는 아주 작은 행동이 얼마나 중요한지 잊어버립니다. 내 생각에는 그 사소한 행동이 평생 그 친절에 보답할 방법을 찾아다니게 만들도록 새끼를 친 것 같습니다.

토니: 훈훈한 일화군요. 그 순간의 경험이 지금까지도 당신 삶에 얼

마나 깊은 영향을 끼치고 있을지 충분히 공감이 갑니다. 그러고 보니 우리 둘 다 감상에 젖었네요. 마지막 질문을 하겠습니다. 대다수 사람들은 돈이 많으면 스트레스가 사라질 거라고 착각합니다. 정말로 그렇습니까? 돈과 관련된 스트레스가 영원히 사라지나요?

폴: 그런 날은 오지 않습니다.

토니: 제가 듣고 싶었던 대답입니다.

폴: 어느 것이든 마찬가지겠지만, 돈이라는 것은 절대 충분해지지 않습니다. 지금 나는 후원하고 싶은 사회 운동이 너무 많아서 재무적 스트레스를 받습니다. 나를 행복하게 해주고 인생에 열정을 가져다주고 설렘을 안겨주는 운동에 펑펑 기부할 능력을 가졌으면 좋겠다는 것이 내가 받는 재무적 스트레스입니다. 한 달 쯤 전에 내 능력 밖인 것 같은 대규모 자연보존 프로젝트에 대해 알게 되었습니다. 그것이 완성되려면 적어도 100년은 걸립니다. 나는 속으로 이렇게 생각했습니다. "세상에! 내가 나서서 저 목재소를 사고 그곳의 땅을 치유하고 복구시킨다면 어떨까? 그러면 100년 뒤 그곳은 눈이 부시도록 아름다운 장소가 되겠지! 그곳은 신이 아담에게 일러주신 곳이야. 에덴동산이 틀림없어!" 이어서 이렇게 생각했죠. "좋아. 나는 이것을 감당할 능력이 안 되지만 그래도 정말 하고 싶어. 까짓 거, 엉덩이에 땀이 나도록 열심히 일하면 되잖아. 이것은 100년 뒤의 누군가에게 내가 할 수 있는 최선의 공헌이 될 것이 분명하니까. 그 사람들은 누가 그 일을 했는지는 몰라도 그곳을 사랑하고 아주 흡족해 할 거야."

토니: 인터뷰에 응해 주셔서 감사합니다, 폴. 사랑합니다, 내 형제여.

CHAPTER 7

'레이 달리오' 모든 계절을 준비하는 남자

브리지워터어소시에이츠 창립자 겸 공동최고투자담당자

내가 코네티컷에 있는 레이 달리오의 집에서 그와 마주앉아 인터뷰를 시작한 순간부터 그는 이 책을 이루는 DNA의 일부가 되었다. 우리는 명상의 효과("명상은 내게 평정심을 줍니다."라고 레이는 말했다)에서 경제의 작용("그것은 기계일 뿐입니다.")에 이르기까지 온갖 주제에 대한 설전을 벌이다 보니 그와의 첫 만남은 거의 세 시간이나 이어졌다. 나는 자산규모가 1600억에 달하는 세계 최대 헤지펀드인 브리지워터어소시에이츠가 그간 놀라운 실적을 거뒀다는 사실을 익히 알고 있었다. 나는 레이가 지구상의 누구보다도 위험을 잘 관리한다는 사실을 알고 있었으며 변동성이 높은 시장에서 안전한 항구를 찾기 원하는 세계의 수장들과 거대 금융기관이 그에게 자문을 구한다는 사실도 알고 있었다.

하지만 이 책에 등장하는 다른 슈퍼스타들에게 던진 것과 똑같은 질문을(당신의 자녀에게 돈은 남겨줄 수 없고 포트폴리오만 남겨줄 수 있다면 어떤 포트폴리오를 남겨주겠습니까?) 그에게 던진 순간 그의 입에서 내가 그토록 절실히 찾아 헤매던 성배가 나오리라고는 나는 짐작도 하지 못했다. 그는 당신 같은 평범한 개인투자자가 종잣돈을 불릴 수 있고 어떤 계절에도 들어맞으며, 평생 저축을 위험에 노출시킬 필요가 없는 그야말로 완벽한 투자 계획을 알려주었다. 지금까지는 레이의 고객들만이 모든 경제 계절에 다 적용되는 이 마법과도 같은 성공 투자 공식에 접근할 수 있었다. 이 공식을 세상에 널리 알릴 수 있도록 따로 시간과 장소를 마련해준 그의 넉넉한 나눔에 나는 무척이나 놀랍고도 감사한 마음이다.

여기서는 레이의 포트폴리오에 대해 따로 설명하지는 않겠다. 당신은 이 책을 펼친 순간부터 그와 여행을 함께했고 지금까지 빠뜨리지 않고 잘 읽었다면 5부 1장과 2장도 당연히 읽었을 것이다. 그와 그의 포트폴리오에 대한 설명은 두 장에서 자세히 다뤘다. 혹시 5부 1장과 2장을 건너뛰었다면 절대로 안 된다. 앞으로 돌아가 반드시 읽어라. 눈이 번쩍 뜨이고 인생이 바뀔 것이다! 빠뜨리지 않고 읽었다면 이제는 실행할 시간이다. 레이 달리오야말로 경제 사계절의 주인이다.

CHAPTER 8

'메리 캘러핸 어도스' 2조 5천억 달러의 여인

J.P.모건애셋매니지먼트 사업부 CEO

메리 캘러핸 어도스는 160센티미터도 안 되는 단신이지만 미국 최대 은행 산하에 속한 세계 최대 자산운용사 중 한 곳의 수장으로서 그녀의 그림자는 멀리까지 길게 뻗어있다. 〈포브스〉는 어도스를 '남자들이 지배한 월스트리트 하늘에서 진귀하게 빛나는 여성 혜성'이라고 칭하면서 세계에서 가장 강력한 여성 100명에 그녀의 이름을 올렸다. 그녀가 J.P.모건애셋매니지먼트 사업부의 CEO에 오른 2009년 이후 이 사업부의 운용자산은 5천억 달러가 넘게 늘어났다. 30퍼센트가 넘는 성장이었다! 현재 어도스는 여러 재단, 중앙은행, 연기금, 세계 최대 부자들이 맡긴 2조 5천억 달러의 자산운용을 총괄하고 감독한다. 어도스의 이름은 언론이 JP모건체이스의 현 CEO인 제이미 다이먼Jamie Dimon의 뒤를 이을 후계자를 점치며 작성하는 짧은 명단에도 자주 등장한다.

이 책에 나오는 금융 대가들 대부분은 저비용의 수동적인 자산운용이야말로 개인투자자에게 장기적 성공을 가져다준다고 말하지만 어도스는 최고의 액티브 매니저들이 운용하는 펀드는 비싼 수수료의 값어치를 한다고 주장한다. 그녀는 자사 서비스에 만족한 고객들의 충성도와 지속적인 신규 고객 증가가 그것을 입증한다고 말한다.

어도스의 피에는 자산운용이 흐르고 있다. 그녀는 가톨릭을 믿는 아일랜드계 대가족의 첫 아이이자 외동딸로 일리노이 주 위네트카에서 태어났다. 아버지인 패트릭 캘러핸Patrick Callahan은 시카고 소재 투자은행 라자르프레레Lazard Freres에서 일했다. 메리는 고등학교 시절 수학 성적이 뛰어났고 마상 시합에서 우승하기도 했으며 조지타운대학에 입학해서는 수학과의 홍일점이었다. 남편인 필립 어도스Philip Erdoes와는 하버드비즈니스스쿨에서 MBA 과정을 같이 밟는 동문으로 처음 만났다.

금융서비스 산업에 종사하는 경영자로서 어도스는 여러 면에서 정형화된 틀을 깨뜨렸다. 이 분야는 공격적 경영 방식으로 유명하지만, 동료들은 그녀의 경영 방식을 묘사할 때 '충실한', '팀 지향적', '배려심이 깊은' 등과 같은 말을 자주 언급한다. J.P.모건의 핵심 자리에 오르기까지 그녀가 자산운용과 관련해 별도의 도움을 필요로 하는 고객을 만나기 위해 세계 각국을 날아다녔다는 것은 잘 알려진 사실이다. 현재 마흔 후반이고 직원 수가 26만 명에 달하는 초대형 은행의 최고경영진 중 한 명으로서 그녀는 뛰어난 금융 실력만큼이나 훌륭한 리더십으로도 정평이 나 있다.

우리의 인터뷰는 아래로 파크애비뉴와 맨해튼의 마천루들이 굽어보이는 J.P.모건의 본사인 유니온카바이드 빌딩에서 이뤄졌다. 승강기를 타고 회의실로 향하는데 J.P.모건애셋매니지먼트의 커뮤니케이션 이사인 대린 오두요예Darin Oduyoye는 조금 뒤에 내가 만날 사람이 어떤 사람인지 단적으로 설명해주는 인상 깊은 일담 하나를 이야기해주었다. 원래 오두요예는 방송 일을 하고 싶다는 꿈을 버리지 않았지만 그럼에도 J.P.모건 뮤추얼펀드 사업부에 직장을 잡았고 나중에는 홍보부서로 발령이 난 사람이었다. 세계 각지에 있는 자산운용 부서 직원들을 위한 아침 회의 방송 프로듀서를 맡아달라는 어도스의 부탁에 오두요예는 깜짝 놀랐다.

"저는 투자 일은 잘 알지도 못하는 걸요!" 그는 거절했다.

"글쎄요, 당신은 방송 일을 하고 싶다고 입버릇처럼 말했잖아요. 토크쇼 프로듀서가 된다고 생각하시면 됩니다!"

"그녀는 나보다도 더 나를 확실하게 파악하고 있었던 거죠." 대린은 내게 그렇게 말했다.

직원이 어떤 부서에서 어떤 일을 하든 어도스는 직원 한 명 한 명을 잘 파악하기 위한 노력을 아끼지 않는다. 그러면서도 어린 세 딸과 점심을 같이 먹기 위해 주기적으로 따로 시간을 마련하고 아이들의 하교도 대부분은 그녀가 책임진다. 그것이 그녀가 일과 개인 생활을 하는 방식이고 그런 태도가 그녀를 지금의 걸출한 리더로 만든 비결이다.

토니: 당신은 세계 최대 자산운용그룹 중 한 곳의 리더입니다. 당신이 걸어온 여정과 그동안 부딪쳤던 도전 그리고 당신을 이끄는 원칙을 간략하게나마 말해 주세요.

메리: 자신이 원하는 방향으로 정확히 인생을 설계할 수 있는 사람은 없다고 봅니다. 우연이든 상황 때문이든 많은 사건이 일어나니까요. 내가 처음 주식을 선물로 받았던 때가 기억나네요. 유니온카바이드 주식이었습니다. 할머니가 생일 선물로 주셨죠. 그때가 일고여덟 살쯤이었을 거예요. 기억할 만큼은 되지만 그게 무엇에 쓰는 것인지 알 정도의 나이는 아니었죠.

주식을 주시면서 할머니가 말했습니다. "이건 팔면 안 된다." 지금도 그 말에 전적으로 동의한다고는 자신할 수 없어요! 하지만 할머니 말씀은 이랬어요. "여기에는 복리로 가치가 붙는다. 이걸 계속 가지고 있으면 나중에 크게 불어나 지금보다 훨씬 높은 금액이 돼 있을지도 모른다." 그 말씀이 어렸던 나에게 저축의 중요성을 심어 넣고 자산운용에 대해 생각하게끔 만드는 계기가 되었어요. 게다가 나는 어린 시절부터 숫자에는 자신이 있었고, 그러다보니 저축과 소비의 개념이 강력하게 자리 잡을 수 있었어요.

아버지가 금융산업에서 일한 것도 도움이 되었습니다. 주말이면 아버지 사무실에 가서 '사무실 놀이'를 할 때가 많았거든요. 아버지의 책상은 내 차지였고 남자형제들은 아버지 비서 자리에 앉혔어요! 꽤 즐거운 성장 시절이었습니다. 어쩌면 그런 경험을 통해 내가 금융서비스 일을 무서운 업종이 아니라 즐겁고 신나는 일로 생각하게 되었던 것 같습니다. 어린 시절에 아주 귀한 경험을 쌓았죠.

토니: 남자 천지인 분야에 종사하고 계시잖습니까. 이 일을 하면서 그 동안 겪은 가장 큰 도전은 무엇이었습니까?

메리: 자산운용은 결과가 모든 것을 말해주는 분야입니다. 악순환이

지요. 고객에게 우수한 실적을 내주면 그들은 더 많은 돈을 투자하고, 그러면 거기서 계속 돈이 벌립니다. 할머니한테서 배웠던 복합성장의 개념이 적용되는 거죠. 그렇기에 실적에 중점을 둔다는 점에서 자산운용은 평등을 촉진하는 산업이라고 말할 수 있습니다. 실적이 좋으면 성공합니다.

토니: 리더십은 어떤가요? 당신이 정의하는 리더십은 무엇입니까?

메리: 경영을 리더십과 혼돈해서는 안 됩니다. 내가 생각하는 리더십이란 나도 하지 않을 일을 남에게 시키지 않는 것을 뜻합니다. 매일 아침 눈을 뜨면 조직을 더 좋은 곳으로 발전시킬 방법은 없나 궁리하는 것을 뜻합니다. 나는 J.P.모건애셋매니지먼트의 직원들을 위해 일합니다. 그 반대가 아니라요. 나는 진심으로 그렇게 믿습니다. 그렇기 때문에 나는 직원들이 스스로를 바라보는 것보다 더 많은 것을 보려고 노력합니다.

포트폴리오 매니저이자 고객에게 자문을 해주는 사람이자 비즈니스 리더로서 나는 우리가 고객에게 무엇을 성취해줄 수 있는지 알고 있습니다. 그래서 단순히 팀을 이끄는 리더만이 아니라 그들 앞에 서서 순탄한 여행이 되도록 이끌어주는 것이 내 일입니다.

리더십을 타고 난 사람도 있고 아닌 사람도 있습니다. 그렇다고 리더십을 연구하고 발전시키고 어떤 리더십이 효과적이고 비효과적인지 알기 위해 노력할 필요가 없다는 뜻은 아닙니다. 사람마다 상황마다 어울리는 리더십 유형은 다르겠지만 리더십의 기본 교리는 변하지 않습니다.

토니: 최근에 노벨경제학상을 수상한 로버트 실러 박사를 인터뷰했습니다. 그는 사람들이 지금은 당연한 것으로 여기고 있는, 금

융기관이 세상에 도움을 준 일들에 대해 말하더군요. 당신은 금융기관에 대한 평판이 왜 변했다고 생각합니까? 그리고 그것을 바꾸려면 어떻게 해야 한다고 생각합니까?

메리: 금융위기가 벌어지게 된 경위를 따지면 금융산업에 대한 신뢰가 바닥으로 떨어진 이유를 쉽게 이해할 수 있습니다. 사후약방문이긴 하지만 고쳐야 할 부분이 몇 가지 있었습니다. 대표적으로, 지나치게 복잡하고 혼란스러운 금융상품을 뜯어고쳐야 했습니다. 그렇더라도 전체적으로 보면 금융서비스 산업은 세상에 많은 공헌을 합니다. 우리는 기업이 성장할 수 있도록 자본을 제공하고, 기업이 성장하면 일자리가 창출됩니다. 우리는 개인이 힘들게 일해 번 돈을 저축하고 투자하도록 도와주고, 개인은 그렇게 모은 돈을 가지고 집을 사고 대학 등록금을 내고 안락한 노후를 준비할 수 있습니다. 우리는 지역사회를 재정적으로 지원해주고, 직원들이 가진 지적 자본과 물리적 자본을 제공해줍니다.

나는 금융산업의 일원이라는 것이 자랑스럽고 J.P.모건의 일원이라는 사실에는 훨씬 큰 자부심을 느낍니다. 우리 은행의 26만 명 직원들은 매일 고객을 위해 열심히 일하고 있고 해야 할 일을 제대로 하기 위해 노력합니다. 우리 직원들끼리 하는 말이 있습니다. 내 할머니한테 선뜻 구입하라고 권할 수 없는 금융상품은 사업 개시를 하지 말아야 한다는 말이지요. 단순하지만 굉장히 중요한 시각입니다.

토니: 조금 민감한 주제를 꺼내겠습니다. 레이 달리오나 잭 보글, 데이비드 스웬슨, 워런 버핏은 적극 운용 펀드는 장기적으로는 승리하지 못한다고 말합니다. 96퍼센트나 되는 액티브 매니저가 지

수를 이기지 못하기 때문이죠. 당신은 지금껏 우수한 실적을 거뒀으니만큼 그런 주장에 대한 당신의 견해를 듣고 싶습니다.

메리: 성공 투자에서 가장 손꼽히는 도전은 만병통치약과 같은 접근법은 없다는 것입니다. 그러나 세계에서 가장 성공한 포트폴리오매니저들을 보면 알겠지만 그들 중 상당수는 나름의 통찰력을 더해 종목을 수시로 사고팔면서 자산을 적극적으로 운용합니다. 그들이 보여준 기록이 그 증거입니다. 장기적으로 높은 복합성장수익률을 달성한 적극 운용 펀드는 투자자의 포트폴리오에 커다란 차이를 만들어냅니다. 겉보기에는 비슷한 두 회사가 있습니다. 방대한 자료조사를 바탕으로 두 회사를 분석한 뒤 어느 쪽이 더 훌륭한 장기 투자일지 판단하는 것이 액티브 매니저가 하는 일입니다. 우리 J.P.모건애셋매니지먼트에는 오랫동안 지속적으로 그 일을 훌륭하게 해낸 매니저들이 포진해 있습니다. 그것이 사람들이 자산운용을 도와달라며 우리 회사에 2조 5천억 달러를 맡기는 이유입니다.

토니: 위대한 투자자는 언제나 비대칭 위험/보상 기회를 노립니다. 슈퍼리치들도 매번 그렇게 하고요. 그렇다면 슈퍼리치가 아닌 일개 개인투자자가 무위험으로 또는 거의 위험 없이 부를 쌓을 수 있는 방법에는 무엇이 있을까요?

메리: 중요한 것은 부의 수준이 아니라 좋은 전문가를 만나 좋은 조언을 받고 계획을 꾸준히 유지하는 것입니다. 사람들도 처음에는 분산투자로 시작을 합니다. 그러다 시장 상황이 변하면 상방 기회에 더 많이 올라타거나 우호적이지 않은 상황을 장밋빛으로 예측하면서 매매 타이밍을 노립니다. 하지만 그런 행동은 매우 위험합니다. 모든 시나리오를 다 예상하는 것은 불가능하

기 때문이죠. 훌륭하게 분산된 포트폴리오는 그런 [큰 보상을 가져다줄지도 모르는] 꼬리 위험을 포착하도록 도와줍니다. 그러니 처음의 분산투자 계획을 유지하면 장기적으로 아주 높은 부를 창출할 수 있습니다.

토니: 오늘날 투자자들이 직면하는 가장 큰 기회는 무엇이고, 철저히 준비해야 할 가장 큰 도전은 무엇입니까?

메리: 훗날 지금 시기를 되돌아보며 "그때가 투자하기에 좋은 시절이었지."라고 말할 날이 올지도 모릅니다. 지금 시스템은 유동성이 높기는 하지만 뜯어 고쳐야 할 잘못된 부분도 많습니다. 그러나 앞으로 5년을 바라보는 투자 기회는 지금 당장 생각해봐야 합니다. 특히 장기 성장 전망을 바라보면서 하는 투자일수록 더 그렇습니다. 대다수 투자자가 원하는 것은 소득, 변동성의 완화, 유동성입니다. 2008년의 후유증이 아직 남아 있기 때문인지 많은 사람은 "내가 당장 돈이 필요할 경우 꺼낼 수 있을까?"가 우선적인 관심 사항입니다. 당장 돈을 꺼낼 필요가 없으면 그 돈을 투자해야 합니다. 그것이 장기적으로 큰 이득을 선사할 것이고 훗날 과거를 되돌아보고는 그렇게 했던 자신의 행동을 무척이나 대견스럽게 여길 것입니다.

더군다나 투자 여건이 더 좋은 미래를 만들기 위해 금융산업의 규제와 규정도 많이 바뀌었습니다. 시장이 비정상으로 흐를 일이 없어진다는 뜻이 아니라 시스템이 개선되어 안전성이 더 높아질 것이라는 뜻입니다.

토니: 자수성가한 억만장자들을 인터뷰하면서 제가 던졌던 질문을 당신에게도 하겠습니다. 당신은 재무적 스트레스가 사라졌습니까?

메리: 아무리 많은 재산을 모으고 크게 성공해도 재무적 스트레스는

절대로 사라지지 않습니다.

토니: 왜 그런가요?

메리: 재무 상태가 어떤 수준이건 돈을 가장 효과적으로 사용하고 싶은 마음은 사라지지 않기 때문이죠. 의료비와 가족의 행복을 위해 돈을 지출하건, 아니면 미래 세대를 위해 안전하게 돈을 투자하건 아니면 자선 활동의 목표를 충족하기 위해서건, 다 마찬가지입니다.

토니: 그런 스트레스를 날려줄 치료제가 있을까요? 당신은 어떤 방법을 사용합니까?

메리: 나는 전체를 보면서 내가 통제할 수 있는 일에 초점을 맞추는 것을 가장 중요하게 생각합니다. 다시 말해 매일 내가 할 수 있는 일을 최대한 다 하고 내 전부를 다 쏟아 붓기 위해 노력하는 거죠. 인간으로서의 자신을 보살피고 프로로서 업무에 충실하고 가족에게 관심을 기울이고 친구와 자신의 몸과 마음을 돌보는 일 사이에서 균형을 잃어서는 안 됩니다. 가끔씩 삐걱거리는 것은 문제가 되지 않지만 삐걱거리는 상태가 지속되도록 놔둬서는 안 됩니다.

토니: 당신의 자녀에게 돈은 물려줄 수 없고 몇 가지 투자 원칙과 포트폴리오 전략 내지는 자산배분 전략만 남겨줄 수 있다면 무엇을 남겨주겠습니까?

메리: 장기적인 관점에서 투자하고 정말로 필요할 때만 거기에서 돈을 인출해야 합니다. 사람마다 맞는 구체적인 포트폴리오 구축 전략은 다 다릅니다. 한 예로 나한테는 딸이 셋입니다. 아이들은 연령대가 다 다릅니다. 세 아이 모두 가진 능력이 다르고 그 능력은 시간이 흐르면서 변할 겁니다. 한 아이는 다른 아이보

다 지출이 클지도 모릅니다. 검소하게 사는 아이도 있을 거고요. 돈 벌이가 좋은 분야에서 일하기를 원하는 아이도 있겠고 천성적으로 박애 정신이 높은 아이도 있을 수 있습니다. 결혼을 할지 말지도 딸들마다 다 다를 것이고 아이를 가질지 여부도 각자의 결정에 따라 달라질 겁니다. 포트폴리오를 어떻게 바꿀지는 아이들마다 시간이 흐르면서 달라지겠지요. 내가 딸들이 태어난 첫 날부터 자산배분 원칙을 정했을지라도 바꿀 수밖에 없는 것도 바로 이런 이유에서입니다.

토니: 지금 딸들의 나이는 몇 살입니까?

메리: 열한 살, 열 살, 일곱 살입니다. 한창 개구질 나이죠.

토니: 내가 알기로 당신은 '일과 개인생활의 통합'이 중요하다고 믿더군요. 그 부분에 대해서 이야기해 주시죠.

메리: 내가 이 회사에서 일하게 된 자체가 매우 큰 행운입니다. 가족을 챙기는 것을 적극 지지해주고, 가장 좋은 상태에서 일할 수 있도록 직원들에게 융통성도 많이 부여해줍니다. 아이의 축구 게임을 보기 위해 조금 일찍 로그오프를 했다가 나중에 밤에 다시 로그인을 해서 프로젝트를 끝마쳐도 되고 아니면 내가 어릴 때 아버지가 그랬던 것처럼 주말에는 아이들을 사무실에 데려와도 됩니다. 자신과 가족에게 가장 좋은 일을 할 수 있도록 선택권을 부여 받습니다.

토니: 당신이 아버지의 사무실에서 놀았던 것처럼 말이죠! 당신의 딸들도 당신 책상에 앉아 미래를 준비하는 거군요.

메리: 맞아요. 내 직장생활과 가족생활은 하나입니다. 그리고 두 가지 모두에 최선을 다하겠다는 내 결심은 절대로 꺾이지 않습니다.

CHAPTER 9

'T. 분 피컨스' 부자가 되어 베풀려고 태어난 남자

BP캐피털매니지먼트 회장 겸 CEO

CNBC가 '석유 신탁(神託)Oil Oracle'이라는 별명을 붙인 T. 분 피컨스는 언제나 시대를 앞서 나갔다. 1980년대 초에 그는 최초의 기업 사냥꾼이었다. 비록 본인은 '주주 행동가'라는 명칭을 더 선호했지만 말이다. 그는 당시 개념도 생소한 주주 가치 극대화에 최초로 초점을 맞추었고, 오랜 시간이 흐른 지금 이것은 미국 기업문화의 표준이 되었다. 〈포천〉은 이렇게 선언했다. "분의 생각은 한때는 혁명적인 것이었지만 이제는 당연하다는 인식을 넘어 경제의 핵심이 되었다."

2000년대 초에 피컨스는 헤지펀드 매니저로 변신했고 에너지 자산 투자를 통해 일흔 살이 넘어서야 첫 10억 달러를 벌었다. 그 후 15년 동안 피컨스는 그 10억 달러를 40억 달러로 불렸다가 그중 20억 달러를 다시 잃었고 10억 달러는 기부했다.

언제나 낙천적인 분은 얼마 전에 다섯 번째 결혼을 했으며, 여든 중순인 지금은 소셜미디어에 자주 근황을 비치고 있고 아직은 그 재미가 시들해진 기색이 보이지 않는다. 지난 해 〈포천〉 400대 부자 명단에서 탈락한 후 그가 남긴 트윗은 굉장히 유명하다. "걱정 말기를. 9억 5천만 달러로도 나는 행복하다. 재밌게도 나는 내 순자산보다 많은 10억 달러를 기부했다." 내가 그의 순자산에 대한 말을 꺼냈을 때 그는 이렇게 말했다. "토니, 알잖아요. 나는 몇 년 안에 또 20억 달러를 벌 거예요."

대공황 시대에 태어난 분은 무일푼에서 시작했다. 열두 살의 그는 신문 돌리는 일을 했고 얼마 안가 28부수에서 156부수로 배달 부수를 금세 늘렸다. 그는 자신의 소년 시절 일이 '인수합병을 통한 성장'을 어설프게나마 맛보게 해주었다고 말하곤 한다. 1951년 오클라호마 주립대학(그때의 명칭은 오클라호마 A&M이었다) 지리학과를 졸업한 후 피컨스는 텍사스 주에 자신만의 에너지 제국을 세웠다. 1981년에 피컨스의 메사석유Mesa Petroleum Corporation는 세계 최대 독립 석유회사 중 하나로 성장해 있었다. 그가 1980년대에 행했던 경영권 인수의 면면을 살펴보면 전설적이라 할 만한데, 그중 대표적인 인수 타깃은 걸프오일Gulf Oil, 필립스석유Philips Petroleum, 유노칼Unocal이었다.

하지만 피컨스의 재산은(그리고 운은) 항상 들쑥날쑥했다. 메사의 순이익이 급강하한 후 1996년 그는 회사를 떠났고, 많은 사람이 카운트다운 했던 대로 그는 얼마 안 가 투자한 자본의 90퍼센트를 잃었다. 그러나 피컨스는 마지막 남은 300만 달러를 수십억 달러로 불리며 투자 무대에 화려하게 컴백했다.

오늘날 투자자는 거의 대부분 주식과 채권이라는 두 자산군에 주로 투자하지만 분의 BP캐피털은 다르다. 그는 에너지 선물과 파생상품 시장이 움직이는 방향에 베팅한다. 이 책은 평범한 개인투자자의 재무적 독립을 돕는 것을 목표로 하지만, 분은 해외 석유에 대한 높은 의존도가 미국의 국가안보만이 아니라 경제 건전성에도 최대의 위협이 된다고 말한다. 언제나 시대를 앞서나가는 사람인 피컨스는 미국을 높은 OPEC 의존도에서 탈피시키고 이른바 피컨스플랜Pickens Plan을 통해 새로운 에너지 정책의 물결을 촉진하기 위한 십자군 운동을 벌이고 있다.

나는 까마득한 예전부터 피컨스의 팬이었고 이제는 그를 친구라고 칭할 수 있는 특권도 얻었다. 그는 내 재무관리 세미나 강단에 여러 번 서줄 정도로 너그러운 사람이었다. 다음은 부를 구축하는 방법, 미국의 에너지 미래 보호, 그의 미약했던 출발을 주제로 우리가 최근에 나눴던 대화를 요약한 것이다.

토니: 탄생에 얽힌 이야기가 놀랍도록 흥미롭던데요, 그 이야기부터 시작하죠. 당신은 본인을 '세계 최고의 행운아'라고 자주 말하더군요. 농담이 아니라 진심으로요. 왜 그런지 이야기해 주시죠.

피컨스: 어머니는 나를 1927년에 임신했고 나는 1928년 5월에 오클라호마의 작은 시골 마을에서 태어났습니다. 의사가 아버지에게 이렇게 말했다더군요. "톰, 힘든 결정을 해야 할 것 같습니다. 아내와 아이, 둘 중 하나만 살릴 수 있어요." 그러자 아버지가 말했습니다. "그럴 수 없습니다. 선생님은 둘 중 하나를 포기하지 않고도 아기를 태어나게 할 방법을 찾을 수 있을 겁니다." 행운이 따라서인지, 그 작은 마을에는 의사가 단 둘뿐이었지만 어머니의 의사는 외과의였습니다. 의사가

말했습니다. "흠, 톰, 제왕절개를 하라는 거군요. 나는 제왕절개를 눈으로 보기만 했을 뿐 직접 해본 적은 없습니다. 책으로 읽기는 했죠. 내가 읽은 양이 얼마나 되는지 당신도 아셔야 합니다." 의사는 아버지를 방 건너편으로 데려가 제왕절개에 대해 나오는 분량을 보여줬습니다. 한 페이지 반에 불과했죠. "톰, 이게 내가 제왕절개에 대해 아는 전부입니다." 아버지는 그것을 읽고 의사에게 말했습니다. "선생님은 하실 수 있을 겁니다." 두 사람은 무릎을 꿇고 기도했습니다. 그런 다음, 아버지는 1928년 그날 의사에게 제왕절개로 나를 분만해 달라고 부탁했습니다.

토니: 와아!

피컨스: 그 병원에서 다시 제왕절개하기까지는 30년을 더 기다려야 했습니다.

토니: 당신의 부친은 사랑하는 두 사람의 생사를 결정하는 문제에 있어서는 남들의 뜻을 따르지 않는 용기를 가지고 있었군요. 정말 놀라운 분이셨군요. 굽히지 않으면서 다른 방법이 있다고 말할 줄 아는 용기를 가지신 거죠. 그런 배경이 당신의 인생에도 영향을 미쳤을 것 같은데요? 당신도 안 된다는 말을 무조건 받아들이지는 않잖아요?

피컨스: 네, 맞습니다.

토니: 당신의 아버지가 최종적인 역할모델이 되었고, 덕분에 힘든 결정을 내릴 줄 아는 힘을 가진 사람이 탄생한 거죠. 당신도 잘 태어났고 당신의 어머니도 무사했고요. 정말 아름다운 이야기입니다. '세계 최고의 행운아'라고 자칭하는 이유가 이해가 갑니다.

피컨스: 그럴 겁니다.

토니: 당신은 정직함의 개념도 굉장히 중요하게 생각합니다. 그런데 불행히도 금융산업 종사자 대부분에게 정직함은 핵심 원칙이 아닙니다. 거기에 대해 이야기를 나눠보죠.

피컨스: 토니, 내가 신문을 돌릴 때 일이에요. 아래를 봤더니 무언가가 내 눈에 들어왔죠. 잔디밭에 지갑이 떨어져 있었던 거죠. 내가 신문 돌리는 집의 옆집에 사는 사람의 지갑이었어요. 그래서 그의 집 현관문을 두드렸습니다. "화이트 아저씨, 아저씨 지갑을 주웠어요." "세상에, 이건 나한테 무척이나 중요한 지갑이란다. 정말 고맙구나. 보답을 해주마." 그는 내게 1달러를 줬습니다. 나는 눈이 휘둥그러졌습니다. 그 당시에 1달러는 꽤 큰돈이었거든요.

토니: 그렇죠.

피컨스: 그 때가 1940년이었습니다. 나는 열한 살이었죠.

토니: 와우.

피컨스: 나는 한껏 들뜬 채 집에 돌아와서, 엄마와 고모와 할머니한테 화이트 아저씨가 내게 1달러를 왜 줬는지 자랑을 늘어놓기 시작했습니다. 그런데 식구들이 모두 고개를 절레절레 흔들더군요. 어른들이 마땅찮아 한다는 것이 내 눈에도 보였습니다. "왜들 그러세요? 내가 지갑을 찾아드렸더니 화이트 아저씨는 굉장히 좋아하셨어요." 그러자 할머니가 나를 보면서 말씀하셨습니다. "얘야, 정직한 행동에는 대가를 받는 게 아니란다." 그래서 나는 그 1달러를 화이트 아저씨에게 되돌려드리기로 결심했습니다.

토니: 믿기 힘든 이야기군요! 힘든 결정을 내릴 줄 아는 힘과 정직

함, 이 두 가지 가치가 당신의 진정한 밑바탕이 되었군요. 당신이 예전에 했던 말은 어린 나에게 큰 영감이 되었죠. 리더와 추종자를 가르는 특징이 무엇인가에 대한 당신의 설명은 아직도 내 뇌리에 깊이 남아 있습니다. 당신은 언제나 자신이 정한 기준에 맞게 살아왔다고 말씀하셨죠. 제 기억이 맞는다면, 당신은 리더의 비결은 결단력이라고 했었죠.

피컨스: 1984년에 메사석유는 걸프오일에 대한 인수를 시도했습니다. 내가 보기에 그 회사는 경영진이 형편없었습니다. 저는 당시 이렇게 말했습니다. "저 사람들은 방아쇠도 당기지 못할 사람들이야. 조준, 조준, 조준만 외치다가 발사는 하지 못할 거야!"

토니: 멋진 표현이군요. 당신은 재빨리 발사할 수 있다는 말인가요?

피컨스: 리더 자리에 앉아 있으면서 제대로 결정을 내리지 못하는 사람들이 많습니다. 아주 화가 나는 일이죠. 그들은 결정을 내리고 싶어 하지 않습니다. 누가 대신 선택해주기를 바랍니다. 나는 내가 내린 결정이 잘 진행되어 좋은 결과가 나오면 기분이 좋은데 말입니다.

토니: 그것은 당신의 행동으로 이미 증명하고도 남았죠. 당신은 에너지 분야를 이해하고 그 지식을 활용해 억만장자가 되었으니까요.

피컨스: 유가 예측을 21번 했고 그중 19번을 정확히 맞혔죠.

토니: 와아, 21번 중 19번이요?

피컨스: 네, 전부 CNBC에서 했죠.

토니: 믿기지 않는 성적입니다. 게다가 당신은 갤런(약 3.79리터)당 4달러 시대가 올 거라는 것도 맞혔죠? 2011년에는 유가가 그렇게 오르리라고 생각한 사람은 아무도 없었죠.

피컨스: 내가 2011년 선밸리에서 열린 당신의 세미나에서 7월 넷째 주 주말에는 배럴당 120달러까지 오를 거라고 목에 힘을 주고 말했고 실제로 그렇게 되었죠. 전 세계 수요가 하루에 900억 배럴로 오를 것이고 그 수요에 맞춰 유가도 오를 것이 분명하다고 말했던 기억이 납니다.

토니: 우리 플래티넘파트너스의 동료들 상당수는 당신이 예측한 대로 베팅을 해서 꽤 높은 수익을 냈습니다. 유가 상승을 이용하기 위한 합성옵션synthetic option(어떤 금융상품에서 보상을 거두기 위해 다른 금융상품을 이용하는 옵션 내지는 포지션—옮긴이)의 기회를 얻었죠. 다 당신의 정확한 예측 덕분입니다. 여기서나마 감사를 드립니다. 이제 당신의 실적을 이야기해보죠. 위대한 투자자들을 인터뷰하면서 여러 번 본 건데, 그들 중 상당수는 비대칭 위험/보상이라는 주제에 초점을 맞추고 있더군요. 위험을 줄이거나 위험 수준에 맞는 보상을 거두는 것에 대해 당신은 어떻게 생각합니까? 당신의 철학은 무엇입니까?

피컨스: MBA에서 매번 가르치는 내용입니다. 하방위험을 줄이고 상방 가능성을 높이면 보상이 따라온다는 것이 그들의 말입니다. 나는 투자에 그런 식으로는 접근하지 않습니다.

토니: 정말요?

피컨스: 들어보세요. 다른 거래에 비해 더 좋은 거래가 있기 마련이고, 우리는 위험 분석을 꽤 훌륭하게 해냅니다. 그렇지만 내가 어떤 방식으로 최종 결정을 내리는지는 구체적으로 말하기가 힘들군요. 확실한 것은, 나는 공을 때리면 장외 홈런을 칩니다. 그런데 똑같은 거래인데도 삼진 아웃을 당할 수도 있습니다. 나는 큰 보상을 얻기 위해 기꺼이 큰 위험을 감수합니다.

토니: 무슨 말씀인지 이해가 갑니다. 이제 한 가지 질문을 던지겠습니다. 당신의 자녀에게 금전적 부는 한 푼도 물려줄 수 없고 대신에 투자 철학 내지는 포트폴리오 전략을 물려줄 수 있다면 무엇을 물려주겠습니까? 당신의 자녀들이 장기적으로는 부를 거머쥐도록 돕기 위해 어떤 조언을 하겠습니까?

피컨스: 훌륭한 직업윤리를 가지고 있다면 그것을 아이들에게 물려줄 수 있겠죠. 훌륭한 교육을 받았고 거기에 훌륭한 직업윤리까지 더해진다면 근면성실하게 일하는 태도가 길러집니다. 그러면 목표에 도달할 수 있다고 나는 믿습니다. 나는 오클라호마의 시골 마을에서 직업윤리를 길렀습니다. 내 할머니와 아버지와 어머니는 모두 열심히 일했습니다. 내 주변의 사람들은 전부 성실했습니다. 나는 좋은 교육을 받은 사람들이 돈을 더 많이 버는 것도 목격했습니다.

토니: 포트폴리오 전략을 가르치기보다는 마음가짐, 다시 말해 직업윤리를 가르치는 것이 더 중요하다는 소리군요.

피컨스: 맞습니다.

토니: 수십억 달러를 벌기도 했고 잃기도 하셨죠. 돈은 당신에게 무엇입니까? 부는 당신에게 어떤 의미입니까?

피컨스: 흠. 언제 나 스스로를 부자라고 인식하게 되었는지를 말하고 싶군요.

토니: 그게 언제였죠?

피컨스: 사냥개를 12마리 가지게 된 때였죠.

토니: 그때 연세가 몇이었죠?

피컨스: 쉰 살이었습니다.

토니: 그렇군요!

피컨스: 예전에는 사냥을 다녔습니다. 나는 사냥개를 기르지 않은 적이 없었고 틈만 나면 메추라기 사냥을 나갔습니다. 아버지도 그랬고 나도 그랬습니다. 처음에는 뒷마당에 사냥개 한 마리만 길렀는데, 형편이 나아지면서 두 마리를 길렀습니다. 사냥개가 12마리로 불어났을 때는 사육장도 따로 만들었습니다. 그러던 어느 날 나 스스로에게 말했습니다. "이야, 난 부자야. 사냥개가 12마리나 있어!"

토니: 그렇게 번 돈으로 국가를 위해 좋은 일을 많이 하셨죠. 대학에 기부한 액수가 역대 최고 중 하나라고 들었습니다. 모교인 오클라호마주립대학OSU에 5억 달러가 넘는 돈을 기부하신 걸로 압니다. 정말 엄청난 금액을 기부하셨군요.

피컨스: 운동 성적에서든 학술 활동에서든 OSU의 경쟁력을 높이는 것은 언제나 내 목표였습니다. 모교에 기부를 할 수 있어서 오히려 제가 영광입니다.

토니: 2005년 OSU 선수 팀에 준 기부액수가 NCAA 역사상 단일 액수로는 최고액이라고 들었습니다.

피컨스: 맞습니다.

토니: 그저 놀라울 뿐입니다. 게다가 그건 당신이 했던 공헌과 기부 중 일부에 불과하다니, 감탄이 절로 나옵니다. 이제 에너지 독립으로 주제를 바꿔 보죠. 당신은 석유산업에서 돈을 벌었습니다. 당신은 미국의 에너지 독립을 설파할 가장 유력한 후보자는 아닐지 몰라도, 지난 7년 동안 그것을 소명으로 여기고 열심히 말하고 다녔습니다. 피컨스플랜에 대해 설명해 주세요.

피컨스: 물론 그 주제를 말해야죠. 미국은 석유에 중독돼 있습니다. 그리고 그 중독이 우리의 경제와 환경과 국가안보를 위협합

니다. 중독 증세는 10년 단위로 점점 악화되고 있습니다. 1974년에 미국은 석유의 24퍼센트를 수입했습니다. 지금은 거의 70퍼센트이고 점점 늘어나고 있습니다.

토니: 엄청난 숫자군요. 당신은 미국을 그런 중독에서 벗어나게 하려고 노력하는 거죠.

피컨스: 맞습니다. 우리는 언제라도 비우호적으로 돌변할 수 있는 불안정한 외국의 손에 우리의 안보를 맡기고 있습니다. 석유의 해외 의존도가 거의 70퍼센트라는 말은 이 예측 불가능한 세상에서 미국의 위치가 아슬아슬하다는 뜻입니다. 앞으로 10년 동안 석유 수입액은 10조 달러에 달할 겁니다. 그만하면 인류 역사상 최대 규모로 이뤄지는 부의 이전입니다.

토니: 감도 안 잡힐 정도로 큰 금액이군요. 해결책은 무엇일까요?

피컨스: 재생가능 에너지원을 한 차원 업그레이드하면 커다란 이득을 볼 수 있지만, 그렇다고 OPEC[22] 문제가 해결되는 건 아닙니다. 사실상 OPEC는 재생가능 에너지와는 아무 관련이 없습니다. 태양력과 풍력은 수송용 연료[●]가 아니니까요. 수송용 연료로 사용 가능한 것은 천연가스입니다. 매일 세계에서 소비되는 석유의 70퍼센트는 수송용 연료입니다. 우리가 OPEC의 손에서 벗어날 수 있는 유일한 방법은 천연가스나 미국산 석유뿐입니다.

토니: 그러면 우리는 어떻게 해야 합니까?

피컨스: 미국은 하루에 거의 1200만 배럴의 석유를 수입하고 이 중 500만 배럴을 OPEC로부터 들여옵니다. OPEC에 대한 석유 의존

22 석유수출국기구. 사우디아라비아, 이란, 이라크, 쿠웨이트 등이 회원국으로 가입해 있다.

● 연료는 크게 발전용, 난방용, 수송용 부문으로 나뉜다.

을 줄이기 위해서라도 미국 내 천연가스를 더 많이 생산해야 합니다. 그럴 수 있는 자원도 충분합니다. 지금 우리가 앉아 있는 곳 밑에는 미국이 100년 정도는 사용할 수 있는 천연가스가 매장돼 있습니다. 적어도 4조 BOE(석유환산배럴)의 천연가스가 묻혀 있습니다. 사우디아라비아 석유 매장량의 3배나 되는 양입니다. 그것을 활용하지 못하면 마을로 내려왔다 잡히는 멍청한 게처럼 잡아먹히는 신세가 될 것입니다.

토니: 들을수록 놀랍군요.

피컨스: 게다가 현재 천연가스는 가격이 쌉니다. 같은 배럴로 쳤을 때 석유가 100달러면 천연가스는 [약] 16달러 밖에 안합니다. 사실 16달러까지 오른 적도 없죠. 트럭을 몰기 위해서든 전력 발전을 위해서든 오늘날의 에너지 사용자는 천연가스 사용을 고려해야 합니다.

토니: 피컨스플랜에 많은 시간과 노력과 돈을 투자했다고 들었습니다. 미국의 대중을 상대로 그 문제를 강력히 주장했고 전국 광고 캠페인과 미디어 홍보에도 재정을 지원하셨죠. 결실이 있을 것 같습니까?

피컨스: 나는 피컨스플랜을 2008년 워싱턴 D.C.에서 발족했고, 여기에 내 사재 1억 달러를 털어 넣었습니다. 내가 할 수 있는 일은 다 했습니다. 나는 결실이 있을 것이라고 생각합니다. 우리는 미국에 맞는 에너지 계획을 마련할 수 있을 것입니다.

토니: 이 책은 자산배분이 주된 주제입니다. 당신은 평생 에너지 분야에만 투자한 걸로 알고 있습니다. 맞습니까?

피컨스: 맞습니다. 하지만 에너지에도 여러 부문이 있습니다. 우리는 에너지 부문 전체에 고루 투자하지만 그 범위를 넘어서지는

않습니다.

토니: 그게 당신만의 자산배분 원칙이군요. 만약 당신이 5만 달러의 투자 가능한 현금을 가진 개인투자자라면 어디에 투자하겠습니까?

피컨스: 다운스트림downstream(원유의 수송과 정제, 석유 제품의 수송과 관련된 부문. 원유 탐사와 시추, 생산, 원유 판매와 관련된 부문은 업스트림upstream이라고 한다—옮긴이)에 투자할 겁니다. 석유는 탐사에서 정유까지 온갖 부문이 존재합니다. 나는 거의 평생을 원유 탐사와 생산과 관련된 업스트림에 투자했습니다. 하지만 현재 천연가스의 가격은 무척 쌉니다. 투자해 볼 만한 흥미로운 분야입니다. 나는 석유와 가스산업은 기술 발전으로 인해 멋진 미래를 맞이하게 될 것이라고 생각합니다. 천연가스 측면에서 바라보자면 지금의 미국은 10년 전보다 훨씬 나은 모습입니다. 10년 전에는 결코 그렇지 않았죠. 지금처럼 자신할 수가 없었습니다.

토니: 당신을 추진시키는 원동력은 무엇입니까?

피컨스: 당신도 알잖아요, 토니. 나는 돈 버는 것을 좋아합니다. 그게 나를 추진하는 힘입니다. 나눠주는 것도 좋아합니다. 돈 버는 것만큼 좋아하지는 않지만 그래도 막상막하이기는 합니다. 내가 이 지구상에 태어난 이유는 성공하기 위해서이고 돈을 벌기 위해서이고 그렇게 번 돈을 넉넉히 베풀기 위해서입니다. 나는 그렇게 굳게 믿습니다.

토니: 넉넉히 베풀기 위해서요?

피컨스: 죽기 전에 10억 달러를 기부하는 것이 내 목표 중 하나입니다. 워런 버핏과 빌 게이츠의 기부서약에 대해 들어봤죠? 두

사람이 나한테 전화를 걸어 동참을 부탁하더군요. 그래서 내가 대답했습니다. "1983년 〈포천〉에 실린 기사를 봤는지 모르겠군요. 혹시 내 클럽에 들어올 생각은 없습니까? 거기서 나는 가진 돈의 90퍼센트를 기부한다고 이미 밝혔습니다."

토니: 멋지군요.

피컨스: 나는 매일 출근을 합니다. 기대하는 마음을 안고 사무실로 향합니다. 내 평생을 그렇게 살아왔습니다. 게다가 일은 나에게 전부입니다. 뭐, "아뇨, 나한테는 가족이 전부입니다. 일이 전부라고 말해서는 안 됩니다."라고 반박하는 사람도 있을 수 있죠. 모든 것이 그저 재미있습니다. 가족과 함께 있을 때도 즐겁고 일을 할 때도 즐겁습니다. 결과가 완벽하지 않아도 내일은 홈런을 칠 것이라고 기대할 수 있다면 그걸로 충분히 좋은 겁니다. 실제로는 아닐 수 있지만 그래도 나는 매일이 즐겁다고 생각합니다.

토니: 제 생각을 일깨워 주셨습니다. 그리고 전 세계 수많은 사람들에게도 영감을 주셨고요. 당신의 열정과 강인함이 제게는 큰 깨달음이 되었습니다. 분, 당신은 여든을 넘겨 살아오면서 훌륭한 성취를 많이 이뤘습니다. 그리고 앞으로도 계속 성장하고 나눠주실 분임을 의심하지 않습니다.

피컨스: 그렇게 말해줘서 고맙습니다, 토니. 당신도 성공한 사람이고 많은 이들을 도왔죠. 어쩌면 나보다도 더 많이 도와줬을 겁니다.

토니: 그건 잘 모르겠네요.

피컨스: 어쨌건 나눔을 행한다는 점에서 우리는 둘 다 승자입니다.

토니: 맞습니다. 당신에 대한 애정이 더욱 깊어졌습니다, 내 친구여. 감사합니다.

CHAPTER 10

'카일 바스' 위험 관리의 대가

헤이맨캐피털매니지먼트 창립자

다이빙 선수 출신인 카일 바스는 올라가는 것은 반드시 떨어진다는 물리학 기본 법칙을 잘 안다. 그가 2005년 후끈 달아오른 미국 주택 시장에 대해 의문을 품기 시작한 것도 그런 이유에서였다. 당시 아무도 "주택 가격의 [영원할 것 같은] 상승세가 이어지지 않는다면 어떻게 될까?"라고 묻지 않았다. 이런 질문 끝에 그는 임박한 2008년 주택 시장 폭락과 그 후의 경제 멜트다운을 앞두고 세계 최대의 도박 중 하나를 단행했다. 뒤이어 바스는 단 18개월 동안 600퍼센트의 수익률을 올리면서 당대의 가장 빛나고 가장 똑똑한 헤지펀드 매니저 가운데 하나로 확실하게 자리매김했다.

카일은 웬만하면 인터뷰를 하지 않는다. 하지만 대학 시절에 내 책을 감명 깊게 읽었고, 덕분에 나는 텍사스로 날아가 아름다운 댈러스 시의 전경이 한눈에 보이는 그의 마천루 사무실에서 자리를 함께하는 영광을 누릴 수 있었다. 바스는 강력한 헤지펀드 매니저로서는 드물게 뉴욕과 멀리 떨어져 있는 것을 경쟁우위라고 생각한다. 그는 "우리는 잡음에 빠져 허우적대지 않습니다."라고 말한다.

주택 시장 하락에 베팅하도록 이끌어준 의구심에 대해 질문을 받자 그는 이렇게 대답했다. "토니, 이건 로켓과학이 아닙니다. 댈러스 시의 누구라도 가질 수 있는 의문입니다."

바스는 가족과 함께 살고, 텍사스대학 투자운용사 투자운용이사회의 일원으로서 자산규모가 260억 달러가 넘는 미국 최대 공적 기부금신탁 중 한 곳의 자산운용 상태를 감독한다. 앞에서 바스와 5센트 동전에 대한 일화는 이미 소개했다. 그는 5센트 주화를 200만 달러어치 매점하고 투자 첫날 25퍼센트의 수익을 올림으로써 두 아들에게 비대칭 위험/보상의 교훈을 가르쳐주었다. 실제로 바스는 시중에 유통되는 5센트 주화를 다 끌어 모을 수만 있다면 개인 재산을 더 털어 넣을 각오도 돼 있다고 말한다.

5센트 주화만이 아니다. 바스는 비대칭 위험/보상에 가차 없이 집중한 결과 금세기 들어 최대의 수익률을 거둬준 두 가지 베팅을 행할 수 있었다. 바로 주택 시장과 2008년에 시작된 유럽 채무 위기에 대한 베팅이었다. 그는 현재 훨씬 큰 규모의 세 번째 베팅을 진행 중이라고 말한다. 다음은 댈러스 중심가에 있는 그의 사무실에서 했던 2시간 30분가량의 인터뷰를 요약한 것이다.

토니: 당신 자신에 대해 조금만 말해주세요.

카일: 나는 스프링보드와 플랫폼 두 종목의 다이빙 선수였습니다. 흔히들 다이빙은 고도의 신체적 능력이 필요하다고 생각하지만 사실 정신력이 90퍼센트를 좌우합니다. 기본적으로 자신 대 자신의 싸움이죠. 내게는 무척이나 보람된 일이었습니다. 다이빙은 나를 단련하는 방법과 실패에서 배우는 방법을 가르쳐 주었습니다. 내 부모님은 자상하고 다정한 분들이지만 평생 저축은 모르는 분들이었죠. 나는 그러지 않을 거라고 다짐했습니다. 부모님은 애연가였지만 나는 절대 담배를 피우지 않을 거라고 스스로 맹세했습니다. 긍정적인 일보다는 부정적인 일이 내 삶에 훨씬 큰 추진력을 주었습니다. 내 인생과 당신의 가르침에는 일치하는 부분이 참 많습니다.

토니: 동감합니다. 누군가를 성공으로 이끌어주는 공통분모가 무엇인지 살펴보면 교육이나 재능이 아니라 갈망이더군요.

카일: 갈망과 아픔이죠.

토니: 갈망은 아픔에서 비롯됩니다. 매사가 쉬울 때는 갈망도 생기지 않습니다.

카일: 맞습니다.

토니: 결국 당신의 갈망이 직접 펀드를 차리게 만든 추진력이 되었군요. 2006년에 시작했죠?

카일: 그렇습니다.

토니: 내가 놀랐던 사실은 당신이 수익을 내기 시작한 속도입니다.

카일: 행운이 따랐죠.

토니: 첫해 20퍼센트를 올렸고 다음 해에는 허, 216퍼센트군요?

카일: 맞습니다. 순전히 운이 좋아서 일찌감치 모기지 시장에서 벌어지

는 상황을 알아차릴 수 있었죠. 나는 "행운은 준비가 기회를 만났을 때 찾아온다."라는 격언을 믿습니다. 아마 대학 시절에 당신의 책에서 그 문구를 읽었던 것 같습니다. 그래요, 나는 준비가 돼 있었습니다. 운이 좋았고 때와 장소가 맞아 떨어졌다고 생각합니다. 사실 나는 그때 거기에 내 모든 자산을 다 털어 넣었거든요.

토니: 많은 사람이 [주택 시장의] 문제를 알면서도 행동에 옮기지는 않았습니다. 당신은 무엇이 달랐습니까? 당신이 주택 시장 [하락에] 베팅해 큰 성공을 거둘 수 있었던 진짜 이유는 무엇입니까?

카일: 그 당시를 떠올리면 돈의 비용은 사실상 '공짜'였습니다. 2005년과 2006년에는 리보금리에 250bp만 더하면 텀론term loan(정해진 기간 동안 매달 정해진 원리금을 상환해야 하는 대출로, 보통은 1~10년이지만 최장 30년까지 연장할 수 있다—옮긴이)이 가능했습니다. [즉, 대출이자가 굉장히 낮다는 뜻이다.] 약간의 자본에 대출을 잔뜩 받으면 어떤 회사든 다 살 수 있었습니다. 나는 주택 시장 하락에 돈을 걸면서도 손해가 나지 않을 방법을 알아보려고 친구이며 동료인 앨런 포니어Alan Fournier에게 전화를 걸었습니다. 그때까지도 전문가라는 사람들은 "주택 시장은 일자리 증가와 소득 증가의 산물이다."라고 말하고 있었죠. 소득이 증가하고 일자리가 늘어나는 한 주택 가격은 계속 오른다는 거였죠. 당연히 허점투성이인 의견이었습니다.

토니: 네, 이제는 우리 모두가 알게 되었죠.

카일: 2006년 9월 연준 회의에 참석했는데, 그들이 말하더군요. "이봐요, 카일, 당신은 아직 풋내기군요. 소득 증가가 주택 가격을 견인한다는 사실을 알아야 합니다." 그래서 내가 말했습니다. "잠깐만요, 과거 50년 동안 주택 가격은 소득 중앙값과 완벽히

발맞춰 움직였습니다. 하지만 지난 4년 동안 주택 가격은 연 8퍼센트나 올랐는데 소득은 연 1.5퍼센트 증가에 그쳤습니다. 평균값과의 표준편차가[23] 5~6이나 됩니다." 예전처럼 나란히 움직이는 관계로 돌아가려면 소득이 35퍼센트 오르거나 주택 가격이 30퍼센트 하락해야 했습니다. 그래서 나는 월스트리트 회사들에 있는 대로 전화를 돌려서 자료를 요청했습니다. "귀사의 모형을 보고 싶습니다. 집값 상승이 1년에 4퍼센트, 2퍼센트, 혹은 0퍼센트에 그치면 어떤 일이 생기는지 정립한 모형이 있으면 보여주십시오." 2006년 6월까지 주택 가격의 보합세를 가정해 모형을 갖춘 월스트리트의 회사는 한 곳도, 단 한 곳도 없었습니다.

토니: 정말인가요?

카일: 농담 아닙니다.

토니: 그 사람들은 완전히 맹신하고 있었던 거군요.

카일: 그래서 나는 UBS에 주택 가격이 오르지 않는다는 것을 가정한 모형을 만들어달라고 요청했습니다. 그들이 만든 가설 모형에 따르면 모기지풀에서 9퍼센트의 손해가 날 수 있더군요. [모기지풀은 모기지담보부증권mortgage-backed security, MBS라는 상품 패키지 내지는 새로운 증권을 만들기 위해 만기나 대출이자가 비슷한 여러 모기지를 한 데 묶은 것을 의미한다. MBS는 기초자산이 되는 대출보다 더 높은 신용등급을 받은 후 기대수익률에 따라 투자자들에게 판매되었다. 주택 가격의 상승세가 계속된

23 금융에서는 투자의 연간 수익률에 표준편차를 적용해 투자 변동성을 측정한다. 표준편차의 다른 이름은 역사적 변동성(historical volatility)이며, 투자자는 기대 변동성을 가늠하는 수단으로 이것을 이용한다.

다는 가정하에서만 이런 모기지풀은 고수익을 제공하게 된다.] 주택 가격이 오르지 않고 제자리걸음이라면 9퍼센트의 손해가 난다는 뜻입니다. 나는 페넌트캐피털매니지먼트Pennant Capital Management의 앨런 포니어에게 전화를 걸어 "바로 이거야."라고 말했습니다. [포니어는 과거에 데이비드 테퍼의 애팔루사매니지먼트Appaloosa Management에서 일했었다.] 나는 서브프라임 펀드의 무한책임사원(조합원, general partner)을 결성하면서 AF GP라고 이름을 붙였습니다. 앨런과 나눴던 전화 통화에 착안해 그의 이니셜을 붙인 거죠. 그와의 전화 통화에 나는 스위치가 번쩍 켜지는 느낌이었으니까요.

토니: 대단하군요. 당신과 앨런이 했던 그 베팅의 위험/보상 비율이 얼마였는지 말해줄 수 있나요?

카일: 사실 주택 가격 하락을 베팅하면서 내가 들인 비용은 연 3퍼센트에 불과했습니다. 1달러를 걸었는데 주택 가격이 오른다면 잃어봤자 3센트만 잃는 거였죠! (여기서 카일 바스가 이용한 것은 먼저 신용으로 자산을 비싸게 판 후 나중에 가격이 떨어지면 싼값에 자산을 매수해 빌린 자산을 갚는 숏포지션 전략이다. 비싸게 팔고 나중에 싸게 사는 것이므로 자산 가격이 떨어질수록 포지션의 차익은 늘어난다—옮긴이)

토니: 그 정도면 주택 가격 하락에 돈을 걸면서 치른 가격은, 다시 말해 위험은 말도 안 되게 낮은 수준이었군요.

카일: 그렇죠. 3퍼센트의 비용만 투자하면 되었던 거죠.

토니: 모두들 시장이 영원히 오를 거라고 생각한 것이 한몫을 했군요. 그러면 상방은 얼마나 되었습니까?

카일: 주택 가격이 제자리이거나 내려가면 차액은 전부 내 이득이 되는 거였습니다.

토니: 생각대로 안 될 경우의 하방 손실은 3퍼센트이고, 예상이 맞을 경우 상방은 100퍼센트 전부 가지는 거였군요.

카일: 맞습니다. 내가 만났던 모기지 전문가들이 하나같이 하던 소리를 귀담아 듣지 않은 게 다행이었죠. 그들은 다 이렇게 말했습니다. "카일, 당신은 제대로 알지도 못하고 이 분야를 말하고 있어요. 이건 당신에게 맞는 시장이 아니군요. 그런 일은 일어나지 않습니다." 내가 답해 주었습니다. "그것은 충분히 납득이 가는 이유가 아니군요. 나도 나름대로 엄청나게 조사를 했거든요. 어쩌면 당신이 이해하고 있는 것을 내가 이해하지 못하는 것일 수도 있겠네요." 하지만 나는 나무가 아니라 숲을 봤습니다. 그리고 주택시장 안에서 살던 사람들은 그저 나무만 바라봤습니다.

토니: 당신은 위험/보상의 핵심을 이해하고 있었던 거죠.

카일: 이런 말도 자주 들었습니다. "그런 일은 일어날 수가 없습니다. 그러면 금융시스템 전체가 무너집니다." 그것 역시 나를 설득할 만한 충분한 근거가 되지 못했습니다. 우리 모두의 내부에는 [좋은 것을 더 중점적으로 바라보는] 긍정 편향positive bias이 자리 잡고 있습니다. 그것은 타고 태어나는 인간 본성입니다. 인생을 긍정적으로 보지 않으면 침대에서 일어나는 것도 하지 못하겠지요. 낙천성은 우리가 인간으로서 당연히 가지는 편향입니다.

토니: 문제는 다른 분야에는 다 도움이 되지만 금융계에서는 아니라는 거죠.

카일: 정곡을 찌르는군요.

토니: 더 놀라운 점이 있더군요. 당신은 주택 시장의 폭발을 예상한 후에 유럽과 그리스 사태도 정확히 예측했습니다. 어떻게 그럴 수 있었죠? 나는 당신이 어떤 식으로 사고하는지, 그 심리 방식

을 이해하고 싶습니다.

카일: 베어스턴스가 무너지고 리먼브라더스가 파산하기 직전이었던 2008년 중반에 우리 팀은 이 자리에 앉아 회의를 했습니다. "이번 위기를 전체적으로 보면 민간부문 대차대조표의 위험이 정부 대차대조표의 위험으로 옮겨가고 있다는 것이 드러나고 있어. 화이트보드에 각국 정부의 대차대조표를 재구성해보도록 하지. 유럽도 보고 일본도 보고 미국도 살펴봐야 해. 채무가 높은 나라는 다 살펴보고 정확히 파악해야 해." 내 생각은 이랬습니다. "내가 [당시 연준의 수장이었던] 벤 버냉키나 유럽중앙은행European Central Bank, ECB의 장클로드 트리셰Jean-Claude Trichet 총재이고 이 사안을 정확히 파악하고 싶다면 나는 무엇을 해야 할까? 어떻게 해야 할까? 나라면 이렇게 할 거야. 국가 대차대조표 상의 부채를 내 부채라고 보는 거야. 그런 다음 내 GDP와 정부 세수에 비해 금융시스템의 덩치가 너무 크지는 않은지 확인해야 해."

토니: 수긍이 가는 방법이군요.

카일: 우리는 여러 나라를 관찰한 다음 이렇게 물었습니다. "금융시스템은 얼마나 크지? 현재까지 행해진 대출 규모는 얼마이지?" 이어서 부실 대출이 될 만한 대출 규모는 얼마나 큰지 그리고 그 부실이 국가로서의 우리에게 얼마나 악영향을 줄 것인지 백솔루션backsolution(특정 아웃풋을 이끌어내는 데 필요한 인풋의 양을 결정하는 행동—옮긴이)을 해봤습니다. 나는 우리 팀으로 하여금 몇몇 금융회사에 전화를 걸어 이들 국가들의 금융시스템 규모가 어느 정도인지 알아보게 했습니다. 2008년 중반에 그런 자료를 가진 금융회사들이 몇이나 되었을까요?

토니: 몇 군데였죠?

카일: 제로였습니다. 한 군데도 없었죠. 전화를 돌릴 수 있는 곳은 다 돌렸는데 말입니다.

토니: 하!

카일: 그래서 내가 직접 주권국 채무에 대한 백서를 꼼꼼히 파고들며 다 읽었습니다. 이런 백서는 신흥 경제를 주로 다루고 있었습니다. 역사적으로 국가 대차대조표를 재구성하는 것은 신흥시장의 국가들이었으니까요.

토니: 선진국들은 전후에만 재구성을 했죠.

카일: 맞습니다. 두 나라가 전쟁에 막대한 재정을 지출한다고 칩시다. 두 나라에 빚이 쌓이지만, 결국 승자는 전리품을 독식하고 패자는 모든 것을 잃습니다. 언제나 그렇죠. 그게 세상이 돌아가는 방식입니다. 그런데 이번의 경우 세계 역사상 평화시에 이렇게나 대규모로 채무가 누적된 적은 없었습니다.

토니: 놀랍군요.

카일: 금융시스템이 얼마나 비대할 것 같습니까? 우리는 직접 발로 뛰며 자료를 모았습니다. GDP와 정부의 세수, 이 두 가지를 분모로 사용했습니다. 우리로서는 난생 처음 해보는 방대한 학습 과정이었습니다.

토니: 아무도 겪어 보지 않은 일이었죠.

카일: 토니, 이것은 로켓과학이 아닙니다. 댈러스의 바보 천치라도 "이 사안을 정확히 파악하고 싶으면 나는 어떻게 해야 하지?"라고 물어볼 수 있습니다. 그래서 우리가 그 작업을 한 것입니다. 나는 도표를 만든 후 말했습니다. "최악부터 최상까지 순위를 매겨보자." 재무 상태가 최악인 나라는 어디였을까요?

토니: 아이슬란드?

카일: 정답입니다. 아이슬란드가 단연코 1등이었습니다. 다음은 어디였을까요? 로켓과학이 아니라는 것을 명심하세요.

토니: 그리스?

[카일이 고개를 끄덕인다.]

토니: 와우.

카일: 이 모든 작업을 다 하고 분석 결과를 보면서 나는 이렇게 말했죠. "이게 맞을 리가 없어." 나는 격앙해서 과장된 어조로 팀에게 말했습니다. "이 결과가 맞으면 다음에 무슨 일이 벌어질지 짐작할 수 있을 거야."

토니: 그렇군요.

카일: "아이슬란드와 그리스의 보험계약은 어느 수준에 거래되고 있지?"라는 내 질문에 팀이 대답했습니다. "그리스는 11bp입니다."(여기서의 보험계약은 채무불이행에 대비한 보험 성격으로 거래되는 신용부도스와프(CDS)를 의미한다. CDS는 채무불이행의 위험을 다른 기관에 전가하는 성격을 지니며 채무불이행이 높아질수록 CDS의 가격(즉, 프리미엄)은 올라간다. 채권보다는 보험에 훨씬 가깝지만 일반 채권처럼 시장에서 거래되며 2008년 금융위기를 불러온 주범으로 인식되고 있다—옮긴이) 11bp! 1퍼센트의 100분의 11밖에 안 됩니다. 그래서 내가 말했죠. "그걸 10억 달러어치 사야겠어."

토니: 믿기지 않는군요.

카일: 명심하십시오. 이때가 2008년 3/4분기였습니다.

토니: 그 즈음 그 보험 인수가 벽에 부딪쳤죠.

카일: 나는 일면식도 없으면서 하버드대학의 케네스 로고프Kenneth Rogoff 교수에게 전화를 걸었습니다. "저는 세계 각국 대차대조

표를 구성하고 확실하게 이해하는 데 여러 달을 투자했습니다. 구성 결과가 나왔는데 제가 보기에도 결과가 너무 부정적입니다." 나는 있는 그대로 말했습니다. "제가 잘못 분석한 것이기를 바랍니다. 혹시 찾아뵙고 이 분석 결과를 같이 검토해주실 수 있겠습니까?" 그는 흔쾌히 수락했습니다. "물론입니다."

토니: 대단하군요.

카일: 2009년 2월에 2시간 반 동안 로고프 교수와 독대를 했습니다. 그 순간을 절대 잊지 못할 겁니다. 그는 모든 데이터를 하나의 도표로 정리한 요약 페이지를 본 후에 의자에 몸을 깊숙이 파묻고 안경을 고쳐 쓰고는 말했습니다. "카일, 이렇게 심각하다니 믿기가 힘들군요." 나는 곧바로 이런 생각이 들었습니다. "맙소사! 주권국 대차대조표 분석의 대부라고 불리는 사람이 내 모든 두려움이 사실이라는 것을 확인시켜주고 있어." 그가 생각도 못한 일인데, 버냉키와 트리셰라고 생각이나 했을까? 이 문제를 고민하는 사람이 아무도 없었고 통합된 계획도 없었습니다.

토니: 아무도요?

카일: 손에 쥐어진 공이 어디로 튈지 모르는 공이었던 거죠.

토니: 도저히 믿기 힘든 걸요. 그러면 일본에 대해 질문을 하겠습니다. 제가 알기로 요새 일본에 주목하고 있다고 들었습니다.

카일: 지금 당장은 일본에 최대의 기회가 존재합니다. 어쩌면 서브프라임 때보다 훨씬 큰 기회일 겁니다. 언제일지는 확실하지 않지만 서브프라임 시장에서 거뒀던 것의 몇 배나 되는 보상이 나올 겁니다. 내가 보기에 현재 세계의 스트레스 포인트는 일본입니다. 게다가 지금 가격 역시 그 어느 때보다 쌉니다. 다시

말해 일종의 보험을 사기에 최적기라는 거죠.

토니: 그렇군요. 거기에 들어가는 비용은 얼마입니까?

카일: 옵션가격결정 모형을 위해 두 가지를 고려해야 합니다. 하나는 무위험수익률**risk-free rate**(원칙적으로는 무위험자산의 수익률이지만 일반적으로는 국채 수익률을 기준으로 삼는다—옮긴이)이고 다른 하나는 기초자산의 변동성입니다. 칠면조가 이런 이론 모형을 이용한다고 가정해보죠. 그 칠면조가 자신이 살아온 생애의 역사적 변동성을 가지고 [잡아먹힐] 위험을 판단한다면 위험은 0입니다.

토니: 그렇긴 하죠.

카일: 추수감사절이 오면 이야기가 달라지죠.

토니: 그때는 깨달아도 너무 늦은 거죠.

카일: 일본 시장은 10년 동안 물가와 변동성을 억지로 억눌러왔습니다. 변동성이 한 자릿수 중반 대입니다. 세계 어떤 자산군보다도 낮습니다. 무위험수익률은 0.1퍼센트이고요. 따라서 옵션가격결정 공식을 세워보면 공짜나 다름없는 가격입니다.

토니: 맞습니다.

카일: 결국 일본 채권이 150bp에서 200bp로 오르면 [1.5퍼센트에서 2퍼센트로 상승] 게임 오버입니다.• 시스템 전체가 폭발할 겁니다. 내 생각은 그렇습니다.

토니: 맙소사.

카일: 내가 우리 회사의 투자자들에게 항상 주장하는 이론이 있습니다. "200bp가 움직이면 1500bp로도 움직일 수 있다."라는 이론입니다.

• 일본 국채의 가치가 그 정도로 조금만 떨어져도 충격이 크다는 의미이다.

토니: 그렇겠네요.

카일: 가만히 앉아 아무것도 하지 않거나, 터뜨려 날려버리거나 둘 중 하나입니다.

토니: 이 모든 것에는 '꼬리 위험'에 대한 당신의 생각이 반영돼 있군요. 꼬리 위험에 대해 설명해 주세요. 거기에 주목하는 투자자들은 많지 않습니다.

카일: 나를 잘 관찰하면 알 수 있겠지만, 나는 일본에 매년 3~4bp를 씁니다. 1퍼센트의 100분의 4인 거죠. 일본에서 벌어질 잠재적 결과의 이원적 성격을 내가 제대로 파악한 게 맞다면, 일본 국채는 20퍼센트 이상의 수익률을 제공하는 하이일드채권으로 거래될 겁니다. 그러면 나는 2000퍼센트 가치가 오를 옵션에 1퍼센트의 10분의 4만 가격으로 치르면 되는 겁니다! 토니, 세계 역사를 다 둘러봐도 그렇게 잘못된 가격에 거래되는 옵션은 없었습니다. 아직은 내 의견일 뿐이고 틀릴 수도 있습니다. 어쨌든 아직까지는 예측대로 되지는 않았죠. (헤지펀드들은 대개 채권 포지션을 구성할 때 대규모 레버리지를 이용한다. 따라서 포지션이나 옵션을 매수할 때 펀드들이 실제로 쓰는 투자 자본은 레버리지를 제외하면 기초자산 가격의 극히 일부에 불과하다—옮긴이)

토니: 타이밍을 잘못 잡은 것일 수도 있습니다.

카일: 이것만은 밝히고 싶군요. 10년 동안은 내가 틀릴 수 있습니다. 그런데 10년 뒤에 내 생각이 들어맞으면 결국 발생 확률을 100퍼센트로 맞췄다는 말이 됩니다. 사람들은 이렇게 말하죠. "한 번도 일어나지 않은 일에 어떻게 베팅을 할 수 있습니까?" 그러면 나는 이렇게 답합니다. "내가 방금 제시한 시나리오를 보면서도 그렇게 하지 않는다면 어떻게 신중한 수탁자로서의 의

무를 다한다고 말할 수 있겠습니까? 내 생각이 옳은지 그른지에 대한 판단은 잊으세요. 실제 비용을 보여주는데도 왜 안 합니까? 당신의 집이 화재가 나기 쉬운 지역에 있고 실제로 200년 전에 대규모 화재가 발생해 모든 것이 전소된 전력이 있다면 주택에 대해 화재보험을 드는 것이 당연하지 않을까요?"

토니: 이해했습니다. 정말 대단하군요. 질문을 한 가지 던지겠습니다. 당신은 자신을 과감한 위험 감수자라고 생각합니까?

카일: 아니요.

토니: 제 생각도 그렇습니다. 그래서 물어본 것입니다. 스스로를 위험 감수자가 아니라고 말하는 이유는 무엇입니까?

카일: 이렇게 생각하면 됩니다. 과감한 위험 감수자는 돈을 다 잃을 각오가 된 사람이라는 듯입니다. 나는 절대로 그런 K.O.패를 당할 상황을 만들지 않습니다.

토니: 꼭 물어보고 싶은 것이 있습니다. 당신이 자녀에게 돈은 남겨줄 수 없고 대신에 포트폴리오와 일련의 투자 원칙만 남겨줄 수 있다면 무엇을 남겨주겠습니까?

카일: 나는 아이들에게 5센트 동전으로 몇 억 달러를 남겨줄 겁니다. 그러면 돈 걱정을 할 일이 절대 없을 테니까요.

토니: 이미 아이들을 위한 포트폴리오 원칙을 다 준비했군요. 정말 기발한 포트폴리오네요. 당신 삶의 가장 큰 기쁨은 무엇입니까?

카일: 아이들이죠.

토니: 멋진 대답입니다!

카일: 100퍼센트 절대적이죠.

토니: 인터뷰에 응해주셔서 고맙습니다, 카일. 아주 즐겁고 유익한 시간이었습니다!

CHAPTER 11

'마크 파버' 닥터 둠이라 불리는 억만장자

마크파버리미티드 회장, 〈글룸, 붐 앤 둠〉 보고서 발행인

마크 파버의 투자 뉴스레터 명칭이 〈글룸, 붐 앤 둠Gloom, Boom & Doom〉이라는 사실만으로도 그가 시장을 어떤 시각에서 바라보는지 충분히 짐작할 수 있다! 그러나 이 스위스계 억만장자는 주위에서 흔히 보는 비관론자가 아니다. 오랫동안 나와도 돈독한 친분을 유지한 마크는 유쾌한 성격에 거침없는 말재주를 지녔으며 18세기 투자자 로스차일드 남작의 "거리에 유혈이 낭자할 때가 매수의 최적기이다."라는 조언을 충실히 따르는 역발상 투자자이다. 작고한 존 템플턴 경과 마찬가지로 그는 남들이 무시하거나 피하는 헐값 종목을 사냥한다. 대다수

가 미국 증시를 주목하고 있을 때 마크 파버만은 거의 전적으로 아시아 시장을 뒤지며 성장주 투자를 하는 것도 바로 이런 이유에서이다. 또한 각국 중앙은행에 대해서도 거침없이 비난을 퍼붓는다. 특히 미국 연방준비은행에 대해서는 말 그대로 돈을 물 퍼붓듯 '찍어내면서' 세계 경제를 돈의 홍수에 잠기게 하고 불안정을 야기한 책임을 면하기 힘들다며 혹독히 비난한다.

가장 인기 있는 자산을 논할 때도 고평가되었고 붕괴를 향해 나아가고 있다는 예측을 거듭하다 보니 마크에게는 '닥터 둠(경제비관론자)'이라는 별명이 붙었다. 런던 〈선데이타임스〉지의 기사는 "마크 파버는 아무도 듣고 싶지 않은 것을 말한다."라고 적기도 했다. 그러나 그의 예측은 자주 들어맞았다. 대표적인 예가 1987년 사태이다. 그는 미국 증시의 폭락을 예측함으로써 천문학적인 돈을 벌었다.

마크 파버는 정형외과 의사인 아버지와 스위스 호텔 경영자 집안 출신인 어머니 사이에서 태어났다. 그는 취리히대학에서 경제학 박사 학위를 땄고 글로벌 사모투자회사인 화이트웰드White Weld & Company에 입사해 금융계에 첫 발을 내디뎠다. 1973년 아시아에 완전히 터를 잡은 후 그곳에서 쭉 살았다. 홍콩에는 그의 사무실이 있고 태국 치앙마이에는 그가 사는 빌라가 있다. 그렇기에 그는 중국이 공산주의의 수렁에서 빠져나와 세계를 이끄는 성장 엔진으로 탈바꿈하는 놀라운 광경을 제일 앞줄에서 두 눈으로 생생하게 목격했다. 지금 그는 누가 뭐라 해도 아시아 시장에 대해서는 최고 전문가이다.

마크는 기행을 벌이기로 유명한데 '세계 밤놀이 감정가'라는 평판을 그도 유쾌하게 인정한다. 또한 금융 포럼의 인기 강연자이며 케이블 뉴스의 단골 출연자이다. 그는 명망 높은 배런스 라운드테이블 Barron's Roundtable의 회원이며 외부 옵저버의 말에 따르면 그가 추천한 종목들은 12년 연속해서 거의 연 23퍼센트에 달하는 최고 수익률을 올렸다고 한다. 마크는 아시아에 대한 책을 여러 권 썼으며 홍콩소재 투자자문회사인 마크파버리미티드Marc Faber Limited의 회장이다. 마크의 영어에는 걸걸한 스위스 억양이 강하게 남아 있지만 그는 별로 아랑곳하지 않는다. 다음은 2014년 선밸리의 경제 총회 무대에서 했던 인터뷰를 요약해서 실은 내용이다.

토니: 현재 세계적으로 여전히 횡행하는 투자의 가장 큰 거짓말 세 가지는 무엇이라고 생각합니까?

마크: 내 생각에는 모든 것이 거짓입니다! 아주 간단한 이치이죠! 나는 정직한 금융 전문가를 많이 만나봤습니다. 하지만 불행하게도 사람들은 세일즈맨 유형의 금융 상담사를 더 많이 만나게 될 것입니다. 정직한 사람을 옆에 두는 것이 정말로 중요합니다. 이건 내 경험에서 우러나오는 말입니다. 모두가 꿈의 투자를 제시하겠다고 떠들어대지만 여러 투자 펀드를 거느린 회장으로서 나는 대부분의 투자자가 별로 수익을 얻지 못한다는 사실을 말하고 싶습니다. 그러나 펀드매니저와 프로모터들은 많은 돈을 챙깁니다. 전부 다요.

토니: 그럼 투자자들은 어떻게 해야 합니까?

마크: 투자 세상에는 다양한 이론이 있습니다. 본질적으로는 효율적 시장 가설을 주창하는 사람들이 말하는 이론이죠. 이 이론에 의하면 시장은 효율적으로 돌아갑니다. 그렇기에 최상의 투자 방법은 지수를 매수하는 것이고 개별 종목 선정은 별 도움이 되지 못한다는 것입니다. 내 생각은 다릅니다. 나는 오랫동안 시장보다 월등히 높은 실적을 거둔 펀드매니저들을 많이 알고

있습니다. 기업 분석을 잘하는 사람들은 회계를 잘 알거나 나름의 기술을 가지고 있기 때문에 잘하는 거죠.

토니: 오늘날의 시장을 어떻게 생각합니까?

마크: 신흥 시장에는 여전히 위험이 존재하기 때문에 그곳 통화와 주식을 사는 것은 아직은 시기상조라고 봅니다. 그리고 미국 주식을 사기에는 너무 늦었죠. 나는 S&P 지수가 1800을 넘어선 후부터는 사고 싶은 마음이 안 생기더군요. 내 눈에는 가치가 보이지 않거든요. 결국 음주가무를 즐기며 아무것도 안 하는 것이 최선입니다! 이해가 갑니까? [20세기 초를 풍미한 유명 트레이더인] 제시 리버모어는 이렇게 말했습니다. "아무것도 하지 않고 꼼짝 않고 앉아있을 때 가장 많은 돈을 번다." 꼼짝 않고 앉아있다는 것은 현금을 움켜쥐고 있다는 뜻입니다.

평생 잊지 말아야 할 중요한 원칙은 돈을 잃지 말아야 한다는 것입니다. 좋은 기회를 발견하지 못했는데 굳이 큰 위험을 감수할 필요가 없지 않습니까? 3년, 4년, 혹은 5년에 한 번씩 아주 좋은 기회가 찾아올 수 있고, 그 때를 위해 돈을 움켜쥐고 있어야 합니다. 2011년 말 미국 주택 시장에 큰 기회가 찾아왔죠. 나는 그 주제에 대해 글을 쓰기도 했죠. 나는 애틀랜타로 날아가 집들을 살펴봤고 피닉스에도 가봤습니다. 그곳에서 살겠다는 생각은 없었지만 기회는 있었습니다. 하지만 기회는 순식간에 사라졌습니다. [돈으로 무장한] 헤지펀드들이 들어선 탓에 개인투자자는 불리한 입장이었습니다. 사모펀드들이 수천 호의 집을 싹쓸이했으니까요.

토니: 장차 디플레이션이 올까요, 인플레이션이 올까요?

마크: 인플레이션이냐, 디플레이션이냐 하는 논쟁 자체가 무의미하

다고 봅니다. 돈의 양이 증가하는 것을 인플레이션으로 정의한다는 점에서 그렇습니다. 시중에 도는 돈이 늘어나면 그 결과 신용이 늘어나고, 통화 인플레이션monetary inflation이 찾아옵니다. 여기서 요점은 통화 인플레이션입니다. 이윽고 통화 인플레이션으로 인해 여러 가지 제각각인 증상이 나타납니다. 소비자 물가가 상승하기도 하고 임금이 상승하기도 합니다. 그게 그렇게 단순한 문제가 아닙니다. 미국의 여러 산업부문만 보더라도 지난 20~30년 동안의 인플레이션 조정 실질임금은 줄었기 때문입니다. 그러면 베트남과 중국의 임금은 어땠을까요? 중국의 임금은 연 20~25퍼센트 수준으로 증가했고 신흥 경제의 다른 나라들도 마찬가지였습니다.

당신의 질문에 답을 하자면, 시스템 전체로 볼 때 어떤 부문의 자산과 재화, 가격과 서비스에는 디플레이션이 올 수 있고 어떤 부문은 인플레이션이 올 수 있습니다. 모든 것이 똑같은 속도로 가격이 오른다거나 떨어지는 일은 발생하지 않는다고 봐야 합니다. 중앙은행이 마구 돈을 찍어낼 수 있는 불태환통화 제도fiat currency system(금이나 은으로 태환할 수 없으며 중앙은행의 신용에 의해 유통되는 통화를 불태환통화라고 한다. 현재 유통되는 일반적인 화폐는 다 불태환통화이다—옮긴이)에서는 돈은 사라지지 않습니다. 그런 현상은 다른 것에서 일어납니다. 사라지는 것은 신용이죠. 바로 그런 이유에서 전체적인 가치가 하락하는 현상이 발생할 수 있습니다.

하지만 투자자로서 우리는 어느 자산의 가격이 오를 것인지를 가장 알고 싶어 합니다. 이를테면 "유가가 오를까, 내릴까?"와 같은 거죠. 유가가 오르면 석유주를 몇 주 살 것이고, 아니라면 다른 데 투자하겠죠.

토니: 지금의 투자 환경을 유리하게 이용하고 스스로를 보호하기 위해 어떤 자산배분을 추천하겠습니까?

마크: 나는 예전에는 주식에 25퍼센트, 금 25퍼센트, 현금과 채권 25퍼센트, 부동산에 25퍼센트씩 자산을 배분했습니다. 지금은 전체 자산 포트폴리오에서 주식 포지션의 비중을 줄였습니다. 예전보다 현금 보유량을 늘렸습니다. 베트남 부동산 투자를 늘렸고, 또한 베트남 주식 포트폴리오 비중도 높였습니다.

토니: 제가 궁금해서 그러는데, 현재 자산배분 비율은 어떻게 됩니까?

마크: 글쎄요, 규모가 커서 한 마디로 말하기가 힘들군요.

토니: 포트폴리오 규모가요, 아니면 다른 것이요?

마크: [웃음] 아뇨. 그런 말이 아닙니다. 저도 잘 모른다는 뜻입니다. 포트폴리오를 매일같이 따지지는 않거든요.

토니: 그러면 대략적인 비율만이라도 말해주세요.

마크: 대략적으로라. 내 생각에 현재 채권과 현금 비중이 30이나 35퍼센트쯤 될 겁니다. 주식은 20퍼센트쯤이고요. 부동산은 확실하지는 않지만 30퍼센트이고 금은 25퍼센트입니다. 이런, 100퍼센트가 넘는군요. 그래도 무슨 상관입니까? 내가 알아서 잘하면 되지요!

토니: 현금을 선호하는 이유는 이해가 갑니다. 그런데 많은 사람이 채권 수익률이 사상 최저라고 걱정하는 시기인데 채권 비중이 상당히 높군요?

마크: 내가 일반적으로 보유하는 채권은 신흥시장 채권입니다. 회사채는 주로 달러화와 유로화를 기명 화폐로 해서 발행됩니다. 그런데 당부하고 싶은 부분이 있습니다. 신흥시장의 채권은 주

식 성격이 아주 강합니다. 신흥시장의 증시가 하락하면 이들 경제의 채권도 같이 하락합니다. 2008년이 그랬죠. 정크본드처럼 우르르 무너져 내렸습니다. 그래서 국채보다는 주식에 더 가깝다는 겁니다. 나는 신흥시장 채권을 얼마간 보유하고 있습니다. 그런 점에서 내가 주식 노출이 20퍼센트로 적은 편이라고 말해도 실제로 신흥시장 채권을 통한 주식 노출은 20퍼센트를 넘어 30퍼센트쯤 된다고 볼 수 있죠.

가끔 투자자로서 우리는 자신의 생각을 지나치게 확신하는 실수를 저지릅니다. 내 생각이라는 것이 전체 시장과는 무관한데도 말입니다. 시장은 내 의견과는 상관없이 움직이고 그렇기에 내가 미국채를 낙관하지 않는다고 할지라도 실제로 미국채가 2~3년 정도는 훌륭한 투자가 될 수 있다고 판단할 만한 시장 여건이 내 눈에 띌 수도 있는 거지요. 거기서 버는 수익률이 2.5~3퍼센트에 불과할지도 모릅니다. 하지만 전체적으로 자산가격이 하락하는 상황이라면 그것은 높은 수익률입니다. 아시겠죠? 만약 주식시장이 앞으로 3년 동안 연 5퍼센트 또는 10퍼센트씩 하락하는 동안 채권에서 2.5~3퍼센트의 수익을 번다면 최고가 되는 거죠.

토니: 다른 자산군은 어떻습니까?

마크: 고가 부동산에 대한 투기가 높습니다. 고가 부동산은 믿을 수 없을 정도로 인플레이션이 심합니다. 지금보다 더 올라갈 일은 없다고 말할 수는 없지만, 심하게 가격이 부풀려진 고가 부동산은 언젠가는 꽤 크게 내려갈 겁니다. 그리고 그런 상황에 대비해 무언가 헤지 수단을 갖춰야 합니다.

토니: 자산의 4분의 1을 금에 투자한 이유는 무엇인가요?

마크: [금값 하락이 시작되기 전인] 2011년 청중에게 내 금 투자 비중을 말했을 때 꽤 재미있는 일이 있었습니다. 사람들이 "마크, 금을 그렇게 낙관한다면 금 비중이 25퍼센트밖에 안 되는 이유는 무엇인가요?"라고 묻더군요. 그래서 내가 답했습니다. "글쎄요, 내가 틀릴 수도 있기 때문입니다. 금값은 이미 한 차례 크게 움직였고 이제는 가격 다지기를 기다리고 있기 때문에 나는 분산투자를 해야 합니다." 금은 어느 정도까지는 헤지가 될 수 있지만, 물리적 형태로서 보유하는 금은 자산 디플레이션에 대한 완벽한 헤지가 되지 못합니다. 그렇긴 해도 여타 비유동 자산에 비해 금은 훌륭한 투자입니다. 가격이 내려가기는 하겠지만 다른 자산보다는 덜할 겁니다. 미국채는 적어도 몇 년 정도는 자산가격의 하락 시나리오에도 잘 버틸 겁니다. 미국 정부가 파산하지 않는 한 말입니다!

토니: 마지막 질문을 던지겠습니다. 당신의 자녀에게 돈은 남겨줄 수 없고 포트폴리오 구축을 위한 몇 가지 원칙만 남겨줄 수 있다면 어떤 원칙을 남기겠습니까?

마크: 무엇을 사느냐가 아니라 그것을 얼마에 사느냐가 중요합니다. 내 자식에게든 아니면 다른 누구에게든 나는 그것이 가장 중요한 교훈이라고 가르칠 겁니다. 어떤 것의 가격이 매우 높으면 사기 전에 신중히 따져봐야 합니다. 비싸게 주고 산 자산의 가격이 떨어지면 의욕도 같이 떨어지기 때문입니다. 모두가 낙담에 빠져 있을 때는 냉정을 유지하면서 투자할 돈을 확보해야 합니다. 다른 사람들이 투자 자금을 확보한 상황에서는 돈을 마련하지 마십시오. 모두가 앞 다퉈 자산을 살려고 몰려들어서 가격이 비싸지기 때문입니다.

또한 이 점도 말하고 싶습니다. 우리는 1년이나 10년 뒤는 고사하고 5분이나 10분 뒤에 벌어질 일도 전혀 짐작하지 못합니다. 우리는 몇 가지 가정을 세울 수는 있습니다. 어떤 가정은 장밋빛이고 어떤 가정은 비관적이겠지만 분명한 것은 완전히 장담할 수는 없다는 거죠. 그렇기 때문에라도 투자자로서 우리는 분산투자를 해야 합니다.

모든 투자자가 분산투자를 할 수 있는 것은 아닙니다. 어떤 사람은 자기 사업체에 전부를 투자하기 때문이죠. 내가 빌 게이츠의 마이크로소프트와 같은 사업체를 가지고 있다면 나는 거기에 내 돈을 다 걸 것입니다. 대다수 사람들에게는 자기 사업체를 가지거나 시장과 비교되는 특별한 경쟁우위와 내부자의 지식을 제공해주는 무언가에 투자하는 것이 가장 훌륭한 투자입니다. 나라면 그렇게 하겠습니다. 그도 안 되면 포트폴리오 매니저에게 돈을 맡겨야죠. 운이 좋으면 손해는 나지 않을 겁니다. 다만 운이 아주 좋아야겠죠.

CHAPTER 12

'찰스 슈워브' 만인의 주식중개인

찰스슈워브증권 창업자 겸 회장

백발의 잘생긴 남자가 광고에 등장해 당신을 정면으로 응시하며 "당신의 내일을 소유하세요."라고 말한다. 다른 광고에서는 만화 캐릭터가 투자에 대해 질문을 하자 "척에게 물어봐."라고 권하는 문구가 적힌 말풍선이 퐁하고 튀어나온다. 이런 직접적인 참여와 개방성이 찰스 슈워브라는 인물을 지난 40년 동안 할인증권산업의 정점에 계속 앉아 있게 만들어주고 금융 제국을 건설하도록 도와준 비결이었다. 현재 찰스슈워브 증권사는 운용자산 2조 3800억 달러, 930만 개의 주식중개계좌, 연결된 기업 은퇴계좌 수 140만 개, 95만 6천 개의 뱅킹계좌, 7천 명의 등록투자상담사 네트워크를 갖춘 거대 왕국이다.

척 슈워브(찰스 슈워브)가 등장하기 전에 주식 거래를 원하는 일반 투자자는 매매 건건이 비싼 수수료를 부과하는 전통적인 중개인 연합이나 증권사를 찾아가야 했다. 그러나 1975년 증권거래위원회가 금융산업의 규제완화를 강행하면서, 슈워브는 최초의 할인증권사를 세우고 월스트리트를 뿌리부터 흔드는 완전히 새로운 사업 방식을 개척해 나갔다. 그가 선도한 투자자 혁명에 힘입어 개인투자자는 어느 순간 갑자기 값비싼 중개수수료를 물지 않고도 시장에 완전히 참여할 수 있게 되었다. 메릴린치를 비롯한 배타적인 종합증권사들이 매매수수료를 올리는 동안 찰스 슈워브는 수수료를 대폭 낮추거나 없애고 꼭 필요한 요소만 갖춘 서비스를 제공하는 등 고객의 이익을 최우선에 두는 새로운 산업 모델을 확립했다. 나중에는 전자매매를 선두에서 이끄는 등 개인투자자가 직접 결정을 내릴 수 있도록 그들을 교육하고 힘을 부여하기 위한 혁신을 계속하고 있다.

현재 일흔 중순의 척 슈워브는 그냥 보기에도 굉장히 겸손하고 진정성을 갖춘 사람이다. 그는 내게 이렇게 말했다. "사람들은 우리 회사에서 자신감을 얻는 것 같습니다. 우리는 우리가 신뢰할 수 있는 회사여야 하며 고객이 맡긴 자산을 아주 신중하게 다뤄야 한다는 사명감을 가지고 고객을 대하려고 노력합니다."

어쩌면 척이 평생 온갖 도전을 극복한 것이 그가 겸손함과 조용한 자신감을 얻게 된 배경일지도 모른다. 제일 처음 그는 난독증과 맞서 싸워야 했다. 버진그룹의 리처드 브랜슨에서 시스코시스템스의 존 챔버스John Chambers에 이르기까지 비즈니스 세계에 우뚝 선 리더들 중 깜짝 놀랄 정도로 많은 수가 겪은 학습 장애를 그도 겪었던 것이다. 난독증을 이겨낸 척은 스탠포드대학을 졸업하고 스탠포드비즈니스스쿨에서 MBA 과정도 수료했다. 그는 1963년 투자 뉴스레터를 발행하며 금융계에서 일하기 시작했다. 월스트리트의 아웃사이더라는 자신의 위치를 기꺼이 받아들인 척은 1973년 고향인 캘리포니아 주에 깃발을 꽂은 후 샌프란시스코에 증권중개회사를 차렸다. 그 이후 찰스슈워브코퍼레이션은 비교적 소규모의 증권사들이 무수히 도산했던 1987년, 2001년, 2008년 증시 추락의 충격을 딛고 일어섰을 뿐만 아니라 점유율을 잠식하는 수많은 모방 기업들의 도전에 응수하는 등 지난 40년 동안 시장의 거센 활황과 불황에서 성공적으로 살아남았다. 그리고 어떤 환경에서건 혁신하고 성장하기 위한 방법을 매번 찾아냈다.

척은 2008년 CEO 자리에서 물러났지만 회장이자 최대 주주로서 적극적으로 회사 일에 참여한다. 〈포브스〉가 추정하는 척 슈워브의 개인 재산은 64억 달러이다. 척은 아내인 헬렌과 딸인 캐리 슈워브-포메란츠Carrie Schwab-Pomerantz와 함께 교육, 빈곤 예방, 복지사업, 보건 분야의 혁신적 조직을 후원하는 가족 재단 활동에 열심히 참여한다. 또한 샌프란시스코 현대미술관의 관장도 겸하고 있다.

척 슈워브와 나는 둘 다 시간 내기가 힘들었지만, 다행히도 이 책을 인쇄에 넘기기 직전에 그의 샌프란시스코 사무실에서 인터뷰 자리를 마련할 수 있었다. 다음은 우리 둘이 나눈 인터뷰를 요약한 내용이다.

토니: 찰스 슈워브라는 이름을 들어보지 못한 사람은 없습니다. 다만 그들이 들은 것은 회사 이름이지, 당신에 대해서는 잘 모릅니다. 당신의 인생사를 잠깐 요약해서 들려줄 수 있나요? 열세 살 때부터 투자에 흥미를 갖게 되었다는 말은 들었습니다.

척: 맞습니다. 열세 살 때부터였습니다. 2차 대전 직후였고 세상은 별로 풍요롭지 못했죠. 부친은 캘리포니아 주 새크라멘토밸리의 작은 시골 마을 변호사였고 우리 가족은 부자가 아니었습니다. 나는 돈을 잘 벌게 되면 더 행복해질 거라고 생각했습니다. 그러려면 우선은 돈을 잘 벌 방법부터 찾아야 했죠. 아버지에게 그 말을 했더니 내게 미국 위인전을 읽어보라고 권했습니다. 그 사람들은 모두 투자에 일가견이 있어 보였습니다. "아버지, 이게 내가 원하던 거예요!" 나는 그렇게 대답했습니다.

그래서 나는 열세 살 때 닭을 키우기 시작했습니다. 닭을 키우고 관련된 잡다한 일도 다 하는 사업이었죠. 그 후에도 온갖 종류의 작은 사업을 벌였습니다. 사업이 무엇인지 감을 잡게 되면서부터는 사업이 어떻게 기능하고 운영되는지 본격적으로 고민하기 시작했습니다.

토니: 당신만의 독창적 비전은 무엇이었습니까? 그리고 그 비전을 실천하기 위한 당신의 첫 단계는 무엇이었습니까? 독자들이 당신이 걸어온 여정을 이해할 수 있도록 간단히 설명해 주셨으면 합니다.

척: 흠, 나는 초기부터 운이 꽤 좋았습니다. 처음에 금융 애널리스트로 일하면서 좋은 일과 나쁜 일을 많이 겪었습니다. 서른다섯 살인 1973년 즈음해서 내 회사를 차리기 전까지, 나는 여러 경험을 쌓을 수 있었습니다. 덕분에 금융산업의 핸디캡을 일부나마 확실히 파악하게 되었죠. 고객들이 합당한 대가를 받지 못하는 이유도 파악할 수 있었죠. 증권사들이 자사의 돈벌이에 집중하고 투자자에게는 공정한 기회를 제공하지 않는 것이 원인이었습니다. 증권사들의 최우선은 자기네 회사와 회사의 이

익이었습니다. 그걸 보고 나는 "아하! 뭔가 다른 길이 등장해야겠는 걸!"이라는 생각이 들었습니다.

토니: 오랫동안 찰스슈워브가 유지해 온 경쟁우위는 무엇입니까? 북미 투자 시장 전체의 규모는 약 32조 달러입니다. 그리고 당신의 회사는 그중에서 상당한 시장을 차지하고 있습니다.

척: 우리의 소매시장 점유율은 5~10퍼센트 정도인 걸로 알고 있습니다. 하지만 당신도 알다시피 사업을 시작하면서 내가 원한 것은 우리가 고객에게 제공하는 모든 제품과 모든 서비스를 고객의 눈으로 바라보는 것이었습니다. 우리가 계획하는 제품은 판매수수료가 없는 노로드 뮤추얼펀드였습니다. 우리는 그 목표를 성공적으로 달성했습니다. 몇 년 전부터 고객은 우리를 통해 노로드 펀드를 진짜 무료로 구입할 수 있게 되었습니다.

사람들은 "그러면 돈은 어떻게 벌 겁니까?"라고 묻곤 했습니다. 우리는 우리 나름의 이익 창출 방법을 찾아냈습니다. 협력 뮤추얼펀드 회사들을 설득해 그들이 받는 운용수수료에서 극히 일부를 우리의 수수료로 받았습니다. 그러면 고객한테도 이익이 될 터이고 그 방법이 먹혔습니다. 결국 개인 고객은 판매수수료를 물지 않는 노로드 뮤추얼펀드를 구입하게 됨으로써 아주 유리한 위치에서 시작할 수 있게 되었습니다. 우리는 우리가 하는 다른 모든 일에도 똑같은 식의 분석을 적용했습니다. 우리는 제일 먼저 고객의 눈으로 제품과 서비스를 바라봤습니다.

하지만 월스트리트의 방식은 정반대였습니다. 그들이 내리는 결정은 언제나 똑같았습니다. "여기서 돈을 얼마나 많이 벌 수 있지? 좋아, 한번 해보지. 이 상품을 열심히 팔아보지." 그것이 그들이 결정을 내리는 방법이었습니다. 우리와는 정반대였죠.

토니: 그런 방식에 변화가 있습니까? 아니면 그대로인가요?

척: 그대로입니다. 그런 점에서 우리에게는 꽤 흥미로운 시장입니다. 당신도 알다시피 우리는 고객을 왕처럼 대한다는 것을 우리 나름의 무한한 운명으로 삼고 있습니다. 그렇기에 모든 일에서 고객의 이익을 최우선으로 삼습니다. 네, 우리는 돈을 많이 벌지는 못할 겁니다. 그럴 수밖에 없겠죠. 우리는 영리를 추구하긴 하지만 우리가 제일 먼저 생각하는 것은 고객입니다.

토니: 투자를 고민하는 일반 개인이 속아 넘어가지 않도록 그들에게 주의를 기울이라고 당부하고 싶은 두세 가지 투자의 통념은 무엇입니까?

척: 속아 넘어가기는 아주 쉽습니다. 나는 월스트리트에서 그런 일을 아주 자주 목격했습니다. 폐해가 판을 치고 있습니다. 잘 차려입은 중개인이 와서는 말합니다. "고객님, 돈을 벌고 싶으시죠?" 물론 우리는 "네!"라고 대답하겠죠. 그러면 이런 대화가 시작됩니다. "우리 회사는 고객님이 일생에 한 번도 만나보기 힘든 최고의 금융상품을 보유하고 있습니다. 차세대 애플에 투자한다고 생각하시면 됩니다." 그러면 귀가 솔깃해진 우리는 이렇게 말합니다. "좋습니다. 조금만 투자해보죠."

그 투자가 성공할 확률은 1만 분의 1입니다. 그냥 차라리 경마장에 가거나 그날 하루 복권을 구입하는 것이 더 나을지도 모릅니다. 그러면 투기 욕구라도 충족이 되니까요. 소중한 돈을 인덱스펀드에 넣어야 합니다. 그러면 결과를 예측하기가 아주 쉽고 수익률도 꽤 좋습니다.

토니: 대다수 투자자는 지식이 없고 질문도 던지지 않기 때문에 피해를 입습니다. 당신은 "얼마든지 물어보세요."라고 말한 최초의

사람 중 하나입니다.

척: 맞습니다.

토니: 하지만 무엇을 질문해야 할지 제대로 아는 사람은 거의 없습니다. 사람들은 펀드를 알아볼 때 수익률을 눈여겨봅니다. 그 수익률을 그대로 다 받게 될 거라고 생각하죠. 그런데 당신도 알고 나도 알다시피 그렇지가 못한 게 현실입니다.

척: 현실은 그렇지 못하죠. 아주 거리가 멉니다. 과거의 어떤 것도 미래를 약속해주지는 못합니다. 그러나 우리가 인덱스펀드의 백서 성격으로 팸플릿을 제시하는 데는 나름의 이유가 있습니다. 우리는 주식이 장기적으로 가장 훌륭한 투자가 될 수 있는 이유가 무엇인지 설명합니다. 그 이유는 바로 기업의 사업이 성장한다는 것입니다. 나는 포천 500대 기업 중 예닐곱 곳의 이사회에 앉아봤습니다. 이사회의 주제는 언제나 성장이었습니다. 이 회사를 성장시키려면 어떻게 해야 하는가? 성장하지 못하면 이사회는 경영진을 해고하고 새로운 경영진을 영입합니다.

저곳에 보이는 건물이 참 아름답군요. 그러나 지금으로부터 100년 뒤의 미래로 가본다고 칩시다. 그때 저 건물은 여전히 똑같은 크기이거나 철거되어 없어졌거나 둘 중 하나일 것입니다. 건물은 성장하지 않습니다. 기업만이 성장합니다. 그것이 주식투자의 환상적인 장점입니다. 물론 우리 회사에서는 개인투자자들에게 인덱스펀드에 투자하라고 합니다. 여러 부문과 종목을 두루 망라해서 매수할 수 있기 때문이지요. 게다가 비용 역시-

토니: 최저이죠.

척: 최저이죠. 더군다나 시장 지수가 성장하면 그만큼 투자자들도 높은 확실성을 얻을 수 있습니다. 지난 100년 동안 어떤 산업

을 보더라도 장기적으로는 놀라울 정도로 성장했고 고객에게 훌륭한 수익률을 안겨 주었습니다.

토니: 뱅가드의 잭 보글이나 예일의 데이비드 스웬슨은 소극적 운용에 투자하라고 적극 권합니다. 지난 10년 동안 모든 뮤추얼펀드의 96퍼센트가 시장 지수를 따라잡지 못했기 때문이죠. 당신은 일반 개인투자자에게 소극 운용과 적극 운용 중 어떤 투자를 권하겠습니까?

척: 글쎄요. 나는 혼합해서 투자합니다. 개별 종목 투자도 꽤 많이 하는 편입니다. 그러나 나에게는 시간이 있고 전문지식이 있고 필요한 교육도 받았습니다. 하지만 98퍼센트의 사람들은 투자에만 집중할 수 없습니다. 그들에게는 나나 워런 버핏이 하는 것처럼 투자에 온 정신을 쏟는 일 말고도 해야 할 일이 많습니다. 그들은 다른 분야의 프로들입니다. 의사이거나 변호사이거나 아니면 다른 어떤 분야에서 일합니다. 사회에는 그런 사람들이 모두 필요합니다. 2퍼센트 정도는 어쩌면 투자를 잘 알지도 모릅니다. 그러니 나머지 사람들은 도움과 조언을 받아야 합니다. 그게 내가 일찌감치 배운 것이고 지금 우리가 하는 일입니다. 따라서 98퍼센트의 사람들은 전적으로 인덱스펀드에 투자해야 한다는 것이 내 생각입니다. 인덱스펀드의 결과는 예측 가능성이 가장 높으니까요. 힘들고 어렵게 여러 종목을 선정하는 것보다는 그게 낫습니다. 그런 다음 자기 일에 집중하면 됩니다. 일과 투자, 둘 다를 할 수는 없습니다.

토니: 사람들이 비용을 눈여겨보지 않는다는 것도 문제입니다. 잭 보글도 지적한 바 있죠. 투자 기간 내내 수수료가 1퍼센트 나갈 때마다 투자자에게 들어오는 돈은 20퍼센트가 줄어듭니다.

척: 그렇죠. 게임 오버이죠.

토니: 수수료가 2퍼센트면 수익은 40퍼센트 줄어듭니다. 3퍼센트라면 60퍼센트가 줄고요.

척: 아주 높은 금액이죠. 게다가 세금까지 더해지면 나가는 금액은 더 쌓입니다.

토니: 내가 인터뷰를 했던 투자의 대가들은 자산배분이야말로 한 개인이 내려야 할 가장 중요한 투자 결정이라는 데 입을 모았습니다. 당신은 여러 유형의 투자자를 만납니다. 투자자들이 올바른 자산배분이 무엇인지 이해하도록 돕기 위해 당신의 팀은 어떤 투자 철학을 사용합니까?

척: 지금은 그들을 돕기가 아주 쉽습니다. 40년 전만 해도 상황이 달랐지만요. 앞에서 말했듯 지금은 인덱스펀드가 존재합니다. 시장의 여러 조각을 두루 소유하는 광범위한 분산투자가 가능해졌습니다. 에너지 종목에 투자하기를 원한다면? 에너지 ETF를 매수하면 됩니다. 의료장비 종목을 원한다면? 그 분야 ETF에 투자하면 됩니다. 개인투자자는 가장 광의로 분류한 10개 산업부문에 고루 분산투자를 해야 한다는 것이 제 생각입니다. 그렇게 하면 시장을 종합하는 인덱스펀드에 두루 참여할 수 있습니다. 어떤 해에는 전자회사들의 주가가 급상승하고 석유 종목은 실적이 좋지 않을 수 있습니다. 그러다가 다음 해에는 석유 수요가 급증해서 유가가 올라가면 석유 종목의 실적이 좋아집니다. 이런 일이 반복됩니다. 하지만 인덱스펀드에 투자하면 각 부문에서 나오는 이득을 균형 있게 취할 수 있습니다.

토니: 자산배분을 구성할 때 미국 시장과 해외 시장 투자는 어떤 식으로 결정합니까?

척: 거기에는 또 다른 수준의 정교함이 필요합니다. 사실 어떤 투자자건 포트폴리오 구성에는 어느 정도의 정교함이 필요합니다. 해외 시장에 일정 부분을 투자한다면 그 이유는 간단합니다. 현재 미국의 연간 성장률은 2~3퍼센트에 불과하기 때문입니다. 미국보다 성장률이 좋아지기 시작한 나라들이 여럿 있습니다. 중국이나 인도네시아, 일본 등이 그 예입니다. 솔직히 말해 성장률이 높은 곳에서 더 많은 수익을 올릴 수 있겠지요.

하지만 미국 경제의 성장률이 2퍼센트일지라도 미국 내 어떤 산업 부문은 굉장히 빠르게 성장합니다. 그런 산업에도 관심을 기울여야 합니다.

토니: 앞으로 10년 뒤의 세상은 어떨 것 같습니까? 투자자들이 직면하게 될 기회와 도전은 무엇일까요?

척: 우리 앞에는 여전히 거대한 기회가 존재한다고 생각합니다. 지금 당장은 아주 더디게 진행될지도 모릅니다. 하지만 적절한 정책이 마련된 순간 폭발적으로 성장하기 시작해 결국에는 보상을 받게 될 거라고 믿습니다. 미국에서 성장 요소를 제외하는 것은 말도 안 되기 때문입니다. 현재 이 나라에서는 깊은 혁신이 진행 중입니다. 한 예로 내가 살고 있는 샌프란시스코를 보더라도 가는 곳마다 사람들로 북적입니다. 혁신이 일어나고 있는 것이지요.

토니: 연준이 억지로 금리를 누르고 있는 지금, 시장에 거품이 존재하나요? 보상을 얻기 위해 큰 위험을 감수할 만한 분야는 어디인가요? 증시로만 돈이 몰리고 있다는 느낌이 드는데요. 그런 현상이 언제까지 이어질까요?

척: 나는 연준의 현 정책을 별로 지지하는 입장은 아닙니다. 할 수

있는 한 오랫동안 금리를 인위적으로 누르는 것은 내 생각에는 옳은 결정이 아닙니다. 그런 정책은 어느 정도의 거품을 유발할 잠재력과 가능성을 만들어냅니다. 아마도 거기에 대한 대가를 치르게 되겠지요. 그것을 영구적으로 유지할 수는 없습니다. 그러니 고인플레이션이건 시장 침체건 있을 겁니다. 지금의 조치에 대한 결과가 나타날 겁니다. 하지만 우리는 이겨낼 겁니다. 정책 입안자들이 잘못된 결정을 내릴 때마다 우리는 매번 이겨냈습니다.

토니: 그 문제에 대해서는 의견이 다르지만 투자의 대가들이 자신들의 경쟁우위로 꼽는 것이 하나 있습니다. 바로 비대칭 위험/보상입니다. 그들은 위험을 낮추면서 높은 보상을 얻을 방법을 강구합니다. 오늘날의 평범한 투자자들이 비대칭 위험/보상을 이용하려면 어떻게 해야 합니까? 그들에게 전해주고 싶은 통찰이 있다면 무엇입니까?

척: 내 생각에 그 문제는 한 가지 대답으로 귀결된다고 봅니다. 최고의 성장 종목은 어디서 찾을 수 있을까요? 장기적인 수익률을 얻기 위해서는 성장의 펀더멘털을 이해하는 것이 굉장히 중요합니다. 워런 버핏은 젊은 시절에 펀더멘털을 이해했죠. 그는 기업을 사기만 하고 팔지 않습니다. 왜일까요? 기업은 계속 성장하기 때문입니다. 성장을 거듭하기 때문입니다. 그래서 버핏은 점점 더 부자가 되는 거죠.

토니: 그는 세금도 내지 않죠.

척: 세금을 내지 않죠. 팔지 않으면 세금을 낼 필요도 없죠!

토니: 그게 정말로 놀라운 부분이죠.

척: 그것이 그의 신비입니다. 신화가 풀렸어요! 그는 팔지 않습니다!

토니: 당신에게는 자녀가 다섯 있다고 들었습니다.

척: 손자도 열둘이나 있습니다.

토니: 열둘! 이 질문을 꼭 던져야겠습니다. 당신이 자녀에게는 돈을 한 푼도 남길 수 없고 오직 몇 가지 투자 원칙과 포트폴리오 구성만 남길 수 있다면, 그들에게 어떤 투자 조언을 남기겠습니까?

척: 일단은 직접 돈을 버는 일부터 시작하는 것이 중요합니다. 거기서 성공을 거둬야 합니다. 그리고 약간의 돈을 저축하는 개념도 익혀야 하고요.

먼저 적절한 교육을 받아야 합니다. 일자리가 창출되는 시장에 맞는 적절한 교육을 받으면 더욱 좋지요.

둘째, 지금 당장은 풍족한 보수를 받지 못하더라도 장차 보수가 좋을 만한 일자리를 얻어야 합니다.

셋째, 그런 다음에는 401(k)나 은퇴연금계좌에 돈을 모아야 합니다. 그건 당장 하고 싶은 무언가를 포기해야 한다는 뜻입니다. 차를 사는 것을 참고, 휴가를 포기해야 합니다. 어쨌든 얼마씩은 저축을 해야 합니다.

넷째, 그러고 나면 적절한 투자를 시작할 수 있습니다.

아주 단순한 공식입니다. 많은 사람들이 그것을 깨닫지 못합니다. 당신이라도 사람들에게 그 진실을 가르쳐주기를 바랍니다.

토니: [웃음] 저도 그럴 수 있기를 바랍니다!

척: 당신도 짐작하겠지만, 나는 무언가를 남겨야 한다고 생각하는 사람입니다. 아주 큰 금액은 아닐지라도 자녀들이 좋은 교육을 받기에 충분한 돈은 남겨야 합니다. 자녀로 하여금 기회를 알

아보는 감각을, 자신의 에고를 발전시킬 수 있는 감각을 잃지 않게 해줘야 합니다. 아이들 본인이 직접 깨닫는 것이 그들을 충족시켜 줍니다. 우리는 호기심이 왕성해야 합니다. 자식들도 호기심이 왕성한 아이로 길러야 합니다. 그게 반드시 돈벌이와 관련이 있는 것은 아닐지라도 말입니다.

돈도 없고 부자도 아닌 환경에서 성장했기 때문인지 나는 그 차이를 명확히 압니다. 물론 지난 20년 동안 나는 선택의 폭을 무궁무진하게 넓혀주는 성공의 장점을 톡톡히 누렸습니다. 아내와 나는 비용 걱정 없이 휴가를 떠나 즐거운 시간을 보냅니다. 나는 스포츠도 좋아합니다. 특히 골프를 즐겨 칩니다. 이밖에도 내가 누리는 것은 많습니다. 그렇기에 우리는 이런 성공이 영속적이기를 원합니다. 우리는 우리의 다음 세대가 우리가 가진 것 이상으로 누릴 수 있기를 원합니다.

토니: 당신은 성공한 고객을 많이 만나봤습니다. 또한 성공적인 기업들과 그런 회사의 성장을 이끈 개인들도 연구했습니다. 당신은 무엇이 성공의 가장 중요한 요인이라고 생각합니까?

척: 아마도 필요가 성공의 99퍼센트를 좌우할 겁니다. 하지만 많은 사람이 더 많은 자원을 필요로 합니다. 그러나 적절한 교육은 받지 못하죠. 왜인지는 모르겠지만 그들은 동기를 부여받지 못했습니다. 어쩌면 눈앞에 다가온 기회를 알아보지 못하는 것일지도 모릅니다. 눈앞에 다가온 기회를 인식하려면 어떻게 해야 할까요? 사람들은 크게 성공한 누군가를 보면서 "저 정도는 나도 할 수 있어."라고 생각합니다. 어떻게 하면 자신의 눈앞에 다가온 기회를 인식할 수 있을까요? 그건 저도 모릅니다.

토니: 지금 연세가 일흔 중순이고, 40대가 되어서야 본인에게 난독증

이 있다는 것을 알게 되었다고 들었습니다. 맞나요?

척: 맞아요.

토니: 대개는 난독증을 인생을 가로막는 장애라고 생각합니다. 하지만 당신에게는 전혀 장애가 되지 않았던 것 같군요.

척: 아주 다행히도 어렸을 때는 내가 난독증이라는 것을 몰랐습니다! 그렇지만 내 아들이 막 학교에 들어갔을 때 우리는 아이를 데려가 테스트를 했습니다. [검사 결과 아들도 난독증이었다.] 내 입에서 이런 말이 절로 튀어나왔습니다. "세상에. 지금 저 아이한테 있는 문제는 내가 일곱 살, 여덟 살, 아홉 살 때 다뤄야 했던 문제들이잖아!" 나 역시 확실한 난독증이었습니다. 돌이켜보니, 내가 저학년 시절에 겪어야 했던 무수한 문제들의 원인이 풀렸습니다. 알파벳 공부는 해도 해도 안 됐지요. 지금까지도 나는 소설은 읽지 않습니다. 나는 오직 논픽션만 읽습니다.

토니: 와우. 그런데도 금융산업에서 성공할 수 있었던 비결은 무엇입니까?

척: 나는 수학은 제법 잘했습니다. 게다가 사람들하고도 잘 지냈지요. 글재주는 없었지만 대신에 글재주가 좋은 사람들을 주위에 두었습니다. 혼자 모든 일을 다 할 수는 없습니다. 그 진실을 빨리 익혀야 합니다. 우리는 다 잘할 수는 없습니다. 그러니 자신보다 잘하는 사람을 옆에 두어야 합니다. 다만, 당신이 제시하는 공동의 목적을 위해 함께 협력할 수 있도록 그들에게 영감을 불어넣어줄 수 있어야 합니다. 그것이 내가 지금까지 잘 해왔다고 자부할 수 있는 일입니다.

토니: 당신은 어디에 열정을 느낍니까?

척: 사람들로 하여금 소득을 벌고 저축하고 돈을 키울 필요성을 느끼게 하는 일에 나는 커다란 열정을 느낍니다. 자신의 은퇴 생활은 전적으로 자신이 책임져야 하기 때문입니다. 게다가 우리는 더 오래 살지도 모릅니다. 지금 나는 70대이지만 아흔이나 아흔다섯까지 살 확률도 높습니다. 길고 긴 은퇴 생활을 보내야 하는 거죠. 안락하게 살기 위해서라도 우리는 돈을 많이 모아놔야 합니다.

토니: 20년 전부터 당신을 알고 지낸 사람들의 말인즉, 당신의 열정은 여전하다고 아니 더 커졌다고 말하더군요.

척: 아마도 더 커졌을 겁니다. [웃음]

토니: 대단하군요. 그 비결이 무엇인가요? 어떻게 그 열정을 계속 유지할 수 있었죠? 열정을 계속 키운 비결은 무엇입니까?

척: 비유하자면 나는 당신이 자선 활동을 통해 이룬 성과를 알고 있습니다. 당신이 사람들에게 얼마나 큰 도움을 줄 수 있는지도 알고 있습니다. 당신이 성공을 한 덕분이죠. 내가 성공하지 못한다면 그런 일을 할 수 없을 겁니다. 나는 그런 일을 할 만한 자원은 갖추지 못하겠죠. 그럴지라도 나는 다른 방식으로 도움을 줄 수 있습니다. 난독증과 관련이 있을 수도 있고 없을 수도 있죠. 나는 아이들을 도울 수 있습니다. 아니면 차터스쿨의 아이들을 도울 수도 있습니다. 혹은 사람들이 언제라도 와서 미술품을 감상하도록 더 크고 훌륭한 미술관을 짓는 것일 수도 있습니다.

살아있는 동안에 나눔을 베푸는 것이야말로 위대한 성공을 훌륭하게 완성시켜주는 요소라고 나는 생각합니다. 그런 나눔을 통해 사람들이 누릴 수 있는 즐거움과 자신의 즐거움이 거듭 향상됩니다.

토니: 새로운 브랜드를 시작하고 새로운 사업을 시작하기를 꿈꾸는 사람들에게 당신은 어떤 강점을 나눠주고 싶습니까? "고객을 잘 보살피는 일에 정말로 도움을 주고 싶어."라는 비전을 가졌던 젊은이가 수조 달러 자산을 운용하는 사업체를 일군 비결은 무엇입니까? 사람들에게 무엇에 초점을 맞춰야 한다고 말하고 싶습니까?

척: 적절한 교육을 받고 현실 경험을 쌓는 데 모든 초점을 맞춰야 합니다. 인내심을 가지고 하루도 빠짐없이 그것을 실천해야 합니다. 쉽지 않은 일이죠. 비유를 한다면 레스토랑 주인이 모든 손님에게 언제나 훌륭한 음식을 제공하는 것과 비슷합니다. 정말 쉽지 않지만, 그러면 훌륭한 레스토랑을 탄생시킬 수 있습니다. 그렇게 하면 훌륭한 자동차 딜러가 될 수 있습니다. 매일 매일 서비스 정신으로 임해야 합니다. 공을 놓쳐서는 안 됩니다. 매일 장외홈런을 날려야 합니다. 서비스 부문도 기술 부문도 마찬가지입니다. 혁신하지 못해 좌초당하는 기업들을 우리는 무수히 보았습니다. 그런 회사들은 고객에게 큰 도움을 주는 제품이나 서비스를 만들지 못했습니다. 그리고는 고객을 잃었죠. 절대로 고객을 잃어서는 안 됩니다. 그 점을 분명히 이해해야 합니다.

토니: 마지막 질문입니다. 당신은 자기관리와 건강관리가 철저한 분이니 앞으로 20~30년 뒤에도 여전히 열정적일 거라고 저는 확신합니다. 그렇다면 당신은 어떤 사람으로 기억되고 싶습니까? 당신의 유산은 무엇이고 당신이 평생 쌓은 것은 무엇입니까?

척: 여러 가지가 있겠죠. 가족에게든 다른 누구에게든 말입니다.

직업적인 측면에서 보자면 나는 월스트리트의 관행에 커다란 변화를 일으켰다는 사실에 매우 자부심을 느낍니다. 월스트리트의 제도는 이삼백 년 동안 유지되어 왔습니다. 그런데 우리가, 서부해안의 작은 회사가 그들로 하여금 다른 길을 걷게 만들었습니다. 우리는 고객을 대하는 방식에 진정한 변화를 불러일으켰습니다. 그들은 예전보다 훨씬 훌륭하게 고객을 대합니다. 우리만큼은 아니지만요! [웃음] 어쨌든 그들은 훨씬 훌륭하게 일하고 있고 고객을 배려하는 마음도 굉장히 커졌습니다.

토니: 당신이 모범을 보였죠.

척: 그렇게 말해주니 고맙습니다.

토니: 앞으로도 강건하시기 바랍니다. 소중한 시간 내주셔서 감사합니다.

CHAPTER 13

'존 템플턴 경' 20세기 가장 위대한 투자자

템플턴뮤추얼펀드 창립자, 독지가, 100만 달러 상금의 템플턴상 제정자

존 템플턴 경을 단순히 역사상 가장 위대한 머니마스터 중 하나라고만 칭하기에는 부족하다. 그는 역사상 가장 위대한 인간 중 하나이기도 했다. 그를 내 멘토 가운데 하나로 꼽을 수 있다는 것 자체가 나에게는 큰 영광이었다. 투자의 개척자, 인습 타파자, 영성 추구자, 자선사업가로서 그가 오랫동안 눈부신 삶을 누리는 동안 그를 이끈 모토는 "우리가 아는 것은 얼마나 적은지, 배움의 열망은 얼마나 큰지."였다. 가장 힘든 상황에 처한 세계를 유심히 관찰하면서 그런 상황들을 적절히 이용할 방법을 찾아내는 존 경의 능력은 누구라도 인정하지

않을 수 없는 것이었다.

존 템플턴이 처음부터 '존 경'으로 알려진 것은 아니었다. 테네시 주 작은 마을의 내세울 것 없는 집안에서 태어난 존은 어린 시절부터 절약과 자급자족과 개인적 규율을 중시하는 태도를 익혔다. 예일대학과 옥스퍼드대학에서 수학한 후 대공황이 한창이던 1937년 월스트리트에서 첫 직장을 잡았다. 최초의 역발상 투자자인 그는 '비관주의가 최대치가 되었을 때' 주식을 사야 한다고 믿었다. 사람들 모두 세상이 끝나간다고 생각하는 때가 존에게는 투자의 적기였다. 남들이 "세상에! 지금이야말로 최고의 투자 시기야!"라고 생각하는 시기는 그에게는 팔아야 할 때였다.

그가 자신의 이론을 처음 시험대에 올린 것은 1939년 가을이었다. 대공황의 여파가 여전히 맹위를 떨치고 있고 히틀러의 군대가 폴란드를 침공하며 2차 대전의 막이 오른 시점에, 존 템플턴은 저축한 돈을 모두 털고 추가로 빚까지 내서는 뉴욕의 두 거래소에서 1달러 이하로 거래되는 모든 주식을 100달러어치씩 매수했다. 이 포트폴리오는 그의 엄청난 개인 재산과 자산운용 제국의 기초가 되었다. 그는 또한 해외 투자의 선구자이기도 했다. 미국인들이 미국 국경 너머는 쳐다보지도 않던 시기에 그는 기회를 찾아 세계 곳곳을 샅샅이 뒤졌다.

존의 재산이 늘어날수록 나눔에 대한 그의 열정도 함께 자라났다. 1972년 그는 종교적으로 큰 공로를 세운 개인에게 노벨상보다도 많은 상금을 주는 상을 제정했다. 템플턴상의 첫 수상자는 마더 테레사였다. 그의 재단은 과학과 기술 연구에도 기금을 후원했으며 1987년 엘리자베스 여왕은 그가 인류에 행한 큰 공로를 치하하는 의미로 기사 작위를 서훈했다.

존 경은 2008년 향년 95세로 타계하기 직전까지 수백만 명에게 진정성과 기업가정신, 믿음에 대한 겸손한 메시지를 전하기 위해 강연을 하고 글을 쓰고 영감을 주는 일을 멈추지 않았다. (공교롭게도, 그 해에 존 경은 주택거품 붕괴 사태를 정확히 예측했다.) 다음은 그가 타계하기 몇 달 전에 나와 가졌던 인터뷰를 요약한 내용이다. 그가 들려주는 그만의 철학은 우리를 위대한 투자자를 넘어 위대한 인간이 되도록 이끌어줄 것이다.

토니: 존 경, 대부분의 사람들은 돈을 지향하거나 정신적인 것을 지향하거나, 둘 중 하나만을 택하는 태도를 보입니다. 하지만 당신은 이 두 가지를 당신 인생에 아주 자연스럽고 진실되게 통합하는 방법을 알아낸 것 같습니다. 살면서 그 두 가지를 통합하는 것이 가능한가요?

존: 당연히 가능합니다! 편을 갈라서는 안 됩니다. 당신이라면 믿지 못할 사람과 거래를 하고 싶겠습니까? 아니죠. 믿을 만한 사람이 못 된다는 평판이 퍼지면 사람들은 그 사람을 피할 겁니다. 그 사람의 사업은 망합니다. 반대로 존경할 만한 윤리 원칙과 정신적 원칙을 가진 사람이 있다면, 그 사람은 고객과 직원이 기대하는 것보다도 그들에게 더 많이 주려고 노력합니다. 그럴수록 그의 평판이 좋아지고 고객도 늘어납니다. 이익도 늘어나겠지요. 그가 세상에 도움이 되는 일을 많이 할수록 그의 사업은 더 번창하고 친구도 늘어나고 존경도 더 많이 받게 됩니다.

그러니 언제나 처음부터 남들의 기대보다 더 많이 주고, 적당하다고 생각되는 수준 이상으로 타인에게 베풀어야 합니다. 타인을 이용하거나 그들의 발전을 가로막으려 해서는 절대 안 됩니다. 남들을 더 많이 도와줄수록 개인적으로 더욱 크게 성공할 것입니다.

토니: 당신의 처음 투자는 무엇이었습니까? 그 투자를 어떻게 하게 되었고 결과는 어땠습니까?

존: 1939년 9월 2차 대전이 발발했을 무렵에 나는 투자를 시작했습니다. 세계 최악의 경제공황이 끝나고 얼마 안 된 참이라 도산한 회사들 천지였습니다. 하지만 전쟁이 일어나면 거의 모든 제품의 수요가 늘어나고 그래서 전쟁 동안에는 웬만한 회사들은 다시 번창하게 되죠. 그래서 나는 주식중개인에게 가서 두 거래소에서 1달러 이하로 거래되는 모든 주식을 100달러어치씩 매수하라는 주문을 냈습니다. 다 해서 104종목이었고 그중 100종목에서 이익이 났고 4종목에서만 손해를 봤습니다.

3년 뒤 아내와 나는 은퇴를 앞둔 투자상담사의 작은 사무실을 인수할 기회가 생겼는데 그동안 모은 저축으로 필요한 돈이 다 충당이 되었습니다! 우리는 고객 한 명 없는 상태에서 뉴욕 라디오시티에서 시작을 했고 그곳에서 25년을 일했습니다. 그리고 은퇴와 자선활동에 사용할 자산을 넉넉히 모으기 위해 1달러를 벌면 무조건 50센트씩 계속 저축했습니다.

토니: 와아! 1달러를 벌면 50센트를 저축하고 그 돈으로 높은 수익률을 거둔 거군요. 오늘날 대다수 사람들은 "그건 불가능해! 50퍼센트나 저축하고 투자하는 건 할 수 없어."라고 말할 겁니다. 하지만 그것이 당신이 무에서 부를 이룬 비결이군요. 게다가 대공황 동안에 말입니다! 예전에 누군가 당신과 같은 시기에[1940년] 10만 달러를 투자한 다음 돈을 더 넣지 않고 그것을 완전히 잊고 있다가 1999년에 펼쳐보면 5500만 달러로 불

어나 있었을 것이라는 글을 읽은 적이 있습니다. 정확한 계산인가요?

존: 배당을 재투자했다면 정확한 계산입니다.

토니: 당신의 투자 철학을 질문하지 않을 수 없군요. 일전에 내게 이렇게 말하셨죠. "비관주의가 팽배할 때 매수를 해야 하고, 낙관주의가 정점일 때 팔아야 한다." 제 기억이 맞나요?

존: 맞습니다. 아주 좋은 말이 있어요, 토니. "하락장은 비관주의의 시기에 시작하고, 회의주의의 시기에 증가한다. 낙관주의일 때 무르익다가 희열의 시기에 끝난다!"는 말입니다. 그런 일은 모든 강세장에서 매번 발생하고 그 사실을 알면 자신의 위치를 판단하는 데 도움이 됩니다. 충분히 많은 투자자들과 대화를 나누고 그들의 투자 철학을 파악하다 보면, 시장이 여전히 안전하게 낮은 수준인지 아니면 위험할 정도로 높은 수준인지 가늠할 수 있습니다.

토니: 투자자들이 저지르는 최악의 실수는 무엇이라고 생각합니까?

존: 아주 많은 사람들은 매달 소득의 일정 부분을 저축하는 자기 규율을 실천하지 않기 때문에 재산을 모으지 못합니다. 저축에만 그치는 것이 아니라 그 저축을 싸게 나온 주식에 현명하게 투자해야 하는데, 사실 쉬운 일은 아닙니다. 웬만한 사람은 특히 남는 시간에만 투자를 알아보는 사람은 적절한 투자 종목을 선정하기가 굉장히 힘이 듭니다. 혼자서 자신의 의사 노릇도 하고 변호사 노릇도 하는 것이 말이 되지 않듯이 자신이 본인의 투자 운용자가 되려고 시도하는 것도 현명한 행동은 아닙니다. 최고의 전문가를 찾는 것이 더 낫습니다. 현명한 증권 분석가를 찾아 도움을 받아야 합니다.

토니: 바하마에 머물고 있는 당신 동료들 몇 명과 대화를 나누면서 "그는 무엇에 투자합니까?"라고 물어본 적이 있습니다. 그랬더니 그들이 이렇게 대답하더군요. "어느 것에든 다 투자합니다! 좋은 조건에 나오는 게 있으면 그는 나무도 살 겁니다." 그래서 내가 말해죠. "그럼 그는 그 투자를 얼마나 오랫동안 보유합니까?" 그들은 "영원히! 기본적으로는 그것의 가치가 증가하는 한 계속!"이라고 대답했습니다. 존 경, 보통 당신은 얼마나 오랫동안 투자를 보유하고 있다가 매도하는 편입니까? 실수인지 아닌지는 어떻게 압니까? 정말로 매도할 때가 되었는지 아닌지는 어떻게 판단합니까?

존: 그것은 정말로 중요한 질문입니다! 많은 사람은 "언제 사야 할지는 알지만 언제 팔아야 할지는 모르겠어."라고 말합니다. 그러나 지난 54년 동안 투자자들을 도와주면서 나는 나름의 답을 찾아냈다고 생각합니다.

50퍼센트 싼 값에 나온 다른 자산을 발견했다는 생각이 들 때만 보유하고 있던 자산을 팔아야 합니다. 그게 답입니다. 싸게 나온 것이 없는지 언제나 찾아보고 지금 가진 것을 잘 관찰해야 합니다. 현재 보유한 종목 리스트 중에서 새로 발견한 것에 비해 50퍼센트 정도 비싼 것이 있다면 보유하고 있는 종목을 팔고 새 종목을 사야 합니다. 그럴지라도 그 결정이 항상 옳은 것은 아닙니다.

토니: 존 경, 미국인들이 국경 너머 나라에 투자하는 것을 고려해야 하는 이유는 무엇입니까?

존: 이렇게 생각하면 됩니다. 우리의 일은 최고의 기회를 찾아내는 것입니다. 따라서 어떤 한 나라에만 우리 스스로를 묶어두지

않는다면 기회도 더 많이 찾아낼 수 있습니다. 한 나라가 아니라 모든 곳을 둘러볼 수 있다면 더 좋은 기회를 찾아낼 가능성도 높아지겠지요.

하지만 가장 중요한 이유는 위험을 줄일 수 있다는 점입니다. 나라마다 침체장은 있기 마련이니까요. 일반적으로 강대국에서는 12년에 두 번 정도씩 심각한 침체장이 발생하지만 동시다발적으로 발생하지는 않습니다. 따라서 여러 나라에 자산을 고루 분산투자하면, 계란을 한 바구니에 담았다가 모든 것을 잃는 사람처럼 한 나라의 침체장에서 모든 것을 잃는 경험은 하지 않게 됩니다.

우리는 고객에게 언제나 분산투자를 강조했습니다. 단순히 하나 이상의 기업이나 하나 이상의 산업 부문에 분산투자하는데 그치지 말고 여러 나라에 걸쳐 두루 분산투자를 해야 한다고 조언했습니다. 그러면 더 안심할 수 있고 잠재적 투자 이익도 늘어납니다.

토니: 당신과 다른 투자자들의 차이점은 무엇이라고 생각합니까? 당신을 역사상 최고의 투자자 중 하나로 만들어준 비결은 무엇입니까?

존: 그렇게 말해주니 고맙군요. 나는 나를 그렇게 대단하게 보지는 않거든요. 우리가 항상 옳았던 것은 아닙니다. 그런 사람은 아무도 없습니다. 하지만 우리는 다른 경쟁자들보다 조금이라도 더 잘하고 남들의 기대보다 더 많이 주며, 우리의 방법을 개선하고 경쟁자들을 앞서나갈 새로운 방법을 이용하기 위한 노력을 게을리 하지 않았습니다.

악착같이 성공에 매달리는 사람go-getter이 아니라 하나라도 더

주려는 사람go-giver이 되려고 노력했다는 것이 우리의 비결이라면 비결이겠지요.

토니: 오늘날 사회 전반에 두려움이 팽배해 있습니다. 당신은 그런 두려움을 어떻게 다룹니까?

존: 두려움을 극복하는 가장 좋은 방법은 아주 크게 감사하는 마음을 가지는 것입니다. 매일 아침 눈을 뜰 때마다 크게 감사할 만한 새로운 일을 5가지만 생각하는 겁니다. 그러면 두려움에 빠지지 않을 수 있고, 낙천적인 마음과 감사하는 태도를 주위에 발산할 수 있습니다. 또한 더 좋은 방법으로 일을 할 수 있고 더 많은 사람이 주위에 다가옵니다. 나는 감사의 태도야말로 인생을 두려움으로부터 막아준다고 생각합니다.

토니: 꼭 당신의 목소리로 당신의 생각을 직접 듣고 싶은 질문이 있습니다. 존 템플턴 경은 누구입니까? 당신의 인생에서 정말로 중요한 것은 무엇입니까? 당신은 어떤 사람으로 기억되기를 바랍니까?

존: 나는 언제나 배우려고 노력하는 학생입니다. 나는 죄인입니다. 우리 모두 죄인입니다. 나는 매일 더 나아지려고 노력하며 내 스스로에게 계속 이런 질문을 던지려 노력합니다. "신의 목적은 무엇인가? 신은 왜 우주를 창조했는가? 신은 자신이 만든 아이들에게 무엇을 기대하는가?" 가장 근접하게 제시할 수 있는 답은 이것입니다.

신은 우리의 영혼이 성장하기를 기대합니다. 우리가 학교에서 시험을 치르듯 신은 우리에게 온갖 시험과 고난을 내립니다. 그럼으로써 우리는 시험을 치르기 전보다 더 위대한 영혼으로 성장할 수 있습니다. 그렇기에 삶은 도전입니다. 삶은 모험입니다. 삶은 경이롭고 신나는 모험입니다. 우리는 신이 우리를 이 행성에 머물도록 허락하는 마지막 날까지 최선을 다해 살아야 합니다.

MONEY IS GAME.
MASTER THE GAM

실행하고
즐기고 나누라

| 제 7 부 |

CHAPTER 1

미래는 우리가 생각하는 것보다 밝다

삶의 핵심은, 최상의 미래는 아직 오지 않았다고 믿는 것이다.

—피터 유스티노프, 미국의 영화배우 겸 작가

대다수 인간은 왜 부를 추구하는가? 더 높은 삶의 질을 추구하기 때문이다. 그리고 미래가 더 큰 것을 약속해준다는 확신이 있는 한 우리는 힘든 오늘을 이겨낼 수 있다. 나는 그 사실을 추호도 의심하지 않는다.

우리 모두에게는 가슴을 뛰게 만드는 미래가 필요하다.

재무 관리를 설명하는 책에서 왜 미래와 기술 혁신을 말하는지 의아할지도 모른다. 그 이유는, 기술이야말로 풍요로운 삶을 누리는 능력을 매일 복리로 불려주는 숨은 자산이기 때문이다.

지금 하루가 멀게 기술 혁신이 일어나고 있다. 몇 달, 혹은 몇 년이면 우리의 그리고 지구상에 존재하는 모든 사람의 삶의 질이 혁명적으로 개선될 것이다. 기술의 밀물은 모든 배에게 출항의 기회를 선사한다.

비용이라는 측면에서 기술 혁신의 뛰어난 점은 무엇일까? 기술의 성능이 기하학적으로 좋아질수록 그 비용은 줄어든다는 점이다! 이것은 우리에게 무엇을 뜻하는가? 부를 쌓고 노후를 준비하는 대열에 늦깎이로 참여할지라도 미래에는 생각보다 훨씬 적은 비용으로 더 훌륭한 삶의 질을 누리게 될 가능성이 높다는 의미이다.

또한 기술 트렌드를 공부하면 생애 최고의 투자 기회에 눈을 뜨게 될 수도 있다. 기술이 폭발적으로 증가하고 있는 지금이 우리가 기술 발전을 눈여겨봐야 할 시간이다.

나는 이번 장을 계기로 당신이 당신과 당신 가족의 재무상태만이 아니라 신체적 건강에도 더 많은 관심을 기울이게 되기를 희망한다. 몸이 건강하지 않으면 돈도 소용이 없다. 어마어마한 기술 발전을 충분히 오랫동안 잘 누릴 수 있어야 한다는 것이 최우선 순위이다. 특히 앞으로 전개될 기술 변화에 대한 설명을 듣고 난 후에는 그 사실이 더욱 중요해진다.

미래 기술 발전의 최첨단을 함께 탐구하기 위해 잠시 여행을 떠나보자. 미리 말할 것이 있다. 나는 절대적으로 낙관적인 관점에서 기술 발전을 설명할 것이다. 여기에는 단순히 내 열정만 반영돼 있지 않다. 현재 지구상에서 가장 위대하다고 불리는 과학자 몇몇의 생각도 반영돼 있다. 그들은 기술 발전을 예측만 하는 사람들이 아니라 그 예측을 현실로 실현시키는 사람들이다. 인간 게놈 해독, 최초의 디지털 음성인식 시스템 설계, 국제 우주정거장을 오가는 상업용 우주선 개발에 이르기까지, 과학의 최첨단에서 움직이는 사람들이다.

나와는 다르게 회의적인 시각에서 기술을 바라보는 사람들이 많은 것도 사실이다. 어쩌면 그들의 생각이 옳을지도 모른다. 어떤 사람은 킬러 로봇과 유전자변형 프랑켄푸드Frankenfood(GMO 식품의 반대자들이 이 식품을 부르는 이름. 프랑켄슈타인과 푸드의 합성어이다—옮긴이)가 판을 치는 터미네이터 스타일의 디스토피아로 미래를 바라본다. 어떤 사람은 만화영화 〈젯슨가족The Jetsons〉에서처럼 자동차가 하늘을 날아다니는 세상으로, 〈스타워즈〉의 로봇 C-3PO와 같은 안드로이드 도우미가 존재하는 세상으로, 아니면 하나의 세포로 세상의 굶주림을 다 해결할 수 있는 고기와 채소를 만들어내는 세상으로 미래를 바라본다. 나는 기술이 어떤 식으로 사용되어 우리의 삶의 질에 커다란 변화를 만들어낼 것인지에 주로 초점을 맞추었다. 신기술에 대한 두려움과 세상의 숨 가쁜 변화 속도에 대한 걱정 어린 목소리가 존재한다는 사실을 나도 모르지 않는다.

어쨌거나 모든 기술 발전에는 '이면'이 존재한다. 기술 발전을 통한 새로운 고용 플랫폼이 정착되기 전까지는 많은 사람이 일자리에서 내몰리기 때문이다. 유력한 금융가이며 칼럼니스트인 스티븐 래트너Steven Rattner는 〈뉴욕타임스〉 칼럼에서 16세기 엘리자베스 1세 여왕도 '불쌍한 하인'들의 실직을 염려해 편물 기계의 특허를 허가해 주지 않았다고 지적했다. 하지만 래트너는 이렇게 덧붙였다. "여기서 중점을 둬야 할 부분은 기존 일자리의 보호가 아니라… 새 일자리의 창출이다. 바퀴가 발명된 이후로 그런 일은 언제나 있어 왔다."

새로운 기계는 대부분 인간의 삶을 풍요롭게 만드는 데 이용되었다. 그리고 이산화탄소 과다, 담수 부족, 농경지 부족 사태와 같은 오늘날 전 세계를 짓누르는 거대한 문제들도 신기술에 의해 해결책이 마련 중이다. 이 모든 일이 하루아침에 이뤄졌다고 생각할지도 모른다. 하지만 역사 내내 도구나 기술을 무기로 사용하는 소수의 사람들은 언제나 존재했다. 전기는 도시를 밝히기도 하고 사형 도구가 되기도 한다. 그럴지라도 전기의자보다는 가로등이 수백만 개는 더 많다.

보잉기는 대양을 횡단하는 여객기로 사용되기도 하지만 수천 명을 죽이기 위한 폭탄으로도 사용된다. 그러나 하이재킹보다는 일반적인 수송을 위해 사용되는 경우가 수백만 배는 더 많다.

새로운 미지의 것을 두려워하며 최악의 시나리오에 눈길이 가는 것은 인간의 천성이다. 그러나 우리 인간의 뇌는 생존 방법을 찾아내도록 설계돼 있으며 그것이 우리가 한 종으로서 성공적으로 번성한 비결이다. 물론 상상은 우리를 멈칫거리게 만들기도 한다. 공상과학 영화를 보고 나면 많은 사람은 인공지능 같은 미래 기술에 대해 두려움을 느낀다. 하지만 레이 커즈와일, 피터 다이아만디스, 후안 엔리케즈 Juan Enriquez를 비롯한 과학자들과 미래학자들은 인류가 기술 발전을 기회 삼아 더 나은 무언가로 진화하고 바뀔 수 있을 것이라고 생각한다.

미래에 대한 낙관주의가 보기 싫으면 다음 장으로 건너뛰어도 무방하다! 하지만 기술이 우리의 삶을 어떻게 바꿔나가는지 정말로 궁금한 사람에게 이번 장은 무엇이 가능하고 무엇이 다가오고 있는지 이해하는 데 큰 도움이 될 것이다. 미래에 대한 내 견해를 읽은 후 오히려 미래에 대한 두려움이 커질 수도 있고 아니면 그 시각을 포용하기로 결정할 수도 있다. 어떤 결정을 내리든 바뀌는 것은 없다.

미래는 벌써 다가왔기 때문이다.

미래를 예견하는 가장 좋은 방법은 미래를 발명하는 것이다.

—앨런 케이, 미국의 전산학자

미국에서는 10분에 한 명꼴로 심각한 화상 환자가 발생한다. 환자는 심각한 통증을 호소하며 병원으로 급히 후송된다. 사실, 화상의 고통은 인간이 가장 아프게 느끼는 고통 중 하나이다. 간호사는 불에 그슬리고 물집이 생긴 피부를 긁어낸 후 환자가 감염으로 죽는 사태를 막기 위해 환부 위에 시신으로부터 도려낸 피부를 씌운다. 환부에 시신의 피부를 입힌다는 것을 알고 있었는가?! 화상 환자는 무사히 살아남을지라도 끔찍한 흉터가 남을 수 있다. 얼굴이나 팔다리가 화상 흉터로 뒤덮여 본래 모습을 알아볼 수 없게 된 사람을 본 적이 있을 것이다. 여러 번에 걸쳐 외과 수술을 해야 하고 치료 기간도 몇 년이 걸릴 수 있다.

주 경찰관으로 일하는 40세의 맷 어람Matt Uram 역시 어느 날 화상을 입었다. 어람이 모닥불 옆에 서 있는데 누군가 휘발유 한 컵을 불에 확 던졌고, 그는 오른팔과 얼굴과 머리 오른쪽 전체로 화상을 입고 말았다. 의사와 간호사들이 신속하게 움직이며 수포가 생긴 피부를 벗겨내고 상처의 감염을 막기 위해 연고를 도포했다. 원래라면 그는 화상전문병동에 몇 주 내지 몇 달은 입원해 있으면서 이 아픈 처치 과정을 하루에 두 번씩 꼬박꼬박 받아야 한다. 전문가 팀은 기존의 방법 대신 새로운 치료법을 시도했다. 그들은 어람의 신체 중 화상을 입지 않은 부분에서 건강한 세포층을 채취했다. 맷은 시신의 피부를 덮어쓰지 않아도 되었다! 세포 배양에 들어갔고, 얼마 지나지 않아 맷 본인의 줄기세포로 만든 용액을 스프레이건으로 환부에 부드럽게 발랐다.

사흘 후 맷의 팔과 얼굴이 완치되었다. (믿기 힘들다면 직접 유투브에 들어가 이 기적을 확인하기 바란다. www.youtube.com/watch?v=eXO_ApjKPaI) 흉터 자국도 거의 눈에 띄지 않는다. 공상과학 영화에서나 나올 법한 장면 같다. 하지만 몇 년 전 피츠버그에서 정말로 있었던 실화이다.

맷 어람에게 사용한 치료법은 아직 미국에서는 임상 단계이지만 유럽과 오스트레일리아에서는 이미 수백 명의 화상 환자에게 유사한 줄기세포 치료법이 사용되었다. 정말 놀랍지 않은가? 심지어 '바이오 펜bio-pen'이라는 것을 이용해 외과의들은 뼈와 연골에서 건강한 세포를 채취할 수 있다. 세포를 배양해 신경, 근육, 뼈로 성장시킨 후 손상 부위를 치료한다. 기술 발전 덕분에 외과의는 치료가 필요한 환부 어디에건 순식간에 세포를 입힐 수 있다. 이것은 현재 연구가 진행 중이고 앞으로 누구나 값싸게 이용하게 될 놀랍고도 새로운 여러 치료법 중 한 예에 불과하다.

지금 우리가 사는 세상에는 매일같이 기적이 일어난다. 굉장히 빠른 속도로 변화가 일어나기 때문에 우리는 그 변화를 알아차리지 못하거나 그냥 당연한 것으로 받아들이기도 한다.

그러나 1980년을 사는 사람에게 2015년의 세상을 설명한다면 그 사람은 마법을 듣고 있다고 생각할 것이다! 줄기세포를 환부에 도포한다고! 그런 사람에게는 운전하는 동안 영상통화를 할 수 있다는 것만으로도 엄청난 기적일 수 있다.

우리는 오늘이나 어제를 관찰함으로써 미래를 예측할 수 있다는 식의 사고에 익숙해 있다. 그러나 그런 생각은 더 이상 먹히지 않는다. 아주 '최근'까지만 해도 변화는 드물고 속도도 느렸기 때문에 청동기시대, 철기시대 등등으로 시대별 변화를 측정하는 것이 가능했다. 이제 변화는 폭발적이다. 변화의 속도가 빨라지면서 훨씬 짧은 기간에도 비약적인 전진이 이뤄지고 있다. 다시 말해 우리의 삶의 질을 더 빠른 속도로 개선할 수 있는 기술 도구들이 계속 만들어지고 있고, 거의 모든 사람이 그런 도구들을 사용하는 시대가 오고 있다.

오늘날 평범한 사람은 고대 이집트의 가장 부유한 파라오조차도 꿈꾸지 못했던 여러 가지를 선택할 수 있다. 파라오에게는 거친 바다와 몇 달을 싸우는 대신에 몇 시간만 의자에 앉거나 침대에 누워 있기만 해도 세상 건너편에 도착하는 것은 억만금을 줘도 불가능한 일이었다. 지금 우리는 494달러만 치르면 버진애틀랜틱항공을 이용해 대서양을 횡단할 수 있다.

제아무리 파라오일지라도 2시간의 영화 감상을 위해 2억 달러를 내지는 못했을 것이다. 현재 매주 무수한 신작 영화가 쏟아져 나오고 있고 한 편당 10달러만 내면 극장에서 영화를 감상할 수 있다(넷플릭스에서는 매달 9.99달러만 내면 된다).

현실을 인정하라. 우리는 역사상 가장 괄목할 만한 발전이 이뤄지는 시대에 살고 있다. 인간의 평균 수명은 지난 100년 만에 31세에서 67세로 두 배 이상으로 늘어났다. 같은 기간 동안 (인플레이션으로 조정한) 1인당 평균 소득은 세 배로 뛰었다. 100년 전만 해도 미국인 대다수는 단지 먹거리를 마련하는 데만 하루 노동의 43퍼센트를 할애했다. 오늘날 농업과 유통의 발전 덕분에 그 비율은 7퍼센트에 불과하다.

메일이 도착했습니다!

1990년대 초 빌 클린턴 대통령을 처음 만났을 때였다. 나는 자리에 앉으며 그에게 말했다. "대통령님, 우리가 전자적으로 소통할 방법이 있을 것 같은데요." 그가 당황스럽다는 표정을 짓자 내가 말했다. "나는 이메일이라는 것을 시작했습니다. AOL에 계정을 만들었지요. 대통령님도 갖고 계신가요?" 대통령이 말했다. "아, 그런 것이 있다고 들어는 봤습니다!" 그러나 당시 미국의 대통령에게는 이메일 계정이 없었다. 오늘날 아마존 부족민이 정글을 누비는 동안 가지고 다니는 휴대전화는 빌 클린턴이 자유세계의 지도자로서 사용하던 것보다 훨씬

"이걸 쓰니까 2초마다 휴대전화를 보는 행동이 없어졌어."

우수한 순간 컴퓨팅파워를 지니고 있다. 아마존 부족민은 온라인에 접속해 소에게 쓸 비품을 구입하거나 아이의 학교 수업료를 낼 수 있다. 여러 언어도 번역할 수 있다. 이 부족민은 원하기만 한다면 예일대의 무료 경제학 강좌나 MIT의 무료 수학 강좌에도 접근할 수 있다. 우리는 지금 완전히 달라진 우주에 살고 있고, 이것은 시작의 시작에 불과하다.

모든 것이 매일 더 좋아지고 있고 더 빨라지고 있다. 내 친구이며 엑스프라이즈재단 설립자이고 항공우주 엔지니어, 의학 박사, 기업가, 그리고 어느 모로 보나 위대한 인간인 피터 다이아만디스는 이렇게 말한다. "미래는 당신이 생각하는 것보다 훨씬 좋아질 것이다. 현재 인류는 기술이 모든 사람의 기본적인 생활수준을 현저히 끌어올릴 잠재력을 발휘하는 급진적 변화의 시기에 접어들고 있다."

이것은 우리에게 무엇을 의미하는가? 이 책에서 배운 내용을 하나도 실천에 옮기지 않을지라도, 수입이 지금보다 늘어나지 않을지라도, 미래에는 우리가 상상했던 것보다 더 높은 삶의 질을 누릴 수 있을 것이라는 의미이다. 그리고 그런 미래를 즐길 수 있는 사람에게 펼쳐질 가능성은 무한하다.

풍요의 열쇠는 무한한 사고를 가지고 유한한 환경에 부딪치는 것이다.

—마리안 윌리엄슨

기술은 우리가 희소 자원이라고 여기는 것을 바꾼다. 희소성은 우리를 두렵게 만드는 공통분모이다. 물, 식량, 돈, 자원, 시간, 공간, 즐거움, 사랑 등 우리가 필요로 하고 소중히 여기는 것이 충분치 않다고 여길 때 우리는 두려움에 빠진다. 사람들이 부자가 되고 싶은 이유는 무엇인가? 부자가 되면 모든 것을 다 충분히 가졌기 때문에 다시는 결핍을 겪을 필요가 없을 거라고 믿기 때문이다. 그런 두려움이 우리의 뇌에 태어날 때부터 설계돼 있다.

그러나 희소성이라는 상태가 반드시 영원히 지속되는 것은 아니다. 기술이 상황을 바꿀 수 있다. 한때 지구상에서 가장 보기 드물고 진귀한 금속은 무엇이었을 것 같은가? 알루미늄이었다! 점토에서 알루미늄을 분리해내는 작업은 과거에는 굉장히 어렵고 비용도 많이 들었다. 19세기 프랑스에서 알루미늄은 최고의 지위를 나타내는 상징이었다. 나폴레옹 3세는 시암의 왕을 맞이하는 황궁 환영연에서 평소 쓰던 금식기가 아니라 알루미늄 식기에 음식을 담아 접대했다. 하지만 19세기 말 과학자들이 알루미늄의 대량 가공법을 발견하면서 갑자기 이 가볍고 값싼 금속이 시장에 넘쳐흐르게 되었다.

피터 다이아만디스는 희소성이야말로 우리의 자원 접근 능력을 작동시키는(혹은 결여되게 만드는) 것이라는 사실을 주장하기 위해 알루미늄의 사례를 즐겨 사용한다. 그가 《어번던스Abundance: The Future Is Better Than You Think》에서 300페이지에 걸쳐 훌륭하게 기술했던 개념을 이번 장에서는 단 몇 페이지로 압축해서 소개한다. 이 책은 기술이 희소성을 어떻게 극복하는지를 다음과 같은 굉장히 멋진 비유를 들어 설명한다. "오렌지가 주렁주렁 열린 나무가 한 그루 있다. 내가 낮은 가지에 매달린 오렌지를 다 땄더니 결국 손닿을 만한 위치의 오렌지는 남지 않았고 이제 오렌지는 희소자원이 된다. 그런데 누군가 '사다리'라는 이름의 기술을 발명하고, 나는 더 높은 곳에도 손이 닿게 된다. 문제가 해결되었다. 기술은 자원을 해방시키는 메커니즘이다."

세계의 인구 증가 속도를 감안하면 우리는 이런 자원을 그 어느 때보다도 빠르게 해방시켜야 한다. 인구는 얼마나 기하급수적으로 증가하고 있는가?

- 세계 총인구는 10억 명이 되기까지(1804년) 20만 년이 조금 넘는 시간이 걸렸다.
- 세계 총인구가 10억 명에서 20억 명으로 두 배가 되기까지(1927년) 123년이 걸렸다.
- 지구의 인구가 30억이 되기까지는(1960년) 33년 밖에 걸리지 않았다.
- 불과 14년 후에 여기에 다시 10억이 추가되어 총인구는 40억 명이 되었다(1974년).

인구 증가는 멈추지 않았다. 인구수가 13억 명인 중국의 한 가정한 자녀 정책이나 인구 증가를 멈추기 위한 세계 전체의 노력에도 불구하고 지난 40년 동안에만 30억 명이 더 늘어났다! 처음 20만 년 동안 늘어난 인구수보다 300퍼센트나 많은 인구 증가가 최근 40년 동안 발생했다! 현재 지구의 인구는 72억 명이다! 이런 인구 증가 속도가 계속된다면 과학자들은 2050년에는 96억 명이 될 것이라고 내다본다.

지구는 과연 이 많은 사람을 먹여 살릴 수 있을까? 천연자원의 소비 속도가 앞으로도 지금 같다면, 세계자연기금World Wide Fund for Nature International의 짐 리프Jim Leape는 〈월스트리트저널〉에서 이렇게 말한다. "우리는 지구가 지속 가능하게 생산할 수 있는 자원보다 50퍼센트를 더 많이 사용한다. 이런 상황이 바뀌지 않고 인구가 계속 빠르게 증가한다면, 2030년에는 두 개의 행성으로도 충분하지 않을 것이다."

인간의 창의성과 기술이 결합하는 순간 기본 니즈를 해결할 방법이 마련된다.

석유 고갈을 염려하던 시기가 있었다. 내가 고등학교 1학년이던 1970년대에 중동발 석유위기가 터졌다. 기억하는지 모르겠지만, 휘발유는 홀짝제로 급유해야 했다. 나는 내가 운전면허를 따기도 전에 석유가 다 사라지면 어쩌나 하는 걱정이 들었다. 그러다 어느 날 학교에서 공학 선생님이 "읽어줄 기사가 있다."고 말씀하셨다. 〈타임〉에 실린 로마클럽Club of Rome(유럽의 경영자, 과학자, 교육자 등이 천연자원 고갈, 환경오염 등을 경고하기 위해 로마에 모여 가진 회의. 1972년 〈성장의 한계〉라는 보고서로 주목을 받았다—옮긴이)의 보고서는 나도 읽었다. 그 보고서는 몇 년 뒤에는 지구의 석유가 다 떨어지고 세계 경제가 무너져 내릴 것이라는 예측으로 모두의 가슴을 섬뜩하게 만들었다. 선생님이 읽어주는 기사 역시 로마클럽의 보고서처럼 똑같이 음울하고 비관적인 예견을 담고 있었다. 그런 다음에 선생님은 자신이 읽어준 기사가 무엇인지 알려주었다. 1850년대 기름 위기에 대한 신문 기사였다. 그리고 이 기사가 말하는 기름은… 고래기름이었다!

19세기에는 고래의 지방이 램프를 밝히는 주된 에너지원이었다. 고래기름 없이는 집을 밝힐 수가 없었다. 그러나 고래의 남획이 계속되면서 사람들은 기름 부족 사태를 염려했고 기름 가격은 천장을 뚫었다. 그러다 1859년에 획기적 전환기가 마련되었다. 펜실베이니아에서 원유가 발견되었다. 완전히 새로운 에너지원이 생겨났다. 얼마 지나지 않아 석유램프가 보급되었고 다음에는 내부연소 엔진이 탄생했다. 1973년의 석유 위기? 이미 기술은 기름 부족 문제를 완화하고 있었다. 새로운 탐사와 채굴 기법 개발은 방대한 양의 화석연료를 채취하고 있었다. 그리고 이제 시추 기술이 발전하면서 미국의 가스 보유량은 사우디의 석유 매장량보다도 많다! 이처럼 기술 변화는 경제만이 아니라 지정학적 힘에도 큰 영향을 미친다. 거의 10년 만에 처음으로 2013년 미국 국내의 석유 생산량은 중동에서 들여오는 수입량을 앞질렀다.

미래는 풍력, 바이오연료, (그리고 그랜드슬램 챔피언인) 태양력과 같은 대체에너지의 시대이다. 발명가이자 미래학자인 레이 커즈와일의 설명에 따르면 지구에 도달하는 햇빛의 1만 분의 1만 있어도 지구 인구의 모든 에너지 필요량이 다 충족될 수 있다고 한다.

관건은 그 방대한 에너지를 경쟁력 있는 비용으로 확보하고 저장할 수 있는 기술을 개발하는 것이다. 레이는 앞으로 몇 년 뒤에는 태양에너지의 1와트 당 단가가 석유와 석탄의 단가보다 낮아질 것이라고 예상한다.

우리에게는 불가능한 일의 전문가가 더 많이 필요하다.

—시어도어 로스케

잠시 멈추고 이렇게 생각해보자. 이 모든 신기술은 어디에서 등장하는가? 나사, 실리콘밸리, 국방고등연구기획청Defense Advanced Research Projects Agency, DARPA과 세계 유수의 대학, 연구소 등 우리가 흔히 떠올림직한 장소에서 무수히 많은 신기술이 쏟아져 나온 것은 사실이다. 하지만 오늘날 점점 더 많은 수의 이른바 DIY형 발명가들은 인터넷이라는 방대한 자원을 활용해 더 빠르고 더 좋고 더 값싼 것을 만들어낼 방법을 찾아낸다.

자신의 침실을 연구실 삼아 인공 기관 분야에 일대 혁명을 불러일으킨 한 10대 소년의 이야기를 해야겠다. 이스턴 라샤펠Easton LaChappelle은 17세 나이에 나사의 로봇 프로그램을 이끌고 있었고 인터넷에서 필요한 것은 다 배웠기 때문에 엔지니어링을 전공하기 위해 대학에 진학할 필요도 없었다.

이스턴은 콜로라도 남서부의 작은 마을에서 자랐다. 그곳에는 아이들이 놀거리가 많지 않았기 때문에 이스턴은 가전 기기를 분해하고 재조립하는 데서 즐거움을 찾았다. 열네 살이 된 이스턴은 직접 로봇 손을 만들어보기로 결심했다. 안 될 이유가 없을 것 같았다. 근처에는 대형 도서관도, 대학도 없기 때문에 이스턴은 인스트럭터블스Instructables와 핵잇!Hack It! 등의 웹사이트를 뒤지며 전자공학, 프로그래밍, 기계역학을 독학으로 공부했다. 그런 다음 이스턴은 주위에 흔히 널린 레고 블록, 낚싯줄, 전선용 테이프, 취미용 소형 모터, 닌텐도 파워글러브를 이용해 프로토타입을 만들었다.

열여섯 살이 되기 전까지 이스턴은 3-D 프린터를 이용해 플라스틱을 몇 겹 층층이 덧입힌 기계손을 만들어냄으로써 자신의 설계를 정교하게 다듬을 수 있었다. 그는 자신의 발명품을 주 과학경진대회에 출품했고, 그곳에서 '아이디어가 번쩍 떠오르는 경험'을 하게 되었다. 이스턴은 이 대회에서 의수를 달고 있는 일곱 살짜리 소녀를 만났는데, 의수 비용은 무려 8만 달러나 되었다. 게다가 살면서 두 번은 의수를 바꿔 달아야 한다는 말도 들었다. 이스턴은 "저만한 비용을 감당할 사람이 얼마나 될까?"라는 생각이 들었다. 게다가 소녀가 한 의수는 센서가 하나뿐이고 동작도 한 가지만 가능했다. 이스턴이 만든 기계손은 구부림이 가능한 손가락이 다섯 개가 달려 있어서 훨씬 정교한 움직임이 가능했다. 바로 그 자리에서 이스턴은 이 작은 소녀처럼 팔다리가 절단된 사람들을 위해 단순하면서도 기능적이고 값도 저렴한 의수와 의족을 만들기로 결심했다.

이스턴은 자신의 침실 겸 실험실로 돌아와 인간 팔의 움직임과 강도를 그대로 흉내 내는 온전한 로봇 팔다리를 만드는 일에 매달렸다. 더욱 놀랍게도 그는 전자적 뇌파를 블루투스 신호로 변환해 헤드셋의 통제가 가능한 EEG 헤드셋(뇌파 헤드셋)을 생각해냈다(이런 것은 공상과학 영화에도 등장하지 않았다).

그가 만든 의수의 무게는 8만 달러짜리 의수의 3분의 1밖에 되지 않으며, 훨씬 튼튼하다. 실제로 이스턴이 만든 의수를 단 사람은 150킬로그램가 넘는 물건을 손에 쥘 수도 있다! 과거의 기술을 크게 진일보시킨 것이다. 그가 발명한 의수의 가격이 8만 달러가 아닌 것은 분명하다. 그렇다면 얼마일까? 2만 달러? 5천 달러? 1500달러? 250달러라면 믿을 수 있겠는가?

열여덟 살 생일을 맞이하기 전 여름에 오바마 대통령을 만난 후 이스턴은 휴스턴의 존슨우주센터에 있는 나사에서 인턴으로 일하며 국제우주정거장을 위한 로봇 연구팀을 이끌게 되었다. 8월이 끝나지도 않았는데 이스턴은 벌써 답답함을 느꼈다. "이곳을 나가야겠어. 이 사람들은 너무 느려!" 그는 자신이 직접 설계를 하고 제작을 하지 못하는 것이 못내 아쉬웠고 이곳 나사는 관료주의의 벽이 지나치게 두꺼웠다. 자기 집으로 돌아온 그는 사고로 하반신이 마비된 고등학교 동창을 위해 외골격 로봇(입는 로봇)을 제작하는 작업에 매달렸다. 이스턴은 이 동창이 졸업식에서 직접 두 발로 걷는 모습을 보고 싶었다.

이스턴의 외골격 연구에 대한 기사를 읽은 후 나는 그를 꼭 만나야겠다고 생각했다. 나는 코네티컷 주 뉴타운과 콜로라도 주 오로라에서 벌어진 총기난사를 포함해 최근의 총기난사 사건 생존자들을 돕는 일을 하고 있었다. 나는 그들이 상상할 수도 없는 그런 비극을 딛고 일상생활로 돌아오도록 지원하고 있었고 그중에는 애슐리 모서Ashley Moser라는 여인도 있었다. 미치광이 범인은 그녀의 눈앞에서 그녀의 여섯 살짜리 딸을 살해했다. 그런 다음 범인은 임신 중인 그녀에게 총구를 들이댔고 그가 애슐리에게 발사한 두 발의 총탄에 뱃속에 있던 아기가 죽고 그녀는 하반신이 마비되었다. 내가 그녀를 만났을 때 그녀는 온통 자살 충동에 휩싸여 있었다. 나는 그녀를 가족 및 의료팀과 함께 '네 안에 잠든 거인을 깨워라' 세미나에 보냈고 그곳에서 우리는 이 안타까운 사연을 겪은 젊은 여성이 감정의 상처를 극복할 수 있도록 적절한 환경을 마련해주려 노력했다.

나도 애슐리가 두 발로 걷는 모습을 보고 싶었다! 그래서 나는 이스턴에게 전화를 걸어 그에게 연구자금을 대겠다고 제안했다. 그때부터 우리는 세상 누구건 구입이 가능해 많은 사람의 인생에 큰 도움을 줄 수 있는 저렴한 인공 기관을 만드는 사업을 시작했다. 사는 곳이나 가진 돈의 많고 적음은 문제가 되지 않게 하겠다는 것이 이스턴이 세운 사명이었다. (이스턴의 고등학교 친구는 2015년에 졸업 예정이고, 이스턴의 말에 따르면 그 친구가 두 발로 연단에 직접 올라가 졸업장을 받게 만드는 계획이 착실히 진행 중이라고 한다. 얇고 잘 구부러지며 위에 옷도 걸쳐 입을 수 있는 외골격 로봇을 만드는 것이 이스턴의 목표이다. 그러면 외골격을 걸쳤다는 사실을 다른 사람들은 잘 모를 것이기 때문이다.)

단지 기술의 소비자만이 아니라 기술의 메이커maker도 될 수 있다는 사실을 전 세계 청소년들에게 널리 알리는 것이 이스턴의 또 다른 사명이다. 이스턴은 내게 이렇게 말했다. "누구나 창조자가 될 수 있어요. 비록 어린아이일지라도 인터넷과 3-D 기술에 접근하면 원하는 것을 만들 수 있어요. '성공하려면 대학에 가야해, 다른 길은 없어.'라는 생각에 스스로를 가둬서는 안 됩니다. 다른 길은 얼마든지 있거든요."

이스턴 라샤펠이 굉장히 비범하다는 사실에는 의심의 여지가 없다. 천재라는 호칭이 아깝지 않을 것이다. 그러나 인도에도, 탄자니아에도, 오스트레일리아에도, 다게스탄에도, 우루과이에도, 싱가포르에도 우리의 세상을 더 좋은 곳으로 만들겠다는 꿈을 꾸며 로그온을 하는 또 다른 이스턴이 굉장히 많을 수도 있지 않겠는가? 이스턴은 자신이 처음 설계한 로봇 손의 기술을 오픈소스로 공개했고 이제 세상 어느 곳에 살건 누구나 그 설계를 모방하고 원하는 대로 개선할 수 있다. 이제 우리는 직접 발행인이 되고 창조자가 될 수 있으며 인터넷에 연결해 그 누구와도 우리의 아이디어를 공유할 수 있다.

수문이 열렸고, 사람들이 메이커봇 시대MakerBot Era, 혹은 메이커 혁명Maker Revolution이라고 부르는 우리 시대 가장 위대한 혁명 중 하나가 시작되려 하고 있다. 수많은 사람이 거침없는 기술 성장을 연료 삼아 폭발적으로 증가하는 DIY형 혁신을 최전선에서 이끌고 있으며 이스턴 라샤펠은 그 수많은 사람 중 하나에 불과하다. 3-D 로보틱스3-D Robotics의 크리스 앤더슨Chris Anderson은 이런 현상을 '신산업혁명New Industrial Revolution'이라고 부른다. 오늘날은 하버드대학, MIT, 스탠포드대학의 학생들이 배우는 내용을 세상 모두가 배울 수 있다. 사람들은 최고의 교사들과 그리고 상호간에 아이디어와 기술을 공유하고 장비를 만들고 있으며 한때 수백만 달러였던 서비스를 수백 달러의 싼 값에 제공하고 있다.

미국 전역에서는 메이커페어Makers Faires가 매해 열린다. 메이커미디어Maker Media가 창립하고 '지구상 최대의 쇼와 설명회'라고 불리는 이 행사에는 발명가, 애호가, 엔지니어, 학생, 교사, 예술가, 기업가들이 두루 참석한다. 2013년에는 전 세계에서 열린 메이커페어에 54만 명이 넘게 참석했고 2014년에는 21개국 116개 도시에서 개최되었다. 오바마 대통령도 최근 백악관에서 메이커페어를 주최했다. 키가 5미터가 넘는 로봇 기린 러셀이 대통령을 맞이했고 대통령은 소형 이동용 주택을 구경하고 바나나로 만든 키보드를 두드려보기도 했다. 대통령이 그 자리에서 만난 사람 중에는 샌프란시스코에서 온 마크 로스Marc Roth도 있었다. 노숙자 쉼터에서 살던 그는 샌프란시스코에 있는 '테크숍TechShop'을 다니며 3-D 프린터와 레이저 커터 사용법을 배우기 시작했다. 16개월 후에 그는 레이저 커팅을 전문으로 하는 사업을 시작해 지금은 새 출발을 원하는 사람들에게 하이테크 기술을 가르치는 복지 사업도 운영하고 있다.

또한 오바마는 틀에 박힌 길을 거부하고 로봇 회사를 차린 노스캐롤라이나 출신의 10대 초반 소녀 두 명에게 환호성을 내질렀다. "상상할 수 있으면 실행할 수 있다. 그것이 무엇이건 말이다."가 두 소녀의 모토였다.

오바마는 군중에게 이렇게 말했다. "이 모토야말로 미국에 딱 맞는 훌륭한 슬로건입니다. 이 나라는 대륙을 잇는 철도와 도시와 마을에 전력을 공급하는 것을 상상했고 하늘에 닿는 마천루를 상상했으며, 우리를 더 가깝게 이어줄 인터넷을 상상했습니다." 그는 모든 회사, 대학, 커뮤니티가 메이커들을 후원해야 한다고 말했다. "그렇게 한다면 우리는 다가올 미래에 훌륭한 일자리를 더 많이 창출할 수 있을 것입니다. 상상도 못한 전혀 새로운 산업을 만들어낼 수 있을 것입니다."

신기술의 폭발적 증가와 인터넷 사용의 대대적인 확대가 메이커 혁명을 가능하게 만들어주는 밑거름이다. 10년 전에 인터넷 연결자는 5억 명이었지만, 현재 20억 명이 인터넷에 연결한다. 전문가들은 6년 안에 여기에 30억 명이 추가되어 총 50억 명이 웹으로 연결될 것이라고 추산한다. 그런 엄청난 연결성과 고삐가 풀린 창의성이 이 행성 전역에 불러올 파급력은 상상조차 되지 않는다!

최초의 인터넷은 군 정보기관과 대학의 전유물이었다. 그러다 기업들이 전유하는 닷컴 인터넷 시대가 왔고 이후에는 아이디어의 인터넷이, 다음에는 소셜미디어의 등장으로 관계의 인터넷 시대가 도래했다.

이제 모든 사물을 연결하는 사물 인터넷internet of things 시대가 오고 있다. 일상생활에서 사용하는 모든 사물에 컴퓨터와 센서가 내장되어 사물끼리 서로 메시지를 주고받는다. 기계가 다른 기계와 연결되고 그 기계가 우리와 연결되면서 모든 것이 하나의 강력한 글로벌 네트워크로 묶인다. 그리고 3-D 프린팅은 인터넷이 우리의 드넓은 상상을 뛰어넘어 어떻게 바뀌고 확대될지를 보여주는 사례이다.

3-D 프린팅, 공상과학이 현실의 과학이 되다

영화 〈스타트렉〉을 보면 엔터프라이즈호에 장착되어 아무것도 없는 공간에서 햄버거와 뜨거운 커피를 만들어내는 '리플리케이터replicator(만능 복제기)'라는 것이 나온다. 과학자들은 리플리케이터가 현실이 되는 것이 불가능한 일은 아니라고 말한다! 3-D 프린팅은 이미 세간의 화젯거리이지만 눈으로 직접 보기 전까지는 그것이 얼마나 강력한 기술인지 이해하기가 힘들다. 3-D 프린팅은 디지털 생산의 모든 것을 포괄하는 문구이며 '3-D 프린터'는 컴퓨터 파일을 청사진 삼아 한 층 한 층 재료를 쏘아 3차원 사물을 만들어내는 사실상의 공장이나 다름없다. 3-D 프린터는 플라스틱, 유리, 세라믹, 티타늄, 나일론, 초콜릿, 심지어 살아 있는 세포를 포함해 최소 200가지의 액화 재료나 분말재료를 이용할 수 있다. "3-D 프린터로 무엇을 만들 수 있을까?"라는 질문보다는 "3-D 프린터로 만들 수 없는 것은 무엇인가?"라고 묻는 것이 더 낫다. 현재까지 3-D 프린트로 만든 물건의 예를 들면 운동화, 금팔찌, 비행기 부품, 식기류, 비키니, 기타, 태양전지판 등이 있다. 물론 인간의 신체 기관과 귀, 치아도 만들었다. 앞에서도 언급했듯이 10대 소년의 침실에 설치할 수 있을 정도로 작고 합성 물질을 한 층씩 입혀 사람의 팔다리처럼 기능하는 인공 의수와 의족을 만들어내는 소형 3-D 프린터도 있다. 반면에 중국에는 격납고 크기의 3-D 프린터도 있다. 이것은 재활용 건축폐기물을 섞은 콘크리트를 층층이 덧입히는 식으로 하루에 10채의 집을 찍어낼 수 있다. 비용은? 집 한 채를 찍어내는 데 5천 달러가 들며 인건비는 거의 들지 않는다!

더욱 중요한 사실이 있다. 나사는 3-D 프린팅 회사 네트워크인 아메리카메이크스America Makes와 제휴를 맺고 인류의 가장 큰 도전을 문제로 내건 세계 대회를 후원하기로 했다. 그 도전이란 허리케인, 쓰나미, 지진 등 자연재해가 발생했을 때 사람들이 긴급히 피난할 수 있는 대피소를 마련하는 것이었다. 3-D 프린터가 주위의 흔한 재료를 이용해 몇 달이 아니라 몇 시간 만에 집을 뚝딱 찍어내는 모습을 상상해보라. 이처럼 효과적으로 사용되기만 한다면 3-D 기술의 영향력은 무한하다.

언젠가는 집을 나서지 않아도 취향에 딱 맞는 청바지를 3-D 프린터로 찍어내고 히말라야 산간벽지 사람들은 클라우드cloud에서 패턴을 다운로드 받아 공구와 양수펌프, 학용품 등 필요한 것을 다 찍어내는 시대가 올지도 모른다. 우주여행도 가능해질 것이다. 물론 3-D 프린팅 같은 신기술이 등장하면 구기술은 무너지고 사라지는 산업이 생길 수 있다. 여분의 부품을 보관하는 창고가 없어질지도 모른다. 선적의 수요도 줄어들 것이다. 이 행성에는 다행이지만 트럭 운전사에게는 불행이다. 전문가들의 예측에 따르면 로봇이 운전하는 무인 트럭의 등장으로 미국에서만도 350만 명의 트럭 운전사가 일자리를 잃을 전망이다. 8시간 운전을 한 다음에는 잠깐이라도 쉬어야 하는 인간과 달리 로봇은 24시간 내내 운전이 가능하고, 처음에 초기 자본을 들여 무인 트럭에 투자하면 이후에는 월급을 지급할 필요도 없기 때문이다.

구산업이 무너지면서 신산업이 등장할 것이다. 교육과 훈련을 받고 마인드를 바꿔야만 우리는 변화를 포용하고 새롭게 등장하는 경제의 요구에 부응할 수 있다.

3-D 프린팅은 우리의 삶의 질을 한 차원 발전시킬 놀라운 기술 성장의 한 예에 불과하다. 주목해야 할 다른 부분은 나노기술, 로봇공

학, 조직재생이다. 이런 화제를 왜 꺼내는지 의아할지도 모른다. 그러나 우리의 가장 시급한 문제에 해결책을 마련해주는 기술 발전은 경제적으로 어떤 계절이냐에 상관없이 계속 진행된다는 사실을 알아야 한다. 인플레이션이건 디플레이션이건, 전쟁이건 평화이건 기술은 계속 발전한다.

인구 통계 파도에 대해 들어본 적이 있는가? 7700만 명에 달하는 베이비붐 세대의 소비지출은 수십 년 동안 미국 경제를 이끌어 온 힘이었다. 그러나 지금 매일 1만 명의 베이비붐 세대가 65세를 맞이하고 있다. 인구 통계 파도는 이제 잠재적 은퇴 위기 파도로 형태가 변했다. 베이비붐 세대 대부분이 변변한 저축도 변변한 연금도 없기 때문이다.

지금의 미국은 역사상 그 어느 때보다도 커다란 빚의 파도를 쌓아올리고 있다. 17조 달러의 국가 채무에, 메디케어(노인의료보장), 메디케이드(저소득층의료보장), 사회보장제도 등의 기금비적립채무 unfunded liabilities(기금의 현재 가치보다 앞으로 지불해야 할 비용이 더 큰 채무. 연금이나 사회보장지급액 등이 여기에 해당한다—옮긴이)는 100조 달러가 넘는다.

기후 변화를 개의치 않는다 해도 환경 파도는 무시할 수 없다. 우리가 농경지를 혹사하는 것은 분명한 사실이다. 하지만 지금까지 언급한 다른 파도가 아무리 커도 기술 파도는 훨씬 거대하다. 기술 파도는 세상에 존재하는 모든 배를 출항시켜 더 풍요로운 미래로 실어다 줄 것을 약속한다.

미래학자이며 벤처투자자인 후안 엔리케즈는 내가 최근에 연 경제총회에서 이렇게 말했다. "나는 그런 기술 트렌드가 그 어떤 위기보다도 더 클 것이라고 생각한다. 모두가 한국전쟁과 냉전을 걱정하는

동안에도 누군가는 트랜지스터를 만들고 있었다. 모두가 2차 대전을 걱정하는 동안에도 누군가는 항생제를 만들고 있었다. 기술 발전 대부분은 전쟁이나 경기의 부침보다 당신과 나의 삶에 훨씬 큰 영향을 미쳤다."

우리의 문제는 파도처럼 밀려오지만 해결책도 파도처럼 밀려온다.

나는 거대한 인생 파도를 서핑한다.

—윌리엄 샤트너, 캐나다 배우

발명가이자 작가, 기업가인 레이 커즈와일보다 그런 생각을 잘 이해하는 사람은 없다. 누구보다도 명민한 머리를 가진 레이에게는 우리 시대의 토머스 에디슨이라는 별명이 붙어 있다. 하지만 TED 토크의 열렬한 팬이거나 혹은 레이가 엔지니어링 이사로 있는 구글의 임

직원 명단을 살펴본 사람이 아닌 이상, 일반인들은 레이 커즈와일이라는 이름을 알지 못한다. 그러나 그는 사람들이 상상하는 것보다 훨씬 여러 측면에서 우리의 삶에 영향을 미쳤다. 당신이 휴대전화나 인터넷으로 음악을 듣는다면 레이에게 감사를 표해야 한다. 디지털 음악을 처음 만든 사람이 레이이기 때문이다. 시리든 아니면 음성을 문자로 변환하는 다른 시스템을 통해 이메일을 작성한 경험이 있다면 그것도 다 레이 덕분이다.

내가 레이 커즈와일을 처음 만난 것은 거의 20년 전이고, 그때 그가 묘사하는 미래를 입이 떡 벌어진 채 들었던 기억이 아직도 생생하다. 무인 자동차, 세계 최고의 체스 챔피언을 이기는 컴퓨터 등 그때는 마법이라고 생각했던 그의 설명이 지금은 모두 현실이 되었다. 그때 레이는 이미 최초의 맹인용 리더기를 만들기 위한 광학문자인식 시스템을 발명했고 가수 스티비 원더가 그의 첫 고객이었다. 그는 맹인들이 거리 표지판을 읽고 도움 없이도 도시를 걸어 다니며, 레스토랑에 들어가서는 담뱃갑 크기의 작은 리더기를 이용해 메뉴판을 읽게 되는 날이 오기를 원했다. 그때 그는 그 시기를 2005년으로 내다봤다.

"그걸 어떻게 알 수 있죠, 레이?" 내가 물었다.

"이해가 잘 안 될 겁니다, 토니. 기술은 스스로를 자양분으로 삼으면서 속도를 계속 높입니다. 기술은 기하급수적으로 성장합니다."

그는 마이크로칩에서는 무어의 법칙(컴퓨터의 프로세싱 속도는 2년마다 두 배가 되며, 비용은 2년마다 절반으로 줄어든다는 법칙)이 더는 들어맞지 않는다고 설명했다. 정보기술에도 그리고 결과적으로는 우리 삶의 모든 측면에도 무어의 법칙은 마찬가지로 들어맞지 않는다.

무슨 뜻인가? 무언가가 선형이나 산술적 패턴(1, 2, 3, 4……)이 아니라 기하급수적으로 성장한다는 것은 계속 두 배씩(1, 2, 4, 8, 16, 32……) 늘어난다는 뜻이다. 따라서 성장 속도는 시간이 지날수록 점점 더 빨라질 수밖에 없다. 하지만 우리는 이 기하급수의 개념을 선뜻 이해하기가 힘들다. 인간의 뇌는 그렇게 생각하도록 설계되지 않았기 때문이다.

레이는 이렇게 설명한다. "무엇보다도 기하급수적 성장은 우리의 직관과는 굉장히 다릅니다. 우리는 우리의 뇌에 고착된 나름의 직관을 가지고 미래를 바라봅니다. 1000년 전에 대초원을 걷다가 저 멀리를 곁눈질했는데 동물이 우리 쪽으로 다가오는 모습이 보이면, 우리는 그 동물이 20초 뒤에 어느 방향으로 움직일 것인지 그리고 여기에 어떻게 대응해야 하는지 선형적으로 예측했습니다." 그러나 그 동물이 기하급수적으로 전진한다면 처음 몇 발짝은 느리지만 점점 속도가 빨라지고 어느 순간 갑자기 다른 대륙에 도착해 있을 것이다.

피터 다이아만디스는 다른 비유를 제시한다. "내가 '선형으로 30보 움직이세요.'라고 말한다면 대개는 30미터 정도 전진하는 것으로 끝납니다. 그러나 '선형으로 30보가 아니라 기하급수적으로 30보를 움직이세요.'라고 말한다면 얼마나 멀리까지 가야 할까요? 10억 미터라면 믿을 수 있겠습니까? 자그마치 지구둘레의 26배를 움직이는 것입니다."

레이는 기하급수적 성장을 이해하면 그 궤도도 예측할 수 있다고 말한다. 그는 기술의 결과가 가시화되는 시기를 예측할 수 있다. 그는 최초의 맹인용 포켓사이즈 리더기를 비롯해 다른 제품들의 출시일을 예측했다. 레이는 내 세미나 강단에도 자주 서는데, 최근 강연에서 그는 자신이 현대의 가장 기적적인 발견 중 하나인 인간 게놈의 지도 완성 시기를 정확히 예측한 바 있다고 말했다.

"나는 1990년에 시작한 게놈 프로젝트가 15년 안에 끝날 것이라고 예견했습니다. 전진 속도가 기하급수적이라는 사실을 알았기 때문이지요." 그러나 회의론자들은 복잡한 인간의 유전자 코드를 분해하는 데는 한 세기가 걸릴 것이라고 내다봤다. 시작하고 7년 반이 흘렀지만 프로젝트의 진행률은 1퍼센트에 불과했다. 레이는 이렇게 말했다. "회의론자들은 여전히 강경한 태도로 '이 일은 성공하지 못할 거라고 말했잖습니까. 시기가 벌써 반이나 흘렀는데 진행률은 고작 1퍼센트에 불과합니다. 이것은 실패입니다.'라고 말했습니다." 하지만 레이는 실패가 아니라 예정대로 착착 진행되고 있다고 지적했다. "기하급수적 성장은 처음에는 극적 성장이 보이지 않습니다. 아주 작은 숫자를 두 배씩 늘려도 처음에는 별다른 변화가 없는 듯 보입니다. 그러나 1퍼센트에 도착했다면, 두 배씩 곱하는 작업을 7번만 하면 100퍼센트에 도달합니다." 게놈 배열은 예정보다 빠른 2003년에 성공적으로 완수되었다.

다음은 무엇일까? 우리는 줄기세포를 이용해 피부이식의 고통과 흉터 없이 피부를 재생할 수 있다는 사실을 알게 되었고 풍부한 태양에너지와 풍력에너지를 미래의 에너지원으로 사용할 수 있다는 사실도 알게 되었다. 그렇다면 우리가 직면한 다른 커다란 도전에는 무엇이 있는가?

깨끗한 물의 부족은 인구 증가에 따른 가장 큰 고민거리에 속한다. 메마른 지역일수록 이 문제는 더욱 심각하다. 캘리포니아 주의 로스앤젤리스에서 나이지리아의 라고스에 이르기까지 많은 지역이 물 부족 사태에 시달린다. UN 보고서에 따르면 매년 수인성 질환으로 340만 명 이상이 목숨을 잃는다. 그러나 오스트레일리아와 사우디아라비아 등에서는 새로운 담수화기술을 이용해 바닷물을 수돗물로 바꾸고 있다. 이스라엘 회사인 워터젠WaterGen은 공기 중에서 깨끗한 물을 추출하는 기계를 생산하고 있는데, 이 기계가 물 1리터를 만드는데 드는 전기료는 2센트에 불과하다. 전기가 없는 오지 마을에는 기계의 독특한 형태와 자연 재료만을 이용해 공기 중의 수분을 모아 식수로 만들어주는 새로운 유형의 급수탑이 건설되고 있다.

세그웨이 스쿠터 발명가로 유명한 딘 카멘Dean Kamen은 더러운 물을 증발시켜 깨끗하고 안전한 물을 만드는 소형 냉장고 크기의 에너지 효율적 기계를 세상에 보급하기 위해 코카콜라와 파트너십을 맺었다. 다윗 크기의 기계가 골리앗만한 문제를 해결한다는 의미에서 이 기계의 이름은 슬링샷Slingshot(새총이라는 뜻)이다. 이런 혁신이 계속 이어지다 보면 오래지 않아 물 부족 문제는 영원히 해결될 것이다.

식량 문제는? 레이 커즈와일은 경작지 부족과 농경지 오염이라는 쌍둥이 문제를 해결해줄 새로운 식량 기술이 등장할 것이라고 말한다. 그 방법은? 바로 수평 농업이 아닌 수직 농업이다. 레이는 앞으로 15년 뒤의 세상을 이렇게 바라본다. "우리는 농작물을 수직으로 키우게 될 것이고, 컴퓨터로 돌아가는 공장에서 시험관으로 근육 조직을 복제함으로써 가축을 도살하지 않고 고기를 성장시킬 것이다. 이 모두가 굉장히 저비용으로 이뤄지며 영양 면에서도 우수하고 환경오염도 일으키지 않는다." 물론 살충제도 사용하지 않으며, 질소오염도 더는 발생하지 않는다. 단백질을 얻기 위해 더 이상 동물을 죽이지 않아도 된다. 와우! 불가능한 소리 같지만 레이는 곧 다가올 현실이라고 말한다.

이런 기본적 니즈를 통제하게 되면서 인간은 충족감이 더 큰 삶을 누릴 기회도 많아질 것이다. 레이는 여기에 더해 건강과 노령화라는 다른 두 문제까지 해결된다면 그런 충만감은 더욱 커질 것이라고 믿는다.

나이는 마음먹기 나름이다. 신경 쓰지 않으면 중요하지 않다.

—마크 트웨인

지금까지 설명한 변화도 충분히 혁명적이지만 후안 엔리케즈의 말을 빌리면 기술이 의료 분야의 미래에 불러올 변화는 그 어느 것보다도 눈이 휘둥그레질 정도이다. 이제 생명은 정보 기술이다. 왜 그럴까? 우리는 인간의 DNA가 A, C, T, G라고 이름 붙인 화학적 염기서열로 이뤄져 있다는 사실을 안다. 다시 말해 생명체를 이루는 기본 단위는 암호화해서 표현이 가능하다. 그리고 암호는 바꾸거나 창조가 가능하다. 인간 게놈 연구의 개척자인 크레이그 벤터Craig Venter가 2010년 인공 생명체를 만들었을 때처럼 말이다. 후안 엔리케즈는 그 연구팀의 팀원이었다.

후안이 최근에 내 세미나의 강단에 올랐을 때 나는 그에게 질문을 던졌다. "크레이그 벤터와 당신은 인공 생명체를 만든다는 아이디어를 처음에 어떻게 구상하게 되었습니까?"

후안이 껄껄 웃으며 대답했다. "버지니아의 술집에 단체로 모여 한잔 하고 있을 때였죠. 스카치를 4잔 정도 마신 후에 누군가 말했습니다. '컴퓨터칩의 프로그램을 처음부터 작성하는 것처럼 세포도 아예 처음부터 프로그래밍을 한다면 참 멋질 것 같지 않습니까? 그러면 어떤 결과가 생길까요?'" 후안은 잠시 멈췄다가 말을 이었다. "방법을 찾아내기까지 5년의 시간과 3천만 달러의 비용이 들었죠!" 제일 먼저 벤터의 연구진은 미생물의 유전자 코드를 완전히 해독했다. 그런 다음 거기에 새로운 코드를 집어넣었더니 다른 미생물 종이 탄생했다. 우연의 일치일지는 모르지만, 그것은 유전자 코드에 웹사이트가 내장된 최초의 생명체였다. 크레이그 벤터는 이 획기적 연구 결과를 발표하며 이렇게 말했다. "이것은 컴퓨터 부모에게서 태어나 자기복제를 하는 지구상 최초의 종이다."

레이 커즈와일의 설명처럼, 우리의 유전자는 행동의 온오프 스위치를 바꿀 수 있다는 점에서 소프트웨어 프로그램과 흡사하다. 무슨 뜻일까? 세포라는 아주 작은 기계의 프로그램을 변경함으로써 자기 증식은 물론이고 다른 종을 만들어낼 수도 있다는 뜻이다. 후안은 이 부분을 다음과 같이 설명했다. "이 소프트웨어는 직접 하드웨어를 만듭니다. 내가 싱크패드에 어떤 프로그램을 입력하건 다음 아침에도 내가 가진 싱크패드는 하나입니다. 그러나 박테리아에 프로그램을 입력하면 다음 날 10억 마리의 박테리아가 태어납니다."

영화에서나 나올 법한 비상식적인 이야기 같지만, 이것은 공상과학이 아니다. 나 역시 그 사실을 나 자신에게 계속 상기시켜야 할 정도였다. 게다가 의복 생산에 벌써 사용되고 있다. 후안이 말했다. "언더아머Under Armour 상표의 옷들이 예입니다. 여러분이 걸치고 있는 숨쉬고 신축성이 좋은 옷은 모두 석유화학물이 아니라 박테리아에서 만들어집니다." 일본에서는 박테리아를 키워 강철보다도 더 강한 합성 실크를 만들어낸다. 또한 의료시설에서는 유전자를 변형한 농장 동물을 이미 사용 중이다. 뉴잉글랜드의 한 유제품 공장에는 암 치료에 도움이 되는 우유를 생산하는 젖소가 있다.

인간의 마음이 생각하고 믿을 수 있는 것이라면
그것이 무엇이건 이룰 수 있다.
—나폴레온 힐

이것이 우리 앞에 거침없이 달려올 전혀 새로운 세상이다. 나노기술과 3-D 프린팅의 발전은 혈구 크기의 초소형 의료장비가 우리 몸속을 여행하면서 파킨슨병과 치매 같은 난치병과 맞서 싸우는 날이 올 수 있다는 뜻이다. 나노 크기의 컴퓨터화된 인공 세포가 질병으로 파괴된 생물적 신경세포를 대신할 날이 온다. 초소형 인공 달팽이관을 이식함으로써 청력이 정상 수준보다도 훨씬 좋아져 고래가 내는 여러 음역대의 소리까지 다 들을 수 있는 날이 온다. 레이의 말에 따르면, 유전적으로 개선된 적혈구 세포를 만드는 연구가 한창 진행 중이라고 한다. 이 적혈구 세포는 충분히 많은 산소를 전달해주기 때문에 물 밑에 들어간 잠수부는 한 번의 들숨으로 40분을 버틸 수도 있고, 전장에서 목숨이 위험한 병사는 생명을 건질 수도 있다.

과학자들은 3-D 프린터로 환자가 필요한 순간에 맞춤형 장기와 다른 신체 기관을 만드는 방법을 알아내기 위해 연구 중이다. 그러면 부작용의 위험도 크고 비용도 많이 드는 기증자의 장기이식을 받을 필요가 없어진다. 웨이크포레스트재생의학연구소의 소장 앤서니 아탈라 박사는 "이론적으로 체내에서 성장하는 것이라면 무엇이든 체외에서 성장시킬 수 있다."라고 말한다. 아탈라 박사는 완전히 제 기능을 하는 인간의 방광을 만들어 이식까지 성공리에 마쳤다. 지난 15년 동안 줄기세포로 만든 조직 중에서 인체가 거부 반응을 보인 것은 하나도 없었다. 아탈라 박사와 연구진은 현재 심장이나 신장, 간과 같은 더 복잡한 기관을 만드는 연구를 하고 있다. 아마도 어떤 사람이 심장마비나 바이러스 공격으로 심장 판막이 손상되면 의사는 그 환자를 위해 새 심장을 주문하거나 아니면 환자의 줄기세포 몇 개로 새 심장을 만들 날이 올지도 모른다!

형편이 되는 사람들은 이미 이런 기적의 치료법을 이용할 수 있다. 돼지 방광에서 채취한 세포로 만든 '세포외기질extracellular matrix, ECM'

을 이용한 치료법이 있다. 부상당한 환자의 조직에 이 세포외기질을 넣으면 이것이 줄기세포를 조종해 근육과 힘줄 심지어 뼈도 다시 자라나게 만든다. 손톱 재생에는 이미 사용된 전적이 있다. 이 특별한 물질은 이미 존재하는 것이다. 모두가 다 사용할 정도로 일반화되지는 않았지만 그렇게 될 날도 멀지 않았다.

재생 치료법의 기본 개념은 단순하다. 우리의 신체는 각 부분을 재성장시키는 방법을 이미 잘 알고 있으므로 우리는 이미 우리 신체 내 살고 있는 줄기세포를 활용하는 방법을 배우기만 하면 된다는 것이다. 아이들은 유치가 빠지면 새 이가 자란다. 심지어 피츠버그대학의 스티븐 바딜락Stephen Badylak 박사에 따르면, 신생아가 손가락을 잃으면 최대 두 살까지 원래의 자리에 새 손가락이 자라나는 경우도 있다고 한다. 그러나 나이가 들면서 그런 재생 능력은 사라진다. 그렇다면 이제 질문은 하나이다. 재생 능력을 자극하려면 어떻게 해야 하는가? 도롱뇽은 꼬리가 다시 자라는데 왜 인간의 사지나 척수는 재생되지 못하는 것일까? 줄기세포의 힘을 온전히 정복할 방법을 알아내는 순간 의료계와 화장품 업계는 무한한 발전이 가능해진다.

레이 커즈와일은 이런 의학 혁신을 잘 활용하고 수명을 연장하고 싶다면 지금부터 우리 스스로를 잘 돌봐야 한다고 말한다. 어쨌건 오래 살아야 그런 기술 혁신의 즐거움을 누릴 수 있기 때문이다. 밀레니엄 세대라면 그냥 있어도 그런 혁신을 경험할 가능성이 높다. 베이비붐 세대라면 운동을 시작하고 올바른 식습관을 기르기 시작해야 할 것이다. 레이가 의학박사들과 함께 작업한《영원히 사는 법Transcend: Nine Steps to Living Well Forever》은 수명 연장의 기술이 등장할 때까지 충분히 오래 살기 위해 건강과 자신을 잘 관리하는 전략을 소개한다.

일단 레이 자신의 1차 목표는 오래오래 살아서 컴퓨터가 인간보다 똑똑해지는 날을 눈으로 직접 보는 것이다. 그런 날은 얼마 남지 않았다.

컴퓨터 = 우리

우리가 몇 시간은 낑낑대면서 풀어야 할 일을 컴퓨터는 몇 초 만에 해낸다. 레이의 말로는 2020년이면 1000달러짜리 컴퓨터도 인간의 정신과 똑같은 성능을 발휘할 것이라고 한다. 2030년이면 컴퓨터는 모든 인간이 가진 지식을 다 결합해 처리할 수 있게 된다.

그렇게 되면 진짜 인간과 인공 지능의 차이를 구분할 수 없지만 그렇다고 무서워할 필요가 없다고 레이는 말한다. 컴퓨터는 우리의 일부가 되어 우리를 더 똑똑하고 힘세고 건강하고 행복하게 해줄 것이기 때문이다. 불가능하다고 생각하는가? 스마트폰이 근처에 없으면 어떤 기분이 드는가? 혹시 상실감을 느끼지는 않는가? 그렇다면 스마트폰의 기술과 그것이 주는 모든 연결성이 이미 생활의 일부가 되었기 때문이다. 스마트폰은 '외부의 뇌outboard brain'로서 우리의 개인 정보 상당수를 저장하는 메모리 센터가 되었기에 이제는 그것이 없으면 안 될 수준이 되었다. 그리고 우리는 모바일에서 웨어러블wearables 시대로 나아가고 있으며 20년 뒤에는 이식형implantable 기기 시대가 다가올 것이다.

미래를 이렇게 생각해보자. 힘들여 이 책을 읽지 않아도 된다. 책의 내용을 곧장 뇌로 업로드할 수 있기 때문이다. (이런 벽돌 두께의 책을 읽어야 하는 상황이라면, 그런 미래가 지금이기를 바라는 마음이 들 것이 분명하다.) 혹은 자신의 마음과 생각과 성격을 클라우드에 업로드해서 영구 보존할 수 있는 세상을 상상해보자. 레이 커즈와일과 다른 위대한 미래학자와 사상가들은 대략 그때쯤이 되면 인간과 기계의 통합이 이뤄질 것이라고 믿는다. 이런 대변환의 시점을 '특이점Singularity(기존에 정한 기준이나 정의가 적용되지 않는 지점—옮긴이)'이라고 하고 다른 말로는 '괴짜들의 휴거일Rapture for nerds'이라고도 한다. 그 시기는 언제쯤인가? 레이는 특이점이 오는 시기를 2045년 정도로 예측한다.

> 살아야 할 '이유'가 있는 사람은 그 어떤 '처지'도 다 이겨낼 수 있다.
>
> —빅토르 프랑클

기술이 자원 부족 문제를 해결한다면 우리는 더 안전하고 자유롭고 행복해질 것인가? 당연하다. 결핍은 인간의 생존 본능을 불러일으킨다. 생존 본능은 파충류의 뇌reptilian brain(진화학적 관점에서 본 삼중뇌(삼위일체뇌)의 하나. 삼중뇌는 기본적 생존과 관련된 행동과 생각을 관장하는 R복합체(파충류의 뇌), 감정과 본능의 원천인 변연계(포유류의 뇌), 이성적 사고와 언어, 고차원 사고 능력이 발휘되는 신피질로 이뤄져 있다—옮긴이) 깊숙한 곳에서 활성화되어 '너 아니면 나'라는 생각을 하게 만든다. 이 '싸움이냐 도주냐fight-or flight' 기제는 우리의 생존에는 도움이 되지만 '문명' 사회를 사는 사람에게서 최악의 측면을 끌어낼 수 있다. 우리의 뇌는 200만 살이나 되었으며 별로 진화하지 못했다. 그렇기에 호전성과 전쟁은 언제나 큰 문제이다. 하지만 부족이나 결핍이 줄어들면 폭력을 당기는 도화선도 훨씬 줄어들 것이다.

기술에 대한 접근성이 늘어날수록 사람들의 행복감이 증가한다는 통계적 증거가 있다. 세계가치조사World Values Survey가 52개 나라를 대상으로 1981년부터 2007년까지 행복감 증가를 조사한 바에 따르면 그중 45개 나라의 행복감이 증가했다. 이 기간 동안 중요한 변화가 발생했는가? 맞다. 디지털 혁명이 일어났다. 이 보고서가 '산업사회에서 지식사회로의 전환'이라고 부르는 기술 파도가 전 세계로 확산되었다. 사회과학자들은 이번 조사 결과를 이렇게 해석했다. "경제 발전, 민주화, 늘어난 사회적 관용으로 인해 사람들은 자유로운 선택의 수준이 더 늘어났다고 생각했고 그 결과 전 세계의 행복지수가 더 높아졌다." 이 통계조사는 돈이 늘어나는 것이 행복감을 증가시키지 못한다는 말도 덧붙였다. 가난한 나라의 사람들이 행복감을 가장 크게 느끼는 경우도 있었는데, 한 예로 필리핀 사람들은 미국인들보다 행복감이 더 높았다. 행복은 GDP보다는 가치 및 가치관과 관련이 더 높다.

생계를 위한 노동이 우리의 가장 귀중한 자원인 시간을 뺏는다는 사실을 모르는 사람은 없다. 앞에서도 말했듯 멀지 않은 과거에 미국인 대부분은 농부였고 노동 시간의 80퍼센트를 땅을 일구고 식량을 얻는 데 할애했다. 현재 미국인들은 소득의 7퍼센트만 식품에 할애한다. 기술이 발전하고 자유롭게 사용할 수 있는 시간이 늘어나면 배우고 성장하고 타인과 연결하고 나눔을 베풀 기회도 늘어난다. 인간 존재로서 우리에게 충족감을 주는 활동에 시간을 할애할 기회가 증가한다.

하지만 늘어난 시간이라는 선물에는 어두운 면도 존재한다.

인공 지능과 로봇 기기들은 현재 인간이 수행하는 직업을 계속해서 많이 앗아갈 것이다. 옥스퍼드대학의 연구 결과에 따르면, 기계화로 인해 현재 미국 노동시장의 47퍼센트가 위험해질 전망이다. 결국 미래에는 로봇이 모든 근로자의 절반을 대체할 것이라는 뜻이 된다! 다시 말해 모두에게 의미 있는 일자리를 만들어주기 위해서라도 사회 전체가 재부팅을 해야 하고 우리는 앞으로 나아가 새로운 기술을 익히지 않으면 안 된다는 뜻이다. 당연히 절대로 쉽지 않은 전환이다.

일 자체가 사라지고 컴퓨터가 모든 노동은 물론이고 생각까지도 대신하는 시대가 온다면? 그때가 되면 우리는 무인 자동차에 가만히 앉아 있기만 해도 되고 드론이 식료품을 전달해주기를 기다리기만 하면 되는가? 우리 인간이 힘을 얻기 위해 아무 노력을 하지 않아도 되는 시대가 오는 것인가? 흥미로운 질문이다.

10년 전에 레이 커즈와일과 이 문제를 토론했을 때 그는 어린 시절에 봤던 〈환상특급Twilight Zone〉의 에피소드 한 편을 언급했다. 〈환상특급〉이라는 드라마 시리즈를 모르는 사람도 있을 수 있다. 하지만 이 드라마는 매 편마다 흥미로운 소재를 다뤘고 언제나 소름 돋는 반전으로 끝을 맺었다. 레이가 말하는 에피소드 내용은 이렇다. 도박에 중독된 남자가 죽는다. 깨어났더니 옆에 하얀 양복 차림의 친절한 '안내인'이 서 있다. 이 안내인은 말만 천사일 뿐 집사에 가깝게 행동하면서 그를 도박꾼이라면 누구나 꿈꿀 법한 초호화판 카지노로 데려간다. 남자는 화려한 스위트룸으로 안내를 받아 옷장을 열어보니 고급 양복과 멋진 구두가 즐비하게 갖춰져 있다. 전부 그의 몸에 맞춘 듯 딱 들어맞는다. 안내인이 열어 보인 서랍장에는 도박꾼이 평생 본 것보다도 많은 현금이 빼곡하게 들어 있다. 이제 도박꾼은 옷을 차려입고 아래로 내려가 도박 테이블에 앉는다. 모두가 그의 이름을 알고 있고 모두가 미소를 지어준다. 도박꾼 옆에는 아름다운 여인들이 둘러서 있다. 그가 꿈꾸는 판타지가 그대로 펼쳐진다! 그는 블랙잭을 하고 처음으로 21이 나온다. 그가 이기고 칩을 쓸어 담는다. 다음번에도 21이, 다음에도 또 21이 나온다. 10번 연달아 21이 나온다. 믿을 수가 없다! 그는 분위기를 바꿔 크랩(두 개의 주사위로 하는 게임—옮긴이)을 하고, 이번 역시 이기고 이기고 또 이긴다. 앞에는 칩이 산더미처럼 쌓인다. 음료와 스테이크와 여자도 주문하는 족족 다 나온다. 원하는 것은 다 얻는다. 밤이 되어 그는 아주 행복하게 잠자리에 든다… 물론, 혼자가 아니다.

이런 일이 매일같이 계속된다. 몇 달이 지나고 그가 블랙잭 테이블에 앉자 딜러가 말한다. "블랙잭이시죠!"

도박꾼이 소리친다. "그럼 블랙잭이지 뭐겠어!"

딜러가 말한다. "21! 이기셨습니다!"

"당연하지. 나는 언제나 이겨! 이제 이기는 것도 질리네. 어떻게 해도 무조건 다 이겨." 그는 하얀 옷의 안내인을 보며 천사장과의 면담을 요청한다.

천사장이 나타나고 남자는 참아왔던 불만을 털어놓는다. "끔찍하게 지루해서 정신이 나갈 것 같습니다! 아마도 뭔가 착오가 있었을 겁니다. 나는 별로 좋은 사람이 아닙니다. 이곳은 내가 올 장소가 아닙니다. 나는 천국에 올 자격이 없어요!"

천사장은 순식간에 미소를 거두고는 싸늘한 표정으로 말한다. "왜 이곳을 천국이라고 생각합니까?"

원하는 모든 것을 노력 없이 수월하게 얻는다면 무슨 일이 생길까? 얼마 안 가 그런 상황이 지옥처럼 느껴질 것이 분명하다. 이렇게 되면 새로운 문제가 대두된다. 이런 풍요의 세상에서 우리는 어디로 가야 의미를 발견할 수 있는가?

어쩌면 미래에 우리가 부딪칠 문제는 희소성이나 결핍이 아닐 수 있다. 그리고 물질적 풍요를 갖춘다고 문제가 해결되지는 않을 것이다. 피터 다이아만디스가 한 말이 있다. "풍요의 개념은 지구상의 모든 사람에게 화려한 삶을 제공하는 것이 아니다. 가능성이 있는 삶을 제공하는 것이 풍요의 개념이다."

이제 남은 두 장에서는 무엇이 우리의 삶에 지속적인 의미를 부여해주는지 중점적으로 살펴볼 것이다. 거대한 도전을 만나건 특별한 기회를 만나건 우리에게 기쁨을 주는 것이, 경제적으로 어려운 상황에도 풍요의 시기에도 힘의 원천이 되어주는 것이 우리 삶에 의미를 부여해준다. 우리는 충족감과 의미로 가득 찬 궁극적인 부를 찾아내야 한다. 열정이 가득한 부에 다가가는 방법을 배워야 한다.

CHAPTER 2

열정이 가득한 부

인간은 열정에서 우러나 행동할 때만 위대해진다.

—벤저민 디즈레일리

굉장히 멀고 긴 여행이었다. 이 놀라운 모험을 나와 함께 해준 것을 정말로 영광으로 느끼고 감사한다.

지금쯤 당신은 재무적 자유로 향하는 길을 가로막는 돈의 통념을 헤치고 나아왔고 재무적 꿈을 이루기 위해 저축과 투자의 산을 성공적으로 올랐으며 안전하게 길을 걸을 새로운 방법을 익혔다. 마음 놓을 수 있는 미래에 도달한 순간 당신은 먹고살기 위해서가 아니라 하고 싶기 때문에 일을 할 수 있게 된다.

레이 달리오, 폴 튜더 존스, 메리 캘러핸 어도스, 칼 아이컨, 데이비드 스웬슨, 잭 보글, 찰스 슈워브 등 금융의 천재이며 놀라운 인간 존재를 수십 명 만나고 그들의 길안내를 받아 여행을 완료했다. 이 책에서 배운 7단계 성공 계단을 평생 되새기고 또 되새기면서 초심을 잃지 않기를 바란다. 나는 이번 7부의 마지막에 당신이 궤도를 이탈하지 않고 계속 전진할 수 있도록 행동 목록을 추가할 것이다. 미래의 어느 날 이 책을 집어들어 읽다 보면 당신은 자신이 환경의 피조물이 아니라 자기 인생을 스스로 만드는 창조자임을 떠올릴 것이다. 아는 것이 힘이 아니라 행동하는 것이 힘이라는 사실을 명심해야 한다. 실천이야말로 언제나 앎을 이긴다!

나에게 이 책은 수십 년 동안 내가 배우고 나눴던 내용을 종합한 결과물이며, 그렇기에 나는 여기에 내 모든 애정을 다 쏟았다. 이 책은 내가 당신에게 주는 마음 어린 선물이다. 당신의 실천이 좋은 결과를 낳아 이 책을 주위 사람들에게 기꺼운 마음으로 선물하게 되기를 나는 진심으로 바란다. 인생의 가장 큰 선물은 오랫동안 이어질 무언가를 지키며 사는 삶이다. 우리가 죽은 후에도 계속 자라날 유산이야말로 가장 큰 선물이다.

그리고 여행의 끝이 보이는 지금, 당신과 헤어지기 전에 나는 이번 여행의 가장 중요한 목표가 무엇이었는지 당신에게 다시금 말해주고 싶다.

행복은 이미 만들어진 무언가가 아니라 우리의 행동에서 나온다.

—14대 달라이 라마

정치, 금융, 엔터테인먼트 분야의 리더는 물론이고 종교와 영성 세계의 지도자에 이르기까지 여러 부문의 사람들과 함께 일한 것 자체가 나에게는 크나큰 호사였다. 한 번은 중동으로 날아가 서안지구에서 연 리더십 프로그램에 이스라엘과 팔레스타인의 젊은이들을 한자리에 앉힐 수 있었다. 처음에 그들은 서로에게 격렬한 증오를 내보였다. 그러나 1주도 지나지 않아 그들은 좋은 친구가 되었고 9년이 지난 지금은 서로를 지원하는 다양한 평화 사업을 함께 펼치고 있다.

그 일 덕분에 달라이라마가 선밸리 세미나로 나를 찾아왔고 뒤이어 2006년 샌프란시스코에서 열릴 종파를 초월한 평화대회에 나를 초청했다. 종파간 평화대회의 개최 시기는 공교롭게도 세 주요 종교의 명절이 겹치는 4월의 어느 주간이었다. 기독교의 부활절, 유대교의 유월절, 이슬람의 마울리드(무함마드의 탄신일)가 이 한 주에 다 겹쳐 있었다. 회담 시기 자체가 큰 의미를 지녔는데, 서로의 열정을 널리 알리고 서로의 종교에 대한 이해를 높인다는 것이 이번 대회의의 취지이기 때문이었다.

마크홉킨스 호텔 볼룸에 들어서니 짙은 적색과 노란색의 승복을 입은 달라이라마가 따뜻한 포옹과 시원한 웃음으로 나를 환영해주었다. 그는 온기와 기쁨을 발산하고 있었다. 숨 쉴 때도 걸을 때도 자신이 전파하는 '행복론art of happiness'을 직접 구현하고 있는 듯했다. 대회 참석 인원은 1000명이나 되었지만, 나는 영광스럽게도 달라이라마가 힌두교, 불교, 영국 성공회, 아메리카 인디언 종교, 가톨릭, 유대교, 수니교, 시트교 등의 지도자 등 세계 최고의 신학자와 영성 지도자 25명과 여는 소모임에 참석할 수 있었다.

흥미진진한 경험이었다. 그런 회담이 다 그렇듯 처음에는 모두가 허허 웃으면서 친절하고 우아하게 서로를 대했다. 하지만 얼마 안 가 인간 본성의 핵심과 케케묵은 갈등이 비집고 나오기 시작했다. 이데올로기와 교리 싸움이 표면 밑에서부터 부글부글 끓어오르기 시작했다. 흥분한 대화가 오갔고 모두가 자기주장만 펼칠 뿐 귀담아 듣는 사람은 아무도 없었다.

마침내 달라이라마가 교실의 어린 소년처럼 손을 번쩍 들어올렸다. 그는 조금도 화를 내지 않고, 차분하지만 장난어린 미소를 지으며 계속 손만 흔들었다. 하나둘씩 사람들이 그의 모습을 알아챘고 참석자들은 자신들이 주최자를 무시한 채 계속 말싸움만 벌이고 있었다는 사실에 약간 당황한 기색을 보였다. 마침내 모두가 조용해지자 달라이라마는 팔을 내렸다.

"신사숙녀 여러분, 이 방에서 우리 모두는 한 가지만은 동의할 수 있습니다. 이 자리에는 세상의 위대한 신앙을 대표하는 사람들이 자리했고, 우리 대부분은 각 신앙의 지도자라고 여겨지는 사람들이라는 사실입니다. 우리는 각자의 전통에 큰 자부심을 느낍니다. 그렇지만 우리 중에서 종교의 기본 목적이 무엇인지 그리고 우리가 대표하는 사람들이 정말로 원하는 것이 무엇인지 잊은 사람은 하나도 없을 것이라고 생각합니다." 달라이라마는 의도적으로 잠시 말을 멈춘 후 이어나갔다. "모든 신도가 가장 원하는 것은 행복입니다!" 그는 한 가지 질문을 던졌다. 아프가니스탄의 염소지기 목동과 뉴욕의 금융 트레이더, 아프리카의 부족장과 아르헨티나에서 10명의 자식을 둔 엄마, 파리의 패션 디자이너와 페루의 방직공이 다 가지고 있는 공통분모는 무엇일까요? "그들은 모두 행복해지기를 원합니다."

달라이라마는 말했다. "그것이 모든 것의 본질입니다. 우리의 행동이 더 큰 불행을 만든다면 우리는 정말로 실패한 것입니다."

그렇다면 무엇이 행복을 만드는가?

나는 충만감이 없는 성공이야말로 최종적인 실패라고 언제나 주장했다.

자신이 진정으로 추구하는 것이 무엇인지 잊어서는 안 된다. 우리는 기쁨, 자유, 안전, 사랑을 추구한다. 어떤 명칭을 붙이건 우리가 추구하는 것은 같다. 우리는 행복과 충족감과 의미로 이끌어준다고 생각되는 길을 찾는다. 그리고 길은 여러 갈래이다. 어떤 사람은 종교나 자연, 혹은 인간관계에서 행복을 찾는다. 어떤 사람은 멋진 몸매, 돈, 남들이 알아주는 학위, 아이들 혹은 사업 성취가 행복을 이끌어준다고 생각한다. 하지만 그동안 모으고 키운 은행 잔고나 자산 규모만으로는 우리의 영혼 깊숙이 존재하는 진정한 부를 측정할 수 없다.

그렇다면 풍요로운 삶의 마지막 비밀은, 결정적 열쇠는 무엇인가? 즐기고 나누는 삶이다! 그러려면 우선 행동에 옮길 수 있어야 한다. 배움이 지식으로 이끌어준다면 바보가 되지만 배움이 행동을 이끌어준다면 부자가 될 수 있다는 격언도 있다. 보상은 입씨름을 벌일 때가 아니라 행동할 때 찾아온다. 그 사실을 기억해야 한다. 따라서 이 책을 덮기 전에 마지막에 정리한 체크리스트를 보면서 자신이 7단계 성공 계단을 착실히 올라왔는지, 자신이 바라는 인생을 건설해주는 방향으로 나아가고 있는 것이 맞는지 확인해야 한다.

그런 다음 심호흡을 하고 부에서 가장 중요한 것은 무엇인지 다시금 기억하기 바란다.

부란 인생을 온전히 경험할 수 있는 능력이다.
—헨리 데이비드 소로

감정의 부, 관계의 부, 에너지와 힘과 생명력의 형태로 나타나는 신체적 부, 영적인 부까지 부에는 많은 종류가 있다. 인생에는 스스로를 넘어서는 깊은 의미와 더 높은 소명이 존재한다는 느낌을 주는 모든 것이 다 부이다. 우리 인간이 저지르는 가장 큰 실수 한 가지는 다른 부를 다 희생하고 한 가지 부를 정복하는 데만 매달리는 것이다.

이 책은 결코 돈에 대해서만 말하지 않았다. 자신이 정한 기준에서 높은 삶의 질을 만들어내야 한다는 것이 이 책의 요지이다. 지금까지 우리는 돈의 게임을 지배하고 재무적 독립을 이루는 방법에 대해서만 주로 초점을 맞췄다. 돈이야말로 우리의 심리에서 건강 그리고 친밀한 인간관계에 이르기까지 모든 것에 큰 영향을 미칠 수 있기 때문이다. 하지만 관계의 게임, 충족감의 게임, 건강의 게임에서도 대가가 되지 않는다면 높은 삶의 질은 절대로 불가능하다는 사실을 기억해야 한다.

묘지와 같은 쓸쓸하고 공허한 곳에서 최고 부자가 되는 것이 우리의 목표는 아니다.

거의 30년 전 태양의 서커스단이 고향인 캘리포니아 주 델 마에 왔을 때 아이들을 데리고 관람하러 갔던 일은 아마 내 평생 결코 잊지 못할 것이다. 마침 운이 좋아서 우리 가족은 VIP표를 얻어 무대 바로 옆의 플로어좌석에 앉을 수 있었다. 손을 뻗으면 공연자들에게 닿을 만큼 가까운 거리였다.

쇼가 시작되기 직전인데도 우리 옆의 프라임좌석 세 자리가 여전히 비어 있는 것을 보고 이런 생각이 들었다. "이 멋진 쇼에 못 와서 지금 마음이 안 좋겠네." 그런데 1~2분쯤 뒤에 덩치 큰 남자가 지팡이를 짚고 진행요원 두 명의 도움을 받으며 계단 아래로 내려왔다. 못돼도 200킬로그램은 너끈히 나가보였다. 그가 자리에 앉으니 빈자리 세 개가 꽉 찼다. 게다가 그는 앞줄까지 잠깐 걸어오는 것도 힘들었는지 숨을 색색 쉬면서 땀을 비 오듯 흘렸다. 남자를 보니 참 안 돼 보였다. 그리고 그 세 빈자리의 바로 옆에 앉은 내 딸도 괴로워했다. 자리를 채우고도 비어져 나오는 그의 몸이 딸아이와 맞닿았기 때문이다. 내 뒤의 누군가가 그 남자가 캐나다 최고의 부자라고 소곤대는 소리가 들렸다. 정말로 그는 캐나다 최고 부자 중 하나였다. 최소한 억만장자는 된다는 뜻이었다. 하지만 그 순간 나는 그 남자가 살면서 느낄 법한 고통을 떠올리지 않을 수 없었다. 돈에만 모든 에너지와 초점을 집중하고 건강과 신체적 부는 무시했기 때문에 생겨난 고통이었다. 그는 말 그대로 자신을 죽이고 있었다! 삶의 한 가지만 보고 다른 것은 돌아보지 못한 탓에 그는 자신이 가진 것을 제대로 즐기지 못했다. 심지어 그날 밤 극장에서 펼쳐진 마법 같은 저녁조차 제대로 즐기지 못하고 있었다.

우리의 심장이 우리의 보물을 의식하는 바로 그 순간에만
우리는 잘 살았다는 말을 들을 수 있다.
— 손튼 와일더, 미국의 극작가 겸 소설가

균형 잡힌 삶을 살지 못한다면 커다란 성취가 무슨 소용이 있겠는가? 자신의 삶을 찬양하고 감사할 시간조차 내지 못한다면 돈의 게임에서 이긴들 무슨 소용이 있겠는가? 언제나 화가 나 있고 행복하지 않은 부자보다 더 불행한 사람은 없다. 설명조차 필요 없는 말이고 나는 그런 사람들을 굉장히 자주 본다. 그것은 삶이 한쪽으로만 극단적으로 치우쳐있기 때문에 생긴 결과이다. 너무 많이 기대하면서 이미 이룬 것을 충분히 감사하지 못하는 삶에서 생겨난 결과이다. 자신이 가진 것을 감사하고 고마워하는 마음을 갖지 않으면 진정한 충족감도 결코 느끼지 못한다. 존 템플턴 경의 말마따나, "10억 달러를 가졌어도 감사하는 마음이 없으면 가난한 사람이다. 가진 것이 적을지라도 자신이 가진 것에 감사할 줄 안다면 그 사람이 진정한 부자이다."

감사의 마음을 기르려면 어떻게 해야 하는가? 제일 먼저 자신의 마인드와 감정을 조절하는 힘에 주목해야 한다.

우리가 내리는 결정이 우리의 삶의 질을 궁극적으로 통제한다. 오랫동안 여러 사람들과 일하면서 나는 우리 인간은 매 순간마다 세 가지 중요한 결정을 내린다는 사실을 깨달았다. 이 세 가지 중요한 결정을 무의식적으로 내리면 우리는 대다수 사람들과 똑같은 인생을 살 수밖에 없다. 신체적 건강을 잃고 감정적으로 지치고 지루함에 시달리며, 가까운 인간관계에만 안주하고 재무적 스트레스를 받는 삶이 찾아온다.

그러나 이 세 가지 결정을 의식적으로 내릴 수 있게 되는 순간 그 즉시 우리의 인생이 바뀐다! 우리의 삶의 질을 좌우하는 세 가지 중요한 결정은 무엇인가? 자신이 부자인지 가난한지 우리의 느낌을 좌우하는 세 가지 중요한 결정은 무엇인가?

첫 번째 결정, 무엇에 초점을 맞출 것인가

매 순간마다 수백만 가지가 우리의 관심을 잡아끌 수 있다. 우리는 현재 지금 이 순간에 벌어지는 일에 초점을 맞출 수도 있고 미래를 창조하는 일에 초점을 맞출 수도 있고 아니면 과거를 돌아보는 데 초점을 맞출 수도 있다. 커다란 도전을 해결하는 일이나 이 순간의 아름다움을 감상하는 일 아니면 실망스러운 경험을 한 것을 유감스러워 하는 일에 모든 초점을 기울일 수 있다. 어디에 초점을 맞출지 의식적으로 방향을 잡지 않으면 주위의 모든 것이 관심을 기울여 달라고 끊임없이 요구하는 사태가 온다.

우리의 관심이라는 소중한 상품을 확보하기 위해 수십, 수백억 달러의 광고비가 지출된다. 뉴스는 가장 섬뜩한 기사로 당신의 관심을 잡아끌려고 노력한다. "댁의 자녀는 과일주스를 마시다가도 죽을 수 있습니다! 11시 뉴스에서 뵙겠습니다." 터무니없는 기사는 이것 말고도 많다. 언론이 이렇게 과장되게 설명하는 이유는 "피가 흐를수록 시청률이 높다."라는 미디어 속설 때문이다. 이것으로 충분하지 않은 듯 오늘날 소셜미디어 사회에서는 호주머니 속에서 계속해서 삑, 삑 하고 알림음이 울려댄다. 내 말의 요점은 이렇다. 초점이 가는 곳에 에너지도 흘러간다. 당신이 초점을 기울이는 대상과 초점을 기울이는 패턴이 당신의 인생 전체를 형성한다.

지금부터 설명할 두 가지 초점 패턴은 우리가 느끼는 기쁨과 행복, 좌절, 분노, 스트레스, 충족감을 통제하고 그 크기를 즉시 바꿀 수 있다.

첫 번째 질문. 지금 가진 것과 놓친 것, 당신은 이 둘 중 어느 것에 더 초점을 맞추는가? 어차피 동전의 양면이라고 생각할 수 있지만 자신의 습관적 사고를 곰곰이 생각하기 바란다. 당신은 어느 쪽에 시간을 더 많이 쏟는가?

아무리 힘든 상황에 처해 있을지라도 우리의 인생에는 감사할 수 있는 부분도 많다. 현재 금전적으로 힘든가? 당신의 연소득이 3만 4천 달러라면 전 세계 모든 임금소득자 중에서 상위 1퍼센트에 속한다는 사실을 알기 바란다. 그렇다. 세계의 1인당 월평균 소득은 1480달러에 불과하다. 세상의 거의 절반인 30억 명이 넘는 사람들이 하루 2.50달러, 연간 900달러가 조금 넘는 돈으로 살아가야 한다. 미국에서 스타벅스 커피 한 잔의 평균 가격은 3.25달러이다. 그것을 사먹을 여유가 있다면, 인구 절반의 하루 생계비보다 높은 금액을 커피 한 잔을 사먹는 데 지출할 여유가 있다는 뜻이 된다.

한번 이렇게 바꿔 생각해보자. 당신이 '월스트리트를 점령하라' 운동에 동참하는 이유가 상위 1퍼센트에 분노를 느끼기 때문이라면 세상의 나머지 99퍼센트는 당신의 그 '비참한' 생활을 점령하고 싶어

할지도 모른다는 사실을 알아주기 바란다!

그러니 가지지 못한 것에 초점을 맞추고 자신보다 주머니 사정이 좋은 사람들에게 분노를 표하는 대신에, 우리는 아주 진지한 마음으로 돈과 상관없이 우리 인생에는 감사할 거리가 아주 많다는 사실을 인정해야 한다. 우리는 건강한 몸과 친구와 기회와 자신의 마음에 감사할 수 있다. 누군가 힘들여 닦은 도로 위를 달린다는 사실과 누군가 몇 년이 걸려 저술한 책을 읽는다는 사실, 누군가 창의성을 발휘해 만들어낸 인터넷에 접속할 수 있는 사실에 감사할 수 있다.

당신은 주로 어디에 초점을 맞추는가? 가진 것인가 아니면 아쉬운 부분인가?

지금 가진 것에 감사하는 행동 패턴은 새로운 차원의 감정적 행복과 감정적 부를 만들어준다. 이 책을 읽고 있는 당신은 어쩌면 자신이 무엇을 가지고 있는지 잘 이해하고 있는 사람에 속할지도 모른다.

이제 진짜 중요한 질문이 있다. 당신은 자신의 정신과 신체와 마음과 영혼에 깊이 감사하기 위해 따로 시간을 내는가? 그렇게 할 수 있을 때 우리는 진정한 즐거움과 진정한 선물을 발견하게 된다. 그냥 머리로만 감사해야 한다고 이해하거나, 돈을 1000만 달러 더 번다고 해서 그런 즐거움과 선물을 발견하지는 못한다.

우리의 삶의 질에 영향을 미치는 두 번째 초점 패턴은 무엇인가? 당신은 자신이 통제할 수 있는 것과 통제할 수 없는 것 중 무엇에 더 초점을 맞추는가? 전후사정에 따라 다른 답이 나올 수는 있다. 하지만 전체적인 패턴을 생각해보자. 당신은 어느 쪽에 더 자주 초점을 맞추는가? 정직하게 답해야 한다.

통제할 수 없는 것에 초점을 맞추는 사람은 평생 스트레스를 더 많이 받는다. 거기에는 의문의 여지가 없다. 우리는 자신의 인생에서 여러 부분에 나름의 영향력을 발휘하고 통제할 수 있지만, 시장이나 소중한 사람의 건강이나 아이들의 태도는 우리의 능력으로는 통제할 수 없다. 두 살배기 아이나 열여섯 살의 사춘기 자녀와 살아본 사람은 그 사실을 아주 잘 안다!

그렇다. 우리는 아주 많은 것에 영향을 줄 수는 있지만 그것들을 통제하지는 못한다. 통제하지 못한다는 느낌이 커질수록 좌절감도 같이 커진다. 실제로 사건을 통제할 수 있다고 느끼는 감정과 사건이 우리를 통제한다고 느끼는 감정의 차이가 우리의 자긍심을 측정할 수 있는 척도이다.

무언가에 초점을 맞추기 시작하는 순간 우리의 뇌는 두 번째 결정을 내리는 단계로 들어선다.

두 번째 결정, 이것의 의미는 무엇인가

이것의 의미는 무엇인가? 자신의 인생을 어떻게 느끼는지는 우리의 삶에 벌어지는 사건이나 재무적 상태나 혹은 이뤘거나 이루지 못한 것과는 상관이 없다. 우리가 여러 상황에 부여하는 의미가 우리의 삶의 질을 통제한다. 우리는 무의식 속에서 내려지는 이런 순간적인 결정이 얼마나 큰 영향을 끼치는지 대부분은 알아채지 못한다.

교통사고, 건강 악화, 실직 등 인생을 파괴하는 중요한 사건이 발생했을 때 당신은 인생이 끝났다고 생각하는가 아니면 인생의 시작이라고 생각하는가? 누군가 당신의 생각에 반대되는 말을 하면 그 사람이 당신을 '모욕'하거나 '훈수'를 두고 있다고 생각하는가 아니면 진정으로 당신을 '생각해주고' 있다고 생각하는가? '충격적인' 문제에 대해 신이 내리는 처벌이나 도전이라고 의미를 부여하는가 아니면 신이 주는 또 다른 선물일지도 모른다는 의미를 부여하는가? 우리의 인생은 우리가 부여하는 의미대로 흘러간다. 우리가 부여하는 의미마다 나름의 고유한 감정이나 느낌이 동반하고, 우리가 느끼는 감정이 삶의 질의 밑바탕이기 때문이다.

의미는 감정을 느끼는 방식만이 아니라 모든 인간관계와 상호작용에도 영향을 미친다. 어떤 사람은 연애의 첫 10년은 시작하는 기간이자 서로를 조금씩 알아나가는 신나는 기간이며 관계가 더 깊어질 수 있는 기회라고 생각한다. 어떤 사람은 열흘 만에 서로 열렬히 사랑하는 사이가 되기도 한다. 그러다 한 번의 말다툼으로도 연애가 끝났다고 생각한다.

만약 지금이 연애의 시작이라고 생각한다면 그래도 연애의 끝처럼 행동하겠는가? 생각과 의미를 조금만 바꿔도 그 즉시 우리의 인생

전체가 바뀔 수 있다. 이제 막 연애를 시작해 사랑에 눈이 멀고 상대의 모든 것이 매력적이라면 그 사람에게 무엇을 해주겠는가? 무엇이건 다 해주려 할 것이다! 상대가 쓰레기통을 비워달라고 부탁하면 바로 일어나 "당신 부탁인데 뭔들 못하겠어!"라고 말할 것이다. 그러나 7일이 지나고 7년이 지나고 혹은 70년이 지난 후라면 이렇게 말한다. "나를 뭐라고 생각하는 거야. 내가 당신 청소부인 줄 알아?" 그러면서 사람들은 지난날의 열정이 다 어디로 간 것인지 의아해한다. 서로 사이가 삐걱대기 시작한 커플들에게 나는 지금을 연애의 시작이라고 생각한다면 끝은 오지 않을 것이라고 자주 말한다. 연애 초기에 우리는 깐깐한 회계사가 아니라 아낌없이 주는 사람이었기 때문이다. 누가 더 많이 주는지 끊임없이 재지도 않았다. 오직 상대방의 기분을 좋게 해주는 데만 모든 초점을 맞추었고 그 사람이 행복해하면 자신의 삶도 온통 기쁨으로 가득하다고 느꼈다.

처음의 두 결정(초점과 의미)이 자주 결합해 현대 사회의 가장 심각한 고통 중 하나인 우울증을 만들어내기도 한다. '부자'이고 유명하며 남들이 원할 만한 것을 다 가진 사람들이 왜 우울증에 걸리는지 당신은 그 이유를 알다가도 모르겠다고 생각한 적이 분명 있을 것이다. 수백만의 팬들로부터 사랑을 받고 수천만 달러가 넘는 재산을 가진 사람들이 어쩌다가 스스로 목숨을 끊는 결심을 하게 되는 것인가? 사업가에서 엔터테이너, 코미디언에 이르기까지 비범한 재능과 똑똑한 머리를 가진 사람들이 자살을 한 사례를 우리는 수없이 알고 있다. 온갖 현대적인 치료법과 약물이 있는데도 왜 그들은 자살에까지 이르는 것일까?

세미나에서 내가 항상 던지는 질문이 있다. "혹시 여러분 주위에 항울제를 복용하고 있는데도 여전히 우울증을 앓고 있는 사람이 있습니까?" 나는 세계 어디에서건 5천~1만 명을 대상으로 세미나를 하는데, 보통은 세미나장에 모인 사람의 85~90퍼센트가 손을 든다. 왜 그럴까? 어쨌건 우리가 항울제를 건네주는 이유는 그 사람의 기분이 나아지기를 기대하기 때문이 아닌가.

항울제에는 부작용으로 자살충동이 생길 수 있다는 경고문이 붙어 있기는 하다. 그러나 진짜 문제는 다른 데 있을지도 모른다. 아무리 항울제를 많이 복용해도 자신이 통제할 수 없고 놓쳐서 아쉬운 부분에만 계속 초점을 맞춘다면 절망에 빠지는 것은 시간문제이다. "인생은 살 가치가 없어."라는 의미를 부여한다면 우리는 어떤 항울제로도 극복하기 힘든 감정의 칵테일을 들이키고 있다고 봐야 한다.

나는 당신에게 한 점의 의심도 없이 말할 수 있다. 새로운 의미를 찾아낼 수 있다면, 살아갈 이유와 모든 것에는 의미가 있다는 믿음을 가질 수 있다면, 아무리 힘든 일이 찾아와도 다 견딜 수 있을 정도로 강한 사람이 될 수 있다. 자신을 필요로 하고 자신을 원하고 자신을 사랑하는 사람에게 계속 초점을 맞추고 자신이 이 세상에 무엇을 베풀고 싶은지에 초점을 맞춘다면, 어느 누구든 새로운 인생을 시작할 수 있다. 내가 그렇게 자신하는 이유가 궁금한가? 나는 지난 38년 동안 수천 명의 사람들과 같이 일했지만 그중 자살로 목숨을 끊은 사람은 단 한 명도 없었기 때문이다. 그리고 이 행운이 계속되어 앞으로도 그럴 사람이 절대 없기를 바란다. 상대로 하여금 그간 습관적으로 결정했던 초점과 의미를 바꾸게 만들 수 있다면 그 사람이 인생에서 이룰 수 있는 것에는 더 이상 한계가 존재하지 않게 된다.[24]

24 필요하면 www.tonyrobbins.com에 들어가 이런 개입 행동의 사례 몇 가지를 확인할 수 있다. 우리는 일시적 변화는 아니었는지 확인하기 위해 그 사람들을 3~5년 뒤까지 추적 관찰했다. 이런 사례를 통해 자신의 삶에 의미를 부여하려면 어떻게 해야 하는지 아이디어를 얻을 수 있을 것이다.

초점의 변화와 의미의 변화는 우리의 생화학 반응도 말 그대로 순식간에 바꿀 수 있다. 생화학 반응을 지배하는 방법을 익히는 순간 감정 게임의 변화가 가능해진다. 그렇지 않다면 빅토르 프랑클을 비롯해 아우슈비츠의 공포를 이겨내고 살아남은 수많은 사람들의 힘과 아름다움을 달리 설명할 수 있는 말이 없다. 그들은 가장 끔찍한 아픔 속에서도 의미를 발견했다. 한 차원 높은 의미와 한 차원 깊은 의미는 그들을 계속 전진하게 해주었다. 그들은 단순히 살아남는 데 그치지 않고 "이런 일은 다시는 일어나지 않을 거야."라고 말하며 미래에 무수히 많은 사람들의 목숨도 구해 주었다. 우리 모두는 고통 속에서도 의미를 발견할 수 있다. 의미를 찾아도 고통은 여전할 수 있지만 마음을 갉아먹는 괴로움은 사라진다.

그러니 스스로 인생을 주도하라. 의미가 감정이고 감정이 곧 삶이라는 사실을 언제나 기억하라. 의식적으로 그리고 현명하게 선택하라. 무엇에서건 힘을 부여해주는 의미를 발견하라. 그 순간 가장 깊은 의미의 부가 당신의 것이 될 것이다.

세 번째 결정, 나는 무엇을 할 것인가

의식적으로 의미를 만들어내면 의미가 감정을 만들고, 감정이 이끄는 상황 속에서 우리는 "나는 무엇을 할 것인가?"라는 세 번째 결정을 내리게 된다. 우리가 처한 감정적 상황이 우리의 행동을 강력하게 지배한다. 화가 났을 때 취하는 행동과 즐겁거나 들떴을 때 취하는 행동은 당연히 극명하게 다르다.

자신의 행동을 원하는 방향으로 이끌고 싶다면 초점의 대상을 바꾸고 더 힘을 주는 무언가에 종전과는 다른 의미를 부여하는 것이 가장 빠른 지름길이다. 그러나 화났을 때 나오는 행동은 사람마다 다르다. 누구는 화가 나면 뒷걸음질을 치고 누구는 억지로라도 밀고 나간다. 누구는 조용히 화를 표현하고 누구는 소리를 지르거나 폭력적으로 화를 발산한다. 누구는 화를 억누르면서 수동적 공격성의 반응을 보이다가 기회가 왔다 싶으면 우위를 되찾거나 심지어는 보복을 한다. 누구는 체육관에 가서 실컷 운동을 하는 것으로 분노에 맞선다.

이런 행동 패턴은 어디에서 연유하는가? 우리는 대개 존경하는 사람이나 같이 있으면 즐거운 사람, 사랑하는 사람들을 우리 행동의 역할모델로 삼는다. 그러면 우리에게 좌절과 분노를 안겨주었던 사람은 어떤 영향을 미치는가? 우리는 그들의 접근을 거부하지만, 그러면서도 어린 시절 질리도록 보면서 불쾌해했던 그 사람의 행동 패턴을 그대로 답습하는 경우가 많다.

실망하거나 화가 나거나 슬프거나 외로울 때 자신이 어떤 행동 패턴을 보이는지 깨달아야 한다. 자신의 행동 패턴을 인식하지 못하면 그것을 바꾸는 것도 불가능하기 때문이다. 또한 세 가지 중요한 결정의 힘을 깨달았으므로, 당신이 원하는 인생을 살고 있는 역할모델들도 눈여겨보기 시작해야 한다. 열정적으로 인간관계를 누리는 사람들은 언제나 다투고 싸우기만 하거나 서로에게 계속 잣대를 들이대는 사람들과는 인간관계를 바라보는 초점 자체가 다르다. 또한 누군가와의 사이에 문제가 생겼을 때도 전혀 다른 식으로 의미를 부여한다. 이것은 로켓과학이 아니다. 세 가지 결정을 내리는 방식에서 사람들마다 어떻게 차이가 나는지 잘 알았다면 자신의 삶에 영원한 긍정적 변화를 불러일으켜 줄 수 있는 길을 택해 걸어야 한다.

열여덟 살 때 나는 두 번 다시는 기분 나쁜 날이 없게 하리라 결심했다. 나는 끝이 보이지 않는 감사의 바다로 잠수했고 절대 거기서 나오지 않았다.

—패치 애덤스 박사

이 세 가지 결정을 어떻게 활용해야 삶의 질을 높일 수 있을까? 우리가 초점을 맞추는 것, 우리가 살아가는 감정 상태, 우리가 할 수 있는 것, 이 모두는 단순한 과정을 거치면 우리 삶에 맞게 조건화나 '점화prime'가 가능하다. 어쨌거나 우리는 긍정적 감정이 나타나기만 하는 것으로는 만족하지 못한다. 우리는 긍정적 감정 상태에서 살아가도록 스스로를 조건화하기를 원한다. 이것은 운동선수가 근육을 발달시키는 것과 비슷하다. 개인생활과 직장생활, 친밀한 관계에서 충족감과 즐거움, 행복감, 성취감의 질을 한 차원 크게 높이고 싶으면 훈련을 해야 한다. 초점을 맞추고 느끼고 가장 힘을 부여하는 의미를 발견하기 위해서는 훈련을 해야 한다.

이 연습은 심리학의 점화효과priming effect 개념에 뿌리를 두고 있다. 점화효과는 언어와 생각, 감각 경험이 세상에 대한 인식에 영향을 미치고 나아가 우리의 감정과 동기와 행동에도 영향을 미친다는 개념이다.

자기 스스로 떠올렸다고 생각한 어떤 생각이 알고 보니 환경적 계기로 인해 조건화된 것에 불과하거나 심한 경우 점화효과의 힘을 잘 아는 누군가가 의도적으로 조작한 것에 불과하다면 어떻겠는가? 한 가지 예를 들어주겠다.

두 심리학자가 한 가지 연구를 수행했다.[25] 실험에서는 낯선 사람

25 미국국립보건원National Institutes of Health이 연구비를 대고 예일대학의 존 A. 바그John A. Bargh와 콜로라도대학의 로렌스 윌리엄스Lawrence Williams가 공동으로 연구했다.

이 피험자에게 뜨거운 커피가 담긴 컵이나 냉커피가 담긴 컵을 내민다. 그런 다음 피험자는 가상의 인물에 대한 글을 읽은 후 그 사람의 진짜 본성을 설명해보라는 요구를 받는다. 깜짝 놀랄 결과가 나왔다! 뜨거운 커피를 건네받은 피험자들은 가상의 인물을 '따뜻하고' '관대한' 사람이라고 묘사했고 냉커피를 건네받은 피험자들은 '차갑고' '이기적인' 사람이라고 설명했다.

워싱턴대학에서 행해진 또 다른 연구에서는, 아시아계 여성들에게 수학 문제를 냈다. 피험자들은 시험 전에 간단한 질문에 응했다. 어느 민족인지를 묻는 질문에 답한 피험자들은 다른 피험자들보다 수학 시험에서 20퍼센트 더 높은 점수를 받았다. 반대로 어느 민족인지가 아니라 성별을 묻는 질문에 답한 피험자들은, 여성이라는 간단한 단어만 썼을 뿐인데도 수학 점수가 현저히 낮게 나왔다. 그것이 문화적 조건화 형태로 나타나는 점화효과의 힘이다. 점화효과는 우리의 무의식 패턴에 영향을 미쳐 진정한 잠재력을 위축시키기도 하고 해방시키기도 한다.

이 점화효과를 일상생활에 활용할 수 있다. 매일 10분씩이나마 우리의 정신과 마음이 감사하는 태도를(그래서 분노와 두려움을 없애는 감정을) 점화할 수 있도록 연습하는 것이다. 감사의 마음과 분노의 마음이 동시에 들어설 수는 없다. 두려워하는 마음과 감사의 마음이 동시에 생겨날 수도 없다. 양립이 불가능하다!

나는 최소 10분씩 감사의 마음을 연습하는 것으로 하루를 시작한다. 모든 것을 중단하고 눈을 감은 후 한 3분 정도 내가 감사할 대상을 떠올린다. 얼굴에 기분 좋게 부딪치는 바람, 내 인생의 사랑, 내가 경험한 기회와 축복 등등 그 대상은 여러 가지이다. 나는 거창한 일에만 초점을 맞추지 않는다. 눈에 띄는 일만이 아니라 내 인생을 풍요롭게 해주는 사소한 일들에도 깊이 감사하는 마음을 가지려고 습관적으로 노력한다. 다음 3분 동안은 내 가족이나 친구 또는 고객 그리고 거리에서 만날지도 모르는 이방인 등 내가 사랑하거나 안면이 있거나 우연히 접촉하는 모든 사람의 건강과 축복을 기원한다. 모든 사람에게 사랑과 축복과 감사와 풍요로운 삶을 기원해준다. 진부하다고 여길지도 모르지만, 그것이 진정한 삶의 순환이다.

나머지 시간에는 내가 꼭 이루고 싶은 '남부럽지 않게 살기 위한 3단계 꿈'에 집중한다. 나는 그 꿈들이 실현되었다고 상상하면서 그 상황을 축복하고 감사한다. 점화효과는 우리 자신에게 주는 귀중한 선물이다. 열흘 동안만 연습해도 그 효과를 실감할 수 있다. (시작하는 방법을 알고 싶으면 www.tonyrobbins.com을 참조하기 바란다.)

이 간단한 연습이 중요한 이유는 많은 사람이 감사의 마음을 느끼면서도 정작 감사하기 위한 시간을 따로 내지는 않기 때문이다. 지금 누리는 아름다움과 은총은 언제라도 한 순간 인생에서 사라질 수 있다. 우리의 정신에 올바른 씨앗을 심기 위한 행동을 의식적으로 하지 않으면, 좌절과 분노, 스트레스, 외로움이라는 '인생의 잡초'가 살금살금 기어들어 온다. 잡초는 굳이 심지 않아도 저절로 자란다. 내 스승인 짐 론은 단순한 원칙을 가르쳐 주었다. 매일 마음의 입구에 보초를 세워야 하며 어떤 생각과 믿음을 인생 안으로 받아들일지 오직 자신만이 결정해야 한다는 원칙이었다. 그렇게 받아들인 믿음과 생각에 따라 마음이 부자인 사람이 될지 가난한 사람이 될지, 저주를 느낄지 축복을 느낄지가 결정되기 때문이다. 결국 진정으로 행복해지려면 우리는 자기 자신을 이해해야 한다.

인간의 정신은 놀라운 존재이다. 인간의 정신은 생존 기제에 따라 움직이기 때문에, 무엇이 그르고 무엇을 피해야 하고 무엇을 지켜봐야 하는지 알아내는 데 전념한다. 인간은 진화했을지 몰라도 인간의 뇌는 200만 년 전의 뇌 그대로이다. 그렇기에 우리가 충족감과 행복을 원한다고 해도 그런 욕구는 뇌의 최우선 순위가 아니다. 우리는 뇌를 지배할 수 있어야 한다. 그렇게 하는 가장 빠른 방법은 (점화효과를 제외하면) 인간의 6가지 기본적 니즈 중 제일 위에 있는 2가지 니즈로 올라서는 것이다. 성장과 공헌이라는 2개의 정신적 니즈는 우리에게 충족감을 부여해준다.

내가 우리 모두에게 성장의 욕구가 있다고 믿는 이유는 우리가 움직이는 순간 베풀 무언가도 생기기 때문이다. 성장이야말로 삶의 가장 깊은 의미이다. '소유'를 하면 한 순간은 기분이 좋아질 수 있다. 그러나 나눌 무언가가 생기고 그 나눔을 통해 누군가나 무언가에 진심으로 다가갈 때 얻는 희열은 그 무엇으로도 이길 수 없다.

> 누구나 도움을 베풀 수 있다. 그렇기에 누구나 위대해질 수 있다.
>
> —마틴 루서 킹 2세 목사

베풂이 우리의 삶에 진정한 충족감을 안겨준다는 말이 맞는지 확인하려면 마지막 시험대를 들이대야 한다. 자신이 믿는 신념을 위해 기꺼이 목숨도 내놓는 사람들에게 인생이란 무엇인가? 라는 질문이 바로 그것이다, 내가 가장 존경하는 20세기 위인 중 한 명은 인권지도자인 마틴 루서 킹 2세 목사였다. 최근에 그의 아들인 마틴 루서 킹 3세가 '운명과의 데이트' 세미나 참석차 피지로 왔다. 나는 순수한 열정에 평생을 바친 킹 목사가 내게 얼마나 큰 영감을 주었는지를 그의 아들에게 말했다. 킹 목사는 자신의 신념이 무엇인지 정확히 알고 있었다. 어린 시절 읽은 그의 말이 아직도 기억이 난다. "목숨을 바칠 만

한 것을 찾아내지 못한 사람은 살 자격이 없다."

자신의 모든 것을 내어줄 정도로, 필요하다면 목숨까지 걸 수 있을 정도로 소중한 무언가를 찾는 순간 우리의 삶에 진정한 부가 찾아온다. 바로 이 순간 우리는 스스로의 마음과 두려움과 한계 의식이라는 폭군으로부터 벗어나게 된다. 거창한 주문이라는 것은 나도 잘 안다. 그러나 우리 대부분은 자녀나 부모나 배우자를 위해 기꺼이 모든 것을 다 바칠 수 있다. 마음을 사로잡은 평생의 사명을 찾아낸 사람들은 비할 데 없이 풍요로운 에너지와 의미를 발견했다.

열정의 부

말랄라 유사프자이Malala Yousafzai라는 파키스탄의 10대 소녀 이름이 귀에 익을지도 모른다. 말랄라는 용감하게도 여자아이도 학교에 다닐 권리가 있다는 주장을 펴다가 탈레반 테러리스트가 쏜 총에 머리를 맞았다. 총알이 안와를 관통해 두개골까지 닿으면서 말랄라는 거의 죽을 뻔했다. 끔찍한 부상을 이겨낸 말랄라는 이후 세계적으로 유명한 여성 인권 운동가가 되었다. 그녀를 쏜 남자는 아직 잡히지 않았고 탈레반의 살해 위협도 계속되고 있다. 그러나 말랄라는 공개적으로 그들에게 대적한다. 열여섯 살 생일에 한 UN 연설에서 그녀는 두렵지 않다고 말했다. "그들은 총알로 우리를 침묵시킬 수 있다고 생각했지만 실패했습니다. 그리고 그 침묵을 비집고 수천 명의 목소리가 울려 퍼졌습니다. 테러리스트들은 내 목표를 바꾸고 내 야망을 꺾을 수 있을 것이라고 생각했지만 한 가지를 제외하고 그들은 내 인생의 어떤 것도 바꾸지 못했습니다. 그들로 인해 나약함과 두려움, 절망감이 죽었고, 강인함과 열정, 그리고 용기가 태어났습니다."

CNN의 크리스티안 아만포Christiane Amanpour는 말랄라와의 인터뷰에서 이 어린 여성에게 목숨을 잃을까 무섭지는 않은지 물어보았다. 말랄라가 대답했다. "그들이 나를 죽일 수도 있겠죠. 그들은 단지 말랄라만 죽일 수 있습니다. 하지만 그들은 내가 벌이는 운동까지 죽일 수는 없습니다. 내 교육운동, 내 평화운동, 내 인권운동을 죽이지는 못합니다. 내 평등운동은 계속 살아남을 것입니다. 그들은 내 몸에 총을 쏠 수 있을지 몰라도 내 꿈에는 총을 쏠 수 없습니다."

1997년생의 이 10대 소녀는 3가지 중요한 결정을 모두 정복했다. 그녀는 자신이 중요하다고 생각하는 문제에 초점을 맞췄다. 그녀는 자신을 넘어서서 진정한 삶의 의미를 부여해주는 사명을 발견했다. 그리고 두려워하지 않고 행동한다.

우리는 말랄라처럼 목숨까지 내걸어야 하는 상황까지 가지는 않을지라도 두려움에 사로잡히지 않고 열정적으로, 그리고 무한히 감사하며 사는 삶을 우리 스스로 선택할 수 있다.

이제 책장을 넘기고 부를 이루기 위한 마지막 여행길에 오르자. 이제 가장 중요한 교훈이자 마지막 비밀이 펼쳐진다.

CHAPTER 3

마지막 비밀

우리는 우리가 얻는 것으로 생계를 유지하고, 주는 것으로 삶을 만든다.
—윈스턴 처칠

여행의 마지막 발걸음을 떼는 동안 당신이 가장 크게 열정을 느끼는 것은 무엇인지 한번쯤은 생각해봐야 한다.

가장 깊이 애정을 느끼는 것은 무엇인가? 무엇에 설레는가? 어떤 유산이 당신의 가슴을 울리는가? 오늘 무엇을 하면 내일 자부심을 느끼게 될 것 같은가? 어떤 행동을 하면 당신이 유감없이 살았다는 신호를 영혼에게 보낼 수 있을 것 같은가? 영감에 휩싸여 있다면 무엇을 만들거나 주고 싶은가?

이 질문은 진정한 부의 마지막 비밀로 성큼 가까이 이끌어준다. 그런데 여기에 한 가지 문제가 있다. 이 열쇠는 자칫 직관에 반하는 것으로 보일 수 있다. 우리는 궁극적인 자유를 만들고 삶의 질을 높이기 위해 돈을 정복하고 저축하고 투자하고 임계량에 도달하는 방법을 주로 논했다. 하지만 우리는 돈으로는 행복을 살 수 없다고 배웠다. 한 연구에서도 드러나듯이 사람들은 소득이 두 배가 되면 행복도 두 배가 될 것이라고 생각한다. 그러나 이 연구 결과는 연소득이 2만 5천 달러에서 5만 5천 달러로 늘어난 사람들의 행복은 실제로 9퍼센트만 증가했다는 것을 입증했다. 게다가 이 주제에 대해 가장 널리 인용되는 연구 하나는 중산층 연봉에 안착하는 순간(미국은 연 7만 5천 달러) 소득이 증가해도 개인의 행복 수준은 유의미한 차이를 보이지 않는다고 말한다.

"그래서 요점이 뭡니까?"라고 묻고 싶을 것이다.

요점은 이것이다. 더 최근의 연구들은 돈이 우리를 더 행복하게 해준다는 사실을 입증했다. 과학자들은 "5달러의 작은 소비지출이 우리의 행복을 크게 바꿀 수 있다."는 사실을 보여주었다. 왜 그러한가? 지출하는 액수가 아니라 그 지출을 결정하는 방식이 중요하기 때문이다.

"매일의 소비 선택은 침에서 바로 감지되는 생물학적·감정적 효과를 연달아 발산한다." 하버드대학의 엘리자베스 던Elizabeth Dunn과 마이클 노턴Michael Norton은 2013년에 발간한 《당신이 지갑을 열기 전에 알아야 할 것들Happy Money: The Science of Smarter Spending》에서 그렇게 말한다. "돈이 늘어나면 맛있는 음식에서 안전한 동네에 이르기까지 온갖 종류의 멋진 것들을 누릴 수 있다. 하지만 진정한 힘은 돈의 액수가 아니라 우리가 돈을 쓰는 방법에서 나온다."

두 사람은 행복감을 크게 높이기 위해 여러 방법으로 돈을 쓸 수 있다는 사실을 과학적으로 입증했다. 여기서 그 방법을 다 말할 수는 없기에 직접 읽어보기를 권하지만 세 가지 가장 중요한 내용을 추리면 다음과 같다.

1. **경험에 투자하기** 물건을 더 많이 소유하는 것이 아니라 여행이나 새로운 기술 습득, 강좌를 수강한다.
2. **자신을 위한 시간 구입하기** 가장 하기 싫은 일(변기 청소나 배수구 청소 등)을 아웃소싱할 수 있을 때마다 돈은 우리가 자유롭게 열정을 추구하도록 우리의 시간 소비 방법을 바꿔줄 수 있다."

돈으로 할 수 있는 일 중에서도 행복감을 크게 늘려주는 가장 멋진 일은 바로 이 마지막에 있었다.

3. **타인에 투자하기** 그렇다. 돈을 베푸는 것은 우리를 진정으로 행복하게 만들어준다!

연구 조사는 타인에게 많이 베풀수록 더 행복해진다는 사실을 보여준다. 가진 것이 많아지면 줄 수 있는 것도 많아진다. 선순환이다. 던과 노턴은 본인에게 돈을 쓸 때보다 타인에게 돈을 쓸 때 만족감이 더 크다는 것을 과학적 연구를 통해 입증한다. 그리고 그 효익은 "단순히 주관적인 행복만이 아니라 객관적인 건강으로도 이어진다."

다시 말해 나눔은 더 행복하고 더 건강한 우리를 만들어준다.

두 저자는 이런 현상은 대륙과 문화, 부국과 빈국, 최상위 소득군과 최하위 소득군, 젊은 사람과 노인을 불문하며 "어머니에게 스카프를 사드리는 캐나다의 대학생과, 친구의 목숨을 살리기 위해 말라리아 치료제를 구입하는 우간다의 여성을" 불문하고 모든 사람에게서 두루 나타난다고 말한다.

한 실험에서 두 저자는 하루 용돈으로 참가자들에게 5달러나 10달러를 주었다. 피험자 절반에게는 자신을 위해 돈을 쓰라고 했고 나머지 절반에게는 남을 돕는 데 그 돈을 쓰라고 했다. "그날 저녁 다른 사람을 위해 돈을 쓰라는 지시를 받은 피험자들이 그날 내내 느꼈다고 말한 행복감은 자신을 위해 돈을 쓴 피험자들보다 [훨씬] 컸다."

두 저자의 동료이며 사이먼프레이저대학의 심리학자 라라 애크닌Lara Aknin은 비슷한 연구에서 피험자들에게 스타벅스 10달러 기프트카드를 나눠주었다.

- 일부 피험자들에게는 스타벅스에 혼자 가고 자신에게 기프트카드를 다 써야 한다고 지시했다.
- 일부 피험자들에게는 다른 사람과 커피를 마시는 데 그 기프트카드를 사용하라고 지시했다.
- 일부 피험자들에게는 다른 사람에게 기프트카드를 줘야 하지만 그 사람과 함께 스타벅스에 가서는 안 된다고 지시했다.
- 일부 피험자들에게는 스타벅스에 다른 사람과 함께 가되 카드는 그 사람에게가 아니라 자신을 위해서만 써야 한다고 지시했다.

저녁이 되어 어떤 피험자가 더 행복감을 많이 느꼈다고 말했을 것 같은가? 짐작하다시피 다른 사람과 함께 스타벅스에 가서 커피를 사준 피험자였다. 던과 노턴의 설명에 따르면, 인간은 자신이 돕는 사람과 연결되어 "자신의 관대한 행동이 얼마나 큰 차이를 만드는지 직접 확인할" 수 있을 때 가장 큰 행복감을 느낀다.

타인을 돕는 데서 느끼는 행복감은 훨씬 강렬할 뿐 아니라 훨씬 오래 지속된다. 저명한 행동경제학자 댄 애리얼리와의 인터뷰 자리에서 돈과 행복이라는 주제를 꺼냈을 때 그는 이렇게 말했다. "'자신을 위해 무언가를 사는 것과 남을 위해 무언가를 사는 것 중 어느 쪽이 더 행복할 것 같습니까?'라고 물으면 사람들은 '당연히 나를 위해 살 때죠.'라고 답합니다. 실제로는 그렇지 않습니다. 여러 연구는 자신을 위해 무언가를 살 때는 몇 분 내지는 몇 시간 동안만 행복감이 이어집니다. 하지만 아주 작은 것일지라도 남에게 무언가를 사줬을 때 느끼는 행복감은 적어도 그날 하루 내내 이어집니다. 대부분은 며칠 또는 심지어 몇 주 동안 그 행복감이 계속됩니다."

댄은 한 가지 '아름다운 실험'에 대한 이야기를 들려주었다. 이 실험에서 어떤 회사의 직원들은 3천 달러 안팎의 상여금을 받았다. 일부 직원은 상여금을 자신을 위해 다 써도 된다는 지시를 받았다. 반대로 일부 직원은 타인에게 그 돈을 줘야 한다는 지시를 받았다. 누가 더 행복했을 것 같은가?

"그 6개월 동안 상여금을 타인에게 준 사람들이 느꼈다고 말한 행복감은 돈을 혼자 다 차지한 사람들이 느꼈다고 말한 행복감보다 훨씬 컸습니다. 준다는 것의 의미를 한번 생각해보게끔 만들지요? 준다는 것은 자신과 타인을 연결하는 멋진 행위이며 거기에서 나오는 효익은 돌고 돕니다."

돈을 베풀 때, 특히 사랑하는 사람을 위해서가 아니라 낯선 사람을 위해 그런 행동을 할 때 느끼는 행복감 수준은 곱절로 늘어난다. 월급이 2배나 3배 뛰는 것과 같은 효과를 발휘한다.

나 역시 베풂을 행할 때 멋진 결과가 얼마나 많이 일어나는지 내 눈으로 직접 목격했다. 단지 자신만을 위해서가 아니라, 내부에 깃든 생존과 성공의 본능을 뛰어넘어 자신이 사는 세상에 도움을 베풀면, 두려움과 좌절, 고통과 불행감이 사라진다. 우리 자신을 내어줄 때 삶이, 신이, 은총이(뭐라고 부르건 상관없다) 한 발짝 다가와 우리의 길을 이끌어준다고 나는 굳게 믿는다. 삶은 더 많은 삶에 도움이 되는 것을 적극 지지해준다. 그 사실을 잊지 마라.

코네티컷 주 뉴타운의 한 학교에서 벌어진 참혹한 총기난사 사건의 후유증으로 마음과 영혼이 완전히 무너지기 직전까지 갔다가 인생에 새로운 불꽃을 지핀 한 소년이 있다. 그의 이야기는 나눔의 행위를 통해 고통에서 해방되고 목적과 영감을 새롭게 얻을 수 있다는 것을 보여준다.

아픔을 뛰어넘는 힘

JT 루이스JT Lewis는 2012년 12월 14일을 평생 잊지 못할 것이다. 그날 아침 죽음을 동경하는 미치광이 총기난사범이 샌디후크초등학교에 침입했다. 범인 말고도 26명이 죽었고 그중 20명은 5세~10세 사이의 아이들이었다. 아수라장이 벌어지는 동안 JT의 여섯 살 난 동생인 제시는 범인의 총기가 잠시 고장 난 것을 알아차리고는 반 아이들에게 도망가라고 소리를 질렀다. 그날 아침 그 용감한 소년은 많은 친구의 목숨을 구했지만 불행히도 본인은 구하지 못했다. 총기난사범은 제시 쪽으로 몸을 틀었고, 아이는 목숨을 잃었다.

제시가 당신의 아들이나 동생이라면 마음이 얼마나 무너질지 상상해보기 바란다. 나는 그 참담한 비극의 후유증에 계속 시달리는 생존자들을 돕기 위해 뉴타운으로 날아가 총기난사 사고 1주년 추모식에 참석했고 그곳에서 열세 살의 JT와 제시의 모친인 스칼릿을 만났다. 예상했던 대로 유가족들은 여전히 극심한 슬픔에 괴로워하고 있었다. 하지만 JT와 대화를 나누다가 나는 깜짝 놀랐다. 소년은 르완다 고아원에 있는 아이들과 교류를 나누는 단순한 행동을 하면서 아픔과 고통을 다른 것으로 승화하는 방법을 배웠던 것이다. 르완다 고아원의 소년소녀들은 JT의 슬픔을 알게 되자 지구 반대편으로 치유의 메시지를 전달하기를 원했다.

이 고아들은 역사상 최악의 비극에서 살아남은 아이들이었다. 1994년 르완다에서 벌어진 무차별 대량학살로 100만 명에 달하는 투치 족이 목숨을 잃었다. 학살은 이웃인 후투 족에 의해 거의 100일이나 이어졌다. 스카이프 영상통화에서 고아원의 소녀인 샨탈은 JT에게 동생을 잃었다는 소식에 자신도 무척이나 슬펐다고 말했다. 하지만 샨탈은 JT에게 아무도 그의 삶에서 기쁨과 행복을 빼어갈 수 없다는 사실과 난사범에게는 그런 힘이 없다는 사실을 알아주었으면 좋겠다고 말했다.

그런 다음 소녀는 자신의 사연을 말했다. 샨탈은 마체테(중남미나 아프리카 원주민들이 쓰는 날이 넓은 칼—옮긴이)를 든 남자들이 자신의 부모를 마구잡이로 베어 죽이는 참혹한 광경을 목격했을 때 겨우 여덟 살이었다. 이어서 살인자들은 샨탈 쪽으로 몸을 돌려 목을 벤 후 아이의 작은 몸을 거대한 무덤에 던져 넣었다. 땅 밑에 파묻힌 상태에서 심각한 출혈이 계속되고 끔찍하게 무서웠지만 살아야겠다는 의지 하나만으로 버티면서 소녀는 얕게 덮인 무덤을 손으로 파헤치고 나와 마을 위로 솟은 산으로 향했다. 소녀는 컴컴한 숲에 숨어 한때 집이라고 불렀던 마을의 모습을 내려다봤다. 화염이 집들을 집어삼키고 있었고 하늘에는 사랑하는 사람들의 비명 소리가 메아리쳤다. 그녀는 학살이 멈추기를 기다리며 한 달 동안 풀밭에서 살았다.

눈앞에서 부모가 살해당하는 모습을 지켜봐야 했던 아이라면 평생을 감정적 흉터를 지고 살게 되지 않을까? 우리는 당연히 그렇게 짐작한다. 아니면 평생을 분노와 두려움에 시달리며 살 것이라고 생각한다. 하지만 소녀는 그러지 않았다. 샨탈은 우리의 인생을 좌우하는 세 가지 중요한 결정에 있어서만큼은 누구보다도 대가였다.

샨탈은 JT에게 이렇게 말했다. "지금은 믿을 수 없겠지. 하지만 너는 곧바로 상처를 치유하고 행복하고 아름다운 삶을 살 수 있어. 그러기 위해서는 매일 감사하고 용서하고 온정을 베푸는 방법을 훈련해야 해. 지금 가지지 못한 것에 집중하지 말고 지금 가지고 있는 것에 감사해야 해. 난사범과 그의 가족을 용서하고 타인에게 도움을 베풀 방법을 찾아야 해. 그러면 고통에서 자유로워질 수 있어." 샨탈의 얼굴에서는 JT가 상상도 할 수 없었던 커다란 기쁨이 뿜어져 나오고 있었다.

JT도 불행했지만, 소녀가 묘사한 공포는 차마 생각도 못할 정도로 무시무시했다. 샨탈이 고통에서 자유로워질 수 있다면 JT도 그럴 수 있었다. 그리고 바로 지금이 그 시기였다.

JT는 어떻게 했을까? 소년은 수천 킬로미터를 넘어 가장 절실한 순간에 자신에게 사랑을 보내 준 이 어린 영혼에게 보답할 방법을 찾기로 결심했다. 샨탈은 대량학살에서 살아남은, 자신보다 어린 고아들을 보호하고 사랑하고 돌봐준다는 결심을 통해 살아갈 이유와 열정과 목적의식을 발견했다. 그것이 그녀의 사명이 되었고 그럼으로써 자신의 문제와 상실감에만 집중하지 않을 수 있었다.

그녀의 봉사정신이 JT의 마음을 깊이 움직였고, 소년은 어떻게 도움을 주는 것이 좋을지 궁리하고 또 궁리했다. JT는 샨탈이 더 특별한 미래를 만들도록 돕는 것을 자신의 사명으로 삼았다. JT는 샨탈을 대학에 보낼 돈을 모으기 위해 밤낮으로 일하기 시작했다. 몇 달 후 이 열세 살의 소년은 스카이프 통화로 자신이 2100달러나 모았다고 말했다. 샨탈의 1년 대학 학비로 충분한 돈이었다! 샨탈은 크게 감동했다. 하지만 제3세계의 어린아이들이 그렇듯 대학은 그녀에게는 현실에 맞는 선택이 아니었다. 게다가 작지만 가게도 직접 차린 그녀에게는 더더욱 맞지 않는 선택이었다. (샨탈처럼 훌륭한 영혼의 소유자를 보면 충분히 짐작할 수 있듯이 그녀는 꽤 성공한 기업가이다!) 베풂의 정신을 계속 유지하고 있던 샨탈은 그 놀라운 선물을 가장 친한 친구인 베티에게 건네주었다. 베티 역시 영상통화로 JT에게 격려의 메시지를 보낸 고아 중 하나였다.

나는 JT의 노력에 크게 감동했고 그 자리에서 베티의 나머지 3년 대학 학자금을 지원하고 더불어 샨탈에게는 새 가게를 차릴 돈과 그녀가 입양한 고아 가족들이 평생 머물 수 있는 집을 짓기 위한 돈을 지원하기로 결정했다.

지금 우리는 르완다의 대량학살에서 살아남은 7만 5천 명이 넘는 고아들을 지원해주는 자원을 확대하기 위해 함께 협력하고 있다.[26]

JT의 이야기는 삶의 아름다움을 바라보고 자신을 내어줄 방법을 찾기로 결심하는 순간 우리 인간은 고통을 극복할 수 있다는 교훈을 들려준다. 그런 결심에서 치유의 선물이 등장한다.

핵심 관건은 베풂을 행하고 싶은 마음을 먹게 만드는 절실한 무언가를 찾는 것이다. 삶의 궁극적 힘이 되어줄 사명의식을 찾아야 한다. 그것을 찾는 순간 우리는 진정한 부자가 된다. 그것을 찾는 순간 즐거움을 원하는 단순한 삶에서 벗어나 기쁨과 의미가 가득한 삶으로 나아가게 된다.

26 우리는 심리학자와 전문 코치들에게 위기 속에서도 큰 차이를 만들어줄 현실 적응 방법과 심리적 기술을 훈련시키고 있다. 자격이 되고 위기 극복을 돕기 위한 자원봉사에 뜻이 있는 사람은 앤서니로빈스재단(www.anthonyrobbinsfoundation.org)으로 연락하기 바란다.

베풂이 치유이다

물론 준다는 것은 단순히 돈을 준다는 의미를 넘어선다. 자녀, 가족, 남편, 아내, 친구, 동료에게 당신의 시간과 감정뿐만 아니라 당신이라는 사람을 내어준다는 것을 의미한다. 일 역시 우리가 받은 선물이다. 그 선물이 노래이건 시이건 다국적기업 구축이건 상담사로서의 봉사이건 건강관리 서비스이건 아니면 교사이건, 우리 모두는 타인에게 줄 수 있는 무언가를 가지고 있다. 실제로 사랑 다음으로 우리가 줄 수 있는 가장 신성한 선물은 우리의 노동이다. 시간을 들여 자원봉사를 하고 자신만이 할 수 있는 수준으로 보살핌을 제공하고 기술을 공유하는 행동은 훗날 커다란 '보답'으로 돌아온다.

내 친구 아리아나 허핑턴Arianna Huffington은 《제3의 성공Thrive》에서 베푸는 행동이 어떻게 우리의 신체 건강과 정신 건강을 향상시키는지 입증하는 여러 연구를 인용한다. 나는 특히 2013년 영국 엑서터의과대학이 실시한 연구가 마음에 들었는데 연구에서는 자원봉사가 우울증 발병 저하, 행복감 상승, 사망률 22퍼센트 감소와 어떤 연관이 있는지를 보여준다!

아리아나는 이렇게 설명한다. "적어도 1주일에 한 번씩 자원봉사를 하면 2만 5천 달러이던 연봉이 7만 달러로 올랐을 때와 맞먹는 수준의 행복감 향상을 이끌어낸다."

그렇다면 부의 마지막 비밀은 무엇인가? 어떤 형태로든 베풂의 행동은 '소유의 행위'보다 훨씬 빨리 부를 증가시켜준다는 것이 마지막 비밀이다. 개인으로서의 우리가 얼마나 강한 힘을 가지고 있는지는 중요하지 않다. 기업계 거물이건 정치 지도자이건 금융의 거인이건 엔터테인먼트계의 아이콘이건 중요하지 않다. 성공을 이루는 것만이 아니라 선한 행동도 해야 한다는 것이 충만한 삶의 비밀이다. 커다란 부를 이룬 개인이 어느 날 문득 잠에서 깨 "인생에는 단순한 나 이상의 의미가 있어."라는 사실을 깨달은 순간 사회가 얼마나 달라졌는지 우리 모두는 잘 알고 있다.

> 공동묘지에서 최고 부자가 되는 것은 나에게는 중요하지 않다.
> 밤에 잠자리에 들 때 멋진 일을 했다고 말할 수 있는 것,
> 나한테는 그것이 중요하다.
> —스티브 잡스

19세기 전에 자선사업을 펼치는 단체는 대부분 종교 단체였다. 철강왕 앤드류 카네기가 등장하기 전까지는 그랬다. 왕과 귀족, 부유한 가문은 사회 환원에 관심이 없었으며 대개는 돈을 움켜쥐고 있다가 상속자에게 남겨주기를 원했다. 사업가들도 상당수는 같은 생각이었다. 하지만 카네기는 당시의 다른 '강도 귀족들robber barons'에게 솔선수범을 보였고 덕분에 오늘날 우리가 알고 있는 독지 활동이 탄생했다.

카네기는 냉혹한 사업가였지만 그가 생산한 강철은 미국을 변모시킨 철도와 마천루를 짓는 재료가 되었다. 그는 수익성을 높이기 위해 가치를 추가해야 했다. 그러면 사회에도 보탬이 되고 그에게도 이득이 될 것이 분명했다. 그는 결국 세계 최고의 부자가 되었다. 그러나 원하는 모든 것을 다 가진 순간 그의 인생에 새로운 무대가 등장했다. 돈이 주체할 수 없을 정도로 많다 보니, 자신이 아닌 다른 무언가에 돈을 사용하는 것이 아닌 한 돈에서도 별다른 의미를 찾을 수가 없었다. 그렇게 해서 카네기는 인생의 전반부는 돈을 모으는 데, 후반부는 돈을 베푸는 데 쓰기 시작했다. 그는 자신의 변한 모습을 수필에

서 피력했고, 훗날《부의 복음The Gospel of Wealth》이라는 제목의 책으로 출간했다. 내 친구이며 노벨상 수상자인 예일대의 로버트 실러 교수는 학생들에게 이 책을 필독서로 권한다. 그 책을 통해 학생들이 자본주의도 세상을 따뜻하게 만드는 힘force for good이 될 수 있다는 사실을 깨닫기를 바라기 때문이다.

카네기의 글은 사회를 바꿨고 친구들에게 영향을 미쳤으며, 심지어 최대의 라이벌 존 D. 록펠러가 이룬 가늠조차 되지 않는 재산에도 영향을 미쳤다. 맹렬한 승부욕에 불타오른 록펠러는 미국 유수의 자선재단에 산더미 같은 돈을 퍼 나르기 시작했다. 카네기는 가진 재산이 아니라 '베풂'이 남다름을 재는 척도라는 새로운 기준을 세웠다. 실제로 카네기는 생전에 미국의 도서관 수를 두 배로 늘리는 데 큰 공헌을 했고, 덕분에 인터넷이 보급되기 전까지 미국 사회의 지식 성장과 지적 자본 증가에 크게 기여했다.

앞에 나온 우리의 친구 척 피니는 75억 달러나 되는 전 재산의 대부분을 사회에 환원했다는 점에서 현대판 카네기이다. 다른 점이 있다면 그가 워낙에 입을 꾹 다물고 있었기에 최근에야 그 사실이 알려졌다는 것이다!

내가 척을 처음 만났을 때 그는 여든세 살이었고 인생의 마지막 무대에 올라 있었다. 오랜 시간 말하는 것도 그에게는 벅찼지만 그와 함께 있기만 해도 말로 설명하는 것보다 더 깊은 경험이 뿜어져 나왔다. 그의 옆에 있으면 당신도 훌륭한 인생이 발산하는 힘을 느낄 수 있다. 눈에 어린 기쁨과 아주 편안한 마음으로 짓는 미소, 심장에서 뿜어져 나오는 친절을 느낄 수 있다.

척 피니는 다른 세대에게도 많은 영감을 주었다. 많은 사람은 테드 터너Ted Turner야말로 UN에 10억 달러 기부를 약속하며 다시 한 번 대규모 독지 활동에 불을 붙였다고 말한다. 그 이후로 빌 게이츠와 워런 버핏이 기부서약을 탄생시키기 위해 힘을 모은 결과 세계의 슈퍼리치들 상당수는 적어도 재산의 절반을 사회에 환원하겠다는 마음을 먹게 되었다. 지난 번 추산했을 때 기부서약을 약속한 금액은 1200억 달러가 넘으며, 레이 달리오, T, 분 피컨스, 세라 블레이클리, 칼 아이컨, 폴 튜더 존스 등 나와 인터뷰를 해준 슈퍼리치들 여러 명도 여기에 동참했다. (http://givingpledge.org에 들어가면 이들이 기부에 동참하기를 호소하며 쓴 감동적인 편지들을 만나볼 수 있다.)

T. 분 피컨스는 독지 활동이 자신을 크게 격앙시킨다고 말한다. 최근에 그는 모교인 오클라호마주립대학에 5억 달러를 기부했고 다 합해서 지금까지 10억 달러가 넘게 자선활동에 기부했다. 하지만 얼마 전에 그의 순재산은 9억 5천만 달러로 줄어들었다. 그가 기부한 10억 달러보다도 적은 금액이다! 분은 전혀 걱정하지 않는다. 어쨌거나 그는 아직 여든 중순밖에 안 먹었다. "걱정 마세요 토니. 나는 앞으로 몇 년 안에 또 20억 달러를 벌 계획입니다." 그는 아무 상실감도 느끼지 않는다. 베풂에서 얻는 기쁨에 금액을 매길 수 없기 때문이다.

현대 세상에서 세계 최고의 부자들과 가장 영향력이 큰 사람들은 세계의 심각한 문제를 해결하기 위해 발 벗고 나섰다. 카네기는 교육 개선에 힘썼다. 빌 게이츠와 멀린다 게이츠는 장학금 사업과 전염병 예방 운동을 벌인다. U2의 리드보컬 보노는 제3세계 국가들을 구속하는 채무 탕감 운동에 열정을 바친다. 하지만 꼭 억만장자나 록스타가 되어야만 세계 최대의 문제를 해결하는 일에 참여할 수 있는 것일까? 상호 연결된 오늘날의 세상에서는 그렇지 않다. 우리는 기술을 통해 하나로 힘을 모을 수 있고 그러면 개인이 하는 작은 일이 한 데 뭉쳐 거대한 결과를 빚어낼 수 있다.

굶주림 퇴치, 질병 퇴치, 노예제도 퇴치

나는 도움이 필요한 아동과 가족을 지원하는 일에 깊은 공감을 느낀다. 고통 받는 아이들에게 아무 동정심도 생기지 않는 사람이 있다면 그 사람의 핏줄에는 분명 얼음이 흐르고 있을 것이다. 오늘날 아동과 가정을 괴롭히는 가장 커다란 문제 세 가지를 잠시 살펴보고 변화를 만들기 위해 우리가 즉시 할 수 있는 쉬우면서도 구체적인 행동이 무엇인지를 알아보자.

첫 번째 문제는 굶주림이다. 가장 부유한 이 나라에서도 매일 밤 주린 배를 움켜쥐고 잠자리에 드는 사람이 있다면 믿을 수 있겠는가? 미국 통계청 조사에 따르면, 놀랍게도 미국의 5세 이하 아동 4명 중 1명은 빈곤 가정에 살며 10명 중 1명은 극빈 가정에 산다(4인 가족 기준으로 연소득 1만 1746달러, 하루 생활비 32달러 이하인 경우가 극빈 가정으로 정의된다).

거의 1700만 명의 아동을 포함해 미국인 5천만 명은 식품조차 제대로 구입하지 못하는 가정에 속해 있다. 뉴욕 굶주림퇴치연맹Coalition Against Hunger의 조엘 버그Joel Berg가 〈모이어스앤컴퍼니Moyers & Company〉지의 테레사 라일리에게 한 말에 따르면, 이런 가정은 "필요한 식품을 정기적으로 구입할 돈이 충분하지 않으며 식품을 배급받거나 끼니를 거른다. 부모들은 자녀를 먹일 음식조차 마련하지 못한다." 한술 더 떠 의회는 SNAP 복지(과거 이름은 푸드스탬프이다) 예산을 87억 달러 삭감했다. 그 결과로 50만이 넘는 미국 가정이 한 달에 1주 이상은 끼니를 걸러야 한다.

나도 그런 가정 출신이다. 우리 집 역시 끼니를 굶는 집이었다. 그렇기에 나는 이 문제에 변화를 불러오겠다는 열정을 품게 되었다. 그들은 통계수치상의 숫자 하나가 아니다. 그들은 연명조차 힘들어하는 인간 존재이다.

열한 살의 추수감사절 때 받은 온정이 내 인생을 어떻게 바꿨는지는 여러 번 말했다. 내 인생을 바꾼 것은 음식을 받았다는 사실이 아니었다. 낯선 사람이 그런 온정을 베풀었다는 사실이 내 인생을 바꾸었다. 그 단순한 행동이 기하급수적 결과를 만들어냈다.

나는 지난 38년 동안 4200만 명의 사람들에게 식사를 제공함으로써 그때 받은 선물에 계속 보답하고 있다. 굶주림이라는 거대한 문제를 거창한 규모로 다룰 수 있을 때까지 기다리지 않은 것이 내가 계속 그렇게 할 수 있었던 비결이었다. 나는 부자가 될 때까지 기다리지 않았다. 나는 내 위치에서, 내가 가진 작은 것부터 시작해 문제와 맞서 싸웠다.

처음에는 주머니 사정상 기껏해야 두 집에만 음식을 줄 수 있었다. 그러고 나니 의욕이 불타올랐고 나는 목표를 2배로 높여 네 집에 음식을 전해주기로 마음먹었다. 다음 해에는 여덟 가정으로, 다음 해에는 열여섯 가정으로 늘렸다. 내 회사가 크고 영향력이 늘어나면서 한 해에 100만 명에게, 다음으로는 200만 명에게 식사를 제공했다. 투자가 복리로 증가하듯이 베풂의 투자도 복리로 늘어나고 그것은 훨씬 큰 보상으로 돌아온다.

현재 나는 5천만 끼니를 제공할 수 있고 당신과 다른 사람들의 도움을 받아 1억 끼니를 제공할 수 있는 위치까지 올라서게 되었다. 이 벅찬 감정을 말로 다 표현할 수 없다. 나는 음식을 제공 받은 소년이었지만 지금은 은총과 헌신에 힘입어 타인에게 식사를 제공하는 사람이 되었고 그럼으로써 나와 가족이 받은 선행을 갑절로 갚을 수 있게 되었다.

불타오르는 영혼보다 더 큰 힘을 발휘하는 것은 없다. 타인의 온정이 내 마음을 움직였듯이 책도 그랬다. 이미 삶을 바꾸는 데 성공한 저자들의 마음속에 들어간 순간 나는 한계를 그은 세상에서 탈출해 가능성의 삶으로 옮겨갔다.

그런 맥락에서 나는 몸만이 아니라 마음에도 끼니를 제공하고 싶다는 바람을 내 책의 출판사인 사이먼앤슈스터에게 알렸다. 그들도 이 사명에 동참하는 뜻에서 내 짧은 자기계발서인《거인이 보낸 편지 Notes from a Friend》를 기부하기로 약속했다. 나는 힘든 처지에 놓인 사람이 현실적인 조언과 전략, 영감을 주는 이야기를 듣고 인생의 전환점을 마련하도록 도와주기 위해 이 책을 썼다.

독자가 이 책을 한 권 구입하는 투자를 할 때마다 출판사는 거기에 매칭해 같은 책 한 권을 피딩아메리카Feeding America를 통해 빈곤 가정에게 기부하겠다고 약속했다. 피딩아메리카는 미국 최대의 푸드뱅크 네트워크이며 노숙자들에게 가장 효과적으로 식사를 제공하는 자선단체라는 평을 받고 있다.

나는 이 선행이 앞으로도 오랫동안 계속될 수 있도록 나를 도와달라고 여러분에게 부탁하고 싶다. 올해만이 아니라 매년마다 굶주리는 빈곤 가정에 1억 끼니를 제공한다는 단순명쾌한 전략에 동참해주기를 바란다. 큰 금액을 기부하지 않아도 된다. 내 계획을 받아들이는 순간 당신에게는 없어도 큰 지장이 없는 푼돈을 내어줌으로써 많은 사람의 생명을 살리고 삶을 바꿀 수 있는 기회를 베풀게 된다. 생각이 있는가? 그렇다면 굶주림 퇴치, 질병 퇴치, 노예제도 퇴치 운동에 동참해주기 바란다!

푼돈으로도 세상을 바꿀 수 있다

한 가지 제안할 것이 있다. 당신이 금융에 대한 힘을 길러 지속적인 재무적 안전, 독립, 자유를 일굴 수 있도록 분별력과 통찰, 기술을 길러주는 것이 내가 이 책을 쓴 목표였다. 엄청나게 두꺼운 책이지만, 그래도 나는 당신이 책 한 권에서 얻을 수 있다고 생각하는 것보다 더 많은 가치를 전해주기 위해 있는 힘껏 노력했다. 나는 이 책을 통해 당신이 결핍을 뛰어넘어 지금이라도 부자가 될 수 있다는 생각을 했기를 바란다. 지금의 재무 사정이 어떻든 진심으로 기쁘게 베풂을 시작하는 날 마지못해, 죄책감 때문에 혹은 강요 때문에 하는 것이 아니라 마음속 일부가 진정으로 설레기 때문에 베풂을 시작하는 날 당신은 진짜 부자가 된다.

미국 노동부 산하 노동통계청 조사에 따르면, 미국의 1억 2400만 가구는 한 해에 오락비로 평균 2604달러를 쓴다. 다 합하면 오락비로 나가는 연간 지출액은 3200억 달러가 넘는다. 굶주림, 인신매매, 깨끗한 물 접근 등 과거부터 힘겹게 싸우고 있는 문제를 해결하는 데 그 돈의 아주 일부만 쓸 생각은 없는가? 미국에서 극빈자에게 열 끼니분의 식사를 제공하는 데 드는 비용은 약 1달러이다. 1년에 1억 끼니를 제공하는 데 드는 비용은? 1000만 달러가 조금 넘는다. 오락비로 쓰는 돈의 0.034퍼센트에 불과하다! 1달러가 아니라 잔돈만 보태도 된다! 그래서 나는 기업계와 마케팅 분야의 여러 훌륭한 사람들과 파트너십을 맺었다. 세계 100대 헤지펀드인 하이브리지캐피털Highbridge Capital Management의 전 매니징파트너 겸 COO(최고운영책임자)였다가 지금은 사회적 자본가로 변신한 밥 카루소Bob Caruso, 가까운 친구이자 독지가이며 현재 세일즈포스의 창립자 겸 CEO인 마크 베니오프도 여기에 동참했다. 그들은 누구나 어려움 없이 쉽게 푼돈을 기부해 여러 사람의 삶을 살리는 일에 동참할 수 있게 해주는 기술 플랫폼을 구축하기 위해 협력했다.

온라인에 들어가 스와이프아웃SwipeOut(www.swipeout.com) 운동에 동참을 약속하는 데는 1분도 걸리지 않는다. 세계 어디에서나 신용카드로 결제를 할 때마다 구입 금액에서 센트 단위는 자동으로 가장 근삿값의 달러로 반올림된다.[27] 반올림된 금액은 정식으로 인가를 받은 건실한 자선단체로 직접 기부되고, 이 단체는 당신이 도와준 사람들의 이야기를 당신에게 보고해준다. 예를 들면 이렇다. 스타벅스에서 3.75달러를 신용카드로 지불하면, 0.25달러는 미리 선택한 자선단체로 간다. 이렇게 해서 모이는 잔돈은 소비자 한 명당 많아 봐야 20달러 미만이다. 기부액에 제한을 걸 수 있지만, 부탁하건데 적어도 10달러 이상으로 제한을 걸어주기를 바란다.

한 달 20달러의 기부가 어떤 결과를 만들어내는지 알고 싶은가?

- 굶주리는 미국인에게 200끼니의 식사를 제공할 수 있다(1년이면 2400끼니이다).
- 인도의 아이들 10명에게 매달 깨끗하고 지속 가능한 수원을 제공할 수 있다. 그 결과 매년 120명의 아이들을 수인성 질환으로부터 직접 보호할 수 있다.
- 인신매매로 잡혀가 노예가 되는 캄보디아의 어린 소녀를 구출하고 사회복귀 훈련을 시켜주기 위한 착수금을 마련해줄 수 있다.

27 은행 수준의 특허 받은 보안 기술을 사용하므로 안심해도 된다.

위의 문제는 아동과 빈곤 가정이 처한 세 가지 가장 심각한 문제이다. 미국에서는 굶주림이 가장 큰 문제이다. 그렇기 때문에 우리는 파트너인 피딩아메리카와 함께 굶주림 퇴치 운동에 주력하는 것이다.

하지만 세계 전체로 볼 때 가장 큰 아동 문제는 질병이다. 오염된 물 때문에 생기는 질병이 세계적으로 가장 큰 사망원인이라는 사실을 알고 있었는가? 세계보건기구WHO에 따르면 매년 수인성 질환으로 340만 명이 목숨을 잃는다. 매 20초당 아동 한 명이 수인성 질환으로 죽는다. 2차 대전 종전 이후 모든 무력 충돌로 인한 사망자의 숫자를 합친 것보다 더 많은 수가 수인성 질환으로 죽었다.

이런 이유에서 스와이프아웃 운동은 수인성 질환을 퇴치하고 전 세계의 가능한 한 많은 아동에게 깨끗한 물을 제공한다는 것을 두 번째 과제로 삼는다. 지속 가능한 해결책을 가진 여러 단체와 협력하고 있으며, 일부 단체는 이런 지역의 아동과 가정에 믿을 수 있는 깨끗한 물을 공급하기 위해 2달러 정도의 소액 기부를 부탁하기도 한다.

자유의 가격은 얼마인가

갇힌 채 노예로 살아가는 세계 840만 명의 아동 중 한 명에게 자유를 주기 위해 매달 소비액의 아주 약간만 투자할 생각이 있는가? 2008년에 ABC뉴스 특파원 댄 해리스Dan Harris는 아동 노예 한 명을 사는 데 드는 시간과 비용이 얼마인지 파헤치기 위해 직접 지하시장에 잠입했다. 뉴욕을 출발한 그는 10시간 뒤에는 아이티에서 아동 한 명을 150달러에 사기 위해 흥정을 벌이고 있었다. 그는 이 현대 세상에서 아이 하나를 사는 비용이 아이팟 가격보다도 적다고 말했다.

이런 일이 우리의 자녀나 사랑하는 누군가에게 벌어진다는 것은 차마 상상하기도 싫을 정도이다. 하지만 한 인간에게, 수년 동안 노예로 살아온 영혼에게 자유를 주려는 당신의 행동이 어떤 결과를 낳을지는 충분히 상상해볼 수 있다. 굳이 말이 필요 없다. 당신이 잠을 자는 동안에도 당신이 기부한 돈은 매일 그 치열한 싸움을 벌이는 사람들에게 큰 힘이 되어준다고 장담할 수 있다.

이 거대한 도전을 해결할 방법은 무엇인가? 우리 모두가 조금씩 조금씩 힘을 모으는 것이다. 올해 당신과 나와 내 친구 몇 명의 힘이 모아져 1억 끼니분의 식사를 제공하게 될 것이다. 하지만 매년마다 계속해서 1억 끼니의 식사를 제공할 수 있다면 정말로 근사하지 않겠는가? 나는 매일 10만 명의 인도인에게 신선한 물을 공급한다. 그것은 내 사명 중 하나이다. 우리가 힘을 합쳐 매일 300만 명에게 깨끗한 물을 공급할 수 있고 그 숫자를 늘릴 수 있다면 정말로 멋지지 않겠는가? 아니면 노예로 살아온 5천 명의 아동에게 자유를 안겨주고 더불어 그들이 건강한 삶으로 돌아가도록 교육과 수단을 마련해줄 수 있다면 어떻겠는가?

이것이 우리 10만 명이 낼 수 있는 힘이다. 내가 재단을 세운 이후부터 이 세 가지 사명은 기하급수적으로 성장할 수 있었다. 10년 쯤 뒤에 회원이 100만 명으로 늘어난다면 매년 10억 끼니의 식사를 제공하거나 3천만 명에게 깨끗한 물을 공급하거나 5만 명의 아이들을 노예 상태에서 풀어줄 수 있다. 이 숫자는 기하급수적으로 증가하게 된다. 그러나 단 한 아이의 목숨만 구할 수 있다고 해도 노력을 기울일 가치는 충분하다.

자, 당신의 비전은 무엇인가? 사람들 대부분은 자신이 1년 뒤 할 수 있는 일은 과하게 부풀리는 반면에 10년 뒤 또는 20년 뒤에 할 수 있는 일은 지나치게 축소해서 생각하는 경향이 있다.

내 자신의 사명을 행동에 옮겨 두 가정에 음식을 전달했을 때 나는 가슴이 벅찼다. 내 목표는 가난한 처지의 100가구에 음식을 전달하는 것이었다. 그러다 목표치는 1000가구로, 1만 가구로 올라갔다. 그 다음에는 10만 가구로, 다시 100만 가구로 늘어났다. 우리 재단이 성장할수록 가능하다고 생각하는 목표도 늘어난다. 그것은 당신의 결정에 달려 있다. 우리에게 동참하지 않겠는가? 당신의 잔돈이 움직이게 하자. 그리고 함께 세상을 바꾸자.

나는 베풂이 여러 장점과 더불어 베푸는 사람의 영혼을
해방시키는 장점도 있다는 것을 알게 되었다.
—마야 안젤루, 미국의 시인

스와이프아웃이건 아니면 다른 자선단체건 가입을 한 후에는 소득이나 시간의 아주 일부를 덜어내 자신한테는 직접 도움이 되지 않지만 곤궁한 처지의 누군가에게는 도움이 되는 무언가에 투자하겠다고 의식적으로 선택해야 한다. 이 결정은 옳고 그름이나 성공한 사람처럼 보이는 것과는 관련이 없다. 이것은 진짜 부와 진정으로 살아 있다는 느낌과 진짜 충족감을 얻는 것과 관련이 있다.

《당신이 지갑을 열기 전에 알아야 할 것들》에서 던과 노턴은 자신을 넘어서서 베푸는 행동을 적절히 행할 때, "그 베풂이 자의적 선택이라고 느껴질 때, 타인과 우리를 연결한다고 느낄 때 그리고 뚜렷한 영향을 미칠 때 아주 작은 선물도 행복을 높일 수 있고 잠재적으로는 관대함의 도미노 효과를 자극할 수 있다."라고 적었다.

댄 애리얼리와 그의 아내는 (타인에게 선물을 주고 자선단체에 기부하는) '친사회적 소비prosocial spending'의 막강한 힘에 영감을 얻어 부부와 두 아들이 가족으로서 함께 실행할 수 있는 단순한 시스템 하나를 가동해보기로 마음을 먹었다. 이 시스템에 따라 두 아들은 용돈을 받으면 세 병 중 하나에 돈을 나눠 넣어야 한다.

1번 병은 자신을 위한 병이다.

2번 병은 알고 지내는 누군가를 위한 병이다.

3번 병은 모르는 사람들을 위한 병이다.

주목해야 할 부분은, 세 개의 병 중 두 개는 아이들을 행복하게 해준다는 점에서 친사회적 소비에 해당하는 병이다. 병 3개 어디에 넣건 좋았지만 애리얼리 부부는 아이들이 모르는 사람들을 위한 병에 돈을 넣으면 자신들도 똑같은 액수를 따로 모았다. 친구와 가족을 위한 소비는 사랑하는 사람들에게 베푸는 행동이라는 점에서 아름다운 소비이지만 그것은 박애가 아니다. 박애 활동을 위한 것은 세 번째 병이고, 박애 활동이야말로 가장 만족스럽고 중요한 형태의 베풂이 될 수 있다.

또한 어려운 형편에서도 베풂을 실천하는 사람에게는 굉장히 훌륭하고 긍정적인 결과가 찾아온다. 장담할 수 있다. 베풂은 우리의 뇌를 점화하고 지금 가진 것으로도 충분히 베풀 수 있다는 사실을 깨닫도록 우리를 훈련하고 조건화한다. 그리고 뇌가 믿는 순간 우리는 경험을 한다.

가장 위대한 투자자이며 가장 위대한 인간으로도 손꼽을 수 있는 존 템플턴 경이 거의 30년 전에 내게 한 말이 있다. 그는 10년 동안 소득의 8~10퍼센트를 종교나 자선단체에 꼬박꼬박 기부한 사람치고 재무적 부를 크게 성장시키지 못한 사람은 자기가 아는 한에서는 한 명도 없었다고 말했다. 하지만 모두는 "나중에 형편이 나아지면 베풀

거야."라고 말한다. 나도 한때는 그렇게 생각했다. 그러나 맹세할 수 있다. 오늘 당신의 위치가 어디이든, 당신은 출발선에 올라설 자격을 이미 갖추었다. 준비가 되지 않았다고 생각할지라도 베풂을 습관으로 삼기 시작해야 한다. 책의 제일 첫 장에서 말했듯이, 지금 가진 1달러 중 10센트를 베풀지 못하는 사람은 훗날 1000만 달러를 벌어도 1억 달러를 벌어도 100만 달러를, 1000만 달러를 기부하지 않을 것이기 때문이다.

당신은 베풂의 유산에 불을 지피기 위해 무엇을 할 것인가? 시간과 에너지를 기부할 것인가? 소득의 10분의 1을 기부할 것인가? 아니면 온라인에 들어가 스와이프아웃에 가입을 해 당신의 푼돈을 사람들의 삶을 바꾸는 데 투자하겠는가? 마음이 동했다면 당신의 기부로 영향을 받을 사람들과 연결돼 있는 동안에 당장 실행에 옮기기 바란다. 당신의 베풂으로 가장 큰 영향을 받을 사람은 다름 아닌 당신 자신이 될 것이다. 박애자로서의 삶은 이렇듯 작은 한 걸음에서 시작한다. 함께 걷자.

내가 떠올리는 것은 그 모든 비참함이 아니라
아직 남아 있는 아름다움이다.
—안네 프랑크

그렇기는 해도 내가 언제나 감사와 베풂을 의식하며 살았던 것은 아니다. 나는 결핍감에 허덕이며 살고 있었다. 돌이켜보면 어려움이 많았어도 내 인생은 언제나 축복을 받고 있었건만 그때는 그 사실을 전혀 깨닫지 못했다. 돈이 없는 가난한 집에서 자랐기 때문에 내가 일하는 이유는 언제나 최고의 성공을 거두기 위해서였다. 그러나 나는 성취는 뜨문뜨문 하지만 폭발적으로 찾아온다는 사실을 깨닫지 못했다.

무언가를 배우고 진정한 대가가 되고 나아가 그것이 완전히 몸에 배어 삶의 일부가 되는 상태에 도달하려면 오랜 시간이 필요하다. 그렇기에 갓 사업을 시작한 나도 여러 장애에 시달렸다. 내가 어떻게 반응했을 것 같은가? 한 마디로 말해, 눈이 뜨인 영혼이 보임직한 우아한 행동은 전혀 아니었다. 나는 언제나 화가 나 있고 좌절감에 시달렸고, 걸핏하면 분노를 표출했다! 내 뜻대로 되는 것은 하나도 없었고 돈도 다 떨어져 가는 것이 큰 원인이었다.

그러던 어느 날 밤 자정 즈음이었다. 나는 캘리포니아 주 포모나 인근의 템플애비뉴 진출 램프 옆을 달리는 중에 이런 의문이 들었다. “뭐가 문제지? 나는 정말로 열심히 일했어. 그런데 뭘 놓친 거지? 원하는 것을 왜 하나도 얻지 못하는 거지? 왜 뜻대로 되지 않는 거지?” 갑자기 눈물이 펑펑 솟아나 눈을 가렸기에 나는 갓길에 차를 세웠다. 언제나 가지고 다니던 일기장을 찾아내(지금도 나는 일기장을 들고 다닌다) 계기판 불빛 옆에 대고 미친 듯이 휘갈기기 시작했다. 나는 한 페이지가 꽉 찰 정도로 큼지막한 글씨로 내게 보내는 메시지를 썼다. “인생의 비밀은 베풂이다.”

그랬다! 나는 삶에서 중요한 것은 베풂이라는 사실을 잊고 있었다. 나는 베풂에서 모든 기쁨이 얻어진다는 사실을 잊고 있었다. 삶의 중요한 요지는 ‘나’가 아니라 ‘우리’라는 사실을 나는 잊고 있었다.

다시 도로에 올라탔을 때 나는 새롭게 부활시킨 사명의식으로 영감에 가득 차 있었고 초점이 되살아났고 다시금 점화돼 있었다. 그러고 한동안은 꽤 괜찮았다. 하지만 불행히도 내가 그날 밤 휘갈겼던 메시지는 개념으로만 자리했을 뿐 나는 그 통찰을 완전히 내 것으로 동화하지는 못하고 있었다. 그러다가 내 사업은 더 많은 도전에 부딪쳤고, 6개월 후에 나는 금전적으로는 모든 것을 잃었다. 얼마 지나지 않아, 나는 캘리포니아 주 베니스의 35평방미터 남짓한 독신자 아파트에 사는 나 자신을 보면서 바닥까지 내려앉았다고 생각했고 속은 분노로 끓어올랐다. 나는 커다란 목표를 추구할 때면 으레 찾아오는 당연한 도전을 만났을 뿐인데도 전부 남 탓을 하는 덫에 빠졌다. 나를 이용해 먹으려는 사람들에게 조종당했다는 생각뿐이었다. 내 자존심은 "저 사람들만 아니면 나도 크게 성공할 수 있어!"라고 소리치고 있었다. 나는 그렇게 자기연민의 파티에 나를 내던졌다. 분노와 좌절감이 커질수록 내 생산성은 점점 쪼그라들었다.

그리고는 먹는 것을 탈출로로 삼았다. 하나같이 건강에 나쁜 정크푸드만 먹어댔다. 몇 달 만에 17킬로그램이 넘게 늘었다. 어찌 보면 대단할 정도였다. 그만큼 살을 찌우려면 엄청나게 먹어대고 아주 최소로 움직여야만 하니 말이다. 게다가 나는 한때 비웃음거리로 삼았던 타인의 행동을 그대로 따라하고 있었다. 대표적인 행동이 하루 종일 텔레비전 앞에 붙어사는 것이었다. 먹지 않을 때면 나는 드라마를 봤다. 나는 〈종합병원〉시리즈에 홀딱 빠져 지냈다. 나이가 좀 되는 사람들은 루크와 로라가 언제 결혼했는지를 대강 기억할 것이다. 그 부분이 방송될 때 나도 봤다!

그때 내가 얼마나 끝도 없이 추락했는지 지금 돌아보면 웃음이 나올 정도이다(그리고 조금 창피하다!). 마지막으로 남은 돈은 19달러와 잔돈 조금이었고, 미래에 대한 전망도 없었다. 나는 내 사업이 괜찮을 때 1200달러를 빌려간 후 갚지 않은 친구에게 있는 대로 화를 퍼부었다. 나는 파산한 후 돈을 돌려달라고 부탁했지만 그 친구는 등을 돌렸다. 심지어 내 전화도 받지 않았다! 나는 화를 주체할 수 없었다. "빌어먹을, 이제 뭘 해야 하는 거야! 무슨 돈으로 먹을 것을 사지?"

하지만 그 순간에도 나는 현실감각을 잃지 않았다. "좋아, 열일곱 살에 집도 없이 떠돌 때 어떻게 먹고 살았었지?" 될 수 있는 한 싼 뷔페에 가서 먹을 수 있는 것은 다 먹곤 했었다. 그러자 아이디어가 떠올랐다.

내 아파트에서 멀지 않은 곳에는 LA의 부자들이 요트를 정박하는 '마리나딜레이'라는 아름다운 정박지가 있었다. 그 항구에 있는 '엘토리토'라는 식당이 6달러에 근사한 뷔페를 제공했다. 휘발유나 주차요금에 돈을 낭비하고 싶지 않았기 때문에 나는 5킬로미터 정도를 걸어 정박지 코앞에 있는 식당에 도착했다. 나는 창가에 자리를 잡은 후, 접시를 바꿀 때마다 음식을 수북하게 담아서는 내일은 없다는 듯이 먹어댔다. 사실 그때는 그럴지도 모른다는 심정이었다.

나는 밥을 먹는 동안 지나가는 요트를 바라보면서 인생이라는 것이 어떻게 변할 수 있는지 꿈을 꾸었다. 내 상태가 조금씩 달라지기 시작했고, 분노가 한 겹 한 겹 녹아내리는 것이 느껴졌다. 식사를 다 마쳤을 때쯤, 아동용 정장을 차려 입은 작은 남자아이가 내 눈에 들어왔다. 일고여덟 살은 넘어 보이지 않는 소년은 젊은 엄마를 위해 문을 열어주고 있었다. 그리고는 잔뜩 폼을 잡으며 엄마를 테이블로 안내한 후 의자까지 빼주었다. 아이가 보이는 존재감은 특별했다. 아이는 대단히 순수하고 정말로 선해 보였다. 아이는 베푸는 사람이었다. 그 꼬마가 엄마를 대하는 존경과 사랑이 깃든 태도는 그 사실을 저절로 드러내고 있었다. 내 가슴 깊은 곳이 울컥해졌다.

계산을 치른 후 나는 모자가 앉은 테이블로 걸어가 꼬마에게 말했다. "끼어들어 미안하다. 그런데 네가 아주 훌륭한 신사라는 사실을 꼭 말해줘야 할 것 같아서 말이야. 숙녀를 그토록 정중하게 대하는 모습이 참 놀랍더구나."

"제 엄마예요." 아이가 사실대로 말했다.

"오, 그렇구나. 그러니까 더 멋지네! 엄마한테 점심을 사드리려고 왔구나. 아주 기특하네!"

아이가 잠깐 멈칫하더니 조용한 목소리로 말했다. "음. 그건 아니에요. 저는 이제 여덟 살이거든요. 그리고 아직은 일을 하는 것도 아니고요."

"그렇구나. 그래도 네가 엄마에게 점심을 사드리려고 온 건 맞는 것 같은데." 그렇게 말하고 나는 주머니에 손을 뻗어 남은 돈을 다 꺼내 테이블 위에 놓았다. 아마도 다 해서 13달러와 잔돈 조금이었을 것이다.

아이가 나를 올려다보며 말했다. "받을 수 없어요."

"아니, 받아야 한단다." 내가 말했다.

"왜요?"

나는 아이한테 활짝 웃어 보이며 말했다. "내가 너보다 덩치가 더 크거든."

아이는 동그래진 눈으로 나를 쳐다보다가 킥킥 웃기 시작했다. 나는 몸을 돌려 밖으로 나왔다.

문을 열고 나온 후 나는 집까지 걸어오지 않고 날아왔다! 주머니에 동전 한 닢 남기지 않았으니 미쳐도 단단히 미친 게 틀림없었다. 그런데도 내가 느낀 것은 완전한 자유였다!

그날 그 순간, 내 인생이 영원히 바뀌었다.

그 순간 나는 진정한 부자가 될 수 있었다.

내 안의 무언가가 마침내 결핍의 감정을 씻은 듯이 날려보냈다. 내 용인 하에 나를 공포에 떨게 했던 돈이라는 물건에서 나는 완전히 자유로워졌다. 나는 두려움 없이 모든 것을 내줄 수 있었다. 내 정신을 초월하고 내 영혼 깊숙이에 있는 무언가는 내가 길을 인도받고 있다는 것을 알고 있었다. 그 순간은 원래부터 예정된 순간이었다. 지금 이 글을 읽는 당신의 행동이 예정된 것이었듯이 말이다.

나는 얻는 데만 급급해 주는 것을 잊고 있었다는 사실을 깨달았다. 그러나 이제 나는 제정신을 차렸다. 내 영혼이 회복되었다.

나를 변명하고 남을 탓하던 행동을 날려버렸더니 갑자기 더 이상 화도 나지 않았다. 좌절감도 들지 않았다. 내 행동이 바보짓이었다고 말하는 사람도 있을지 모른다. 사실 이제부터 어떻게 밥값을 마련해야 할지 뾰족한 방도가 전혀 없었다. 하지만 그런 걱정은 머릿속에 비집고 들어오지도 못했다. 대신에 남들이 내게 한 짓 때문에 내 인생이 나락에 떨어졌다고 생각하는 악몽에서 해방되었다는 압도적인 기쁨이 나를 온통 사로잡았다.

그날 밤 나는 종합적인 행동 계획을 마련했다. 정확히 무엇을 할 것인지, 그리고 사업을 어떤 구체적인 방법으로 꾸려나갈 것인지 결정했다. 이번에는 될 거라는 확신이 들었다. 하지만 솔직히 수표가 언제 또 들어올지, 아니 더 중요하게는 다음 식사를 언제 할 수 있을지는 여전히 알지 못했다.

그리고 기적이 일어났다. 다음 날 아침 달팽이처럼 느리게 오는 재래식 우편물이 도착했다. 우편함에서 꺼낸 그 특별한 편지에는 친구가 손글씨로 그동안 전화를 피해서 미안했다고 적은 메모가 들어 있었다. 과거에 나는 그가 나를 필요로 할 때 옆에 있어 주었었고 이제 그는 내가 지금 무척이나 힘들다는 것을 알게 되었다. 그래서 그는 자신이 빌린 돈 전부에다 이자까지 약간 붙여서 갚기로 했다.

봉투 안에는 1300달러짜리 수표가 들어 있었다. 한 달도 넘게 지낼 수 있는 돈이었다. 울음이 터져 나왔고 마음이 푹 놓였다. 그 순간한 가지 생각이 들었다. "이것은 무엇을 의미하는가?"

우연의 일치인지 아닌지는 모르지만 나는 두 사건이 서로 관련이 있다고 믿는 쪽을 선택했다. 내게 보답이 찾아온 이유는 단순히 주었기 때문이 아니라 내 마음이 원해 베풂을 행했기 때문이라고 믿기로 했다. 나는 의무감이나 두려움에서가 아니라 스치듯 만난 어린 영혼에게 마음에서 우러나오는 진심으로 베풂을 행했다.

나는 솔직하게 말할 수 있다. 나는 경제적으로도 감정적으로도 힘든 날이 많았지만 그럼에도 그때의 결핍감으로는 다시는 돌아가지 않았다. 그리고 앞으로도 그럴 일은 없을 것이다.

이 책의 궁극적 메시지는 간단하다. 그날 고속도로 갓길에서 일기장에 썼던 문장이 이 책의 메시지이다. 부의 마지막 비밀은 이것이다. 인생의 비밀은 베풂이다.

자유롭게, 열린 마음으로, 기꺼이, 그리고 즐겁게 베풀어라. 줄 것이 하나도 없다고 생각할 때도 베풀어라. 그러면 당신의 내부와 주위에 풍요의 바다가 존재한다는 것을 알게 된다. 인생은 언제나 당신을 위한 사건을 만들어낸다. 무의미한 사건은 없다. 인생의 선물에 감사하라. 그러면 지금 당장부터 그리고 영원히 당신은 진짜 부자이다.

이 진실을 이해한 나는 내가 되어야 하는 것으로, 우리 모두가 되어야 하는 것으로 되돌아갈 수 있었다. 세상을 따뜻하게 만드는 힘, 그것이 우리가 되어야 하는 목표이다. 나는 깊은 의미를 지니는 삶으로 돌아왔다. 그리고 내가 만나고 관계를 맺는 모든 사람의 삶에 매일매일 축복 어린 존재가 되고 싶다는 내 기도를 완수할 방법을 계속 찾아다녔다.

당신을 개인적으로 직접 만나보지는 못했지만 나는 그런 마음으로 이 책을 썼다. 이 책의 모든 장과 모든 페이지와 모든 개념이 더 깊숙이 당신에게 다가감으로써 당신이 자신이라는 사람에게서 더 많은 축복을 경험하기를, 그리고 당신이 만들고 베푸는 것에서 더 많은 축복을 경험하기를 나는 진심으로 바라고 기도한다.

내 진심 어린 소망이자 이 책의 목적은 당신과 당신이 사랑하고 아끼는 모든 축복어린 사람들의 삶의 질을 더 넓히고 깊게 만들어줄 다른 방법을 제시하는 것이었다. 그런 점에서 당신에게 도움을 주었다는 자체가 내게는 큰 영광이었다.

그리고 나는 언젠가는 우연이라도 당신을 만날 날이 오기를 고대한다. 내 세미나에 참석한 당신을 만나 도움을 주는 것도 좋지만 그냥 거리를 지나치다 만나는 것도 좋다. 내가 소개한 원칙들이 당신의 삶의 질을 크게 향상시켜 주었다는 말을 듣는 순간 내 기분은 하늘을 찌를 것이다.

이제는 헤어질 시간이다. 당신에게 축복이 가득하기를, 당신의 인생이 영원한 풍요로 가득하기를 빈다. 당신의 삶에 기쁨과 열정과 도전과 기회와 성장과 베풂이 가득하기를 빈다. 당신이 후회 없는 멋진 삶을 누리기를 빈다.

이곳을 사는 동안 충만한 인생을 누려라. 모든 것을 경험하라. 자신을 돌보고 친구를 돌보라. 즐기고 미치고 괴짜가 되어라. 뛰쳐나가 실패를 맛보아라! 이왕 길을 나선 참이라면 그 과정을 충분히 즐겨라. 실수를 배움의 기회로 삼아라. 문제의 원인을 찾고 문제를 해결하라. 완벽해지려 노력하지 마라. 그보다는 훌륭한 모범을 보이는 인간이 되려 노력하라.

토니 로빈스

7단계 성공 계단을 실천하기 위한 체크리스트

지금의 위치를 점검하고 재무적 자유에 이를 때까지 무엇을 해야 하는지 확인하는 데 필요한 체크리스트를 여기에 담았다. 이 체크리스트를 통해 7단계 성공 계단을 다시금 이해하고 속도를 높일 수 있을 것이다.

1단계 **평생을 좌우할 가장 중요한 재무 결정을 내려라**

1. 투자자가 되기로 결심했는가, 아니면 단순한 소비자에 머물기로 결심했는가?
2. 저축의 일정 부분을 무슨 일이 있어도 프리덤펀드에 집어넣기로 한 결심을 잘 지키고 있는가?

3. 프리덤펀드에 자동이체를 하는가? 아직 아니라면 www.tdameritrade.com이나 www.schwab.com에 들어가서 지금 하기 바란다.
4. 지금 프리덤펀드에 넣는 돈이 적은 편이라면 회사에게 '내일은 저축을 늘리자' 프로그램을 가동시켜 달라고 부탁하는 것은 어떻겠는가? http://befi.allianzgi.com/en/befi-tv/pages/save-more-tomorrow.aspx

2단계 내부자가 되어라: 규칙을 파악한 후 게임에 뛰어들어라

1. 7가지 통념을 아는가? 방비를 잘하고 있는가? 다음의 미니테스트를 치러보자.
   a. 10년 연속으로 시장을(혹은 벤치마크를) 이긴 뮤추얼펀드는 얼마나 많을 것 같은가?
   b. 수수료는 중요하다. 뮤추얼펀드의 평균 수수료는 얼마일 것 같은가?
   c. 수수료가 1퍼센트인 경우와 3퍼센트인 경우 최종적으로 마련되는 종잣돈의 금액에는 얼마나 큰 차이가 난다고 생각하는가?
   d. 담당 중개인을 시범적으로 테스트해본 적이 있는가? 현재의 펀드 비용이 얼마인지, 현재 투자의 위험은 어느 수준인지, 다른 저비용의 간단한 투자 상품과 비교했을 때 지난 15년 동안 당신의 투자 전략은 어느 정도의 수익을 냈는가?
   e. 광고에서 말하는 수익률과 투자자가 실제로 버는 수익률의 차이를 아는가?
   f. 중개인과 수임자의 차이가 무엇인지 아는가?
   g. 보상을 크게 얻으려면 위험도 크게 걸어야 하는가? 하방 손실

위험 없이 시장의 상방에만 참여하게 해주는 금융상품은 무엇이라고 생각하는가?

h. 지난날 당신을 가로막거나 뒤처지게 하는 한계를 정하는 스토리나 감정이 있다면 그것은 무엇인가? 그런 방해가 되는 행동 패턴을 깨본 적이 있는가?

2. 당신을 대표해주고 조언해주는 적합한 담당 수임자를 고용했는가? 아니라면 http://findanadvisor.napfa.org/home.aspx에 들어가서 알아보거나 스트롱홀드에 들어가 수임자 서비스를 알아보기 바란다.(www.StrongholdFinancial.com)

3. 자기 사업을 하고 있거나 혹은 401(k)가 있는 직장인이라면 현재 치르는 수수료를 시장 전체와 비교해본 적이 있는가? http://americasbest401k.com/401k-fee-checker

4. 현재 사업체를 운영 중이라면 현재의 401(k)는 다른 대체 가능한 플랜들과 비교했을 때 법적 요건을 충족하는가? 노동부 보고서에 따르면 감사를 받은 401(k) 중 75퍼센트가 평균 60만 달러의 벌금을 냈다. (www.americasbest401k.com)

3단계 **게임의 승리 가능성을 높이라**

1. 게임의 승리 가능성을 높였는가?

a. 당신이 원하는 꿈의 진짜 가격이 얼마인지 알았는가? 재무적 안전, 활력, 독립을 이루려면 얼마의 돈과 시간이 필요한지 알아냈는가? 계산을 마쳤는가?

b. 아니라면 지금 즉시 계산하라.

c. 명확성이 힘이라는 사실을 기억하라. www.tonyrobbins.com/

masterthegame

2. 계산을 마친 후에 보수적, 중도적, 공격적 플랜에 따라 재무적 안전과 독립에 이르는 시간이 각기 얼마인지 계산해 보았는가?
3. 은퇴설계 플랜의 속도를 높이고 재무적 안전이나 독립의 달성 속도를 높여주는 5가지 방법을 살펴보고 알맞은 결정을 내렸는가?
   a. 저축을 늘려라.
   - 저축을 늘릴 만한 수단을 찾았는가? 모기지나 일일 구매액을 줄일 방법은 없는가?
   - '내일은 저축을 늘리자' 프로그램을 시작했는가? 이 프로그램을 이용하면 지금 당장 무언가를 포기하지 않고 미래에 소득이 늘어났을 때 저축을 늘릴 수 있다. http://befi.allianzgi.com/en/befi-tv/pages/save-more-tomorrow.aspx
   - 지출을 줄여도 크게 지장이 없을 만한 것을 찾았는가? 40달러짜리 피자, 사먹는 생수나 커피에 쓰는 돈을 줄일 수 있는가? 그런 지출을 줄일 경우 프리덤펀드에 추가로 얼마를 더 넣을 수 있는지, 그렇게 함으로써 목표에 이르는 속도가 얼마나 빨라지는지 계산했는가? 1주일에 40달러를 더 저축하면 투자 일생 동안 50만 달러가 더 불어난다. 재무적 목표에 이르는 속도를 높이기 위해서라도 반드시 실행에 옮겨야 한다.

   b. 소득을 늘려라. 타인에게 더 많은 가치를 제공할 방법을 찾아냈는가? 자신을 재정비하고 다른 분야로 옮길 필요가 있는가? 더 많은 가치를 제공하고 더 크게 성장해 더 많이 베풀 수 있는 방법은 무엇인가?

   c. 수수료와 세금을 절약하라. 본문에 나온 수수료와 세금을 줄이는 방법을 실제로 적용하려면 어떻게 해야 할 것 같은가?

d. 수익률을 높여라. 불필요한 위험 부담 없이 수익률을 높여주는 투자 방법을 찾아냈는가? 수익을 올려주고 시장의 하방위험으로부터 보호하기 위해 본문에 제시된 포트폴리오를 살펴보았는가?

e. 인생을 바꾸고 생활방식을 개선하라. 생활방식의 향상을 위해 다른 지역으로 옮겨가는 것을 고려해보았는가? 세금이 적은 지역으로 옮겨가고 그렇게 줄어든 세금을 부를 쌓고 가족의 재무적 안전과 자유를 이루기 위해 투자하는 것은 어떻겠는가?

4단계 **평생을 좌우할 가장 중요한 투자 결정을 내려라**

1. 한 가지 자산군에 지나치게 집중했다가 큰 손실을 겪을 위험이 없도록 자산배분을 했는가? (달걀을 한 바구니에 담아서는 안 된다.)
2. 안전 버킷에 몇 퍼센트를 담을지 결정했는가? 안전하면서도 수익률을 최대화해주는 투자는 구체적으로 무엇일 것 같은가? 안전 버킷 안에서도 여러 다양한 자산군에 분산투자했는가? 전체 저축과 투자 중에서 안전 버킷의 비율은 얼마로 하기로 결정했는가?
3. 위험/성장 버킷은 몇 퍼센트로 할지, 그리고 하방위험을 최대한 줄이면서도 수익을 높이기 위한 구체적인 투자 유형은 무엇일지 결정했는가? 위험/성장 버킷 안에서도 분산투자를 행하고 있는가?
4. 자신이 실제로 감당할 수 있는 위험감수 수준은 얼마인지 계산했는가? 럿거스대학이 개발한 위험감수 테스트를 풀어보았는가?(http://njaes.rutgers.edu/money/riskquiz)
5. 현재 자신의 인생 단계는 어디인가? 저축하고 투자를 하기 위해 남아 있는 시간을 고려할 때 공격적 투자와 소극적 투자 중 어느

것을 선택해야 하는가? (젊은 나이라면 회복할 수 있는 시간이 많기 때문에 약간의 손해를 더 감수할 수 있다. 하지만 은퇴에 가까운 나이라면 안전 버킷에 자산을 더 많이 넣어야 한다.)

6. 자신의 현금흐름 액수를 제대로 평가했는가? 이 현금흐름을 바탕으로 할 경우 자산배분의 보수적 투자와 공격적 투자는 어떻게 달라질 것 같은가?
7. 안전 버킷과 위험/성장 버킷의 투자 비율은 각각 얼마로 정했는가? 50/50인가 60/40인가? 아니면 70/30이나 30/70, 40/60이나 80/20인가?
8. 당신의 기분을 설레게 해주는 드림 버킷의 단기 목표와 단기 목표 목록을 다 작성했는가? 훗날을 기약해야 하는가 아니면 지금 당장 무언가를 실현할 수 있을 것 같은가?
9. 드림 버킷에 집어넣는 돈은 어디서 마련하기로 했는가? 저축의 일부를 덜어내는가 아니면 위험/성장 버킷이 기대 이상의 수익을 거뒀을 때 거기서 나오는 이익의 일부를 집어넣고 있는가?
10. 포트폴리오 재조정과 적립식투자
    a. 시장의 등락에 상관없이 일정액을 매달 꾸준히 투자한다는 약속을 실천하고 있는가? 시장의 매매 타이밍을 노리는 것은 절대 성공하지 못한다는 사실을 기억하라.
    b. 직접이든 수임자가 대신 해주든, 정기적으로 포트폴리오를 재조정하는가? 누가 하건 상관없지만 수익률을 최대화하고 변동성을 줄이기 위해서는 반드시 포트폴리오를 정기적으로 재조정해야 한다.

1. 올시즌스의 힘
   a. 레이 달리오가 올시즌스 접근법을 통해 우리에게 알려준 강력한 통찰을 읽고 이해하고 실행에 옮겼는가? 그의 투자운용은 전체 기간 중 85퍼센트 동안 성공적인 투자수익률을 거뒀으며 돈을 잃은 햇수는 단 4년에 불과했다. 그리고 지금까지 3.93퍼센트 이상의 투자 손실을 낸 적이 없다!
   b. 스트롱홀드에 들어가 자신의 현재 자산배분 수익률을 올시즌스의(혹은 다른 포트폴리오의) 수익률과 비교해보았는가? 단 몇 분이면 올시즌스 포트폴리오를 구성할 수 있다는 사실을 알고 있는가?
2. 소득보험
   a. 당신의 투자에서 가장 중요한 것은 무엇인가? 소득이 평생 마르지 않을 것이라고 자신할 수 있는가? 평생소득 보장을 위한 계획을 마련했는가?
   b. 즉시연금과 거치연금의 차이를 아는가? 현재 당신의 인생 단계에 맞는 연금보험을 선택했는가?
   c. 하이브리드연금을 알아보고 실제로 구입했는가? 아니면 현재 나이에 상관없이 누구나 가입할 수 있고 일시에 거액을 예치하지 않아도 되며 또한 하방위험 없이 상방에만 참여하는 연금보험을 시작했는가?
   d. 한 달에 300달러 이상을 저축할 때 훗날 얼마의 평생소득이 보장되는지 확인해 보았는가? 아니라면 www.lifetimeincome.com에 들어가거나 스트롱홀드의 연금보험 전문가에게 문의하기 바란다.

3. 슈퍼리치의 비밀
   a. 세금효율적인 생명보험을 이용할 경우 재무적 자유에 이르는 시간이 얼마나 극적으로 줄어드는지 알아보았는가? 무려 30~50퍼센트의 시간이 단축된다. PPLI(사모생명보험)은 순자산이 많은 사람에게 멋진 투자이지만 티아크레프가 제공하는 보험 상품을 이용하면 소액의 예치금만으로도 시간이 단축되는 효과를 누릴 수 있다. 아직 이 상품에 대해 잘 모르겠지만 자격을 갖춘 전문 수임자에게 문의해보기 바란다.
   b. 250달러의 적은 비용만 투자하면 생전신탁을 마련할 수 있다는 것을 아는가? 생전신탁의 목적은 불의의 일에 대비해 가족을 보호하고 가족이 유산을 받기까지 1년이나 불필요한 공증 과정을 거치지 않게 해주는 것이다. 자녀, 손자, 그리고 증손자를 위해 당신의 재산을 보호하고 있는가?

6단계 0.001퍼센트처럼 투자하라

1. 세계에서 가장 똑똑하고 역대 최고라고 불리는 투자자들 12명과의 인터뷰를 다 읽었는가?
2. 금융계에서 '우주의 지배자'라는 평을 얻는 사람은 누구인가? 그의 수익률을 다른 투자자들의 수익률과 비교해 보았는가? 그 비교 대상에는 워런 버핏도 포함된다. 그에게 투자하고 싶다면 어떻게 해야 하는가?
3. 예일대학의 데이비드 스웬슨이 가르쳐준 자산배분의 교훈은 무엇인가? J.P.모건의 메리 캘러핸 어도스는 어떤 교훈을 말해주는가?
4. 인덱싱 투자의 대가 잭 보글로부터는 무슨 교훈을 배웠는가? 닥

터 둠이라 불리는 마크 파버는 무엇을 가르쳐주는가?

5. 워런 버핏이 자신의 아내와 유산신탁을 포함해 모두에게 권하는 단순한 투자 전략이 무엇인지 확인했는가?
6. 어떻게 해야 비대칭 수익을 얻을 수 있는지 그 방법의 중요성을 확실히 이해했는가?
7. 5 대1의 기준에 모자라는 투자는 절대 하지 않으며 언제나 트렌드의 힘에 올라타야 한다는 폴 튜더 존스의 10만 달러짜리 MBA 강의를 확실히 당신 것으로 만들었는가?
8. 레이 달리오의 〈경제 기계는 어떻게 작동하는가?〉 영상을 다 보았는가? www.economicprinciples.org에 들어가면 지금 곧바로 볼 수 있다.
9. 절대 손해 볼 일이 없는 카일 바스의 투자 솔루션 개념을 이해했는가? 5센트 동전의 힘을 기억하는가? 미국 정부가 영원히 가치를 보증해주며 더불어 20~30퍼센트의 상방 잠재력을 가진 투자는 무엇인가?
10. 찰스 슈워브의 핵심 교훈을 다 흡수했는가? 최악의 경제 상황이야말로 최고의 기회가 될 수 있음을 알아야 한다던 존 템플턴 경의 지혜를 받아들였는가? 2차 대전, 남아메리카의 하이퍼인플레이션, 대공황, 2차 대전 후의 일본처럼 세상이 '끝나가고' 있다는 공포가 지배할 때야말로 가장 낙관적으로 굴어야 할 시기라는 사실을 이해했는가? 존 템플턴 경을 세계 최초의 억만장자 해외 투자자로 만들어 주었던 그의 핵심 투자 철학을 이해했는가?
11. 0.001퍼센트처럼 투자하기 위해 당신은 지금 무엇을 실행에 옮길 것인가?

1. 당신의 숨은 자산
   a. 미래는 멋진 세상이 될 것이라는 진실을 받아들일 수 있는가?
   b. 미래에는 신나는 도전이 무수히 펼쳐질 것이다. 기회와 장애는 언제나 공존한다. 하지만 우리 개인을 혁신시키고 힘을 길러주며 인류의 삶의 질을 높여줄 기술의 파도가 끝없이 밀려올 것이라는 사실을 분명히 이해했는가?
2. 지금 가지고 있는 것에 감사하는 마음이 길러지도록 매일 스스로를 점화하는 습관을 기르고, 성공을 만드는 습관을 발전시키기로 결심했는가? 그렇다면 당신은 미래의 어느 순간이 아니라 지금 당장 부자가 되게 해주는 궁극의 선물을 얻게 될 것이다.
3. 기대를 버리고 대신에 감사하기로 결심했는가? 성장하는 삶을 살기 위해 노력하고 있는가? 성장이 곧 행복이다. 인생에서 중요한 것은 성장과 베풂이다.
4. 당신은 이 세상에 무엇을 돕기 위해 왔는지, 그리고 삶을 위한 더 높은 목표가 무엇인지 알아냈는가? 자신의 유산을 진지하게 고민해 보았는가?
5. 세상에 큰 변화를 불러오기 위해 당신의 푼돈을 사용하기로 결심했는가? 그렇다면 www.swipeout.com과 함께할 수 있다. 1분만 투자하면 당신은 본인의 즐거움을 전혀 줄이지 않고도 사람들의 생명을 구하는 일을 시작할 수 있게 된다.
6. 지금 당장 당신을 부자로 만들어주는 진실을 실천으로 옮기고 있는가? 인생의 비밀은 베풂이다. 그 진실을 잊지 말기 바란다.

간략한 체크리스트도 이제 모두 마쳤다. 놓친 부분이 있다면 다시 읽어 완전히 자기 것으로 만들기 바란다. 반복이 능력의 어머니라는 사실을 잊지 마라. 행동이야말로 당신이 가진 모든 힘의 근원이다.

친구여, 당신은 결코 혼자가 아님을 알기 바란다. 직접 자료를 찾거나 만들어도 좋지만, 우리는 웹사이트, 앱, 스트롱홀드, 라이프타임 인컴 등 당신을 도와줄 보조 자료를 마련해 두었다. 어떤 방법을 취하든 행동에 옮기는 것을 잊지 말아야 하며, 당신을 돕기 위해 준비된 사람들은 모두 당신의 이익을 최우선으로 삼는다는 사실을 알아주기 바란다. 유능하고 양심적인 수임자를 찾는 것이 첫걸음이다. 그가 당신의 은퇴 계획을 설계하고 다듬도록 도와줄 것이다.

이 체크리스트는 체크리스트일 뿐이다. 당신이 계속 성장하고 실행하도록 자극하는 것이 이 체크리스트의 목표이다. 아는 것이 힘이 아니라 실행이 힘이라는 사실을 기억하라. 매일, 매주 조금씩 전진하다 보면 자신도 모르는 사이 재무적 자유에 이르는 여정이 어느 순간 완성돼 있을 것이다.

언젠가 당신을 직접 만날 날이 오기를 고대한다. 그날이 올 때까지 계속 움직이고 앞으로 나아가고 게임을 지배하기 바란다. 그리고 열정적인 삶을 누리기를 바란다.

감사를 전해야 할 사람들의 이름을 다 적으려고 막상 자리에 앉는 순간 막막했다. 엄청난 양의 책을 이제 막 끝마쳤다! 그런데도 지금까지 나를 도와준 사람들을 하나하나 다 말하려니 여전히 엄두가 나지 않았다. 어디부터 시작해야 하지? 영화가 끝난 뒤의 엔딩 크레딧을 보고 있는 느낌이었다. 영화를 빛내 준 수백 명의 이름이 계속 올라가고 슈퍼스타들의 노고를 치하하는 의미로 주요 장면이 잠깐씩 비춰지는 그런 엔딩 크레딧 말이다. 나 역시 정말로 많은 사람의 도움이 있었기에 벅찰 정도로 만족스런 이 순간을 맞을 수 있었다.

4년의 여행을(솔직히는 여기까지 나를 이끌어준 30년의 여행을) 되돌아보니 수많은 얼굴이 떠오르고 뛰어난 재능으로 나를 도와준 수많은 사람들의 넉넉한 마음이 느껴진다. 그들을 다 언급하기란 불가능할지라도, 내 인생에 가장 깊은 울림을 주었던 사람들에게라도 감사를 표하고 싶다.

제일 먼저 내 가족에게 감사를 표한다. 그중에서도 내 평생의 사랑이자 멋진 아내이며 내 현자, '내 연인'인 보니 펄에게 감사를 표한다. 그녀는 내 인생의 끝나지 않는 기쁨과 행복의 원천이다. 그녀야말로 수십 년 동안 수천만 명을 도와준 '선업'이 내게 선사한 가장 귀한 보상이다. 그녀는 나를 사랑하기 위해 태어났다고 말해준다. 나는 그저 신께서 이 아름다운 영혼으로 내게 커다란 축복을 내려주신 거라는 말밖에는 다른 말이 떠오르지 않는다.

이 멋진 여인을 낳고 길러주신 그녀의 부모 빌과 샤론에게도 감사를 드린다. 두 분은 내 인생에 감히 내가 생각하지도 못하고 꿈꾸지도 못했던 가장 위대한 사랑의 원천이자 가장 큰 선물인 그분들의 딸을 내게 주었다. 딸에게 보여준 무한한 사랑에 그리고 친자식처럼 나를 사랑해준 그분들께 감사를 드린다. 진짜 공헌하는 삶을 실천하는 모습은 매일매일 내게 큰 영감이 되고 있다. 전사 같은 용기를 지녔으며 언제나 자신의 기준을 높이기 위해 노력하고 우리가 더 많은 사람들에게 도움을 줄 수 있도록 마음의 힘이 되어주는, 나의 처남이며 친형제와 다름없는 스코티에게도 감사를 보낸다. 내가 힘든 인생 단계를 거칠 때마다 언제나 영감과 사랑을 주었으며 더 힘을 낼 수 있는 원동력이 되었던 나의 4남매, 자이렉과 조시, 졸리, 타일러에게도 감사를 보낸다. 언제나 열정적이었고 남다른 기준을 보여준 내 어머니에게도, 내 인생에 저마다 큰 영향을 미쳤던 네 명의 아버지에게도 감사를 보낸다. 그리고 내 형제자매인 마커스와 타라에게, 그들의 가족 모두에게도 사랑한다는 말을 하고 싶다.

전 세계 사람들의 삶의 질을 바꿔줄 새로운 통찰과 도구, 전략, 길을 찾기 위해 매일같이 탐구를 하고 통합하고 창조하고 시험하고 또 시험해주는 로빈스리서치인터내셔널Robbins Research International의 내 핵심 팀에게 감사를 보낸다. 내가 지구를 돌아다니는 동안에도 나와 회사를 빈틈없이 관리해주는 믿음직한 친구 샘 조지스Sam Georges와 요게사 바블라Yogesh Babla에게, 듬직한 친구이며 보호자인 마이크 멜리오Mike Melio와 "제너럴 제이" 개리티"General Jay" Garrity에게 감사의 마음을 전한다. 샤리, 리치, 마크, 브룩, 테리, 그리고 멋지고 충성스러우며 사명감에 불타는 그 밖의 모든 경영진에게도 감사한다. 뛰어난 창의성을 보여주는 내 팀에게 감사를 보낸다. 누구보다도 나무랄 데 없는 매니저이자 창의적인 파트너이며 멋진 사람인 다이앤 애드코크Diane Adcock에게, 환한 빛이 되어주는 케이티 오스틴Katie Austin에게 사랑과 감사를 보낸다. 샌디에이고 본사의 모든 임직원에게, 먼 곳에 있는 나와 매일 의견을 조율하며 로빈스리서치인터내셔널의 업무를 종합해주는 사람들에게, 앤서니로빈스컴퍼니의 모든 파트너에게 감사한다. 사람들에게 일과 재무와 건강과 감정과 시간관리와 대인관계의 돌파구를 마련해준다는 과업을 완수하기 위해 모든 노력을 다하는 그들 모두에게 감사를 보낸다. 그들과 나는 이곳에서 함께 사람들의 삶을 변화시키고, 일어서도록 도와주고, 재무적 상황과 사업이 나아지고 궁극적으로는 더 훌륭한 인간이 되도록 이끌어준다. 우리는 영혼의 촉매제이다. 그것이 우리가 부여받은 재능이다. 전 세계 사람들의 삶에 차이를 가져오도록 그들과 함께 일하게 된 것은 내게는 크나큰 행운이다! 자원봉사팀과 모든 직원들에게, 특히 세계 곳곳을 돌며 묵묵히 행동을 실천하는 우리의 현장 직원들에게 그 누구보다도 큰 감사를 보낸다. 그들이 없었으면 우리의 사업은 결코 성공하지 못했을 것이다. 그들이 베풀어준 모든 선물에 대해 직원 모두를 대표해 감사한다. 회사와 자원봉사 일로 세계를 도는 아내와 남편과 가족을 군말 없이 내어준 분들에게 감사한다. 조지프 맥렌던 3세Joseph McLendon III, 스콧 해리스Scott Harris, 조 윌리엄스Joe Williams, 마이클 버넷Michael Burnett, 리처드 탄Richard Tan과 베로니카 탄Veronica Tan, 그리고 살림Salim에게, 당신들이 가족을 흔쾌히 빌려주었기에 우리는 훨씬 많은 사람들의 삶을 바꿀 수 있었다. 정말로 감사한다.

네 명의 똑똑한 친구가 보여준 깊은 우정은 내 인생에 큰 영향을 미쳤다. 내 사랑하는 친구이자 형제나 다름없는 폴 튜더 존스여, 21년 동안 어떤 큰 도전에도 자신의 길을 찾아내며 훌륭한 역할모델이 무엇인지 보여준 그에게 감사를 보낸다. 폴이 가진 사랑과 너그러움의 깊이는 그의 전설적인 트레이딩 능력보다도 훨씬 위대하다. 세상에 큰 차이를 만든다는 추진력이 그의 영혼 깊숙한 곳에 존재하고 있으며 그는 하루도 빠짐없이 그 목표를 실천에 옮긴다. 내 평생지기이자 창의적 본성의 소유자이며 관대함의 한계를 모르는 피터 거버에게 감사를 보낸다. 어떤 것이든 가능하다는 영감을 심어준 그에게, 그가 보여준 모든 웃음과 코칭과 사랑에, 그리고 수십 년 동안 그의 친구로 지내는 영광을 누렸다는 것에 감사한다. 우연히 만나 내 형제가 된 마크 베니오프에게 감사한다. 그의 놀라운 마인드와 불굴의 심장, 그치지 않는 사업 혁신과 뛰어난 자선활동은 나와 수백만의 사람들에게 큰 기쁨임을 알아주기 바란다. 우리는 그가 지금까지 꿋꿋이 지키고 키워온 기준이 앞으로도 세일즈포스닷컴에 살아 있을 것을 믿어 의심치 않는다. 사람들의 삶을 바꾸는 일에서 그와 파트너가 된 것이 나는 무척이나 자랑스럽다. 사랑합니다, 내 형제여. 그 어떤 것도 막지 못하는 훌륭한 창의성을 보여주고 사랑을 베풀어주는, 진정한 천재이면서도 언제나 겸손을 잃지 않는 스티브 윈에게 감사한다. 그는 사랑하는 사람에 대한 배려를 언제나 잃지 않는다. 그가 비전을 실현하는 모습은 주위 모두에게 훌륭한 자극과 설렘을 선사한다. 그의 친구가 된 것이 나에게는 무척이나 큰 선물이다. 그와 함께 하는 시간은 내게 게임을 한 차원 끌어올리는 영감을 선사한다.

강연과 행사를 통해 나는 매년 내 인생에 울림을 주는 사람들 수십만 명을 만날 기회를 얻는다. 그러나 이 책에는 뛰어난 영혼의 소유자 50여 명이 가장 큰 영향을 주었고 그들의 통찰과 전략이 내게 감동을 주었다. 그들도 이 책을 읽을 것이라고 생각한다. 인터뷰 시간을 내어주고 평생 쌓은 지혜를 공유해준 그들에게 이 자리를 빌어 영원한 감사의 말을 전한다. 유명한 '올웨더' 전략의 천재적 통찰을 바탕으로 평범한 투자자도 쉽게 이용할 수 있는 '올시즌스' 전략이라는 둘도 없는 선물을 준 레이 달리오에게 감사한다. 레이가 우리에게 선사한 단순화된 투자 전략을 통해, 이제는 우리 평범한 투자자도 장기적인 재무 여행을 최대한 순항할 수 있게 되었다. 레이가 준 '특제 비밀소스'의 가치는 측정할 수 없을 정도이지만, 그가 얼마나 관대한 사람인지는 그것만으로도 충분히 잘 드러난다.

64년 투자 인생을 한결같이 투자자의 권리를 세우는 데 헌신해온 잭 보글에게 감사한다. 인덱스펀드에 대한 그의 헌신과 집념이 오늘날 우리가 아는 펀드를 탄생시켰다. 4시간 동안 그와 꾸밈없고 솔직하면서도 지혜가 가득한 인터뷰를 할 수 있었던 것이 내게는 큰 영광이었다. 미국 특유의 정직한 개성과 카우보이 용기의 완벽한 전형을 보여준 T. 분 피컨스에게, 큰 보상을 위해 반드시 큰 위험을 감수할 필요는 없다는 사실을 보여준 카일 바스에게 감사한다. 존 템플턴 경, 당신의 명복을 빕니다. '비관주의가 가장 팽배한' 시기에 최대의 기회의 얻을 수 있다는 통찰력을 수십 년 동안 변함없이 가르쳐준 그에게 감사한다. 언제나 혁신적인 투자 조언과 활력을 안겨주는 마크 파버에게, 꺾이지 않는 담대함과 용기와 열정을 보여주고 현재에 안주하지 않으며 투자자들에게 높은 수익을 안겨주는 칼 아이컨에게 감사한다. J.P.모건에서 수조 달러를 총괄 감독하고, 섬기는 리더십의 힘을 완벽하게 보여주는 인물이자 뛰어난 업무 능력과 개인생활의 조화가 무엇인지 잘 보여준 메리 캘러핸 어도스에게 감사한다.

학계와 기업계에도 감사를 보내야 할 사람이 많다. 노벨상 수상자인 로버트 실러와 해리 마코위츠, MIT의 댄 애리얼리, '내일은 저축을 늘리자' 프로그램을 통해 대다수 개인이 빠지기 쉬운 인지적·감정적 한계의 극복 방법을 알려준 슐로모 버나치와 리처드 탈러에게 감사를 보낸다. 평생소득 연구에 매진한 결과 이 책의 큰 축을 이루는 생생한 실례가 되어준 데이비드 배블 박사에게 감사한다. 버튼 맬킬, 그는 미국의 보물이다. 그가 인덱스펀드의 개념을 창안한 덕분에 투자자들은 선택의 폭이 넓어지는 무대에 설 수 있었으며, 때로는 어두컴컴하기 짝이 없는 금융계에서 그의 직설화법은 한 줄기 밝은 빛이 되어주었다. 보스턴대학의 알리샤 머넬, 뉴스쿨의 테레사 길라두치, 제프리 브라운 박사, 와튼의 데이비드 배블 박사가 은퇴연금 제도에 대해 보여준 날카로운 식견에 감사한다. 그들은 혁명가이다. 두 시간 동안 생생한 토론을 벌여준 스티브 포브스와 로렌스 서머스 하버드대학 교수 겸 전 재무부장관에게 감사한다. 그들은 우리가 왜 지금 상황에 도달했으며 상황을 뒤집으려면 무엇을 해야 하는지에 대한 '정파와 이념을 뛰어넘는' 토론을 보여주었다. 기관투자계의 록스타로 불리며, 예일대학의 신성한 문을 열고 탁월한 투자 접근법을 보여줬고, 가장 중요하게는 어떻게 일에 애정을 담는지 눈부신 모범을 보여준 데이비드 스웬슨에게 감사한다. 그와의 인터뷰는 선물이었으며,

자신이 할 수 있는 일에 집중하는 그의 모습은 지금까지도 내 기억에 또렷이 남아 있다.

모든 이들에게 길을 제시해주고, 언제나 솔직함을 잊지 않은 워런 버핏에게 감사한다. 그와 더 오랜 시간 대화를 나눴다면 더 바랄 것이 없겠지만, 〈투데이〉쇼 대기실에서 가졌던 그 짧은 만남만으로도 내 안에 깊은 울림을 남겼다. 오마하의 현인이 인덱싱 투자가 길이라고 말하는데 반대 의견이 끼어들 여지가 어디 있겠는가!

작업을 본격 궤도에 올리기 훨씬 전부터 함께 도전에 응해준 엘리엇 와이스블루스에게 감사한다. 부자들에게 투명하고 이해 충돌이 없는 상담 서비스를 제공하던 그가, 이제는 경제력이 크지 않은 평범한 개인에게도 민주적인 기회를 제공하기 위한 십자군 운동의 기수가 되었다. 진정성과 용기, 옳은 일에 대한 진짜 헌신이 무엇인지 그는 확실하게 보여준다. 그의 파트너십에 진정으로 감사한다.

인터뷰를 해준 모든 분들, 플래티넘파트너십 웰스이벤트에 시간을 내준 모든 분들, 수년 동안 통찰력을 나눠준 분들, 그리고 무엇이든 가능하다는 것을 보여주는 산증인이 된 모든 분들에게 감사한다. 그들은 내 영감의 원천이며, 그들의 지혜는 이 책 곳곳에 녹아 있다.

내 좋은 친구 존 폴 디조리아John Paul DeJoria에게(그도 한때는 차에서 지냈다!)에게 사랑과 감사를 보낸다. 강한 개성의 소유자 마크 큐번Marc Cuban에게, 찰스 슈워브, 세라 블레이클리, 리드 호프먼Reid Hoffman, 리처드 브랜슨 경, 척 피니, 에반 윌리엄스Evan Williams, 피터 린치, 레이 챔버스Ray Chambers, 데이비드 워커David Walker, 에디 램퍼트, 토니 셰이Tony Hsieh, 토니 탠Tony Tan, 마이클 밀컨Michael Milken, 마크 하트, 미치 카플란Mitch Kaplan, 루카 파둘리Luca Padulli, 해리 덴트Harry Dent, 로버트 프레처Robert Prechter, 마이클 오히긴스Michael O'Higgins, 짐 로저스Jim Rodgers, 제임스 그랜트James Grant, 에릭 스프로트Eric Sprout, 마이크 노보그라츠Mike Novogratz, 스탠리 드러큰밀러Stanley Druckenmiller, 조지 소로스, 로저 더글라스 경Sir Roger Douglass, 도밍고 카발로Domingo Cavallo, 대니얼 클라우드Daniel Cloud, 제프리 배트Geoffrey Batt, 조슈아 코퍼 라모Joshua Copper Ramo, 러셀 네이피어Russel Napier, 에마드 모스타크Emad Mostaque, 도니 엡스타인 박사Dr. Donny Epstein, 톰 즈가이너Tom Zgainer, 그리고 물론 아자이 굽타에게 무한한 감사를 보낸다. 부당함을 꿰뚫어보는 시각을 알려주고 우리를 지배하는 상호연결되고 변동성이 심하고 비상식적인 금융 세상에 맞서 어떻게 행동해야 하는지 보여준 애덤 데이비슨Adam Davidson, 알렉스 블룸버그Alex Blumberg, 헬렌 올린Helen Olin에게 특별한 감사를 전한다.

말도 안 되는 데드라인을 맞추기 위해 백방으로 노력한 사이먼앤슈스터의 직원들에게 가장 깊은 감사의 말을 전한다. 이 책을 준비하는 동안 인터뷰를 하는 최고의 금융 대가들이 점점 늘어나다 보니 이 책의 두께도 기하급수적으로 두툼해졌다. 내가 작업을 하는 동안 비전과 의지를 보여주고, 기록적인 시간 안에 이 괴물을 편집하고 출간하도록 팀을 진두지휘해준 사이먼앤슈스터의 사장 겸 발행인 조너선 카프Jonathan Karp에게 제일 먼저 깊은 감사를 전한다. 짐작컨대 신기록이 갱신되었을 것이 분명하다. 편집자 벤 로넌Ben Loehnen과 필 바슈Phil Bashe가 없었다면 절대 그 일을 해낼 수 없었을 것이다.

이 애정을 담은 노동에 대한 입소문을 퍼뜨려준 분들에게 감사의 말을 전한다. 하이디 크룹Heidi Krupp, 제니퍼 코넬리Jenifer Connelly, 잰 밀러Jan Miller, 섀넌 마븐Shannon Marven, 수전 도나휴Suzanne Donahue, 래리 휴즈Larry Hughes, 마크 톰슨Mark Thompson, 맷 밀러Mat Miller, 프랭크 런츠Frank Luntz와 그의 멋진 팀, 데이비드 바크, 내 소중한 친구 딘 그라치오시Dean Graziosi에게 감사한다. 브랜든 부카드Brendon Burchard, 제프 워커Jeff Walker, 프랭크

컨Frank Kern, 조 폴리시Joe Polish, 브렛 래트너Brett Ratner, 마이크 커닝스Mike Koenigs, 팀 페리스Tim Ferriss, 게리 바이너처크GaryVaynerchuck, 에벤 페이건Eben Pagan, 러셀 브런슨Russell Brunson, 딘 잭슨Dean Jackson, 마리 폴레오Marie Forleo, 크리스 브로건Chris Brogan, 제이 에이브러햄Jay Abraham, 제이슨 빈Jason Binn, 데이비드 미어맨 스콧David Meerman Scott, 스콧 클로소스키Scott Klososky를 비롯해 마케팅 파트너 모두에게 감사를 전한다. 프라빈 나라Praveen Narra와 클리프 윌슨Cliff Wilson을 비롯해 멋진 스마트폰 앱 개발에 참여해준 모든 파트너들에게도 깊은 감사를 전한다.

오프라 윈프리, 엘런 디제너러스Ellen DeGeneres, 닥터 오즈를 비롯해 책의 메시지를 매력적으로 퍼뜨려준 미디어 아이콘들에게도 감사를 표한다. 책의 표지를 비롯해 여러 결정을 위해 밤샘 마라톤 회의를 마다하지 않은 임팩트리퍼블릭Impact Republic의 내 가족과도 같은 파트너들에게, 크와쿠Kwaku와 내 친애하는 형제 "PMF" 크리스 제닝스"PMF" Chris Jennings와 밥 카루소Bob Caruso에게 목청껏 감사를 외친다. 재린 커크시Jarrin Kirksey와 시빌 아무티Sybil Amuti를 비롯해 단순히 이 책을 위해서만이 아니라 우리의 능력을 다듬고 매년 더 많은 사람들에게 닿을 수 있도록 우리를 도와주는 임팩트리퍼블릭의 팀원 모두에게 감사를 전한다. 그들 모두에게 사랑과 감사의 말을 바친다!

독자만이 아니라 사회가 잊은 많은 사람들을 돕는 것 역시 이 책의 사명이다. 앤서니로빈스재단과 우리의 전략 파트너 모두에게 가장 깊은 감사를 전한다. 누구보다도 브라이언 버코펙Brian Berkopec과 스와이프아웃 운동의 모든 파트너들, 피딩아메리카의 댄 네스빗Dan Nesbit에게 감사를 전한다. 그들은 1억 끼니 식사 제공이라는 우리로서도 처음 시도하는 운동을 여러 면에서 조율해주고 있다. 처음에 내가 5천만 명분의 식사를 제공하고 그들이 매칭펀드를 통해 추가로 5천만 명분의 끼니를 제공할 자금을 모으면 1억 끼니 제공이 완성된다. 평생소득을 위한 솔루션을 만든 것을 넘어 1억 끼니 제공이라는 엄청난 운동을 실현하기 위해 누구보다도 앞서서 발 벗고 나서준 내 파트너 코디 포스터Cody Foster와 어드바이저스엑셀의 팀원 모두에게 깊은 감사 인사를 전하고 싶다.

기술과 미래에 대한 통찰을 들려준 내 친애하는 친구이며 비전가인 피터 다이애만디스와 레이 커즈와일에게 깊이 감사한다. 두 뛰어난 비전가와 함께 시간을 보내는 것은 내게는 언제나 영광이다. 그들은 누구도 쉽게 상상하기 힘든 미래의 현실을 엿볼 수 있도록 창문을 열어주며, 그들은 상상을 현실로 바꾸기 위해 언제나 노력한다. 레이나 피터는 내게 언제나 충격을 선사한다. 그들의 파트너로서 특이점 대학Singularity University과 글로벌학습엑스프라이즈Global Learning X Prize에 참여하게 된 것은 무척이나 영광이었다. 나는 우리가 함께 만들어나갈 것에 마음이 설렌다. 이 책을 위해 자신들의 통찰과 혜안을 들려준 그들에게 다시금 감사한다. 더 큰 공익을 위한 창의적 야망에 불타오르는 이스턴 라샤펠에게, 우리가 '생명'이라고 부르는 것도 재설계하고 재조합해 새로운 기회를 만들어낼 수 있다는 사실을 보여준 후안 엔리케즈에게 감사한다.

내 주위에서 묵묵히 작은 일들을 처리해주는 사람들이 가장 큰 차이를 만들어낸다. 세라, 스티브, 스테파니에게 고마움을 전한다. Bula vinaka(감사합니다), 피지의 내 가족들. 분주한 삶 속에서 성역을 보호해주는 안드레아, 마리아, 토니에게 감사한다.

마지막으로 가장 중요한 감사의 인사가 남았다. 내 직속 리서치팀에게 감사한다. 그들이 없었으면 이 책을 쓰는 것 자체가 불가능했다.

먼저, 금융계를 평생 직장으로 삼으면서 얻은 귀중한 통찰을 내게 전해준 아들 조시에게 감사한다. 개인투자자에게 더 많은 가치를 전하기 위해 아들과 밤을 새워 머리를 짜내고 토론을 했던 시간은 절대로 잊지 못할 즐거운 경험이었다. 단지 무언가를 함께 만들어냈다는 것을 넘어 이번 프로젝트 내내 멋진 시간을 함께 보낼 수 있었다는 것은 내게 상상도 못할 즐거움과 흥분을 안겨주었다.

다른 네 명에게도 감사를 전한다. 마찬가지로 그들이 없었다면 이 책은 완성되지 못했을 것이다. 내가 말하는 즉시 내 생각을 간파하는 믿기 힘든 능력을 지닌 젠 도스Jenn Dawes에게 감사를 전한다. 그가 있었기에 내 두서 없는 생각들이 따로 놀지 않고 서로 조직적으로 통합되고 자연스럽게 연결될 수 있었다. 그에게 말로 못할 큰 빚을 졌다. 젠에게 사랑을 보낸다.

마지막으로 밤잠을 무수히 설쳐가며 원고를 다듬고 편집하는 중에도 언제나 기꺼이 큰 배려심을 보여준 마리안 볼러스Maryanne Vollers와 조디 글릭맨Jodi Glickman에게 감사를 보낸다.

언제 끝날지 모르는 긴 작업 내내 가장 지친 순간이 올 때마다 헌신과 애정으로 나를 지지해준 메리 버크하이트Mary Buckheit에게 감사를 전한다. 우리가 함께 탄생시킨 '보물'이 앞으로 수십 년 동안 삶을 밝혀줄 것이라고 나는 믿는다. 그녀에게 무한한 사랑과 감사를 보낸다.

프로젝트의 모든 과정을 내내 이끌어준 은총에게, 어린 시절부터 결코 현재에 만족하지 않도록 신이 내 안에 불어넣은 무언가에, 있는 힘껏 도우고 싶다는 갈망과 추진력을 한시도 잊지 않도록 도와준 무언가에 감사한다. 큰 행동이 아니라 작은 행동이 중요하다는 사실을 언제나 일깨워주는 무언가에 감사한다. 내 독자들에게, 그리고 나를 믿기 때문에 내 제품과 서비스에 투자한 분들에게, 나를 믿는 마음으로 내 세미나와 강좌에 참석해 자신들의 가장 귀중한 자원인 믿음, 신뢰, 시간을 나눠준 분들 모두에게 감사를 전한다. 자신들의 삶을 예전처럼 다시 통제하기 위해, 원하는 수준으로 통제하기 위해 나와 손을 잡은 분들 모두에게 감사를 전한다.

내 인생에서 만난 모든 친구와 스승에게도 감사의 말을 하고 싶다. 너무 많아서 이 자리에서는 다 언급할 수 없을 정도이다. 그들이 보여준 통찰과 전략, 모범, 사랑, 배려는 내가 든든히 밟고 올라설 수 있는 거인의 어깨가 되어주었다. 이 순간, 여러분 모두에게 정말로 감사한다. 나는 내가 만나고 사랑하고 도와주는 모든 사람의 삶을 축복으로 가득하게 만든다는 내 평생의 사명을 계속 이어나갈 것이다.

도 판 출 처

- Ariely Tables: Dan Ariely
- Mutual Funds True Costs: Robbie Hiltonsmith, Dēmos
- Debt Mountain Cartoon: By permission of Michael Ramirez and Creators Syndicate, Inc.
- Average US Consumer Spending: US Census Bureau
- I Had to Make Some Adjustments: Gary Varvel Editorial Cartoon used with the permission of Gary Varvel and Creators Syndicate. All rights reserved.
- David Bach Chart: David Bach
- Eggs in Basket With Grenade: Kurt Snibbe
- Raymond James TIPS: www.raymondjames.com
- Malkiel Volatility Chart: Dr. Burton Malkiel
- Investment Highlights: Berkshire Hathaway: Icahn Enterprises L.P., August 2014
- Investment Highlights: Icahn Enterprises L.P., August 2014
- Icahn Chart: Icahn Enterprises L.P., August 2014
- David Swenson Photo: Michael Marsland, Yale Universtiy
- Warren Buffett Photo: Kristoffer Triplaar/Sipa USA
- Ray Dalio Photo: Mike McGregor
- T. Boone Pickens Photo: The Milken Institute
- Marc Faber Photo: Getty Images
- Charles Schwab Photo: Getty Images, Chip Somodevilla
- Sir John Templeton Photo: Getty Images, Ron Bull
- Ramirez Occupy Cartoon: By permission of Michael Ramirez and Creators Syndicate, Inc.

- 이 책의 참고문헌 목록은 tonyrobbins.com/masterthegame에 별도로 실었습니다.

찾아보기

ㄱ

ㄴ

ㄷ

ㄹ

ㅁ

ㅈ

ㅊ

ㅋ

ㅍ

ㅎ

기타

옮긴이 조성숙

회계학과를 졸업하고 현재 10년 넘게 경제경영과 심리학 분야의 서적을 전문으로 번역하고 있다. 세상의 흐름과 사람들의 움직임을 추적하고 탐구하고 예측하는 이 분야의 책들은 언제나 설렘과 동시에 스스로를 돌아보게끔 만드는 계기가 되어주기에, 앞으로도 이 분야에 대한 애정은 끊이지 않을 것 같다. 《피터 드러커의 매니지먼트》《모닝스타 성공투자 5원칙》《핫스팟》《이성의 동물》《투자자의 뇌》《일의 미래》《이콘드》 등 수십 권의 책을 우리말로 옮겼다.

감수자 정철진

서울에서 출생하여 서울대학교 경영학과를 졸업했다. 삼성생명에서 첫 사회생활을 시작한 후 매일경제신문에서 기자생활을 했다. 주식, 채권, 파생상품 등 금융 분야와 재테크 분야에서 주로 활동했다. 500포인트 선에서 움직이던 코스피가 2000을 넘었을 때 현장에 있었고, 다시 890까지 폭락하는 것을 목격했다. 이후 신문사를 떠나 투자 자문 및 경제 컨설팅, 집필과 강연, 방송 활동 등에 매진하고 있다. 저서로는 2006년 출간된 베스트셀러 《대한민국 20대, 재테크에 미쳐라》를 비롯해 《목돈 만들기 적립식 펀드가 최고다》(2005년), 《주식 투자 이기려면 즐겨라》(2011년) 등의 재테크 서적과 음모론과 투자를 결합한 경제 통찰서 《투자, 음모를 읽어라》(2010년)가 있다. 또한 국내 증시 작전 세력의 이면을 담아 낸 장편소설 《작전》(2008년)을 통해 소설가로 데뷔하기도 했다.

MONEY

1판 1쇄 발행 2015년 8월 14일
1판 14쇄 발행 2023년 12월 18일

지은이 토니 로빈스
옮긴이 조성숙
감수자 정철진

발행인 양원석
펴낸 곳 ㈜알에이치코리아
주소 서울시 금천구 가산디지털2로 53, 20층 (가산동, 한라시그마밸리)
편집문의 02-6443-8855 **도서문의** 02-6443-8800
홈페이지 http://rhk.co.kr
등록 2004년 1월 15일 제2-3726호

ISBN 978-89-255-5682-6 (03320)